务实求理

上

李瑞环

中国人民大学出版社

让时光给我们留下美好的回忆*（代序）

（2002 年 11 月 22 日）

这次会议开得很好，活跃有序。与会同志认真学习领会中共十六大文件精神，发表了许多很好的意见和建议。叶选平副主席就九届政协工作做了一个很好的总结报告。会议期间，一些同志不时地通过各种形式询问我的工作情况，不少同志希望见个面、谈一谈。因为约的人多，时间有限，见谁不见谁也不好定，所以一律没见。很感谢大家对我的关心。利用这点时间，集中谈一谈我的事，我不知道我所谈的到底是不是你们想知道的。

中央决定我从领导岗位上退下来，我欣然接受，我认为这是中央对我的关怀。

我出生在农村，小时候在老家拉过犁，种过地，赶过车，织过布，许多农活都干过。我大概 14 岁开始织布。我记得那时我的个儿小，织布的坐机板高，脚够不着，家里还专门为我做了一个凳子。17 岁时，我到北京做小工。一次偶然的机会，我去给木工班扫刨花，当时有个木工工长，名叫王锡田，他说我很灵巧，让我学木匠。我就这样从一个普通的木匠开始，一步步成长

---

* 2002 年 11 月 14 日中共十六大闭幕之后，李瑞环同志不再担任中央政治局常委。同年 11 月 18 日至 22 日，政协第九届全国委员会常务委员会举行第十九次会议，学习贯彻中共十六大精神，这是他在闭幕会上的讲话。

为党和国家的领导干部。

我当工人 15 年，包括做班组长、施工队长、突击队长，都是不脱产的。在基层企业做领导 8 年，包括做支部书记、总支书记、党委书记，等等。在局级岗位干了 8 年，包括任副局长、局长、建委副主任、北京基建指挥部总指挥、市总工会副主席、团中央书记。在部一级即天津直辖市干了 8 年，大概是 100 个月。在中央工作了 13 年。加起来，我总共从事各级领导工作 37 年。

我这样一个农民的孩子，一个普通的木匠，能在领导岗位工作这么长时间，能被提拔到这么高的职位，是党和人民培养的结果，是社会主义制度的产物。有人说这是空前的，即使不会绝后，起码也是少有的。我常想，过去在像我这样职位上工作的都是些何等的人物！我是跨三届的政治局常委，两届政协主席。政协主席，我算第六任。大家知道，第一任是毛主席，第二任是周总理，第三任是小平同志，第四任是邓大姐，第五任是李先念同志。许多革命前辈出生入死、战功显赫，建国以后或默默无闻，或职位不高，当将军、当部长的只是其中的极少数。每当想到这些，我总感到有一种无形的压力，唯恐因为自己的不足或不慎，给党和国家的工作、给老一辈用鲜血和生命换来的事业带来不利的影响。

对中央要我从领导岗位退下来的意见，我毫不犹豫地接受，痛痛快快地响应。江泽民同志在 10 月 31 日的中央政治局常委会上说我“从党和国家的利益出发，心胸开阔，顾全大局”。我认为这是对我的鼓励。其实对我来讲，退下来是一种解脱。地位高高，贡献小小，责任重大，常感不安。平稳地结束这如履如临的生活，过几年平常人的日子，是件难得的好事。我在政治局常委会上表示，保证对新的班子支持拥护，绝不干扰；希望有一个安全、安闲的生活环境，以便我安度晚年。

我没读过几天书。大家看我的简历，没有专门上学的经历，不像其他中央领导同志，哪年中学，哪年大学，哪个国家留学。说我是上了 6 年小学，实际上由于家境贫寒、要干很多农活，那 6 年学也是断断续续。我们老家过去吃粮分五等：一等是白面，二等是亚麦，三等是玉米，四等是高粱（高粱又以白高粱为好、红高粱次之），五等是粮食（主要是玉米和高粱）加麸皮或糠。我们家经常吃的是第五等。我有个二大娘，老两口没有孩子，日子过得比我们家强一点，她时不时给我些玉米饼子或高粱饼子，放在火盆上烤烤吃。我对她非常感激，参加工作后，每年都要给她一些钱，直到老太太去世。我很小就喜欢书，到处找书看，亲戚、邻居的书，我总能想方设法借来看。记得有一年春节，我才十几岁，母亲叫我担两捆楂子去城里卖，然后买几根油条回家包饺子过年。我在街上看到一个老头儿在卖一套书，书的名字叫《巧合奇缘》。我一问价钱不贵，就用卖楂子的钱买了这套书，很高兴地回家了。到家之后，母亲问我油条在哪里，我说钱买书了，母亲非常生气，说过年没有油条，怎么包饺子。她拿起笤帚就打，我光着脚往外跑。腊月三十晚上，屋子外面很冷，我有个当家大嫂把我叫到她家，用被子给我暖脚。夜里，母亲还是把我找回去了，她拉着我的手，掉着眼泪说，妈妈知道你喜欢书，喜欢书是好事，可是咱们家哪有钱给你买书呀？

50 多年的工作过程中，我没有赶上真正脱产学习的机会。粉碎“四人帮”后不久，我在中央党校呆过半年。那时中央党校刚刚恢复，校舍破烂不堪。时任副校长的胡耀邦同志与我比较熟，就经常让冯文彬①同志找我去党校干这弄那。我当时任北京市建委副主任兼基建指挥部总指挥，顾不过来。耀邦同志就通过

① 当时任中共中央党校副教育长。

中央组织部下令，让我上党校学习。我对耀邦同志说，你在中科院挨批时有一个“五子登科”，其中两个“子”（房子和炉子）与我有关。这次我什么都给你管，如果你再挨批，又得给你捎上。我当时是局级干部，由中央下令上党校学习算是个特例，因而在北京市引起了很多猜测，我那时的领导赵鹏飞同志还以为我要高升了，其实他不知道这又是一次半工半读。我的初中、高中和大学的课程，我的文化知识、建筑专业知识和社会科学理论知识，几乎都是利用业余时间自学的。由于学习底子太差，我几十年来一直在补课，有时简直是“恶补”。我一生为学习所付出的艰辛，在学习中所碰到的困难，是许多人难以想象的。我很早就当了劳模。劳模是什么概念？那时候的劳模简单说就是：干得多、干得快、干得好，吃苦多、吃亏多、奉献多。多干、吃亏几乎成了劳模的缩影。我至今还记得张百发同志当时作报告讲的一句话，叫“学吃亏，会吃亏，经常吃亏不皱眉”。我是一个劳模，还是一个突击队长，不脱产，还得多干活，学习的时间只能从比别人更少的休息中去挤。那时的工棚是通铺，你要在工棚里点灯看书，别人就没法睡觉。夏天比较好办，冬天只好穿上棉袄、大头鞋，戴上口罩，到路灯底下去学习。算计时间，节省时间，合理利用时间，成了我一生的习惯。对我来说，从来没有无用的时间，包括零碎时间。每次睡觉以前，我总是要想一个题目，总怕早睡着了。碰到大的难的问题，不是趴在桌上想，而是躺在床上想。我的若干篇讲话、文章的提纲，几乎都是躺在床上想出来的。我这一生为学习吃的苦实在太多，我确实很累，需要休息，需要轻轻松松地读一点自己想读的书。这是我长久以来的愿望。

我是 1989 年 6 月到中央工作的。老实讲，我一直不太愿意到上边来。以前中央曾有两次要调我进京，我都想方设法地婉拒了。我多次说过，我这个人不适宜在上层工作，喜欢在下边跑跑、在人群里跑跑，愿意干点看得见、摸得着的活。1989年政治风波过后，中央通知我到北京来，我对李鹏同志、杨尚昆同志说，我还是愿意在天津工作。但小平同志强调，动乱之后不准再讨价还价，我这才接了工作。到中央后，前3年分工宣传思想工作，后10年分工统战政协工作。两段工作，我都是边干边学。干得如何？只能由中央、由社会各界去评论。我自己只能说尽了心，尽了力，没有懈怠，没有大意。对选平同志在这次会上的总结报告，大家反映很好，认为九届政协工作很有成绩，也有不足。要我说，成绩是大家共同努力的结果，不足不管大小都和我有关。

13年工作当中，我发表了一些讲话、文章。像任何事物一样，对我的这些讲话、文章，看法也不会完全一致。文章是思想认识的载体。客观事物在不断变化，人的认识也有一个过程，认识总有一定的局限性，文章自然也不例外。我的这些文章、讲话，不管好坏对错，都留在那里，都留给历史，表扬也好，批评也罢，都由不得我自己。但有一点我感到欣慰，我的所有讲话、文章，都是从工作出发的，都是经过自己认真思考的，都是本人亲自动手的。

10年统战政协工作，我同各方面领导相处是好的，关系是正常的。我与全国政协八、九两届各位副主席之间，与各民主党派、全国工商联以及有关人民团体领导人之间，相互理解，相互支持，相互配合，关系融洽。我没有和哪个人特别的近，也没有和哪个人特别的远；没有和哪个人特别的亲，也没有和哪个人特别的疏。我是三届中央政治局委员，我同其他政治局成员之间的关系也是这样。我是个直率人，讲话直来直去，不习惯当面说人的好话，也不喜欢背后说人的坏话，有什么说什么，怎么想就怎么说。这可以说是个优点，也可以说是个毛病。直来直去，不分场合，特别是对领导干部，有时候让人家难以接受，下不了台。今天，我借这个机会郑重表示，向所有由于我的工作不周或言语不当而带来不快或者不便的同志，致以深深的歉意，请求你们给予谅解！10 年来，各级政协组织、广大政协委员、所有政协机关的同志，对我的工作提供了许许多多的支持和帮助，我也借这个机会向大家表示衷心的感谢！

在座各位和我相处有 5 年的，有 10 年的，也有 13 年以至更长时间的。相处是缘分，是福分。相处是短暂的，友谊是长存的。希望这段时光给我们留下美好的回忆。

统一战线是一大法宝，政协工作大有可为。我相信统一战线、人民政协事业一定会越来越好！

目　录

一、改革、发展、稳定

二、“和”的思想

三、政协大会讲话

四、人民政协工作

五、统一战线工作

六、民族宗教工作

七、城市规划、建设和管理

八、农村问题

九、土地、水和绿化问题

一、改革、发展、稳定

坚持稳定发展的方针*

（1987 年 12 月 26 日）

坚持稳定发展是天津的一条重要经验。几年来，我们一直把稳定发展作为一条重要原则，并贯穿于一切工作的过程和归宿。我们反复强调审慎从事，强调“迈小步不停步，少走弯路回头路”。我们提出要“三稳”：一是稳定，注意理顺各种关系，特别是人们的情绪，使整个社会有一个和谐、融洽、协调的环境；二是稳步，强调各项事业、各项工作既要积极进取，又不要操之过急，而是谨慎从事，平稳推进；三是稳妥，对于任何工作，特别是重大改革措施和政策出台，要周密准备，把握时机，尽量避免失误，减少震动。稳定，最主要的是人民群众的稳定，没有人民群众的稳定就不会有其他的稳定。因此，我们始终把人民群众的情绪作为第一信号，把人民群众的切身利益作为第一位的问题。为了理顺群众情绪，我们说了很多话，费了很多劲，花了不少钱，办了不少事。我们之所以这样做，是因为群众是社会的主体，群众不满意就不会有整个局面的稳定。群众是历史的主人，改革开放、四化建设，归根结底得靠群众去完成，群众不高兴、不积极，各项工作就不可能真正干好。实践证明，关心群众利益，强调稳定发展，与搞好其他工作并不矛盾，天津这几年许多

---

* 这是李瑞环同志在中共天津市四届八次全委扩大会议上的讲话的一部分。

工作在全国并不落后，就是一个生动的例证。

稳定发展的方针，是正确把握和驾驭形势的方针。我们强调稳定发展，并不是说出了什么不可收拾的大问题。总的讲，我们的形势是好的，有利条件很多。党的十三大总结了十一届三中全会以来的历史性成就，指出由于执行全面改革和对外开放的方针，经济建设取得了很大进展，人民生活有了相当的提高。在我们的政治生活、经济生活和社会生活中，存在一些不安定的因素，但大都是前进中的问题，是新旧体制交替中不可避免的阵痛。我们之所以强调稳定发展，目的在于提醒大家在顺利发展的形势下保持冷静的头脑，对于已经存在和可能发生的问题，有个清醒的认识。建国以来的历史教训深刻地说明，情况一顺利就容易头脑发热，形势一好转就容易胡乱折腾，办事情、想问题，习惯于带政治运动色彩，这是一个顽固的老毛病。我们犯错误、出问题，很多是由于要求过急、过快。因此，必须把稳定发展作为始终注意的大问题，随时加以警惕，防止急于求成、盲目折腾。只有解决了这个问题，我们才能像列宁指出的那样，获得必要的政治敏感，敏捷而正确地解决各种复杂的政治倾向，做到居安思危，审时度势，随机应变，驾驭局面，永远立于不败之地。

稳定的方针，是积极进取的方针。稳定不是原地不动，更不是消极退缩，而是为了更扎实、更顺利地前进，更好、更快地发展。保持稳定发展，并不是轻而易举的事情，而必须做大量艰苦细致的工作，决不可以慢慢腾腾、拖拖拉拉、散散漫漫、冷冷清清。该办的事情仍然要办，该快办的事情仍然要快办，而且要办得更好、更节省。特别是对于我们正在进行的改革，要进一步加快步伐，在更广阔的领域和更深入的程度上展开。即使是必须缓办、停办的事情，也不允许消极被动，敷衍了事，也要全力以赴，妥善处理，做到平衡衔接，井然有序。为了保持稳定发展，各级领导需要更加振作精神，克服消沉畏难情绪，兢兢业业地扎实工作，动员起千百万人的力量，万众一心，艰苦创业，共同战胜暂时的困难。这就是说，只有用积极进取的态度，才能获得局面的真正稳定；只有保持局面的真正稳定，才能更好地积极进取。稳定当然有取有舍，有进有退，但小有所舍是为了大有所取，退一步是为进两步。我们共产党人以改造世界为己任，当前要建设有中国特色的社会主义，谁不想把事情办得多一些，把建设搞得快一些？问题在于是真想、实想，还是假想、空想。真想快，就必须按客观规律办事，稳步前进，不能急于求成，盲目行动，草率决策，操切从事。否则，只能是欲速则不达，想快反而更慢。我们这个国家人多、国大、底子薄，情况复杂，想在短时间里出现什么人间奇迹，只能是一种幻想。按照规律，循序渐进，在稳定中求发展，持之以恒，积以时日，我们就一定能够一步一步地达到预定的目标。这样做，看起来慢些，实际是更快。

稳定的方针，是协调发展的方针。人类社会是一个互相联系、互相制约的有机整体，有着不以人的意志为转移的比例关系。因此，要取得社会的进步和经济的发展，必须把各方面的关系理顺，使各种比例基本保持平衡。各方面不协调，畸形发展，就犹如一辆轮子不全的汽车，强行驾驶必然导致翻车。因此，稳定与协调是前进与发展必不可少的条件。只有不断地做好稳定协调的工作，才能求得在稳定中前进，在协调中发展。稳定与协调密不可分，稳定必须协调，协调才能稳定，稳定就是协调。保持稳定，搞好协调，这是个有关国计民生的大问题，不仅关系到经济建设的稳步发展，也关系到政治局面的安定团结；不仅关系到局部，而且关系到全局；不仅关系到眼前工作的开展，而且关系到长远的发展。我们必须从有利于全局和长远利益出发，把稳定协调发展的方针作为一条长期的指导方针和基本的领导方法，确定下来，坚持下去，不断提高自觉性，以保证我们的改革开放和四化建设能够较为平衡地顺利进行，不断取得扎扎实实的成效。

要使稳定发展的方针得到全面、正确的贯彻，保持积极向上、协调发展的好势头，需要采取正确的领导方法，科学妥善的措施，需要做大量艰苦细致的工作。这就对我们的领导水平、领导作风以及观察和驾驭形势的能力，提出了更高的要求，对各级领导是一次很好的锻炼和严格的考验。各级领导要根据自己所担负的任务和面临的实际情况，很好地进行研究，把问题想细，把思路搞清，把工作抓实。

改革开放是历史的必然*

（1990 年 2 月 9 日）

改革开放是历史的必然，是马克思主义的本义，是完善和发展社会主义制度的要求，也是全党全国人民的选择。为什么说改革开放是历史发展的必然趋势呢？至少有这样几条：

第一，从理论上讲，改革开放是马克思主义的理论所规定了的。大家都熟悉马克思主义的一个基本原理，世界上任何事物都是发展变化的，不存在一成不变的东西，人的认识也要随客观情况的发展变化而变化。客观事物的运动变化永远不会完结。马克思主义开辟了认识真理的道路，但真理永远不可能被穷尽。在很长的时期内，人们对社会历史的发展只是片面的了解，一方面是由于剥削阶级的偏见常常歪曲社会历史，另一方面则是由于生产规模的狭小限制了人们的眼界。这就是说，随着生产的发展，科学技术水平的提高，人们的认识也一定会不断地深化和提高。马克思讲社会主义只能在几个国家同时取得胜利，列宁根据变化了的客观情况，提出可以在资本主义锁链最薄弱的地方，在一个国家首先取得胜利。毛主席从中国的国情出发，又发展了列宁的某些结论，搞农村包围城市。这个结论开始也没有多少人接受，批评它是“山沟里的马列主义”，后来实践证明这个结论是正确的。

---

* 这是李瑞环同志听取福建省委工作汇报时的讲话的一部分。

粉碎“四人帮”后，小平同志如果不是从实际出发，把长期“以阶级斗争为纲”这一套去掉，提出以经济建设为中心，坚持四项基本原则，倡导改革开放，提出建设有中国特色的社会主义的理论，就不会有中国今天的局面。所以小平同志会见戈尔巴乔夫时说，就马克思主义来讲，既要讲坚持，又要讲发展，不讲发展就没有新意，不叫真正的马克思主义。这是从事物运动发展变化的理论来看改革开放的必然性。

马克思主义的另一个基本观点是，生产力决定生产关系，经济基础决定上层建筑，生产力不断运动和变化，必然导致生产关系的调整和变化。科学技术在不断进步，生产力在不断发展，生产关系不做调整，不进行改革，这本身就违背马克思主义嘛！我在会见尼克松时讲过，改革开放是符合马克思主义基本理论的，否认改革开放的人，不是真正的马克思主义者。马克思主义认为人类的知识有两个来源，从纵向讲是历史的延续性，从横向讲是互相学习借鉴。马克思主义讲的实践，指的是人类社会实践，把实践理解为只是个人的直接经验是狭隘的经验论。在科学技术和交通、通讯高度发达的今天，理所当然地要求我们进行交流，只有蠢人才不借鉴别人现成的经验。从某种意义上说，马克思主义也是外来货，还是从苏联“转口”来的，是十月革命一声炮响给中国送来了马克思主义嘛！

第二，从社会主义发展史上讲，也可以看出改革开放的必然性。大家知道，马克思、恩格斯对社会主义的描绘、预测，是建立在对资本主义社会发展规律的研究基础之上的，是建立在对资本主义社会的无产阶级革命运动的研究基础之上的，而现实的社会主义社会究竟是什么模样，他们没有赶上。列宁根据马克思主义基本理论，又结合俄国实际，建立了世界上第一个社会主义国家。列宁执政四年左右去世了，斯大林接着搞。斯大林很了不起，在内忧外患的情况下，搞出那一整套社会主义模式。斯大林搞的那一套还是有吸引力的，否则就不会出现那么多社会主义国家，这必须肯定。斯大林搞的社会主义模式不能不受到当时环境条件的限制，它不免带有那个时代的历史局限性。当然，作为对人的评价，后人对前人不能苛求，要有历史的评判。从斯大林的模式到现在，已经那么长时间了，各方面的情况都发生了变化，我们怎么就不能根据中国发展变化了的情况加以发展变化呢？马克思主义的基本原理毫无疑问是对的，社会主义的方向必须坚定不移，但社会主义发展过程中存在的弊病需要革除，社会主义制度的优越性需要进一步发展和挖掘。只有兴利除弊，社会主义制度才能不断自我完善，自我发展。这种完善和发展就是我们所讲的改革。

第三，从实践上讲，特别是从我们10年改革开放的实践上讲，没有改革开放就没有中国的今天。中国现在11亿人口，耕地没增加，吃的穿的能达到今天这个程度，如果没有改革开放可能吗？不可能。在座的许多同志都知道，1949年8月，美国国务院发表的白皮书里说中国人口太多，中国历代的统治者都是因为解决不了这么多人的吃饭问题而垮台，国民党也是因为解决不了这个问题垮了台，共产党最终也要因为解决不了这个问题而垮台。毛主席为了驳斥他们的观点，写了五篇文章，叫做五评“白皮书”，就是现在“毛选”第四卷的最后五篇。最后一篇是《唯心历史观的破产》，里面有一段名言：“世间一切事物中，人是第一个可宝贵的。在共产党领导下，只要有了人，什么人间奇迹也可以造出来。”这个话当时是批艾奇逊，也是驳马尔萨斯人口论的，是没有错的，很长中国人志气，但后来用到了多生多育上去，这就出错了。那时候说中国人多，也只有四亿五千万人，现在11亿多人。我们的吃、穿达到今天这个程度，不改革开放是绝对不行的。看一个国家的实力，从整体和长远来讲，总要看经济发展了没有，人民生活改善了没有，人的精神面貌改观了没有，文化素质提高了没有。改革开放，势必会在这些方面增强国家的实力。

第四，从群众意愿上讲，改革开放给群众带来了实惠，继续坚持改革开放的方针，是广大人民群众的最大希望。我们不是常讲人民群众是创造历史的主人，是创造历史的动力，主导着历史发展的趋势吗？我们是人民的公仆，群众愿意改革，我们有什么理由不改革呢？人民愿意对外开放，我们为什么不对外开放呢？不是讲顺乎民心吗？我们党和政府作为政策的制定者和执行者，理所当然地必须尊重人民群众的意愿，毫不犹豫地继续把改革开放推向前进。党的四中全会、五中全会一再重申改革开放政策不变，正是顺民意、得民心之举。

科学技术是第一生产力*

（1991 年 5 月 21 日）

科学技术是第一生产力，是邓小平同志 1988 年提出来的。重视科学技术，是邓小平同志的一贯主张。建国 40 多年来，无论是在社会主义建设起步阶段，还是在同“四人帮”作坚决斗争的时期；无论是在改革开放蓬勃发展的年代，还是在世界风云急剧变化的紧要关头，邓小平同志都对发展我国科学技术给予了极大的关注，以马克思主义者的远见卓识，作出了一系列重要的论述。特别是进入 80 年代以来，根据国际政治、经济出现的新情况和世界科学技术发展的新趋势，基于我国社会主义建设的现实，邓小平同志对科学技术的关键作用讲的次数越来越多，分量越来越重。他要求全党同志不仅要掌握科学技术是生产力这个马克思主义的基本观点，而且要看到科学技术已经成为第一生产力这个现代的事实，从而对于大力发展科学技术，以推进我国社会主义事业，有一种历史的责任感和时代的紧迫感。同时，邓小平同志还亲自领导了若干发展高科技项目的决策制定，如北京正负电子对撞机的研制、863 高科技计划的实施等。他对我国科学技术所取得的每一项重大成就，都表示由衷的喜悦，并给予热情的鼓励。

---

* 这是李瑞环同志听取浙江省委工作汇报时的讲话的一部分。

邓小平同志关于科学技术的重要性，特别是科学技术是第一生产力的思想，内涵是很丰富的，其基本观点是否可以概括为以下六个方面。第一，社会主义的根本任务是发展生产力。不发展生产力，不提高人民的生活水平，就不符合社会主义的要求，就不可能建成合格的社会主义。而要发展生产力，就必须注重发展科学技术这个第一生产力。第二，中国要赶上世界先进水平，必须从科学和教育入手。我国到下世纪中叶将达到中等发达国家水平，根据之一就是在这段时间里我们有能力把教育搞上去，把科学技术搞上去。对外开放，首先是为了把资本主义发达国家先进的科学、先进的技术、先进的管理学过来，为社会主义服务。这些东西本身并没有阶级性。坚持改革开放，推进科技进步，再加上发挥我们的传统政治优势，我们完全可以比资本主义发达国家干得更好。第三，四个现代化的关键是科学技术的现代化。没有现代科学技术，就不可能建设现代农业、现代工业、现代国防。研究科学技术是一项基本建设，这方面的投资是基本建设投资。要充分重视发挥科学技术在国民经济中的先导作用。第四，中国必须发展高科技，实现产业化。下个世纪将是高科技的世纪，在激烈的国际竞争中，中国必须在世界高科技领域占有一席之地，搞出一些具有世界先进水平的东西。第五，包括科技人员在内的知识分子是主要从事脑力劳动的劳动者，是工人阶级的一部分。要尊重知识，尊重人才，保证科技人员把最大的精力放到科学技术工作上去。对科技人员政治上要信任，工作条件要保障，生活待遇要提高，有突出贡献的要给予重奖。第六，为了最大限度地解放科学生产力，必须相应地改革经济体制和科技体制。体制改革必须创造一种良好的社会政治环境，有利于拔尖人才脱颖而出，有利于科技同经济的结合，使科技成果尽快转化为现实的生产力。

邓小平同志关于科技是第一生产力的这一系列基本观点，是建设有中国特色的社会主义理论的重要组成部分，是对马克思列宁主义、毛泽东思想的继承和发展。它对于我们这个人口众多、经济文化都比较落后的东方大国，在无产阶级取得政权以后，如何面对世界科学技术迅猛发展的形势，实现社会主义制度同现代科学技术的结合，尽快把经济和科技搞上去，迎头赶上发达国家，具有重大的理论和实践意义。全党同志尤其是高级干部，对于邓小平同志这样一个关系到社会主义建设全局的极其重要的指导思想，必须深刻领会并认真贯彻执行。

在90年代，坚持按照科学技术是第一生产力的指导思想，大力发展科学技术，既是经济问题，也是政治问题，既具有现实意义，又具有长远意义。

第一，这是实现第二步战略目标的关键。第二步战略目标不仅是一个数量概念，还包括相应的质量要求。实现这一目标，从总体上说，必须一靠政策，二靠科技。所谓依靠政策，就是通过政策调整和体制改革，充分调动各方面的积极性。所谓依靠科技，就是用现代科学技术改造传统产业，并积极发展高科技和高科技产业，提高国民经济整体素质。在过去相当长一段时期内，我们依靠人力、物力、财力的大量投入，走了一条投入多、产出少的粗放式发展道路。80年代为改变这种状况，我们作了不少努力，也取得了可观的成就，但根本问题仍然没有解决。目前，我国经济发展来自技术进步的因素只占30%，而发达国家已达60%～80%。我国不少经济技术指标不仅与世界先进水平有很大差距，有的甚至低于我们历史上曾经达到过的最好水平。应当看到，我国资源相对缺乏，靠大量消耗资源来发展经济是没有出路的。在人口增加、耕地减少的情况下，离开科技，农业很难再上新台阶。在设备陈旧、工艺落后的情况下，离开科技，工业很难走出质量差、成本高、效益低的困境。在现代战争日益进入高科技较量的情况下，离开科技，国防实力很难有显著的增强。至于人口控制、环境保护等方面也都离不开科学技术。只有充分依靠科学技术，注意把投入向科技研究适当倾斜，加强科技开发和应用研究，努力增加产品中的技术含量，建立节耗、节能、节水、节地的资源节约型经济，并重视基础科学理论研究，为科技发展积累后劲，才能全面推进四化建设，实现可持续发展，圆满完成第二步战略目标。因此，推动科技进步既是第二步战略目标的内容，也是实现第二步战略目标的关键。

第二，这是对以经济建设为中心的深化。党的十一届三中全会果断地决定把党和国家的工作重点转移到社会主义现代化建设上来。这是一次具有重大战略意义的转移，是付出了巨大代价的，是来之不易的。这里所说的工作重点，就包括科技和教育。经验表明，如果不重视科技、教育，不发展科技、教育，工作重点的转移就是不完全的，也是难以巩固和持久的。80 年代我们坚持以经济建设为中心，开创了建国以来国家经济实力增长最快、人民得到实惠最多的时期。90 年代我们只有坚定不移地继续坚持以经济建设为中心，并把经济建设真正转移到依靠科技进步和提高劳动者素质的轨道上来，把这个转移推到更高阶段，才能使广大群众不受干扰，专心致志地学文化，钻技术，练本领，增强做好本职工作的能力；才能保证各级干部进一步解放思想，实事求是，勇于探索，创造性地解决经济和社会发展中的突出矛盾和关键问题；才能避免折腾，稳扎稳打，保持国民经济持续、稳定、协调地发展。因此，把经济建设转移到依靠科技进步和提高劳动者素质的轨道上来，是党和国家工作重点转移的深化，同样具有重大的战略意义。

第三，这是巩固和发展社会主义制度的保证。社会主义之所以能够战胜资本主义，之所以能够具有强大的吸引力，在人民群众中深深扎根，从根本上说，就在于它最终能够创造出比资本主义更高的劳动生产率。经济不发展，国力不增强，人民生活不改善，社会主义制度就难以巩固，更谈不上发展。当前国家与国家间的竞争，实质上是综合国力的竞争，综合国力的竞争归根到底又是生产力首先是科学技术的竞争。这里所说的科学技术的竞争，不单是某几项科技成果的比较，而是总体的科学技术能力及其转化为经济和军事实力的能力的较量。在这个竞争中，谁落后谁就会丧失主动权，就有可能受制于人，甚至被动挨打。苏联国力的衰落，东欧局势的剧变，海湾战争的结局，这些严峻的事实都不能不使一切真正关心社会主义前途和命运的人们警醒起来。对和平演变，对强权政治，我们必须保持高度的警惕。与此同时，对现代科学技术在国际竞争中的巨大影响和作用，我们必须有足够的认识。过去“四人帮”用什么“卫星上天、红旗落地”的言论来反对搞四个现代化，这是荒谬的。现在事实越来越清楚：要想红旗不落地，必须卫星早上天。社会主义制度的建立，为科学技术的发展开辟了极其广阔的前景，而科学技术的发展又为社会主义制度的巩固奠定了深厚的物质技术基础。科学技术是现代文明的重要组成部分，深刻地影响着人们包括思想道德在内的精神与观念。只有掌握现代科学文化知识，摆脱愚昧落后状态，劳动者的素质才能提高。发展科技和教育，既是社会主义精神文明建设的重要内容，又是它的重要条件。因此，真正巩固社会主义，真正对社会主义充满信心，就应当在世界范围的激烈竞争中集中精力把科学技术搞上去，推进两个文明建设的发展。

第四，这是推进改革开放的需要。从根本上讲，改革开放是为了大幅度地提高包括科技在内的社会生产力，而科学技术的发展，既对推进改革开放提出了新的要求，又为改革开放创造了良好条件。经济建设要进一步转到依靠科技进步的轨道，科技要进一步面向经济建设的主战场，就必须推进科技体制和经济体制的配套改革。80 年代，顺应“面向”和“依靠”的要求，我们先后开放技术市场、改革科研拨款制度、创办高新技术产业开发区等等，对解放科技生产力，促进经济增长，起到很重要的作用。90 年代我们将继续深化经济体制和科技体制改革，逐步建立经济与科技互相促进、协调发展的运行机制，推进科技成果的商品化。对于扩大开放来讲，如果我们没有水平较高的科学技术，一方面国外先进的生产技术和管理经验不能合理地引进，引进后也消化不了；另一方面国内的产品出不去，出去后也要吃亏。回顾这些年，在对外经济技术交往中，由于我们不懂或者不掌握某些方面的科学技术，上当受骗和睁着眼吃亏的事是不少的，有的引进的是过时技术，有的出口商品卖不上好价钱。比如你们的绍兴黄酒，卖的价钱理应比台湾的要好，但是瓶子过不了关，要向外国买瓶子，结果赚钱比台湾少。所以，讲改革，讲开放，都离不开科学技术发展。科技发展既是推动改革开放的强大动力，也是衡量改革开放是否成功的重要标准。

第五，这是形成尊重知识、尊重人才良好风尚的动力。把我国建成现代化的社会主义强国，不仅需要大力提高工人、农民和其他劳动者的科学文化素质，还必须造就一支宏大的知识分子队伍，培养一大批世界第一流的科学技术专家，形成尊重知识、尊重人才的良好风尚。要做到这一点，当然要加强宣传教育，改变鄙薄知识、轻视人才的陈旧观念，而更重要的是要把科技人员推向四化建设和改革开放的第一线，人尽其才，充分显示知识、人才在创造社会物质财富方面的巨大作用和无穷潜力。现在，农民把科技人员比成“财神爷”，乡镇企业竞相用重金招聘科技人员，就是因为他们对科技和科技人员的作用有切身的感受和迫切的需要。只要我们真正把科学技术作为发展国民经济的战略重点，形成向新科技革命进军的社会潮流，就会充分释放国内成千上万科技人才尚未完全发挥的潜能，就会从根本上扭转人才外流的不正常现象，就会吸引一切具有报国之心的海外华夏儿女以各种形式为振兴中华出力献策。因此，重视发展科学技术是解决我国知识分子问题的根本出路之一。

第六，这是坚持和发展马克思主义的条件。马克思主义认为，科学是“最高意义上的革命力量”，科学技术是推动经济和社会发展的强大杠杆。无数历史事实告诉我们，每次重大科学发现，都使人类对客观世界的认识产生飞跃；每次技术革命，都使人类改造客观世界的能力得到提高。1989 年 5 月，邓小平同志根据世界新技术革命蓬勃发展的现实指出：真正的马列主义者必须依据实际情况认识、继承、发展马列主义。又说：世界形势，包括科学技术的发展，日新月异，不用新的思想观点来继承、发展马列主义，就不是真正的马列主义者。对于马克思主义，一要坚持，二要发展。坚持和发展的关键，就在于与社会主义建设和改革的实际相结合，与当代世界经济、政治和技术发展的实际相结合。事实上，马克思主义的产生也是与近代科学技术发展密切相关的。毛主席在《实践论》中指出，人们能够对于社会历史的发展作全面的历史的了解，把对于社会的认识变成了科学，这只是到了伴随巨大生产力——大工业而出现近代无产阶级的时候，这就是马克思主义的科学。正因为如此，马克思、恩格斯对自然科学的新成就总是“密切地注意”和感到“衷心喜悦”，并从中吸取知识和力量，形成和发展自己的哲学、政治经济学和科学社会主义学说。在 90 年代，面对科学技术日新月异的发展，我们要认真研究科学技术的最新成果，深入了解它们给政治、经济、文化、军事和社会生活带来的广泛而深刻的影响，使马克思主义理论在坚持基本原理的基础上获取新的思想内容。只有这样，马克思主义才能跟随时代前进，并且指导时代前进。

在当前激烈的国际竞争中，要把我国的科技搞上去，任务是艰巨的，困难是很多的，与此同时，也必须看到我们自己的优势。尽管我们的科技水平与发达国家相比，总体上存在不小差距，但我们经过 40 多年的艰苦努力，已打下了较好的基础，在有些领域还走在世界前列。尽管我们目前还不富裕，每年能用于科技投入的资金有限，但我们有社会主义制度，能够有计划地集中财力、物力，在较短的时间里办成几件大事。“两弹一星”的成功就是一个有力的证明。尽管我国科技人员在职工中的比例与发达国家相比还不算高，但这支队伍具有较高的业务水平和较强的攻关能力，具有强烈的爱国热情和无私的奉献精神。充分调动他们的积极性，把他们很好地组织起来，突出重点，联合攻关，就能够克服困难，攀登科学技术的高峰。尽管我国科技体制和经济体制仍然有许多弊端，但必须看到，经过 80 年代的改革和探索，在解放科技生产力方面，我们已经取得了不少成功经验。这些经验是我们 90 年代继续前进的基础。更重要的是，我们已经确立了以经济建设为中心，坚持四项基本原则、坚持改革开放的基本路线。这条路线的贯彻执行，为广大科技工作者专心致志地钻研业务创造了良好的社会政治环境。这一切都是我们事业必定成功的可靠保证。中华民族曾经创造过灿烂的古代科技文明，对人类进步作出了不可磨灭的贡献。只要我们充分发挥社会主义国家的这些优势，就一定能够迎接新的科技革命的挑战，创造无愧于前人的、与伟大祖国地位相称的光辉成就。

把科学技术搞上去，需要解决的问题很多。要为发展科学技术办实事，解决实际困难，提供实际帮助。但首先还是要提高思想认识，特别是领导干部的认识。这就要求加强对科技是第一生产力的宣传，加强对科技必须面向经济建设、经济建设必须依靠科学技术的宣传。我们的报刊、电台、电视台都要按照中央的精神，根据自己的特点与优势，同科技部门密切配合，采取生动活泼、群众喜闻乐见的形式，介绍科技知识，提倡科学精神，表彰和宣传科学工作者的先进事迹，总结和推广依靠科技进步的成功经验。文艺工作者要满腔热情地创作宣传科技进步的节目。总之，要努力为科学技术的发展提供有力的舆论支持和良好的舆论环境，形成举国上下重视科学技术的热烈气氛，为增强全民科技意识、促进科技发展加油鼓劲。

自觉坚持党的基本路线*

（1991 年 11 月 6 日）

今天我们在这里隆重集会，纪念新华社建社 60 周年。首先，我代表党中央、国务院向新华社全体同志，向所有在新华社工作过并为党的新闻事业作出积极贡献的同志，表示热烈的祝贺和崇高的敬意！

新华社是我们党所领导的成立较早的新闻机构。从诞生之日起，它就是党中央直接领导下的重要宣传舆论部门，就是在毛泽东、周恩来、刘少奇、邓小平等老一辈革命家的亲切关怀和辛勤培育下开展工作，就是党和政府同人民群众保持密切联系的重要桥梁和纽带。60 年来，新华社在中国革命和建设的发展进程中发挥了非常重要的作用，并随着党和人民事业的发展，逐步建设成为一个有现代技术装备的、具有中国特色的社会主义通讯社，被国际舆论界列为六大世界性通讯社之一。这是一个了不起的成就，是新华社几代人历尽艰辛、团结奋斗的结果。

孔夫子有句话，叫做“六十而耳顺”。新华社经过 60 年来的实践和总结，形成了一整套好的传统和作风：一是坚持无产阶级新闻的党性原则，始终把当好党的耳目、喉舌作为自己的根本任务，坚持不懈地向人民群众传播马克思主义真理，宣传党的路

---

* 这是李瑞环同志在新华社建社 60 周年纪念会上的讲话。

线、方针、政策；二是坚持对党负责和对人民负责的一致性，始终保持同人民群众的血肉联系，满腔热情地反映人民群众的愿望、要求和呼声；三是深入实际，调查研究，把党的实事求是的思想路线贯穿于宣传报道和各项工作之中；四是严肃的工作态度、严谨的工作作风、严密的工作制度和严格的组织纪律。这些优良传统和作风，是新华社的经验结晶，也是党的新闻工作的宝贵财富，我们应当百倍地珍惜，并结合新的情况很好地继承和发扬。

围绕党的基本路线和中心任务进行宣传，是党的新闻工作的一个显著特点，也是新华社取得成绩的一条重要历史经验。在抗日战争时期，我们党提出了“放手发动群众，壮大人民力量，在我党的领导下，打败日本侵略者，解放全国人民，建立一个新民主主义的中国”的总路线。新华社围绕这个总路线，及时地、准确地宣传了党在抗战中的各项方针、政策，报道了全国人民团结抗日的英雄业绩，为抗日战争的胜利发挥了重要的舆论宣传作用。在解放战争时期，我们党提出了“无产阶级领导的，人民大众的，反对帝国主义、封建主义和官僚资本主义的革命”的总路线。新华社围绕这个总路线，积极宣传党领导人民群众为实现国内和平和民主所进行的伟大斗争，全力以赴地报道解放战争的节节胜利，为中国人民的翻身解放写下了壮丽的篇章。毛泽东同志特别注意总路线、总政策的重要地位和作用。他说：“我党规定了中国革命的总路线和总政策，又规定了各项具体的工作路线和各项具体的政策。但是，许多同志往往记住了我党的具体的各别的工作路线和政策，忘记了我党的总路线和总政策。而如果真正忘记了我党的总路线和总政策，我们就将是一个盲目的不完全的不清醒的革命者，在我们执行具体工作路线和具体政策的时候，就会迷失方向，就会左右摇摆，就会贻误我们的工作。”党的基本路线是一个时期的总路线，是统管全局的，只有真正把握好基本路线，党的各项具体的工作路线和方针政策才能得到正确的贯彻落实。因此，新闻宣传战线在当前要发挥其应有作用，就必须下大力量全面准确地宣传党在社会主义初级阶段的基本路线。

党的“以经济建设为中心，坚持四项基本原则、坚持改革开放”的基本路线，是以邓小平同志为代表的中国共产党人把马克思主义的普遍原理同中国具体实践相结合的产物，是几十年来我们党领导中国人民建设社会主义的经验总结，是中国共产党人坚持实事求是思想路线的智慧结晶，是加快国家繁荣富强、实现中华民族伟大振兴的正确途径，也是我们完善和巩固社会主义制度的根本保证。新闻战线要以对党、对人民高度负责的态度，以创造性的实干精神，用出色的宣传报道，引导和鼓舞干部群众坚定不移地、全面准确地贯彻落实党的这条基本路线。要突出宣传经济建设这个中心，使人们懂得，共产党掌权之后下大力量抓经济工作，把经济工作搞上去的深刻意义和重大影响；要大力宣传改革开放，使人们懂得，不推进改革开放，经济工作就无法抓好，国家就不能富强，人民就不能富裕；要始终重视四项基本原则的宣传，使人们懂得，我们的改革是共产党领导的社会主义制度的自我完善，是为了把我们的社会主义国家搞得更好，因而在经济建设、改革开放的过程中必须保持清醒的头脑，坚持正确的方向。总之，要扭住经济建设这个中心不放，处理好两个基本点的关系，防止由于宣传报道上的片面、摇摆，影响党的基本路线的贯彻落实。

为了适应新的形势和新的任务的需要，新华社必须采取有力措施，切实加强新闻队伍的建设。新闻工作者要提高思想觉悟，坚定社会主义信念，在政治上同中央保持高度一致。要认真学习马克思主义基本理论，善于用马克思主义的立场、观点、方法认识世界、反映世界。要努力学习各种新知识，特别是现代科学技术知识，了解世界科技发展的新趋势及其对经济和社会发展的深远影响，生动、准确地反映科学领域的新成果。要贴近实际，贴近生活，贴近群众，把握群众思想脉搏，回答群众迫切需要回答的问题。要讲究宣传艺术，提高写作能力，写出更多为广大群众喜闻乐见的好作品。总之，新闻工作者要通过学习和实践，不断地充实和提高自己。

同志们，党中央十分重视新华社的工作。最近，江泽民等中央领导同志先后到新华社视察，对新华社的工作给予了充分肯定和鼓励，并作了许多重要指示。希望大家认真学习，深刻领会，很好地落实。新华社有一支好的队伍，有一套成功的工作经验，有较为先进的通讯技术设备，完全有条件把工作搞得更好。只要遵照江泽民同志提出的“学习，学习，再学习；深入，深入，再深入”的指示精神，进一步振奋精神，团结一致，解放思想，实事求是，新华社的工作一定会出现一个新的局面，新华社在新时期一定能够为党和人民作出新的更大的贡献。

建立和完善社会主义市场经济体制*

（1993 年 12 月 28 日）

各位副主席、各位常委、各位同志：

这次会议的中心议题，是学习贯彻中共十四届三中全会通过的《关于建立社会主义市场经济体制若干问题的决定》。本次常委会适逢毛泽东同志诞辰一百周年，常委们参加了中央召开的纪念大会，瞻仰了毛主席遗容。常委会议期间，钱其琛、温家宝同志分别就当前的国际形势和三中全会精神作了重要报告。常委们发表了许多很好的意见和建议。刚才会议通过了全国政协八届常委会《关于学习贯彻中共十四届三中全会决定的决议》，我们要认真落实。下面我再谈点意见。

中共十四届三中全会是我国改革开放和社会主义现代化建设进程中又一次极其重要的会议。1978 年 12 月召开的中共十一届三中全会，实现了全党工作重点的战略转移，成为我国改革开放的伟大开端，那时改革的重点在农村。1984 年 10 月召开的中共十二届三中全会，通过了《关于经济体制改革的决定》，标志着以城市为重点的经济体制改革的全面展开。今年 11 月召开的中共十四届三中全会，作出了《关于建立社会主义市场经济体制若干问题的决定》，表明我国的经济体制改革进入了整体推进和重

---

* 这是李瑞环同志在政协第八届全国委员会常务委员会第四次会议上的讲话。

点突破相结合的新阶段。这个《决定》，是对建国以来历史经验特别是十五年改革开放经验的深刻总结，是我国建立社会主义市场经济体制的总体规划，是 90 年代经济体制改革的行动纲领。努力完成《决定》提出的各项任务，实现从旧经济体制向新经济体制的过渡，对于进一步解放和发展生产力，加快改革开放和现代化建设的步伐，推进建设有中国特色社会主义的伟大事业，具有重大的现实意义和深远的历史意义。

建立和完善社会主义市场经济体制，是一项宏大的系统工程，是中国人民创造历史的伟大实践。在这个过程中，必然会遇到许多难以预料的困难和异常复杂的局面，对此我们务必保持清醒的头脑，有充分的估计和足够的准备。我们必须看到，建立社会主义市场经济体制是全新的事业。迄今为止，人类社会只有在资本主义制度下发展市场经济的经验，而把社会主义制度同市场经济有机地结合起来，无疑是没有先例可循的崭新探索。建国以后的相当长时间内，我们把计划与市场看成划分社会主义和资本主义的标准，对市场经济采取批判、排斥的态度，使得人们包括各级领导干部对市场经济的一般规律和基本要素了解甚少以至完全陌生。通过十几年的改革开放，市场调节的比重逐步扩大，但我们对现代市场经济通行的法则、机制和国际惯例，还不很熟悉。如何在社会主义市场经济条件下，坚持和发挥我们的政治优势，也是新的课题。我们必须看到，建立社会主义市场经济体制是深刻的革命。长期以来，从管理体制、规章制度到人们的思维方式、工作方式乃至生活习惯，都形成了一套与计划经济相适应的东西。社会主义市场经济的发展及其所要求的价值观念和行为准则，必将对它们产生强烈的冲击。这种冲击涉及经济、政治、文化、社会生活的广阔领域，触及各地区、各部门、各单位工作的各个环节。它要求我们从经济基础到上层建筑实行一系列相应的转变，在改造客观世界的同时改造主观世界，切实有效地加强社会主义民主法制建设和社会主义精神文明建设，以同社会主义市场经济体制相协调、相融合，并为它的健康发展提供多方面的有力保证。我们必须看到，建立社会主义市场经济体制是难度很大的工作。实行了几十年的计划经济体制，遗留了不少老大难问题，有的甚至积重难返。向市场经济体制转变的过程中，又难免引发一些新的经济和社会问题。各种新旧矛盾交织在一起，呈现出好坏并存、利弊伴生的复杂局面，使得我们常常面临两难的选择，许多问题处理起来非常棘手。尤其是一些涉及群众切身利益调整的改革措施，如果处理不慎，就可能引发社会波动。我们还必须看到，建立社会主义市场经济体制是一个较长的过程。西方发达国家搞市场经济，经历了几百年的时间才达到今天这样的程度，在我们这样一个经济文化基础薄弱、计划经济影响很深的东方大国，实行这样深刻的社会变革，尽管有许多有利条件，也不可能一蹴而就。而且，由于种种原因，新旧体制的转换在某些情况下甚至会出现僵持或反复。这就要求我们必须树立长期奋斗的思想，在工作中注意坚持统筹兼顾，区别轻重缓急，讲求先行后续，实行配套推进。在社会主义市场经济体制诞生、发展和完善的全过程中，始终存在处理好改革、发展与稳定三者关系的问题。改革是动力，发展是目标，稳定是前提。我们必须把维护人民群众的切身利益作为根本出发点，虚心听取群众的意见，悉心体察群众的情绪，把握好总体受益原则和总体承受能力原则，努力使我们的各项决策和措施符合广大人民群众的意愿，赢得广大人民群众的拥护和支持。我们必须慎重地把握改革的时机和力度，统揽全局，审时度势，见微知著，力争改革在比较稳定和谐的社会环境中顺利进行。

要顺利完成建立社会主义市场经济体制的历史性任务，避免前进过程中发生大的波折和损失，我们必须始终坚持用邓小平同志建设有中国特色社会主义的理论武装头脑。最近出版的《邓小平文选》第三卷是我们建立社会主义市场经济体制的理论基础，我们要认真刻苦地学习。要学习邓小平同志的立场、观点、方法和风格，提高我们认识世界、改造世界的能力和水平。要理论联系实际，不断总结经验，增强坚持党的基本路线一百年不动摇的自觉性。要通过学习，牢固确立解放思想、实事求是的思想路线，善于把握"三个有利于"的根本标准，创造性地解决社会主义市场经济发展中的各种问题。我们必须始终注重实践。《决定》(《中共中央关于建立社会主义市场经济体制若干问题的决定》)总结了我国以往改革开放的经验，需要通过实践在新的历史条件下继续发展；《决定》勾画了社会主义市场经济体制的基本框架，需要通过实践去充实各个细节；《决定》是指导全国经济体制改革的纲领性文件，需要通过实践去同各地的具体情况相结合；《决定》提出了基本方针政策，需要通过实践化为全国人民的统一认识和统一行动。建立社会主义市场经济体制，说到底是个实践问题。贯彻落实《决定》，既要塌下心来刻苦学习，更要扑下身子大胆实践。在理论指导下进行实践，在实践过程中学习理论、发展理论。实践、总结，再实践、再总结，这既是我国改革发展的过程，也是我们认识深化的过程。我们必须始终尊重群众的首创精神。人民群众是认识和实践的主体，是改革和建设的力量源泉。《决定》既借鉴了发达国家搞市场经济的成熟经验，更总结了我国人民群众在改革开放中创造的新鲜经验。随着《决定》的贯彻落实，人民群众中被高度集中的计划经济体制所束缚的主动性、创造性，必定会焕发出来，必定会有许许多多新的创举。要满腔热情地对待人民群众在实践中的发明创造，善于运用群众创造的经验引导群众前进。我们必须始终坚持艰苦奋斗。现在，改革的大政方针已经确定，最重要的是狠抓落实，埋头苦干。改革开放是一项造福全民的事业，但不可能改革的每项措施都使所有的人同步受益，有些人还可能吃点亏，这就需要我们有吃苦的准备，乃至为了顾全大局，甘愿承担暂时的牺牲。建立社会主义市场经济体制，必将使国家繁荣，人民富裕，但没有全国各族人民的齐心合力，艰苦奋斗，宏伟蓝图不可能变为现实。能不能做到艰苦奋斗，关键在于领导干部是否率先垂范。各级领导干部思想要艰苦，工作要艰苦，生活要艰苦。要深入实际，深入群众，主动到工作最困难的地方去解决问题，开创局面。总之，当前加快改革和发展的时机很好，有利条件很多，只要认真学习理论，尊重实践经验，密切联系群众，坚持艰苦奋斗，我们就一定能够战胜各种艰难险阻，完成建立社会主义市场经济体制的历史性任务。

上述这些问题，既是贯彻落实《决定》需要重视和研究的问题，也是人民政协参政议政的重要课题。我们应当积极投身于建立社会主义市场经济体制的伟大实践，充分发挥自身的优势，作出应有的贡献。

各位常委，1993 年即将过去。记得我在一次常委会上说过，我们大家从五湖四海走到一起，这是个缘分。一年来我们亲密合作，增进了了解，加深了友谊，使本届政协的工作有了一个良好的开端。在新的一年里，我们要更加紧密地团结在以江泽民同志为核心的中共中央周围，同心同德，再接再厉，努力开创人民政协工作的新局面！

把握好总体受益原则和总体承受能力原则*

（1994 年 2 月 17 日）

今年出台的改革项目比较多，力度也比较大。中央定了这么一个精神，就是有些必须进行的改革项目，看准了时机，就尽快出台，有些看不准的，就暂时缓一缓。今年有几项改革措施是必须出台的，如金融、财税、价格改革等，如果不出台，难关就永远过不去，改革就很难向纵深发展。当然，在具体操作上确实需要小心谨慎，尽可能做得稳妥一点。前一段时间由于群众对这方面思想准备不够，也由于我们宣传解释不够，社会上一度出现了一些波动。比如一些人把消费税理解为提价，闹得市场上挺紧张；粮食过去卖不出去，现在一下子又出现抢购；汇率并轨，少说了几句话，有外汇券的就慌了；等等。应该说，改革项目出台以来，总的情况是不错的，出现一些问题，对我们的工作是一个很好的提醒。

我在 1989 年一次哲学研讨会上曾讲过："我国是一个发展中国家，必须把握好稳定、改革、发展三者结合的度。离开了改革和发展，不可能有真正的稳定、长期的稳定。但是离开了稳定，

---

* 这是李瑞环同志听取福建省委、省政府和福州市委工作汇报时的讲话的一部分。

一切改革和发展都谈不上。当前，经济生活中出现了不可掉以轻心的不稳定因素。我们解决经济问题，不能就经济论经济，还要着眼于政治，考虑到群众。”根据以往的经验教训，我认为，在研究和实施改革措施时一定要把握好总体受益原则和总体承受能力原则。总体受益原则，就是任何一个改革措施出台，要能让多数人受益，不能让多数人吃亏。总体承受能力原则，就是改革必须考虑大多数群众能否承受得了，如果超出了多数人的承受能力，即使是必要的改革，也不能出台，否则就要碰钉子。总之，改革措施究竟先出台哪些，后出台哪些，力度如何把握，一切都必须从实际出发，从多数群众的利益和愿望出发。

当前，改革的时机是比较有利的：经过十几年的改革开放，我国经济建设取得了很大成绩，国民经济总体实力和综合国力空前增强，不用说与十几年前相比，就是与 1988 年比，现在拥有的物质基础也雄厚多了；广大人民群众通过切身体验，对改革开放和建立社会主义市场经济体制是拥护的，对改革的总体承受能力也有很大的提高；各级领导干部在改革的实践中积累了正反两方面的丰富经验，对深化改革是有思想准备的，对改革的艰巨性和复杂性也有清醒的认识。只要我们抓住当前有利时机，切实把握好总体受益原则和总体承受能力原则，尽可能地把工作做细做实，是能够使今年各项改革措施顺利实施的。

把握好改革的力度、发展的速度、稳定的程度*

（1994 年 5 月 9 日）

女士们、先生们：

在这春暖花开的季节，我应贵国政府的邀请对瑞典进行正式友好访问。自从我踏上你们美丽富饶的国土，即受到贵国领导人和人民的热情欢迎和隆重接待，使我深受感动。我同贵国领导人就广泛的国际问题和双边关系问题深入地交换了看法，增进了了解和友谊。今天，主人又特地安排我同大家见面并发表讲话，我感到十分高兴。我愿借此机会就中国改革开放和现代化建设的情况作一个简要的介绍，希望能增进各位对中国的了解。

中国的改革开放从 1978 年开始，到现在已经走过 15 年的路程。15 年来，我们开创了一条适合中国国情的发展道路，取得了举世瞩目的成就。1993 年与 1978 年相比，按不变价格计算，国民生产总值增长 2.78 倍；城镇居民人均生活费收入增长 1.52 倍，农村居民人均纯收入增长 2.39 倍；进出口贸易增长 8.49 倍。1993 年国内生产总值比上年增长 13.4%，突破 3 万亿元人民币大关；粮食总产量 4564 亿公斤，钢产量 8868 万吨，均达到历史最高水平；铁路铺轨里程、新增发电机组容量、新增住宅电

---

* 这是李瑞环同志在瑞典瑞中贸易理事会的演讲。

话等均创年增长最高纪录。国内市场繁荣，社会消费品零售总额扣除价格因素增长 11.6%。在对外开放方面，外商直接投资 258 亿美元，是历史上最多的一年；进出口贸易总额达 1958 亿美元，比上年增长 18.2%。总之，改革开放使我国社会生产力迅速发展，综合国力不断增强，人民生活水平显著提高。当今的中国经济发展，政治稳定，民族团结，社会进步，充满勃勃生机。

中国人民所以能取得这样的成就，首先在于我们确定了以经济建设为中心的方针。我们纠正了过去经常围绕某些无谓的政治话题进行无尽无休的争论和斗争的做法，集中全部精力进行经济建设。搞建设、求发展、重实际，已经成为当今中国人民的追求目标和社会风气。中国人民所以能取得这样的成就，还在于我们实行了改革开放的政策。改革开放，冲破了传统的计划经济体制的束缚，使中国人民的想象力和创造力空前地释放出来；打破了固步自封、闭关锁国的状态，推动中国人民大踏步进入国际社会和世界市场。时至今日，改革开放的潮流已经席卷中国大地，势不可挡。中国人民所以能取得这样的成就，又在于我们明确了建立社会主义市场经济体制的目标。把社会主义基本制度同市场经济有机结合起来，反映了我国社会经济发展的必然趋势，体现了我国人民对社会主义建设规律认识上的一个飞跃，对解放和发展生产力产生了巨大作用。中国人民所以能取得这样的成就，也在于我们加强了精神文明建设的工作。我们在物质文明建设过程中始终注意引导全体人民尤其是青少年，继承中华民族的优良文化传统，吸收人类文明的一切优秀成果，努力培养有理想、有道德、有文化、有纪律的一代新人。

在这里，我要特别指出的是，中国人民由衷地将自己取得的成就归功于改革开放和现代化建设的总设计师邓小平同志。邓小平同志总结汲取中国革命和建设的经验教训，结合新的历史条件和时代特征，在亿万群众社会实践的基础上，创造性地提出了一系列指导改革开放、现代化建设的思想观点和重大方针政策，逐步形成了建设有中国特色社会主义的理论。我们的国家和人民之所以有今天，与我们拥有这一正确的、富于预见性的理论作为指导是分不开的。今后，我们仍然要从邓小平同志的深邃思想中汲取智慧和力量，沿着建设有中国特色社会主义的道路继续前进。

女士们、先生们：

我们把建立社会主义市场经济体制作为改革的目标，就是要在坚持社会主义基本制度的条件下使国民经济按照市场经济的规律运行，使市场在国家宏观调控下对资源配置起基础性作用，兼顾效率与社会公正，以利于同时发挥市场经济的长处和社会主义的优势，进一步解放和发展生产力。我们相信，建立这样一种经济体制，对于推进我国现代化建设，实现到下世纪中叶赶上中等发达国家发展水平的目标，必将产生巨大的作用。我们也估计到，建立社会主义市场经济体制，必然会遇到许多难以预料的困难和异常复杂的局面。首先，这是一项全新的事业。迄今为止，人类社会只有在资本主义制度下发展市场经济的经验，把社会主义制度同市场经济有机地结合起来尚无先例可循。其次，这是一场深刻的变革。长期以来，我们从管理体制、规章制度到人们的思维方式、工作方式乃至生活习惯，都形成了一套与计划经济相适应的东西。市场经济的发展要求我们从经济基础到上层建筑实行一系列转变，以同新的经济体制相协调、相适应。第三，这是一件难度很大的工作。中国实行了几十年的计划经济体制，遗留了不少问题，有的甚至积重难返。向市场经济体制转变的过程中，又难免引发一些新的经济和社会问题，新旧矛盾交织在一起，往往呈现出好坏并存、利弊伴生的复杂局面，使得我们常常面临两难的选择。第四，这是一个较长的过程。西方发达国家搞市场经济经历了几百年的时间，在中国这样一个经济文化基础薄弱、计划经济影响很深的国家，实行这样深刻的社会变革，不可能一蹴而就。这就要求我们树立长期奋斗的思想，慎重、细致、周到地处理一切经济和社会问题。我们相信，有数十年经济建设奠定的物质基础，有15年改革开放积累的正反两方面的经验，有全中国人民的赞同和支持，我们一定能够完成建立社会主义市场经济体制的历史性任务，使古老的中国在当今世界上放出新的灿烂光辉。

女士们、先生们：

在中国这样一个大国进行现代化建设，必须始终重视并处理好改革、发展和稳定的关系。这是以往我们之所以能取得巨大成就的一条基本经验，也是今后仍然要十分关注的一项重大课题。

改革是动力。实践使我们认识到，改革是使中国摆脱贫穷、走向富强的根本途径。没有改革开放，就不能实现经济的发展，就没有中国的现代化，就没有人民的富裕和国家的富强。发展是目标。长期蒙受贫穷落后之苦的全体中国人民迫切要求发展经济。近些年中国的国民生产总值有了较大幅度的增长，但按人口平均在世界上仍然处于较低水平，中国仍然是一个发展中国家。过高地估计中国的经济实力是不符合实际的。中国拥有世界1/5的人口，每年新增加的人口即相当于一个中等规模的国家，不保持一定的发展速度就必然导致人民生活水平的下降。当然，我们也反对脱离实际的高速度，我们主张经济的发展既要快速又要持续、健康。稳定是前提。我国和世界上一些国家正反两方面的经验都证明，稳定是深化改革、促进发展必不可少的先决条件。没有稳定和谐的社会环境，各项事业都难以进行。因此，我们提出任何一项改革措施，都十分注意把握好人民群众总体受益原则和总体承受能力原则，以便把改革可能引起的社会震动缩小到最低限度。总之，不深化改革，就不能解放和发展生产力；不重视发展，就不能提高人民生活水平；不保持稳定，一切都无从谈起。当然，没有改革和发展，也难以实现和保持稳定、和谐的社会局面。把握好改革的力度、发展的速度、稳定的程度，是我们研究处理中国问题始终重视的一大原则。

女士们、先生们：

中国人民在一百多年的近现代历史上备受战乱之磨难，在近几十年中又经历了像“文化大革命”这样的社会动乱，因而百倍珍惜来之不易的安定团结局面。我们警惕和反对来自任何方面、以任何形式和借口破坏中国稳定局面的做法。我们认为，拥有11.8亿人口的中国稳定与否，对世界的和平与稳定具有重要的影响。如果中国这样一个大国出现了混乱，对世界也是一场灾难。中国人民为自己国家稳定付出的努力，也是对世界和平与稳定作出的贡献。

女士们、先生们：

中国人民在努力进行经济体制改革的同时，也在积极推进政治体制改革。我们一直认为，随着经济体制改革的发展，必须进行政治体制改革，否则经济体制改革也很难顺利进行。近些年来，我国的政治体制改革取得了积极的成果，民主和法制建设有了长足的进步。共产党领导的多党合作和政治协商制度是中国民主政治的一项基本制度，而中国人民政协则是实现这一制度的重要组织形式。人民政协由中国共产党、八个民主党派、重要社会团体和各族各界代表人士组成，具有很高的威望和广泛的代表性。人民政协的基本职能是政治协商、民主监督和组织各界人士参政议政。国家的大政方针决策之前要在政协进行协商。政协还对国家法律实施情况、方针政策执行情况、国家公务人员履行职责情况进行民主监督。社会各界人士通过政协对国家事务提出建议、意见和批评，行使参政议政的民主权利。在对外事务中，人民政协始终不渝地致力于促进世界的和平与发展，促进中国人民同各国人民的相互了解与合作。我们愿同各国议会及有关组织建立联系，进行交流，发展合作，增进友谊。作为中国人民政协主席对贵国的第一次访问，我相信此行将有助于扩大中国同瑞典的友好关系。

女士们、先生们：

西北欧经济发达，拥有雄厚的资本、先进的科学技术和管理经验。中国同西北欧在国际事务中有着许多相同和相近的立场，在经济上有很大的互补性，建立和发展长期稳定的友好合作关系符合双方的根本利益。由于双方的共同努力，中国同西北欧的合作取得了显著的成果。1993 年双方贸易额达到 295 亿美元，截止到 1993 年 6 月，西北欧来华投资项目 2146 个，协议外资金额 57 亿美元，实际投入达 22.5 亿美元。但从总体上看，西北欧在中国商品和投资市场上所占的比重与其实力相比还很不相称。中国拥有巨大的市场，中国的经济正以世界上少有的速度发展。我们希望西北欧各国政府和经济界抓住机遇，努力扩大自己在中国市场上的份额。中国将加速改善投资环境，完善涉外经济法规，切实保护外资企业的合法权益。同时，我们也希望西北欧对中国进入西北欧市场实行更加开放的政策，共同开辟互利合作的广阔前景。

在此，我想特别强调一下中国和瑞典之间早已存在的友好合作关系。新中国成立后，瑞典是第一个同我国建立外交关系的西方国家，并一直支持恢复中国在联合国和国际机构中的合法席位，中国对此一向予以高度评价。中瑞建交后，经过双方共同努力，我们两国的政治、经贸关系以及在科学、技术、文化等领域的交流合作不断发展。1993年，中国同瑞典贸易额9.9亿美元，比上年增长了43.7%。瑞典对华投资也迈出了坚实步伐。爱立信（ERICSSON）公司、阿特拉斯科普柯（ATLAS COPCO）公司、沃尔沃（VOLVO）汽车制造公司在中国很有声誉，华瑞制药有限公司、康泰尔有限公司的产品在中国广受欢迎。早在13年前，邓小平同志在会见访华的瑞典国王卡尔十六世古斯塔夫陛下时说：瑞典有很多好的东西值得我们学习。我们认为中瑞两国经济合作和科技文化交流都还有巨大的潜力。我相信，随着中国改革开放的不断深化，中瑞两国的互利合作将不断扩大，两国人民之间的友谊将进一步发展。

谢谢大家。

发展——当代中国的主题*

（1995 年 6 月 26 日）

女士们、先生们：

应古巴、牙买加、巴西、智利的政府和议会的邀请，我来到拉丁美洲进行访问。访问期间，我同这些国家的领导人就双边关系问题和广泛的国际问题深入地交换了看法，增进了友谊和共识。今天，拉丁美洲及加勒比经济委员会又特意安排我同大家见面并发表演讲，我感到十分高兴。我愿借此机会就中国的发展以及同拉美国家的关系问题，介绍一些情况和看法，希望对各位了解中国有所帮助。

中国从 1978 年实行改革开放，到现在已经经历了 16 个年头。16 年来，中国人民在邓小平建设有中国特色社会主义理论指引下，在发展的道路上取得了举世瞩目的成就。国民经济持续增长。从 1979 年到 1994 年，国民生产总值年均增长 9.4%，1994 年国内生产总值达到 43800 亿元，粮食产量 4445 亿公斤，钢产量 9153 万吨。对外贸易与经济合作日益扩大。1994 年进出口总额达到 2367 亿美元，在世界贸易中的位次由 1978 年第 32 位上升到第 11 位。截止到去年，中国已批准外商独资、合资、合作企业 22 万家，实际利用外资 995 亿美元，同时在 120 多个

* 这是李瑞环同志在智利联合国拉丁美洲及加勒比经济委员会的演讲。

国家和地区设立了4500家企业。人民生活逐步提高。16年中，城镇和农村居民的人均实际收入分别每年平均增长6.5%和8.2%，现在平均寿命达到70岁。社会事业不断进步。全国80%的地区普及了九年义务教育。科技、文化、卫生、体育和环境保护等工作都取得了明显的成绩。当今的中国经济发展，政治稳定，民族团结，社会进步，充满生机与活力。中国人民对自己的前途充满信心。

女士们、先生们：

发展，是当今国际社会的共同主题。人类的历史是一部社会生产力不断发展的历史。经济的发展，人类社会文明的进步，是不可逆转的必然趋势。随着现代科学技术的日新月异，世界总体经济水平迅速提高，人类社会的发展进程大大加快。任何国家想要跟上时代的潮流，都必须高度重视、认真研究、切实解决发展问题。发展，是广大发展中国家的迫切任务。当今许多发展中国家经济水平低下，人民生活贫困，社会问题突出，国际债务负担日趋沉重，同发达国家的差距进一步扩大。要改变这种状况，发展中国家就必须抓紧时间，集中精力，加快经济发展。发展，对中国来说尤其重要。中国是世界上最大的发展中国家，在近现代历史上多次遭受帝国主义列强的侵略和掠夺，社会生产力遭到极大破坏，长期处于发展缓慢、停滞乃至倒退的悲惨境地。新中国成立40多年来，经济建设和社会发展取得了历史性的进步，但也走了不少弯路，特别是长达10年的“文化大革命”的动乱，耗费了民族的宝贵精力，耽误了国家的发展良机，延误了现代化建设的进程。众所周知，现在中国有12亿人口，每年新增人口就有1600万，人均耕地不足0.08公顷，相当于世界人均数的1/4，其他资源也相对贫乏。中国人民如果不抓住机遇加快发展，就难以生存，更谈不上赶上发达国家。发展是硬道理，不发展就没有出路，就没有希望。这是中国人民从世界的现实和自己正反两方面的历史经验中得出的基本结论。

要加快发展，就要实行改革开放。生产力的发展，要求不断改变与它不相适应的生产关系和上层建筑。进入 80 年代以来，许多国家都在探索改革的路子，改革已成为当代世界的潮流。中国的改革从农村开始，逐步扩展到城市；从经济领域开始，逐步扩展到社会各个领域；从局部的单项的改革开始，逐步发展到以建立社会主义市场经济体制为目标的全面改革。中国的改革开放是社会主义制度的自我完善。它克服了平均主义分配方式的弊端，调动起广大群众勤劳致富的积极性；它摆脱了高度集中的计划经济体制的束缚，给经济建设注入了新的活力；它打破了单一的公有制结构，形成以公有制为主体，多种经济成分并存、共同发展的格局；它改变了以往固步自封、封闭半封闭的状态，使中国跻身世界范围的经济合作与竞争。改革开放冲破了长期束缚我们的僵化观念，带来了全民族的思想解放，使我们找到一条符合中国国情的发展道路。改革开放给人民带来了实惠，得到人民的支持，已经深深植根于中国的大地。

要改革和发展，就要有一个稳定的社会环境。中国和世界其他一些国家的大量事实一再告诉我们，没有稳定，就无法塌下心来搞建设，就无法将预想的改革方案和措施付诸实践，也就无法实现人民求发展、求富裕的美好愿望。稳定是发展的前提。没有稳定，一切都无从谈起。因此，中国人民百倍珍惜来之不易的安定团结的政治局面，坚决反对来自任何方面的、以任何借口出现的破坏社会稳定的企图。同时，我们也十分重视改革和发展对于实现社会稳定的重要作用。我们所说的稳定，不是孤立的稳定、静止的稳定、停滞的稳定，而是建立在经济和社会不断发展基础上的稳定。只有通过改革达到发展，满足人民日益增长的物质和文化需求，才可能实现真正的稳定，社会才能长治久安。总之，发展需要改革，改革和发展需要稳定，而有序的改革和健康的发展又有利于稳定。改革的力度、发展的速度和稳定的程度以及三者之间的关系，是当今中国密切关注、慎重把握的重大问题。

中国人民在探索自己发展道路的长期过程中，取得了重大成就，发生过一些失误，从中积累了不少经验。我们总是希望发展速度快一些，但是必须注意协调适度。如果忽视经济各种要素、各个领域之间内在的联系和制约，就可能欲速则不达，即使一时搞上去也还会掉下来。当然，我们也不能放过加快发展的机遇。我们总是愿意积累多一些，但是必须注意积累和分配兼顾，如果积累比重过大，人民的生活不能随着生产的发展而提高，就可能诱发一系列社会问题。当然，我们也反对脱离现实的高消费。我们总是主张全体人民共同富裕，但是必须允许和鼓励一部分地区、一部分人先富起来，如果固守平均主义政策，就可能压抑人们发展经济的积极性，最终导致共同贫穷。当然，我们也十分警惕贫富两极分化的问题。在中国发展社会主义市场经济还会遇到许多新的情况，面临许多新的课题。经历过困难和挫折的中国人民一定会十分注意总结实践经验，发扬成绩，纠正错误，不断前进，顺利地达到预期的目标。

女士们、先生们：

中国确实发生了巨大的变化，但底子仍然很薄，人均国民生产总值在世界上仍然处于较低水平，不仅与发达国家相比，即使同一些发展中国家相比也还有很大差距。对中国发展的程度估计过高是不符合实际的。中国的经济建设在总体上是顺利的，但也存在不少困难与问题，目前主要是农业基础薄弱，部分国有企业生产经营困难，物价上涨幅度过大。对中国发展的难度估计不足也是不正确的。建设有中国特色的社会主义是极其宏伟而艰巨的事业，需要几代人乃至几十代人坚持不懈地努力奋斗。中国人民十分明确，除非发生大规模外敌入侵，始终都要牢牢扭住经济建设这个中心不放。拥有人类五分之一人口的中国发展得如何，对世界的发展具有重要的影响。爱好和平的中国人民为自己国家的发展而付出的艰苦努力，也是为世界的和平与发展作出的贡献。

女士们、先生们：

中国的发展，需要一个长期和平、稳定的国际环境，需要同世界各国进行广泛的交流与合作。中国和拉美各国同属发展中国家，过去有着相似的历史遭遇，现在又都面临着发展经济的繁重任务。我们都致力于建立和平、稳定、公正、合理的国际政治经济新秩序，在国际事务中有着许多相同或相近的立场。建立和发展长期稳定的友好合作关系符合我们双方的根本利益。近些年来，中国和拉美各国的合作取得了显著的成果。1994 年与拉美地区的贸易额达到 47 亿美元，在拉美 24 个国家和地区建立了 160 多家合资或独资企业。科技合作发展迅速，高科技领域的合作也已启动。但是，从总体上看，双方的经贸合作尚处于较低水平。亚洲和拉丁美洲是当今世界两个最具活力的发展中地区。中国同拉美各国应当加强互利合作，谋求共同发展。

在此，我想特别强调一下中国和智利早已存在的友好合作关系。智利是南美第一个同我国建立外交关系的国家。中智建交后，经过双方共同努力，两国的政治、经贸关系以及在科学、技术、文化等领域的交流与合作不断发展。智利已成为中国在拉美地区的重要贸易伙伴之一。中智两国同属环太平洋经济带，都是亚太经济合作组织的成员，共同的利益和责任把我们两国联系在一起。让我们携手并进，谱写共同繁荣的新篇章。

谢谢大家。

坚持“三个有利于”的标准*

（1998 年 4 月 17 日）

1991 年我曾经来过温州。7 年后再来温州，本来是想好好看一看的，很不巧，到这里后生了病，计划要看的市政建设和有关企业都没有看成。所以首先给大家道个歉，这次欠了一笔账，以后找时间再来。

一、谈谈对温州的印象

7 年来，每次在北京开会见了浙江的同志，我都要问一问温州的情况，听到的都是好消息。这次一下飞机，确实感到温州各方面发生了很大变化，城市面貌也有了很大改观。温州马路比以前好多了，高楼林立，变成较大的城市了。如同你们自己总结的，温州变大了、变高了、变美了。我上次来指出你们两条：一是基础设施太落后，二是坟地太多太滥。现在看都改变了。当然，老百姓的风俗习惯，特别是海外华侨，他们有个落叶归根的心愿，希望把祖坟建到故乡来，这可以理解。但不一定摆在路边，摆在马路边，白花花一片，给人的感觉很不好。现在通过专项整治，恢复了青山绿水的面目。对此，我想包括海外同胞在内的所有温州人都会高兴的。

---

* 这是李瑞环同志同温州市领导和企业界人士进行座谈时的讲话。

我这次还有一个突出的印象，就是温州所处的外部环境和温州人民的精神面貌与过去大不一样了。上次我来温州，正是外界对温州说法颇多的时候。说好的也有，说坏的也有，但说好说坏的情形不同。说温州不好的人可以在会上说，大声地说；而说温州好的人只能在会下说，小声地说。我当时怀疑，温州不可能像有的人说的那么坏。因为这当中不少人本来就有起哄的习惯，而某些“左”的人总是喜欢什么问题都上纲上线，按照他们的思维方法和判断标准，一篇文章就把一个地方说得一无是处。于是，我决定自己来实地看一看。临行的前一个晚上，我到一位老同志家去，告诉明天去温州出差。他说你为什么现在去？现在去讲什么呀？你怎么讲都不对。我说想去了解实际情况究竟怎么样，并相机讲几句实话，给那些真正坚持改革的人一点支持，给那些攻击改革、想把温州弄垮的人增加一点阻力。

那次，也是刘枫①同志陪我。一到温州，我还没有说什么，市委书记刘锡荣同志就反复地给我解释，这个企业是社会主义，那个企业也是社会主义，来回地这么说，明显感到他心里有想法。这次来，情况不同了。现在在北京，一说到温州，就说那地方好啊。到了温州，更能感到领导干部的精神面貌大不一样了，当时那种担忧、那种没有底的心情确实没有了，大家想的都是如何一心一意把经济建设搞上去。我觉得温州能有今天的局面很不容易。希望大家珍惜来之不易的局面，抓住机遇，把温州的改革开放和经济建设搞得更好。

二、谈谈坚持“三个有利于”的标准

当前，我国的改革开放和现代化建设面临新的形势。如何发

---

① 当时任中共浙江省委副书记。

扬成绩，解决各种困难和问题？如何把中央的方针、政策同各地实际紧密结合起来，把改革开放引向深入？我认为，关键是要记住三句话。第一句话，要始终坚持一个中心。以经济建设为中心，什么时候也不能动摇。东欧、前苏联社会主义国家政权垮台，一个重要原因就是长期不抓经济，老百姓生活得不到改善，人们在比较中丧失了信心。以经济建设为中心，也就是说不要没完没了地搞运动、瞎折腾。第二句话，要注意把握两个基本点，做到两手都要硬。坚持四项基本原则、坚持改革开放，一手抓物质文明建设、一手抓精神文明建设，不要偏，偏了就会出事。第三句话，要切实贯彻“三个有利于”的标准。小平同志提出的“三个有利于”的标准，对于我们在改革开放和现代化建设中判断大是大非是非常根本的东西。我们想一想，办企业如果不要“三个有利于”，不为发展生产力，不为赚钱，不为国家富强，也不为人民生活富裕，那为的啥啊？但这个简单的道理，我们几十年都没有弄明白。在中国，“三个有利于”真正贯彻起来并不很简单。到今天为止，还有人持反对态度，坚持“三个有利于”的人有时还需要拐弯抹角地去解释。我经常引用温州的两个例子来反驳那些不赞成“三个有利于”的人。一是温州的化纤再生产。温州人把全国各种各样的化纤废料通过各种渠道弄到温州，然后进行漂洗，干了以后进行弹纺，织成锦纶地毯，三四块钱一米，这在有的国有企业根本不可想象，怎么能够这么便宜呢？就是一家人一起艰苦地干，楼上住家，底下弹花，昼夜不停，就这么个生产法。二是温州的旧钢铁市场。市场里各种各样的旧钢铁都有，你需要多大的都能满足。特别是旧变压器，有的国有企业有多少变压器在那儿乱扔。温州人把旧变压器都搞到这里来，先把里边的机油倒出来。变压器中还有点白金和银，把它提炼出来，积少成多，然后把旧变压器当废钢铁卖。虽然一个变压器不多，但积累起来就不得了啦。温州交通不发达，把全国的东西收到这里来，这要下多大功夫，吃多少苦？赚一点钱，有什么理由去非议呢？有些人形成了一个习惯，对任何事情都要先定性，先问是社会主义还是资本主义。我上次来温州时讲过，先生孩子后起名。孩子生下来，先起个小名，这小名不讲究，叫阿猫、阿狗、铁蛋都可以，关键的问题是孩子要养得好，要结实，要聪明，要有本事，不在名字好听不好听。老百姓在家里弄台织布机，织点布做成衣，再拿去卖，你说这算什么主义？我们不能简单地讲这个是社会主义，那个就是资本主义。我看在日本你说它是资本主义也可以，在中国它就是社会主义。所以我上次来在省里听汇报时讲了两条：一是省委对温州不要轻易地说话。别人怎么讲你不要管，温州的经济真搞垮了老百姓找的是你们省委。弄垮温州很容易，下一个命令、发一篇社论就够了，但是再把温州弄起来就难了。二是我提了个建议，不是老说温州个体比例大、国有比例小吗？你不给它国有企业项目，它自己能办的只有非公有制企业，国有比例自然小了。怎么办呢？多来点国有大企业，现在叮叮当当的都是小企业，如果有几个国有大企业，大锣大鼓一敲，小企业不就退居其次了吗？温州沿海条件很好，国家包括省里应该支持，特别是基础设施，需要国家支持。

那次来了温州之后，我对公有制、非公有制经济共同发展问题，获得了很充实的证据。后来在几次会上我都讲这个话：简单地以公有化的程度来判定社会制度的性质，来证明国家的稳定与否，是错误的。我讲三个事实：一、中国共产党建国初是在私有经济还相当普遍的情况下巩固政权的；二、苏联是在企业100％国有制下垮台的；三、中国农村改革的成功就是把“大锅饭”变成包产到户、实行联产承包责任制，结果生产发展了，农民富裕了。所以不能把所有制成分作为唯一标准简单地来套、来比。中国改革开放 20 年取得了很大成就，其中很重要的一条就是允许多种经济成分共同发展，这既是改革的内容，也是改革的经验。江泽民总书记在十五大报告中明确提出，以公有制为主体、多种所有制经济共同发展是我国社会主义初级阶段的一项基本经济制度，非公有制经济是我国社会主义市场经济的重要组成部分。这两句话，可以说是对你们温州实践经验的肯定和总结。

三、谈谈下岗再就业问题

当前，全国总体形势不错，也碰到了一些问题。这些问题构成社会热点的，一是国有企业改革问题，二是下岗再就业问题。目前，全国下岗职工统计上说 670 多万，实际有多少，也说不清楚。由此引起的上访，除个别地方外，全国各省、市几乎都有。他们上访不提别的要求，“不反党，不动乱，要工作，要吃饭”，理由很正当。这就需要引起我们高度重视。我常讲一句话：其他工作做成 99％就是了不起的成绩，唯有吃饭，讲 99％不行，必须保证 100％。国有企业下岗职工，特别是老职工，他前半辈子都交给你了，按照《哥达纲领批判》中的理论，他所有劳动积累该扣除的都扣除了，都归国家了，现在不管他了，怎么行？究竟怎么弄？这几年来呼声是越来越强烈了，问题又这样普遍，确实应该加以解决了。中央对这个问题非常重视，初步定 5 月份召开全国性会议，争取通过这个会有个大的方向性的路子。

我认为，解决下岗职工再就业问题一个重要的办法，就是采用温州这种形式，发展非公有制经济，或者说像温州前几年那样，办小作坊式的家庭小企业，来调节市场产品和劳动力的供求关系。必须明确一条，搞市场经济没有下岗是不可能的。除非是计划经济，产品由国家包销，或者是短缺经济，供不应求。但这种可能性是不存在的，实际上，市场常常是一种竞争的局面，一个时期这个东西多了，一个时期这个东西又少了。搞市场经济的国家都运用减员、增员这种方式来平衡，形势不好的时候，1000人变成500人，只保留骨干；过几天形势好了，又可以变成1500人。我们是社会主义国家，计划经济搞了这么多年，不宜这样大起大落，但可以肯定地说，要搞市场经济，就得讲效益，讲优胜劣汰，所以减员增员的事情很难避免。解决下岗再就业问题，温州的经验值得重视总结。如果能把你们比较好的经验推向全国，对我们整个国家当前解决这个问题，将会起到很好的作用。

中国的发展不可阻挡*

（1999 年 12 月 11 日）

（一）请你谈谈这次访日的意义和成果。你认为 21 世纪的日中关系应当是个什么样子？

答：我曾多次访问贵国，结识了不少日本朋友。这次是以中国政协主席的身份首次来访，一下飞机就受到了贵国政府和人民的热情接待。几天来，我同贵国朝野各界人士进行了广泛交谈，增进了了解，加深了友谊，促进了合作。我最大的感受是，中日友好事业有着深厚的社会基础，一定会世代相传，蓬勃发展。

中日两国一衣带水，文化渊源很深，经济互补性强，都是本地区的重要国家。两国长期和平、友好、合作，有利于各自安心建设，有利于共同繁荣发展，也有利于维护亚洲与世界的和平稳定，符合两国人民的根本利益和共同愿望，也符合时代发展潮流，我们要真心实意地、坚持不懈地为实现这一目标而努力奋斗。回顾中日友好历史，我们绝对不忘老朋友；开拓中日友好事业，我们需要广交新朋友；中日两国共同努力，我们一定永做好朋友。我们不能忘记历史，更要着眼未来；我们要警惕和排除少数人的杂音和干扰，更要清楚地看到中日友好的积极因素和光明前途。我相信，只要我们严格按照《中日联合声明》、《中日和平

---

* 这是李瑞环同志就“中国威胁论”等问题接受日本广播协会（NHK）电视采访时的谈话。

友好条约》和《中日联合宣言》的原则，身体力行，多做实事，就一定能把一个更加健康稳定、和平友好的中日关系带入新的世纪。

（二）你对李登辉的“两国论”有何看法？中国政府为什么不能承诺对台不使用武力？

答：李登辉的“两国论”，要害是彻底否定国际社会公认的一个中国的原则，目的是将台湾从中国分割出去。李登辉此举是对中华民族利益的根本背叛，是对台湾社会稳定与发展的极大损害，是对发展两岸关系政治基础的严重破坏，也给亚洲乃至世界的和平与稳定制造了麻烦。因此，理所当然地遭到了中国人民的坚决反对，在国际上也没有市场。

“和平统一、一国两制”是我们解决台湾问题的基本方针。这个方针充分照顾了台湾的现状和台湾同胞的实际利益。海峡两岸本是同胞兄弟，在共同的祖先面前，在一个中国的原则下有什么歧见不可搁置，有什么恩怨不能化解？只要台湾当局顺应民意，拿出诚意，我们完全可以坐下来，心平气和地进行协商，总能找到解决问题的办法，最终实现和平统一的大目标。海峡两岸的局势发展如何，不取决于我们，关键在于台湾当局能否悬崖勒马。中国人民历来把国家主权和领土完整看得比自己的生命还要珍贵，如果有人置海峡两岸人民和平统一、繁荣发展的愿望于不顾，一意孤行地要把台湾从中国版图上分割出去，我们别无选择，付出任何代价也在所不惜。任何人都不要低估我们的决心与能力。

（三）澳门即将回归中国，对于中国来说，澳门回归意味着什么？回归后的澳门能否继续保持其原有的特色？有人说回归后澳门会逐渐演变成中国的一个极普通的沿海城市，你对此怎么看？

答：再过几天，中国政府即将对澳门恢复行使主权，这标志着外国势力在中国土地上管治的历史一去不复返了！这是中华民族历史上的又一盛事，是中国统一大业进程中新的里程碑。对中葡两国而言，澳门问题的圆满解决，也必将对两国关系的长远发展产生积极的影响。

我们根据“一国两制”的方针，把“澳人治澳”、“高度自治”的内容写入中葡关于澳门问题的联合声明和澳门基本法中，明确规定澳门现行的社会、经济制度不变，生活方式不变，法律基本不变。我们认为，澳门回归之后保持自己原有的特色，有利于澳门的稳定和发展，有利于促进内地的改革开放和现代化建设，有利于我们最终完成祖国统一大业。香港回归之前，人们也曾经有过这样那样的担心，如今香港已经回归两年多了，那里的情况不是有目共睹吗？我相信，澳门回归后，原有的特色和优势不仅不会丢，而且借助祖国的有力支持，还会焕发出新的生机和活力，更加繁荣和稳定。

（四）明年是2000年，请问中国在21世纪将成为一个什么样的国家？是否将成为在政治、经济和军事上对亚洲构成威胁的超级大国？

答：我们的目标是，到下世纪中叶，人均国民生产总值达到中等发达国家水平，基本实现现代化，把中国建成一个富强、民主、文明的社会主义国家。我们有经过艰苦探索找到的正确发展道路，有几十年打下的雄厚物质基础，有举国一致的团结奋斗精神，我们一定能够战胜前进过程中的艰难险阻，胜利实现这一宏伟目标。

近年来，国际上有人散布“中国威胁论”，这是完全没有道理的。我认为，判断一个国家是否构成威胁，不在于它发展快慢、是否强大，正像一个人是不是伤害别人，并不在于他的个子大小、身体强弱，而要看他的品德和为人。

中国发展了决不会威胁别人。中国一贯奉行独立自主的和平外交政策，中国希望同各个国家长期和睦相处，有一个和平稳定的国际环境。我们实行这个政策是郑重的、真诚的，是长期不变的，因为这符合中国人民长远的根本的利益。中国有崇尚“和为贵”的道德传统。100 多年来，中国曾饱受外来势力欺凌之苦，“己所不欲，勿施于人”，爱好和平的中国人民憎恶侵略，绝不会把这种苦难强加给别人。目前中国经济发展水平仍比较落后，人均国民生产总值不到 800 美元，只相当于日本的 1/40。按照我们的设想，再过 50 年，也只能达到中等发达国家水平。再过 100 年，中国能不能赶上发达国家的水平？到那时，世界将是个什么样子？国与国之间的关系将是个什么样子？我是乐观主义者，人类社会尽管有曲折，但总是向前、向上，朝着更加文明、更加理性的方向发展。

中国不发展倒会带来麻烦。中国有 12 亿多人口，如果经济长期不发展，不仅国内得不到安宁，而且人们还会因为饥馑、贫困往国外跑，那将是一个什么样的局面？这倒可能是一种“威胁”。这些年中国经济迅速发展，增强了国际经济合作的能力，和中国交往合作的国家包括日本在内，不都从中获得了利益吗？中国的稳定与发展，有利于世界各国，本身就是对世界和平与发展的重大贡献。

中国的发展不可阻挡。极少数敌视中国的人不断鼓噪“中国威胁论”，其目的就是束缚中国的手脚，不许中国发展。中国要发展就是威胁别人，名曰“中国威胁论”，实为“威胁中国论”。中国人民永远不会忘记落后就要挨打的教训，过去积贫积弱，任人宰割，今天发愤图强，靠自己的力量维护国家安全。中国决不威胁别人，也决不能再受别人威胁，“人为刀俎，我为鱼肉”的时代决不允许再出现。中国老百姓有句俗话，

"听蝲蝲蛄①叫，还能不种庄稼?""中国威胁论"只会激发中国人民同心同德，专心致志，发展更快更好。

(五) 世界的超级大国美国与中国的关系如何，将对今后的国际局势产生重大而深远的影响，请问中美之间必须克服的困难和课题是什么? 你对 21 世纪的中美关系有何展望?

答：多年来，中美之间有共识、有合作，也有矛盾、有分歧，总的说，两国关系在曲折中向前发展。不久前，中美两国政府就中国加入世界贸易组织达成双边协议，这有利于促进中美经贸合作的发展，有利于中美关系的改善，也为世界经济发展与繁荣注入新的活力。中美两国没有根本的利害冲突，发展两国关系对双方都有好处。我们希望美国恪守中美三个联合公报和有关承诺，使中美关系在新的世纪里不断得到改善和发展。

目前中国的首要任务是发展生产力，提高综合国力，改善人民生活，这就需要有一个长期和平稳定的国际环境。我们无意与任何国家闹别扭、搞摩擦，愿意与包括美国在内的世界各国发展友好关系。

(六) 环境保护是一个全球性问题，请你谈谈这方面的看法。

答：这次到贵国访问，有一个很深的印象，就是贵国绿化搞得比较好，环境保护得比较好。多年来你们在治理环境方面积累了丰富的经验，最近你们又提出"环境立国"新战略，将 21 世纪定位为"环境世纪"，值得学习和借鉴。环境问题是人类在现代化进程中产生的问题。近些年来，我国政府已经充分认识到保护环境对可持续发展的极端重要性，制定了不少法律，采取了各种措施，包括关闭了一些污染严重的工厂，在一定程度上减少了环境污染。但在这方面仍然存在不少问题和困难，需要高度重

① 记者注：蝲蝲蛄，学名蝼蛄，是一种咬庄稼根子的害虫，其叫声十分难听。

视、努力解决。

环境保护是人类面临的共同课题，不仅需要各国自己的努力，还需要加强国际合作。中日两国作为近邻，脚踩两块地、头顶一块天，海水没有边界地来回流动，空气不用签证地进进出出，环境问题更是相互影响，利害与共。日本对中国的环境很关心、很担心，希望把这种关心、担心变为合作、支持。让我们以崇高的责任感，加强在环保方面的交流与合作，共同保护好人类的家园，为子孙后代留下一个美好的生存空间。

配套改革和协调发展*

（2000 年 5 月 11 日）

尊敬的德马雷主席阁下，

女士们、先生们、朋友们：

应贵国政府的邀请，我和我的同事前来你们美丽的国家进行正式友好访问。几天来，我和贵国领导人就双边关系及共同关心的国际问题深入地交换了意见，增进了相互之间的了解。今天，主人安排我同各位朋友见面并发表讲话，我感到很高兴。我愿借此机会就中国的改革和发展问题简要介绍一些情况和看法，希望对各位朋友进一步了解中国有所帮助。

中国自 1978 年实行改革开放以来，取得了举世公认的成就。一是经济体制改革不断深化。农村家庭联产承包责任制逐步完善，国有企业改革和战略重组初见成效，非公有制经济已经成为社会主义市场经济的重要组成部分。二是综合国力明显增强。1978—1999 年，国内生产总值平均年增长 9.5%，增幅居世界前列；1999 年国内生产总值达 82504 亿元人民币（约 1 万亿美元），跃居世界第七位。三是对外经贸合作日益扩大。1999 年进出口贸易总额达 3067 亿美元，名列世界第九位；外商直接投资 404 亿美元，名列世界第三位。四是人民生活逐步改善。20 年

* 这是李瑞环同志在加中贸易理事会举办的午餐会上的演讲。

间，我国城镇居民可支配收入增加 2.6 倍，农民纯收入增加 3.7 倍。五是社会事业全面进步。科技教育改革迈出新步伐，社会主义精神文明建设和民主法制建设不断加强。更为宝贵的是，我们经过艰苦探索，形成了邓小平理论，制定了社会主义初级阶段的基本路线，走出了一条适合中国国情的发展道路。

女士们、先生们：

在经济全球化加快、中国即将加入世贸组织的新形势下，中国的改革和发展面临许多新情况和新问题，深入研究这些情况，妥善解决这些问题，不仅有助于搞好国内建设，而且有利于促进对外经贸合作。

我国的改革已进入攻坚阶段，更加重视配套改革。我国初始阶段的改革从较简单和较容易解决的矛盾入手，使生产力从严重的桎梏中一下子解放出来，见效很快，受益面广，一个家庭联产承包责任制就极大地调动了亿万农民的生产积极性，一个放权让利就激发了无数企业的活力。而改革进入攻坚阶段，面临着许多更深层、更复杂的矛盾，既涉及旧体制的彻底改革和新体制的逐步完善，也涉及各方面利益关系的再调整，以至难度越来越大。例如，国有企业建立现代企业制度和进行战略重组必须减员增效，这就必然增加下岗分流人员，为此就需要实施再就业工程，加快建立社会保障体系，为下岗分流人员和城镇居民提供最低生活保障，这又进一步涉及财政税收和金融等方面的改革。类似的情况表明，改革必须重视配套。任何一项改革措施出台都要考虑前行后序，左邻右舍，统筹谋划，整体推进，审慎地把握好人民群众总体受益原则和总体承受能力原则，以便把改革可能引起的社会震荡减小到最低程度，使改革取得预期的效果。

我国的发展正处于关键时期，更加重视协调发展。20 多年前，我国尚处于短缺经济阶段，许多产品供应不足，人民群众生活存在很多困难。我们实行改革开放，集中精力搞经济建设，允许一部分人、一部分地区先富起来，经济出现了大发展，总体上告别了短缺经济，人民群众基本解决了温饱问题。如今，许多原有的不平衡得到缓解或解决，但原来的某些不平衡更加凸显，又出现了一些新的不平衡。比如，由于盲目发展、重复建设，造成经济结构严重不合理，在群众需求层次提高的情况下，出现了阶段性的低水平生产过剩。由于思想道德建设滞后，消极腐败现象滋长，贫富差距拉大，出现了某些社会发展与经济增长不相适应的状况。由于经济增长方式粗放，导致自然资源的利用不够合理，生态环境遭受破坏，经济社会的可持续发展受到制约。类似的情况表明，发展必须重视协调。在持续快速发展的过程中，协调问题愈加突出，犹如一辆高速行驶的汽车，如果零部件配备不齐全、不合理，就很容易出事故。协调发展是按比例的增长，是在不断平衡中前进。我们必须坚持全面和联系的观点，防止只见局部不见整体、只顾眼前不顾长远，妥善处理经济内部，经济与社会，经济与人口、资源、环境等方面的关系，在协调中求得国民经济的持续快速健康的发展。

配套改革和协调发展是一个有机整体，两者相互联系，相互作用，相辅相成。国民经济的协调发展必须保持适当的比例关系，而配套改革能够为调整好各方面比例关系提供有效的机制。大的协调只有通过配套改革才能实现。配套改革是协调发展的动力，协调发展是配套改革的目标。我们必须对两者统筹兼顾，以配套改革促进协调发展，以协调发展支持配套改革，不断解决新矛盾，不断取得新平衡，一浪高一浪地前进。

中国加强配套改革和协调发展，需要也必将进一步扩大对外开放。中国的配套改革会更加注意与国际接轨，中国的协调发展也会更加重视国际间的合作与交流，所有这些都会对中国的经济体制、产业和产品结构产生深刻影响。希望朋友们深入了解中国的改革，密切跟踪中国的发展，认真研究中国的变化，使我们的经贸合作更加富有成效。

女士们、先生们：

自1970年10月中加两国建交并于1973年签订政府间贸易协定以来，中加经贸合作保持了良好的势头，已从单一的贸易发展到全方位、跨领域、多元化的经济技术合作。1999年中加双边贸易额为47.67亿美元，比上年增长9.2%，创历史最高纪录。目前，中国是加拿大的第四大贸易伙伴，加拿大是中国的第十大贸易伙伴。去年11月，中加签署了中国加入世贸组织的双边协议。加中贸易理事会的朋友们在促进加中贸易方面发挥了重要作用。对此，我谨代表中国政府和中国人民表示衷心的感谢！中国和加拿大同处太平洋沿岸，一个是最大的发展中国家，一个是西方工业七强之一，两国经济互补性很强，经贸合作的空间很大。贵国在科技、资金、管理、能源、交通、通信和环保等方面具有明显优势。我国有着近12.5亿人口的巨大市场，劳动密集型产业也具有一定优势。我国目前正在进行大规模基础设施建设，实施西部大开发战略，需要积极引进境外资金、技术和管理经验。贵国的优势项目恰恰符合我国的需要。特别是随着中国即将加入世贸组织，对外开放的领域和规模将进一步扩大，投资环境也将进一步改善，各项政策更为优惠。我们欢迎加拿大企业界的朋友们到中国来加强合作交流，到中国来投资经营，寻求发展。

女士们、先生们：

在人类即将进入新世纪之际，经济全球化正加速发展，世界各国各地区的经济日益紧密地联系在一起，世界变得越来越小。经济全球化给我们带来了新的机遇，也带来了新的挑战。让我们携起手来，面对新世纪，为建设一个更加美好的世界而共同努力！

以经济建设为中心一定要坚定不移、坚持不懈*

（2000 年 8 月 11 日）

同志们、朋友们：

在中国农工民主党成立七十周年之际，我代表中国共产党中央委员会表示热烈的祝贺！

七十年前，面对国民党反动派的白色恐怖，邓演达先生创建了农工民主党的前身——中国国民党临时行动委员会，明确提出了武力推翻蒋介石政权，建立以农工为主体的平民政权的政治主张。邓演达先生英勇牺牲后，农工民主党的同志们前仆后继，坚韧不拔，同中国共产党并肩战斗，为争取民族独立和人民解放作出了不可磨灭的贡献。新中国成立后，农工民主党在维护和巩固人民政权，参加社会主义改造，推进社会主义建设的过程中取得了十分显著的成绩。进入新的历史时期，农工民主党坚决拥护中共十一届三中全会以来的路线方针政策，认真履行参政党的职能，为推进国家的经济文化建设，维护安定团结的政治局面，促进祖国和平统一大业，开展了卓有成效的工作。历史证明，农工民主党是同中国共产党风雨同舟、通力合作、肝胆相照、荣辱与共的亲密友党，在中国政治生活中具有重要的地位和作用。

---

* 这是李瑞环同志在中国农工民主党成立七十周年纪念大会上的讲话。

同志们、朋友们：

随着21世纪的到来，我国将进入全面建设小康社会并加快推进现代化的新的发展阶段。无论是作为执政党的共产党还是作为参政党的各民主党派，都要更好地担负起时代和人民赋予的光荣使命。

我们要始终坚持以经济建设为中心，这是我们总结建国以来正反两方面的经验教训，付出巨大代价确定的正确方针。“天下顺治在于民富”，只有经济不断发展，人民生活日益提高，广大群众高兴满意，其他事情才能办好。在国家的全部工作中，只有经济建设一个中心，上上下下、方方面面都必须围绕这个中心，服从服务于这个中心，而不能动摇、干扰和游离这个中心。当然强调经济工作重要，并不是说其他工作不重要。如果科技教育、思想道德、民主法制等方面搞不好，经济工作就很难搞好，即使一时上去了也不可能持久。但所有这些都必须围绕经济建设这个中心进行。

改革开放20多年来，在这个方针指引下，国民经济快速发展，人民生活显著改善，国际地位不断提高，整个国家发生了翻天覆地的变化。以经济建设为中心，以发展为主题，是中国人民的最大共识，是解决种种矛盾的根本途径。当前，经济全球化进程明显加快，科技革命突飞猛进，发达国家凭借各种优势极力扩充经济实力，许多发展中国家也在调整政策急起直追，综合国力的竞争空前激烈。面对这种形势，我们必须增强紧迫感、危机感、责任感，集中精力，抓紧时间，千方百计发展壮大自己。否则，我们就会再次丧失宝贵的历史机遇，不仅难以实现赶上中等发达国家的目标，甚至还可能落在一些发展中国家的后面。对于以经济建设为中心，我们一定要坚定不移、坚持不懈，一定要专心致志、心无旁骛，一定要顽固一点、扭住不放，真正做到一切围绕这个中心，一切为了这个中心。这是各个党派、各个团体、各族人民的共同任务和根本利益。

我们要积极推进社会主义民主政治建设。民主是经济发展的必然要求，是社会进步的重要标志，也是中国共产党与各民主党派共同的奋斗目标。我们要根据宪法的规定，在我国国体、政体的大格局下，确保各项民主制度得以认真实施，各种民主形式得到充分运用，各条民主渠道更加畅通有效。民主是目标，是手段，也是过程。发展民主必须从本国的具体情况出发，充分考虑本国的历史背景、文化传统和社会经济发展水平，有领导、有步骤地进行。简单地照抄照搬别国的模式，操切行事，其结果不仅不能实现民主，反而会把社会搞乱，给人民带来灾难。共产党领导的多党合作和政治协商制度是符合我国国情的一项基本政治制度。实行这一制度，可以在充分发挥民主党派作用的同时保证共产党的领导，在广泛发表意见的同时保持人民意志的统一，在形成生动活泼氛围的同时维护社会的稳定。对于这一具有中国特色和显著优点的制度，我们大家都要百倍地珍惜，认真地落实，并使之不断完善。

我们要切实贯彻长期共存、互相监督的方针。长期共存是互相监督的前提，没有长期共存，监督就无从谈起；互相监督是长期共存的目的，离开互相监督，共存就失去意义。互相监督当然是双向的，但由于共产党在我国处于领导地位，其方针政策正确与否直接关系到人民的利益和国家的前途，所以我们讲互相监督，主要的还是各民主党派对共产党的监督。中国共产党有批评与自我批评的优良传统，有一套党内的监督制度，但还需要包括各民主党派在内的方方面面的监督。发展社会主义市场经济是个崭新的事业，许多问题需要实践探索，许多工作需要各民主党派监督帮助。当前，消极腐败现象屡禁不止，社会各界普遍关注。

解决这个问题需要做多方面的工作，需要加强制度建设，同时需要加大监督力度。中国共产党作为最广大人民根本利益的忠实代表，没有自己的特殊利益，没有任何理由惧怕和排斥监督。正如毛主席所说：“我们如果有缺点，就不怕别人批评指出。不管是什么人，谁向我们指出都行。只要你说得对，我们就改正。你说的办法对人民有好处，我们就照你的办。”我们真诚地希望各民主党派的广大成员，多提批评意见，做共产党的诤友。

同志们、朋友们：

中国共产党为了跟上时代的步伐，加强和改善领导，提高执政水平，正在按照江泽民同志提出的“三个代表”的要求加强自身建设。我们希望包括农工民主党在内的各民主党派也根据当前形势和各自特点，在继承和发扬优良传统的基础上，积极探索自身建设的新路子。我们希望各党派在今后的建设和发展过程中，互相学习，互相帮助，加强交流，共同提高。让我们在以江泽民同志为核心的中共中央领导下，高举邓小平理论的伟大旗帜，团结起来，为实现中华民族的伟大复兴而努力奋斗！

积极应对经济全球化的机遇和挑战*

（2001 年 9 月 17 日）

各位朋友、各位来宾、各位同志：

第六届世界华商大会在中国召开，来自世界各地的三千多位华商和知名人士，同来自内地的近两千位企业家欢聚在古都南京，这是华人历史上的一大盛事。我谨代表中国政府，并以大会组织委员会名誉主席的名义，向大会表示衷心的祝贺，向远道而来的各位朋友表示热烈的欢迎！

当前，中国的发展正处在一个重要时期。新世纪的建设蓝图开始实施，目标十分宏伟，任务非常艰巨。改革进入攻坚阶段，既有很多有利条件，也有不少深层次问题。加入世界贸易组织在即，同世界的联系将更加紧密，对开放的要求越来越高。世界经济进入低迷状态，许多国家和地区经济不振，中国经济也难免受到影响。总之，中国既面临着难得的机遇，也面临着严峻的挑战。在这样一个时期，召开这样一个会议，对于海外华商了解中国情况、寻找合作商机、增进相互友谊，对于我们听取朋友们的意见、学习借鉴国外的经验、拓展对外合作的途径，都具有极为重要的意义。

当今世界相互联系日益紧密。经济全球化加速发展，各国经

* 这是李瑞环同志在第六届世界华商大会开幕会上的致词。

济彼此依赖的程度越来越高；国际分工进一步深化，国际协作范围不断扩大；生产要素跨地域配置空前广泛，全球性的市场迅速形成；人类的共同利益逐渐增加，需要各国相互协调、共同解决的问题也越来越多。人类文明发展到今天，地球变得越来越小，整个世界都纳入到一个交织联结的网络之中，所有的国家、所有的民族都难以置身其外。当今世界发展变化越来越快。知识与技术的更新周期大大缩短，科技成果以前所未有的规模和速度向现实生产力转化；信息技术极大地突破了人类活动的时空局限，为世界的联系和交往提供了便捷的手段；各种竞争空前激烈，"异军突起"和"昙花一现"的事例屡见不鲜；科技和经济的迅速发展深刻地改变着人们的精神世界，新的思维方式和价值观念不断形成。人类文明发展到今天，各个领域突飞猛进，"一日千里"、"瞬息万变"通常只是一种形容，如今许多已经成为现实。在这种形势下，任何闭关自守、试图封闭起来求发展，任何唯我独尊、企图称霸天下，任何固步自封、陶醉于以往成绩，任何因循守旧、拘泥于不合时宜的观念和做法，都是行不通的，都必将被时代潮流所淘汰。在这种形势下，任何国家和民族都必须面向世界、研究世界、融入世界，都必须面向未来、研究未来、筹划未来。能不能既立足本国、坚持从自己的国情出发，又具有世界眼光、加强同各国的交流与合作；能不能既保证自己的经济安全、有效抵御各种外来冲击，又趋利避害、积极参与国际分工；能不能既扎扎实实做好当前的事情、不急于求成，又高瞻远瞩、准确地把握世界的发展变化；能不能既保持优秀传统、继承和发扬前人留下的好的东西，又与时俱进、大胆地进行改革和创新……这是所有的国家、所有的民族以及所有想要有所作为的企业都必须面对的重大问题。广大华侨华人身居世界各地，之所以能够在海外艰苦的环境中创基立业，许多人之所以能够在激烈的竞争中脱颖而出，成为各行各业的佼佼者，多是因为能够放眼世界，跟上时代，善于抓住机遇发展自己。我们希望华侨华人朋友认真总结交流这方面的经验，在新的世纪里、新的形势下，创造新的辉煌。

新中国成立后，特别是实行改革开放政策以来，我国的社会主义建设事业取得了举世瞩目的成就。社会生产力迅速发展，人民生活显著改善，社会事业全面进步，综合国力大大增强，祖国统一大业取得历史性进展，国际地位和国际影响不断提高。一个分裂动荡、积贫积弱的旧中国，在如此短的时间内，变成了一个团结稳定、初步繁荣富强的新中国。现在，中国人民豪情满怀地在以江泽民同志为核心的中共中央领导下，沿着有中国特色的社会主义道路奋勇前进。

邓小平讲过，中国的发展可以很快，中国应该乐观地看前途，其中一个条件，就是世界上有几千万华侨华人，这是我们一个很大的优势。广大华侨华人合群随众、恋祖爱乡，与当地人民和睦相处，在中国走向世界的过程中，在加强中国与各国、各地区的合作与交流中，发挥了桥梁纽带作用。我们的引进外资、我们的出口贸易、我们的对外交往，许多都是依靠华侨华人。借此机会，我向所有为中国的建设和发展作出贡献的华侨华人，表示崇高的敬意和衷心的感谢！

朋友们！中国的社会主义现代化建设任重而道远。中国的发展虽然很快，但总体水平并不高。中国的发展虽然比较顺利，但棘手的问题还不少。中国人口多、底子薄、资源相对不足，要赶上中等发达国家的水平，还必须经过几十年甚至更长时间的不懈努力。加快中国的发展，实现宏伟的目标，需要国内各族人民抓紧时间，抓住机遇，团结一致，艰苦奋斗；需要同世界上各个国家和地区加强往来，扩大合作；同时也需要广大华侨华人一如既往地利用自身优势和便利条件，提供更多的支持和帮助。我们衷心地希望，广大华侨华人的事业不断发展；我们衷心地希望，广大华侨华人在自己的发展过程中，为所在国的发展，为中国的发展，为世界的发展，作出新的更大的贡献。

各位朋友、各位来宾：

大家回来一趟很不容易，聚在一起更是难得，希望大家多交流沟通，多走走看看，多给我们的工作提出宝贵意见。

预祝大会圆满成功！

谢谢大家！

二、“和”的思想

家和万事兴*

（1987 年 3 月 11 日）

刚才听了几位同志的发言，他们尊老敬老的模范事迹很感动人。下面我讲一些意见，也可以说是有感而发吧。

近几年，市委在许多会议上讨论过尊老敬老的问题。今年，在市委全委扩大会这样一个非常严肃的会议上，提出要把尊老敬老作为我市社会主义精神文明建设、思想道德教育的一个重要内容。为什么把这个问题提到这样一个高度来对待？我觉得起码有以下四个方面的理由：

第一，尊老敬老是我们中华民族的一个传统美德。由于有这个由来久远的深入民间的道德观念的影响，总的讲，在我们社会里还是有尊老敬老的风气的。但是，我觉得，30 多年来我们对这个问题重视得不够，抓得不力，还没有真正主动、积极、自觉地做好这方面的工作。因此，社会上还存在着不尊重老人、不孝敬老人的现象，有的还比较严重，需要引起我们的高度重视。说尊老敬老是中华民族的美德，也就是说这是区别于其他民族，区别于其他国家的。有些国家的老人到了垂暮之年，很羡慕中国，羡慕中国有尊老敬老的优良传统。这是我们民族的光荣，我们民族的骄傲，我们有责任把这个传统继承和发扬下去。

---

* 这是李瑞环同志在天津市尊老敬老报告会上的讲话。

第二，尊老敬老是人类文明的象征。人类的文明，应该集中体现在人与人之间的关系上，或者叫人际关系上。在我们社会主义社会里，人与人之间应该建立起平等友爱、相互理解、相互尊重、相互服务的关系。如果一个人连有着血缘关系以及经济关系的人都不能爱，还能去爱谁呢？我常讲这样一件事情，过去交朋友的一个简单标准，就是看他对父母的态度，如果这个人对老人、对父母不好，你就不要去结交他。这个标准听起来似乎简单了一些，仔细想来有道理。因为你跟他再好，也没有办法达到他母亲对他好的程度。假如他连自己的老母亲都不去照顾，那么他对你能有什么诚心诚意可言呢？特别是在我们现在的社会里，一个人如果在处理与父亲、母亲、岳父、岳母、公公、婆婆和家里其他人的关系上都那么自私，那么，这个人讲如何克己为民、大公无私，是令人怀疑的，很可能是虚伪的。一个社会如果缺少尊老敬老的空气，不能做到老有所养，它再标榜如何“博爱”、“平等”，如何“高度文明”，那也是假话。

第三，尊老敬老是社会安定的重要因素。家庭是社会最基本的细胞。家庭不安定，常常带来社会的不安定。在现实生活中，这类事情是很多的。我们现在的民事纠纷里面，很大一部分是家庭纠纷。因此，老龄问题、老年人问题，就成了一个社会问题。由于现在生活条件好、医疗条件好，活到 60 岁以上的人很多。据妇联掌握的数字，全市有老年人 67 万。一个老人，他所影响和联系的面是很大的，有他的兄弟姐妹，他的子女、孙子孙女以及儿媳妇、孙子媳妇、女婿、孙女婿等等，往往联系到众多的社会成员。中国老话说“内和外顺”、“家和万事兴”。家不和，外面很难顺。大家可以设想一下，家庭成员之间闹别扭，最倒霉的是谁呢？婆婆和儿媳妇闹别扭，最倒霉的是她的儿子；老丈母娘和姑爷闹别扭，最倒霉的是她的女儿。因为家里婆媳不和，闹得儿子精神恍惚、工作不安的相当多。特别是在老人存在一点这样那样的毛病，有不合时宜的生活习惯，或提出不尽恰当的要求，而儿媳妇又略略有点道理的时候，这个儿子就更倒霉。媳妇说起来头头是道，老太太说的还不完全占理，能不能以此为根据就给老人气受呢？刚才有一个同志发言用了一句话，叫“顺者为孝”。“顺者为孝”这话有片面的地方，有点不分是非，不讲原则。但是，这里边也有值得吸收的地方，就是说对老人不要苛求，当小辈的不要寄希望于使多大的劲儿去“改造”老人，而主要应该考虑如何去适应老人。老人对儿子，从小的时候就管，多大了也得管。我现在当了市长，我的老父亲、老母亲还对我说：“天津这地方车真多呀，你出门注意看着点，别撞在车上。”或者说：“今天天气变了，冷了，你要多穿些衣服。”如果跟他计较，说现在我都当了市长，自己还不知道怎么过马路？这就不行。老人无非是爱护你，关心你，有什么计较头？处理好家庭关系不是一个小问题。大家看过的很多戏和小说是讲家庭问题的。马克思主义经典著作对家庭问题也有很多论述，如马克思写的《婚姻与家庭问题》，恩格斯写的《家庭、私有制和国家的起源》等。应该说，家庭是我们研究社会问题的最基础的单元，是最基本的内容之一。尊老敬老是家庭和睦、社会安定的最起码的一个条件。

第四，尊老敬老也是对党和政府工作的一个切实的支持。家庭不和，必然使职工不能安心地工作和劳动。通过我们的各级组织以至全社会做工作，使每个家庭都能和谐、融洽，老年人就会感到温暖，就能安度晚年；年轻人就会心情舒畅，安心工作。这样，我们搞好四化建设就有了一个很重要的条件。因此，是不是能把自己的家庭关系搞好，也就成了是不是真的顾全大局，是不是支持党和政府工作的一个问题。

总之，尊老敬老是思想道德教育的一个组成部分，一项重要内容。道德作为人们的行为规范，其中就包括如何对待老人。中国历史上对待这个问题有片面的地方，有糟粕的东西，比如“三纲五常”、“三从四德”以及南宋以后出的《女儿经》等等，但敬老这一条还是可取的。现在，如何对待老人已经成了世界性的问题。我们应当针对目前存在的问题，在全市范围开展一个尊老敬老的活动，使我们民族的优良传统，使我们民族的美好道德，在新的历史时期得到发扬，并且更加完美。这对于加强社会主义精神文明建设，对于顺利完成我们面临的各项任务，对于巩固和发展我市安定团结的大好形势，都有着十分重大和积极的意义。怎样做好尊老敬老工作，我想应当抓好这么四点：

一是要形成舆论，形成风气。今天这个会就是为了形成舆论，而且声势还不小。这么多人来参加会议，是我原来没想到的。我们还要在各种会议上，以及通过其他各种形式，经常不断地宣传、推广尊老敬老的好典型，树立这样的先进人物。要讲尊老敬老对整个社会、对当前工作的重要意义，澄清把尊老敬老说成是封建伦理道德观念的错误看法。我们的报纸、广播、电视和文艺演出单位，要经常发表一些文章，编排一些节目，表扬尊老敬老的好人好事，提倡好的做法，使那些在尊老敬老问题上做得不好的人，有一种社会压力，感到羞耻；使那些尊老敬老的人，在社会上受到称赞，引以为荣。

二是组织些人，搞些研究。要研究一下在尊老敬老这件事情里面有些什么问题，特别是在当前的情况下存在些什么问题，用什么办法去解决。通过听取刚才几位同志的发言，我对当前存在的问题有了一点印象。从老年人和青年人的关系来看，有老年人的问题，比如用老观念看待儿女，用过去那种“多年的媳妇熬成婆”等想法去支配青年人；也有青年人的问题，甚至可以说主要是在青年人身上，在晚辈身上。老年人有做得不当的地方，但他们已经成了老爷子、老太太，除了离了谱的以外，就一般的、个人的生活习惯而言，当晚辈的不应苛求，更不要试图去“改造”。现在有不少年轻人还不懂得这一点，或者还做不到这一点。从男同志和女同志的关系来看，有男同志的问题，比如今天有个男同志发言也说了，男同志有时候不会做事，或者事情做得笨些，或者本身有些毛病等等；也有女同志的问题，甚至可以说主要是女同志的问题。在座的女同志不少，对这个说法不知能不能接受。有的女同志不孝敬公婆，也有的男同志不孝敬老丈人、老丈母娘，但现在主要的、多数的是出在不孝敬公公、婆婆上。有一个比较普遍的现象，有小孩以后，老丈母娘看小孩常常可以凑合下去，老婆婆看小孩处得好的就不多。女同志在家庭里的影响和在搞好家庭关系上的作用是很大的。当然，搞好尊老敬老是件比较复杂的事情，各家各户的情况不一样，造成问题的原因不能一概而论。但有一条要明确，我们现在搞计划生育，讲生男生女一个样，在处理家庭关系上，应该强调同时孝敬公公、婆婆和岳父、岳母。搞不好家庭关系，有生活习惯不同、性格不同和观念不同的问题，也有经济上的问题，而且，照我看，当前相当多数是经济上的问题。因为在吃饭、花钱、买东西等等经济开支问题上有不同的意见，常常引起家庭的矛盾。有些女同志总是觉得给公公、婆婆那份钱是多余的，她的孩子花多少钱她都是高高兴兴的，公公、婆婆花一点钱她就感到多余，老是看着别扭。在处理这个问题上，男同志要会做工作。第一步要对自己的爱人进行教育。教育得有个过程，短期内教育不过来就得有点法儿，关键还是要耐心地做工作。在这里我劝对丈夫管得太死的女同志，能够开明一点。总之，要组织一些人研究一下，找出在尊老敬老上的比较普遍的问题，实事求是地分析造成问题的原因，下功夫找出做好这方面工作的方法。

三是要有组织有领导地开展尊老敬老活动。各级党委和政府对这件事情要给予足够的重视和关心。妇联、共青团和老龄协会等组织，要下力量抓好这项工作。民政部门也应该把尊老敬老作为自己工作的一项内容，与妇联、共青团等组织密切配合。日常的各项活动主要依靠这几家去搞。大家都要抓对年轻一代的教育，老龄协会还要站在老年人的角度，向青年、向社会提出一些要求，同时也要教给老人一些正确处理同子女关系的方法。要通过各方面的努力，使尊老敬老逐步形成自觉，形成风气，形成一套规矩。开展建设“五好家庭”的活动，要把尊敬老人作为一个重要的内容。要办好老年人杂志。我推荐过嵇康写的一篇文章，叫做《养生论》。这篇文章里，讲了人的七情六欲，讲了人的精神与身体的关系。他讲保持老年人的身体健康基本上是三条：第一是吃的东西要讲营养；再一条是要锻炼；第三条讲精神。精神对人的影响是很大的。精神好，心平气和，就能延年益寿。有句俗语讲“天若有情天亦老，水能随遇水常流”。老年人要想健康长寿，就要心平而气和，不能犯肝火、生大气。老年杂志要有计划地介绍一些这样的资料、知识和典型事例。

四是要制定有关的法规，从法律上保护老年人的利益。前面讲的是说服教育、积极引导，讲该怎么做，不该怎么做，希望大家怎么做，等等。但是，总有极少数人怎么教育也不行，怎么说也不听，对这种人就要用法律去约束他，用法律保护老年人的利益。按照国家的法律，根据当前的实际情况，在这方面搞一点地方性法规是完全必要的。

最后，希望借今天会议这个风，在全市范围内，把尊老敬老这件事有计划有步骤、扎扎实实地抓下去，抓出实效来，使我们天津的每一个家庭都成为和睦美满幸福的家庭，使全社会呈现出更加和谐、更加融洽的局面，从而把各方面事情办得更好。

天下和静在民乐*

（1988 年 11 月 16 日）

参加今天大港油田大龄青年的集体婚礼，我心里非常高兴。首先向新娘新郎道喜！向为筹备这次婚礼，特别是为成全他们喜结良缘而辛勤工作的各位同志表示感谢！作为一个共产党的干部，看到群众高兴，心里也就高兴。我们是人民政府，我们的干部是人民公仆。所以，我们领导机关的每一个成员，其一切工作的出发点，都应该是给广大人民群众排忧解难，带来幸福。对一个真正的共产党员和人民政府的干部来说，什么是他们最大的快乐？通过自己的辛勤努力，带来的结果能使群众得到幸福，就是他们最大的快乐。如果说，今年 2 月我们到这里谈心服务有成绩的话，那么，这一百对青年喜结良缘就是成果之一。今天非常高兴，我非常感谢为获得今天这个结果而努力的所有同志，包括新娘新郎的家长和各位开明的“县太爷”。

我们总是应该提倡这样的风气：使那些处在艰苦工作岗位上的同志，使那些以自己的辛勤劳动为国家、为人民作出贡献的同志受到尊敬，得到应有的社会地位。我们总是应该提倡这样的风

---

* 1988 年初，李瑞环同志到大港油田“谈心服务”（天津市领导深入基层做群众工作的一种形式）。有工人反映：“最大的困难是找不到媳妇。”李瑞环同志当即同有关部门商量，研究解决这个问题。8 个月后，在大港油田体育馆举行了百对青年的集体婚礼。这是李瑞环同志作为主婚人在集体婚礼上的祝辞。

气：关心群众生活，特别是关心群众中最困难的那一部分同志，解决他们最为难、最着急的那一部分事情，多做一些雪中送炭的工作。我们每个干部都希望得到群众的支持与帮助。事实证明，乐民之乐者，民亦乐其乐；忧民之忧者，民亦忧其忧。只有真正关心群众的人，才能得到群众的真正拥护。我希望我们所有的干部，能从今天这个集体婚礼活动中，得到一些启示，从而改进和改善自己的工作。

现在大家不都在讲治理整顿吗？不都在讲维护社会安定吗？古人说，“天下和静在民乐”。安定不是靠压、靠卡，而是靠群众高兴满意。民乐，才是真正安定。一些新到领导岗位上的同志，常常不知道应该怎样做工作。我希望我们所有的干部都应该在民乐上，去做一点自己应该做的工作。古人还有这样一句话：“住世一日，则做一日好人；居官一日，则做一日好事。”我希望我们所有的干部都能在自己的工作岗位上坚持给人民做好事。同时，我也希望今天的新娘新郎们，把你们在自己大喜日子里的激动心情转化成力量，转化成为他人、为国家、为民族多做好事的实际行动。

最后，祝新娘新郎们百年好合，生一个宝宝。

过一个欢乐、祥和、文明的春节*

（1990 年 1 月 4 日）

不久前，中宣部、文化部对今年元旦春节的文化活动进行了布置，现在元旦已过。今天，我主要想了解一下春节的安排。

春节是我国人民的传统节日。春节原来叫“年”。“年”在神话传说中是一种凶残的动物。这种动物每到腊月三十，就出来伤害人畜。后来，人们发现“年”怕响、怕红、怕火，于是想出了许多抵御“年”的办法，渐渐演化成过年放爆竹、敲锣鼓、点红烛、贴“桃符”、贴对联的风俗。当然这只是一种传说。辛亥革命后，我国改用了公历，旧历的新年就改为春节，但人们还是习惯于叫过年。我国人民对过春节特别重视，为了过好春节，人们常常很早就要做很多准备。什么二十三糖瓜粘、二十四写大字、二十五扫房土、二十六去买肉、二十七宰公鸡、二十八把面发、二十九糊香斗等等。出门在外的人总要千方百计在腊月三十之前赶回家过年，一家人把最好的东西留在春节吃，最漂亮的衣服在春节穿，大年三十要守岁，大年初一要拜年，开展各种文化娱乐活动。所以，春节是一年中最热闹的节日。

对于过春节，我们党和政府历来都很重视。在战争年代，毛主席和其他领导同志经常和根据地的人民群众一起看秧歌、喝米

---

* 这是李瑞环同志在河北省春节文化活动安排座谈会上的讲话。

酒、吃年糕，共同欢度春节。建国后，每逢春节党和政府都要开展一系列活动，各级领导干部都要深入工厂、农村、部队，看望群众，与民同庆，与民同乐。

今年春节是90年代的第一个春节，也是一个不寻常的春节。之所以不寻常，一是经历了去年春夏之交的政治风波，全国的局势日益稳定，人们更加珍惜过太平安定的日子；二是治理整顿已取得初步成效，经济形势正在向好的方向发展，克服暂时困难还需要进一步振奋精神；三是国际上风云变幻，更要求我们奋发图强，办好自己的每一件事情。过好今年春节，创造一个良好的社会气氛，对于增强信心，做好工作，继续前进，有着重要意义。什么叫过好春节？我想，主要有三条：

第一，过一个欢乐的春节，就是要丰富节日的文化生活，使大家在歌舞升平中得到休息和美的享受。

各级领导和文化、宣传部门，要尽最大的努力，为人民准备精美的精神食粮。特别是电视台的节目一定要下大力量细心地编选，着眼于大多数群众，照顾到各个方面，做到丰富而不庞杂，系统而不枯燥。在此期间，一般报道要减少，广告宣传要压缩；各录音、录像和电影发行放映单位要积极组织好片源，增加放映场次；各专业艺术团体要准备一批质量较高的剧目和节目；电影发行、放映单位和艺术团体，都要尽可能地组织送片、送戏下乡、下厂、下部队，慰问坚持节日生产的职工，慰问边防、海防哨卡的战士，慰问医院的病号，慰问偏远地区的农民；各基层文化馆站以及各种公共娱乐场所，节日期间都要照常开放，搞好各种文化活动；要组织好年画、挂历、春联等节日文化用品的供应；要根据各地群众的传统习惯，组织好群众的自娱自乐活动，例如北方的花会、南方的龙灯，使大家既是表演者，也是观赏者。总之，要使节日呈现出一派红火热闹、喜气洋洋的气氛。

第二，过一个祥和的春节，就是通过过节，干群之间加深理解，同事之间增进友谊，邻居之间更为和睦，军民之间增强团结，使社会更加协调，气氛更加融洽。

要把拥军优属、拥政爱民活动搞好，在全社会进一步发扬人民爱护军队、军队爱护人民的传统。要广泛开展学雷锋、学赖宁活动，组织青少年开展为老弱病残、鳏寡孤独等有困难的人服务的活动。

各级干部要利用拜年、家访、谈心服务等方式，到困难厂、困难村、困难户去，了解他们的春节准备情况，听取他们的意见和建议，并切实帮助他们解决一些实际问题。要到那些对领导有意见的同志家里去，给他们拜年，听取意见，加强了解，增进友谊。

建国以来，特别是十年改革开放以来，我国人民生活水平不断提高。但是应该看到，也还有少数人由于这样或那样的原因，生活确有困难。各级党政部门必须采取切实措施，帮助他们解决具体问题，使他们过一个满意、高兴的春节；同时，还要通过广泛的宣传，动员社会力量共同帮助他们，体现在我们这样一个国家里人与人之间的社会主义新型关系。关心群众生活，想群众之所想，急群众之所急，办群众之所需，是我们党的光荣传统，也是进行思想政治工作的重要形式和内容。希望各地、各级领导同志在春节期间辛苦一点，把这件事努力做好。

第三，过一个文明的春节，就是要倡导健康有益的新风尚，革除愚昧落后的旧习俗，并做到安安全全、干干净净。

经过前一段的“扫黄”和各地开展的除“六害”[①] 活动，各

① 除“六害”，指当时开展的集中打击败坏社会风气、危害社会安定的六种犯罪活动的斗争。六种犯罪活动是：卖淫嫖娼，制作、贩卖、传播淫秽物品，拐卖妇女、儿童，私种、吸食、贩运毒品，聚众赌博，利用封建迷信骗财害人。

种丑恶现象大为减少。但我们也应该看到，这类现象并没有完全消除。根据以往的经验，赌博、迷信等活动在春节期间容易出现。因此，我们要提高警惕抓紧工作，决不让这些有害的东西来干扰人们过节。

要特别注意节日期间安全。因放鞭炮而炸伤或引起火灾的现象，每年都有多起。由于高兴而放鞭炮，由于放鞭炮而受伤，由于受伤而受罪，乐极生悲，实在不值得。今年要提前做好宣传和准备工作，尽可能地防止或减少这类事情的发生。同时要搞好节日的治安工作。

要搞好春节卫生，使大家在洁净的环境中过节。要防止铺张浪费和避免暴饮暴食，注意饮食科学，做到玩得文明，也吃得文明。各级党政机关和领导干部都要把帮助广大群众过好春节作为一件重要工作来抓。要看到这是关心群众生活，做好思想工作，进行精神文明建设，改进领导作风，密切干群关系的极好时机。古人讲，天下顺治在于民富，天下和静在于民乐。我们有责任、有条件帮助广大群众过一个欢乐、祥和、文明的春节，并通过春节的各种活动，使人们进一步振奋起来，团结起来，在党中央的领导下去夺取治理整顿、深化改革和社会主义各项事业的新胜利。

马年就要到了。骏马迎新，万马奔腾。祝同志们在新的一年里，诸事如意，马到成功！

弘扬“和”的思想具有重要的现实意义*

（1996年1月）

这次大会讲话，我想着重讲一下和的思想、和为贵的思想。这个思想是中华民族文化的重要内容，是中国哲学的宝贵遗产，是中华民族待人处事的传统美德。

任何一个民族的传统文化，都是这个民族世世代代劳动、智慧的结晶，是构成这个民族特色的重要内容，是维系这个民族生生不息的精神纽带。我们这个世界上人口最多的伟大民族，在漫长的历史过程中，历经磨难而绵延不衰，屡处逆境而聚集不散，就是因为我们祖先为我们创造了独具特色的传统文化。

和的思想、和为贵的思想，源远流长，世代相传，潜移默化，渗透到社会生活的许多方面，成为中华民族普遍的价值观念和理想追求。直到今天，和的思想对人们的生活、工作、交往、处事、从政、经商等各个方面，仍然具有深刻的影响，发挥着重要的作用。在人与人的关系中，和的思想讲求和谐、和睦、和气、和善、祥和、谦和，提倡团结、互助、友爱；在人与社会的关系中，和的思想注重合群随众、和衷共济、个人利益与集体利益相结合，围绕共同目标来构筑充分发挥个人创造才能、协调一致、和睦相处的社会；在人与自然的关系中，和的思想强调天人

---

* 这是李瑞环同志同全国政协八届四次会议文稿起草人员的谈话。

合一，“赞天地之化育”，也就是利用自然、改造自然、顺应自然、保护自然的统一，谋求生态平衡，实现稳定协调、可持续发展；在处理不同文明和国家之间的关系的时候，提倡“一致而百虑，同归而殊途”，最终达到“协和万邦”，和平共处。总之，和的思想可以扩展到政治、社会、生活的方方面面。我相信，这个思想一旦引起人们的重视，一旦成为研究部门的课题，一旦引入决策机关的指导观念，一旦与现实问题深入联系，必然会放出灿烂的光芒。

和的思想、和为贵的思想，长期被淡化、被贬低、被扭曲，有着深刻的历史原因。近代以来，中国人民长期遭受帝国主义、封建主义、官僚资本主义三座大山的压迫，生活在水深火热之中，内忧外患迫使人们不得不进行反抗斗争：对外抵御入侵、救亡图存、争取民族独立；对内推翻反动统治、实现民主自由。与天斗、与地斗、与人斗，实属形势使然。新中国建立后，情况发生了根本变化，民族独立了，人民当家了，整个国家进入了和平建设时期，全国上下理应团结起来，为实现富强、民主、文明的社会主义现代化目标而奋斗。令人遗憾的是，这种否定和的思想的斗争观念和习惯根深蒂固，很难被摈弃，某个时期、某个方面反而变本加厉，以至由反右斗争、反右倾斗争、“四清”斗争发展到“文化大革命”运动，特别是十年“文革”浩劫，纯粹是自己瞎折腾。在那个年月、那种气候下，一切关系都简单化为阶级关系、革命与反革命的关系，动辄上纲上线，到处批判斗争，没有人情、友情、亲情，有的只是狂热盲从、翻脸无情。转眼之间，好人就变成了坏人，革命同志就变成了反革命分子。比如我本人，当过工人、企业干部，当时也算是有名的全国劳模、学毛著积极分子，却稀里糊涂地成了“三反”分子，住了四年多的牛棚。许多事情，今天看来非常的离奇、荒谬、可笑。有个人被打为反革命分子，理由是他擦屁股的报纸上有领导人的名字。当时做早操要喊口号，一些地方规定，听到向左转的口令要喊“毛主席万岁”，听到向右转的口令要喊“打倒刘少奇”，有人喊错了，就成了现行反革命。阶级斗争年年讲、月月讲、天天讲，谁还敢讲和为贵！那时和为贵就是“无原则”、“无是非”、“抹稀泥”、“不坚定”。拨乱反正，我们党彻底否定了“文化大革命”，否定了“以阶级斗争为纲”的指导方针，但长期被淡化、被扭曲的和的思想、和为贵的思想并没有得到正名。当前，我国改革开放、现代化建设及祖国和平统一大业都任重道远，十分需要有一个和谐安定的局面、和睦融洽的关系。以各党派、各团体、社会各界为组成单位的政协组织，应该高举和的旗帜；以团结、民主为主题的政协工作，应该弘扬和为贵的思想。

反对和为贵思想的人，常常以坚持马克思主义自居，实际上他们坚持的是被自己歪曲了的马克思主义。的确，马克思主义的辩证法作为对于资本主义制度的批判的思想武器，凸显了斗争和革命的本性，它“在对现存事物的肯定的理解中同时包含对现存事物的否定的理解，即对现存事物的必然灭亡的理解”。无论是马克思、恩格斯、列宁或毛泽东，他们在重视斗争性的同时，丝毫没有轻视对立面的同一性。马克思和恩格斯指出：我们这个世界面临的两大变革，是人同自然的和解以及人同本身的和解。也就是社会发展最终要实现人的全面发展和人与人、人与自然之间的和谐。列宁说过：“发展是对立面的统一”，毛泽东在《矛盾论》中把矛盾的同一性定义为对立面的相互依存和相互转化，等等，都是这方面的论述。

马克思主义既讲矛盾的普遍性和斗争的绝对性，同时又讲矛盾、斗争的特殊性、多样性，讲具体问题具体分析、不同质的矛盾用不同的方法来解决。在矛盾的转化过程中，既存在着双方同归于尽或新事物取代旧事物的方式，也存在着对立面之间互相制约而取得平衡的方式。那种将矛盾简单化为你死我活的僵化思维，不但在理论上违背马克思主义辩证法的精髓，而且在实践中危害甚大。

具体到人和人之间的关系，比如两人意见不同，要想达成共识，只能通过学习、交流、讨论来解决。先进与落后的矛盾，解决的最好方法是先进帮后进，一起向前进。这些都是在团结友爱的愿望和气氛下进行的，并非一定要斗个你死我活。对立统一规律讲事物在一定条件下的转化，但重要的是在一定条件下，量变发展到质变的情况下。通常情况下，对立双方尽管不断发展变化，但大多只是渐进性的量变。任何矛盾都有其存在和发展的过程，任何矛盾在其发展过程中都存在着多种互相依存、互相对立的关系。“一阴一阳之谓道”，而这种依存与对立的关系，并不破坏矛盾的统一体，恰恰相反，是矛盾存在的依据。比如，一块磁铁总有南北两极，这两极总是不可分割地联系着，即使将它切断、打碎，它仍然是南北两极同时存在，要想得到只有南极而没有北极或者只有北极而没有南极的单磁极是不可能的。如果把它的一极磁性消除了，那么它的另一极磁性也将同时消失。太阳系的形成和运动就是对立的力互相作用而获得平衡的结果。正是相互起相反作用的离心力和向心力，使太阳系的众多行星保持在其轨道上旋转。由于作用和反作用的统一，地球非但没有被吸引到燃烧的太阳上，也没有远离太阳奔向浩渺的太空。

和的思想、和为贵的思想不是不分是非，不是无原则的苟同，而是和而不同。它认为世界万事万物都是由不同方面、不同要素构成的统一体，在这个统一体中，不同方面、不同要素相互依存、相互影响，相异相合、相反相成。只有不同的调味品的结合，才能做出美味佳肴，只有不同的音调的交响，才能奏出动听的音乐。和为贵就是一切以和为依归，以和为出发点和落脚点，争论也好，谅解也好，一切都是为了和，为了人与人、人与自然的和睦相处、和谐共存、协调渐进。而这些和马克思主义观点是一致的。

当前，弘扬和为贵的思想，就是要提倡宽宏大度、体谅包容、和谐共存、协调并进，就是要提倡平等待人、诚恳待人、宽厚待人、以理服人，使我们的同志特别是领导干部，为人处世注意保持博大胸襟，宽容一点，谅解一点，豁达一点，糊涂一点。不要斤斤计较、是是非非、小里小气，而是能够听得进、容得下、想得开。我在政协八届一次大会上针对过去运动过多、伤人太多，讲过要“捐前嫌、解旧怨、弃小隙、全大局”。以后又反复强调统战、政协工作一定要善于求同存异；要着眼同、重视同、发展同，也应当正视异、承认异、允许存异；只要无碍大局，无关宏旨，无妨大目标，一切异都要体谅包容。这些就是和的思想。和的思想主要针对相互关系，没有关系也就没有和，有了相互关系就要妥善处理，这里最常用也最管用的方法就是协调。有人做过查阅统计，当今世界使用最多的词汇之一就是协调。在人类社会出现以前，自然界按照自然法则自发地调节、演化、发展。在人类社会出现以后，产生了人与自然、人与人之间的矛盾和冲突，人类为了生存和发展，也就有了自觉的协调活动。历史发展到今天，不仅人对自然的索取越来越多，人与自然的协调越来越迫切；而且人与人之间的互相依存、互相摩擦也日益复杂多变，需要加强协调的事情空前增多。在我国，随着改革开放的深入和市场经济的发展，社会经济成分、组织形式、就业方式、利益关系和分配方式日益多样化，人们的职业、身份经常变化，不同群体、不同行业、不同地域间的差异错综复杂，必须重视协调、善于协调，及时有效地做好协调工作，以促进经济社会的和谐稳定、协调适度发展。和的思想、和为贵的思想是做好协调工作的依据、凭借。重视协调、加强协调工作是弘扬和为贵优良传统的必然要求，符合事物的客观规律，符合马克思主义辩证法的实质，符合时代的发展潮流，也符合中华民族的优良传统。协调是政协应有的职能，也是政协特有的作用，有机会也要专门讲一讲。

提倡和合　加强团结*

（2000 年 11 月 7 日）

在座的许多人过去都见过面，但在香港欢聚一堂，还是第一次，我感到非常高兴。16 年前我来过香港。香港回归以后，不少朋友希望我来香港看看。今年适逢香港中华总商会成立一百周年，商会的领导希望我来参加庆典活动。董建华特首也盛情地邀请我来。江泽民主席也认为我应该来看看。短短几天，感到香港变化很大，到处面貌一新。

香港回归后怎么管好，我曾经讲过两句话，第一要满怀信心，第二要谨慎小心。我之所以强调谨慎小心，是因为“一国两制”、“港人治港”、高度自治是一件新事，也是一件难事。有的朋友可能还记得我讲的那个茶壶的故事，主要的意思就是说认识香港、管好香港很不简单，不可自以为是，不要麻痹大意。三年过去了，香港的情况比我预想的还要好得多。董建华先生没有从过政，没有当过官，更没有当过这样特殊的官，其实世界上有几个这样特殊的官？过去可以说没有，现在加了个何厚铧。董建华特首能够率领特区政府成功抵御亚洲金融风波的冲击，妥善处理各种复杂问题，保持了香港稳定繁荣的局面，确实不容易。毫无疑问，香港成就的取得，是由于中央政府的坚决支持，是由于特

* 这是李瑞环同志会见香港各界知名人士时的讲话。

区政府的有效工作，是由于六百万香港人民的团结奋斗，也是由于在座各位利用自己的优势和条件，发挥了特殊的重要作用。在此，我向香港人民表示崇高的敬意，向在座的各位表示诚挚的感谢。

香港面临的形势总体上是好的，同时也存在不少困难。香港回归后开局不错，但解决好殖民统治的遗留问题还需要长期努力。香港成功抵御了亚洲金融风波的冲击，但风波中暴露出来的深层次问题还没有完全解决。香港继续保持了国际金融、贸易、航运中心的地位，但周边地区新的经济增长势头又咄咄逼人。特别是当今世界科学技术发展迅猛，经济全球化趋势加快，香港既面临着难得的机遇，也面临着严峻的挑战。在这种情况下，香港要继续前进，就必须有充分的思想准备，有总体长远的谋划，有应付各种困难的方案。在我国悠久的历史发展过程中，我们积累了很多的经验和教训，其中最重要的一条就是提倡“和合”，强调团结。人和、祥和、和睦、和谐、和以处众、和衷共济、和气生财、内和外顺等词语经常使用，随处可见。团结就是力量，团结就是胜利，团结就是生命，人们经常讲，反复讲，到处讲，常讲常新。古书中记载了这样一个故事：汉朝时，京城田氏三兄弟田真、田庆和田广，一直和睦相处，庭院中有棵紫荆树，也长得花繁叶茂，但后来他们闹别扭，要分家，紫荆一夜之间就枯萎了。兄弟三人大为震惊、大受感动，于是兄弟不再分家，和好如初，紫荆花又盛开如故。晋代陆机作诗说：“三荆欢同株，四鸟悲异林”；唐代李白感慨道：“田氏仓卒骨肉分，青天白日摧紫荆。”上面讲的紫荆花，和作为香港区旗区徽标志的紫荆花是不是一个品种，我没有考证；上面讲的故事，是体现“天人感应”思想的一个传说，未必真有其事。但这个故事所表达的道理，的确发人深思。我们这个五千年文明古国，之所以历经磨难而绵延不衰，屡处逆境而昂扬奋起，就是因为有许多这样博大深邃的思想，有一种内在的强大凝聚力。当今中国要发展、要振兴，必须继续弘扬中华民族的优良传统，特别要倡导“和合”，强调团结。我看香港也是如此，最最重要的是加强团结。唯团结才能稳定，唯团结稳定才能发展繁荣。香港也只有团结稳定、发展繁荣，才能为我们祖国统一和民族振兴作出新的更大的贡献。香港地方很小，容易磕磕碰碰；香港讲市场经济，难免你赔我赚。我希望大家多想想别人，多想想大局，多一些尊重理解，多一些体谅包容，团结起来把香港的事情办得更好。

不久前，中共十五届五中全会通过了《中共中央关于制定国民经济和社会发展第十个五年计划的建议》，描绘了下世纪初国家发展的宏伟蓝图。“十五”计划的实施，对我国经济和社会的发展具有十分重要的意义，为香港的繁荣发展提供了新的机遇。在座诸位都是香港各界有代表性和有影响力的人士，曾为香港的顺利回归和稳定繁荣，为内地的改革开放和经济建设发挥了积极的作用，作出了重大的贡献。希望大家一如既往，支持国家的发展，支持香港的发展，在支持国家发展、香港发展的过程中，使自己的事业得到发展。不管是国家的发展，香港的发展，还是自己的发展，都是中国的发展、中国人的发展，我们都应该高兴，都应该鼓掌。

愿香港的明天更美好，愿祖国的未来更辉煌！

谢谢大家！

树立和平、合作、合理、和气的形象*

（2001 年 5 月 2 日）

同志们：

我们的四国访问就要结束了。访问是成功的，成功的原因，首先是中央批准的出访方针正确；其次是代表团全体人员各负其责、共同努力；其三是使、领馆和外交部的同志做了大量前期工作。今天，驻土使馆的同志也参加了聚会，我提议向他们表示欢迎和感谢！

在座各位，有外事部门的，有其他单位的，不论是谁，不论在哪个部门工作，我希望大家今后都要重视外事工作。没有外事工作，就没有改革开放；不做好外事工作，国内就不能专心致志地搞建设。

做外事工作首先要讲原则，讲国家主权，讲领土完整，讲民族尊严，这是不能含糊的。同时，做外事工作也要讲策略，讲求同存异，讲体谅包容。世界就是同和异的统一体，没有差异就没有世界，绝对一样的人和事是没有的。有些差异通过工作是可以缩小或消除的，有些差异是长期存在的。不能简单地以自己为标准评判他人、评判是非。比如，自己长得丑并不希望找个老婆或丈夫也丑；自己没文化总不希望自己孩子也没有文化。这就是不

---

* 这是李瑞环同志结束对毛里求斯、南非、摩洛哥、土耳其四国访问后，在土耳其首都安卡拉举行的代表团聚餐会上的即兴讲话。

以自己为标准。须知，和你一样的不一定就对、就好，和你不一样的不一定就错、就差；你对很多人看不惯，其结果常常是很多人对你也看不惯。

就国际形势说，和平与发展是时代的主题；就国内工作说，经济建设是中心；就社会主义事业说，目前处于低潮、少数。审时度势，我们应当高举“和合”旗帜，树立和平、合作、合理、和气的形象，以创造良好的国际环境，为国内建设服务。

和平：热爱和平，需要和平，维护和平。

中国人民曾饱受列强欺凌，深知战乱之苦，对和平有强烈的渴望。中国正在进行的现代化建设要取得成功，决定于两个条件。一个是国内条件，就是坚持现行的改革开放政策，安定团结的政治局面。还有一个是国际条件，就是持久的和平环境。中华民族崇尚“和为贵”，“己所不欲，勿施于人”，中国人民绝不会将自己过去所遭遇的那种苦难强加给别人。中国现在不称霸，将来富强了也不会称霸，也反对任何人称霸，我们要使各国人民相信，中国的强大是维护世界和平与稳定的积极力量。

合作：真诚合作，广泛合作，善于合作。

当今世界，经济全球化趋势日益增强，各国经济在竞争的同时相互依存和优势互补越来越明显，相互开放和交流合作越来越广泛。只有顺应这一潮流，才能不断赢得主动，发展壮大自己。中国在许多方面处于落后状态，离开与世界各国进行广泛的合作，离开学习借鉴他人的先进经验，是没有出路的。合作是我们的需要，是我们的利益，也是人类社会发展的必然趋势。我们对外合作的时间还不长，领域还不宽，必须努力拓展；对外合作的本事还不大，必须逐步提高。

合理：凡事讲理，言之成理，以理服人。

常言道，有理走遍天下，无理寸步难行。事事讲理，时时讲理，处处讲理。讲正理不讲歪理，多讲公认的理，少讲自家的理。要让人觉得中国人说话办事通情达理，有理有据，而不是强词夺理。通俗易懂的语言、细致严密的逻辑、生动形象的例证，这些都是讲理、以理服人所必需的，这些都要用心学习。

和气：宽厚平和，随众合群，和蔼可亲。

要胸襟开阔，平心静气，听得进不同意见。要懂得真理不是哪个人的专利，别人讲话即使有错也要让人家把话讲完。要求大同存小异，孔子曰，大德不逾闲，小德出入可也。由于长时期“以阶级斗争为纲”，有的人养成上纲上线的习惯，“头上长角，身上长刺”，动不动搞大批判，使人望而生畏。讲话要注意分寸，尖锐的话、伤人的话，尽量少讲，中国传统讲究人缘，讲究合群，不要太“各”；要使人愿意亲近，不要让人看见就躲。

上述“四和（合）”，反映了中华民族的优良传统，体现了小平同志韬光养晦的思想，也符合我们国家和人民的根本利益。

和合的思想是中国古代哲学的重要内容，具有普遍意义和现实意义。这个思想认为世间万事万物都是由不同方面、不同要素和合而成的，和生万物。我们这个代表团，就是由十几个单位的不同工作人员合成的。再比如，我们今天这餐饭非常丰盛，它也是由多种原料和调料和合而成的。大家桌上摆着的每道菜、每种酒也都是由不同的元素和合而成的，如此等等。可以这样说，正确理解和应用和的思想，是我们这次出访成功乃至以前若干次出访成功的经验之一。

这些话只是触景生情，随感而发，意在抛砖引玉。

同志们，明天就要分手了。俗话讲，有缘千里来相会，我们是天上、地下共时光。18 天时间只是人生短暂的一瞬，但我希望大家能留下美好的回忆。

祝大家工作进步，身体健康，合家欢乐！

和睦相处　和谐共进*

（2002 年 5 月 28 日）

尊敬的主席先生，

女士们、先生们：

应贵国议会上院议长欧文勋爵的邀请，我和我的同事来到有着古老历史和灿烂文明的英国进行正式友好访问。几天来，我和贵国领导人就共同关心的问题深入地交换了意见，增进了相互之间的了解和友谊。今天，主人又特意安排我和大家见面并发表讲话，我感到十分高兴。

我这次来访，适逢中英两国建立大使级外交关系 30 周年。我们欣喜地看到，30 年来，中英关系有了长足的发展，两国经贸合作保持了良好的势头。英国在华投资项目已达 3110 个，实际使用金额接近 100 亿美元，英对华投资居欧盟之首；双边贸易额逐年递增，2001 年达到 103 亿美元，英国是中国在欧盟的第二大贸易伙伴。贵国的许多人士，包括在座的英中贸易协会的朋友们，为促进中英贸易发展发挥了重要作用。在此，我谨代表中国政府和中国人民，对长期以来为增进中英友好作出不懈努力的各位朋友，对所有为中英合作作出贡献的各友好团体和人士，表示诚挚的感谢和崇高的敬意！

---

* 这是李瑞环同志在英中贸易协会举行的欢迎午宴上的演讲。

朋友们，中国是最大的发展中国家，英国是西方工业七强之一，两国经济互补性很强，经贸合作的空间很大。贵国在科技、资金、管理、能源以及生物技术、制药、钢铁、化工、电子工业和信息产业等方面占有优势，贵国的许多优势项目都符合我国的需要。中国有着12亿多人口的巨大市场，目前正在进行大规模的经济建设，正在实施西部大开发战略，需要大量引进境外资金、技术和管理经验。据初步估算，在未来的5年里，中国将进口总额约1.5万亿美元的设备、技术和产品。特别是中国已加入世贸组织，对外开放的领域将进一步扩大，投资环境也将进一步改善，两国合作的前景更加广阔。我们热切欢迎英国企业界的朋友们到中国来开展合作、进行交流，到中国来投资经营、寻求发展。

为了促进双方的合作，必须加强彼此的了解。了解是友谊的前提，了解是合作的基础，了解包括对现状的了解也包括对历史的了解，包括对经济的了解也包括对政治的了解、文化的了解，特别是对传统文化的了解。因为传统文化是一个民族劳动、智慧的结晶，是构成一个民族自身特色的重要内容，是维系一个民族生生不息的精神纽带。中国是一个历史悠久的文明古国，在中华民族漫长的历史发展进程中，创造了独具特色的传统文化，在博大精深的中国传统文化中，“和”的思想占有十分突出的位置。早在三千多年前，中国的甲骨文和金文中就有了“和”字。西周时期，周太史史伯提出“和实生物，同则不继”的观点。到了春秋战国时期，诸子百家更是经常运用“和”的概念来阐发他们的哲学思想和文化理念：管子提出“畜之以道，则民和”；老子提出“知和曰常，知常曰明”；孔子提出“礼之用，和为贵”；孟子提出“天时不如地利，地利不如人和”；荀子提出“万物各得其和以生”；《中庸》提出“和也者，天下之达道也”；等等。

“和”不是盲从附和，不是不分是非，不是无原则的苟同，而是“和而不同”。“和”的思想，强调世界万事万物都是由不同方面、不同要素构成的统一整体。在这个统一体中，不同方面、不同要素相互依存、相互影响，相异相合、相反相成。由于“和”的思想反映了事物的普遍规律，因而它能够随着时代的变化而不断变化，随着社会的发展而不断丰富其内容。现在，我们所说的“和”，包括了和谐、和睦、和平、和善、祥和、中和等含义，蕴涵着和以处众、和衷共济、政通人和、内和外顺等深刻的处世哲学和人生理念。

“和”的思想作为中华民族普遍具有的价值观念和理想追求，对中国人民的生活、工作、交往、处世乃至内政和外交等各个方面都产生了深刻的影响。表现在人与自然的关系上，强调“天人调谐”，人是大自然和谐整体的一部分，又是一个能动的主体，人必须改造自然又顺应自然，与自然圆融无间、共生共荣；表现在人与人的关系上，要求“和睦相处”，待人诚恳、宽厚，互相关心、理解，与人为善、推己及人，建立团结、互助、友爱的人际关系；表现在人与社会的关系上，崇尚“合群济众”，社会由个人所组成，个人离不开社会，应当尊重个性、鼓励个人的追求和创造，又必须融入集体、把个人的目标同社会的需要结合起来；表现在国与国之间的关系上，倡导“协和万邦”，国家间应当亲仁善邻、讲信修睦、礼尚往来，不能以大欺小、以强凌弱、以富压贫，国际争端要通过协商和平解决，各国之间应在平等相待、互相尊重的基础上发展友好合作关系；表现在各种文明的关系上，主张“善解能容”，各种文明都是人类文明的组成部分，都对人类文明作出了贡献，不应当相互排斥，而应当彼此尊重、相互学习、保持特色、共同进步。在座的各位多是经商的，是从事经济贸易的，做生意要讲发财、讲发展。怎么样发财、发展呢？“和”的思想认为“和气生财”，只有通过商量沟通工作，营造出合作共事的良好氛围与环境，才容易把生意做成、做好。“君子聚财取之有道”，合作是以对方的存在为前提，坑害对方就等于破坏合作，应以互惠互利为目的，谋取双赢。做生意要着眼整体、看到长远，即使一时达不成协议，也不能伤了和气，“买卖不成仁义在”，如此等等。“和”的思想，也是经商之道、发财之道、发展之道。

中国的“和”的思想传播到世界特别是欧洲后，受到了许多思想家的重视和推崇。早在17世纪初，英国学者罗伯特·勃顿就在其著作中称赞中国人“和平而安静”。上个世纪20年代，英国著名哲学家罗素在他的《中国问题》一书中写道：“中国至高无上的伦理品质中的一些东西，现代世界极为需要。这些品质中我认为和气是第一位的。”这种品质“若能够被全世界采纳，地球上肯定会比现在有更多的欢乐祥和”。类似的看法还有很多，比如在德国学者莱布尼茨的《中国新事萃编》、法国学者伏尔泰的《风俗论》以及当代英国学者汤因比的《历史研究》等著作里，都有这方面的阐述。由于科学技术和经济全球化的迅猛发展，当今时代各个国家和地区的联系更趋紧密，世界的面貌更加快速多变、复杂多样，不同文明之间相互交融又相互激荡，不同利益之间相互依存又相互摩擦，人对自然的索取越来越多，人与自然的矛盾也越来越尖锐。人类从来没有像今天这样面临着如此众多的共同问题和挑战，也从来没有像今天这样凝聚了越来越多的共识。在这种情况下，保持和谐共存、协调共进更加受到全人类的普遍关注。如何努力克服工业社会发展带来的种种社会弊端，创造健康有益的生活方式；如何妥善处置经济与社会、人口与生态、资源与发展的关系，实现人类社会的可持续发展；如何有效化解各个国家、各种文明间错综复杂的矛盾和冲突，保持世界的和谐与安宁；如何以人类的共同利益为价值取向，解决各种全球性问题，这些已经成为世界各国必须深入思考、认真对待的现实课题。了解中国的“和”的思想，可以为思索解答这些课题提供有益的启示。

女士们、先生们：

英国以其灿烂的文化、众多的发明创造为世界的文明和进步作出了巨大的贡献，也对中国社会的发展产生了重要的影响。改革开放以来，中国积极提倡学习、借鉴、吸收包括英国在内的世界各国先进的科学技术、管理经验和优秀文化成果，以促进自己的现代化建设进程。中国一贯重视英国在欧洲及世界的地位和作用，中英都是联合国安理会常任理事国，在维护世界和平、促进共同发展方面肩负着重大责任，也存在广泛的共同利益，需要而且必须加强合作。我们是站在战略高度，并以长远眼光来看待中英关系的，希望双方多往来、多了解、多协商、多合作。我们愿意与英国共同努力，为建设一个更加繁荣、更加美好、更加和谐的世界，为整个人类社会的文明进步，作出积极的努力！

谢谢大家。

三、政协大会讲话

在中国人民政治协商会议第八届全国委员会第一次会议闭幕会上的讲话

（1993 年 3 月 27 日）

各位委员、各位同志：

中国人民政治协商会议第八届全国委员会第一次会议已经圆满地完成预定任务，今天就要闭幕了。

这次大会是在全国各族人民认真学习和贯彻落实中共十四大精神，全面推进建设有中国特色社会主义事业的新形势下召开的。会议期间，两千位委员济济一堂，听取并讨论了全国政协七届常委会的工作报告，列席了八届全国人大一次会议，听取并讨论了李鹏总理所作的政府工作报告。委员们对加快改革开放和现代化建设步伐，加强精神文明建设和民主法制建设，以及开创政协工作新局面等问题，提出了许多宝贵的意见和建议，表现了对国家、对人民高度负责的精神，体现了中国共产党与各民主党派、无党派民主人士肝胆相照、荣辱与共的亲密关系。这次大会是一次民主的大会，团结的大会，继往开来的大会。

感谢委员们的信任，选举我们组成全国政协八届常委会。新一届常委会中有在政协工作多年的老同志，又有在各个领域具有广泛代表性的新同志。我们新一届常委一定不辜负大家的期望，相互学习，密切合作，共同把工作做好。

一

中国人民政治协商会议是我国最广泛的爱国统一战线组织，是中国共产党领导中国人民长期革命斗争的胜利成果，是具有中国特色社会主义政治体制的重要组成部分。中国人民政治协商会议建立以来，中国共产党的杰出领导人毛泽东、周恩来、邓小平、邓颖超、李先念先后担任主席。在他们的卓越领导下，几十年来，人民政协为建立中华人民共和国，为推动社会主义革命和建设，为促进中华民族的大团结和国际友好交往，发挥了重要的作用。特别是中共十一届三中全会以来，在拨乱反正、巩固和发展安定团结的政治局面中，在推进改革开放和两个文明建设中，在促进祖国统一和维护世界和平的事业中，人民政协都作出了重大的贡献。中国共产党和各民主党派、无党派民主人士共同开创的人民政协事业，是我们的传家宝，我们一定要百倍地珍惜，很好地继承和发展。

人民政协是实现中国共产党领导的多党合作和政治协商这一基本政治制度的重要组织形式，在社会主义民主建设中发挥着积极作用。建设高度的社会主义民主，是历史发展的必然趋势，是人民群众的共同愿望，是中国共产党长期奋斗的目标之一。中共十四大报告指出："人民民主是社会主义的本质要求和内在属性。没有民主和法制就没有社会主义，就没有社会主义的现代化。"我国实行的人民代表大会制度和共产党领导的多党合作和政治协商制度，是符合我国国情的一种新型的民主制度。这种制度既不同于一些国家的议会制和多党制，也有别于一些国家的一党制。在这种制度下，人民在通过选举、表决行使民主权利的同时，还可以就重大问题进行充分协商；在实行法律监督的同时，还可以实行广泛的民主监督。人民政协所实行的民主协商方式，有助于充分吸纳各民主党派的意见，使共产党的领导作用和民主党派的参政议政作用同时得到发挥；有助于拓宽人民群众发表意见的渠道，做到既尊重多数人的共同意愿又照顾少数人的合理要求；有助于在团结稳定的前提下发扬民主，在发扬民主的过程中巩固和发展团结稳定的政治局面。这种民主协商方式，是我国民主政治建设的一大创造，也是我国社会主义民主制度的一大特色、一大优势。

政协八届全国委员会任期内的五年，是实现我国现代化建设第二步战略目标非常关键的时期。这五年里，在邓小平同志建设有中国特色社会主义理论和社会主义初级阶段基本路线的指引下，按照中共十四大的部署，要抓住有利时机，使国民经济再上一个新台阶；加快改革开放步伐，在建立社会主义市场经济体制方面取得新的突破；进一步加强社会主义民主法制和精神文明建设，促进社会全面进步；贯彻“一国两制”方针，推进祖国和平统一大业；积极发展对外友好关系，为国内建设创造良好的国际环境。新形势、新任务向人民政协提出了新的要求。人民政协肩负的任务不是减轻了而是加重了，发挥作用的天地不是缩小了而是扩大了。我们要充分认识人民政协在新时期的重要地位和作用，适应新形势，探索新路子，作出新贡献。

二

伟大的任务需要广泛的团结，广泛的团结创造伟大的业绩。只有不断巩固和扩大团结，才能维护稳定的社会局面，保持和谐的人际关系；才能充分利用时间进行建设，抓住机遇发展自己；

才能挖掘蕴藏的潜力，充分发挥中国人民的聪明才智；才能振奋民族精神，凝聚海内外各方面的力量。团结是实现中共十四大提出的各项任务的基本保证，是战胜艰难险阻、经受风浪考验的力量源泉。新一届人民政协要高举大团结的旗帜，为调动一切积极因素，化消极因素为积极因素，团结一切可以团结的力量而尽心竭力。

当前，进一步巩固和发展中华民族的大团结，有着广泛的共同基础和诸多的有利条件。邓小平同志视察南方的重要谈话，描绘了加快我国现代化建设的宏伟蓝图，进一步指明了强国富民的正确道路。中共十四大确立了建设有中国特色社会主义理论的指导地位，作出了一系列重大决策，为我国今后的长期稳定发展提供了思想、政治、组织保证。统一祖国、振兴中华的伟大目标，表达了海内外中华儿女的共同心愿，创造了捐前嫌、解旧怨、弃小隙、全大局的良好条件。我国源远流长、博大精深的优秀传统文化，哺育着一代又一代中华儿女，具有强大的吸引力和凝聚力。我们中华民族是一个伟大的民族，我们的祖先在历史上曾经对人类作出过重要贡献，我们今天应当而且能够为了中华民族的伟大复兴而携起手来，继续创造出无愧于先人的辉煌业绩。

人民政协包括中国共产党、各民主党派、无党派民主人士、人民团体、少数民族、社会各界和台港澳同胞、海外侨胞等三十多个方面的代表，它本身就是中华民族大团结的象征。如何促进和实现中华民族的大团结，人民政协积累了宝贵的经验。一是坚持求同存异。同，是团结的基础，应当着眼同，重视同，在合作共事中发展同。在现阶段，求同，就是求建设有中国特色社会主义之大同，求统一祖国、振兴中华之大同。与此同时，应当正视异，承认异，允许存异。二是加强广泛联系。要通过各种形式，创造必要条件，使委员之间、委员与群众之间、海内外人士之间广泛接触，密切关系，增进友谊。三是经常交心通气。各党派、各界人士要经常交往，谈心交心。特别是对重大问题、重要举措，要及时互通情况，交流看法，以增进了解，加深理解，消除误解，取得共识。四是善于合作共事。各党派之间在工作中要平等相处，以诚相待，相互尊重，相互学习。对担任领导职务的民主党派和无党派民主人士，要予以充分信任和支持，使他们有职有权。总之，要通过卓有成效的工作，使全体社会主义劳动者、拥护社会主义的爱国者和拥护祖国统一的爱国者的最广泛的联盟不断巩固和发展。

三

政治协商和民主监督是人民政协的主要职能。政治协商，主要是指对国家的大政方针、政治生活中的重大事项、经济和社会发展中的重要问题，在决策之前进行协商。民主监督，主要是指对国家的宪法和法律法规实施情况、重大方针政策的贯彻执行情况、国家机关及其工作人员履行职责的情况，进行监督。实践证明，这种协商和监督，有利于广开言路、集思广益，实现决策的科学化、民主化；有利于发现问题、纠正失误，及时有效地改进工作；有利于求得共识、协调步伐，推动各项事业的健康发展。

几十年来，中国共产党和各民主党派、无党派民主人士对于如何搞好政治协商和民主监督，进行了多方面的探索，毛泽东、周恩来、邓小平等老一辈无产阶级革命家和以江泽民同志为核心的中共中央，对此有过系统的精辟论述。我们必须深刻理解，认真贯彻落实。

第一，要发扬国家主人翁精神。不论属于哪个党派哪个团体哪个界别，所有委员都要把国家和民族的利益放在首位，以实现四化、统一祖国、振兴中华为己任，在参政议政的过程中，对国家大事积极主动地发表意见，认真负责地提出各种建议和批评，勇于坚持真理，随时修正错误。

第二，要强调虚心听取意见。中国共产党处于执政的地位，要带头实行“长期共存、互相监督、肝胆相照、荣辱与共”的方针，主动自觉地请民主党派、无党派民主人士参与协商、监督。领导干部要听得进逆耳忠言，善于采纳各种有益的意见并切实付诸实施，而绝不能叶公好龙，讳疾忌医，采取表面客气而实际敷衍的官僚主义态度。政协委员和政协机关中的共产党员，要做合作共事的模范、廉洁奉公的模范和发扬民主作风的模范。只有这样，政治协商和民主监督才能经常而不间断、广泛而不狭隘、切实而不表面地开展起来。

第三，要创造民主和谐的环境。人民政协中存在不同的意见是正常的，与其说应该允许，毋宁说应该欢迎。如果大家对任何问题的看法都一样，没有不同意见的比较，没有批评和反批评，政治协商和民主监督就失去了意义。在政协的各种会议上，要切实保障提出批评的自由和发表不同意见的自由，使各方面人士能够直言不讳地畅抒己见。要坚持不抓辫子、不扣帽子、不打棍子的“三不主义”，以利于形成和发展生动活泼的政治局面。

第四，要建立和完善规章制度。政协七届全国委员会制定的《关于政治协商、民主监督的暂行规定》，使政协工作向制度化、规范化迈出了重要一步，今后要继续朝这个方向努力。随着我国社会主义市场经济体制的建立，随着我国人民物质和文化生活水平的提高，随着我国同世界各国政治、经济、文化交往的增多，随着政协委员构成的变化，政治协商和民主监督的内容应不断丰富，制度应不断完善，各项活动也应更加富有成效。我们要继承和发扬优良传统，创造和总结新鲜经验，使政治协商和民主监督制度在新的历史条件下得到发展。

四

为了胜利完成时代赋予我们的光荣使命，开创人民政协工作的新局面，新一届政协必须努力搞好自身建设。要加强学习。政协组织要发扬自我教育的优良传统，推动委员在自觉自愿的基础上学习马列主义、毛泽东思想，学习时事政治和国家法律、政策，学习现代科学文化知识，当前特别要深入学习邓小平同志建设有中国特色社会主义的理论。要重视调查研究。努力创造条件，鼓励政协委员深入实际，深入群众，了解情况，并紧紧围绕经济建设这个中心，抓住群众普遍关心、人民政府亟待解决的问题，提出切实可行的意见和建议。要总结经验。在长期实践中，全国政协和各地政协在参政议政、发挥人才库智力库优势、开展海内外联谊活动等方面，积累了丰富的经验，应认真总结交流。要搞好机关工作。不断提高工作质量和效率，更好地为委员们服务，为政协工作服务。

各位委员、各位同志：

中国共产党早就提出了“和平统一、一国两制”的方针。台湾是我国的神圣领土，实现祖国统一是海峡两岸人民的共同愿望。我们主张海峡两岸尽早就实现和平统一进行谈判。我们坚决反对任何形式的“两个中国”、“一中一台”，坚决反对任何旨在制造“台湾独立”的企图和行动。我们希望台湾当局以民族大义为重，顺应历史潮流，为完成祖国统一大业，早日作出明智抉择。1997 年和 1999 年，香港、澳门将先后回归祖国。要确保香港、澳门实现平稳顺利过渡和回归后长期稳定繁荣。我们坚决反对一切违背中英联合声明、违背香港政制发展同基本法相衔接的承诺、违背中英双方已经达成的有关谅解的行为。我们希望一切热爱祖国、赞成祖国统一的中华儿女，为推进统一大业多做好事，多办实事，共同谱写中华民族光辉历史的新篇章。

让我们紧密地团结在以江泽民同志为核心的中共中央周围，在爱国主义、社会主义的伟大旗帜下，满怀信心地为完成新时期的历史任务而努力奋斗！

现在我宣布：中国人民政治协商会议第八届全国委员会第一次会议胜利闭幕！

在中国人民政治协商会议第八届全国委员会第二次会议闭幕会上的讲话

（1994 年 3 月 19 日）

各位委员、各位同志：

中国人民政治协商会议第八届全国委员会第二次会议，经过全体委员的共同努力，按照预定的议程，胜利地完成了任务。这次会议审议并通过了叶选平副主席代表政协第八届全国委员会常委会所作的工作报告，审议并通过了《中国人民政治协商会议章程（修正案）》，增选了政协全国委员会的领导成员。委员们列席了八届全国人大二次会议，听取并讨论了李鹏总理所作的政府工作报告和其他重要报告。大家以高度负责的精神，对涉及改革开放、现代化建设和广大人民群众切身利益的重大问题，提出了许多很好的意见和建议。这是一次民主的大会，求实的大会，团结的大会，鼓劲的大会。

一

过去的一年，全国各族人民认真贯彻中共十四大精神，沿着邓小平同志指引的建设有中国特色社会主义的道路继续前进，改革开放和现代化建设取得了新的巨大成就。在这一年中，人民政协适应新的形势，发扬优良传统，加强自身建设，积极履行各项职能，各方面工作都取得了新的进展。委员们认真学习《邓小平文选》第三卷，加深了对建设有中国特色社会主义理论的理解，进一步增强了全面贯彻社会主义初级阶段基本路线的自觉性与主动性；围绕两个文明建设中的一些重大问题开展专题调研，取得了一批有重要价值的成果；努力宣传和贯彻“和平统一、一国两制”的方针，为推进祖国统一大业做了许多有益的工作；积极开展对外友好交往，增进了我国人民同世界各国人民之间的友谊与合作；加强了政协机关的建设，活跃了各专门委员会的工作。我们的工作受到社会各界的普遍重视和海外人士的广泛关注，显示了人民政协在国家政治生活中的重要地位和独特优势。本届政协的工作有了一个良好的开端，为今后四年的工作奠定了基础。

今年是我国改革开放和现代化建设进程中非常重要的一年。李鹏总理在政府工作报告中对今年经济建设和深化改革的方针任务作了明确的阐述。应当看到，完成这些任务，对于全面贯彻中共十四大和十四届三中全会精神，建立社会主义市场经济体制；对于解决经济生活中的深层次矛盾，保持国民经济持续快速健康发展；对于维护政治稳定，促进社会全面进步，都具有极为重要的意义。还应当看到，完成这些任务一定会遇到许多问题和困难：新旧经济体制的转换，常常呈现出矛盾交织、利弊伴生的局面；各项改革措施出台的时机、力度和贯彻实施，往往受到诸多因素的制约；利益格局的调整所带来的连锁反应，有些在事前很难准确预测。同时更应当看到，完成这些任务具有许多有利条件：邓小平同志建设有中国特色社会主义理论的指导地位的确立，《邓小平文选》第三卷的出版，为我们提供了强大的思想武器；经过十多年的改革开放和现代化建设，我国的经济体制已经发生深刻的变化，国民经济总体实力和综合国力空前增强；广大人民群众在建立社会主义市场经济体制问题上取得了广泛的共识，对改革的承受能力明显提高；各级领导干部对改革、发展和稳定的认识不断深化，解决复杂问题的经验日益丰富；和平与发展仍然是当今世界的两大主题，国际形势总的来说对我有利。抓住机遇，深化改革，扩大开放，促进发展，保持稳定，是今年全国工作的大局。各个方面、各个领域的工作都要服从和服务于这个大局。人民政协必须在这个大局中找准位置，发挥优势，作出更大的贡献。

二

发展社会主义民主，是建设有中国特色社会主义的重要内容，是中国共产党和各民主党派的共同任务，也是进行经济建设和经济体制改革的必要条件。没有民主就不能充分调动群众的积极性，就不能实现广泛的团结；没有民主就没有社会主义，就没有社会主义的现代化。我国宪法、中国共产党章程、各民主党派章程都规定，要为建设富强、民主、文明的社会主义现代化国家而奋斗。人民政协是我国发扬社会主义民主的重要组织形式，多年来在民主政治建设中积累了有益经验，在新的历史条件下，需要继续深入探索，努力改进工作，进一步发挥作用。

民主是历史的、具体的、相对的，必然要受一定的社会经济、政治、文化等条件的制约。民主建设不能脱离现实，不能超越阶段，离开具体条件谈民主，不但达不到发展民主的目的，而且还会对经济发展和社会稳定带来不良影响。民主必然要随着社会的发展而发展。当前，我国改革不断深化，社会主义市场经济体制逐步建立，人民群众的文化素质进一步提高，人们的参与意识和竞争观念日益增强，积极稳妥地推进社会主义民主政治建设，既是客观需要，也有现实可能。

研究当今中国的民主政治建设，必须从中国的国情出发，必须立足于建设有中国特色社会主义的客观现实，必须坚持以马克思主义基本原理为指导。马克思主义的历史唯物主义有两个基本观点，一个是生产力观点，一个是群众观点。生产力观点深刻揭示了生产力是一切社会发展的最终决定因素，社会主义的根本任务就是解放生产力，发展生产力。中共十一届三中全会以来，根据这个观点，我们认真总结历史经验，纠正了“以阶级斗争为纲”的“左”的错误，坚持了以经济建设为中心的指导方针，走上了改革开放之路，使我们国家的面貌发生了根本性变化。群众观点深刻揭示了人民群众是历史的创造者，是实践和认识的主体，是推动人类社会前进的动力。这个观点决定和影响着当代中国的许多方面，也决定和影响着我国的民主政治建设。中国共产党把全心全意为人民服务作为最高宗旨，把从群众中来到群众中去的群众路线作为根本的工作路线，把尽心竭力为人民群众谋利益作为全部活动的出发点和归宿，这一切都是群众观点在党的活动中的具体运用。社会主义民主的本质内容就是人民群众当家作主。人民群众通过多种形式和渠道了解情况，参与国家大事，行使管理国家和社会事务的权利，监督执政党和政府的工作人员，发挥建设社会主义的积极性和主动性，这一切都是群众观点在国家政治生活中的生动体现。群众观点与我国民主政治建设有着密切的血缘关系。把民主政治建设同马克思主义世界观联系起来，同执政党的领导方法、工作作风联系起来，同政府的各项职能和工作联系起来，同人民群众的实践活动联系起来，就使我国社会主义民主政治建设有了科学的理论依据和深厚的社会基础。在群众观点的指导下进行民主政治建设，在民主政治建设中体现群众观点，这是我国民主政治的显著特征和固有优势，也是发展我国民主政治的必然途径和基本方法。

积极稳妥地推进社会主义民主政治建设，必须始终坚持一切为了群众、一切依靠群众。要努力做到悉心体察群众的情绪，及时了解群众的意愿，坚持不懈为群众办实事；要善于集中群众的智慧，充分尊重群众的首创精神，自觉接受群众的监督；要在密切联系群众的过程中，培养民主作风，增强民主意识，创造和积累民主政治建设的经验。必须把民主建设同法制建设结合起来。要把社会公认的、具有普遍意义的、体现群众当家作主的做法和经验从制度上、法律上确认下来，使之成为社会政治生活的共同准则；要逐步建立健全比较完备的法律体系，实现民主的制度化、法律化，使这种制度和法律不因领导人的改变而改变，不因领导人的看法和注意力的改变而改变；要维护法律、制度的严肃性和权威性，增强群众依法维护自身权益的意识，制止和制裁一切侵害群众民主权利的行为，使群众享有的各项民主权利得到可靠保障。人民代表大会制度、共产党领导的多党合作和政治协商制度是我国社会主义民主的主要形式，在今后的实践中要认真坚持，并使之更加完善、更加切实、更加有效；同时要随着形势的发展，不断建立和完善基层各种民主形式，使群众在基层的社会政治生活中更好地发挥当家作主的作用。总之，我们要立足国情，吸收和借鉴人类社会一切文明成果，努力建设继承优良传统又富于时代特征、体现社会主义基本制度又适应社会主义市场经济的，这样一种有中国特色的社会主义民主。

三

刚刚通过的政协章程修正案把参政议政列入政协的主要职

能，是政协工作的经验总结，是本次会议的重要成果。

参政议政与政治协商、民主监督是一致的。人民政协参政议政的主要内容和基本特征就是政治协商、民主监督。参政议政又不简单等同于政治协商、民主监督，而是它的拓展和延伸。一般说来，政治协商、民主监督以国家和地方的大政方针、重大问题为中心议题，以各级领导机关为具体对象，以会议为主要形式，并依据一定的程序和规则进行。参政议政则不完全受上述条件的局限，对象更加广泛，内容更加丰富，形式更加多样，方法更加灵活。把参政议政列入政协的主要职能，拓宽了政协工作的渠道和领域，为广大政协委员及其所联系的各界人士参与国事、发挥专长提供了更多的机会，同时也为各级政协切实有效地组织政治协商、民主监督，从题目的选择、信息的收集、材料的积累、人员的组织等方面创造了良好的条件。

各级政协组织和政协委员要紧紧围绕经济建设这个中心，在建立社会主义市场经济体制的过程中，结合各自的实际情况，把参政议政生动活泼、富有成效地开展起来。要根据政协章程的有关规定，建立和完善各项具体工作制度，使政协的会议制度、视察制度、提案制度、专门委员会活动制度、联系委员制度等更加适应参政议政的要求。要选择一些人民群众关心、党政部门重视、政协组织能做的题目，制定规划，使参政议政活动有计划有重点地进行。要完善已有的参政议政形式，并创造新的形式，使参政议政活动更加灵活多样，委员的积极性得到更好的发挥。要加强专门委员会的建设，密切同有关部门、民主党派、社会团体的联系，进一步发挥其在参政议政中的基础性作用。要充分发挥政协人才荟萃的优势，利用政协下通各界、上达中央的有利条件，反映民情民意，提出意见建议。要改进机关作风，提高工作质量，更好地为委员服务，为参政议政服务。我相信，有以往政协工作的成功经验，有广大委员的共同努力，有社会各界的大力支持，我们应该也能够把人民政协的参政议政工作提高到新的水平。

各位委员、各位同志：

稳定和谐的社会局面，是全国各族人民的共同愿望，是我们为人民谋利益的重要内容，是搞好一切工作的必需条件。人民政协是最广泛的爱国统一战线组织，应该也可以在巩固和发展稳定和谐的局面中发挥特有的作用。

团结奋斗的伟大精神，是中国人民的优良传统，是中华民族历经沧桑、创造辉煌业绩的强大动力，是我们完成建设有中国特色社会主义历史使命的基本保证。人民政协是大团结的象征，应该也可以为保持和发扬团结奋斗的精神作出突出的贡献。

让我们在以江泽民同志为核心的中共中央领导下，高举大团结的旗帜，团结起来，扎实工作；团结起来，战胜困难；团结起来，夺取新的更大的胜利！

现在我宣布：中国人民政治协商会议第八届全国委员会第二次会议胜利闭幕！

在中国人民政治协商会议第八届全国委员会第三次会议闭幕会上的讲话

（1995 年 3 月 14 日）

各位委员、各位同志：

中国人民政治协商会议第八届全国委员会第三次会议，经过全体委员的共同努力，按照预定的议程，圆满完成了任务。会议期间，委员们审议并通过了叶选平副主席代表政协第八届全国委员会常委会所作的工作报告，列席了第八届全国人民代表大会第三次会议，听取并讨论了李鹏总理的政府工作报告。大家以对国家、对人民高度负责的态度，就我国改革开放、现代化建设和政协工作，提出了许多宝贵的意见和建议。这是一次民主、求实、团结、鼓劲的大会。

过去的一年，全国各族人民在以江泽民同志为核心的中共中央领导下，贯彻“抓住机遇、深化改革、扩大开放、促进发展、保持稳定”的方针，齐心协力，艰苦奋斗，经济建设和各项事业都取得了巨大的成就。在这一年里，人民政协围绕中心，服务大局，选准角度，发挥优势，开展了多方面的工作，作出了新的贡献。今年，八届全国政协进入第三个年头，我们要在已有成绩的基础上，振奋精神，开拓创新，努力使各项工作取得实实在在的进展。

一

政治协商、民主监督、参政议政是人民政协的主要职能。这一职能体现了人民政协的性质和特点，是人民政协区别于外国议会和国内其他政治组织的重要标志。充分履行这一职能，是人民政协的主要工作和基本活动，是我国社会主义民主政治建设的重要内容，是经济建设和社会发展的客观要求。建设有中国特色的社会主义，是一项宏伟的、复杂的系统工程，大事多，新事多，难事多。为了使我们的事业顺利发展，少走弯路，就要于决策之前充分吸纳各界的真知灼见，就要对领导机关和领导干部实行有效的监督，就要在各项工作中争取人民群众的广泛参与。所有这些都要求人民政协在履行主要职能上有所作为，有所前进。

长期以来，各级政协组织和广大政协委员在履行职能中进行了多方探索，取得了显著成绩。八届全国政协常委会第九次会议适应形势的发展，总结了坚持和完善中国共产党领导的多党合作和政治协商制度的实践经验，以邓小平同志建设有中国特色社会主义理论为指导，以宪法和政协章程为依据，以历届全国政协有关文件为基础，制定和通过了《政协全国委员会关于政治协商、民主监督、参政议政的规定》。这个《规定》明确规范了人民政协履行主要职能的内容、形式、方法和步骤，是政协开展工作的指导性文件。它的公布和实施，对人民政协工作的各个方面，对人民政协的现在和未来，对我国社会主义民主政治建设，都将产生广泛而深刻的影响。

最近，中共中央正式发出通知，要求各地区、各部门结合实际认真贯彻执行《规定》，各级党委要加强和改善对政协工作的领导，为政协开展工作积极创造条件，进一步推进政治协商、民主监督和参政议政的规范化、制度化。各级政协组织要把贯彻中共中央通知的精神，落实《规定》的各项要求，作为当前和今后一个时期的主要任务。要加强《规定》的学习宣传，掌握精神，提高认识，增进各界的共识。要制定《规定》的实施规划，结合实际，循序渐进，有计划有步骤地将有关要求逐项付诸实践。要总结《规定》的贯彻经验，积极推广成功的做法，及时解决落实中的问题。要健全《规定》的配套措施，按照规范化、制度化的要求，在各个环节上逐步形成一系列可供操作的具体制度和措施。

二

充分发挥政协委员的作用，是搞好政协工作的前提和基础。我国各级政协有委员 48 万人，其中全国政协委员 2000 多人。他们中有经验丰富的政治活动家、成就卓著的专家学者和各个方面的著名人士。他们以自己的经验、学识和影响，代表各个界别参加政协组织，参与国家事务和社会事务，受到人们的普遍尊重。政协委员协商、监督和参政议政的内容多属重大问题，工作的成果直接关系到国家和人民的利益。政协委员必须认清自己所处的地位，努力增强责任感和使命感，不断提高参政议政水平。要认真学习邓小平同志建设有中国特色社会主义理论，学习法律法规和方针政策，学习时事政治和科学文化知识。要积极参加各种会议，自觉坚持视察制度，经常参与调研活动。要主动地发表意见，负责地开展批评，郑重地提出建议和提案。

政协是以界别为单位组成的机构，政协委员必须与本界的群众保持密切联系，倾听群众的呼声，体察群众的情绪，反映群众的愿望，维护群众的利益。当前，一方面，中央一再要求知实情、讲真话，力戒虚假浮夸，另一方面，一些地方官僚主义严重、形式主义泛滥，许多真实情况反映不上来；一方面，许多领导干部为解决问题殚精竭虑、苦乏良策，另一方面，不少有识之士的真知灼见滞留于下层，散佚于民间，得不到应有的重视。人民政协在反映社情民意方面具有自己的优势：位置超脱，较少受到部门或地区利益的局限，能够比较客观地反映各种情况和问题；人才荟萃，具有各方面的实践经验和专业知识，能够提出有价值的意见和建议；渠道畅通，下通各界，上达中央，可以及时地将基层同高层决策部门相沟通。把了解和反映社情民意作为政协和政协委员一项重要的经常性的工作，认真地开展起来，对于提高委员自身素质，增强参政议政能力，对于活跃政协工作，履行政协职能，对于帮助执政党和政府全面地掌握实际情况，推进决策民主化和科学化，都有非常重要的作用和意义。

政协机关必须加强自身建设，改进工作作风，提高工作效率，更好地为委员履行职责服务。要创造活动条件，帮助委员了解情况、熟悉政策、扩大视野、把握全局，及时反映委员提供的各种信息；要疏通联系渠道，密切同有关部门的关系，改善联络手段和方式，逐步建立便捷的沟通程序；要加强办复工作，对委员提出的意见和建议认真整理，及时报送，主动催办，使意见有答复，建议有着落；要尊重委员权利，努力形成民主和谐、畅所欲言的环境，使委员的各种意见能够充分发表。

三

团结稳定是国家的大局，人民的愿望，也是政协工作的一个主题。人民政协所从事的一切工作，都必须从维护团结稳定出发，都要有利于团结稳定。首先必须肯定我国形势总的来说是好的。改革逐步深入，经济持续发展，社会保持稳定，国际地位日益提高，这些都是举世公认的。同时也要看到，在我们这样一个人口众多、经济基础薄弱、各地情况千差万别的大国，进行这样一场伟大而深刻的变革，在前进过程中，一定会遇到许多矛盾和困难。当前，在社会生活中确实存在一些问题，在我们工作中确实存在一些缺点，在人民群众中确实存在一些情绪。问题当然要正视而不能回避，缺点当然要改正而不可掩饰，情绪当然要理顺而不容大意。但是，一切困难和问题，都不应成为悲观失望、无所作为的理由，而应成为团结一致、艰苦奋斗的根据；不应成为心烦气躁、怨天尤人的借口，而应成为磨炼意志、施展才干的机会。历史经验证明，困难与成绩常常是相伴相随的。困难越大，战胜困难之后所取得的成绩也就越大。一部中华民族的辉煌历史，一切造福人类的伟大业绩，所有成就卓著的杰出人物，都是同不屈不挠、战胜各种艰难险阻联系在一起的。我们要以主人翁的态度、大无畏的精神，迎难而上，自强不息，夺取新的胜利。

人民政协是最广泛的爱国统一战线组织，是全国各族人民大团结的象征，应该而且能够在促进团结、维护稳定中发挥更大的作用。我们要多做增进了解、加深理解、消除误解、达到谅解的工作，多做协调关系、化解矛盾、理顺情绪、鼓舞士气的工作。让我们团结起来，在以江泽民同志为核心的中共中央领导下，为建设有中国特色社会主义的伟大事业，为完成祖国和平统一的神圣使命，作出新的贡献。

现在我宣布：中国人民政治协商会议第八届全国委员会第三次会议闭幕！

在中国人民政治协商会议第八届全国委员会第四次会议闭幕会上的讲话

（1996年3月13日）

各位委员、各位同志：

中国人民政治协商会议第八届全国委员会第四次会议，经过全体委员的努力，完成了预定议程，取得了圆满成功。会议审议通过了叶选平副主席代表政协第八届全国委员会常务委员会所作的工作报告，讨论了《国民经济和社会发展“九五”计划和2010年远景目标纲要（草案）》，听取和讨论了李鹏总理所作的报告以及其他报告。委员们对“八五”计划期间我国国民经济和社会发展取得的巨大成就表示满意，对《纲要》表示赞同，认为既鼓舞人心又实事求是，体现了中共十四届五中全会精神，对推进建设有中国特色社会主义的伟大事业具有重大而深远的意义。委员们还以对国家、对人民高度负责的态度，提出了许多很好的意见和建议。这次大会是一次民主、求实、团结、鼓劲的大会。

一

《纲要》规划的十五年，是我国改革开放和社会主义现代化建设承前启后、继往开来的重要时期。胜利完成《纲要》提出的各项任务，将使我国的社会生产力、综合国力和人民生活水平再上一个大的台阶，社会主义精神文明建设和民主法制建设取得新的进展，社会主义市场经济体制得到进一步完善，为下个世纪中叶基本实现现代化奠定坚实的基础。一个多世纪以来无数先辈不懈奋斗、执著追求的强国富民美好理想正在变成现实，中华民族将对人类的发展和进步作出更大的贡献。

应当看到，实现《纲要》提出的宏伟目标有着诸多的有利条件。从国际看，尽管当今世界充满矛盾，局部冲突时有发生，但总的形势趋向缓和，和平与发展仍然是时代的主题，有利于我们集中力量进行现代化建设。从国内看，改革开放和经济建设所取得的巨大成就，为今后的发展创造了体制条件和物质基础；全国人民共同开创的安定团结局面，为今后的工作提供了社会条件和政治保证；更重要的是，我们在实践中不断探索和总结，形成了一整套正确的理论、路线、方针、政策，为继续前进指明了方向。与此同时，也应当看到，要把《纲要》的宏伟蓝图变为现实，我们还面临着许多困难和问题。在建设现代化的整个过程中，我们始终受到人口多、底子薄、资源相对不足、地区发展不平衡等基本国情的制约。如何坚持从实际出发，尽力而为，量力而行，做到横向关系协调、纵向发展适度，实现经济和社会的可持续发展，是一个任何时候都不容忽视的根本性问题。在经济领域里，我们还存在诸如农业基础薄弱、部分国有企业生产经营困难、社会就业压力增加等突出矛盾。如何通过深化改革寻求出路，依靠科技进步提高素质，实现“两个根本转变”，是一个需要不断实践和探索的系统工程，在社会生活中，我们也不同程度地受到一些地方社会秩序与治安状况不好、社会风气不正，乃至一些干部腐败等消极现象的困扰。如何既毫不动摇地集中精力发展经济，又高度重视精神文明建设，研究在新形势下解决这些问题的新办法，使经济发展与社会进步协调共进，是一项十分紧迫但又难度很大的任务。在思想观念上，随着经济体制的转变和对外交往的增多，出现了新旧碰撞、是非伴生的现象。如何对传统文化中优秀的加以继承、腐朽的予以摒弃，对外来文化中有益的加以吸收、有害的予以排斥，对市场经济条件下出现的思想观念积极的加以提倡、消极的予以抵制，逐步形成具有中国特色的、有利于改革开放和社会主义现代化建设的价值观念、思维方式和舆论环境，是一项需要正确引导、审慎处理的复杂工作。此外，在国际关系中，我们还面临着霸权主义与强权政治的压力，面对着发达国家在经济与科技上占优势的竞争。总之，历史机遇与严峻挑战并存，有利条件与不利因素同在，我们应当增强必胜的信心，保持清醒的头脑，做好长期艰苦奋斗的准备。

要正确地认识形势，把握全局，克服前进中的困难，全面完成《纲要》提出的任务，需要从多方面努力，其中最重要、最根本的一条，就是在以江泽民同志为核心的中共中央领导下，坚持邓小平建设有中国特色社会主义理论，坚持党的基本路线。邓小平建设有中国特色社会主义理论，是毛泽东思想科学原理的继承和发展，是当代中国的马克思主义，是凝聚全民族智慧和力量的精神支柱，是我们跨越艰难险阻、排除“左”右干扰、不断胜利前进的强大思想武器。这一理论已经与民族振兴的伟大事业紧紧联系在一起，深深植根于广大人民群众之中。我们在这一理论的指引下，经受了国际国内政治风波的考验，取得了举世瞩目的伟大成就。今后，我们要更好地抓住机遇发展自己，应付可能出现的各种风险，必须继续坚定地、全面地、切实地坚持这一理论。只要我们善于把邓小平建设有中国特色社会主义理论与发展变化的客观实际相结合，就一定能够取得更加伟大更加辉煌的业绩。

二

实现“九五”计划和2010年远景目标，是中国人民在中国共产党领导下创造历史的过程。在这个过程中，处理好领导与群众的关系，坚持一切为了人民、一切依靠人民，把群众的积极性充分调动起来并合理发挥出去，始终是我们必须高度重视并认真解决的重大问题。

我们党和政府与群众的关系总体上是好的。改革开放以来，人民群众的物质文化生活得到了显著改善，对国家和社会事务的参与程度有了很大提高，施展才华、发挥作用获得了更多的机会。从根本上讲，党的路线和方针政策符合人民群众的切身利益和整体利益，受到人民群众的衷心拥护。我们的干部大多数是好的，他们勤政为民，廉洁奉公，赢得了人民群众的信任。但是，现实生活里仍然存在不少令人忧虑的问题。在我们的一些干部中，有的不深入实际，惯于讲空话套话，做表面文章；有的不联系群众，不关心群众疾苦，当官做老爷；有的作风霸道，压制民主，独断专行；有的弄虚作假，欺上瞒下，沽名钓誉；有的讲排场摆阔气，贪图享乐，挥霍浪费；有的目无法纪，专横跋扈，欺压群众；有的以权谋私，贪污受贿，腐化堕落；等等。这些问题尽管是局部的，但已引起广大群众的强烈不满，如果不能切实解决，就会严重损害党和政府的威信，破坏党群、干群关系，挫伤群众的积极性，影响宏伟目标的实现，最终危及我们的事业。

在实施“九五”计划和2010年远景目标纲要的过程中，应当加强群众观点、群众路线的思想教育。要使我们的干部真正懂得，群众观点是马克思主义的基本观点，人民群众是实践和认识的主体，在改造自然、改造社会的斗争中始终是主人、是主角。要使我们的干部充分理解，群众的拥护与支持是我们最大的政治优势，离开群众，我们将一事无成、一无所有，我们讲要把握好改革的力度、发展的速度、稳定的程度，归根到底取决于人民群众理解、支持、参与和承受的程度。要使我们的干部深刻领会，群众路线是我们的根本工作路线，养成遇事同群众商量的习惯，学会从群众中来到群众中去、集中起来坚持下去的工作方法。要使我们的干部牢牢记住，全心全意为人民服务是我们的最高宗旨，不管现实生活发生多少变化，但万变不离其宗，全心全意为人民服务的最高宗旨不能改变，否则就会变质、变色。在新的历史条件下，我们应当不断研究新情况，解决新问题，总结新经验，把坚持群众观点、群众路线提高到新的水平，并逐步形成风气、形成制度。要尊重群众的地位，切实保障群众的民主权利，充分发挥群众在管理国家和社会事务中的作用，使他们真正当家作主。要维护群众的利益，真心实意地为群众办实事，努力改善群众的物质文化生活，尤其要下大力量为生活困难的群众排忧解难。要依靠群众的力量，善于动员和组织群众，悉心汲取群众的智慧和经验，使我们的事业成为群众自己的创造性活动。要体察群众的情绪，经常了解群众在想什么，把群众的呼声、意愿和企盼作为第一信号，不断理顺群众情绪。要接受群众的监督，让群众知道我们的工作情况，虚心听取群众的批评意见，逐步建立和完善群众监督机制。与此同时，我们还要引导和帮助群众进一步解放思想，坚定信心，增强主人翁责任感，认识自己的根本利益，并为此而努力奋斗。

三

围绕大目标，建立大联合，是邓小平新时期统一战线思想的核心内容。中共十一届三中全会后，邓小平同志明确提出，我国统一战线已经进入了一个新的历史发展阶段，具有空前的广泛性，是全体社会主义劳动者、拥护社会主义的爱国者和拥护祖国统一的爱国者的最广泛的联盟，要调动一切积极因素，团结一切可以团结的力量，把一切能够联合的都联合起来，为把我国建设成为现代化的社会主义强国，完成祖国统一大业而共同奋斗。围绕大目标，建立大联合，是我们取得胜利的历史经验。抗日战争时期，在救亡图存的大目标下，我们结成了最广泛的抗日民族统一战线，实行全民抗战，打败了日本侵略者。解放战争时期，在推翻国民党反动统治的大目标下，我们动员了全国各族人民，联合了一切爱国民主力量，建立了新中国。实现“九五”计划和2010年远景目标，是今后一个时期全国人民的大目标，我们也必须建立起最广泛的大团结大联合，组成浩浩荡荡的队伍，形成千军万马共图大业的局面。

通过正确的政策和有效的工作，把拥护我们事业的人搞得多多的，实现最广泛的大团结大联合，是一个重大的政治问题。在我国历史上，由于一盘散沙，我们的民族遭到多少侵略，受过多少凌辱；建国以后，由于动乱折腾，我们的国家失去多少宝贵时间，错过多少发展机遇。我们要永远记取这些惨痛的历史教训。一百多年来，一代又一代志士仁人，为了一雪民族屈辱，争取人民解放，前仆后继，付出了巨大的牺牲；12亿中华儿女对国家的强盛、祖国的统一、民族的振兴寄予了殷切的希望。我们要时刻想着他们的重托。所有党派所有团体所有个人都应当胸怀大局，增进共识，最大限度地团结起来联合起来，为实现跨世纪宏伟蓝图共同奋斗。和睦的人际关系是实现大联合的重要条件。我们的祖先历来重视“和”，崇尚“人和”，主张“和为贵”。和谐、和气、祥和、谦和等话语，在城市、农村里，在公众舆论、私人往来中，都能时常听到。和以处众、和衷共济、政通人和、内和外顺等词句，在生活、工作中，在讲话、文章里，仍然经常使用。“和为贵”的观念世代相传，潜移默化，已经渗透到社会生活的许多方面。今天，我国的社会历史条件发生了根本性变化，人们的奋斗目标是共同的，根本利益是一致的，应当使这一传统美德更加发扬光大，人们之间应当相互尊重、相互理解、相互关心，形成和发展平等、友爱、团结、互助的新型人际关系。当然，讲“和为贵”不是不分是非、不要原则。对违反国家法律、损害人民利益、制造民族分裂、破坏祖国统一的各种行为，我们必须坚决反对。

人民政协由各党派、各团体、各族各界人士组成，在组织上具有最广泛的代表性，在政治上具有最大限度的包容性，是大联合的象征。政协的各个界别、各位委员要真诚合作，做大联合的表率。要认真履行政治协商、民主监督、参政议政的职能，多形式多渠道收集和反映社情民意。在开展活动时，要加强同有关部门、有关方面的联系，多做有利于团结的工作。要积极开展台、港、澳同胞和海外侨胞的联谊工作，促进祖国和平统一。对台湾当局某些领导人制造“两个中国”、“一中一台”和“台湾独立”的图谋，要旗帜鲜明地进行斗争。总之，人民政协要通过自己的积极工作，为实现海内外全体中华儿女的大团结大联合尽到自己的责任，发挥应有的作用。

各位委员、各位同志：

在“九五”计划和2010年远景目标纲要的制定过程中，政协组织和委员通过多种形式积极参与，做了许多卓有成效的工作。本次大会之后，我们要把促进《纲要》各项任务的完成作为履行职能的重要内容，继续献策出力。让我们紧密地团结在以江泽民同志为核心的中共中央周围，扎实工作，开拓进取，为建设四化、统一祖国、振兴中华作出新的贡献。

现在我宣布：中国人民政治协商会议第八届全国委员会第四次会议闭幕！

在中国人民政治协商会议第八届全国委员会第五次会议闭幕会上的讲话

（1997年3月12日）

各位委员、各位同志：

中国人民政治协商会议第八届全国委员会第五次会议，已经完成各项议程。会议期间，委员们深切悼念敬爱的邓小平同志，缅怀他伟大光辉的一生，决心化悲痛为力量，继承小平同志的遗志，在以江泽民同志为核心的中共中央领导下，把小平同志开创的改革开放和现代化建设事业不断推向前进。会议审议通过了叶选平副主席代表政协第八届全国委员会常务委员会所作的工作报告，听取并讨论了李鹏总理所作的政府工作报告及其他重要报告。委员们贯彻了民主、求实、团结、鼓劲的精神，提出了许多宝贵的意见和建议。会议开得圆满成功。

一

落实政府工作报告，实施“九五”计划和2010年远景目标纲要，是全国人民面临的宏伟而艰巨的任务。现在条件很好，机遇难得，关键是要抓紧时间，埋头苦干。

改革开放18年来，我国社会生产力有了很大发展，综合国力有了显著增强，人民生活有了明显改善，整个国家充满生机与活力。对我们的成就，广大群众充分肯定，国际社会也评价很高。同时我们必须看到，我国人口多，底子薄，资源相对不足，地区发展不平衡；我国人均国民生产总值在世界上仍处于较低水平，不仅落后于发达国家，即便同有些发展中国家相比也有较大差距；世界各国都在致力于加快发展，经济、科技竞争日趋激烈，我们不加倍努力，差距还有拉大的可能；我们曾经失去许多宝贵时间，错过不少发展良机，今后不能再有丝毫的耽误。我们要始终保持清醒的头脑，充分认识所担负的历史重任，解放思想，大胆实践，抓紧时间，埋头苦干，一年一年地苦干，一代一代地苦干，一刻也不放松地苦干。

当前，我国国民经济持续快速健康发展，宏观调控收到很大成效，各项改革措施平稳出台，社会局面保持稳定，从总体上说，经济和社会发展是顺利的。同时我们必须看到，在前进过程中还存在不少困难和问题，如经济结构不合理，农业基础薄弱，数千万人口尚未脱贫，部分国有企业生产经营困难，下岗失业人员增多，等等。这些都是牵动全局、久拖不利但解决起来难度很大的问题。解决这些问题需要多方努力，需要多种措施，但最基本的是需要抓紧时间，埋头苦干。苦干可以出思路出办法，苦干可以出成绩出经验，苦干可以战胜困难，开拓前进。没有埋头苦干，一切无从谈起。

中共十一届三中全会以来，我们重新确立了解放思想、实事求是的思想路线，举国上下坚持以经济建设为中心，求实务实的精神得到发扬。这是我们的一大进步。同时我们必须看到，现实生活中确实存在着浮躁虚华的风气，存在着不扎实、不艰苦、不谨慎、不负责任、不讲实效、不思进取的现象。这些尽管是局部的，但影响甚坏，危害很大。人民群众希望我们少讲空话，多办实事；希望我们塌下心来，研究问题；希望我们抓紧时间，埋头苦干。

埋头苦干，是老一辈革命家的嘱托。早在革命胜利前夕，毛泽东同志就告诫全党："中国的革命是伟大的，但革命以后的路程更长，工作更伟大，更艰苦。这一点现在就必须向党内讲明白，务必使同志们继续地保持谦虚、谨慎、不骄、不躁的作风，务必使同志们继续地保持艰苦奋斗的作风。"改革开放以来，邓小平同志反复强调要抓紧时间、埋头苦干。他说："从现在起到下世纪中叶，将是很要紧的时期，我们要埋头苦干。我们肩膀上的担子重，责任大啊！"这是《邓小平文选》第三卷最后一段话，是邓小平同志对我们的殷切叮嘱。埋头苦干，是以江泽民同志为核心的中共中央的一贯要求。江泽民同志指出："过去干革命需要艰苦奋斗，今天搞社会主义现代化建设，同样要靠艰苦奋斗。衷心希望共产党员特别是我们的领导干部，要自觉地起来大兴艰苦奋斗之风。"埋头苦干，是我们的优良传统，是中国人民自强不息的民族精神。在建设有中国特色社会主义的伟大事业中，我们要大力弘扬这种精神。

二

政协第八届全国委员会已进入第五个即最后一个年头，今年要在继续推进履行主要职能各项工作的同时，把总结经验作为一项重要任务认真抓好。中共中央要求做好召开政协第九届全国委员会的各项准备。认真、全面、深入地回顾总结八届政协以来的工作，找出成绩和不足、经验和教训，就是很有意义的准备。

八届政协的工作，在邓小平建设有中国特色社会主义理论的指引下，在以江泽民同志为核心的中共中央的领导下，在有关部门的大力配合下，经过全体委员的共同努力，取得了多方面进展。我们修改了政协章程并把参政议政列入主要职能，拓宽了政协工作的领域；制定了关于政治协商、民主监督、参政议政的规定，促进了政协工作的规范化制度化；开展了反映社情民意的工作，为党和政府提供了基层和群众的大量实际情况；围绕党和国家的重大决策以及群众关心的问题调查研究，提出了许多重要的意见和建议；扩大同海内外爱国人士的联系，推进了在统一祖国、振兴中华共同目标下的大团结大联合；拓展对外友好交往，增进了同各国人民的相互了解和友谊；深化理论政策研究，增强了工作的自觉性和主动性；加强机关建设，为政协开展工作提供了有效的服务；等等。本届政协在工作过程中，始终坚持解放思想、实事求是，努力探索新形势下履行职能的途径和方法，使各项工作积极、稳步、活跃、有序地向前推进。我们一贯注意发扬政协优良传统，保持政协固有的性质和特点，不比不套，坚持政协就是政协；牢牢把握团结民主两大主题，广泛联系，求同存异，实事求是地推进民主政治建设；强调政协履行职能必须坚持中国共产党的领导，必须服从服务于国家的大局，必须注意从实际出发，必须加强同有关部门的配合；认真选好角度、发挥优势，做到尽职而不越位，帮忙而不添乱，切实而不表面；重视政协组织的界别特点，促进委员同本界群众的联系，把界别活动与政协统一活动结合起来，使政协成为各界各民主党派参政议政的场所；充分尊重政协委员的民主权利，努力探索调动委员积极性的途径，依靠广大委员活跃和深化政协工作，不断提高参政议政的水平；把专委会作为政协工作的重要基础，通过专委会联结和组织各方面人才，收集、整理散见于群众中的见解和建议，发挥下通各界、上达中央的桥梁作用；注重实践经验，加强同地方政协的联系，经常总结交流各级政协的好做法，用经验推动和指导工作。我们的工作还存在一些不足，与中共中央的要求、政协章程的规定和社会各界的期望还有差距。有的工作刚刚开始，还没有真正落实；有的工作缺少必要的制度，还不够规范；在新的历史条件下政协如何更好地发挥作用，还有许多尚待研究的课题。

总结经验是马克思主义认识论的基本要求，是事业兴旺的有效途径，也是个人进步的重要环节。希望各级政协组织和广大政协委员，把几年来做过的事情认真总结一下，冷静、深入地想一想本届政协工作有哪些得失，自己作为委员有哪些收获和缺憾，使我们用心血换来的经验教训，变成今后搞好工作的宝贵财富。同时也希望大家努力养成总结经验的习惯，逐步提高总结经验的本领，使我们的认识日益自觉，工作不断进步。

三

今年是我国历史进程中重要的一年。我国政府将恢复对香港行使主权，中国共产党将召开第十五次全国代表大会。这两件大事，举世瞩目，振奋人心，关系全局，意义深远。顺利圆满地完成这两件大事，需要全国人民共同努力，需要各方面做好工作，特别需要维护团结稳定的局面。唯团结才能稳定，唯稳定才能发展，唯发展才能振兴。团结、稳定、发展、振兴是中华儿女的共同愿望。

当前，我国社会总体上是团结稳定的，但也存在一些妨碍团结、影响稳定的因素。我国正处在建立社会主义市场经济体制的深刻变革之中，会出现一些经济利益的摩擦、思想观念的碰撞，出现一些不公平、不合理的事情，出现一些消极、腐败的东西，我们的工作也会出现这样那样的问题甚至失误。尽管这些是难以完全避免的，但是，它确实给一些人带来生活上的困难，心理上的失衡，情绪上的不顺。对此，决不能忽视、回避、敷衍、推托。我们必须面对现实，负起责任，真心实意地关心群众疾苦，尽心竭力地解决各种问题，耐心细致地做好思想工作，这是保持团结稳定局面的重要基础。

维护团结稳定，最根本的是紧密地团结在以江泽民同志为核心的中共中央周围，高举邓小平建设有中国特色社会主义理论的伟大旗帜。建设有中国特色社会主义理论深刻总结了国际国内社会主义事业胜利与挫折的历史经验，是当代中国的马克思主义。我们之所以能够迅速摆脱"文化大革命"造成的深重灾难，走上强国富民的康庄大道，之所以能够冲破种种障碍，使祖国统一大业取得历史性进展，之所以能够经受住国际风云变幻的严峻考验，巍然屹立于世界东方，靠的就是邓小平同志以非凡胆识创立的正确理论。建设有中国特色社会主义理论代表了广大群众的根本利益，是全国各族人民的最大共识。它着眼于解放和发展社会生产力，把一切为了群众、一切依靠群众作为出发点和归宿，给广大群众施展聪明才智提供了充分的机会，使人民群众获得了实实在在的利益，因而得到了人民群众的由衷拥护。建设有中国特色社会主义理论开辟了一个崭新的时代，是历史发展和社会进步的集中反映。它深刻地影响着我国的政治、经济、文化等各个领域，广泛地渗透到人们的价值观念、思想方法、生活方式等各个方面，已经融入我们的民族精神之中。坚定地、全面地、创造性地坚持建设有中国特色社会主义理论，顺应历史，顺从民心，顺理成章，一顺百顺，我们的国家就会强盛，人民就会幸福，社会就会长治久安。

维护团结稳定，必须讲大局、讲历史责任感。从香港被占到香港回归，历经150余年。在新中国建立前的一个多世纪里，我们的民族蒙受了多少屈辱，遭受了多少苦难，令人痛心疾首；在新中国建立后的几十年中，我们的国家经历了多少曲折，付出了多少代价，真是刻骨铭心。为了把一个半殖民地半封建的旧中国变成独立自主的新中国，无数志士仁人前仆后继，浴血奋斗；为了找到一条符合中国国情的正确发展道路，我们的党和人民百折不挠，艰辛探索。今天的局面确实来之不易！我们这一代人正处在我国发展的重要时期，肩负着重大的历史责任。我们这一代人也是历史发展过程中的一段，也有一个上对祖先、下对子孙交待的问题。今天我们评价历史，将来历史也会评价我们。只要我们多想想这些，还有什么一己私利不可以割舍，还有什么个人恩怨不可以超越，还有什么缺点毛病不可以抛弃！我们完全应该同心同德，团结奋斗，共同创造更加美好的未来。

各位委员、各位同志：

我国的改革开放和现代化建设，是一项伟大的开创性事业，任重而道远。我们有革命前辈奠定的坚实基业，有邓小平同志创立的科学理论，有社会主义初级阶段的基本路线，有以江泽民同志为核心的中共中央的坚强领导，有亿万人民的团结奋斗，一定能够克服各种艰难险阻，沿着建设有中国特色社会主义的道路胜利前进。我们的事业充满希望，我们的前途无限光明！

现在我宣布：中国人民政治协商会议第八届全国委员会第五次会议闭幕！

在中国人民政治协商会议第九届全国委员会第一次会议闭幕会上的讲话

（1998 年 3 月 14 日）

各位委员、各位同志：

中国人民政治协商会议第九届全国委员会第一次会议，圆满地完成了各项议程。会议期间，委员们审议通过了政协第八届全国委员会常务委员会的工作报告，列席了第九届全国人民代表大会第一次会议，听取并讨论了李鹏总理所作的政府工作报告以及其他重要报告。大家本着高度负责的精神，就国家经济、政治和社会生活中的重大问题提出了许多很好的意见和建议。这是一次民主、求实、团结、鼓劲的大会，是一次承前启后、继往开来的大会。

感谢委员们的信任，选举我们组成政协第九届全国委员会常务委员会。新一届常委会一定不辜负大家的期望，兢兢业业，密切配合，努力把工作做好。

八届全国政协委员有一部分没有参加九届全国政协的工作，他们为人民政协事业作出了重要贡献。我们向他们表示崇高的敬意！

一

九届全国政协的五年，是全面落实中共十五大精神的五年，也是世纪之交的五年。结好本世纪的尾、开好下世纪的头，意义重大。站在跨入新世纪的门槛上，我们必须认真地总结过去，冷静地考虑未来，不失时机地把我国现代化建设事业推向前进。

即将过去的20世纪，中华民族历经沧桑。继甲午战争失败、戊戌变法夭折，到1900年八国联军攻陷北京，1901年签订《辛丑条约》，进入20世纪的中国，山河破碎，民不聊生，国家到了任人宰割的危亡关头。为了挣脱半封建半殖民地的枷锁，实现民族的独立和人民的解放，中华儿女奋起抗争，从辛亥革命、五四运动、北伐战争、土地革命战争、抗日战争到人民解放战争，前仆后继，百折不挠，斗争之英勇和惨烈，牺牲之巨大和沉重，为世界历史所仅见。新中国建立后，中国共产党领导全国人民，医治战争创伤，恢复国民经济，进行大规模建设，取得了巨大成就，为后来的发展奠定了基础。但由于经验少，也由于指导思想一度出现偏差，我们走过了十分曲折的道路，失去了许多宝贵时间，错过了不少发展机遇。中共十一届三中全会以后，我们认真总结历史经验，逐步形成了一整套符合实际的理论、路线、方针和政策。从十一届三中全会到现在刚好二十年。二十年来，在这套理论、路线、方针和政策的指引下，干部群众思想空前解放，社会生产力空前发展，人民生活空前改善，综合国力空前增强。和本世纪初相比，今天的中国不再是积贫积弱，而正在走向富强繁荣；不再是愚昧落后，而正在走向文明进步；不再是分裂动荡，而正在走向长治久安。回顾百年历史，我们更加深切地感到，中国革命的胜利来之不易，有中国特色社会主义的道路来之不易，今天的大好局面来之不易！中国人民蕴藏着极大的积极性和创造力，只要我们不动摇、不松劲、不折腾，专心致志，艰苦奋斗，再干一个二十年，再干几个二十年，中国就一定能够以社会主义现代化强国的雄姿崛起在世界东方！

中华民族的振兴注定要同整个人类的历史进步联系在一起。当今世界正在发生深刻变化。和平与发展仍然是时代的主题，世界格局进一步朝着多极化方向发展，以对话代替对抗、用协商解决争端越来越成为国际社会的要求。许多国家都把发展经济、改善生活、增强国力作为主要任务，致力于改革、调整和完善经济制度，经济优先已成为多数国家对外交往的主导方针。经济全球化趋势日益明显，相互依存、相互渗透不断加深，国际合作与竞争空前广泛与激烈。新技术革命席卷全球，高新技术以前所未有的规模和速度向现实生产力转化，知识经济对人类社会各个方面产生着难以估量的影响。人口、资源、环境等全球性问题愈趋突出，人与自然和谐共存、经济与社会协调共进引起广泛关注，可持续发展已成为各国现代化建设中必须认真对待的重要课题。许多民族在保持自己文化特色的同时注意吸收和借鉴其他民族优秀文化成果，人类文明与进步迸发出无穷的创造力，正在推动世界历史走向未来。

放眼世界，我们既面临难得的机遇，也面临严峻的挑战。必须清醒看到，我国还处于社会主义初级阶段，底子薄、起点低、经济体制尚未完全理顺，我们发展别人也在发展；在经济全球化的进程中，我们面对着发达国家的经济优势和不平等竞争，不可避免要受到包括国际经济风险在内的诸多压力；我国科学技术的总体水平还比较低，与西方国家科技发展的差距还有拉大的可能，在高技术领域存在着受制于人的危险；我们承受着人口膨胀、资源短缺、环境恶化的沉重压力，担负着满足人民不断增长的物质和文化需求的繁重任务，在前进的道路上还有许多尚待研究、解决的难题。我们必须认清自己在当今世界所处的位置，坚定信心，居安思危，埋头实干，把我们自己的事情做好。

二

人民政协是我国最广泛的爱国统一战线组织。统一战线是以毛泽东为代表的中国共产党人在长期斗争实践中创建的，在新民主主义革命中发挥了极其重要的作用，与武装斗争、党的建设一起成为中国革命的三大法宝。新中国建立过程中，中国共产党继续坚持统一战线，与各民主党派、各人民团体、无党派人士共同创立了人民政协。中共十一届三中全会以后，邓小平同志根据新的历史条件，对统一战线和人民政协的性质、方针和任务提出了一系列新的论断，把统一战线和人民政协的理论发展到一个新的阶段。他强调指出，统一战线仍然是一个重要法宝，不是可以削弱，而是应该加强，不是可以缩小，而是应该扩大；我国统一战线已经发展成为全体社会主义劳动者、拥护社会主义的爱国者和拥护祖国统一的爱国者的最广泛联盟；人民政协是发扬人民民主、联系各方面群众的重要组织，任务十分光荣，工作大有可为。在邓小平理论指导下，共产党领导的多党合作和政治协商制度被确立为我国的一项基本政治制度，人民政协成为实现这项制度的重要机构。人民政协这一组织形式，坚持了马克思主义统一战线、人民民主的基本理论，体现了中华民族和衷共济、兼容并蓄的传统精神，是老一代领导人的伟大构想。半个世纪的历史充分证明，人民政协符合中国国情，有着鲜明的中国特色，在我国政治体制中具有不可替代的作用。

团结、民主是政协工作的两大主题。人民政协是大团结大联合的象征，要把人民群众中蕴藏的积极性、创造性充分调动起来，把各方面的力量最大限度地凝聚起来，共同致力于中华民族的伟大振兴。人民政协是发扬社会主义民主的重要形式，要积极反映社情民意，组织各界人士参与国事，努力促进民主政治建设。政治协商、民主监督、参政议政是人民政协的主要职能。政治协商是对国家和地方的大政方针以及政治、经济、文化和社会生活中的重要问题在决策之前进行协商和决策执行过程中的重要问题进行协商。民主监督是对国家宪法、法律和法规的实施，重大方针政策的贯彻执行、国家机关及其工作人员的工作，通过建议和批评进行监督。参政议政是广泛参与经济、政治、文化、社会及国际交流活动，对具有突出影响的重要事项和社会关心的热点问题进行讨论评议，调查研究，提出意见和建议。人民政协的主要工作就是履行职能。我们要认真落实中共中央精神，为推进履行职能的规范化、制度化作出不懈的努力。

新形势、新任务，向九届全国政协提出了新要求。在工作思路上，我们要坚持在前进中开拓，在开拓中前进，把已经看准的又能够做的事情先做起来，先易后难，逐步展开，尽快形成活跃的工作局面，在这个过程中解放思想，大胆探索，勇于创新，有所作为。在工作方向上，我们要始终注意坚持党的领导，服务国家大局，保持政协特点，贴近群众生活。在工作方法上，我们要特别强调重视实际，重视实践，重视经验，在实践中探索，在实践中总结，靠实践解决问题，用经验推动工作。

三

九届全国政协委员包括了各党派、各团体、各民族、各界别的优秀人物，其中有经验丰富的领导干部、德高望重的社会活动家、享誉中外的专家学者、成就卓著的实业巨子、受人喜爱的作家艺术家和为国争光的体育健儿，等等。这种构成体现了人民政协政治上最大限度的包容性和组织上最广泛的代表性，标志着爱国统一战线的新发展，显示了人民政协事业蒸蒸日上的新气象，为搞好世纪之交的政协工作奠定了组织基础。

政协委员是人民政协工作的主体，人民政协的一切成就都离不开委员的智慧和创造。政协委员由各方面郑重协商产生，是联系各界群众的桥梁和纽带。政协委员能够在较高层次参与国事，对国家的重要决策发挥作用。政协委员行使民主权利拥有诸多条件，提案、视察、发言得到中央和地方的充分重视。政协委员政治地位高，工作责任也重；社会影响大，受到监督也多。政协委员的一言一行不仅是个人的事情，而且关系到政协的工作和声誉。衷心希望九届全国政协的每个委员，都能从这样的高度看待和要求自己，不图虚名，不辱使命，不负众望，通过实际行动，为政协组织增光添彩。

人民政协这座宏伟大厦，凝聚着一届又一届政协委员的心血和汗水；人民政协的辉煌业绩，与共和国历史上一大批闪光的名字紧密相连。作为这个组织的成员，作为他们的后来人，我们应该很好地把人民政协事业接过来、传下去，尽到自己的历史责任。人的一生中，像政协委员这样与人民与国家直接相连的机会不多，尤其是本届政协委员跨越两个世纪更为难得。我们要无愧于先人，无愧于组织，无愧于时代，在个人和政协史册上写下值得纪念的一页！

政协组织要切实维护委员的权利，努力为委员履行职能创造良好环境。政协机关要把全心全意为委员服务作为工作的主旨。服务要认真不要敷衍，要规范不要随意，要热情和蔼不要有衙门作风。要不断提高工作人员素质，有计划地改善条件，把政协机关建设成为名副其实的委员之家。

各位委员、各位同志：

21世纪的到来，恰逢又一个千年的开始。纵览历史长河，中华民族创造了辉煌的文明，长期领先于世界，为人类作出了卓越的贡献。今天，我们正处在一个大有希望、大有作为的时代。怎样把一个充满生机与活力的东方大国带入21世纪，全世界在关注我们；能否把一份殷实的基业留给后代，历史将检验我们。让我们紧密团结在以江泽民同志为核心的中共中央周围，高举邓小平理论的伟大旗帜，同心同德，群策群力，振奋精神，埋头苦干，为全面完成中共十五大提出的各项任务，为实现无数革命先辈统一祖国、振兴中华的伟大理想，为建设富强、民主、文明的社会主义现代化强国而努力奋斗！

现在我宣布：中国人民政治协商会议第九届全国委员会第一次会议闭幕！

在中国人民政治协商会议第九届全国委员会第二次会议闭幕会上的讲话

（1999 年 3 月 11 日）

各位委员、各位同志：

中国人民政治协商会议第九届全国委员会第二次会议，经过全体委员的努力，圆满完成了各项议程。会议期间，委员们审议通过了叶选平副主席代表常务委员会所作的工作报告，列席了第九届全国人民代表大会第二次会议，听取并讨论了朱镕基总理所作的政府工作报告和其他重要报告，讨论了宪法修正案草案。委员们认真履行职责，就国家经济、政治、社会生活中的重大问题和政协工作，提出了许多很好的意见和建议。这是一次民主、求实、团结、鼓劲的大会。

一

今年是中华人民共和国建国五十周年，也是中国人民政治协商会议成立五十周年。1949 年 9 月，毛泽东主席在中国人民政治协商会议第一届全体会议上庄严宣告："占人类总数四分之一的中国人从此站起来了"，中国历史从此开辟了一个新的时代。经过五十年的奋斗，伟大祖国发生了翻天覆地的变化。社会生产力和综合国力有了很大发展，主要工农业产品产量跃居世界前列；十二亿人民基本解决了温饱问题，物质文化生活整体水平接近小康；社会主义精神文明建设取得丰硕成果，全民族的科学文化素质普遍提高；社会主义民主与法制逐步健全，人民当家作主的国家政权日益巩固；爱国统一战线不断扩大，中华民族的大团结、大联合空前增强；“一国两制”的伟大构想深入人心，祖国统一大业取得历史性进展；我国国际地位显著提高，成为世界上维护和平与促进发展的重要力量。特别是中共十一届三中全会以来，我们把马克思主义同中国实践和时代特征结合起来，形成了邓小平理论，制定了社会主义初级阶段的基本路线，走出了一条建设有中国特色社会主义的道路。五十年在历史长河中是短暂的。中国人民在中国共产党领导下，以如此巨大而坚定的步伐走向富强、民主和文明，这在中华民族发展史上是前所未有的，对整个人类社会的发展也产生了广泛而深远的影响。每一个中华儿女都为此而欢欣鼓舞，无比自豪。五十年来，人民政协始终与人民息息相通，同国家休戚与共。历届政协组织和政协委员为国家的繁荣、祖国的统一、社会的进步、人民的幸福，为人民政协的建设与发展，尽心竭力，作出了不可磨灭的贡献。今天，回顾半个世纪的光辉历程，我们对先辈们无限景仰和怀念。我们要学习他们的优秀品格，弘扬他们的崇高精神，把他们开创的伟大事业继续推向前进。

在中国这样一个人口众多、经济文化落后的东方大国建设社会主义，是前无古人的崭新事业，外部环境又十分复杂。在几十年的奋斗和探索中，我们经历了种种曲折坎坷，战胜了无数艰难险阻，付出了沉重的代价，同时也积累了丰富的经验。这些经验凝聚着人民群众的智慧，蕴含着兴衰成败的哲理，揭示了治国安邦的真谛，是我们继往开来的重要条件。邓小平同志要求我们重视历史经验，他强调指出："历史上成功的经验是宝贵财富，错误的经验、失败的经验也是宝贵财富。"成功的经验符合客观规律，具有直接的指导意义，能够鼓舞士气、坚定信心；失败的经验因为吃过苦头，有着刻骨铭心的教训，有益于保持冷静和清醒。以史为鉴，可以知兴替，可以使思想更加主动自觉，可以使工作避免重犯老毛病。在庆祝建国五十年来所取得辉煌成就的时候，我们应该认真地、全面地总结和汲取历史经验，乐亦鉴之，哀亦鉴之，前事不忘，后事之师。

总结历史是为了开辟未来。当前，我国总的形势是好的。在以江泽民同志为核心的中共中央坚强领导下，我们经受住了亚洲金融危机和严重洪涝灾害的考验，国民经济较快增长，各项改革继续推进，人民生活不断改善，社会局面保持稳定。但也应当看到，我们在改革和发展中还面临许多困难和问题。这些困难和问题，有的是世界各国在发展过程中普遍存在的，有的是在中国特殊国情下产生的，有的是在探索中难以避免的，也有的是我们体制和作风方面的弊端造成的。解决这些困难和问题，需要研究新情况，学习新知识，寻找新思路，创造新方法。特别重要的是，在这个过程中必须坚持马克思主义的基本原理，必须遵循事物发展的基本规律，必须记取长期积累的基本经验。比如，我们在任何时候、做任何工作都必须坚持解放思想、实事求是，必须尊重实践，从实际出发，理论联系实际，认真研究事物的内在规律，达到主观与客观相统一。比如，我们在任何时候、做任何工作都必须坚持群众观点、群众路线，必须维护群众的利益，倾听群众的呼声，依靠群众的力量，接受群众的监督，永远保持同群众的血肉联系。对这些来之不易的、长期起作用的基本经验，我们应当百倍地珍惜，很好地继承，并在实践中不断加以丰富和发展。

二

中共十五大把坚持、完善中国共产党领导的多党合作和政治协商制度纳入社会主义初级阶段的基本纲领，要求人民政协更好地履行职能，继续推进政治协商、民主监督、参政议政的规范化、制度化。在以江泽民同志为核心的中共中央领导下，在各地党委、政府的重视和支持下，各级政协适应新的形势，不断实践探索，工作领域大为拓宽，规章制度逐步健全，活动形式更加多样，呈现出民主和谐、生动活跃的局面。但发展还不平衡，还存在着思想上模糊、做法上随意的现象。我们要提高认识，改进工作，把中共中央关于人民政协履行职能的各项要求进一步落到实处。

政治协商是人民政协的首要职能，也是人民政协存在与发展的重要依据。1954 年，当人民政协刚刚结束代行人民代表大会职权时，毛泽东同志就针对一些人提出政协还要不要存在、协商还有没有必要的疑问，明确指出：人民代表大会是国家权力机关，有了人大，并不妨碍政协进行政治协商。政协是各党派的协商机关。各党派、各民族、各团体的领导人物一起来协商新中国的大事非常重要。周恩来同志也反复强调：政治协商是新民主的一个特点。就是在普选的全国人民代表大会召开以后，政协还将对中央政府的工作起协商、参谋和推动的作用。中共十一届三中全会之后，我国进入新的历史时期，邓小平同志深刻指出：中国的社会主义现代化建设事业，继续需要政协就有关国家的大政方针、政治生活和四个现代化建设中的各项社会经济问题，进行协商、讨论。江泽民同志明确要求：各级党委要满腔热情地支持政协履行章程规定的主要职能。按规定应当交政协协商的问题，一定要在决策之前交政协协商，并在协商中认真听取各方面的意见。政治协商作为我国基本政治制度的一项重要内容，已经载入宪法，写进中国共产党章程、各民主党派章程和中国人民政治协商会议章程，我们必须自觉遵循、认真执行。

政治协商是中国共产党和各民主党派、无党派民主人士长期合作共事的优良传统，是我国政治制度的一大特点和优势。通过协商，可以广泛听取各党派团体和各族各界人士的意见，促进决策的民主化、科学化；通过协商，可以增进理解、扩大共识，使党和政府的方针政策成为大多数人的自觉行动；通过协商，可以发现和集中群众的智慧与经验，依靠群众的力量克服困难、解决问题；通过协商，可以协调利益关系、化解社会矛盾，维护和发展团结稳定的政治局面。大量事实证明，有协商比没协商好，真诚相待、肝胆相照、知无不言、言无不尽的协商，对于我们的工作只有益处、没有害处。履行职能是人民政协围绕中心、服务大局的基本途径，是人民政协工作好坏、成效大小的主要标志。在新的一年里，我们要继续抓紧抓好履行职能的各项工作，特别要坚持不懈地把政治协商向前推进，努力创造良好的环境，总结推广新鲜的经验，使政治协商更加经常有序、更加生动活泼、更加富有成效。

三

坚持调查研究、弄清实际情况，是做好一切工作包括政协工作的基础，也是当前需要突出强调的一个问题。我国正处在由计划经济体制向社会主义市场经济体制转轨的时期，旧体制已被打破，但还在一些环节发生影响，新体制正在建立，但在许多方面还有待完善，出现了许多错综复杂的现象。由于利益关系的影响，社会矛盾纵横交错；由于新与旧、正确与错误的观念交织碰撞，对同一事物往往产生多种甚至截然相反的看法；由于客观现实变化很快，人们的认识容易陈旧落后。特别是现在社会上弄虚作假现象相当严重，形形色色的假情况、假数字、假政绩、假商品屡禁不止，往往造成是非混淆、真伪难辨。在这种形势下，如果不下大力量加强调查研究，就很难把客观情况弄全弄准，就极容易上当受骗，就会因判断失误而把事情办坏。因此，我们必须力戒官僚主义、形式主义，切实从会议多、文件多、应酬多的状况中解脱出来，集中时间和精力，扎实、深入、反复地开展调查研究，真正抓出成效，并形成自觉、形成制度、形成习惯。

人民政协历来重视调查研究工作。近些年来，各级政协组织和政协委员围绕改革、发展和稳定中的重大问题，进行了大量的专题调研，提出了许多建设性的意见和建议，得到了各级党政领导的重视，对实际工作起到了推动作用，在社会上产生了广泛影响。实践证明，专题调研是履行政协职能的基础环节，是调动委员积极性的有效形式，也是活跃政协工作的重要途径。面对新的形势和任务，我们应当认真总结经验，发扬成绩，克服不足，把专题调研提高到一个新的水平。要精心选择课题，合理配备力量，找准服务大局与发挥政协优势的结合点；要搞好组织协调，加强与各党派、团体之间的合作，体现整体效应和政协特色；要注重成果的转化工作，搞好调研报告的报送、交流和反馈，增进与有关部门的沟通和联系。特别是要在研究上狠下功夫。不重视研究，满足于堆砌材料；不面向实际，习惯于图解已有结论；不集思广益，沉湎于少数人编词作文，这些都是当前研究工作的突出弊端。这样的研究，或者没有用处、徒劳无功，或者谬传误导、害人坏事。从一定意义上讲，研究工作决定着调研结论的对错、水平的高低和作用的大小。我们必须在材料弄全弄准的基础上，提倡运用马克思主义基本原理，吸取现代科学成果，进行深入的理性思考；提倡组织有关专家学者和经验丰富的人士参与，形成讨论问题的良好气氛，集中各方面的正确意见；提倡对材料进行郑重而不敷衍、深刻而不肤浅、系统而不零碎的分析、综合、提炼、抽象。只有这样，才能抓住事物的本质及其同周围事物的联系，才能通过调查研究达到指导实践、深化认识的目的。

我们搞专题调研，当然希望对领导有所帮助，对决策有所参考。由于种种原因，或选题不准，或深度不够，或实施条件不具备，我们的调研报告不可能都被采纳。但只要是付出了心血，只要是确有真知灼见，不用不等于无用，今天不用不等于将来也不用。自古以来，很多有识之士为国家大事建言立论，写下了若干著名的“疏”、“表”、“策”、“论”，有的在当朝当代发挥作用，有的对后人后世产生影响，有不少至今仍被人们所引用。我们的专题调研，也应当在建言立论上有所作为。“言而无文，行之不远。”我们应该对具有重要价值的调研报告精心锤炼，力求准确、生动、鲜明，并编辑成册，使之留存下来。如果我们对事关中华民族生存和发展的问题，能够提出一些带方略性的思路和主张，我们就尽到了责任，也就会感到由衷的欣慰！

各位委员、各位同志：

1999年是我国历史上十分重要的一年。我们要欢庆建国五十周年，迎接澳门回归祖国。各级政协组织和全体政协委员应当以高度的历史责任感、使命感，按照“尽职不越位、帮忙不添乱、切实不表面”的要求，努力做好各项工作。要坚定信心，知难而进，保持奋发向上的势头；要发挥优势，进言献策，为国家和人民分忧解难；要联系各界，化解矛盾，促进社会的和谐与稳定。让我们在以江泽民同志为核心的中共中央领导下，高举邓小平理论伟大旗帜，团结起来，振奋起来，为实现跨世纪的宏伟目标，为完成祖国统一大业而共同奋斗！

现在我宣布：中国人民政治协商会议第九届全国委员会第二次会议闭幕！

在中国人民政治协商会议第九届全国委员会第三次会议闭幕会上的讲话

（2000 年 3 月 11 日）

各位委员、各位同志：

中国人民政治协商会议第九届全国委员会第三次会议，按照预定的议程，审议通过了叶选平副主席代表常委会所作的工作报告、周铁农副主席代表常委会所作的提案工作情况报告，审议通过了中国人民政治协商会议章程修正案。委员们列席了第九届全国人民代表大会第三次会议，听取和讨论了朱镕基总理所作的政府工作报告以及其他重要报告，对我国一年来在错综复杂的情况下各方面工作取得的新成绩给予高度评价，就推动我国的改革开放和现代化建设提出了许多意见和建议。会议开得圆满成功。这是一次民主、求实、团结、鼓劲的大会。

一

人类社会已经跨入公元 2000 年。在这千年更迭、世纪交替之际，抚今追昔，倍感时光之易逝，时间之宝贵。正确认识时间，有效利用时间，对于我们的国家、我们的民族、我们的事业、我们的同志，具有特殊的重要意义。

公元1000年开始的时候，中国正值北宋时期，在科学技术、思想文化、生产力水平等诸多方面都已领先于世界。特别是造纸、火药、印刷术、指南针的发明、传播和应用，成为推动人类社会变革的巨大杠杆。而当时西方还处于中世纪，仍然在黑暗中徘徊。自14世纪起，欧洲兴起文艺复兴运动，冲破神权禁锢，思想空前解放，科学技术迅速发展，到18世纪实现了以蒸汽机为标志的产业革命，完成了向资本主义工业社会的转变。而中国在这数百年时间内却没有大的突破和进展，国势渐趋衰微。1840年开始的鸦片战争，西方列强的坚船利炮打破了中国大门，在100多年时间里，中国沦为半殖民地半封建社会，陷入连绵不断的战乱和动荡之中，根本谈不上建设和发展。为了民族的独立和解放，中国人民进行了艰苦卓绝的斗争，取得了伟大的胜利，终于在中国共产党的领导下，推翻了三座大山，建立了新中国。建国初期，掌握了自己命运的中国人民，发愤图强，急起直追，社会主义建设取得了很大成绩。但由于缺乏经验，也由于指导思想一度出现偏差，我们走过了曲折的道路，甚至发生了“文化大革命”那样的严重错误，失去了许多宝贵时间。中共十一届三中全会以来，我们总结历史经验，实行改革开放，集中精力进行经济建设，生产力空前发展，综合国力大大提高，人民生活显著改善，社会事业全面进步。这20多年，我国发生的变化十分显著，我们取得的成就举世公认。面对20年辉煌，回顾千年往事，一个深刻的教训就是，过去耽误的时间实在太多了！

当今世界正发生着人类有史以来最为迅速、广泛、深刻的变化。以信息技术为代表的科技革命突飞猛进，知识与技术更新周期大大缩短，科技成果以前所未有的规模与速度向现实生产力转化。经济全球化趋势加快，世界市场对各国经济的影响更加显著，国际竞争与合作进一步加深。思想观念不断更新，各种文化交流日益扩大，开放意识、竞争意识和效率意识明显增强。可以说，地球越来越小，发展越来越快，慢走一步，差之千里；耽误一时，落后多年。从当前世界发展的大局大势来审视我们自己，中国同过去比确有很大进步，但与发达国家比还有较大的差距，要赶上发达国家，任务十分艰巨。特别是，我们发展别人也在发展，而且是在更高的起点上发展。我们再不能丢失时间，时间对我们实在太紧迫了！

时间与空间一起，构成物质存在的基本形式。时间对于整个物质世界来讲是无限的，而对于每一具体事物来讲则是有限的。马克思说，时间的节约与分配是首要的经济规律，一切节约归根到底都是时间的节约。古圣先贤都无比看重时间，把时间视为速度，看成力量，比作金钱，等同生命，认为浪费别人的时间是谋财害命，浪费自己的时间则是慢性自杀。邓小平同志在探索建设有中国特色社会主义道路的过程中，始终把时间问题摆在十分重要的位置，在《邓小平文选》第二卷的60篇文章中，直接讲到时间、速度的有51篇，在《邓小平文选》第三卷的119篇文章中，直接讲到时间、速度的有102篇。可以说，争取时间、加快发展是邓小平理论的一个重要内容和显著特点。他反复强调要抓紧时间，指出我们过去耽误的时间太久了，生产力发展太慢了，世界形势日新月异，不搞快点不行；他一再叮嘱要有效利用时间，批评形式主义太多，要少说空话，不搞争论，腾出时间多办实事；他多次指出要抓住机遇，现在就是好机会，不抓就丢掉了，要讲协调、讲质量、讲效益，发展才是硬道理。正是基于这种思想，邓小平同志提出我国现代化建设“三步走”的战略目标：从1980年起，用10年实现国民生产总值翻一番，解决温饱；再用10年实现国民生产总值再翻一番，达到小康；再经过50年的奋斗，使我国赶上中等发达国家水平。世纪之交是个十分重要的时间标志，此时此刻，我们重温邓小平同志关于时间的论述，格外发人深思。对我们国家和民族来说，时间就是发展，时间就是前途，时间就是命运。时间对我们实在太重要了！

当前，大多数同志都在抓紧时间，努力学习工作，但不可否认仍然存在着许多不珍惜时间的现象：大量宝贵时间或消耗在人浮于事、互相扯皮中，或浪费在文山会海、空话套话中，或耽误在无事生非、无谓争论中，或损失在盲目决策、胡乱指挥中，或荒废在无所用心、无所事事中，甚至消磨在灯红酒绿、纸醉金迷中。凡此种种，实在令人痛心和忧虑。时间的最大特点是一维性，时不我与、时不我待、时不再来。我们必须下大决心，采取有效措施，切实改变这种误人误己、误事误国的不良风气。我们是社会主义国家，有共产党的领导，能够集中力量办大事；我们的人民勤劳智慧勇敢，拥有许多出类拔萃的人才，能够在各个领域攀登高峰；我们有邓小平理论的指引，有一整套符合中国国情的路线方针政策，能够利用后发优势逐步赶上世界先进水平。事物对立的双方在一定条件下是可以相互转化的，人类历史上通过跳跃式发展而后来居上的事例屡见不鲜。我们应当继承和发扬中华民族惜时如金、与时俱进的精神，坚定信心，集中精力，埋头苦干，使我们的祖国在21世纪以更快的步伐走向现代化的辉煌。

二

团结和民主是人民政协工作的主题，也是我们国家抓紧时间发展自己的基本条件。

没有团结就没有稳定，没有团结稳定，一切无从谈起。当前，我们国家总体上是团结稳定的。改革开放的政策顺应民心，经济发展给群众带来了实惠，现代化建设的目标对全国人民具有巨大的凝聚力和感召力，团结稳定的基础进一步增强。与此同时，随着改革开放的不断深入，出现了经济成分和经济利益的多样化、社会生活方式的多样化、社会组织形式的多样化，并由此带来经济结构和社会关系的新变化，使我们面临诸多错综复杂、利弊相伴的问题，遇到不少十分棘手、难以处理的矛盾。特别是在一些地方，下岗人员过多，农民负担过重，社会治安状况不好，消极腐败现象屡禁不绝，使群众的利益和情绪受到严重的影响。保持团结稳定的局面，说到底取决于群众的稳定、人心的稳定。民心顺一切皆顺，民心稳社会就稳。我们要始终坚持人民群众总体受益原则和总体承受能力原则，在制定政策、出台改革措施时，都应充分考虑人民群众满意不满意、高兴不高兴；要尽心竭力帮助群众排忧解难，把贫困群众纳入干部视线之内和服务网络之中，使他们的基本生活得到保障。同时必须深入细致地做好思想政治工作，使人们切实了解，离开团结稳定，经济无法发展，国家不能富强，个人生活也难以改善；使人们真正懂得，团结稳定是治国安邦的大道理，要管许多小道理，中国只要自己不乱，就没有任何力量可以阻挡我们前进。

民主是目标，是手段，也是过程。没有民主就没有社会主义，就没有社会主义的现代化。我国是社会主义国家，共产党执政就是领导和支持人民当家作主。社会主义事业是人民群众自己的事业，领导者的责任就是使人民群众认识自己的利益并且团结起来为自己的利益而奋斗，就是把人民群众的积极性充分地调动起来并合理地发挥出去。离开群众的积极性，离开群众的自觉支持和主动参与，什么事情也干不成。当前，智力资源越来越成为经济发展的重要依托，创新能力越来越成为经济发展的关键因素，更加需要有一个畅所欲言、心情舒畅、能够激发人们创造精神的社会环境。我们要通过发扬社会主义民主，把12亿人民的智慧和潜能最大限度地挖掘出来，形成振兴中华的伟大力量，推动各项事业蓬勃发展。

我们所追求的团结，是持久的、生机勃勃的团结，这种团结只有在民主的基础上才能实现；我们所坚持的民主，是具有中国特色的人民民主，这种民主必须以各族人民的团结为前提才能达到。把团结和民主统一起来，以坚强的团结保证我们的民主进程健康有序，以充分的民主保证我们的团结充满活力，这是我们的传统，也是我们的优势，要始终不渝地坚持和发扬。

江泽民同志指出："在中国共产党的领导下实行团结和民主，是人民政协性质的集中体现，是人民政协产生和发展的历史根据，是人民政协继往开来的方向和使命。"人民政协作为最广泛的爱国统一战线组织，应当高举大团结的旗帜，通过求同存异、体谅包容、协调关系、化解矛盾，把不同党派、不同阶层、不同民族、不同信仰的人凝聚起来，在实现祖国统一和振兴中华的大目标下，努力增进全体中华儿女的大团结、大联合。人民政协作为共产党领导的多党合作和政治协商机构，应当发扬社会主义民主，营造知无不言、言无不尽、融洽和谐、生动活泼的氛围，尊重和保障各界代表人士充分发表意见的权利，搞好以协商讨论和批评建议为主要形式的民主监督，积极促进我国的社会主义民主政治建设。加强团结、维护稳定、发扬民主、促进发展，是人民政协应尽的责任，我们一定要很好地担负起这个责任。

三

完成改革发展的任务，提高政协工作的水平，必须努力改进工作方法，大力提倡到实践中去。

建设有中国特色的社会主义是前所未有的崭新事业，是中国人民创造历史的伟大实践，离开人民群众的实践活动，是不可能取得成功的。历史经验是重要的，外国经验是重要的，书本知识是重要的，但所有这些间接经验只有与当前的实际相结合，通过直接经验才有现实意义。客观世界不断发展，新生事物层出不穷，间接经验不可能完全适用，也不可能完全够用，我们必须到实践中去，了解新情况，研究新问题，总结新经验，开创新局面。我们现在面临的问题很多、很棘手，有些问题长期得不到解决，固然有其自身的复杂性，但有的则是脱离实际、脱离实践、脱离群众造成的。我们必须按照毛主席的教导，到实践中去，到群众中去：满腔热忱，眼睛向下，先当学生，后当先生；集中分散意见，形成正确思想，再到群众中去贯彻，在实践中检验和完善；解剖麻雀，总结典型，以点带面，推动全局。靠实践、靠群众，这是做好一切工作最基本的方法，也是发现人才、造就人才最根本的途径。

实践的观点是马克思主义认识论之第一的和基本的观点。历史充分证明，什么时候坚持这个观点，我们的事业就顺利发展，反之就遭受挫折。在民主革命时期，我们把马克思主义基本原理与中国革命的具体实践相结合，确立了实事求是的原则，纠正了教条主义、主观主义的错误，赢得了中国革命的全面胜利；中共十一届三中全会以后，我们坚持实践是检验真理的唯一标准，冲破了“两个凡是”的束缚，制定了一系列正确的路线方针政策，取得了改革开放和现代化建设的辉煌成就。当今世界正发生深刻变化，我国建设正处于关键时期，我们必须大力发扬优良传统，时刻牢记实践第一的观点，始终坚持到实践中去，边实践边总结，发扬优点，纠正错误，努力做到有所发现、有所发明、有所创造、有所前进。

到实践中去，是做好人民政协工作的重要环节。这些年来，我们强调在实践中探索，在实践中总结，靠实践解决问题，用经验推动工作，对政协事业的发展起到了很好的作用。注重实践已经成为政协工作的基本思路，也是我们面临的课题和努力的方向。应当看到，履行主要职能取得了很大的成绩，积累了宝贵的经验，但还存在不够规范、不够经常的问题；反映社情民意提供了基层和群众的大量情况，引起了领导机关的高度重视，但还存在不够准确、不够广泛的欠缺；专题调研提出了许多重要的意见和建议，对工作起了很好的作用，但还存在不够深刻、不够全面的毛病；会议发言有很多真知灼见，产生了良好的社会影响，但也还存在不够切实、空泛议论的现象。所有这些不足，有认识问题，有水平问题，但最根本的是实践问题。希望全体政协委员和广大政协工作者，经常地、自觉地到实践中去，汲取营养、增长才干、经受考验、开拓前进，使我们多年倡导的“尽职不越位、帮忙不添乱、切实不表面”的要求进一步落到实处，提高到新的水平。

各位委员、各位同志：

本届政协是跨千年、跨世纪的一届。人的一生能际会两个千年、两个世纪，实属机遇难得；在此重要时刻能聚首政协大家庭，共同肩负起参政议政的重任，更是难能可贵。一种庄严的历史责任感在激励着我们：切莫辜负人民的重托，切莫错过大好的时光！让我们振奋起来、团结起来，在以江泽民同志为核心的中共中央领导下，高举邓小平理论的伟大旗帜，抓紧时间，加倍努力，总结过去，谋划未来，为人民政协事业的进一步发展，为国家的现代化建设和统一大业，为中华民族的伟大复兴，作出新的更大贡献！

现在我宣布：中国人民政治协商会议第九届全国委员会第三次会议闭幕！

在中国人民政治协商会议第九届全国委员会第四次会议闭幕会上的讲话

（2001 年 3 月 12 日）

各位委员、各位同志：

中国人民政治协商会议第九届全国委员会第四次会议，圆满完成了预定的议程。会议期间，委员们审议通过了叶选平副主席代表常委会所作的工作报告、万国权副主席代表常委会所作的提案工作情况报告。委员们列席了第九届全国人民代表大会第四次会议，听取和讨论了朱镕基总理所作的《关于国民经济和社会发展第十个五年计划纲要的报告》以及其他报告，对“九五”期间我国取得的巨大成就给予高度评价，对“十五”计划纲要（草案）表示赞同，并提出了许多很好的意见和建议。这是一个民主、求实、团结、鼓劲的大会，是一个承前启后、继往开来的大会。

一

人类已经进入新的世纪。放眼当今中国，经济蓬勃发展，社会充满生机，人民安居乐业，国际地位空前提高，中国人民正满怀喜悦和希望朝着现代化的宏伟目标迈进。此时此刻，抚今追昔，深感大好局面来之不易。我们决不能忘记过去国破家亡、任人宰割的悲惨遭遇，落后就要挨打、就没有民族尊严。我们决不能忘记为了救亡图存而前仆后继、流血牺牲的革命先烈，没有他们的英勇斗争就不可能有我们的今天。我们决不能忘记经过几代人艰辛探索、付出沉重代价而取得的宝贵经验，这些经验是我们继续前进的巨大财富。我们决不能忘记自己肩负的历史责任，前人呕心沥血、披荆斩棘，奠定了很好的基业，我们要继承下来、传留下去，在新的世纪有新的作为、新的进步。

随着人类社会的发展，任何一个国家都不可能孤立地存在，都与其他国家相互联系、相互影响。每个国家的经济社会在一定的时间都处在一定的发展阶段和水平上。只有准确地了解世界，正确地估量自己，才能跟上时代前进的步伐。江泽民同志指出："15世纪以后中国的落后，很重要的一个原因就是中国的封建统治者闭关自守，夜郎自大，对世界科学技术的发展不甚了了，使中华民族痛失历史性的机遇"，"大大落后于西方国家，直至在西方列强的坚船利炮面前屡屡失败"。改革开放以来，我们党认真总结历史经验，冷静观察世界变化，对自己的国情作出了正确的判断。在世界各国中，我国属于发展中国家；在社会制度、社会模式中，我们是建设有中国特色的社会主义；在社会主义发展的长过程中，我们处在初级阶段。由此出发，我们确定了"一个中心、两个基本点"的基本路线，制定了建设有中国特色社会主义的经济、政治、文化的基本纲领，以及一系列符合实际的方针政策，从而使我国在风云变幻的国际形势中站稳了脚跟，取得了举世公认的成就，从胜利走向新的胜利。

比较是认识自己、了解别人的重要方法。毛泽东同志说："有比较才能鉴别。"有比较才能知长短、见优劣、辨方向。比较，不仅要纵比，而且要横比；不仅要经常比、反复比，而且要多方面比、多角度比。20多年来，我国经济增长速度一直名列世界前茅，目前国内生产总值居世界第7位；钢铁、煤炭、水泥、化肥、电视机、谷物、棉花、肉类、水产品等主要工农业产品产量居世界第1位；进出口总额和外汇储备分别由1978年的第23位和第39位跃居世界第8位和第2位；科学技术取得巨大进步，有些领域处于世界领先地位。这些成绩是亿万中国人民汗水和智慧的结晶，值得我们自豪。但也必须看到，由于人口多、底子薄，我国许多指标仍相当落后，目前人均国内生产总值居世界一百多位；耕地、森林、淡水、石油和一些重要矿产资源的人均占有量大大低于世界平均水平。环顾世界，中华民族面临难得的有利形势和机遇，也面对巨大的压力和挑战。邓小平同志强调指出，拿国际水平的尺度来衡量一下，中国是一个落后国家，即使赶上中等发达国家的水平，从20世纪末算起也还需要50年左右的时间。要承认落后，承认落后才能改变落后；要学习先进，学习先进才能赶超先进；要加快发展，加快发展才能赢得人心。目前，国际社会对中国发展的状况有各种议论，有人认为中国前景不妙，有人认为21世纪将是中国的世纪。不管别人出于什么意图，对我国进行何种估计，我们自己必须保持清醒的头脑：决不能因为别人的低估就妄自菲薄，悲观失望；也不能因为别人的高估就妄自尊大，忘乎所以。我们想问题、办事情都必须坚持一切从实际出发，居安思危，埋头苦干，一点一滴地积累，一步一个脚印地前进。

江泽民同志指出："现在，我们正面对着世界经济和科技前所未有的大发展，也面对着前所未有的激烈的国际竞争。这是一场全球范围的大竞争，任何国家、任何民族都回避不了。在这场竞争中，就如同逆水行舟，不进则退。"我国将要加入世界贸易组织，在更广泛的领域里和更深刻的程度上参与国际合作和国际竞争。在可预见的将来，更多的国内企业和产品将在国际市场直接与人一比高低，更多的外国企业和产品将在我国境内直接与我展开较量。这场竞争是一个漫长的过程，几乎涉及所有地区、部门、行业和产品，影响经济和社会生活的各个方面。应该看到，我们参与国际竞争有诸多的有利条件，可以发挥后发优势，实现跨越式发展；也应该看到，现有市场就那么大，资源就那么多，竞争规则又往往有利于发达国家，要赢得竞争绝非易事；还应该看到，国际上一些敌对势力不希望社会主义中国强大，总是处心积虑遏制我们发展。我们要认清形势，趋利避害，锐意创新，开拓进取，在激烈的国际竞争中发展壮大自己。

二

江泽民同志在庆祝人民政协成立五十周年大会上的讲话中说："人民政协要围绕改革和建设的重大问题倾听各方面的意见，积极参政议政，对宪法法律的实施和国家机关的工作进行民主监督"。

我国是人民当家作主的社会主义国家，我们的政府是人民政府，我们的军队是人民军队，我们的警察是人民警察，我们的法院是人民法院，我们的检察院是人民检察院，我们的干部是人民公仆。我们的社会制度之所以优越，从根本上说，就在于一切权力属于人民。毛泽东同志讲过一段名言：我们的权力是谁给的？是人民给的。我们的责任就是向人民负责。我们的每句话，每个行动，每项政策，都要适合人民的利益。因此，我们应当经常听取人民群众的意见，体察人民群众的情绪，关心人民群众的疾苦，接受人民群众的监督。当前，一些地方消极腐败现象仍在滋长蔓延，已经成为改革发展的障碍、社会稳定的隐患，引起人民群众的不满。要改变这种状况，有效地预防和遏制腐败，必须对权力进行制约和监督。我国的各种形式的监督，都是人民意志的体现，从本质上讲都属于人民监督。为了人民、依靠人民是我国监督的根本特点，也是我国监督的最大优势。我们必须根据我国的实际情况，研究、创造各种能够充分发挥人民监督作用的制度和形式，使人民能够经常地、及时地、有序地防止和矫正权力在运行过程中脱轨变形，以保证人民的权力永远掌握在人民手中。

人民代表大会是人民行使国家权力的机关，依法对国家行政机关、审判机关、检察机关进行监督。人民政协是中国共产党领导的多党合作和政治协商的重要机构，“实行以协商讨论和批评建议为主要形式的民主监督”。新中国建立后，毛泽东同志提出中国共产党要与各民主党派“长期共存，互相监督”。长期共存就是为了互相监督。进入新的历史时期，邓小平同志进一步强调：中国的社会主义现代化建设事业，继续需要政协就有关国家的大政方针、政治生活和各项社会经济问题，进行协商、讨论，发挥监督作用。人民政协的民主监督，是人民监督的一个重要方面，在我国政治生活中具有不可替代的作用。人民政协包括了各党派、各团体、各界别的代表人士，能够充分反映社会各个方面的看法；人民政协人才荟萃、智力密集，能够提出切实的、深刻的意见；人民政协是国家政治体制的组成部分，其监督活动既有规范的形式又有制度的保障。充分发挥政协民主监督的作用，有利于听到来自不同方面的意见，有利于决策民主化、科学化，有利于及时发现和改正错误，也有利于防止和消除腐败现象。

政治协商、民主监督与参政议政，作为人民政协的主要职能是相互联系、相辅相成的。这些年来，各级政协组织在党委的领导下积极探索，创造了一些开展民主监督工作的好做法，比如，了解和反映社情民意，定期和党政领导协商座谈，与新闻机构联办有关节目或栏目，进行“行风评议”，等等。我们要认真总结经验，因地制宜地加以推广。但必须看到，从总体上讲，政协履行监督职能还比较薄弱，还存在一定的差距。我们必须按照江泽民同志的要求，“完善民主监督机制，畅通下情上达的渠道，加大民主监督力度”。要全面落实政协章程和有关文件规定，制定配套的措施，建立必要的程序，规范已有的做法，使政协的民主监督有章可循、有序开展。要充分运用会议、提案、视察、建议案、反映社情民意等各种形式，开展各种活动，不断探索民主监督的新办法、新途径。要认真收集、整理和办理委员提出的各种监督意见，对有重要价值的，重点研究，重点报送，重点跟踪反馈，力求取得实效。要依法保护委员的监督权利，扩大委员的知情范围和参与程度，创造宽松、和谐的环境，切实保障委员提出意见和批评的权利。同时，政协还要与党的纪检机关、国家权力机关、行政监察机关和司法机关加强联系，与新闻媒体的舆论监督和其他形式的群众监督相互配合，与各有关方面共同努力，把人民政协的民主监督积极稳步、扎实有效地推向前进。

三

人民政协由界别组成，政协委员是各界别的代表。人民政协必须重视界别的特点，加强政协委员队伍的建设。

人民政协现有 34 个界别，包括了当今中国各党派和主要社会团体，集中了社会各界的代表人物。这种按界别组成的形式，可以为各个党派、团体以组织名义发表主张提供场所，可以使群众中分散、个别的意见得到系统、综合的表达，可以广泛吸纳社会各方面人士的智慧，也有利于通过界别协调关系、化解矛盾。从一定意义上讲，了解了各界别的意见就基本上了解了多数人的意见，掌握了各界别的情况就基本上掌握了整个社会的情况。人民政协只有突出界别的特色，发挥界别的作用，才能更好地履行职能，使各项工作生动活泼、富有成效。

政协委员来自各个界别，代表本界别群众参与国事。政协委员选得如何，政协委员做得怎样，关系到所在界别的意见能否得到充分反映，关系到人民政协在我国民主政治建设中的地位和作用。新时期的政协委员，应当是各个领域的代表人士，在业务上有突出的成就，在本界别有较高的威望；应当与本界别群众保持密切的联系，认真听取和表达群众的意愿，自觉维护群众的利益；应当在社会上有良好的形象，遵守国家法律和社会公德，以模范行为影响他人和社会；应当有参政议政的能力，履行政协章程规定的各项职责，在协商大政方针和重要问题时能够积极提出意见和建议。政协委员都有自己的事业、自己的追求，努力发展自己的事业、争取更大的成就，这是理所当然的，是应当鼓励和支持的，但还应该有更高的境界，把国家和人民的利益摆在更加重要的位置。政协委员是地位，是荣誉，更是责任。我们要经常想想自己的身份，看看自己的言行，力求无愧于政协委员的光荣称号，以实际行动维护政协组织的形象。

政协组织应当努力为发挥委员的作用创造条件。要认真研究新时期社会各阶层的状况，重视各种利益群体的变化，从实际出发合理设置界别；要根据界别的特点和要求开展活动，充分调动各界别参政议政的积极性，认真探索发挥界别作用的方法和途径；要维护委员的民主权利，畅通委员发表意见、反映社情民意的渠道，依靠广大委员推动政协工作。

各位委员、各位同志：

今年是新世纪的第一年，又是实施“十五”计划和第三步战略的第一年。把今年的各项工作做好，扎扎实实地起好步，开好头，意义重大而深远。我们的前途无限光明，我们的任务十分艰巨，我们的同志需要振奋、需要团结、需要智慧、需要拼搏。让我们高举邓小平理论伟大旗帜，紧密地团结在以江泽民同志为核心的中共中央周围，按照“三个代表”的要求，为新世纪的新发展，为伟大民族的伟大复兴而努力奋斗！

现在我宣布：中国人民政治协商会议第九届全国委员会第四次会议闭幕！

在中国人民政治协商会议第九届全国委员会第五次会议闭幕会上的讲话

（2002 年 3 月 13 日）

各位委员、各位同志：

中国人民政治协商会议第九届全国委员会第五次会议，经过全体委员的努力，圆满完成了预定的各项议程。会议期间，委员们审议通过了叶选平副主席代表常委会所作的工作报告、罗豪才副主席代表常委会所作的提案工作情况报告，列席了第九届全国人民代表大会第五次会议，听取和讨论了朱镕基总理所作的政府工作报告以及其他重要报告。委员们认为，过去的一年是我国发展历程中不平凡的一年，以江泽民同志为核心的中共中央领导全国各族人民，沉着应对复杂多变的国际形势，努力保持改革发展稳定的良好局面，各方面建设事业取得了新的成就。委员们认为，政府工作报告对一年来工作的总结是实事求是的，对本年度工作的部署是切实可行的。委员们对实现今年的发展目标充满信心，并以高度的责任感，提出了许多很好的意见和建议。这是一次民主、求实、团结、鼓劲的大会。

一

九届全国政协的五年是处于世纪之交的五年。九届一次会议以来，我们始终坚持中国共产党的领导，始终坚持共产党领导的多党合作和政治协商的基本政治制度，始终坚持团结和民主的两大主题，始终坚持服从和服务于改革发展稳定的大局，各项工作取得了扎实的进展。政治协商、民主监督、参政议政稳步推进，反映社情民意、建言立论成果显著，协调关系、化解矛盾的工作日益深入，海外联谊和对外交往广泛开展，会议、视察、调研、提案等各种活动活跃有序，政协机关的思想、组织、作风等各方面建设得到加强。各级政协组织在履行职能的过程中，解放思想、实事求是，不断实践、积极探索，创造了许多具有重要意义的经验。

开展专题调研、建言立论，是政协发挥优势参与国事的重要途径。近些年来，各级政协以专委会为依托，以课题为纽带，联合、组织各行各业的专家学者，围绕党和国家的中心工作，有重点地进行调查研究，形成了许多内容翔实、观点鲜明、论证周密的调研报告，提出了大量切实中肯的意见和建议，对制定和实施“十五”计划、依法治国方略、科教兴国战略、西部大开发战略、可持续发展战略以及文化建设等重大决策，作出了积极贡献。在经济和科技迅速发展、人类社会活动日益复杂的今天，社会咨询、专家论证已经成为领导决策普遍采用的方法。人民政协履行职能的过程，本身就具有咨询论证的意义。人民政协人才荟萃、位置超脱、联系广泛，开展专题调研、建言立论条件很好，大有可为，我们要有组织、有计划地把这项工作引向深入。

了解和反映社情民意，是政治协商、民主监督、参政议政的基础性工作。近些年来，各级政协设立专门机构，畅通联系渠道，完善信息网络，广泛、及时地反映社会的真实情况和群众的意见呼声。九届一次会议以来，仅全国政协专门渠道反映的信息就有五千多条。反映社情民意为各级领导机关把握形势、正确决策提供了重要的依据，推动了一些问题的解决，得到了各级党政领导的高度重视和广大人民群众的充分肯定。人民政协是发扬社会主义民主的重要形式，政协委员是各党派、各团体、各族各界的代表人士，政协的活力就在于同各方面群众保持密切的联系。反映社情民意关系政协工作的根本，我们必须常抓不懈、切实抓好。

重视发挥界别作用，是政协工作的突出特色。近些年来，各级政协组织鼓励委员加强同本界别群众的联系，积极反映界别的利益和要求，注意安排代表界别的会议发言，认真办理党派、团体提出的提案，注重通过界别协调关系、化解矛盾。所有这些具有界别特点的活动，都收到了明显的效果。人们的利益要求、思维观念、价值取向既有地域之间的区别，又有行业、职业带来的差异。随着市场经济的发展，跨越地区的联系、组合日益增多，通过界别渠道了解各方面的情况越来越重要。人民政协集中了各个界别的代表人士，政协的许多工作都离不开界别作用的发挥。我们应当根据政协的界别特点，改进政协工作的方式，拓展政协工作的路子。

营造民主、和谐的氛围，是政协工作的基本条件。近些年来，我们始终注意保持和发扬人民政协的优良传统，努力维护一个能够广开言路、直抒胸臆的民主环境。在政协的各种会议和各项活动中，提倡知无不言、言无不尽，坚持求同存异、体谅包容，鼓励平等、真诚的协商讨论，切实尊重、保护委员的民主权利。凡提交审议的文件，都要充分听取委员的意见，可采纳的都予以采纳，确实不能采纳的说明情况和理由，并允许保留不同意见。人民政协是有广泛代表性和包容性的统一战线组织，在共同政治基础上团结着具有不同利益、不同信仰的各方面人士，政协中存在不同意见、不同声音是正常的现象。发扬社会主义民主是政协工作的条件，也是政协工作的内容，应当贯穿于政协各项工作的全过程。

今年是九届全国政协的最后一年。几年来，广大政协委员做了许多工作，付出了大量心血，应该从中得到一些有益的东西。我们要在继续履行各项职能的同时，把总结经验作为一项重要工作来抓。通过总结，深化认识、掌握规律，使我们的思想更加自觉；通过总结，发扬成绩、克服不足，使我们的工作不断进步；通过总结，使本届政协有一个圆满的结束，为新一届政协做好必要的准备。

二

早在人民政协成立初期，毛主席就明确提出，政协的一项主要任务是调整关系，即协调各民族各党派团体及其他人员间的关系。进入新时期以后，邓小平同志强调，人民政协是发扬人民民主、联系各方面人民群众的一个重要组织，要帮助各方面的人士和群众不断增强团结。在庆祝人民政协成立五十周年大会上，江泽民同志又进一步指出，人民政协作为广泛联系社会各界的重要组织，要在协调关系、化解矛盾方面发挥积极作用。

世界上万事万物都是相互联系、相互影响的，都是在平衡与不平衡、协调与不协调的矛盾运动中变化发展的。在人类社会出现以前，自然界按照自然法则自发地调节、演化和发展。在人类社会出现以后，产生了人与自然、人与人之间的矛盾和冲突，人类为了生存和发展，也就有了自觉的协调活动。历史发展到今天，整个世界呈现出快速多变、复杂多样的特点，不同文明之间相互交融又相互激荡，不同利益之间相互依存又相互摩擦，人对自然的索取越来越多，人与自然的矛盾也越来越突出。和谐共存、协调共进的问题已经成为人类普遍关注的重大问题。在我国，随着改革开放的深入和市场经济的发展，社会经济成分、组织形式、就业方式、利益关系和分配方式日益多样化，人们的职业、身份经常变动，不同群体、不同行业、不同地域间的差异和矛盾错综复杂，协调的任务比以往任何时候都要繁重。应当看到，我国现阶段的各种社会矛盾多属于根本利益一致基础上的人民内部矛盾。解决人民内部矛盾，主要的大量的要靠协调工作。如果不重视协调，不善于协调，不能及时、有效地加以协调，就会影响改革发展稳定的大局。协调的思想在中华民族的文化遗产中占有重要的位置，“和衷共济”、“兼容并包”、“厚德载物”、“天人合一”等许多人所熟知的成语，都包含着和谐、协调的意思。强调协调的作用，符合事物的客观规律，符合时代的发展潮流，也符合中华民族的优良传统。

各级政协组织要充分认识人民政协在协调关系方面的特点和优势，把发挥协调作用作为工作的一个着力点，认真抓，经常抓，切实抓好。要多做沟通、联谊的工作，在共同的大目标下把各方面人士凝聚起来，促进中华民族的大团结大联合。要积极宣传党的方针政策，及时反映社会各方面的真实情况和呼声，真正成为联系各界群众的纽带和桥梁。要保障各党派、各团体和各位委员充分发表意见的权利，既尊重多数人的共同意愿又照顾少数人的合理要求，使一些社会矛盾和群众情绪得到化解和疏导。要围绕关系国计民生的重大问题深入调研，提出切合实际的意见建议，促使有关政策的出台兼顾到各方面的利益。人民政协要不断适应形势发展的要求，拓展工作内容，提高工作水平，为保持社会的和谐稳定和协调发展发挥积极的作用。

三

江泽民同志指出："创新是一个民族的灵魂，是一个国家兴旺发达的不竭动力，也是一个政党永葆生机的源泉"；在去年"七一"讲话中又号召全党全国人民"大力发扬求真务实、勇于创新的精神"，"勇于和善于根据实践的要求进行创新"。

人类历史是一个不断创新的过程。人类在改造世界的实践中总会有新的认识，在新的认识指导下改造世界又总会有新的提高，总会"有所发现，有所发明，有所创造，有所前进"。社会实践是不断发展的，人的认识是不断深化的，创新活动是永无止境的。创新是一个相对的概念。创新既有质的飞跃，也有量的变化；既有大的突破，也有小的改进；既有内容的更新，也有形式的改变。创新是继承与发展的辩证统一。创新作为对已有成果的丰富、扩展或扬弃，离不开对前人成就的扎实研究和深刻了解，离不开一点一滴的积累和长期不懈的努力，离不开坚韧不拔的意志和百折不挠的精神。

人民政协工作如同其他各项事业一样，必须按照邓小平理论，按照"三个代表"要求，积极倡导创新。从根本上讲，人民政协组织的创建、共产党领导的多党合作和政治协商制度的确立，就是创新的产物。人民政协历届工作的成果，人民政协五十多年的经验，许多都具有创新的意义。但我们必须看到，政协工作中还有许多不足，还存在一些与新形势新任务不相适应的观念和做法，需要加以改进和创新。近些年来，各地政协组织在党委的领导下开拓进取，创造了许多行之有效的做法。比如，有些地方举办"政情交流"、"专题议政"等活动，党政领导与政协委员直接沟通情况、交换意见，丰富了协商的形式，提高了协商的实效。有些地方对群众广泛关注的问题和行业，开展“民主评议”、成立“民主监督小组”、与新闻媒体联办专题节目，拓宽了民主监督的渠道，促进了政协民主监督与其他方面监督的相互配合。有些地方建立“界别活动”、“委员约谈”、“委员走访”等制度，制定和完善同有关部门联系的办法，健全了各种议事规则和工作程序，推进了规范化制度化建设。当然这些做法还有待于在实践中进一步检验和完善，但这些做法都含有创新的精神，表明了人民政协应该创新也可以创新。只要我们不断增强创新意识，敢于突破陈规旧习，做到与时俱进；只要我们时刻牢记人民群众是创造历史的动力，尊重人民群众的首创精神，经常从人民群众中汲取智慧和力量；只要我们切实遵循实践第一的观点，边实践边总结，用经验推动工作；只要我们始终注意把优良传统与时代特点结合起来，在继承中发展，在开拓中前进，人民政协的事业就一定能够充满生机与活力，就一定能够不断开创新的局面。

各位委员、各位同志：

今年是我国发展史上非常重要的一年。中国共产党将召开第十六次全国代表大会，这对于我们在新世纪继往开来、全面推进建设有中国特色社会主义事业，具有重大而深远的意义。我们要十分珍惜过去的宝贵经验，精心维护今天的大好局面，积极应对未来的各种挑战。让我们紧密团结在以江泽民同志为核心的中共中央周围，高举邓小平理论的伟大旗帜，认真贯彻“三个代表”的要求，振奋精神，扎实工作，同心同德，艰苦奋斗，为促进改革开放和现代化建设，为完成祖国的统一大业，为实现中华民族的伟大复兴，作出新的更大的贡献！

现在我宣布：中国人民政治协商会议第九届全国委员会第五次会议闭幕！

四、人民政协工作

提高和统一对人民政协的认识*

（1993 年 5 月 21 日）

各位副主席、各位常委、各位同志：

政协第八届全国委员会常务委员会第二次会议，今天就要结束了。这次会议主要是贯彻落实政协八届一次会议精神，讨论如何做好本届政协工作。会议开始时，叶选平、吴学谦两位副主席作了重要讲话，我完全同意。现在我讲几点意见。

一

我们这次会议增加了大家讲话的时间。五天会议有四天是大家讲，讲了许多很好很重要的意见。大家讲大家听，大家讲领导听，会议这样开法如何？我们的本意是想让更多的人有讲话的机会，听到更多人的意见。

对领导机关、领导干部来讲，让更多人讲话，听更多人的意见，不仅是一个开会的方法问题，而且是一个群众观点、民主作风和法制观念的问题。政协是我国最广泛的爱国统一战线组织，包括着各个方面，联系着众多人士，在政协的会议上，大家理应有充分的机会，反映各自所代表的群众的意见和要求。政协是发扬社会主义民

---

* 这是李瑞环同志在政协第八届全国委员会常务委员会第二次会议上的讲话。

主的重要形式，政协的会议理应广开言路，畅所欲言，让大家把各种意见、主张都讲出来。政协常委会是委员会制，实行的是民主集中制原则，研究问题理应充分商量，兼听博纳，以集中正确的意见。

如何开好会议，是当前一个需要重视和研究的问题。会议是统一认识、推动工作的必要形式，可是现在有些会议质量不高、效果不好，比如，有的会议行礼如仪，表面上热热闹闹，实际上缺少内容，没有研究解决问题。有的会议本应大家讨论，集思广益，但只有领导讲话，而讲话又多是空话套话、似是而非的话、没有错也没有用的话。这样的会议，挫伤了群众热情，浪费了宝贵时间，贻误了实际工作。

在人民政协活动中，会议占有很大比重，我们要努力把政协的各种会议开好，开得生动活泼、富有成效。今后开会，会前要做好准备，选准议题，提前通报。会上要发扬民主，直抒己见，相互切磋，形成民主和谐的气氛。对会议的发言要及时认真处理。除印简报外，有的发言要作为政协的建议案，提交有关部门办理；有的发言要送交领导同志和有关部门参考；有的发言要公开发表；有的发言要汇编出版。总之，我们要高度负责，力争使大家的意见和建议有去向、有着落、有结果。

二

这次会议的一个主要内容，是提高和统一对人民政协的性质、地位、作用和职能等问题的认识。

全国政协八届一次会议召开之后，人们对新一届政协寄予很大希望，委员们的工作热情也都很高。要开创政协工作的新局面，做到主动、自觉、创造性地开展工作，就必须从基本理论上对人民政协有一个正确的理解。新一届政协增加了一批新委员，他们或者是各方面的代表，或者曾担任过各种领导职务，有社会影响，有工作能力，但要更快更好地适应政协的工作，还有一个进一步了解认识政协的问题。当前社会上还有一些人对政协缺乏必要的了解和正确的认识，比如简单地把政协看作是安排、照顾老同志和各界代表人物的荣誉性机构，对政协委员的意见和建议不够重视乃至采取敷衍冷漠态度等等，这就需要我们做好宣传解释工作。如果我们自己都说不清政协存在的历史理由，就很难说服别人。

关于人民政协的基本道理，老一辈领导人和以江泽民同志为核心的中共中央有过许多精辟的论述，我就不再重复了。根据会议上的发言，我想就人民政协在推进社会主义民主政治建设、保持社会长期稳定中所具有的特殊重要作用，多讲几句。

民主是历史发展的必然趋势，是社会进步的重要标志，是人民群众的普遍要求，也是中国共产党和各民主党派、无党派民主人士长期为之努力奋斗的目标。中国共产党领导中国人民推翻三座大山，建立新中国，举的就是新民主主义的旗帜。中共十一届三中全会以来我们积极推进政治体制改革，一个重要目标就是扩大社会主义民主。我们一直认为，在这个方面已经取得了很大成绩，但是任务还远未完成，在建设有中国特色社会主义的进程中，民主政治建设始终是一个重要内容。同时，我们也一直认为，民主是相对的、历史的、具体的，一定的民主必然与一定的时代相联系，与一定社会的政治、经济、文化发展水平相适应。中国是一个有 11 亿多人口的大国，革命胜利前是半封建半殖民地社会，缺乏民主传统；目前尚处于社会主义初级阶段，经济和文化总的水平比较落后，各地发展也不平衡；在从高度集中的计划经济体制向社会主义市场经济体制过渡进程中，必然会出现许多错综复杂的矛盾和问题。这些就决定了我国的民主政治建设必须从我国的实际出发，符合全国人民的根本利益；必须在团结稳定的前提下进行，巩固和发展团结稳定的社会政治局面；必须有利于坚持以经济建设为中心，促进经济和社会的发展。邓小平同志说过，“我们是要发展社会主义民主，但匆匆忙忙地搞不行”。匆匆忙忙地搞、脱离国情地搞，就会破坏社会的稳定，就会造成国家的混乱，就会影响经济的发展。在我们这个大国，一旦搞乱了，将会是什么样的局面？那将是一场大灾难，一切无从谈起，“包括民主、‘双百’方针等等，统统谈不上”。这样搞所带来的只能是破坏，而不是建设，只能是“民苦”，而不是民主。现在国外在民主问题上对我们有些议论。有的是由于对情况不了解，有的是别有用心，也有的确实指出了我们有待改进之处。对此，我们应当冷静分析，区别对待。总之，我们必须明确，中国的民主政治建设如同经济建设一样，要有中国的特色，要符合中国的情况乃至考虑到中华民族的文化传统、道德观念、思维方式等，要积极稳妥地向前推进。人民政协是由中国共产党、各民主党派、无党派民主人士在长期革命斗争实践中，经过慎重周密的考虑，从我国国情出发而创建的。从诞生之日起，它就是我国民主政治建设的重要组织形式，体现了发扬民主同维护国家稳定、促进社会进步的统一。当然，我国民主政治建设需要多方面的努力，包括坚持和完善人民代表大会制度，坚持和完善中国共产党领导的多党合作和政治协商制度，推进国家领导制度的改革，加强基层民主建设，保障人民群众的各项民主权益等等。就人民政协自身来说，它的具体组织形式和工作方法也不是已经完美无缺。但是，它在我国民主政治建设中的特殊地位和作用，它的独创性和有效性，已经得到历史的证实。从这个意义上讲，承认民主重要，就不能不承认政协重要；承认稳定重要，也就不能不承认政协重要；承认既要发展民主又要保持稳定，就必须认真研究和充分发挥政协的作用。

三

这次会议确定了十四个专门委员会的人选。有关专委会的设置、分工以及名称等，沿袭了过去的做法，是否合适，还有待于今后实践的检验，大家也可以继续提出意见，我们将视情况作必要的调整。

政协专委会是组织委员进行经常性活动的工作机构。政协要履行政治协商和民主监督的职能，做好参政议政的工作，必须保持同社会的密切接触，了解各方面的情况，掌握丰富的材料，而这些工作在很大程度上要依靠专委会。专委会工作是政协工作的重要基础。

专门委员会的工作如何更加富有成效地开展起来，要依靠大家在实践中探索。有一点可以肯定：就是必须从政协的实际出发，扬长避短，发挥优势。政协有哪些优势？至少有这么几条：一是人才荟萃，智力雄厚，能够深入研究一些宏观的、重大的、深层次的问题。二是代表性强，信息量大，能够反映各方面群众的意见、愿望和要求。三是位置超脱，视界宽阔，能够比较客观地提出意见和建议。四是下通各界，上达中央，能够发挥民主渠道作用。从上述几条可以看出，政协专委会开展工作的天地是很广阔的，关键是选好题目。有些事情可以政协为主去做。比如，在四化建设中各行各业有识之士提出了许多真知灼见，其中相当部分由于体制、渠道以及官僚主义作风等诸多因素，滞留于下层，散佚于民间。如果政协专委会通过广大委员有计划、有组织地搜集、整理这些意见和建议，并利用政协的特殊条件送领导机关研究，使之进入决策过程，这将是一项很有意义的工作。有些事情政协可以配合去做。比如，发展科技教育、繁荣文化艺术、扩大海外联谊、促进祖国统一等。政协专委会集聚了大批热心和熟悉这些领域工作的专家和人士，可以出谋划策，政府有关部门也希望政协为此作出贡献。当然，也必须看到，政协的主要任务是参政议政，而且老同志、二线同志和兼职同志比较多，有些事情并非政协力所能及，也未必勉强去做。

搞好政协专委会的工作，既要依靠政协自身的力量，又要加强同社会各方面的联系和合作。一是发挥政协所有委员的作用。参加专委会的政协委员毕竟是少数。全国政协应采取必要的形式，将其他委员特别是京外委员吸引到专委会工作中来。各专委会确定的调研课题，应及时向京外委员通报，并鼓励他们就地开展调研活动。各专委会组织到各地的调研或考察活动，应尽可能吸收当地委员参加。研究带有全局性的课题，也可从全国范围邀集一些委员短期集中，协同攻关。二是加强同地方政协的合作。地方政协有自己的特点和优势，联系着各界各类大批人才。全国政协专委会以课题为纽带加强同地方政协的合作，可以使调研成果更加符合实际和具有普遍意义，也可以进一步加强全国政协同地方政协的关系。三是密切同各民主党派的联系。各民主党派和工商联的成员及其所联系的人士，大都有较高的文化科学水平，不少人是专门家，还有些人在海外具有广泛的联系和影响，这次专委会成员中有近一半是各民主党派、工商联人士。政协专委会应当而且有条件同各民主党派和工商联进行多方面、多形式的合作，比如联合提案、联合调研、委托调研等。四是注意同党政部门的配合。党政部门处在第一线，了解现状，掌握政策，有人力物力财力。政协专委会同党政有关部门密切配合，研究一些重要课题，可以实现优势互补，有利于政协的参政议政意见转化为政策思想和政策措施。可以采取“走出去，请进来”的办法，对人民群众普遍关心、党政部门亟须解决、政协能够使上劲的课题，与党政部门共同协商选定，并邀请他们参加调研工作。政协各专委会要加强同人大各专委会的配合，政协各专委会之间也要相互配合。政协机关要为专委会工作创造条件，搞好服务，协调好各方面关系。

民主　求实　团结　鼓劲*

（1994 年 3 月 5 日）

各位副主席、各位常委、各位同志：

即将召开的政协八届二次会议是一次非常重要的会议，会议讨论决定的问题都是事关我国改革、发展与稳定，具有全局意义的大问题。全国人民、全体委员都十分关心这次会议，希望把会开好。为开好这次会议，全国政协向中共中央专门写了报告，提出了开好会议的指导方针，这就是以邓小平同志建设有中国特色社会主义的理论为指导，以民主、求实、团结、鼓劲为方针。中共中央批准了这个报告，同时也批准了这个方针。我认为要开好这次会议，就必须深入理解、认真贯彻这个方针。

之所以强调“民主”，我理解，首先是由人民政协组织的性质所决定的。人民政协是实现中国共产党领导的多党合作和政治协商这一基本制度的组织形式，是发扬社会主义民主的重要渠道，政协的会议理所当然要强调民主。第二是大会的内容所要求的。这次大会要讨论许多重要问题，只有充分发扬民主，集思广益，才能作出正确的决定。第三是全国人民所希望的。每年的“两会”已经成为全国人民政治生活中的大事，社会舆论关注的热点，他们希望把“两会”开得生动活泼，富有成效，希望会议

* 这是李瑞环同志在政协第八届全国委员会常务委员会第五次会议上的讲话。

严格履行民主程序，切实保证行使民主权利，形成浓厚的民主气氛，体现人民群众当家作主的原则。

之所以强调“求实”，因为我们的会议不是摆样子，走过场，而是要真心实意地研究问题、探讨问题。当前我们正在努力建立社会主义市场经济新体制，在这个过程中，大事多、新事多、难事多、复杂的事情多，需要全面考虑、多方权衡、反复比较。研究和决定问题，既要看到当前又要看到长远，既要看到总体又要看到局部，既要看到需要又要看到可能，既要充分听取多数人的意见又要重视少数人的意见。这就要求我们在开会时有科学的方法，求实的精神，进行深入的探讨，做到热烈而不离题，广泛而有重点，全面而不空泛，深刻而不表面，既要体现高度负责的态度，又要反映参政议政的水平。

之所以强调“团结”，因为我们强调会议要发扬民主，畅所欲言，认真负责地研究讨论问题，这样，不同意见的争论，批评与反批评就难以避免。我们认为这是必要的、有益的，同时我们也必须明确，所有这些，都是为了更好地研究和决定问题，都是为了追求真理，都要从团结的愿望出发，达到团结的目的。团结是大局，大局是团结。人民政协是大团结的象征。政协的会议理应体现团结、促进团结，会议的结果要促进全国人民的团结。我们希望会议中大家相互尊重、取长补短，多一些理解宽容，少一些斤斤计较。要通过开会，加深了解，消除误解，增进共识，加深友谊。总之，要团结起来开好会议，开好会议促进团结。

之所以强调“鼓劲”，因为改革开放以来我们所取得的成就是举世公认的，去年工作的成绩是显著的，当前各方面的形势也是好的，但是，我们这么大的国家，这么多的人口，从事这样前所未有的、艰巨复杂的事业，必然有成功的一面，也有失误的一面；有令人振奋的一面，也有令人忧虑的一面；有积极的一面，也有消极的一面；有美好的一面，也有丑恶的一面。对于社会生活中这种客观的现象，我们必须有清醒的认识，全面的分析，准确的判断。我们允许批评揭露一切消极丑恶现象，但是我们同时也希望在批评揭露时要看到积极的、正确的那一面，要看到主流。批评揭露的目的是为了研究解决问题。我们要注意社会效果，注意提出解决问题的办法，注意鼓士气、长志气。在整个会议的过程中要给全体委员鼓劲，而且要通过我们的会议给全国人民鼓劲。

“民主、求实、团结、鼓劲”这八个字是互相联系、相辅相成的有机整体，要全面理解。强调民主、求实，不能忽视团结、鼓劲；强调团结、鼓劲，不能丢掉民主、求实。忽视团结、鼓劲，最终达不到开会的良好目的，而丢掉了民主、求实，就失去了开会的意义，民主、求实要有利于团结、鼓劲，团结、鼓劲要促进民主、求实。

“民主、求实、团结、鼓劲”是1990年提出的“两会”宣传报道的方针。事实上它已经成了开好会议的指导方针。最近几年许多省市召开会议时，也都把这八字作为会议的指导方针。这个方针既符合政协的客观实际，也反映了委员们的共同愿望。希望大家细心体会，认真实行这个方针，在以江泽民同志为核心的中共中央领导下，把我们的会议开成一个民主的大会、求实的大会、团结的大会、鼓劲的大会。

关于人民政协履行职能的若干问题*

（1995 年 6 月 5 日）

各位常委、各位同志：

这次会议开得很好。几天来，大家就人民政协履行职能的问题进行了深入讨论。现在，我谈几点意见。

（一）我们这次会议的主要任务，是贯彻落实中共中央关于加强政协工作的指示精神。八届全国政协常委会第九次会议通过的《政协全国委员会关于政治协商、民主监督、参政议政的规定》，是人民政协履行主要职能的规范性文件。中共中央对这个文件十分重视，正式发出通知，要求各地区、各部门结合实际认真贯彻执行。该通知强调了人民政协在建设有中国特色社会主义中的重要作用，要求各级党委进一步加强和改善对政协工作的领导，并对有关问题作出了具体规定。今年年初，中共中央在部署1995 年工作时明确指出，要“坚持和完善共产党领导的多党合作和政治协商制度。鼓励各民主党派、工商联和无党派爱国人士在改革开放和现代化建设中贡献各自的力量，进一步推进政治协商、民主监督和参政议政的规范化、制度化”。中共中央的这些指示既加重了人民政协的任务，又为政协开展工作提供了有利条件。我们要认清形势，抓住机遇，奋发努力，使政协工作取得实

* 这是李瑞环同志在政协第八届全国委员会常务委员会第十三次会议上的讲话。

实在在的进展。

（二）人民政协是发扬社会主义民主的重要形式。它所具有的统一战线性质，使它在组织上有着广泛的代表性，在政治上有着很大的包容性，有利于参加人民政协的各党派、各团体、各界别广泛参与国家政治生活。它所体现的多党合作关系，既能够使执政党经常听到来自民主党派的意见，又便于发挥民主党派的参政作用，有利于长期共存和互相监督。它所实行的民主协商方式，既能够反映多数人的普遍愿望，又便于吸纳少数人的合理主张，有利于增强决策的民主性和科学性。所有这些都是人民政协的特点和优势，也是人民政协履行政治协商、民主监督、参政议政职能的理由和意义。人民政协的主要工作就是履行职能，只有在履行职能上有所作为，才能在建设有中国特色社会主义的伟大事业中有所贡献。

（三）人民政协履行职能是长期、复杂的工作，要积极稳妥地推进。必须坚持中国共产党的领导。参加政协的各民主党派、各人民团体及各界人士，在任何条件下都不是西方多党制下的那种反对党或反对派，不论是建言献策还是批评监督，都要有助于加强和改善中国共产党的领导。必须服从和服务于国家的大局。人民政协的所有活动都要有利于促进改革开放和现代化建设，有利于维护安定团结的政治局面。必须注意从实际出发。中国是一个大国，经济文化相对落后，各地情况千差万别，政协履行职能的各项活动都要实事求是，循序渐进。必须密切同有关部门的配合。政协是我国政治体制中的重要组成部分，履行职能涉及方方面面，要加强协调，主动争取各方面的支持。这样，政协工作就能做到尽职而不越位、帮忙而不添乱、切实而不表面。

（四）有组织有计划地把政治协商引向深入。中共中央《通知》指出："对国家和地方的大政方针以及政治、经济、文化和社会生活中的重要问题，要在决策之前在政协进行协商”。中共中央的这一要求，实际上是把人民政协的政治协商纳入了国家和地方的决策程序。履行程序需要花费时间和精力，是有一些“麻烦”，但它是民主权利的体现，也是集思广益的过程，添了一些小“麻烦”，可以减少决策失误导致的大“麻烦”。落实中共中央的要求，把决策前的协商切切实实地开展起来，并使之逐步成为大家共同遵循的制度，需要一个过程，需要多方面的努力，政协组织更需要多做一些艰苦细致的工作。要制定协商计划。现在需要协商的问题很多，关键是从实际出发，加强同有关部门的沟通与衔接，选好题目，拟订一个时期的协商方案，认真组织实施。要做好协商准备。围绕议题，了解情况，搜集材料，研究方案，使协商有的放矢，意见有理有据，切实可行。要改进协商形式。在充分运用现行协商形式的基础上，针对不同层次不同内容，探索、创造新的形式，采用大范围讨论、小范围座谈、公开协商、内部沟通等灵活多样的办法，使协商活动开展得更加生动活泼、卓有成效。

（五）切实有效地开展民主监督。在我国，各种形式的监督本质上都属于人民的监督。人民政协的民主监督是人民监督的重要组成部分，这种监督既包括统一战线组织内部中国共产党和各民主党派之间的互相监督，也包括各界代表人士对国家机关及其工作人员进行的有组织的监督。以江泽民同志为核心的中共中央要求进一步加强这种监督，广大人民群众希望切实开展这种监督，发展社会主义市场经济需要下大力量搞好这种监督。人民政协应当适应形势的要求，加大民主监督的力度。要完善监督方式。运用各种会议，开展各种活动，进行经常性的监督，特别是对一些重大监督事项，应认真研究，郑重提出，以期引起有关方面的重视。要讲究监督的实效。对委员提出的意见批评，应认真整理，积极催办，及时反馈，务使其有答复、有结果。要与其他方面的监督相配合。同党的纪检机关、国家权力机关、司法机关和行政监察机关密切联系，加强协作，使政协的民主监督具体实在地开展起来。要依法保护委员的监督权利。委员有提出批评、发表意见的自由，因履行监督职责受到不公正对待时，政协组织有责任予以保护。

（六）进一步拓展参政议政的领域。人民政协的参政议政，贵在主动，重在实效。要广泛参与。突出政协特点，代表各界群众，积极参与各种政治、经济、文化、社会及国际交流活动。要开展咨议。从不同的角度，对国家和地方方针政策的执行情况，对某一方面具有突出影响的重要事项，对社会普遍关心的热点问题进行讨论评议，帮助群众释疑解惑，促进有关部门搞好工作。要深入调研。紧密围绕中心任务，组织力量开展专题调研，在科学分析论证的基础上，提出高质量的、可操作的乃至有预见性的建议。把参政议政确定为政协的一项主要职能，是新的历史条件下政协工作的进步和发展。它为委员参与国事提供了更加广阔的舞台和便利的条件。希望各级政协组织和委员充分履行参政议政的职能，把政协工作搞得更加活跃。

（七）了解和反映社情民意是政协履行职能的重要基础和关键环节。去年，全国政协提出加强反映社情民意的工作，引起了社会的广泛关注。开展这项工作，是人民群众的愿望，因为群众中确有许多意见亟待反映，许多建议希望引起重视；是执政党和政府的需要，因为党和政府确实应当把握社会各方面的情况，及时了解群众的意愿；也是人民政协的职责，因为政协委员联系着各个界别、各个阶层的群众，可以多渠道地汇集群众意见，直接反映给党政决策部门。同时，这样做也有利于更好地履行职能，使协商更加切实，监督更加有效，参政议政更加富有成果。人民政协的各级领导应当提高认识，把这项工作卓有成效地开展起来。要加强同各级政协组织、各个参加单位及广大委员的密切联系，运用会议、视察、调查、座谈、走访等方式，利用简报、提案、发言、信件等材料，广辟信息来源，使政协的各项工作、各种活动都含有反映社情民意的意义。要从大量的分散的信息中发现具有普遍意义的问题和新鲜事物，做好信息处理工作，为政协委员履行职责服务，为党政机关科学决策服务，为人民群众反映意见服务。要抓紧建立健全反映社情民意的工作机构，配备现代化的办公设施，逐步形成反应快捷、渠道畅通的信息网络，保证这一工作的高效运转。

（八）充分发挥政协委员的作用。活跃政协工作，履行政协职能，必须依靠广大委员的共同努力。政协组织要及时了解委员的意见和要求，积极创造条件，使委员有事可干、有劲可使。要经常组织委员进行活动，除例行的会议、视察外，还可适时组织一些报告会、座谈会和参观、调研等。要及时向委员通报信息，通过编印资料、建立查询服务，帮助委员了解情况、熟悉政策、扩大视野、把握全局。政协委员在我国社会生活中享有很高的地位，应当自觉地把社会荣誉同社会责任统一起来。要保持与群众的密切联系，经常反映群众的愿望和要求，每个委员一年至少提出一条有质量的建议，反映一条有价值的信息，使自己成为本界别群众名副其实的代表。要加强学习，充实知识，更新观念，了解国家的重大方针政策和法律法规，不断提高参政议政水平。要有组织纪律观念，现在有些委员既不出席会议，又不说明原因，要研究办法，改变这种状况。

（九）要善于运用经验指导、推动工作。建设有中国特色的社会主义是前无古人的伟大事业，从根本上说是个实践问题。人民政协履行职能、反映社情民意、发挥委员作用以及其他各种活动，说到底也是一个实践问题。人民政协必须重视实践，重视总结实践中的经验，养成总结经验的习惯，提高总结经验的本领。要深入实际，深入群众，调查研究，掌握丰富生动的第一手材料。要学习、运用邓小平同志建设有中国特色社会主义的理论，对实际情况进行科学的分析和总结，揭示和把握事物的本质和规律。要创造多种方式，把那些具有普遍意义的典型经验，及时交流推广。要把各种行之有效的经验用制度形式确定下来，逐步完善配套，促进政协履行职能的规范化、制度化。总之，人民政协必须坚持实践第一的观点，实践、总结、再实践、再总结，使认识逐步深化、经验日益丰富、工作不断提高。

（十）落实中共中央的精神，对各级政协机关提出了新的、更高的要求。政协机关所有人员，都要认清形势，振奋精神，开拓进取，努力工作，出色完成各项任务。一要讲质量，安排活动要精心周密，处理事务要严谨细致，为委员服务要热情周到。二要讲效率，完成任务要迅速扎实，准确无误，不能拖拉松垮。三要讲规范，各个环节都要建立明确的制度，有章可循，有条不紊，力戒马虎随便。四要讲协作，发扬合作共事的优良传统和作风，各部门既责任分明、各司其职，又紧密配合、协调统一，保证机关工作有序高效地运行。

政协要重视立论*

（1998年5月6日）

听了各专门委员会的汇报，觉得大家提出的专题调研计划都是经过认真考虑的。看准了的事可以先干起来，在前进中开拓，在开拓中前进嘛。把参政议政作为政协的主要职能之一写入政协章程，又将专题调研和反映社情民意作为参政议政的重要内容加以强调，是八届全国政协工作的成功经验。参政议政扩大了政协的工作领域，使政协工作有了切实的抓手，特别是通过专题调研，向中央提出了许多重要的建议，在社会上产生了广泛的影响。这些与政协履行政治协商、民主监督职能相辅相成，效果是好的。九届全国政协要认真加以总结并很好地坚持下去。

专题调研是政协履行职能的一项基础性工作，同时也是政协参政议政的一种重要方式。我们搞调研，当然总是希望建议被采纳，对决策产生影响。但是最终能否被采纳，取决于多种因素。其中有选题问题，有报告水平问题，有实施条件问题，也有认识和时机问题。八届政协期间各委员会的调研报告共180多份。其中有些引起了中共中央、国务院的高度重视，对实际工作起到了推动作用，比如：关于加强宏观调控、抑制通货膨胀的建议，关于农业和农村问题的建议，关于加强基础教育的建议，关于加强

---

* 这是李瑞环同志在政协第九届全国委员会第四次主席会议上的讲话。

社会主义精神文明建设的建议，关于加强对非洲工作的建议，关于在宁夏建设扶贫扬黄灌区工程的建议，等等。但也有一些报告没有产生大的作用。我认为这些报告不用不等于无用，今天不用不等于将来也不能用。有的报告花费了很大的心血，提出了独到的见解，我们不能一送了之。我建议，对所有调研报告和有分量的会议发言，都要集中力量，加以整理，删繁就简，去粗取精，锤炼文字，编印成册，在一定范围发行，使之留存下来。中国历史上很多有识之士为国家大计上书建言，有的在当朝当代就被采纳，也有的当时未引起重视，却对后人后世产生了重大影响。孟子、荀子、韩非子，他们的著作很大一部分就是对当时领导者的进言。我们所熟悉的历史名篇佳句，有不少出自历代"疏"、"表"、"策"、"论"。孙中山的《建国方略》，其中许多设想他并没有实施，但对后人启示很大。延安时期民主人士李鼎铭先生提出的"精兵简政"，至今仍有其现实意义。我们自己在实际工作中也常常有这种体会：正苦于对某个问题百思不得其解，偶尔发现一份材料，翻阅一下，豁然开朗。可能这份材料几年前就送来了，并未引起重视，此时才体会到它的价值。古人讲立德、立功、立言。立言就是对某个重大问题，经过调查研究，反复论证，提出"一家之言"，提出一些论点。从一定意义上讲，立言，也就是立论，专题调研做的就是立论的工作。政协不立法，但可以立论。如果我们政协每年能拿出若干调研报告，为解决国家和民族当前和今后若干重大问题提供有价值的思路、建议，在立论上有所贡献，那就是成就，就是尽职尽责。

政协可以论的题目很多。当前如何落实党的十五大精神，如何解决两个文明建设中一系列重大现实问题，都可以论。也可以论一些涉及长远的问题。中国是一个发展中国家，人口多、底子薄，真正实现现代化的目标，面临的困难很多，需要研究的问题很多。比如吃饭问题。外国人钦佩中国解决了12亿人口的吃饭问题，外国人担心中国吃饭终究会成为问题。围绕这个问题，可以导出许多值得研究的重大课题。前几年我们提倡实施“丘岗计划”，就是设想把南方海拔 500 米以下的有条件的山丘，由简单的绿化改为种植经济作物。以湖南为例，全省大约有 4800 万亩农地，实行丘岗计划之后，可以增加 5000 万亩，也就是增加一倍。我和杨汝岱同志都到湘西看过，当地的干部群众用不长的时间，就把丘岗变成了花果山。我还讲过“绿化革命”，这个概念不一定准，但问题本身很值得重视。我们从不重视绿化到重视绿化，在许多地方种草种花，这是一大进步。绿化当然要讲环境效益，但绿化要占土地、阳光和水，具体到中国人多地少这样一种国情，单纯讲环境效益就不够了，还应讲求经济效益。要有计划地扩大水果、干果树种栽植，把改善生态环境和提高经济效益结合起来。如这个意见可行，城市街道旁的行道树，公园、庭院的林木，都有文章可做。淡水问题同样也是个值得重视和研究的问题。诸如此类的问题，都是对中国未来生存和发展具有重大意义的问题。如果我们能在这类问题上提一些大的带方略性的建议，其作用将是很大的。

搞调查研究，建言立论，政协有优势。政协委员有许多是各行各业的专家学者，70%以上的人有高级职称，有 100 多位两院院士。政协委员位置比较超脱，不受部门和地区利益的局限，一般也有条件抽出时间，可以比较冷静、客观地探讨一些问题。对这件事，政协办公厅要统筹安排，精心组织，创造条件，搞好服务，力争搞出实效。各位副主席都有丰富的阅历和经验，建议大家选择一些自己感兴趣的题目，同有关方面结合，做一些立论的工作。这既是政协领导干部履行职能的一种重要方式，也是使各位的思考、见解、经验流传后世，对社会发挥作用的重要途径。我想，把这件事做好，对开阔政协思路，活跃政协工作局面具有重要意义，建议大家认真研究一下。

遇事多商量*

(2000 年 3 月 7 日)

大家提了很好的建议，是否可行、如何落实还需要同有关部门商量。商量是政协工作的一个特点，遇事多商量，办事靠商量。所以政协工作者就要学会商量，养成商量的习惯。

(一) 商量是政协存在的理由

政协的首要职能是协商，协商就是一种商量。商量一般指人们之间相互沟通、交换意见，而政协的协商，是就国家的重大问题听取各方面意见，是一种有特定组织形式和程序的高层次商量。这种协商，已经成为我们发扬社会主义民主的一种重要方式，成为我国政治体制的一个特点和优点。

我们党的三代领导人都十分重视政协的协商。1954 年，毛主席针对一些人提出人大召开后政协还要不要存在、协商还有没有必要的疑问，明确指出：人民代表大会是国家权力机关，政协是各党派的协商机关，有了人大，并不妨碍政协进行政治协商。周恩来同志强调：凡是重大的议案总是要事先协商，“协商这两个字非常好，就包括这个新民主的精神。”“就是在普选的全国人民代表大会召开以后，政协会议还将对中央政府的工作起协商、参谋和推动的作用。”在新的历史时期，邓小平同志重申：“中国

* 这是李瑞环同志在全国政协九届三次会议中共组联组讨论会上的讲话。

的社会主义现代化建设事业，继续需要政协就有关国家的大政方针、政治生活和四个现代化建设中的各项社会经济问题，进行协商、讨论”。他在谈到改革能否取得成功时，认为关键是两条，“第一条就是要同人民一起商量着办事”。他还曾严厉批评一些干部存在自以为是、惯于发号施令的现象，指出有的人“喜欢以领导者自居，喜欢站在群众之上发号施令，遇事不愿意同群众商量。这实际上是一种狭隘的宗派主义倾向，也是一种最脱离群众的危险倾向”。江泽民同志明确要求：“按规定应当交政协协商的问题，一定要在决策之前交政协协商，并在协商中认真听取各方面的意见。”实践证明，遇事商量比不商量好，多商量比少商量好，早商量比晚商量好。平时多商量，遇事先商量，有利于广泛听取各党派团体和各族各界人士的意见，促进决策的民主化、科学化；有利于增进理解、扩大共识，使党和政府的方针政策成为大多数人的自觉行动；有利于发现和集中群众的智慧与经验，依靠群众的力量克服困难、解决问题；有利于协调利益关系、化解社会矛盾，维护和发展团结稳定的政治局面。

（二）商量是马克思主义认识论的要求

人的正确思想是从哪里来的？只能来源于实践。这里所说的实践，不是指哪一个人的实践，而是指千百万人民群众的社会实践。一个人的实践活动总是有限的，一个人的认识也总会有局限性。高明的领导之所以高明，主要不在于他的脑袋比别人聪明，而在于他善于综合，善于概括，善于汲取更多人的实践经验和聪明才智。如果离开人民群众这个实践的主体，只凭个人的苦思冥想、个别体验，甚至自以为是、闭目塞听，不愿意听取别人的意见，就不能获得正确的认识，就不会作出正确的决策，就无法把事情办好。在商量的过程中了解各方面情况、集中群众的智慧，这是领导者少犯错误、不断进步的重要途径。人们对客观事物的认识是一个不断深化的过程。我们每一项方针政策的制定和实施，既是对过去实践经验的总结，又是一个新的认识过程的开始。这些方针政策是否符合实际，是否符合群众意愿，能不能随着客观情况的变化而变化，并不断地有所创新、有所前进，都离不开人民群众的社会实践，离不开实践的检验，离不开与实践的主体——人民群众进行商量。

建国初期，我们很重视商量，像土地改革、对工商业的社会主义改造、制定第一部宪法以及贯彻“双百”方针等等，都经过了党内党外、上上下下、反反复复的商量，那时我们的各项工作也进展得比较顺利。党的十一届三中全会以后，我们作出的许多重大决策都注意了事先商量。邓小平同志曾找胡厥文等党外“五老”① 商量利用外资和发挥原工商业者的作用问题，被人们传为佳话。当然，我们也有商量不够而吃了亏的教训。比如，对马寅初先生提出的控制人口的意见，梁思成先生提出的保护北京古城的建议，都由于缺乏充分商量，没有认真听取他们的意见，以致造成了不可挽回的损失。

（三）商量是领导者民主的表现，开明的表现，高明的表现

商量要能够听得进不同意见。我们与人商量，不是为了摆样子、走形式，而是为了听到各种声音，从别人的意见中发现问题，纠正错误，吸取有益的东西。没有民主的作风，没有虚心对待不同意见的正确态度，商量就不可能收到好的效果。古人主张“每有大事，必相咨访”、“用人之言，若自己出”；并认为“千人之诺诺，不如一士之谔谔”。我们共产党人以人民群众的利益为最高利益，以马克思主义作为自己的世界观，应当有更高的思想

① “五老”指胡厥文、胡子昂、荣毅仁、周叔弢、古耕虞等五位工商界领导人。

境界和博大胸怀。我们只有对不同意见抱着“与其说是允许，毋宁说是欢迎”的态度，才能自觉、主动地与别人搞好商量。

商量要平等待人、诚恳待人。有的时候你愿意和别人商量，但人家却不愿和你商量；即使商量了，谈的也不是真实想法。之所以这样，一个重要的原因就是你不能平等待人、诚恳待人。没有平等，高人一等，盛气凌人，只能叫做强加于人，而不能称之为商量。有了平等，有了相互尊重、和谐融洽的气氛，才能使人们畅所欲言，把各种意见、主张都讲出来。没有诚恳的态度，拿腔作调，虚情假意，别人只会同你虚与委蛇、敷衍应付，而不会和你说真心话。待人诚诚恳恳，说话实实在在，才能听到真诚、坦率的肺腑之言。

对于我们共产党人来讲，是不是重视商量、愿不愿与人商量、能不能搞好商量，决不是一件小事。毛主席早在延安时期就告诫全党：“我们不是一个自以为是的小宗派，我们一定要学会打开大门和党外人士实行民主合作的方法，我们一定要学会善于同别人商量问题。”我们要深刻领会毛主席这段话的精神，提高遇事同人商量的认识，学会商量问题的本领，养成商量问题的习惯，搞好同党外人士的合作共事，努力成为统战工作和政协工作的行家里手，为推进政协事业，为推进有中国特色的社会主义民主政治建设，作出自己的贡献。

进一步重视和加强反映社情民意工作*

（2001 年 6 月 29 日）

各位常委、各位同志：

我们这次会议主要是研究如何加强和深化反映社情民意工作。罗干同志、叶选平同志和陈俊生同志的讲话很好，大家的发言很好，会议开得很好，有感而发我讲几句。

了解和反映社情民意工作，是八届全国政协提出并逐步展开的。几年来，各级政协把了解和反映社情民意当作一件大事来抓，取得了显著成效，不但为中央和各地党政机关的工作、决策提供了许多有价值的信息，而且促进、活跃了政协履行职能的各项工作，得到了中央和各地党政领导的高度重视，也赢得了社会各界的充分肯定。

会上，有些同志提出，社情民意应该怎样正确理解，能否有个通俗的解释？要我说，社情民意就是指社会生活的基本情况和人民群众的意见愿望。社情不等同于民意，但社情包含着民意；民意不等同于社情，但民意是最重要的社情。在许多情况下，社情就是民情。因此，了解和反映社情民意，最主要的是了解和反映民情民意。中国历史上许多思想家、政治家都非常重视民情民意，都把知民情、顺民意、得民心作为“为政之道”、“执政之

* 这是李瑞环同志在政协第九届全国委员会常务委员会第十四次会议闭幕会上的讲话。

要”。老子说：“圣人无常心，以百姓心为心。”管子说：“政之所兴，在顺民心；政之所废，在逆民心。”苏洵说：“服民之心，必得其情。”我们共产党人是历史唯物主义者，我们认为人民群众是历史的创造者，是实践和认识的主体，是社会主义国家的主人。我们的世界观决定了我们必须始终自觉地重视民情民意。

中国共产党是最广大人民根本利益的代表，全心全意为人民服务是党和政府的宗旨，我们的工作、我们的追求、我们的目标、我们的一切一切，都是为了人民，如果不重视民情民意，不知道人民群众赞成什么、反对什么，不懂得人民的利益所在，怎么能代表人民、为了人民？群众路线是我们的根本工作路线，坚持这条路线最基本的一点，是先当学生后当先生、集中起来坚持下去，也就是从群众中来、到群众中去，如果不重视民情民意，不虚心向群众学习，不了解各方面群众的意见和看法，怎么能从群众中来、到群众中去？领导者的主要任务是团结大多数、调动积极性，是把广大群众的积极性充分地调动起来并合理地发挥出去，领导者的积极归根结底是为了群众的积极，如果不重视民情民意，不能有针对性地做群众的工作，得不到群众的信任与支持，怎么能团结大多数、调动积极性？决策的民主化和科学化是对领导工作的重要要求，一切正确的决策都建立在对客观情况了解的基础之上，都是对丰富的材料进行去粗取精、去伪存真、由此及彼、由表及里的加工制作的结果，如果不重视民情民意，不集中群众的智慧，不能协调好各方面的利益关系，怎么能民主决策、科学决策？根据群众的觉悟程度去教育群众、引导群众是马克思主义的一条重要原则，超越群众的觉悟程度、群众不愿干的事硬要他们去干，是错误的；落后于群众的觉悟程度、群众要求前进而我们不前进，也是错误的，如果不重视民情民意，不体察群众的情绪，不知道群众在想什么、希望什么，怎么能教育群众、引导群众？政治协商、民主监督、参政议政是人民政协的主要职能，要履行好政协职能、活跃政协工作，必须围绕国家的中心任务，把握大局大势，关注群众所关心的重点和热点问题。如果不重视民情民意，对各界群众的情况不甚了了，不能反映和表达所在界别群众的愿望和要求，怎么能履行好政协职能、活跃政协工作？所有这些都说明，了解客观情况，把握社情民意，是治党治国的重要基础，是做好包括政协工作在内的各项工作的根本途径。

全面、准确、及时地了解和反映社情民意，在当前不仅非常重要、十分紧迫，而且极其复杂、很不容易。第一，客观事物本来就是复杂的，在社会主义市场经济条件下尤其复杂。当前，经济成分、经济利益日益多样化，社会组织形式、社会生活方式日益多样化，人们的思维方式、价值取向也日益多样化。社会上各种诉求日益增多，自我选择意识日益增强，不同阶层、不同群体、不同职业、不同地域的人对一件事情往往有不同的看法，一个政策、一项措施的出台也常常是有人满意有人不满意，完全赞成、一致拥护的局面比较少见了。第二，客观事物是发展变化的，当今世界发展变化之快更是超乎寻常。一些人的经济和社会地位经常发生变动，今天还是农民，明天可能就成为工人，过一段时间可能又成为农民或从事其他什么职业；今天还是工人，明天可能就下岗或失业，过一段时间可能又当了个体户或者私营企业主；今天还是干部，明天可能就成了商人或外企雇员，过一段时间可能又成为自由职业者。社会存在决定社会意识。随着经济和社会地位的变化，人们的思想、观念、愿望和要求也会发生变化。某些人今天对某一个政策、某一项措施还表示赞成、拥护，不久就可能转为不满、反对。第三，特别值得提出的是，目前弄虚作假的现象十分严重。假话、空话、套话随处可见，假情况、假数字、假政绩屡有发生，有些造假简直到了骇人听闻的地步。讲诚守信是中华民族的优良传统，实事求是是我们党的思想路线，说真话报实情是做人的基本准则。弄虚作假这种曾经给我们党、国家和民族造成严重危害的不良风气重新泛起，不能不引起我们的警惕和深思。种种客观或人为因素所产生的复杂多变的情况，确实给我们了解和反映社情民意增加了很大困难，搞得不好就会失之于片面、落后于发展甚至上当受骗，把领导机关的认识、判断、决策和部署导向错误、引入歧途。同时，这些情况也说明，在当前，切实加强、认真做好了解和反映社情民意的工作，确实具有极为重要的意义。

人民政协在了解和反映社情民意方面具有独特的优势，可以发挥重要的作用。人民政协是由界别组成的机构，包括了我国各党派、各团体和社会各界的代表人物，从一定意义上讲，了解了各界别的意见就基本上了解了多数人的意见，掌握了各界别的情况就基本上掌握了整个社会的情况。政协委员是各个界别的代表，每个委员都联系着一部分基层的群众，通过委员，能够发现其他渠道不易发现的问题，能够听到其他途径不易听到的呼声。政协组织是我国政治体制的重要部分，通过这个组织，可以使群众中分散、个别的意见得到系统、综合的表达，可以把基层的情况直接地、畅通地反映给高层决策部门。政协位置超脱，政协发表意见，可以较少受利益驱动的影响和部门或地区的局限，可以比较客观、比较准确地反映各种情况和问题。了解和反映社情民意是中央的要求，是政协履行职能的重要基础和关键环节，也是政协委员应尽的义务和受到保护的一项权利。我希望每一个委员都能认清自己的职责，发挥自己的作用，多向中央反映一些情况。同时，通过我们的努力也让人们感到，政协确是一个能够提供真实情况的地方，是党和国家决策不可缺少的信息来源。

各位常委、各位同志：

再过两天，就是中国共产党建党八十周年纪念日。八十年来，中国共产党领导中国人民走过了曲折的道路，取得了辉煌的业绩，为国家和民族建立了不朽的功勋。7月1日，中共中央将隆重举行庆祝大会，江泽民总书记在会上将发表重要讲话，各级政协组织、在座的各位常委都要认真学习，深刻领会，努力贯彻，以实际行动，以扎扎实实的工作、实实在在的成绩，来庆祝、纪念中国共产党成立八十周年！

五、统一战线工作

新时期的统一战线工作*

（1993 年 11 月 5 日）

这次全国统战工作会议是一次非常重要的会议。它对于进一步统一思想，落实中央有关统一战线工作的方针、政策，开创统一战线工作的新局面，将产生积极的影响。会议开始时，王兆国①同志作了一个很好的报告。会议结束前，江泽民同志还要接见大家，并作重要指示。这里，我想就新时期的统一战线工作谈几点意见。

一

全面科学地分析和认识我们所处时代的社会历史条件，准确地把握对社会发展趋势起主导作用的重大问题，是我们党制定路线、方针、政策的依据，也是做好包括统一战线工作在内的一切工作的前提。党的十一届三中全会以后，我国进入了社会主义现代化建设的新的历史时期。在这样一个新的历史时期，哪些是主导着中国社会发展的带根本性的问题？至少有以下几个方面：

第一，经济建设成为党和国家的中心任务。党的十一届三中

---

* 这是李瑞环同志在全国统战工作会议上的讲话。

① 当时任全国政协副主席、中共中央统战部部长。

全会以后，我们党提出社会主义的根本任务是发展社会生产力，提出了社会主义初级阶段的理论，作出了以经济建设为中心的战略决策。这是我们党的历史上的一个重大转折，给中国社会带来了翻天覆地的变化。国民经济迅速发展，综合国力稳步增强，人民生活明显改善，社会主义优越性得到进一步发挥，马克思主义显示出勃勃生机。这个转折的最重大意义在于，它结束了在社会主义改造基本完成以后至党的十一届三中全会以前长达 20 多年的"以阶级斗争为纲"的历史。过去那种热衷于无谓争论、无限上纲、无穷折腾的做法，耗费了民族的宝贵精力，耽误了国家的发展良机，被人们所厌恶和反对。搞建设，求发展，重实际，已经成为当今人们的追求目标和社会风气。这个转折的重大意义还在于，它明确了各项工作同经济工作的关系。在党和国家的全部工作中，只有经济建设这一个中心，不能偏离这个中心，不能搞多中心。在正常情况下，我们要坚持这个中心，在非常情况下，除非发生大规模外敌入侵，也要紧紧扭住这个中心不放。当前的国际形势对中国的发展既是机遇，又是挑战，任何对坚持经济建设这个中心的游离和动摇，都会使我们再次丧失不可多得的时机。因此，任何部门、任何个人，只有在坚持、围绕、服从和服务于经济建设这个中心的过程中，才能找到合适的位置，发挥应有的作用，体现自己存在的价值。

第二，改革开放成为不可逆转的时代潮流。改革开放是决定中国命运的一招，是振兴中国的唯一出路，也是新时期最鲜明的时代特征。改革开放，冲破了旧体制的束缚，引起了社会结构、利益关系的深刻变化和重新组合，极大地调动了广大群众的积极性、创造性，使我国生产力获得了大发展。改革开放，突破了迷信本本、崇奉教条的僵化观念，重新确立了实事求是、一切从实际出发的思维方式，带来了全民族的思想新解放。改革开放，破除了长期以来姓“社”姓“资”的争论对人们的困扰，是否有利于发展社会主义社会的生产力，是否有利于增强社会主义国家的综合国力，是否有利于提高人民的生活水平，成为各项工作总的出发点和检验标准。改革开放，打破了固步自封、闭关锁国的状态，开阔了我们的眼界，有力地推动着我国大踏步进入国际社会和世界市场，使我国的现代化建设进程大大加快。15年的改革开放，确实给人民带来了实惠，得到了人民的拥护，也改变了中国在国际上的形象，受到了国际社会的赞扬。没有改革开放，就没有中国的今天，就没有社会主义的活力。可以断言，时至今日，改革开放的潮流席卷祖国大地，已势不可挡。任何部门、任何个人都不能观望彷徨，更不能逆流而行，都必须主动投入改革开放的大潮，与之相顺应、相合拍、相协调。

第三，建立社会主义市场经济体制成为经济改革的总体目标。在相当长一段时间内，我们把计划经济和市场经济作为划分社会主义和资本主义的一种标准，对计划经济较为熟悉，并形成了一套与之相适应的规则和习惯，而对市场经济则缺乏了解，存有偏见和疑虑，甚至视为洪水猛兽，加以抵制。现在，我们把社会主义基本制度同市场经济有机结合起来，把建立和完善社会主义市场经济体制作为经济体制改革的总体目标，这确实是一个很大转变，反映了我国社会经济发展的必然趋势，体现了我们党对社会主义建设规律认识的一个飞跃，它已经并将继续对解放和发展生产力产生巨大作用。建立和完善社会主义市场经济体制，是一项崭新的事业，是一场深刻的革命，是一个较长的过程，一定会对过去许多习以为常的东西产生强烈的冲击，一定会出现新旧碰撞、好坏交织、利弊伴生的复杂局面，一定会对我国的经济、政治和社会生活产生广泛而深刻的影响。对此，我们必须有足够的思想准备。任何部门、任何个人都要了解和研究这个社会发展的大趋势，努力使自己的思想和工作与市场经济发展相适应。

第四，社会主义精神文明成为我国现代化建设的重要特征。我们党的工作重心转移以后，就明确提出了坚持四项基本原则，实行“两手抓”、“两手硬”的战略方针。十多年来，我们在这一方针指导下取得了很大的成绩，同时，在这个问题上也有过深刻教训。当我们只忙于经济建设的时候，当精神文明建设面临新情况、新问题的时候，往往容易发生问题。必须明确，没有社会主义精神文明，有中国特色的社会主义事业就无从谈起，如果不一以贯之地坚持“两手抓”、“两手硬”，中华民族的优秀文化和党的优良传统就有可能在我们这一代手里丢掉，革命前辈创建的社会主义事业就有可能在我们这一代手里葬送，祖先留下的家业就有可能在我们这一代手里衰败。精神文明建设体现在现代化建设的一切环节，渗透在政治、经济、文化、社会生活各个方面。所有部门特别是各级领导干部必须保持清醒的头脑，始终坚持党的“一个中心、两个基本点”的基本路线，始终重视社会主义精神文明建设，始终抓紧反对腐败，加强党风建设和廉政建设，始终注意思想教育工作，并紧密结合实际，切切实实地作出成效。

第五，“一国两制”成为解决祖国和平统一问题的基本政策。由于历史和人为的一些原因，香港、澳门被外国长期占据，大陆与台湾多年处于分裂对峙状态。实现国家的和平统一和全民族的伟大复兴，是包括台港澳同胞和海外侨胞在内的全体中华儿女的共同愿望。我们党从中华民族的根本利益出发，考虑到历史和现实的因素，充分尊重和照顾台湾同胞、港澳同胞的利益和要求，提出了“一个国家，两种制度”的构想。这是把和平共处原则运用于解决国家统一问题的一大创造，也为国际上解决类似问题提供了一个范例，是对马列主义国家学说的重大发展。这一基本政策使中英、中葡政府间达成了香港、澳门地区回归祖国的协议，也为解决台湾问题指明了正确的道路。这一基本政策改变了大陆与台港澳同胞之间交往的长期不正常状态，使各种人员往来日益密切，经济、文化、科技交流合作不断发展。我们每个部门都应该认清这一有利形势，认真研究和解决大陆与台港澳在各种交流、联系中出现的问题，为进一步密切大陆与台港澳的关系多做工作，为实现祖国统一多作贡献。

第六，邓小平建设有中国特色社会主义的理论成为一切工作的指导思想。十一届三中全会以来，邓小平同志结合新的历史条件和时代特征，在亿万群众社会实践的基础上，总结汲取历史的经验教训，坚持了马列主义、毛泽东思想的基本原理，克服了对马列经典著作中某些结论的教条式理解，特别是纠正了毛泽东同志晚年的严重失误，创造性地提出了一系列指导改革开放、现代化建设的重大方针政策和思想观点，逐步形成了建设有中国特色社会主义的理论。我们的改革开放和现代化建设之所以取得如此辉煌的成就，我国人民的生活之所以有如此明显的改善，我们的国家之所以在风云变幻的国际环境中站稳脚跟，一句话，我们的党、国家和人民之所以有今天，都是这一理论指引的结果。邓小平建设有中国特色社会主义的理论是当代中国的马克思主义，是指引我们建设社会主义事业的伟大旗帜，是实现民族振兴的强大精神支柱，是我国新的历史时期的主要标志。党的十四大确立了邓小平建设有中国特色社会主义的理论在全党的指导地位，并提出用这一理论武装全党。这是十四大最重要的历史功绩之一。所有部门和个人要想为社会作出贡献，在事业中有所作为，都必须深入学习和贯彻这一理论，从中汲取智慧和力量。

以上几个问题大体构成了当今中国的时代画卷，是决定和影响我们国家总体面貌和发展趋势的本质要素，也是了解和研究当代中国问题的基本线索。任何一个党派、团体或个人，任何一个方面的工作，在新时期的地位和作用如何，都必然同这些问题密切相关。统一战线工作作为事关全局的一项重要工作，必须从研究把握这几个问题入手，找准位置，发挥优势，在推动当代中国的全面进步中发挥积极作用。

二

新时期新形势向统一战线提出了新要求，而统一战线又以其独特的优势和作用，推动新时期各项工作向前发展，显示出其存在和发展的客观必然性。

第一，爱国统一战线是实现广泛团结，凝聚人心，完成新时期总任务的基本保证。实现改革开放和现代化建设的各项任务，建设有中国特色的社会主义，是一项宏伟而艰巨的历史使命。完成这样的使命，必须依靠全党的团结，必须依靠广大工人、农民、知识分子的团结，必须依靠国内各民族的团结，必须依靠海内外中华儿女的共同奋斗。统一战线的本质就在于大团结、大联合。新时期统一战线是由全体社会主义劳动者、拥护社会主义的爱国者和拥护祖国统一的爱国者组成的最广泛的联盟。这一联盟从总体上看包含了三个方面的内容：以建设有中国特色社会主义为基础，实现大陆范围人民的团结；以拥护祖国和平统一为基础，实现大陆同胞与台港澳同胞的团结；以促进中华民族伟大复兴为基础，实现海内外全体中华儿女的团结。有了这种空前广泛的联盟，我们就能够把一切共产党员和非共产党员，马克思主义者和非马克思主义者，无神论者和宗教信仰者，汉族群众和少数民族群众，国内同胞和海外侨胞，总之，把一切可以团结的力量都团结起来，把全民族的意志和智慧凝聚到实现四化、统一祖国、振兴中华的总目标上来。这样，我们建设有中国特色社会主义的宏伟事业，就会获得取之不尽的力量源泉；实现中华民族的伟大复兴，就会形成更加广泛和坚实的社会基础。

第二，爱国统一战线是多党合作，参政议政，发扬社会主义民主的有效形式。中国共产党领导的多党合作和政治协商制度，是马克思主义政党理论和统一战线学说与我国实际相结合的一大创造，是我国政治制度的一大特色。坚持和完善这一制度，是我国社会主义民主政治建设的一大任务。各民主党派和各界党外人士，积极参与改革开放和现代化建设中各项决策的协商讨论和民主监督，可以促进决策的民主化和科学化，使我们党少走弯路，少犯错误。从这个意义上说，统一战线中各党派、各界党外人士参政议政作用发挥得越好，对于我们的事业就越有帮助。统一战线中的民主监督是我国监督机制中不可或缺的组成部分。这种民主监督首要的是民主党派和党外人士对我们党的监督。在当前我国历史发展的重要时期，我们特别需要统一战线中那种敢于仗义执言、据理力争的党外诤友，特别需要把民主党派、党外人士的监督作用充分发挥出来。必须看到，在我们的不少党员领导干部中，还严重地存在着听不得批评意见，容不得民主监督的现象。切实解决这一问题，对于推动社会主义民主政治建设，加强和改善共产党的领导，意义极其重大而深远。

第三，爱国统一战线是协调关系，化解矛盾，维护社会稳定的积极力量。新旧体制的交替，各种利益关系的调整，不可避免地会产生一些新的矛盾。由于国际上局部地区民族、宗教冲突的加剧，我国社会中的一些不稳定因素有可能被触发以至激化。国际敌对势力颠覆社会主义的图谋一直没有停止。维护社会稳定始终是我们必须高度重视的重大任务，也是统一战线应该担负的一项重要工作。协调好统一战线内部各党派、各民族、各团体以及各方面成员之间的关系，是巩固发展团结、稳定、和谐的社会政治局面必不可少的重要环节。统一战线汇集了各方面党外代表人士，他们在各自所联系的群众中往往具有我们党不可替代的影响。同样的语言，由他们向自己代表的群众说出来，有时比我们说更容易被接受；同样的工作，由他们到自己代表的群众中去组织和开展，常常比我们去做效果更显著。通过统一战线，协调关系，沟通思想，理顺情绪，化解矛盾，可以有效地消除各种不稳定因素，对实现我国社会长治久安具有重要的作用。

第四，爱国统一战线是体察民情，反映民意，密切党同群众联系的重要渠道。密切联系群众是我们党的优良传统。群众路线是我们党的生命线。在建立社会主义市场经济体制条件下，我们党能否始终保持和发展同人民群众的血肉联系，警惕并随时克服一切脱离人民群众的倾向，这对能否巩固执政党地位是一个严峻考验。密切联系群众，必须体察群众意愿，关心群众疾苦，听取群众意见，解决群众困难。统一战线中各党派、各团体、各界党外人士，联系各自的群众，代表各自群众的利益，反映各自群众的要求。他们站在不同的角度想问题、提意见，仁者见仁，智者见智，既有共识，也有歧异；既有正确的意见和建议，也有不那么正确、甚至错误的看法。唯其如此，才能真实、准确地反映社会现实。从这里，我们能够了解到通过其他渠道不易掌握的社会信息和情况，听到不易反映上来的呼声和意愿，获取难以得到的建议和批评。这就有助于我们党在研究形势时，更全面地掌握实际情况，做到胸中有数；在制定政策时，更准确地体察群众的心理，做到符合民意；在解决问题时，更切实地想群众之所想，急群众之所急，办群众之所需。只有这样，我们才能不断赢得民心，真正获得广大群众的拥护、支持，永远立于不败之地。

第五，爱国统一战线是安排人事，合作共事，加强国家政权建设的必要途径。充分发挥参政党和党外人士在管理国家事务和社会事务中的积极作用，是我国社会主义民主政治建设的重要内容，是共产党领导的多党合作和政治协商制度的具体体现，也是统一战线的一项传统工作。实践证明，搞好党外人事安排，加强共产党员与党外人士的合作共事，有利于巩固和完善人民民主专政的国家制度，有利于保证各方面人民群众广泛行使当家作主的民主权利，有利于调动各种社会力量一起贯彻中国共产党的方针政策。党外人士是我们国家各领域、各层次干部队伍的重要来源之一。安排一批人，影响一大片。统一战线的人事安排，是一项十分重要而复杂的工作。做好这项工作，需要各级党政主要领导干部有全局观念和政治眼光，亲自动手，过细工作；需要有关部门高度重视，紧密配合；需要及早发现人选，长期培养帮助。

第六，爱国统一战线是联络友谊，沟通感情，促进实现“和平统一、一国两制”的桥梁纽带。对港澳恢复行使主权，保持港澳的长期稳定繁荣，不仅需要中英、中葡政府间信守协议，更有赖于港澳各阶层同胞与我们党和政府和衷共济。实现海峡两岸的和平统一，必须贯彻“寄希望于台湾当局，更寄希望于台湾人民”的方针，需要海内外一切拥护祖国统一的仁人志士的共同努力。和平统一祖国，必须发挥统一战线联系面广的优势，依靠统一战线大团结、大联合的力量。统一前，必须通过不断发展壮大爱国主义基础上的广泛团结，增进交流，联络友谊，沟通感情，寻求共识，化解隔膜与障碍；统一后，在两种社会制度并存的条件下，更需要依靠统一战线来广泛团结意识形态不同、生活方式不同的人们，同心同德，携手奋进，一起谱写振兴中华的新篇章。

以上几条，是新时期统一战线的基本社会职能，也是有中国特色社会主义事业赋予统一战线的光荣使命。在新形势下，统一战线仍然是我们党的一大法宝，其范围不是缩小了，而是扩大了；对象不是减少了，而是增多了；任务不是减轻了，而是加重了。一句话，统一战线不是可有可无，而是比过去任何时候都更加重要。

三

在长期的统一战线工作实践中，我们党形成了优良的传统，积累了丰富的经验。党的十一届三中全会以来，统一战线工作在邓小平同志建设有中国特色社会主义的理论指导下，继承传统，积极探索，又创造了一些适应新时期要求的重要原则和方式方法。认真总结这些经验，对于做好新形势下的统战工作，具有十分重要的意义。

第一，坚持平等相待，充分尊重统一战线中各党派、各民族、各团体及其广大成员。统一战线是各种社会政治力量在共同目标基础上的自愿联合。统一战线中各方面成员，尽管人数有多寡，历史有长短，但都代表和联系着各自的群众，各有自己的社会历史作用，都享有在宪法范围内的组织独立、政治自由和地位平等，都应该受到尊重。共产党处于领导地位，这种领导主要靠正确的政治主张和自身的模范行动去实现，而不是唯我独尊，盛气凌人，强制人家服从；更不是干涉、包办、代替其他党派、团体的内部事务。只有坚持平等的原则，才能真正互相尊重，实现真诚团结，共同前进。

第二，坚持民主协商，在协商过程中加强党的领导。民主协商是实现党对统一战线领导的主要方式，是处理统一战线内部关系的重要原则，也是统一战线开展工作和活动的主要方法。通过民主协商，完善党的方针政策；通过民主协商，宣传贯彻党的方针政策；通过民主协商，加强和改善党对统一战线的领导。民主协商的要旨在于决策前的充分协商和讨论。民主协商的特点是，尊重各方，照顾少数。在协商前，要认真做好准备工作，使参加协商的各方面人士全面了解有关情况，并有充分的时间进行考虑和酝酿。在协商中，要从善如流，凡是能够采纳的意见都要采纳，不能采纳的要说明情况和原因。

第三，坚持求同存异，正确对待统一战线中的各种差异和分歧。统一战线是同和异的矛盾统一体。有同无异，就没有必要建立统一战线；有异无同，就建立不起统一战线。求同存异，才能建立和发展统一战线。我们既要善于求同，又要正确对待异。统一战线中，有各种不同性质的异，要具体分析，区别对待。有的异无关宏旨，无碍大局，可以存而不论。有的异，其是非长短还有待反复比较和实践检验，可以长期讨论。有的异对改进工作、减少失误大有好处，与其说允许存在，毋宁说应当欢迎。有的异涉及重大是非、重大原则问题，要旗帜鲜明地坚持正确的立场，做好思想引导工作。对严重危害国家利益和社会稳定的错误行为，决不能迁就、妥协和退让，要进行必要的斗争。

第四，坚持自我教育，不断提高统一战线成员的思想素质。统一战线中的思想教育工作，有着光荣的传统，也曾受到“左”的严重影响，应该认真总结经验和教训。坚持“自己提出问题，自己分析问题，自己解决问题”和“不打棍子，不扣帽子，不抓辫子”的方针，是搞好统一战线思想教育的关键所在。在新形势下，要继续提倡“三自”、“三不”，通过学习与讨论、交流与恳谈、批评与自我批评，不断深化自我教育。要提倡统一战线广大成员认真学习政治理论，学习方针政策，提高自身素质，增强参政议政的能力。

第五，坚持真诚服务，切实帮助党外人士解决实际问题。在实际生活中，民主党派和党外人士确有许多困难需要我们帮助解决。我们是执政党，是领导部门或工作机关，许多问题解决起来比他们容易。统一战线工作的一个重要内容，就是为党外人士搞好服务。这是我们党全心全意为人民服务的宗旨在统一战线中的具体体现，是统一战线历来的方针，也是新形势下统一战线增强凝聚力和感召力的重要途径。办实事是统战工作的方法，办实事就是工作。我们要进一步树立服务观念，尽心竭力地为党外人士解决实际问题，努力为他们排忧解难，为他们施展才华、发表意见创造条件。

第六，坚持广交朋友，注重做好党外代表人物工作。善于交党外朋友，通过社会各界代表人士扩大影响，开展工作，这是统战工作行之有效的一条基本经验。要广交党外朋友，对不同资历、不同职业、不同年龄、不同性格的党外人士，都要满腔热情，建立起友谊。要深交党外朋友，平等待人，坦诚相见，持之以恒，做到肝胆相照，荣辱与共。广交深交党外朋友，心要热，腿要勤，言必信，行必果，以自己的道德风范赢得党外朋友的信任。要确定范围，建立名单，分工负责，形成制度。

第七，坚持群众路线，依靠社会各方面力量做好统战工作。随着社会主义市场经济体制的建立和完善，统战工作范围不断扩大，成员、任务和工作内容也发生了新的变化。必须改变统战系统的封闭状况，进一步克服行政化倾向。必须依靠党的各级组织和广大党员，依靠行政、经济等有关部门，依靠各人民团体和社会组织，依靠机关、企业、学校、乡镇、街道等单位，共同开展工作。必须把统一战线工作融于改革开放之中，使统战工作同各项实际工作有机结合起来。

第八，坚持抓紧抓细，把各项统战工作落到实处。统战工作的大政方针是由中央统一制定的，各地的任务主要是结合本地实际情况，狠抓方针政策的落实。我们工作的成效如何，常常取决于这种落实的情况。统战工作有许多事务性工作，政策性、时间性很强，必须抓紧、抓细、抓具体。粗枝大叶，往往会出现纰漏，造成严重的后果。统战部门工作涉及面宽，任务繁重，必须实行分工负责制。什么工作由什么人去做，什么时间做到什么程度，都必须明确具体，件件有着落。

四

加强党对统一战线工作的领导，是我们党的优良传统，是充分发挥统一战线作用的根本保证。要在各级党委的领导下，通过多方面的工作，努力形成全党重视统战工作的局面。

第一，要把统战工作列入重要议事日程。各级党委要从战略高度充分认识新形势下统一战线工作的重要地位和作用，纠正把统战工作和经济工作割裂开来的片面认识，克服把统战工作看作是软任务、可有可无的错误观点。要把有没有统战观念，懂不懂统战政策，会不会做统战工作，作为衡量主要领导干部政治素养、工作水平的一个重要标准。党委每年要认真讨论几次统战工作，及时研究解决一些重大问题。分管统战工作的领导同志，要同统战部门保持密切联系，深入实际，指导工作。党政主要领导要亲自做统战工作，深交一些党外朋友。要充分发挥大众传播媒介和党校、社会主义学院等院校的作用，在全党和全社会广泛深入地进行统一战线理论、方针、政策的宣传教育。

第二，要切实注意统一战线有关部门的分工协作。统一战线工作包括着党派工作、党外知识分子工作、民族工作、宗教工作、非公有制经济代表人士工作、台港澳及海外侨胞工作等，涉及到政治、经济、文化和社会生活各个领域，分布在各个地区、部门和单位。面宽线长既是它的特点，又是它的难点。这就决定了开展统战工作，必须加强党委的统一领导，加强各部门之间的分工协作。对重大问题，党委和政府领导要出面协调。对交叉性任务，各有关部门要注意及时互通情况，交流看法，协同动作。要保持政策口径的一致性，避免政出多门、各行其是或扯皮推诿的现象。近年来一些地方设立统战工作领导小组或联席会议，由党委主要负责同志主持，吸收有关部门参加，指导和协调本地区的统战工作，实际效果很好，可以总结推广。各级党委统战部，是帮助党委了解情况、掌握政策、协调关系、安排人事的职能部门，要充分发挥作用，主动同各有关部门密切合作。

第三，要认真研究统一战线工作面临的新情况和新问题。新时期的统一战线工作既不同于战争年代，也不同于建国初期，更不同于后来“左”的思想泛滥的时候，出现了许多新变化。我们要重视继承和发扬统战工作的优良传统，更要注重探索新形势下统战工作面临的新问题。要重视已有方针政策的贯彻执行，更要根据实践的发展，对这些方针政策进行调整和完善。要着力研究总结用邓小平同志统一战线理论指导实际工作形成的新经验、新成果。要着力研究统一战线工作如何适应建立社会主义市场经济体制的新形势、新要求。调查研究要塌下心来，深入实际，深入群众，不能浅尝辄止。要解放思想，实事求是，大胆创新，不能囿于固有的思维方式。要集中时间，集中精力，力争在重点、难点问题上有新突破。各级党委要加强对调查研究的指导，统战部门的负责同志要亲自动手，力争每年形成一两篇有分量的调研报告。

第四，要努力搞好统一战线工作部门和队伍的建设。统一战线工作部门的机构改革，要服从党和国家机构改革的总体部署和要求，又要有利于加强统一战线工作。从目前各地机构改革试点工作的情况看，县级统战部一般应保留，高等院校和企事业单位也应该视统战任务的情况设立统一战线工作机构或明确专人负责。中央关于各级统战部长应担任同级政协领导职务，地方各级统战部长的任命、调动要征求上级统战部意见等规定，要认真贯彻执行。要挑选一批德才兼备、年富力强的同志担任统战部门的领导干部，并保持相对稳定。广大统一战线工作干部要认真学习邓小平同志有关统一战线的理论，学习社会主义市场经济知识，不断提高思想素质和业务水平，以适应新时期统战工作的需要。

同志们，邓小平同志视察南方发表重要谈话和十四大召开之后，广大统战干部在以江泽民同志为核心的党中央领导下，解放思想，积极开拓，埋头苦干，努力工作，取得了很大成绩。在此，我代表党中央向在统一战线部门工作的同志们表示敬意和问候！希望同志们坚定信心，再接再厉，团结一致，继续奋斗，不断取得统战工作的新成就，为建设有中国特色社会主义作出更大贡献。

当代中国人民的最大共识*

（1994 年 1 月 22 日）

这次民主党派、工商联、无党派人士领导干部理论研讨班，办得很成功。同志们在十多天的紧张学习中，全面了解了《邓小平文选》第三卷的基本内容，紧密联系实际，认真研究问题，加深了对建设有中国特色社会主义理论的理解。胡锦涛同志和雷洁琼同志在开学典礼上作了重要讲话，朱镕基同志就当前经济工作作了重要报告。听了大家的发言，我很受启发，借此机会也谈一点学习体会，和同志们一起研讨交流。

一

建设有中国特色的社会主义是当代中国人民的最大共识。

共识是团结统一的基础，是共同奋斗的目标，是规范行为的准则。因此，一个国家，一个地区，一个社会，一个时代，一般都非常重视取得广泛共识的问题。共识不是一成不变的，不同的时期，不同的历史条件，人们有着不同的共识。抗日战争时期，中华民族到了最危险的时候，“工农兵学商，一起来救亡”，抗日

---

* 这是李瑞环同志在民主党派、工商联、无党派人士领导干部理论研讨班结业时的讲话。

救国成为全国人民的共识。解放战争时期，国民党反动派卖国独裁打内战，人民大众奋起反抗，“打倒蒋介石，解放全中国”成为全国人民的共识。历史的经验说明，人们思想的统一，行动的一致，力量的凝聚，各方面积极因素的调动，都需要以取得共识为前提。共识形成之日，就是人民事业胜利推进之时。在我国改革开放和现代化建设的新时期，中国人民的最大共识是什么？就是邓小平同志倡导的建设有中国特色的社会主义。

当代中国人民取得这样一个共识是不容易的。建国初期，我们缺少建设社会主义的经验，在帝国主义长期孤立和封锁我们的条件下，只能以苏联为师。这样做确实起到过积极的作用，但这种体制存在着弊端，而且随着世界经济、科技的迅速发展，变得愈来愈不适应，最大的问题是生产力发展不快，人民生活改善不多。在毛泽东同志领导下，我们对中国建设社会主义的道路进行过独立的、规模空前的试验和探索，取得了伟大成就，但同时也走了不少弯路，出现了“左”的错误，特别是像“文化大革命”那样的错误，使国民经济一度濒临崩溃的边缘。邓小平同志作为中国共产党第一代中央领导集体的重要成员和第二代中央领导集体的核心，凭借他的丰富经验、卓越智慧、过人胆略和历史地位，把马克思主义的基本原理同中国实际和当今时代发展的新情况相结合，正确总结历史的经验，吸取人民群众的创造，经过拨乱反正和全面改革，提出了建设有中国特色社会主义的理论。十多年来，尽管在前进中遇到许多困难，国际上风云变幻，但中国人民按照这个理论奋勇向前，使中国的面貌发生了巨大变化，国民经济持续高速增长，人民生活显著改善，综合国力日益增强，国际地位不断提高，国家统一大业稳步前进。这一切有目共睹，举世公认，中国人民身受其惠，有着深刻的体会。建设有中国特色的社会主义成为中国人民的最大共识，乃是历史的必然。

统一战线是同和异的统一体。有同无异，就没有必要建立统一战线；有异无同，就建立不起统一战线；求同存异，才能建立和发展统一战线。同，有大有小，有主有次，而在当今中国人民中间，最大、最重要的同，就是建设有中国特色的社会主义。这个同也就是共识。只有承认和坚持这个共识，统一战线才有灵魂，才可能不断巩固和扩大。坚持这个共识可以“警惕右”，右是否定社会主义，背离社会主义方向；坚持这个共识也可以“防止‘左’”，“左”是否定中国特色，不看时代发展，固守关于社会主义的某些过了时乃至严重扭曲了的观念。只有深刻领会、正确理解建设有中国特色社会主义的内涵与要义，才能不断增强恪守这个共识的坚定性，才能在这个最大共识的基础上把统一战线事业搞得更好，把范围搞得更宽，把人团结得更多，把工作方式方法搞得更活，从而为振兴中华、统一祖国作出更大的贡献。

建设有中国特色的社会主义是一项史无前例的伟大事业，认识这一伟大事业的客观规律，解决好实践中不断遇到的新情况、新问题，必须有相当水平的理论修养。《邓小平文选》第三卷是邓小平同志建设有中国特色社会主义理论的集中体现，它全面、准确、生动地反映了邓小平同志对建设有中国特色社会主义事业中一系列重大问题的认识方法、思想观点及其形成脉络，是积极、正确、全面执行党的基本路线的最好教材和有力武器。学好这本书，不仅是中国共产党加强思想理论建设的根本措施，也是新形势下爱国统一战线开展自我教育、增进共识的重要途径。我理解，这就是举办《邓小平文选》第三卷研讨班，加强学习建设有中国特色社会主义理论的目的和意义。

二

邓小平同志关于新时期统一战线的理论是中国当代马克思主义的重要组成部分。

在我们党统一战线理论形成和发展的过程中，毛泽东同志以其特有的学识和才能，进行了深刻的研究和丰富的实践，作出了卓越的贡献，使统一战线发展到一个崭新的阶段，与武装斗争、党的建设并列为中国革命的三大法宝，在完成不同时期党的基本任务中发挥了巨大的作用。毛泽东同志提出的一些观点，如团结一切可以团结的力量，调动一切积极因素，努力化消极因素为积极因素；坚持共产党对统一战线的领导，尊重和照顾同盟者的利益；共产党与民主党派长期共存、互相监督，共产党员必须与党外人士合作共事；等等，至今仍然闪耀着真理的光辉，具有重要的现实指导意义。遗憾的是，由于种种原因，毛泽东同志未能将他的正确理论观点贯彻始终，50年代中期以后，尤其是在他的晚年，坚持“以阶级斗争为纲”，一大批党外朋友受到了伤害，统一战线工作像党的其他事业一样遭到了严重的破坏，留下了深刻的教训。

中共十一届三中全会以后，邓小平同志领导我们党进行拨乱反正，实现了伟大的历史性转变。他确立了解放思想、实事求是的思想路线，纠正了在社会主义社会仍然“以阶级斗争为纲”的错误方针，完成了党和国家工作重点的战略转移，开辟了改革开放的伟大事业，阐明了我国还处在社会主义初级阶段的科学论断，作出了建立社会主义市场经济体制的决策，制定了政治体制改革必须与经济体制改革相适应和建设社会主义民主政治的目标，强调了坚持党的基本路线一百年不动摇，提出了关于社会主义本质的概括和“三个有利于”的标准，明确了以公有制为主体、多种经济成分共同发展的方针，阐述了科学技术是第一生产力和把科技、教育摆在发展战略的首位的观点，肯定了知识分子是工人阶级的一部分，创立了“和平统一、一国两制”的宏伟构想，等等。这一系列新思想、新论断、新概括，既是事关全局的大政方针，从总体上为我国的社会主义建设事业廓清了迷雾，指明了航向，同时所有这些论述，都与统一战线密切相关，构成了新时期统一战线的宏观背景，对于统一战线的性质、范围、对象、任务、作用及工作方式等各个方面，都产生了极其深远的影响。

适应新时期改革开放和现代化建设的形势和需要，邓小平同志还就统一战线工作提出了一系列具有时代特点的观点和方针政策，为我们党的统一战线理论宝库增添了全新的内容。比如关于新时期统一战线已经发展成为全体社会主义劳动者、拥护社会主义的爱国者和拥护祖国统一的爱国者的最广泛联盟的观点；关于统一战线的范围以宽为宜，宽有利，不是窄有利的观点；关于共产党领导的多党合作是我国政治制度的特点和优点，共产党在国家政治生活中处于领导和执政地位，更加需要听取、接受来自包括民主党派在内的各个方面的批评和监督的观点；关于人民政协是巩固和扩大我国爱国统一战线的重要组织，也是我国政治体制中发扬社会主义民主的重要形式的观点；等等。

总之，邓小平同志坚持了毛泽东同志关于统一战线的正确观点，完善了不够完备的地方，落实了尚未做到的事情，纠正了某些错误的提法和做法，并根据新的情况，提出了一系列毛泽东同志没有提出过的观点。邓小平同志关于新时期统一战线的论述，是建设有中国特色社会主义理论的重要组成部分，是马克思列宁主义、毛泽东思想关于统一战线的基本原理与当代中国实际相结合的伟大创造，对于我们做好新时期的统一战线工作，发展、完善共产党领导的多党合作和政治协商制度，具有极为重要的指导意义。我们要认真学习建设有中国特色社会主义的理论，加深对邓小平同志新时期统一战线理论的理解，提高做好统战工作的水平，充分发挥统一战线在改革开放、现代化建设和统一祖国大业中的重要作用。

三

学习建设有中国特色社会主义的理论，必须注重研究新问题、总结新经验。

能不能坚持理论联系实际，不仅是一个学习方法问题，同时也是一个学习目的问题、学习态度问题、检验学习成绩大小的标准问题。我们学习这一理论，不是为了挂在嘴上说、摆个样子看，而是为了掌握这一锐利武器，解决改革开放和现代化建设中的实际问题。实践证明，只有坚持理论联系实际，才能引起学习兴趣，才能钻得进去，也才能长期坚持学习。大家这次离开本职工作集中一段时间读《邓小平文选》第三卷，是很必要的，但这样的机会毕竟不多，更多的是在日常工作过程中学习。大家工作都很忙，但只要坚持在实践中学习，使学习的过程同研究解决思想认识和工作中的实际问题有机结合起来，就能使学习有明确的目标，工作得到有力的推动，也就能解决学习与工作在时间上的矛盾问题。

强调理论联系实际，不是不重视读书。不读书，没有理论知识，尽管海阔天空讲实际，也不能算是理论联系实际。读书必须认真、刻苦，做到真正读懂弄通。但读书一定要精，要学管用的，要学以致用。我们过去开展学习马克思主义理论的活动，有些人把很多时间用在掉书袋、抠字眼上，常常为几个字争来争去，没完没了，这种脱离实际的学风害了不少人，误了不少事。这是我们在理论学习中必须注意克服的。领导干部学习马克思主义理论，当前首先要学邓小平同志的著作。邓小平同志的理论最大的特点就是有很强的现实针对性。他的文章大多是着眼于研究、解决一个时期、一个方面的突出的现实问题。邓小平同志的著作，深入浅出，通俗易懂，但其中包容了极其深刻的具有普遍意义的真理。要真正弄懂弄通邓小平同志的理论，并不简单。我们必须下大功夫，力求把握其精神实质。

在理论指导下，研究新情况、总结新经验，是当前工作的急迫需要，也是理论联系实际的一个很重要的途径。总结的过程就是把感性材料改造制作、上升为理性认识的过程。不掌握理论，没有加工的工具，就没有办法加工；同样，如果不了解实际，没有感性材料，或材料不全不准，也没办法加工。当前，我们正在努力建立社会主义市场经济体制，这是一个庞大的社会系统工程，要求对我国现有的经济结构进行深刻的改造，要求对传统的利益格局进行广泛的调整，要求对上层建筑的不适应部分进行必要的革新。在这个过程中亟待解决的问题很多，其中既有理论问题，也有实际工作问题。有的问题，在过去的条件下看似解决了，而在新的条件下又重新冒出来了；有的问题，在书本上看似解决了，而在实践中却显得脱节；有的问题，一般说说似乎已不成其为问题，而深究起来道理却未必成立。这就要求我们以建设有中国特色社会主义理论为指导，进行深入研究和总结。从一定意义上说，建立社会主义市场经济体制的过程，就是一个学习——实践——总结、再学习——再实践——再总结的过程。这个过程就是理论与实践相结合、使认识不断深化、经验逐步完善、工作日益自觉的过程，同时也是建设有中国特色社会主义理论不断丰富和发展的过程。我们统一战线也面临同样的任务，有许多新的问题需要研究和总结，比如，在建立社会主义市场经济体制的过程中，共产党领导的多党合作和政治协商究竟怎么搞才更有成效，在中国民主政治建设中，人民政协的特点和优点究竟怎么才能更好地发挥，等等。过去共产党和各民主党派互相配合、共同努力，使各个时期统一战线理论与实践不断丰富、发展。今后，我们要继承和发扬这个好传统，创造、总结更多的新经验，共同开创统一战线工作的新局面。

抓紧　精心　团结　务实*

（1995 年 3 月 13 日）

今天，我和几位副主席主要是来看望大家，同时听听大家的意见，没有准备讲更多的话。因为一般性的话你们可能听得很多了，而讲特殊的、具体的话需要与有关部门研究。对会上大家所提的意见，我们将认真进行整理，有些全国政协自己可以办理，有些则要交有关部门加以解决，有些要向中央汇报。总之，我们将负责地、严肃地对待大家所提出的意见。

刚才，曹其真委员说，中央注意香港比较多，谈澳门比较少。我认为这不是因为澳门没闹事，所以谈得少，而是因为澳门毕竟比香港晚回归两年，事情总是有个先后主次。

最近一个时期，同一些香港朋友见面，发现他们对 1997 年之后的香港比较关心、担心或者叫忧虑。他们希望我给他们一个放心的说法。我只能说问题不大，但我不能给你们打保票，说你们不用担心。当然我也不能说你们应该担点心。话不可以这样说。我认为大家对香港 1997 年之后表示关注，是正常的现象，是可以理解的情绪。我曾经和有些朋友讲，五年之前或者更早些，许多人可能很难相信广东能发展到今天这么个程度，中国能实行现在这样的改革开放政策。现在，问题当然也还不少，但

---

* 这是李瑞环同志同港澳地区全国政协委员座谈时的讲话。

是，对改革将继续深入、开放要更加扩大，已经不再有人怀疑了。1997年后中央是否将坚持“一国两制”、“港人治港”不变，香港人是否能充分利用香港的条件来为祖国的改革开放事业服务，历史终将作出回答。许多事情，提前的宣传解释当然很重要，但有的时候宣传解释多了，反而效果不好。正如广告做得多的厂家，常常让人怀疑生意做得不好。生意好不用做那么多广告。

今天，距离对香港恢复行使主权还有841天。如何看待香港回归，以及回归之后如何保持它的稳定和繁荣，确实是一个值得关心、重视的大问题，对此我想谈点看法。有些话听起来可能觉得很抽象，但我认为很重要。

第一，收回香港，是彪炳史册的大事。大家知道，我们祖国遭受帝国主义列强欺凌并逐步沦为半殖民地半封建社会，是从1840年英国对中国发动鸦片战争、强迫清政府签订《南京条约》、割让香港开始的。从那时起，帝国主义列强竞相效尤，一次又一次以武力侵略中国，杀我人民，掠我财富，霸我土地，在中国划分势力范围。割让香港作为中国走向衰落、中国人民蒙受耻辱的开端，成为一代又一代中国人一块沉重的、无时或释的心病。也是从那时起，中国人民就开始了反抗帝国主义侵略和压迫的英勇斗争。百余年来，无数志士仁人为实现祖国统一和民族振兴，前仆后继，流血牺牲。包括林则徐、洪秀全、康有为、孙中山在内的伟大的爱国先行者们，都为此作出在他们所处时代所能作出的最大努力。中国人民在斗争中所付出的生命以千万计，其代价之惨重世所罕见，其精神之壮烈惊天地而泣鬼神。戊戌变法失败后，许多人劝谭嗣同出国避难，他说：“各国变法，无不从流血而成。今中国未闻有因变法而流血者，此国之所以不昌也。有之，请自嗣同始。”正是由于这种“砍头不要紧，只要主义真”

的精神，由于先辈们艰苦卓绝的斗争，由于新中国的建立，国家各方面实力的增强，终于将由我们这一代人完成收回香港的伟业。这在中国历史上是非常重要的一件大事，在整个世界史上也有相当重要的意义。收回香港，我们就可以一雪祖先遗恨，告慰先烈英灵，并将历史的教训昭示子孙后代：中国必须强盛，否则就会受人欺侮，就没有它在世界上的位置！所以，香港的割让与回归，其意义绝不局限于一时一地一部分人，而是关乎中国 150 余年近现代史的兴衰，关乎 12 亿中国人民乃至全世界华人的荣辱。收回香港是一个重大的历史转折，是一项异常复杂的系统工程，许多事情我们未曾经历，许多工作我们还没有经验，因此，难免会有些不妥善、不周到，也难免会有些人不习惯、不适应乃至付出一点代价、吃一点亏。但是，只要我们想到香港从此摆脱受英国殖民统治的屈辱地位而回到祖国的怀抱，想到香港人从此不再是寄人篱下的“二等公民”而成为自己国家的主人，那么就会由此而产生无限的欣慰和无比的自豪，就会感到心理平衡，就应该而且能够正确看待、积极处理过渡期的各种矛盾和问题，自觉地肩负起历史和民族所赋予我们的重大使命。

第二，管好香港，事关中华民族的形象。在收回香港之后，如何继续保持它在世界经济贸易中的重要地位，并使它更加繁荣兴旺，在我国对外开放中发挥更大作用，这不仅是香港同胞关心的问题，也是全国人民普遍关心的问题。这个问题回答得好不好，不仅关系到香港本身的利益，关系到我国的改革开放和经济发展，而且关系到世界对我们这个民族的能力的评价。所以，收回香港是一件大事，管好香港同样也是一件大事。毋庸讳言，一些人正以怀疑的眼光等着看我们能拿出什么样的答卷。当然，他们的出发点不尽相同，有的是希望我们能把香港的事办好，有的则是想看我们的笑话并预言中国人管不好香港。所以，每一个中国人都必须十分严肃认真地对待这个问题，必须以对祖国、对民族、对历史高度负责的精神，下决心，下力量，实现香港的长期稳定与繁荣，从而再一次向世界展示中华民族的智慧和才能。我觉得，我们应该有这样的信心。邓小平同志曾指出："要相信香港的中国人能治理好香港。不相信中国人有能力管好香港，这是老殖民主义遗留下来的思想状态。"事实上，香港现有的繁荣，就主要是以中国人为主体的香港人干出来的，是香港同胞勤奋创造的结果。如果说这是英国人治理的结果，那么为什么英国人在其本土却反而搞得并不怎么样，经济上不景气，在欧洲的地位越来越下降？历史将证明，掌握了自己命运的香港人，一定能够在这块土地上创造出新的经济奇迹。

第三，实现香港的长期稳定和繁荣，需要付出极大的努力。真正把香港管好，并不简单，决不是喊喊口号就可以解决的。香港那么小的地方，能在世界经济贸易中发挥那么大的作用，占有那么重要的地位，有那么多的世界第一，其原因是什么？对此，许多人不十分清楚。有些人自以为清楚，实际上并不清楚。按照哲学原理，感觉到了的东西不能立刻理解它，理解了的东西才能更深刻地感觉它。不理解就不自觉，不自觉就可能把从总体看、从长远看有益的东西，当成有害的东西而丢掉。有这样一个故事：宜兴有一种紫砂壶，用的时间长了，壶中就会长出茶山，据说长了茶山的壶不放茶叶也有茶味。有位老太太家中有这么一把用了几代上百年的老壶，她拿到市场上去卖，要价五钱银子。一位买主很懂行，一看里边是茶山，知道这是难得的好东西，愿出价三两，并说一会来拿。老太太心想，这么一把旧茶壶给这么多钱，里边这么脏实在不好意思，于是就把茶山给刮净了。一会儿，买主来拿壶，一看茶山没有了，掉头就走，说就是五钱也不要了。这个故事说明一个道理，当你不理解、不自觉的时候，就很难把好的东西坚持下去，也很难保证你丢弃的就一定是坏的东西。香港人管香港，既是个大事，又是个新事、难事。首先要有信心，没有信心一切无从谈起，但只有信心还不够，还要有办法，没有办法，缺少实招，信心就是空的。现在离香港回归已经不远，事情很多，时间有限。我觉得，所有关心香港繁荣稳定的人，所有关心祖国发展进步的人，所有关心中华民族形象的人，都应该高度地重视起来，紧急地行动起来，为搞好香港而努力。

如何搞好香港工作，具体的意见我谈不出多少，有些原则性意见我看是应该肯定的。第一，要抓紧。如果干别的事情，两年可能是很长的时间，而对香港恢复行使主权这样的大事来说，时间很短，不可懈怠。第二，要精心。对各方面工作都不能一般性地、抽象地对待，而要精心细致地研究。对任何事情都要详细地想，都要具体、深入地做，都要对过程中可能发生的问题想全、想细、想到底、想到万一，以求尽可能地减少意外。第三，要团结。我们中华民族不能说不团结，但确实也吃过不少不团结的亏。过去有人说我们是一盘散沙，至今也有人说中国人在一起合不来。美国人说，在研究所等高科技单位来一个日本人甭担心，他没多少招；来一个中国人就要小心，因为中国人聪明，他会把技术学走。如果来两个日本人就要小心，因为他们合起来就有力量；来两个中国人，就不用怕，因为他俩准会打架。如果来三个中国人，你就更不用管，他们自己就折腾起来了。这当然有讽刺和挖苦之意，但我们自己是是非非，张家长、李家短，不团结的事确实太多了。现实中还有这种情况：两人闹不团结不是因为你做错了，而是因为你做对了；不是因为你太穷了，而是因为你太富了；不是因为你太笨了，而是因为你太能了。对香港恢复行使主权的整个过程，是对中国人的团结，包括香港人的团结、内地人与香港人的团结的考验。在这样重大的历史关头，我们应该更好地团结起来。中国人倒霉的时候容易团结，打胜仗以后常常不团结，我们一定要牢记历史的教训。我的这些话总起来说，就是要“抓紧再抓紧，精心再精心，团结再团结，务实再务实”。

全国政协在国内享有很高的地位和威望，我们的政协委员在12亿人民中很受尊重。在收回香港、管好香港的进程中，我们应尽到自己的义务，做好自己应做的工作。我们来看历史，虽然它是不以人的意志为转移而遵循自身规律向前发展的，但一个重要人物，一个重要事件，对历史的进程往往产生很大的影响，起到加速或延缓的作用。比如在日本帝国主义侵华、中华民族面临生死存亡的重要历史关头，有了张学良，有了西安事变，才有了国共合作，才有了抗日战争的胜利和以后的一系列历史变化。所以，大家至今都很尊重、怀念张学良。过去，我们的委员为香港的稳定繁荣做了很多工作，对祖国的改革开放事业也作出了很大贡献，希望在香港回归这个重要历史时刻，每一个政协委员都有很好的表现，都能更加尽心竭力，团结一致，为对香港恢复行使主权、为实施“一国两制”和香港的稳定繁荣作出更大的成绩。

重视华侨的作用　支持华侨的发展*

（1997 年 11 月 19 日）

我能有机会参加第九届国际潮团联谊年会，与在座的很多老朋友见面，感到非常高兴。刚才几位先生作了很好的发言，抒发了爱国爱乡之情，对潮汕乃至国家的建设提出了许多重要的意见，对我们的工作也提出了许多希望和要求。在这里，我和谢非[①]同志代表中央，对大家从世界各地来汕头出席这次年会表示欢迎，对大家关心、支持家乡的建设表示感谢。大家所提出的意见、建议和要求，包括各种具体要求，我们将认真研究，最大限度地采纳。

从今天座谈的发言来看，大家对汕头这几年的建设是满意的。我今天也很感慨。这些年我来过汕头三次。1992 年 3 月来过一次，当时看完以后，给我的印象不是很好。看来看去，就是一些这是谁捐的、那是谁捐的公益项目，没什么大的建设。比如说最基本的一条，电就没有保障，码头没建，路和交通也不好。我接见市委的领导同志时，发表了比较尖锐的意见。你们这里也是特区嘛，饭店不行，外商来了没地方住，你叫人家艰苦奋斗吗？人家不来也可以嘛。电不保证，什么时候能够生产都不知

---

* 这是李瑞环同志在会见第九届国际潮团联谊年会海外知名人士时的讲话。

① 当时任中共中央政治局委员、中共广东省委书记。

道，怎么搞加工订货？尤其是没有深水码头，运输的成本必然增高，怎么招商？看了深圳，看了珠海，再看汕头，觉得汕头的条件好，但发展得不快。第二次来是 1995 年 2 月，我以前说过的几件事情都开始施工了，大桥啊、码头啊、路啊，都在动了，给我印象是有了些希望。昨天我下飞机走的这一路，虽然不长，但可以看出汕头发生了很大的变化，看了以后非常高兴。我想海外的潮汕人，“少小离家老大回”，心情也一定会很激动。很多项目我还没有看，明天上午准备看一看。我认为，汕头理所当然地应该搞得好一点，应该走在全国其他城市包括深圳、珠海的前面。与深圳、珠海相比，汕头当然不具有临近香港、澳门的条件，但汕头有许多特殊的、独有的条件。最重要的一条，中国有 3000 万华侨在海外，其中汕头就有 1000 万。也就是说，我们国家华侨里边有三分之一是从汕头出去的。要研究华侨的工作，汕头很有代表性。汕头的建设有这么强大的外部支援力量，理所当然可以搞得更好。

在我们的华侨华人身上，具有不少可贵的精神。给我印象最深的是四种精神：一是吃苦耐劳的精神，许多人当初离开家乡时一贫如洗、一无所有，通过艰苦奋斗、不懈努力，一步步走出困境，成就了自己的事业，赢得了当地政府和人民的尊敬。二是合群随众的精神，“入乡随俗”，遵守所在国的法律，尊重当地民风习俗，与当地民众友好相待、和睦相处，并逐步把自己融入主流社会。三是团结互助的精神，华侨华人社团充分体现了这一精神。俗话说“老乡见老乡，两眼泪汪汪”，华侨华人无论走到哪里，都十分珍惜乡情乡谊，彼此间互相关心，互相爱护，互相支持，互相帮助。四是恋祖爱乡的精神，时时眷恋着祖国，关心祖国的经济、政治、社会发展情况以及亲人们的生活状况，以自己能够给父老乡亲作贡献为荣耀，以本民族灿烂悠久的历史文化为自豪。这些精神是中华民族优良传统和美德的体现，是中华民族形象和智慧的展示，应当大力弘扬。

邓小平同志曾讲过，中国的发展可以很快，中国应该乐观地看前途，其中一个条件，就是世界上有5000万华侨华人，这是我们一个很大的优势。当时邓小平同志讲的5000万可能也包括了尚未统一的港澳台在内，是一个大体的算法。我担任全国政协主席后，邓小平同志也讲过，我们用中华民族和大中华这个概念把大家联系起来的工作做得差，我们有些人的人缘差，使一些华侨华人无法体会到家乡感和亲切感。这就是说，在邓小平同志的头脑中，讲中国未来发展的有利条件，就包含华侨华人这支力量。改革开放十几年来的实践证明，华侨华人不仅在潮汕，也不仅在广东，而且在整个国家的现代化建设中起了非常重要的作用。我们讲利用外资，属于海外华侨华人的投资占一半以上。我们讲对外贸易，通过香港转口的商品占一半多，前几年高达70%。我们讲中国现在比较成功的企业，有相当多的是我们海外华侨华人投资兴办的。比如，我们这些年来吃肉的问题解决得比较好，养猪、养鸡的饲料成本降得很低，据我所知，谢国民先生在这一行业的发展中就起了非常大的带动作用。与此同时，应该看到，现在我们还没有充分发挥华侨华人这支力量的作用，或者说在华侨华人工作方面，我们注意得还不够，存在许多不足。比如说，我们自己的同胞在内地经营了很长时间的事业，后来外国人进来了，我们跟外国人谈来谈去，就把同胞扔到一边去了。我们必须有意识地通过海外同胞发展壮大我们的国家，与此同时，通过壮大我们的国家，又使我们的海外同胞得以壮大。也就是说，在我们希望和要求海外同胞支持家乡建设的时候，也应该研究如何使他们在支持国家建设过程中，自己也发展起来。必须看到海外同胞的发展也是中华民族的发展，是中华民族在不同的地方、不同的方面的贮存、积蓄。这个方面工作的研究，我们还欠缺，自觉性还不够高，今后应该有意识地加强。

最近一段时间，大家普遍关注的一件事就是东南亚的金融危机。谢国民先生刚才讲了，泰国闹得很惨，现在货币大概贬值40%，有的说已经到了底，有的说还要贬。有人说三五年可以恢复过来，也有人看得悲观一点，说时间还要长。马来西亚的领导人讲他们需要七八年时间才能恢复。我来汕头之前会见了印尼的领导人，他们也说短期内很难恢复过来。韩国前几天顶着，这两天也顶不住了。香港这一段时间也冲击得很厉害，有人说损失了10000亿港币，有人说还要多一点，12000亿，也有人说不到8000亿，总之也损失了一大块。现在看来风波还没有完全过去，事情到底会怎样发展，还有待观察，有些结论不宜下得过早。

我提这个问题，是表示对我们的同胞在金融风波中所受到的巨大损失的关心，表示慰问，同时也是想说，对这件事情我们应该有个清醒的认识，利用我们的智慧和力量渡过这个难关。我觉得在亚洲特别是在东南亚，华侨华人应该说是这场风波的最大受害者，同时也是最有能力来研究、对抗、阻止这个风波的一支重要力量。当然，我讲这个范围也包括中国。如果我们大家能团结起来，路子对头，就有可能减小损失；如果能从中汲取必要的教训，有些事情也未必都是坏事。

坦率地讲，一年多来，我跟若干人士包括霍英东先生，多次讲过香港有两件事情是随时可能出现问题的，一是股票，一是房地产。其理由很简单：过分地畸形，失去了本来的意义。股票一下涨那么多，完全脱离了企业的实绩，不正常。房地产也是，香港楼价是全世界最高的，干什么能赚那么多钱买这样的楼来住啊，靠印票子？反过来讲，如果楼价一直这样维持下去，人们的工资得有多高？香港还有什么竞争的能力？开全国政协会的时候，我跟香港的几个政协委员讲过，我是百思不得其解。假如香港股市和房地产市场能够这样支撑下去，而且还往高处发展，那么我的这套学问都是假的了。房地产价格适当地有一点下降，降到合适的程度，人们能够买得起，才存在这个市场。贵到谁都买不起，消费不出去，也就没有什么实际意义了。讲“泡沫经济”，最具典型的就是股票、房地产。这两样香港都在一定程度上存在。当然，我是从不幸中讲积极的一面。

有些事出来了会使人们脑袋清醒清醒，对今后的发展可能会有好处。相当一段时间以来，不少人在讲，未来的世界是亚洲的世界，21 世纪是中国的世纪，我们有不少人真的把它当成了现实。我一再讲，这话可信，也可不信。可信，是说可以鼓舞我们的士气；也可不信，是说我们还没有那个分量，不要听信人家给戴的高帽，就飘飘然起来。金融危机这一冲，才发现我们的问题很多，我们的力量还很小。台湾吹了半天，外汇储备才 800 亿美元，香港储备金加地产基金也才 800 亿美元吧。泰国大概 700 个亿。中国说这些年外汇储备很多，才 1000 个亿多一点。西方金融市场上流动的资金有多少？有人说有 40000 亿美元，数字到底有多大，很难说清楚。我们切不可被眼前的成绩所迷惑，应该清醒一下，真正认识到自己的家底还很薄，认识到我们在科学技术上，在若干重要领域里并没有达到世界领先的水平，没有起到主导的作用，认识到我们要真正站在世界的前列，还得经过长期的艰苦的奋斗。我们应该记住邓小平同志的话：“资本主义发展几百年了，我们干社会主义才多长时间！何况我们自己还耽误了二十年。如果从建国起，用一百年时间把我国建设成中等水平的发达国家，那就很了不起！”所以，当前这种复杂的局面，这种遭受挫折的形势，可以起到清凉剂的作用，使我们冷静下来，脚踏实地、扎扎实实往前走。目前中国的人民币不是可以完全自由兑换的货币，有那么一道墙挡着；这些年经济持续增长，总的形势比较好；经过治理整顿，经济过热问题在一定程度上得到解决，实现了软着陆；加上中央政府的宏观调控能力比较强，所以中国看来还不至于出大的问题。中国能够稳定，不出大错，对东南亚的影响特别是对我们华侨华人的影响会是很大的。现在亚洲各国都在努力寻找克服经济困难的办法，总结和汲取经验教训。我对未来的形势有担心的一面，但总体上讲，中国是可以稳定地、稳步地、稳妥地渡过这个关口的。

各位过去对汕头家乡的建设出过很多的力，出过很多的主意，希望你们一如既往地关心家乡。乡土观念无可非议，我家乡在天津郊区，现在，那里很少有我认识的老人了，但我每年都回去一趟，村里的人都站到街上来，我作个揖，说给各位比我岁数大的人拜年了。有的人不理解，说没有多少认识的人了，你去给谁拜年啊。我说总是想看看村里怎么样了嘛。我体会，年岁越大这种观念越明显，过去的事反而更清楚了。乡土观念比较重，这可能是中国人的一个特点，也是一个优点，对海外同胞来说，没有乡土观念就很难谈祖国观念。也希望你们在关心家乡的同时，对我们的国家有什么意见，有什么建议，尽管提。大家团结起来，把我们这个民族的优势、智慧和力量展现出来。

塌下心来研究问题*

（1998 年 2 月 13 日）

我们这次会议的主要任务，是学习贯彻党的十五大精神，研究统一战线工作如何高举邓小平理论伟大旗帜，适应新形势，开创新局面。关于去年统战工作的总结和今年的安排，王兆国同志已经作了系统的讲话，我都同意。刚才江总书记在接见大家时又作了重要讲话，我们要很好地领会。我没有什么新话可讲。听了几位同志的发言，很受启发，有感而发地讲点意见。

当前，统一战线的形势很好。从 1992 年邓小平同志南方谈话和党的十四大到去年的十五大，这五年对于我们党和国家来说，对于统一战线工作来说，都是非常重要而又极不平凡的五年。五年来，在邓小平理论特别是邓小平新时期统一战线理论的指引下，在以江泽民同志为核心的党中央领导下，中央统战部和各级党委统战部围绕经济建设这个中心，服务党和国家的大局，切切实实地贯彻了中央的一系列方针政策，做了大量工作，发挥了重要作用，积累了宝贵经验。统一战线工作更加活跃，统一战线内部关系更加和谐。统战工作、统战部门受到社会各界特别是民主党派的赞扬。五年来，各级统战干部同心同德、扎实工作，为巩固和发展最广泛的爱国统一战线付出了大量的心血和汗水。

---

* 这是李瑞环同志同全国统战部长会议代表座谈时的讲话。

借这个机会，我代表党中央向统战系统的所有同志，向关心、重视和支持统战工作的各方面同志，表示崇高的敬意和亲切的问候！

一、把握统一战线大团结大联合的主题

邓小平同志说过，统一战线的对象，是把一切能够联合的都联合起来，统一战线的本质就是团结大多数。把各个方面的人尽可能多地团结、联合起来，为实现党的大目标而共同奋斗，是统一战线的主题。新民主主义革命时期，党的统一战线工作由于贯彻了这样一个主题，在不同历史阶段发挥了巨大作用，从而成为我们党的三大法宝之一。党的十一届三中全会以来，全党、全国实现了工作重点转移，统一战线的内部构成也发生了很大变化，但是大团结大联合这个主题没有变。统一战线为改革开放和经济建设服务，为社会主义民主和法制建设服务，为维护社会稳定服务，为和平统一祖国服务，主要都是通过促进大团结大联合去实现。衡量统战工作成绩的大小，主要也是看团结联合的工作搞得如何。

当前，全国各地区、各部门都在认真贯彻落实十五大精神。十五大是我们党的历史上一次非常重要、非常成功的代表大会。十五大高举邓小平理论伟大旗帜，为我们国家绘制出跨世纪宏伟蓝图，反映了全国人民的根本利益，得到了全国人民的衷心拥护。十五大提出的宏伟目标十分鼓舞人心。实现了这一目标，我们国家就会进步，经济就会发展，人民生活就会改善，国际地位也会提高。但与此同时我们也要看到，实现十五大提出的宏伟目标是一项长期、复杂、艰巨的任务。我们必须努力解决诸多长期积累、久攻不下的难题，在转换经济体制、转变增长方式方面取得根本性突破；我们必须尽快建立有效的社会调节机制，妥善处

理社会结构变化、利益格局调整带来的复杂社会矛盾；我们必须与经济体制改革相适应，稳步推进政治体制改革，把各种社会政治诉求纳入到社会主义民主和法制的轨道中来；我们还必须顶住国际上强权政治的压力和经济风险的冲击，争取一个有利于国内建设的外部环境。所有这些问题的解决，都必须依靠全国各族人民的大团结，其中包括依靠各党派、各团体、各族各界人士的大团结。统战工作贯彻十五大精神，就是要牢牢把握大团结大联合的主题，多做协调关系、理顺情绪的工作，多做团结鼓劲、凝聚人心的工作，多做排忧解难、化解矛盾的工作，团结的面越宽越好，团结的人越多越好，团结起来，为实现跨世纪宏伟目标共同奋斗。

统战部门像其他部门一样，有很多具体的工作，有很多日常的联系、应酬，有很多需要开展的活动。统战部门的每项工作、每项活动，都要从有利于团结、联合的角度出发，都要尽可能地赋予团结、联合的意义。比如，中央统战部这几年组织各民主党派、工商联负责人参观、考察三峡工程、京九铁路，考察浦东和沿海地区，民主党派反映很好，各地以及中央领导同志反映也很好。民主党派的同志在考察过程中提出了许多很好的意见和建议，比如三峡的文物保护问题和滑坡问题、加快京九沿线地区的发展问题，得到了有关部门和地方的重视。这些都是成果。但是，我们作为统战部门开展这些活动，与国务院业务部门开展类似活动不同，更重要的成果在于通过这些活动，扩大了共识，增进了团结。各个部门贯彻十五大精神都有其特定的角度，作为教育部门总是要研究如何提高教育质量、培养有用人才，作为农业部门总是要研究如何使粮食增产、农民增收，等等。作为统战部门贯彻十五大精神，主要研究的是如何促进各个方面的团结、联合，如何在求大同存小异的情况下，最大限度地团结各方面的力量共同奋斗。统战部门这几年在改进工作方式、拓宽工作渠道、增加工作手段方面下了很大功夫，也很有成效。希望在今后的各项工作、各项活动中，都要更加自觉地贯彻统一战线的主题，更多地赋予大团结大联合的意义。只有这样，统战工作才有灵魂，才能体现特定范围政治工作和群众工作的特色。

二、要下大力量研究问题、研究政策

随着我国改革开放和现代化建设的发展，随着十五大精神在各条战线、各个方面的落实，统一战线面临着许多新情况、新问题，需要我们塌下心来，下大力量加以研究。现在有许多问题说起来似乎都明白，细问起来却不那么清楚。比如，各民主党派和工商联刚刚完成换届，对一大批新进入各级领导班子的代表人物如何加强培养？我们常说民主党派新一代领导人要继承和发扬老一代的光荣传统。事实上，民主党派发展历史可以分好几段，新中国建立以前是一段，“反右”以前是一段，“反右”之后及“文化大革命”又是一段，究竟哪一段形成的东西算是民主党派的光荣传统？“反右”之后和“文化大革命”这一段，民主党派基本上不敢说话，假如把这作为培养人的标准，多党合作还有什么实际意义？反过来讲，不是这样，而是培养他们敢于放炮，开起会就咚咚咚攻一通，是否就算达到了多党合作的目的？比如，我国的《宪法》明确地写着，我们也一再申明，要实行宗教信仰自由的政策，那么，实行这一政策是真诚的还是策略的，是长期的还是权宜的？不少同志至今在思想认识上并没有真正解决。在有的讲话和文章中，把有神论与无神论的区别简单引申为信教与不信教的人之间的对立，公开反对人家信教的事也屡见不鲜。法律上、文件上写着宗教信仰自由，凭什么反对人家信教呢？从另一方面说，我们作为共产党人，又究竟应该怎样来坚持自己无神论的立场和观点？比如，十五大报告明确提出，公有制为主体、多种所有制经济共同发展，是我国社会主义初级阶段的一项基本经济制度，非公有制经济是我国社会主义市场经济的重要组成部分。这就意味着在社会主义初级阶段，非公有制经济不仅会存在，而且要发展。这就带来一个问题，这个发展是好事还是坏事？我们大家都非常熟悉列宁的一段话：小生产是经常地、每日每时地、自发地和大批地产生着资本主义和资产阶级的。如果这样讲，我们允许非公有制经济存在，是不是允许资本主义和资产阶级每日每时地、自发地和大批地产生？我在不久前讲过，既然非公有制经济是社会主义市场经济的重要组成部分，那么发展非公有制经济就不仅是一部分人的利益所在，也是全体人民共同富裕的需要，是对整个国家的贡献；不仅是合法的，也应该受到社会的尊敬。对于这段话，也有的同志问，非公有制经济要发展就要雇工，雇工怎么能受尊敬？此外，还有民族问题，等等。所有这些问题都是影响很大的问题，又都是很不简单的问题。我们不能老说“好像、恐怕、差不多，大概、或者、也许是”之类的话，不能长期停留在似是而非的阶段，而应该深入实际，多作研究。研究问题时，要解放思想，贯彻“双百”方针，允许大家讨论，可以这样说也可以那样说，目的是寻求正确的答案。

统战部门特别是中央和省、直辖市、自治区这两级统战部门的主要任务就是研究问题、研究政策。中央和省、直辖市、自治区党委的主要精力在于管大局、抓全盘，对某一方面的问题、某个领域的政策，首先有赖于职能部门出主意、想办法、拿意见。统战工作具有很强的政治性和政策性，如果研究工作跟不上，心中无底数，面对新形势和新任务，我们就会进退失据，左右为难，对上就很难尽到参谋与助手的职责，对下也不可能有效发挥指导作用。当然，我们确有许多日常工作要进行，确有许多重要活动要开展，确有许多具体事务要处理，确有许多礼仪应酬要安排，哪个不顾也不行，哪个丢了也不行，哪个得罪了也不行。但必须明确，所有这些都不能冲掉、淹没我们对问题对政策的研究。目前，在有些地方，确实存在着轻视研究、迷恋活动、热衷事务的现象，表面上热热闹闹、轰轰烈烈，实际上日计有余、岁计不足。这一点务请引起注意。

研究问题、研究政策，是马克思主义认识论的基本要求，是做好各项工作的基本方法，也是统战工作多年积累的一条重要经验。例如，处理宁夏西吉的教派武装械斗事件。这场械斗持续了一年多的时间，死了那么多人，大量群众被迫逃难，影响非常坏。究竟怎么解决？我们提出，不管什么宗教、教派，都不能损害人民的利益，不能破坏国家的法律，违犯了这两条，不管什么人，都要受法律制裁。这就是现在大家常提到的维护人民利益、维护法律尊严的两面旗帜。以两面旗帜为依据，把闹事的理由打掉了，械斗问题很快得到解决。后来处理青海西宁的闹事，还是高举两面旗帜，再次取得很好的效果。又例如，处理班禅转世问题。我们认真研究了藏传佛教的历史和现状，研究了达赖集团的种种图谋，在解决问题的过程中讲了班禅转世的“六条原则”，讲了达赖的“四顶帽子”，讲了宗教团体必须做到的“四个维护”，最后班禅转世顺利完成，国内外反映都很好。在这之后，我们紧跟着又搞了三个文件，为社会主义制度条件下藏传佛教建立正常秩序立下了规矩。研究问题必须要研究政策。研究问题、解决问题，检验了政策，又完善了政策。研究问题、研究理论、总结经验、研究政策，这些是一致的，有时其实是一回事。希望统战部门的同志们在新的一年里，在研究问题、研究理论、总结经验、研究政策方面多下力量，多出成果。

三、要进一步加强统战干部队伍建设

这几年，在党外代表人士队伍更新换代的同时，我们党的统战干部队伍也在大量更新。许多做过其他方面领导工作的同志转到统战系统来，这对统战工作很有好处。但是必须看到，统战工作有许多特殊性，无论是工作内容、工作对象、工作方法都有别于其他的方面。即使是在统战系统工作过、对情况比较熟悉的同志，由于情况不断发生变化，也都有一个加强学习、开阔视野、发扬传统、改进作风的任务。

统战干部首先要学习、掌握邓小平理论和我们党在社会主义初级阶段的基本路线和纲领，特别是邓小平同志关于新时期统一战线的理论和我们党关于统一战线的方针政策，以及我们党统一战线工作的历史。通过学习，切实加强对统战工作重要性、必要性、长期性的理解，真正地认识到统一战线不仅在新民主主义革命时期是我们的一大法宝，在社会主义现代化建设时期仍然是我们的一大法宝。统一战线不能削弱，只能加强；不能缩小，只能扩大。当然，还要学习和掌握其他一些文化科学知识。因为统一战线工作对象的知识层次都比较高，如果知识贫乏，就很难同他们交换意见，交流思想。为了适应客观形势发展和统战干部队伍不断更新的需要，要有计划地对统战干部进行培训，这应该作为一个长期的任务。中央统战部可以自己办班，也可以同中央党校、各省市党校联合办班，过去办了几期，效果是好的。还要组织编写一些关于统一战线知识的简单明了的读物。有些干部由于缺乏基本知识，常常说外行话，比如，说民主党派的思想认识同我们完全一致，空前统一，如果这样，还要统战部干什么？统战部做工作不是为了把人家特殊的、必须存在的东西做光了，都和我们共产党一样了。如果这样，统战部存在的理由

也就没有了。

发扬传统、改进作风，是搞好统一战线工作的一个重要环节。统战部门是受中央和各级党委委托联系党外人士的工作部门，不能简单地把自己当作民主党派的领导机关。多党合作制度是共产党领导的，不是统战部门领导的，必须摆正这个位置。中央统战部这几年和民主党派的关系搞得比较好，民主党派真是把统战部当成家，因为从这里了解到很多方针政策。说他们不把统战部当领导，也不完全是，但统战部摆正了位置，他们感到舒服，乐意来。假如摆不正位置，随便什么干部都对民主党派领导人指手画脚，他们心里就不舒服。每一个统战干部都必须树立服务意识，认清为党外朋友服务的基本职责。中央每年都开几次党外人士座谈会，民主党派精神很舒畅，他们感到共产党平等、诚恳、热情、讲理，感到有话可以说，有意见可以反映上去，讲得不对也没关系。这次在协助民主党派换届过程中，中央统战部明确自己对民主党派只是服务，只是把中央的精神、大的原则向他们转达，具体怎么办完全由民主党派自己决定。我觉得这个做法应当推而广之，成为传统。总之，做统战工作的同志始终应当注意，不要官气十足、盛气凌人，而要诚恳宽厚、热情谦和；不要自以为是、高人一等，而要平等商量、互相切磋；不要包办代替、横加干预，而要充分尊重民主党派独立自主处理自己内部事务的权利。统战干部只有平时与党外朋友多联系，多谈心，多交心，才能真正把统战部门办成党外朋友之家。

同志们，党的十五大之后，根据中央的分工，我仍然负责联系统一战线工作。我愿意和大家一道，尽心竭力，做好工作，不辜负党和人民的重托。

牢记大多数*

（1998 年 12 月 21 日）

首先对《邓小平新时期统一战线理论学习纲要》的出版表示热烈的祝贺，向为编辑出版这本书付出辛勤劳动的所有同志和单位表示衷心的感谢！

党的十一届三中全会召开 20 年来，我们的事业取得了伟大的成就。这当中毫无疑问也包括了统一战线工作的成就。假如没有邓小平关于新时期统一战线、关于“一国两制”、关于民主党派、关于民族和宗教、关于非公有制经济等方面思想观点的指导，统一战线工作也就不会有今天的大好局面。

大团结、大联合是邓小平新时期统一战线理论的核心。过去毛主席也十分重视团结大多数人，他经常谈到要团结 95%以上的干部，团结 95%以上的群众。在民主革命时期，毛主席运用统一战线搞大团结大联合，非常成功。但是在 50 年代末期以后发生了严重的失误。毛病出在搞运动太多。每一次运动团结 95%，丢掉 5%，一次次运动加在一起，丢掉的就不止 5%了。邓小平关于新时期统一战线有一段著名的话是：工人阶级领导的、工农联盟为基础的全体社会主义劳动者、拥护社会主义的爱国者和拥护祖国统一的爱国者的联盟。这里有两个标准，一个是

---

* 这是李瑞环同志在《邓小平新时期统一战线理论学习纲要》出版座谈会上的讲话。

拥护社会主义，一个是拥护祖国统一。对台湾同胞、港澳同胞、国外侨胞来说，对社会主义有不同看法也可以，只要拥护祖国统一，拥护中华民族振兴，同样要团结。这样统一战线的范围就大大拓宽了，“宽有利，不是窄有利。”可以说，邓小平新时期统一战线理论是对毛主席关于团结大多数人的思想的进一步发展。

我们过去的经验教训可以讲很多，关键的一条在于团结。所以，邓小平在十一届三中全会上突出强调要团结一致向前看。不向前看就无法团结，团结起来前面才好看。如果老是回头看，总是计较你整过我，我整过你，你坐过班房，我挨过斗，这就没法团结。对此，我自己有切身体会。“文化大革命”时我在一个工厂当党委书记，当时75%的工人是“造反派”，25%的工人是“保守派”。我被“造反派”打得死去活来。这些“造反派”后来都被打成“5·16”分子。我曾冷静地想过，很多工人连字都不识，他们简单地认为，毛主席叫我们打倒“走资派”，我们就打倒你。后来我回到这个工厂，找到当时的“保守派”也就是保我的那些人，动员他们把那75%的人都放了。一个工厂25%的人干活，75%的人挨整，那还能正常运行吗？我深深体会到，没有多数人的积极性，一切都无从谈起。我们的干部，时刻不要忘记多数人的利益、多数人的情绪、多数人的力量、多数人的觉悟。

毛主席曾经讲过：“马克思列宁主义的基本原则，就是要使群众认识自己的利益，并且团结起来，为自己的利益而奋斗。”这是我们党一切工作的基本出发点和归宿。领导者的责任是什么？判断工作好坏的标准是什么？就是看他的出发点是不是为了大多数人，在工作过程中是不是依靠了大多数人。领导者的积极，归根结底，是为了使更多的人积极。别人都不积极，都不讲话了，那你这个领导者的积极就是值得怀疑的积极。这样的情况是有的，这样的单位和地方也是有的。团结大多数人，调动大多数人的积极性，依靠大多数人的力量，这是邓小平新时期统一战线理论最重要的内容。盛唐时的魏徵曾给李世民提出过建议，说李世民不用自己去动手，只要调动别人的积极性就行了。魏徵最有名的话就是：智者尽其谋，勇者竭其力，仁者播其惠，信者效其忠，文武并用，垂拱而治，何必劳神苦思，代下司职？古人都懂这个道理，我们现在还能不懂吗？应该通过宣传邓小平新时期统一战线理论，使每一个领导干部都懂得团结大多数、调动积极性的重要性。

毫无疑问，人们的思想不可能是完全一致的，各种差异、各种矛盾、各种不同的看法是存在的，所以需要做工作。但这种工作，不能像过去搞阶级斗争那样。要求同存异、交心通气、广泛联系、合作共事。在这个过程中，无论是共产党人还是民主党派、无党派及其他人士，都应该学会求同存异。我们的大目标是一致的，允许有不同意见存在。作为共产党的干部，在和党外人士相处中，应该诚恳待人、平等待人、宽厚待人、依理待人。这是最起码的要求。尊重群众，最大限度地把群众的积极性调动起来，这是我们事业健康发展的基本保障。

邓小平新时期统一战线理论经过20年的实践证明是完全正确的。我们在学习贯彻的过程中，要始终坚持理论联系实际的原则，正确认识、正确对待统一战线工作中的新情况、新问题。

比如宗教问题，现在全世界58亿人口中，有46亿人信教，其中有很了不起的政治家，有诺贝尔奖获得者，这应该怎么理解？有些同志毫不隐讳地讲，共产党的无神论世界观和有神论世界观是对立的，因此信教和不信教就是对立的。这种观点是不正确的。信教和不信教不是对立的，只能说是对一些问题的认识不同，不能把这些归结为人与人的对立。我们的宗教信仰自由政策，究竟是一个策略还是一个基本原则？这是需要在思想上真正搞清楚的问题。我们有些同志把宗教信仰自由政策理解为权宜之计，这毫无疑问是错误的。毛泽东等老一辈革命家提出这个政策是经过深思熟虑的，实行宗教信仰自由政策是由我们的基本利益、基本观点、基本政策所决定的。我们对宗教一些问题的宣传、解释还不够，要大大加强。

再比如，十五大报告提出公有制为主体、多种所有制经济共同发展，是我国社会主义初级阶段的基本经济制度，非公有制经济是我国社会主义市场经济的重要组成部分，对这两句话，应该怎么理解？我认为，既然是基本经济制度，是重要组成部分，那么按照逻辑推理，非公有制经济人士，只要守法经营、健康发展，就不仅符合他们个人的利益，而且壮大了社会主义市场经济，因此也是对国家、对社会、对他人作出了贡献。我们讲多种所有制经济共同发展，就不能心里只希望公有制经济发展，不希望非公有制经济发展。对非公有制经济，我们要真心实意地引导它守法经营、健康发展。做到这样，并不是一个很简单的问题。

我们要随时研究新情况、新问题，注意按照邓小平关于尽可能团结大多数人的思想观察一切，深化改革。我们这几年反复讲，要处理好改革、发展、稳定的关系，把握好改革的力度、发展的速度、稳定的程度。稳定的程度是什么？实在地说，就是广大人民群众承受的程度。我曾说过，改革应坚持两大原则，叫群众总体受益原则和总体承受能力原则。多数人受益就应当办，多数人受损就不能办；多数人承受得了就可以办，多数人承受不了就不能办。

统一战线工作这几年取得了很大成绩。我希望通过学习贯彻邓小平新时期统一战线理论，进一步提高广大统战工作干部的政策理论水平，把统一战线工作推向一个新阶段。

团结大多数　调动积极性*

（1999 年 1 月 20 日）

关于去年统战工作的总结和今年工作的思路与安排，兆国①同志已经作了系统的讲话，我都同意。这里，我着重讲三个问题。

一、关于当前的形势

统一战线是党的事业的有机组成部分，从事统一战线工作的同志必须对党和国家总的形势有一个正确的认识，自觉地把自己的工作纳入党和国家工作的大局。

当前我国的形势总的来说是好的。过去的一年，我国人民经历国内外各种严峻考验，改革开放和社会主义现代化建设取得了重大成就。我们果断采取扩大国内需求等措施，综合运用各种宏观调控手段，使国民经济继续保持较快发展的良好态势；我们着眼于两个根本转变，出台多项重大改革举措，有序地推进了经济生活中一些长期积累的矛盾的解决；我们顶住亚洲金融危机的冲击和世界性经济不景气的压力，在复杂多变的经济环境中站稳了脚跟，为缓解周边国家的困难和实现本地区的经济稳定作出了贡献；我们万众一心英勇奋战，夺取了抗洪救灾和重建家园的伟大

---

* 这是李瑞环同志同全国统战部长会议代表座谈时的讲话。

① 即王兆国。

胜利，为改革和建设注入了新的强大精神动力；我们认真贯彻依法治国的基本方略，切实推进社会主义民主政治建设，精神文明建设取得新的成绩；我们毫不动摇地深入开展反腐倡廉工作，打击走私、纠正各种不正之风的斗争取得进展，保障了现代化建设的顺利进行；我们迎接科技进步和知识经济的挑战，加快实施科教兴国战略和可持续发展战略步伐，劳动者素质和经济社会协调发展质量得到提高；我们沉着应对国际局势的变幻动荡，为国内经济建设争取到一个良好的外部环境，提高了我国在国际舞台上的地位。在一些国家政治动荡、经济萧条的情况下，我国能有这样一个团结稳定、持续发展的局面，是非常不容易的，是十分可宝贵的。它是以江泽民同志为核心的党中央正确领导的结果，也是新中国成立 50 年特别是改革开放 20 年来举国上下艰辛探索、埋头苦干的结果，显示了建设有中国特色社会主义事业蓬勃发展的大势。

但与此同时，我们也必须清醒地看到，我们国家正处于从计划经济向社会主义市场经济转变的社会大变革过程之中，情况千变万化、矛盾错综复杂，我们面前还存在许多困难和问题。改革攻坚的难度日益增大，经济结构不合理的矛盾更加突出，一些国有企业尚未摆脱困境，下岗职工再就业的压力增加，部分农民收入增幅减缓，一些地方社会治安状况不好，消极腐败现象仍在蔓延，生态环境恶化的威胁依然存在，此外，国际经济和政治领域不稳定不确定因素对我们造成的压力也在增加，等等。这些困难和问题互相交织，互相作用，又增加了我们认识和解决的难度。如果对这些困难和问题不能予以足够重视并采取切实有效的措施加以解决，就会影响我国的经济发展和社会稳定，影响改革开放和现代化建设的大局。

当前摆在全党全国人民面前的任务，中央一号文件已有明确的部署，总的来说，就是统一思想、坚定信心，抓住机遇、知难而进，团结一致、艰苦奋斗，巩固和发展已有的成就，不断解决各种困难与问题，使形势继续朝着我们所希望的方向发展。统一战线的工作，就是围绕党和国家的中心任务，努力发挥自身优势，为维护和谐稳定的社会政治局面，为发展当前好的形势作出更大贡献。

二、关于团结大多数，调动积极性

在当前形势下，统一战线需要做、可以做的工作很多，我想在这里特别强调一下团结大多数、调动积极性的问题。我们的事业是为多数人谋利益的事业，也是依靠多数人的力量才能完成的事业。多数人的情况决定我们的一切。多数人的愿望，多数人的利益，多数人的意见，多数人的情绪，是我们想问题、办事情的出发点和落脚点。马克思主义的基本原则，就是要使群众认识自己的利益，并且团结起来，为自己的利益而奋斗。为了团结多数人，就要采取各种方法、各种形式对人民群众进行教育、引导和组织，于是在我们的各级党政组织之外，还有工会、共青团、妇联乃至少先队等等，通过这些组织把各方面群众团结起来，联合起来。在工农基本群众之外，社会上还存在许多其他方面的人群，他们在具体利益上、价值取向上、对一些问题的看法上可能有所不同，但是在建设社会主义、统一祖国、振兴中华的大目标上是一致的。这部分人在人数上不占多数，但少了他们，我们所谓“大多数”就要打很大的折扣。统一战线的任务，就是做这部分人的工作，在共同的大目标之下，求同存异，把这部分人也团结起来，从而使我们的“大多数”成为最大限度的“大多数”。只有把一切可以团结的人都团结起来，把一切可以调动的积极因素都调动起来，尽可能地化消极因素为积极因素，我们才能实现党的总目标总任务，才能完成历史赋予我们的使命。因此，团结大多数、调动积极性是统一战线“安身立命”之本，是统一战线永远不能忘记、始终都要坚持、随着实践发展而常做常新的任务。

人是有自觉的能动性的，统一战线各项工作都要努力把人的主动性、自觉性、积极性充分调动起来，领导者的作用，就在于把多数人的积极性充分调动起来并合理发挥出去。领导者的积极，归根结底是为了使更多的人积极，如果领导者的积极带来周围的人都不积极，这个积极就值得怀疑，这个积极就不如不积极。看我们的方针政策是正确还是错误，看我们的每一项工作是好还是坏，看一个领导干部是合格还是不合格，都要以是否能够团结大多数、调动积极性作为重要标准。我们制定任何方针政策，都要使大多数人感到有盼头，取得大多数人的信任与支持。这样说，并不是要放弃对群众的教育和引导工作，但教育、引导终归是教育、引导，当一项方针政策不能被多数群众所接受的时候，即使它是正确的，也只能等待。如果硬要去做，就不可能获得成功，即使一时成功了，也一定会带来长期的不良后果。我们从事每一项工作，都要注意群众总体受益原则和总体承受能力原则。有的时候为了群众的全局利益和长远利益，不能不牺牲一些局部利益和暂时利益，但是这样做需要向群众讲清楚，取得他们的谅解，同时要通过我们的工作确实做到使多数人长远受益，否则，即使有良好的主观愿望，终归也是行不通的。我们评价任何一个领导干部，都要特别注意他对多数人的态度，同多数人的关系，以及多数人对他的看法。没有为多数人服务的真诚愿望、没有同多数人的良好关系、总是被多数人反对的干部，是不可能发挥好的作用的。

我国当前经济和社会生活中存在的一些深层次矛盾，有许多已经影响到群众的切身利益，群众中确实有一些情绪。而我们一些干部对群众反应强烈的种种问题不重视，甚至对发生游行示威、冲砸基层政府这样的一些事也熟视无睹，麻木不仁，采取应付的态度。在新的一年里，各级统战部门要发挥自己特定范围政治工作和群众工作的优势，深入到群众中去，多做了解社情民意、掌握思想动态的工作，多做团结鼓劲、凝聚人心的工作，多做协调关系、化解矛盾的工作，使各方面的群众心情舒畅、团结向上，把力量最大限度地集中到完成党和国家各项任务上来。

三、关于学习理论，了解情况，研究问题

作为党的统战工作，我们工作的性质和工作的对象决定了我们必须在学习问题上下更大的功夫。统战干部在认真、刻苦、全面地学习邓小平理论时，要着重学习邓小平新时期统一战线理论，做到真正学懂弄通。中央统战部最近编写出版了《邓小平新时期统一战线理论学习纲要》，要以此为契机，把学习邓小平理论特别是邓小平新时期统一战线理论引向深入。

学习理论要同了解情况、研究问题有机地结合起来。去年，中央统战部和各地统战部在调查研究方面下了很大的功夫，有很大的收获。今年，我们一方面要对已经掌握的材料加以分析整理，使之上升为理论认识，对看准了的问题，在条件成熟时形成政策性文件，用以指导实际工作；另一方面，对还没有完全搞清楚的问题，对实际生活中发生的新问题，要继续深入地进行调查研究。我们搞调查研究的目的，不是为了求证现有的某个观点、某项政策如何正确，而是为了把客观情况、实际问题搞清楚，进而有针对性地提出思路和建议，供中央决策时参考。调查研究要眼睛向下，从实际出发，根据我们的基本理论和基本方针政策，根据客观情况的发展变化，对现行的措施、做法提出意见，该坚持的要继续坚持，该补充完善的要补充完善，该纠正的要及时纠正，该摒弃的要敢于摒弃。有些问题一时看不准，先把现象、事实搞准、搞全，结论可以留待以后再做。我们目前的调查研究可以说取得了很大成绩，也可以说还只是一个开端，还有不少问题有待研究，今后的任务仍然很繁重。

比如说，如何正确看待非公有制经济。十五大报告明确提出，公有制为主体、多种所有制经济共同发展，是我国社会主义初级阶段的一项基本经济制度；非公有制经济是我国社会主义市场经济的重要组成部分。这就是说，在我国当前的条件下，非公有制经济的发展有利于社会主义市场经济的发展，非公有制经济人士通过守法经营富起来不仅是允许的，而且是光荣的，是应当尊重、鼓励的，我们应当真心实意地希望并且帮助他们发展起来。但是，目前有些同志仍然用过去的观点，把发展非公有制经济视为一种消极的、暂时的权宜之计，把非公有制经济人士看作异己力量，不希望非公有制经济有更大的发展。

比如说，如何正确处理贯彻宗教信仰自由政策同对宗教事务依法进行管理的关系。我们常常是一讲贯彻宗教信仰自由政策就放弃了管理，而一讲管理又侵害公民的宗教信仰自由权利。我国公民享有宗教信仰自由是宪法所规定的，但不少同志至今并没有正确地认识这个问题，自觉不自觉地把有神论与无神论的差别简单等同于政治上的对立，把公民个人的正常宗教信仰当作坏事情。坚持宗教信仰自由政策并不是不要管理。在对外开放的条件下，如何通过加强管理对付外来宗教渗透已成为一个紧迫性的课题。我始终认为，宗教信仰自由政策一定要坚持，而对来自外部的宗教渗透则一定要警惕，“三自”原则一定要坚持，不能允许外国势力干涉中国的宗教事务。坚持宗教信仰自由政策也不是不要向信教群众宣传科学文化知识。在最近召开的藏传佛教工作座谈会上，我讲了一个意见：长期以来，许多藏族群众把希望寄托于宗教、寄托于来世，以至大量社会财富流入并沉淀于寺庙，这反过来又极大地制约了社会生产力的发展和群众生活水平的提高。我们尊重群众的宗教信仰自由权利，珍视并保护与宗教相联系的文化瑰宝；另一方面，为了信教群众的根本利益，我们也有责任通过耐心、细致、持久的工作，通过普及现代文明，提高信教群众的文化素质，把他们的精力逐步吸引到发展生产、改善生活上来，吸引到追求现世幸福上来。如何把坚持宗教信仰自由政策同对宗教的管理、向信教群众普及科学文化知识很好结合起来，仍然是一个有待深入研究的问题。

又比如，如何正确处理部分少数民族地区稳定与发展的关系。稳定是前提，维护民族团结、维护国家统一是各族人民的最高利益，因此我们必须同分裂主义进行坚决的斗争。发展是目标，加快民族地区的经济建设和社会发展是各族人民的共同愿望，也是解决民族地区所有问题的基础，因此我们必须始终坚持以经济建设为中心。一个时期以来，分裂主义分子和西方敌对势力不断制造舆论，挑起事端，鼓动一些地方闹事，他们的目的就是转移我们抓经济建设的注意力，破坏我们来之不易的大好局面。对此，我们一定要心中有数，绝不上这个当，绝不因为少数人的干扰而动摇我们的既定目标。近些年来，我们之所以能够在反分裂斗争中不断取得胜利，除了因为我们在各方面采取了一系列正确措施，从根本上说还是因为这些地区经济有了较快发展，人民生活得到改善，群众站在我们一边。现在，一些少数民族地区的发展水平同内地相比还有很大差距，群众生活水平还比较低，有些还没有摆脱贫困状态，我们必须集中精力把这些地方的经济搞上去。通过经济建设给群众以更多的实惠，通过经济建设加强民族地区与内地的全面联系。

再比如，如何正确估计各民主党派成员的政治思想状况。当前社会上存在各种各样的观点、意见，这种情况当然在民主党派成员中也会有所反映。但有错误倾向的人是少数，有极端言论的更是个别人。近些年民主党派的情况是好的，各民主党派中央换届后，新的领导班子也是很稳重的，主要领导人的头脑是很清醒的。对民主党派中个别人的不当言论，要进行必要的教育，但同时要看到这类问题总是会有的，不要大惊小怪，更不要简单地同民主党派组织联系起来，你一联系，就会带来紧张气氛。需要指出的是，我们党内一些同志至今对共产党领导的多党合作和政治协商制度的必要性缺乏认识，存在“清一色”的思想。比如，不赞成各方面条件较好的人加入民主党派。如果不能有一定数量的优秀人才加入民主党派，这一基本政治制度怎么存在和发展？如果民主党派成员的水平都很低，多党合作的水平怎么能提高？

诸如此类的问题，都是影响全局的问题，是政治性、政策性、理论性很强的问题。希望统战部门的同志们在以往调查研究的基础上，继续多下功夫，力争有所突破，有所前进。

最后，我想强调一下各级党政领导同志都要重视统一战线工作的问题。在党中央的带动、示范之下，这几年各地对统战工作重要性的认识有所提高，工作有所加强。但不可否认，也有一些同志对统战工作没有足够的认识，一些新上来的党政领导干部讲经济、讲技术、讲管理很内行，但对统一战线的历史和现状不了解，对统一战线的基本理论和方针政策不熟悉。有的人到出乱子的时候才想到统战工作，平时很少关心；有的人用老观念对待新时期统一战线工作对象，抱有种种偏见；有的人缺少统战工作的基本素养，不懂如何去做团结大多数、调动积极性的工作。这种状况如果不改变，就会阻碍党的统一战线事业的发展，进而影响到我们党的整个事业。因此，要把提高全党对统战工作重要地位和作用的认识作为一个突出任务来抓。要使干部特别是各级领导干部认识到，统战工作不仅是统战部门的事，也是全党的事，从而自觉地学习和掌握我们党关于统一战线的方针政策，学会做团结大多数、调动积极性的工作，真正形成全党抓统战工作的局面，推动新时期统一战线不断巩固和发展。

关于统一战线的几个问题*

（1999 年 11 月 2 日）

由中央组织部、中央统战部、中央党校联合举办党内省部级干部的统一战线理论研究班，很有意义。这对于推动各级领导干部学习邓小平新时期统一战线理论，推动统一战线各项工作的开展，必将产生重要的影响。本来已经说好，这个研究班我不讲话，因为对于统一战线理论问题党校的同志已经讲了，而对于统一战线具体工作问题统战部的同志也讲了，我过去对统战工作讲过许多话，你们又印发了，实在没有什么新话可讲。但统战部多次要求我来，哪怕讲简单一点，实在是拗不过去，我想了几个问题，讲得正确与否，请大家研究。

统一战线理论的一个基石

我们经常说统一战线非常重要，具有不可替代的作用，过去、现在、将来都是我们党的一大法宝……这些说法的理论根据是什么呢？应当说，许多同志是清楚的，但也有一些同志并不十分清楚，或理解并不一致。而这个问题是一个十分重要的问题，关系到统一战线的地位，关系到统一战线的指导思想，关系到统

---

* 这是李瑞环同志在邓小平新时期统一战线理论研究班座谈会上的讲话。

一战线的整个工作。

马克思主义的历史唯物主义有两个基本观点，一个是生产力观点，一个是群众观点。生产力观点揭示了生产力是社会发展的决定性因素，我们讲建设有中国特色社会主义，讲初级阶段、根本任务、基本路线，主要是依据这一观点。群众观点揭示了人民群众是创造历史的动力，我们讲任何推动历史前进的事业都是人民的事业、任何创造历史的过程都必须有人民的参加，讲一切为了人民、一切依靠人民，主要是从这一观点出发的。先进的政党及其领袖人物之所以能够获得成功，是因为代表了人民的利益和愿望，得到了人民的拥护和支持。我们共产党人所说的“解放全人类”，不是“恩赐”给人民什么，而是作为人民中间比较先进的一部分，去启发、引导、带领人民为自身的解放而斗争，归根结底，还是人民自己解放自己。我们共产党人的基本原则，就是要使人民认识自己的利益，并且团结起来，为自己的利益而奋斗。

人民这个概念，不是一成不变的，在不同的历史时期有着不同的内容。毛泽东同志说：“在抗日战争时期，一切抗日的阶级、阶层和社会集团都属于人民的范围，日本帝国主义、汉奸、亲日派都是人民的敌人。在解放战争时期，美帝国主义和它的走狗即官僚资产阶级、地主阶级以及代表这些阶级的国民党反动派，都是人民的敌人；一切反对这些敌人的阶级、阶层和社会集团，都属于人民的范围。在现阶段，在建设社会主义的时期，一切赞成、拥护和参加社会主义建设事业的阶级、阶层和社会集团，都属于人民的范围；一切反抗社会主义革命和敌视、破坏社会主义建设的社会势力和社会集团，都是人民的敌人”。由毛主席这段话可以看出，人民的概念是由革命和建设的大目标决定的，大目标改变，人民的概念也会改变。然而不管大目标和人民概念怎么改变，人民创造历史这一基本观点不能改变，为了大目标需要大团结、实现大团结需要大目标这个道理也不能改变。人民总是分为不同阶级、阶层和社会集团，总是既有社会基本群众，又有其他方面的人群。这些其他方面的人群，在大目标上同我们是基本一致的，但在信仰上、在世界观上、在具体的利益和要求上又同我们不尽一致。这些人虽然总体数量不是很多，但是有相当的社会能量和政治影响，对实现大目标有其特殊的作用。我们所说的“人民”包括他们，“人民创造历史”包括他们，“一切为了人民、一切依靠人民”也包括他们。当然，我们始终重视依靠基本群众，但是如果少了其他方面的人群，我们的“人民”就构不成一个整体，我们的团结就够不上“大团结”。而实现同他们的团结，不能采用共产党内的办法，也不能采用一般的群众工作办法，只能采用同他们结成统一战线的办法，就是通过求同存异、合作共事、平等协商、交友联谊，同他们团结、联合起来，为大目标而奋斗。只有这样，我们才能真正代表全体人民的利益和愿望，才能完成伟大的事业；也只有这样，统一战线工作对象才能充分发挥自己的潜能与影响，才能在人民创造历史的进程中作出自己的贡献。

在新时期，随着党的工作重点转移，统一战线从过去主要为阶级斗争服务转变为主要为经济建设服务，无论是工作范围还是工作内容都发生了重大变化。小平同志依据新的历史条件，强调指出：“统一战线仍然是一个重要法宝，不是可以削弱，而是应该加强，不是可以缩小，而是应该扩大”，统一战线要“把一切能够联合的都联合起来，范围以宽为宜，宽有利，不是窄有利”。他还指出：“我们的统一战线比过去任何时期都更加扩大了，不仅包括全体社会主义劳动者，还包括拥护社会主义的爱国者和拥护祖国统一的爱国者，是最广泛的爱国统一战线”。他在谈到香港问题时说："爱国者的标准是，尊重自己民族，诚心诚意拥护祖国恢复行使对香港的主权，不损害香港的繁荣和稳定。只要具备这些条件，不管他们相信资本主义，还是相信封建主义，甚至相信奴隶主义，都是爱国者。"这些论述使新时期统一战线获得空前广阔的发展前景，焕发出新的生机和活力。我们要认真学习、深刻领会小平同志这些论述，努力提高对统一战线重要性的认识，切实做好统一战线各个方面的工作，使统一战线这个法宝在新形势下发挥更大的作用。

统一战线工作的一个原则

做好统一战线工作需要把握许多重要原则，这里我不想作全面的阐述，但有一条我认为在当前十分重要，特别需要引起重视，这就是求同存异、体谅包容的原则。

统一战线是"同"和"异"的矛盾统一体。"同"主要是统一战线成员基于共同利益而确立的共同目标和要求。没有"同"，就建立不起统一战线。"异"主要是统一战线成员间在信仰上、世界观上、具体利益和要求上以及其他方面存在的差别。没有"异"，就没有必要建立统一战线。统战工作，既要"求同"，也要"存异"，二者不可偏废。统一战线的首要任务是"求同"。对于共产党来说，放弃"求同"，就是放弃方向，放弃领导，放弃工作。为此，统战工作必须保持政治坚定、头脑清醒，主动宣传党的路线方针政策，积极开展教育引导工作，不断提高统战对象为实现共同目标团结奋斗的责任感和自觉性；对不利于实现大目标、有损于共同政治基础的倾向，要坦诚、负责地给予指出，热情、及时地帮助纠正。统一战线的一个重要问题是"存异"。在统一战线中，有些差异可以通过工作加以限制、缩小乃至转化，但有些差异是应当而且可以长期存在的。比如，党派之间的差异，信仰之间的差异，民族之间的差异，多种经济成分之间的差异，等等。有些人正是由于同我们之间存在差异，才成为统战对象。如果否定这些差异，不能“存异”，也就否定了统一战线存在的理由。

从我们党的历史看，从统一战线的历史看，有忽视“求同”的错误，但主要的还是不能“存异”的错误，因为追求“清一色”、“纯而又纯”，给我们带来巨大损失。能不能“存异”，敢不敢“存异”，会不会“存异”，很重要的一条，在于能否体谅包容。做统战工作，就是要宽容一点、谅解一点、豁达一点、“糊涂”一点，就是要听得进、容得下、想得开。对于有些人提出的不同意见甚至比较刺耳、比较尖锐的意见，要听得进；对于有些人在信仰上、世界观上以及思维方式、生活方式上同我们的差别，要容得下；对于那些反对过我们并证明是反对错了的人给以适当安排，也要想得开。这是我们的气度，是我们的胸襟，也是我们的原则和品格。中国共产党已经是有 70 多年正反两方面经验和 50 年执政历史的大党，当前正在从事一场前无古人而又异常艰巨复杂的伟大事业。我们应当有超越前人的远大眼光和宽阔胸怀。只要是无碍大局，无关宏旨，无妨大目标，一切“异”都要体谅包容。只有这样，统一战线才会充满生机和活力，才能把一切积极因素都调动起来，把一切可以团结的力量都团结起来，为实现大目标而共同奋斗。

统一战线干部的一个条件

统战干部与从事其他工作的干部一样，要求具备许多基本的条件，如思想觉悟、文化素质、办事能力，等等。但是统战干部还应当具备一些特殊的条件，其中很重要的一条就是要形象好、人缘好、富有人格的力量。

就一般来讲，我们做人的工作一要靠真理的力量，二要靠人格的力量。所谓真理的力量，就是所宣传所提倡的东西合乎客观实际，体现人民利益，代表社会正义，反映时代潮流；所谓人格的力量，就是以身作则，带头实践共同目标和道德标准，具有感召力和亲和力，令人心悦诚服、愿意接近。在我们工作中常常可以看到这样的现象：同样的话，有的人去说是“一言九鼎”，有的人去说却“一文不值”；同样的事，有的人去办就顺利，有的人去办就困难。

对统战干部之所以要特别强调形象好、人缘好、富有人格的力量，是因为，统战工作是联系、团结的工作，如果你让别人见了感到别扭，避之唯恐不及，本身就是“裂变”因素，怎么能去联系人、团结人呢？统战工作常用的是平等、商量的方式，如果你居高临下，作风霸道，把个人意见强加于人，怎么能同别人合作共事呢？统战工作是靠带动、靠影响，如果你言行不一，不能以身作则，率先垂范，你讲的道理怎么能使别人信服呢？统战干部具有桥梁、纽带的作用，如果你的言行违背党的宗旨，不能使人感受到党的正确和温暖，党的方针政策又怎么能很好地得到贯彻落实呢？因此，形象问题、人缘问题、人格力量问题，对统战干部来讲，不是无关紧要的小问题，而是涉及统战工作能否真正收到实效、统一战线能否巩固和发展的大问题。统一战线工作重视发挥人格的力量，是我们党的优良传统和重要经验。在中国革命的历史上，一大批党外人士之所以冒着各种危险聚集在我们党的旗帜下，倾心支持我们的事业，同我们肝胆相照、荣辱与共，固然是因为我们党有正确的政治主张，也是与我们党有许多像周恩来那样高风亮节、富有人格魅力的同志相联系的。很多党外朋友说，同周恩来在一起“如沐春风”。现在统一战线工作的环境、对象、任务都发生了很大变化，但这个优良传统和重要经验决不能忘记、决不能丢掉，必须努力继承和发扬。

我们的统战干部队伍总体上是好的，他们忠实地贯彻执行党的统战政策，为统一战线巩固和发展付出了很多的心血，作出了很大的贡献，赢得了党外朋友的好评。但也必须指出，在统战干部队伍中确有一些人存在不少毛病。就一般情况说，统战部门是清水衙门，干部的腐败行为相对较少，当然也不是没有问题，但更突出的问题还是一些人在党外朋友中形象和人缘不那么好。有的不平等，以势压人，对党外人士甚至党派领导人不够尊重；有的不诚恳，拿腔作调，对党外人士敷衍应付；有的不虚心，自以为是，听不得不同意见；有的不热情，一副冷面孔，拒人于千里之外。这样的干部怎么能做好统战工作呢？严格地说，有他们还不如没有。

小平同志多次强调，在选人的问题上，要注意形象，要注意社会公论，要使人放心。这个思想对我们统战部门具有特别重要的意义。各级党委和统战部门要按照小平同志的要求，加强对统战干部的教育，注重选拔、任用那些在党外朋友中形象好的干部，对那些屡加教育而不能改正的人要及时加以调整。从事统一战线工作的同志要提高自觉，注意修养，努力使自己成为和蔼可亲、深受党外朋友欢迎的合格的统战干部。只有这样，我们的统战事业才有希望。

六、民族宗教工作

高举保护人民利益、维护法律尊严的“两面旗帜”*

（1993 年 8 月 30 日）

我这次来宁夏主要是考察。行前，中央几位同志说，你既然去宁夏，就了解一下西吉的情况，和区领导交换一下意见，更快更好地解决西吉的问题。来的头一天，和黄璜[①]等区党委领导同志碰了头。这两天也听了一些情况，分别和白立忱[②]同志、部队的同志交换了意见。关于迅速平息西吉沙、陈械斗事件[③]，中央“8·21”指示已有了全面、具体的要求，我没有更多新的意见。我认为，现在关键是要认真学习、深刻领会、不折不扣地贯彻中央“8·21”指示精神。

（一）中央关于迅速平息西吉事件的指示，是江泽民同志亲自主持、中央政治局常委集体讨论决定的。在讨论过程中，充分

---

* 这是李瑞环同志在宁夏回族自治区党委、政府领导干部会上的讲话。

① 当时任中共宁夏回族自治区党委书记。

② 当时任中共宁夏回族自治区党委副书记、自治区人民政府主席。

③ 1992 年至 1993 年期间，宁夏西吉伊斯兰教哲合忍耶教派沙沟方面和陈家沟方面因内部纠纷发生了几起武装械斗流血事件，致使双方死伤数十人，给人民生命财产造成巨大损失。1993 年 8 月，李瑞环同志代表党中央前往宁夏处理这一重大事件，明确提出高举保护人民利益、维护法律尊严的旗帜，要求不管是什么人，只要侵害了人民利益，违犯了法律，就要依法惩处。依照这个原则，依法处理了对这次事件负有重大责任的教派代表人物和其他违法犯罪分子，有效平息了械斗事件，有力地维护了社会稳定。

了解了西吉事件发生的来龙去脉，全面听取了中央政法委、统战部、公安部、国家民委和宗教局等有关部门和方面的意见，也认真查对了中央关于宁夏民族宗教问题方面发过的文件和制定的政策，还查阅了有关法规，比较仔细地研究了你们上报的材料和意见，与会常委都充分发表了意见。所以说，这个指示是中央经过反复权衡，慎重作出的非常重要的文件。你们 8 月 23 日给中央的报告，也认为中央指示完全符合西吉问题的实际情况，方针政策也很明确，表示要很好地贯彻执行。我认为，认真学习、深刻领会、不折不扣地贯彻好中央这个文件，是迅速妥善地解决西吉事件，进一步增强团结，保证宁夏的长治久安和经济发展的关键所在。你们在这个事件上费了很大劲，想了很多方法，做了很多工作。但事件现在还未平息，中央理解你们的困难，中央指示体谅了你们的难处。中央认为，在当前情况下，如果不借中央的权威性，单靠你们自己，很多问题不好解决。我认为：中央的指示，为解决西吉问题提供了一个很好的时机，希望你们抓住这个时机，无论如何不要失去这个时机。失了这个时机，问题就更复杂化了。这一点，希望自治区的同志们很好地体会。

（二）保护人民，维护法律，是中央“8·21”指示的核心精神。西吉事件是由宗教内部纠纷引起的，但发展到后来，发展到现在，已变成一种聚众械斗，抓人、打人、杀人，扰乱社会秩序，损坏人民财产，死伤了那么多人，造成那么多人民群众无家可归，生命安全失去保障，这就不能再把它看成是宗教内部纠纷了。事件的性质已演变成为目无政府、目无法纪、乱打乱杀的严重违法犯罪问题了。在家庭中，父子吵架，夫妻不和都属于家庭纠纷，但是如果杀了人，无论是父亲杀儿子，还是丈夫杀妻子，就不能再说成是家庭纠纷问题了。《宪法》第 36 条规定：“国家保护正常的宗教活动。任何人不得利用宗教进行破坏社会秩序、损害公民身体健康、妨碍国家教育制度的活动。”任何宗教、任何教派、任何个人都不能把自己置于国家法律之上。

处理西吉事件，必须高举“两面旗帜”。必须高举保护人民的旗帜——保护人民利益，保护人民生命财产安全；必须高举维护法律的旗帜——维护法律的尊严，制止一切违法犯罪行为。这是核心问题，是我们制定文件的根据，也是执行文件的目的。我们的党是为人民谋利益的党，我们的政府是全心全意为人民服务的政府。我们不是常讲要与人民同呼吸、共命运、同甘苦、共患难吗？现在，西吉一些群众在那里蒙受苦难，迫切希望我们去解救他们。如果我们或无动于衷，或无能为力，那我们还算什么共产党、人民政府！同心县有个同志对我讲，他有个亲戚也在械斗的人里面，亲戚告诉他说，双方群众都希望政府采取果断措施，说只要政府向天上放几枪，他们借机会就跑了，不想在那里折腾了。还有人告诉我，械斗时冲在前面的、被杀的，多是老实百姓，是没有钱没有权的人。所以，老百姓非常希望政府伸出手，双方群众都埋怨政府拖延不力。我敢断言，宁夏的广大干部、群众，包括西吉沙、陈两方的多数群众，都不愿看到这种局面再继续下去了。迅速平息西吉事件，停止流血，停止杀人，恢复正常生产、生活秩序，这是大得人心的。

（三）中央的要求是：坚决、果断、迅速地平息西吉事件，不能再拖。拖下去，犹豫动摇，等待观望，只会使问题更难解决。越拖损失越大，越拖死人越多，双方杀红了眼，仇越结越深，冤冤相报何时了？拖下去，祸在西吉，殃及宁夏，甚至可能引起其他地方、其他方面的连锁反应。一些心怀叵测的人会蠢蠢欲动，借机搞一些名堂，或以民族宗教问题为理由，或以其他问题为由，煽动群众，制造事端，甚至借口教派纠纷搞封建武装割据。中央指示强调收缴枪支武器，就是不准有私人或小集团武装，不准有武装割据。拖下去，就会影响党和政府在人民群众中的威信，人民群众就会埋怨政府见死不救，软弱无能。这件事解决不了，首先遭埋怨的是西吉政府，再往上就是宁夏政府，当然也会埋怨中央。你连械斗问题都解决不了，还讲什么宏图大略，振兴这个，发展那个，谁信你。毛泽东说话，群众就信，因为他领导人民真的把日本鬼子打跑了，把蒋介石打垮了。所以，械斗这个问题解决不了，党和政府的威信就树不起来，号召就没有力量。这是一个考验，也是一个机会。这件事处理如何，对宁夏在相当长时期内各方面的工作，都会产生深刻的影响。我认为，现在对平息西吉事件，中央有明确要求，群众有强烈愿望，地方党委没有别的选择。中央关于坚决、迅速、果断平息事件的主要措施有两条：一条是大兵压境，一条是发动强有力的宣传攻势。首先是隔离，双方不能再接触，不能再流血；接着是缴枪、散人；然后是恢复秩序，恢复生产，恢复生活。在这个过程中，如何组织党内干部、基本群众集中学习，如何对教派头头进行集训，如何根据情况依法严惩那些指挥械斗的为首分子和杀害对方群众的少数严重犯罪分子，都要进行认真研究，作出切实部署。必须强调，政府介入后不能再流血死人。不再死人，不再流血，老百姓就会有信心，问题就比较容易解决。

（四）自治区党委要加强领导。不管是前线，还是后方，不管是军事措施，还是政治措施，都要加强统一领导。西吉事件由来已久，双方已僵持很长时间了。区党委、区政府前阶段做了大量工作，中央希望你们认真总结经验，全面正确地贯彻中央“8·21”指示，把西吉事件处理好。首先要进一步统一认识，特别是统一党内的、领导层的认识，必须以中央的声音主导社会舆论。只要自治区各级干部和广大党员，尤其是决策层、领导层认识一致，认真按中央精神办，平息西吉事件的任务就可以顺利完成。其次要下决心，花力量，做长期工作的准备。你们已抽调了一大批同志在那里做工作。现在看来，不能急急忙忙撤人、撤部队。相当长的一段时间，要有强大的力量在那里，帮他们整顿秩序，恢复生产和生活，加强基层政权建设和班子建设。工作队的同志在那里工作很辛苦，要给予鼓励、支持，对他们的家庭生活困难，要帮助解决。军队在那里，要做好拥军工作，帮助军队解决一些实际问题，搞好军民关系，搞好团结。三是要精心组织，统筹安排。要把军事工作与政治工作、群众工作与上层工作、平息事件工作与群众生活安排工作、目前工作与长远工作等统筹考虑，落到实处。四是平息西吉事件之后，要做好善后工作，防止出现反复。事闹大了就束手无策不对，事态平息了又不闻不问也不对。要做好善后工作，包括宗教内部、宗教上层工作等都要认真研究。对于如何加强基层政权的建设，深入做好教派群众的工作，实现这些地区的长期稳定，要有长远的考虑和切实的步骤。我想，借这个机会还可做很多工作。可以把人民群众动员起来，引导到维护秩序、发展经济、改善生活、繁荣宁夏上来，把坏事变成好事。

支援西藏是个长期任务*

（1994 年 2 月 18 日）

我完全赞成江泽民、李鹏同志的讲话。听了陈奎元①、热地②同志的汇报很受启发。有感而发我讲几点意见，作为筹备工作的参考。

中央既然下决心召开第三次西藏工作座谈会，就要下力量把会议开好，而要开好就要把筹备工作搞细致、搞充分、搞切实。

第一，要统一对西藏工作的思想认识。

西藏问题弄到今天已经不仅是这个具体工作那个实际困难的问题，而是一个重大的政治问题，正如刚才江泽民同志讲的，是一个事关全局的问题。事实上西藏问题已经是关系到祖国统一、民族团结、社会主义国家的形象和国际关系、国际斗争的问题。这个问题解决不好，会给国家给今后带来很多麻烦。世界上有一类问题可以研究探讨，属于有弹性的问题；有一类问题没有多少回旋余地，是硬性问题，如国家的领土问题就属这类问题。我过去讲过，祖宗留下这块地皮，不能叫我们给搞小了；中华民族的好传统，不能叫我们给搞丢了；革命先烈留下的好制度，不能叫

---

* 这是李瑞环同志在第三次西藏工作座谈会筹备领导小组第一次会议上的讲话。

① 当时任中共西藏自治区党委书记。

② 当时任中共西藏自治区党委副书记、自治区人大常委会主任。

我们给搞坏了。这是大是大非，不能有一点含糊，否则交待不了。中国历朝历代的统治者，在主权、领土问题上都是很谨慎的。我们是共产党，我们每个党员、每个领导干部更应该认识到这是一个上对祖先下对后代的大问题。我认为这次会议首先要解决好这个思想认识问题，只有解决好这个问题，才有可能解决其他问题。要通过这个会议，通过总书记、总理的讲话或者会议纪要，对西藏问题有一个全面、准确的说法，对国外有说服力，对国内有号召力。

第二，支援西藏是个长期任务。

西藏问题从本质上讲，是一个政治性的问题，但就解决西藏问题的途径和方法来说，主要的还是个经济问题。当然，西藏目前的稳定问题、对敌斗争问题十分突出，对此我们决不可掉以轻心，但公开的、大量的问题还是经济问题。刚才有位同志说，西藏的经济问题，从长远或从根本上讲，是促进内因的变化，使西藏自身有活力、有动力。这话不是没有道理，也应当朝着这个方向努力。但西藏是个特殊地区，既是个边疆地区又是个高寒地区，就是实现刚才有人说的“粮食自给”，也需要相当长的过程。西藏的经济没有外部的支持，很多事情是无法办成的。这个支持，包括中央的支持，也包括全国各省市的支持。经济支持用简单的话说，就是西藏 200 万人为全国 12 亿人守疆卫土，全国 12 亿人理应支持西藏解决经济问题。从根本上讲，这个支持是相互的，这个支持有利于祖国统一，有利于民族团结。

全国要支持西藏，我在天津时就唱这个调。过去天津给西藏经贸出国团派过顾问，也为西藏培养过建筑公司的技术人员，还为西藏的孩子开办了学校。我认为全国各地都要担负支持西藏的任务，比如为西藏培养人才，扩大西藏孩子到内地来上学的数量，北京培养多少，天津培养多少，广州培养多少……要有分配有分工。要让更多的西藏人到内地来上学、来工作，像热地同志这样的干部要是多了，西藏的事情就好办了。这一点我们认识不足、下力量不够。乾隆为了迎接六世班禅进京，认真学习藏文，可以用藏语对话。你说，皇帝养尊处优？这方面他也真下了不少功夫。

对西藏经济上的支援，一是大家要认这个头，二是要有一个长期的规划，三是要有切实的保证措施。不能你这边经济空气紧了，或者忙于研究问题，把西藏的特殊性忘了，这不行，得有一个稳定的说法和做法。总之，关键问题是经济问题，经济问题主要还是个支援问题，还有一个支援的方式问题。

第三，要把解放思想、实事求是作为会议的指导思想。

对西藏我们过去有过很多讲话，有过很多规定，发了很多文件，毫无疑问，这些讲话、规定和文件，都是重要的，在一定时期内都发生过一定的作用。但是西藏问题之所以反反复复、好好坏坏，固然有国内外的敌对势力捣乱，这一点不能否认，此外，还有没有讲话、规定和文件本身的原因？有的精神总体上是对的，在局部上还有没有毛病？有的文件在当时是适用的，情况变化之后还适用不适用？这些都应当检讨一下。必须明确这样一条思想，不管是哪类文件包括红头文件，不管是什么人的讲话，都要允许检讨、研究。不能说谁垮了，谁说过的话，谁主政时期的规定和文件就敢评论，其他领导人没垮，即使有错也不能纠正，这样怎么研究问题，怎么能研究出新东西来？当然，对外发文件、讲话，纠正过去的不妥之处，还是要注意方式。

研究事物，主要是研究事物的特殊性。西藏就是特殊，研究西藏问题就是要研究它的特殊性，从中引出我们对西藏的方针政策。我觉得我们对西藏问题的特殊性还是研究、认识不够。强调解放思想、实事求是，目的是希望大家不要有包袱，要从西藏的实际情况出发，找到从根本上解决西藏问题的办法。我认为会议应该达到这个目的，而不是简单地给点钱，给几个项目。要解决根本问题，否则过一段时间又成问题。

第四，要系统地研究解决西藏的干部问题。

刚才热地同志谈到了西藏的干部问题。无论是本地干部的培养，还是外地干部的选调，都存在着一些值得重视和研究的问题。我们派到西藏的干部都是精选的，工作也都是努力的，但那里确有许多特殊情况。年龄大的适应不了那里的自然环境，年龄小的又不成熟、不够分量。因此，西藏干部的培养、选拔、任职时间、轮换制度、休假制度以至生活待遇等问题确有许多特殊情况要深入研究，全盘考虑。目前最急迫的是外调、轮换一部分干部，保证西藏那里有人盯摊。如果去了五个人，有四个人病了回来，那里一出事，党委只有一个值班的，跑两步还喘，怎么行呢？这是很现实的问题。我看西藏只配一套干部肯定不行，可以多配一点。西藏是一个自治区，可以容纳不少干部。要找年轻有为的干部，安排到西藏锻炼。现在没有战争，去西藏工作也是个考验。如果有人一叫去西藏就吹了，那他的提拔也就吹了，是你自己吹的，不是不提拔你，是你不愿去西藏。要有一整套人马在那儿盯班站岗，否则，什么宏图大略也没有用，什么工作也到不了位。

民族地区的主要任务是发展经济、改善生活*

（1994 年 9 月 8 日）

同志们、朋友们：

在国庆四十五周年前夕，在《民族区域自治法》颁布实施十周年之际，国家民委举办这样一个座谈会，很有意义。刚才司马义·艾买提①同志就民族工作和召开第二次全国民族团结进步表彰大会的有关情况作了介绍，几位同志作了很好的发言，听了以后很受启发。我也想了几点意见，讲出来和大家商讨。

一

民族工作在我国始终是一件大事。

第一，它关系到国家的统一。我们中国是由 960 万平方公里领土、56 个民族、12 亿人口组成的，每一个民族都是这个多民族大家庭中不可缺少的成员。我国少数民族有近 1 亿人口，分布在全国各地，民族自治地方有 157 个，占国土总面积的 64%。

---

* 这是李瑞环同志在各界少数民族人士座谈会上的讲话。

① 当时任国务委员兼国家民族事务委员会主任。

因此，我们讲人民的团结，领土的完整，国家的统一，都是以各民族的团结为基础的。没有各民族的团结，中国就会陷于动乱和分裂，中国就不成其为中国。

第二，它关系到社会的稳定。民族是历史的产物，在历史发展过程中各民族形成不同的风俗、不同的习惯、不同的语言和不同的生活方式，各民族之间的差异是客观存在，而有差异就会有矛盾。这些矛盾的妥善解决，始终是实现社会稳定中极为重要的一个方面。历史和现实都反复证明，民族地区的各种矛盾解决得好，民族关系和谐融洽，就为全国的社会政治稳定创造了有利的条件。

第三，它关系到经济的发展。我们讲现代化建设，讲提高综合国力，讲实现“三步走”的战略目标，都是就包括所有少数民族在内的整个中华民族这个整体而言的。如果民族地区经济长期处于落后状态，我们的各项宏伟设想就不可能完全实现。这些地区的经济长期搞不上去，发达地区的经济也会由于资源和市场的制约而难以保持发展后劲。

第四，它关系到边防的巩固。我国陆地边境线 2.1 万公里，绝大部分位于少数民族聚居区，仅内蒙古、新疆、西藏、广西等四个自治区就达 1.5 万公里。只有把民族地区建设好，把各族群众的爱国主义热情进一步激发出来，共同承担守疆卫土的光荣责任，才能筑起一道坚不可摧的边防长城，才能保护祖先留下的疆域不受任何外来侵犯和蚕食。

第五，它关系到全民素质的提高。我国人民整体素质的提高，是建设富强、民主、文明的社会主义现代化国家的基本内容和基本条件。如果不大力推进民族地区的经济发展和社会进步，不切实提高 1 亿少数民族人口的思想道德、科学文化水平，就谈不上整个中华民族素质的提高。

第六，它关系到挫败国际敌对势力的图谋。在当今世界政治格局中，民族问题日益显示出其重要地位，一些国家的动乱、分裂、解体，多数都与民族问题密切相关。国际敌对势力也力图把挑拨、离间民族关系作为遏制、搞乱中国的突破口。我们只有重视和做好民族工作，谨慎和妥善地处理好民族关系，不断巩固和发展民族团结，才能在复杂的国际斗争中掌握主动，立于不败之地。

二

民族地区的主要任务是发展经济、改善生活。民族地区的经济确实比较落后。尽管改革开放以来民族地区经济建设成绩显著，城乡面貌大有改观，但总体上还没有摆脱经济落后的局面。这些地区历史上就不发达，现在的发展速度又相对较慢，与全国特别是发达地区的差距越来越大。以 1992 年的人均国内生产总值与 1985 年相比，民族自治地方与全国的差距由 218 元扩大为 655 元；与东部沿海地区的差距由 385.9 元扩大为 1464.3 元。民族地区的产业结构、产品结构本来就不够合理，财政、资金又十分困难，面对激烈的市场竞争，更加无法适应。民族地区有优势、有潜力，但受交通、能源、通讯等基础设施滞后的制约，一时还发挥不出来。对这种形势的严峻性和紧迫性，必须有足够的认识，下大决心，下大力量，努力把经济搞上去，否则就会越来越落后。

民族地区群众的生活普遍比较困难。改革开放以来，民族地区群众生活水平有了很大提高，但由于历史和客观的原因，这些地方平均收入、生活水平与沿海地区相差甚远。迄今全国没有稳定解决温饱问题的8000万人口和其中处于绝对贫困状态的2700万人口，大部分分布在民族地区。在荒漠干旱、高寒阴湿和石山秃岭地区，有一部分群众连吃水都成问题，生病就医、小孩上学就更谈不上。如新疆的喀什、和田等地，许多群众常年喝“涝坝水”，即在村头挖一大坑，夏天下雨盛满后供一年饮用，由于坑水被严重污染，群众喝后引起许多疾病。造成这种情况，有的是由于客观上的原因，彻底解决无疑需要一个过程，有的则与我们有些同志对群众的困难视而不见、议而不行、抓而不实有关。我国是社会主义制度的国家，我们党是为人民谋利益的党，对群众的疾苦，我们理当坐卧不宁，寝食不安！民族地区发展经济、改善生活的困难较多，有两个条件是必需的，一是领导威信，二是群众精神。领导威信不高，不能号令三军；群众精神不振，一切无从谈起。领导的威信从哪里来？靠上级封不出来，靠权力压不出来，靠自己或靠宣传吹不出来，靠耍小聪明骗不出来，只有靠真心实意地、尽心竭力地、坚持不懈地为人民办实事才能逐步地建立起来。群众也只有在他们艰苦创业的过程中，能得到实实在在的利益，感到有希望、有盼头，他们才会有劲头、有积极性，才会振奋精神。在发展经济中改善生活，为改善生活而发展经济，这在群众生活还比较困难的民族地区，具有突出的现实意义。

民族地区的各项工作是互相联系的有机整体。贯彻民族、宗教政策，坚持和完善民族区域自治制度，发展民族教育、科技、文化、卫生事业，培养民族干部，加强民族团结，维护社会稳定等，都十分重要，都必须切实抓好。但是，如果经济长期不发展，群众生活长期不提高，这些工作就难以做好。实践证明，经济落后可以导致一连串的落后，经济发展可以带来一连串的发展，民族地区的各项工作任务都应当放到发展经济、改善生活的过程中去完成。

三

发展民族地区经济的关键是搞好资源开发。加快民族地区经济建设，离不开国家的大力支持，离不开发达地区的多方援助，更离不开这些地区本身的自力更生、奋发图强。实践证明，民族地区要真正摆脱贫穷落后，实现繁荣富裕，必须有一条符合本地实际、能够发挥自身优势的发展路子。就大多数民族地区来说，这条路子就是做好资源开发这篇大文章。

民族地区具有地广人稀、资源丰富的显著特征。这些地区地上地下资源人均占有量远远高于全国平均水平。我国农用土地后备资源主要集中在民族地区，煤炭、石油、天然气储量相当大部分也在这些地区，已探明的多种有色金属储量几乎都占到全国的1/3 到 1/2 以上，水利蕴藏量超过全国的一半，潜力巨大，前景广阔。把资源开发作为民族地区经济发展的战略方向，尽快使民族地区资源优势转化为现实的经济优势，是实现民族地区经济振兴的有效和可靠的途径。

国家对民族地区的扶持，发达地区对民族地区的帮助，要朝资源开发的方向努力。各行各业、各部门对民族地区资源的开发，要与当地经济发展相结合，要赋予扶贫的意义，尽可能多地使用当地劳动力，增加资源就地加工和利用的比重，带动当地各类产业及基础设施建设，促进当地群众物质和文化生活水平的提高以及生态环境的改善，推进各项事业的发展。

搞好民族地区的开发和建设，不只是民族地区发展的重要问题，同时对整个国家的未来发展具有重大战略意义。作为我国产业重心地带的东部沿海地区，具有资金、技术、人才、管理等多方面优势，把这些优势同民族地区的资源优势结合起来，实现优势互补，我们国家就会有更大的发展。因此，一切关心民族团结、国家振兴、子孙后代命运的人，都应该关心民族地区的经济发展，都有责任为此作出一份贡献。

新中国成立以来，我国的民族政策是正确的，是符合实际的，是体现全国各族人民的共同意愿的，我们的民族工作是卓有成效的。在座的各位同志是各民族的优秀代表，同本民族群众有着特殊的密切关系。过去你们为贯彻党的民族政策，维护民族团结，做了大量工作，希望大家今后继续关心这方面的工作。让我们在邓小平同志建设有中国特色社会主义理论的指引下，在以江泽民同志为核心的党中央领导下，为进一步巩固和建设我国平等、团结、互助的民族大家庭，为促进各民族的共同繁荣，为实现我国现代化建设的宏伟目标，作出新的更大的贡献。

我们实行宗教信仰自由政策是真诚的*

（1998年10月14日）

最近中美两国关系有较大的变化和发展，特别是江泽民主席成功地访问美国，克林顿总统成功地访问中国，在中美两国乃至整个世界都引起了强烈反响。这充分显示了中美两国正常发展关系对各自利益和对世界的重大作用与影响。

中国是发展中国家。近100年来，由于种种原因，中国没有能够很好地从事经济建设。从今年倒数100年是1898年，那一年戊戌变法失败，然后是中国人民反对帝国主义侵略的义和团运动，八国联军攻陷北京，此后一直到1949年，中国有半个世纪处于不断的战争和社会动荡之中。新中国成立后，我们党领导人民建设国家，取得了很大的成就，但也走过一些弯路，犯过一些错误，特别是“文化大革命”那样的错误，因而没有能够集中地连贯地进行经济建设。中国人民真正专心致志地搞建设只是改革开放以来的这20年。20年来，中国确实取得了巨大成就，但总体上讲，中国还是个经济落后的国家，要赶上世界中等发达国家的水平，还要奋斗半个世纪乃至更长的时间。20年来，中国经济建设总的看比较顺利，但在前进的过程中，也碰到了许许多多的困难和问题，有许多直到今天还没有解决。也就是说，对中国

* 这是李瑞环同志在会见美国基督教会联合会访华团时的谈话。

的成就不宜估计过高和过满，对中国的困难不可小视和大意。

我讲这些，是想说明一个道理：中国需要一个较长的时期专心致志地从事经济建设。为此，除了在国内必须维持一个团结稳定的社会政治局面，在国际上也必须争取一个和平友好的外部环境。只有有了这样一个好的外部环境，我们才能集中精力搞国内建设。也只有有了这样一个好的外部环境，我们才可能顺利实行对外开放，同各国进行经济和各个领域的交流与合作，学习和借鉴各国的先进经验。中国无意同任何国家闹摩擦闹矛盾，搞无意义的争执和纠葛。从这个观点出发，我们真诚地希望同世界上最大的发达国家美国搞好关系。我们认为这样做不仅符合中国人民的利益和需要，也符合美国人民的利益和需要，有利于全世界的和平与发展。对中美两国关系最近一个时期发展的势头，我们总体上是满意的，同时也希望双方珍惜这个局面，使之继续向好的方向发展。

发展中美关系，不仅需要两国政府的努力，而且需要两国人民包括宗教界的共同努力。宗教界应当为加强两国人民的联系和沟通发挥积极作用。最近一个时期，美国宗教界人士来中国访问的增多了。我们了解美国宗教界特别是基督教对美国政治和社会的影响，对这类来访很重视。今年 2 月，江泽民主席同美国 3 位宗教领袖见面并长时间地交换了意见。8 月，朱镕基总理会见了美国基督教广播网董事长罗伯逊，比较详细地介绍了中国的情况和对一些问题的看法。你们的美国基督教会联合会在美国社会有广泛的影响，与中国的基督教“两会”有较好的关系，在许多方面对中国也表现得十分友好。你们很早就发表声明，对中国基督教实行的“三自”原则（即自治、自养、自传原则）表示理解和尊重。我们对此表示赞赏。你们来中国访问，既是中美关系发展的一种结果，又将进一步促进两国友好合作关系的发展。我们欢迎你们多组织人员来访，多来中国看看，百闻不如一见嘛！最近美国关于中国宗教问题的传闻不少。传闻之言，不可不察。我们大概都有这个体验，有的事一经传闻就不是原来的样子了。过去我们听到讲美国的都是坏话，美国听到讲中国的也都是坏话。现在互相交往多了，互相之间有了了解，看法就有了改变，现在我们听到讲美国的也有好话，美国听到讲中国的也有好话。有这样一个笑话：一对男女青年谈恋爱，男的看女的什么都好，女的胖一点，他也说胖好，胖得像唐朝的美女杨贵妃。结婚后两口子过得不好，男的看女的什么都不顺眼，胖也成了问题，说你怎么胖得像头猪。对同样的人、同样的事情，观点变了，整个态度都变了。希望美国的朋友们多到中国亲眼看看，了解真相。把中国的缺点说得过分是不真实的，当然，把中国好的地方说得过了头也是不真实的。

通过与一些外国朋友接触，我感到大家共同关心的一个问题是中国的宗教问题。有些朋友，也不排除国内有些人，对我们的宗教信仰自由政策总抱有疑虑：你们不是主张唯物论吗，你们不是无神论者吗，怎么可能真诚地贯彻执行宗教信仰自由政策呢？我们说，我们实行宗教信仰自由政策是真诚的。我们之所以实行并只能实行这样一种政策，是基于以下一些原因。

第一，这是我们的基本观点所决定的。我们的辩证唯物主义世界观认为，世界是物质的，物质世界是可以认识和改造的，这种认识和改造要通过实践来实现。在我们的主张里，物质第一、客观第一、存在第一。由此可以得出一个基本观点，就是客观事物的发展和变化是由其内在规律所决定的，任何违反其内在规律的外部干预，任何对复杂问题的简单处理，都是不能奏效的。所谓客观，除了自己的思想，其他都是客观，宗教的存在也是客观。正是基于这种观点，我们认为，宗教作为人类精神生活中一种普遍、长期存在的现象，有其发生和发展的社会根源和认识根源，有其不以人的意志为转移的客观规律，企图用行政手段去限制甚至消灭它是行不通的，当然，企图用行政力量去发展宗教也是错误的。我们对宗教的认识也有一个从比较肤浅、比较片面，向着比较深刻、比较全面发展的过程。过去的解释，认为宗教的发生和发展是由于社会生产力、科学技术水平以及人们对自然界的认识能力低下。现在的情况是，人们对自然界的认识越来越深入，改造自然的能力越来越加大，但宗教信仰者并没有减少。全世界 58 亿人口中有 40 多亿信仰宗教，其中包括许多对自然现象有深刻认识的科学家和有广泛影响的政治家。这就要求我们对宗教作进一步观察，针对新的情况作出新的解释，要求我们尊重宗教内在的发展规律，对宗教问题采取非常慎重的态度。

第二，这是我们的根本宗旨所要求的。中国共产党和中国政府的根本宗旨是全心全意为人民服务，也就是为了多数人，团结多数人，依靠多数人。我们的一切努力，都是为了实现和维护广大人民群众的基本权利，其中当然也包括了他们对自己宗教信仰的自由选择权利。我国宪法明确规定，中华人民共和国公民有宗教信仰自由。我们在宗教工作中始终强调是否信仰宗教、信仰哪一种宗教，是公民个人的私事，不应受任何国家机关、社会团体和个人的干涉，这都是为了实现和维护宗教信仰的自由选择权利。在中国，信教和不信教群众在思想信仰上的差异是次要的，在政治上经济上根本利益的一致才是主要的。中国的宗教信仰者有 1 亿多人，一些少数民族如藏族、回族等多数群众信教。只有尊重公民的宗教信仰自由权利，才能调动广大信教群众的积极性，才能使信教和不信教的群众在根本利益一致的基础上团结起来，把意志和力量凝聚到建设现代化国家、实现更加美好生活的共同目标上来。

第三，这是引导宗教在我国社会中发挥积极作用所必需的。中国有五大宗教，五大宗教指佛教、道教、伊斯兰教、天主教、基督教。各宗教倡导的伦理道德都有热爱祖国、服务社会、弃恶扬善、造福人群的内容，如佛教的“庄严国土、利乐有情”，基督教的“荣神益人”，道教的“慈爱和同，济世度人”，伊斯兰教的“两世吉庆”等等。这些内容从一个方面反映了人类对美好世界的向往和对真善美的追求，长期以来在人民群众中产生了广泛、深刻的影响。这些内容有许多与我们共产党人所提倡的精神文明是一致的。在一定意义上可以说，我们同宗教信仰者的区别，只是对事物本原的认识和追求目标的方式上的区别，而目标本身常常是相同或近似的。只有实行宗教信仰自由政策，才能对宗教中积极、向上的内容加以挖掘、整理，使之在现实生活中发挥积极作用。当然，我们也支持宗教随着现代社会的进步开展必要的神学建设，以更好地与社会主义社会相适应。

第四，这也是与中国的历史文化传统相一致的。中国在其漫长的历史上一直是一个世俗国家，政权高于神权，没有出现过政教合一的全国性政权，也没有发生过欧洲历史上那种宗教战争。中国又是一个讲求“和合”文化的国家，主张“以和为贵”，对各种文化兼容并包，包括对待宗教。中国现有的五大宗教，除了道教是中国本土产生的，其余都是外来的。中国历朝历代的统治者，有过偏信某一种宗教的情况，如有的偏重佛教，有的偏重黄老之学，但总体上讲对各种宗教都是宽容的。中国传统文化有相当部分与宗教文化有联系，特别是佛教文化对中国传统文化的发展作出过相当大的贡献。与此同时，各种外来宗教也不断从中国传统文化中汲取养料，不同程度地“中国化”。我们所实行的宗教信仰自由政策符合中国的历史文化传统，既符合信教群众的要求，也为占人口大多数的不信教群众所接受。

综上所述，我们的宗教信仰自由政策是一项长期政策，而决不是什么虚伪之辞、权宜之计。那种认为无神论与宗教信仰自由之间势不两立，一讲宗教信仰自由政策就是放弃唯物论、无神论的看法，是错误的；同样，那种认为一讲坚持唯物论、无神论就是要对宗教采取反对态度的看法，也是错误的。当然，我们也承认在执行宗教信仰自由政策的过程中有的时候有的地方可能会出现偏差，不仅仅在宗教政策方面，在其他方面也都可能出现偏差。我们会努力改进工作，解决这些问题，也欢迎外国朋友们提出善意的批评和积极的建议。

民族、宗教问题的基本观点和政策*

（2001 年 2 月 12 日）

同志们：

根据中央的安排，我主要讲一讲统战工作方面的问题。讲四个问题：一、统一战线的重要地位和作用；二、要重视民族、宗教问题；三、要围绕中心、服务大局；四、全党都要关心和支持统战工作。

一、统一战线的重要地位和作用

鸦片战争之后，中国沦为半殖民地半封建国家。为了民族的独立和人民的解放，中国人民进行了百折不挠的斗争，但由于敌人的强大，由于没有科学的理论、先进的政党，斗争只能在黑暗中徘徊，直到“十月革命一声炮响，给我们送来了马克思列宁主义”，中国革命的面貌才为之一新。中国共产党领导的反对帝国主义、封建主义和官僚资本主义的新民主主义革命，走过了曲折的道路，经历了 28 年的艰苦斗争，终于推倒了三座大山，建立了新中国。毛主席总结这段历史认为，中国革命胜利的最根本经验有三条：一是靠党的建设，通过不断加强自身的思想、组织、作风建设，保持党的先进性和正确性，成为中国革命的坚强领导

---

* 这是李瑞环同志在中央工作会议上的讲话。

核心；二是靠统一战线，把一切爱国的进步的阶级、阶层和社会成员统统团结在自己周围，调动起“千千万万的民众”，组织起“浩浩荡荡的革命军”；三是靠武装斗争，用人民战争的方式，赶走侵略者，打败蒋介石。毛主席把这三条称之为克敌制胜的三大法宝。

统一战线的重要地位和作用，是由马克思主义基本理论决定的，也是在中国共产党领导的中国革命和建设的实践中形成的。历史唯物主义有两个基本观点，一个是生产力观点，一个是群众观点。生产力观点揭示了生产力是社会发展的决定性因素。党的十一届三中全会以来提出关于社会主义初级阶段的基本理论，明确发展生产力是社会主义的根本任务，制定“一个中心、两个基本点”的基本路线，主要是依据这一观点。群众观点揭示了人民群众是历史的创造者，是实践和认识的主体，是推动历史的根本动力。我们讲全心全意为人民服务，一切为了人民、一切依靠人民，就是从这一观点出发的。人民这个概念在不同的历史时期有着不同的内容，随着大目标、总任务的变化，人民的范围也在变化。人民群众总是既有社会基本群众，又有其他方面的人群。这些其他方面的人群，在大目标上同我们是基本一致的，但在信仰上、在具体的利益和要求上又同我们不尽一致。这些人虽然总体数量不是很多，但是缺了他们，我们讲的人民就不完整。这些人有相当的社会能量和政治影响，对实现大目标具有特殊的作用。实现同他们的团结，只能采用统一战线的方法。

新的历史时期，我们所处的国际和国内环境发生了变化，我们党面临的任务也发生了变化。但一切为了人民、一切依靠人民的基本观点没有变化，统一战线的法宝地位没有变化。正如邓小平同志所说的，统一战线“不是可以削弱，而是应该加强，不是可以缩小，而是应该扩大”，要“把一切能够联合的都联合起来，范围以宽为宜，宽有利，不是窄有利”。要建设现代化强国，完成祖国统一大业，使我们国家拥有与历史悠久、人口众多、地域辽阔相称的国际地位，使中国步入世界发达国家之林，是宏伟而艰巨的任务，需要付出极大的努力，离开全体人民的共同奋斗，离开统一战线工作是不可能实现的。新时期的统一战线可以概括为“一个领导、两个联盟、三个范围”。一个领导就是共产党的领导。两个联盟就是全体社会主义劳动者、拥护社会主义的爱国者的联盟和拥护祖国统一的爱国者的联盟。三个范围就是以建设有中国特色社会主义为基础，实现大陆范围人民的团结；以拥护祖国和平统一为基础，实现大陆同胞与港澳台同胞的团结；以促进中华民族伟大复兴为基础，实现海内外全体中华儿女的团结。

统战工作的根本任务是团结大多数、调动积极性。建设有中国特色的社会主义、实现中华民族的伟大复兴，是中国人民在中国共产党领导下创造历史的过程，能否达到这一宏伟目标以及达到这一目标进程之快慢，说到底取决于我们能否实现最广泛的团结，取决于我们能否得到广大群众的自觉支持和主动参加，取决于我们调动群众积极性的程度之高低、范围之大小、时间之长短。人区别于物的特点在于人有自觉能动性。如何把大多数人的主动性、积极性、创造性充分调动起来，凝聚起来，是统战工作需要认真研究的问题，也是其他一切工作特别是领导工作需要认真研究的问题。领导者的责任就是把大多数人的积极性充分地调动起来并合理地发挥出去。领导者的积极是为了多数人的积极，如果领导者的积极不能使多数人积极，甚至影响和挫伤多数人的积极，这个积极就成了问题。作为领导干部，要经常想想群众在自己心目中占什么位置，自己在群众心目中是什么形象。必须始终着眼于多数人，对于多数人的利益、多数人的愿望、多数人的意见、多数人的情绪，必须采取十分审慎的态度。

毛主席说过，什么叫政治？政治就是把拥护我们的人搞得多多的，把反对我们的人搞得少少的。同理，什么叫统战？统战就是团结一切可以团结的力量，调动一切积极因素，化消极因素为积极因素，这是统一战线全部工作的出发点，是统一战线工作的过程和归宿，是统一战线的安身立命之本。

二、要重视民族、宗教问题

统一战线工作包括许多方面的内容，江泽民同志要我着重讲一下民族和宗教工作。民族和宗教问题是当今世界的一个热门话题，也是一个十分复杂、十分敏感的问题。新中国建立以来，我们党把马克思主义基本原理与我国民族和宗教的实际情况相结合，形成了一整套正确的观点和政策，积累了许多宝贵的经验，取得了巨大的成绩。同时应当看到，国际国内都出现了一些新的情况，我国的民族、宗教工作也面临着一些新的课题；我们有些干部对党的民族、宗教理论和政策了解不多，对新形势下出现的新问题研究不够。这种状况应当引起全党的重视。

中国是一个统一的多民族国家，由56个民族组成，每一个民族都是这个多民族大家庭中不可缺少的成员。我国的少数民族，第一是人数多，加起来有1亿人口；第二是居住地域广，民族自治地方面积加起来占国土总面积的64%，我国2万多公里陆地边境线绝大部分位于少数民族聚居区；第三是混居程度高，一个民族常常散布于许多地方，一个地方常常生活着若干民族。在中国，保持国家的统一，维护领土的完整，实现人民的团结，都离不开各民族的共同努力。讲任务，是56个民族共同的任务；讲成绩，是56个民族共同的成绩；讲困难，是56个民族共同的困难；讲前途，是56个民族共同的前途。56个兄弟民族情同手足，休戚与共，一荣俱荣，一损俱损。

我们党关于民族问题的基本观点和政策主要有：（一）民族的产生、发展和消亡是一个漫长的历史过程，社会主义时期是各民族共同发展、繁荣的阶段，各民族间的共同因素在不断增多，民族特点、民族差异将长期存在。（二）民族问题是社会总问题的一部分，我国现阶段的民族问题只有在建设有中国特色社会主义的共同事业中才能逐步解决。（三）国家统一是各族人民的最高利益，各族人民都有维护祖国的安全、荣誉和利益的义务。（四）各民族一律平等，国家保障少数民族的合法权利和利益。（五）各族人民要互相尊重，和睦相处，不断巩固各民族的大团结。（六）各民族要加强互助合作，努力实现共同进步和繁荣。（七）发展经济、改善生活是我国现阶段民族工作的主要任务，是解决其他各种问题的基础。（八）民族区域自治是中国共产党对马克思主义民族理论的重大贡献，是解决我国民族问题的基本制度。（九）不断提高各族人民的思想道德素质和科学文化素质，努力造就一支宏大的德才兼备的少数民族干部队伍。（十）民族问题和宗教问题在一些地方往往交织在一起，在处理民族问题时要注意贯彻党的宗教政策。

当前，我们的民族工作形势是好的，民族地区总体上是团结稳定的，但也存在一些不容忽视的问题，主要是极少数的民族分裂主义分子在境外敌对势力支持下，千方百计地从事破坏民族团结、制造祖国分裂的活动。对此，我们必须始终保持警惕，进行坚决有力的斗争。否则，少数民族群众的利益会受到损害，社会的稳定、边疆的巩固、国家的统一都会受到威胁。同时必须明确，经济建设仍然是民族地区的中心任务。这是因为，坚持以经济建设为中心，努力提高人民群众的物质、文化生活水平，是现阶段及今后很长时期全国人民的共同任务。民族地区的经济发展和生活水平相对落后，民族地区人民求发展、求富裕的愿望更为强烈。这还因为，现在民族地区的许多问题都和经济问题联系着。经济搞不上去，人民生活不能改善，我们就没有吸引力、凝聚力，社会就很难稳定，其他工作也难以做好。我们还必须明确，56个民族的干部都是党的干部，56个民族的人民都是中国人民，他们的绝大多数是拥护党和政府、反对分裂的；搞分裂活动、反对我们社会制度的人只是极少数。我们应该作这样的基本估计：第一，这是客观事实；第二，这是对我们几十年工作的肯定。在这个问题上，我们既要自信，也要互信。政策和策略的统一，原则性和灵活性的统一，动机和效果的统一，这是个理论问题，也是个实际问题，是做好领导工作必须研究和把握的问题。世界上的事情是复杂的，有些事情要多做多说，有些事情要多做少说乃至不说，有些事情必须做、经常做但未必经常说，尤其不能不分场合地说。比如，人人都要吃饭，都要拉屎，而人们常常只说吃饭，却很少说拉屎。

宗教问题是一个重大而特殊的问题。据有关方面的材料，现在全世界60亿人口中，信教的约有48亿，我国相对比例较小，但绝对数字也有1亿人左右，一些少数民族几乎全民族信教。在我国，宗教具有群众性、民族性、国际性、复杂性、长期性的特点。处理好宗教问题，关系到广大人民群众的切身利益，关系到社会稳定和民族团结，关系到我国的国际影响。因此，我们必须像列宁讲的那样，对待宗教问题采取“特别慎重”、“十分严谨”、“周密考虑”的态度。

我们党关于宗教问题的基本观点和政策主要有：（一）宗教有其发生、发展和消亡的过程，在社会主义社会将长期存在，不能用行政力量去消灭宗教，也不能用行政力量去发展宗教。（二）宗教信仰自由受国家宪法保护，公民有信仰宗教的自由，也有不信仰宗教的自由。（三）要宣传无神论，但不能把有神论和无神论的区别等同于政治上的对立。要坚持政治上团结合作、信仰上互相尊重。（四）国家依法对宗教事务进行管理，保护正常的宗教活动和宗教界的合法权益，制止和打击利用宗教进行违法犯罪活动。（五）我国宗教方面的矛盾主要是人民内部矛盾，但在一定条件下也可能出现对抗性的问题，要严格区别、妥善处理两类不同性质的矛盾。（六）坚持独立自主、自办教会的原则，在平等的基础上开展宗教方面的对外友好交往，抵制境外敌对势力利用宗教进行渗透，不允许任何境外宗教团体和个人干预我国宗教事务。（七）爱国宗教团体是党和政府联系信教群众的桥梁，要支持它们加强自身建设，自主开展活动，充分发挥作用。（八）爱国宗教界人士是团结信教群众、维护社会稳定的重要力量，宗教界要有计划、有组织地培养爱国宗教教职人员队伍。（九）积极引导宗教与社会主义社会相适应。宗教界要把爱教与爱国结合起来，在国家法律和政策范围内进行活动。（十）所有宗教团体和宗教界人士都必须维护法律尊严，维护人民利益，维护民族团结，维护国家统一。

我们党关于宗教问题的基本观点和政策，是经过深思熟虑的，是经受了实践检验的，是严肃的、真诚的，是要下功夫实行的而不是说着听的、摆着看的，是要长期坚持的而不是权宜之计。比如，尊重和保护宗教信仰自由，这是宪法规定的。因为宗教作为人类精神生活的一种普遍、长期存在的现象，有其深刻的认识根源和社会根源，有其不以人的意志为转移的客观规律；因为我国是人民当家作主的社会主义国家，人民享有广泛的自由和民主权利，包括对宗教信仰的自由选择权利；因为信教群众和不信教群众在政治上经济上的根本利益是一致的，只有尊重信教群众的宗教信仰，才能把他们团结起来共同致力于社会主义现代化建设。又比如，坚持独立自主、自办教会，这也是宪法规定的。

因为历史上殖民主义和帝国主义曾把天主教和基督教当作侵略中国的工具，中国天主教会和基督教会曾被外国势力所控制，中国人民深受其害。新中国建立后，爱国宗教界人士和信教群众不愿意中国的宗教再受外国势力的支配，实行独立自主、自办教会。这一选择，是我国信教群众和不信教群众的共同愿望，是我们抵御外国势力干涉我国宗教事务、利用宗教进行渗透的有效屏障，是我们维护国家主权和民族尊严、避免历史悲剧重演的重要保证。

民族、宗教无小事，不能掉以轻心、麻痹大意；民族、宗教问题很复杂，不能用简单化的方法对待、处理；民族、宗教工作涉及方方面面，不仅统战部门，而且各有关部门都要重视、都要去做；民族、宗教领域的新情况、新问题较多，要及时研究，不断总结，作出新的概括，但一定要瞻前顾后，慎之又慎。

三、要围绕中心、服务大局

统一战线工作必须围绕中心、服务大局。统一战线讲本质、讲功能、讲地位、讲作用，都与党和国家的大局息息相关。当前，党和国家的大局就是稳定，就是发展。统一战线要通过卓有成效的工作，为维护稳定、促进发展作出新的贡献。

中国需要稳定。没有稳定，不管多么美好的蓝图、多么宏伟的目标都会落空；没有稳定，“什么都搞不成，已经取得的成果也会失掉”。改革开放 20 多年来，我们所以取得举世瞩目的成就，一个重要的原因就是我们始终十分重视稳定，努力维护稳定，总体保持了稳定。中国需要发展。没有发展，中国存在的许许多多的问题都无法解决；没有发展，中国还会出现许许多多新的问题。建国以后，一个重大的教训就是我们在相当长的时期内坚持“以阶级斗争为纲”，严重忽视了发展；十一届三中全会以来，一个重大的经验就是我们始终坚持以经济建设为中心，牢牢抓住了发展。邓小平同志一再提醒全党："发展才是硬道理"，"现在要横下心来，除了爆发大规模战争外，就要始终如一地、贯彻始终地搞这件事，一切围绕着这件事，不受任何干扰"。正是在邓小平理论的指引下，我们排除各种干扰，实现了20多年的持续发展。应该看到，我们的发展确实成绩显著，但不宜估计过高，我们的人均水平比人家差得很多，比美国差几十倍；我们的发展确实比较迅速，但即使以这样的速度发展，不出现大的曲折，赶上中等发达国家水平还要50年的时间；我们的发展确实比较顺利，但存在诸如人口多、底子薄、资源相对不足等许多制约发展的难题。还应该看到，当今世界，科学技术突飞猛进，经济全球化趋势增强，一些发达国家凭借各种优势极力扩充经济实力，许多发展中国家也在调整政策急起直追，国与国之间的竞争空前激烈，发展对我们十分紧迫。稳定才能发展，发展有利稳定。稳定、发展，事关人民群众的根本利益，事关中华民族的前途命运，事关我们国家在世界上的位置。特别是在新世纪之初这么一个关键的时期，中国究竟有一个什么样的开局，这是海内外中华儿女都极为关注的问题，也是对中国今后发展产生重大影响的问题。

现在，我们的国家总体上是稳定的。改革开放政策顺应民心，经济发展给群众带来了实惠，现代化建设目标对全国人民具有巨大的凝聚力和感召力，稳定的基础进一步增强。但是，现实生活中存在的种种不安定因素，也不可掉以轻心。我们必须看到，一些群众中确实存在不满情绪。由于改革的深入，由于利益关系的调整，下岗失业人员增多，一些人的生活受到影响，加之少数干部腐败、工作简单粗暴以及社会治安、社会风气方面存在的问题，群众意见比较多，有些甚至引发群体性事件。应该说，他们的许多要求是合理的，他们从根本上是拥护党和政府的，但

“怨不在大，可畏惟人”，由于涉及人数较多，影响面较广，我们应当高度重视。对群众的困难和问题，我们要深入地体察，切实地关心，妥善地解决。我们也必须看到，社会上确实存在某些破坏稳定、危害国家安全和统一的势力。流亡到海外的那些所谓“民运分子”坚持反共反社会主义；少数“台独”分子妄图分裂祖国；达赖集团加紧策划所谓“西藏独立”；新疆民族分裂主义分子屡屡制造暴力恐怖事件；“法轮功”邪教组织已经成为破坏稳定的一大祸害。这几股敌对势力相互勾结，遥相呼应，对此，我们一定要心中有数。毫无疑问，我们要进一步扩大对外开放，积极融入经济全球化潮流，与世界各国开展经济技术合作，学习和借鉴人类社会的一切优秀文明成果，但我们对敌对势力的图谋必须始终保持高度警惕。总之，对目前大好的形势要充分肯定，要理直气壮地宣传，以鼓舞士气、增强信心。但对党内同志尤其是党的高级干部，必须多讲居安思危，必须增强忧患意识。一个国家、一个民族、一个政党最大的忧患是没有忧患意识；一个国家、一个民族、一个政党最大的问题是对问题缺乏警觉。“生于忧患，死于安乐”，这是一句老话，也是一个真理，我们应该牢记。

自上个世纪90年代以来，东欧剧变、苏联解体，世界社会主义处于低潮，仍然坚持社会主义的国家已经为数不多，中国的社会主义搞得如何，不仅关系到中国自己，而且关系到整个社会主义的前途和命运。回顾历史，为了寻找强国富民的真理，为了建立社会主义的制度，为了探索有中国特色社会主义的道路，一代又一代革命先辈率领广大人民群众，进行了艰苦卓绝的斗争，付出了极其沉重的代价。今天的局面确实来之不易。我们决不能让前辈开创的事业在我们这一代人手里丢掉，而要把这份事业接过来、传下去，并尽最大的努力使之有所完善、有所发展。我们的国家是一个有12亿人口的大国，我们的民族是一个有自强自立传统的民族，我们的党是一个有丰富斗争经验的大党，只要我们自己没大病，自身过得硬，任何力量也奈何不了我们。我们要加强全党的团结。中国的事情办得如何，关键在党。广大党员特别是各级领导同志，都要百倍珍视团结，竭力维护团结，真诚搞好团结。要加强党和人民群众的团结。“民惟邦本，本固邦宁。”中外历史表明，一个政权也好，一个政党也好，其兴衰成败最终取决于民心的向背。重视民情，顺从民意，争取民心，使党和群众保持血肉联系，赢得群众真心实意的拥护，这是我们国家长治久安的坚实基础，是我们事业必定胜利的根本保证。团结就是力量，团结就是胜利，团结就是生命。全党和全国各族人民紧密团结在以江泽民同志为核心的党中央周围，就能经受任何风浪的考验，夺取新的更大的胜利。统战工作的主题就是大团结、大联合，应该多做协调关系、化解矛盾的工作，多做了解社情民意、理顺群众情绪的工作，多做联络友谊、沟通感情的工作，为促进上下左右、方方面面的团结作出不懈的努力，尽到自己的责任。

四、全党都要关心和支持统战工作

统一战线工作是我们党的总路线、总政策的一部分，是全党的工作，需要全党的关心和支持，需要全党同志来做。我们要适应新形势的要求，切实加强和改善党对统一战线的领导。

各级党委要提高对统一战线工作的认识，善于运用统一战线为党的中心工作服务。当前我们都在集中精力搞经济建设，各方面工作的确很忙，但决不能因此而忽视统战工作。党委要把统战工作列入重要议事日程，定期讨论统战工作，听汇报、出题目、提要求、加任务，通过统战工作调动各方面积极因素，为经济建设创造良好的社会环境。党政主要领导要亲自做统战工作，研究统战方面的问题，参加统一战线的重要活动，督促、检查统一战线政策的落实情况。

中国共产党领导的多党合作和政治协商制度是我国一项基本政治制度，民主党派工作是统战工作的重要内容。中国共产党处于领导地位，负有更多的责任和义务，必须悉心体察民主党派和党外人士的愿望和要求，经常关心他们的工作与生活，尽心竭力为他们排忧解难、多办实事，为他们发挥作用创造条件。

人民政协是我们党领导的多党合作和政治协商的重要机构，是我国民主政治的一个显著特点和优点。各级党委的领导同志要重视政协工作，支持政协履行职能。要按照党中央的有关规定，积极推动政治协商，切实开展民主监督。政协委员都是各党派团体、各族各界的代表人物，他们大多数是有学问的人、有经验的人，看问题比较客观、比较超脱，从他们那里可以听到许多不易听到的意见，可以找到一些难以找到的招法。只要我们真心实意地同他们商量问题，虚心坦诚地和他们交换意见，从善如流、集思广益，就一定能够使我们的各项决策更加完善，使我们的方针政策得到更多人的赞同和拥护。

配备好统战干部，是加强统战工作的一个关键环节。选配统战干部，除了考虑一般的德才标准外，还要注意统战工作的特殊要求，其中很重要的一条，就是人缘好、形象好、富有人格的力量。统战工作是联系人、团结人的工作，如果让别人见了感到别扭，避之唯恐不及，怎么能把别人凝聚在一起？统战工作讲究求同存异、体谅包容，如果对不同的意见和看法听不进、容不下、想不开，怎么能在共同的大目标下把更多的人联合起来？统战工作是靠带动、影响做工作，如果表里不一，不能以身作则、率先垂范，所讲的道理怎么能使别人信服？统战干部具有桥梁、纽带的作用，如果言行违背党的宗旨，不能使人感受到党的正确和温暖，党的方针政策又怎么能很好地得到贯彻落实？统战工作要求采用平等、商量的方式，如果居高临下、作风霸道、惯于把个人意见强加于人，怎么能同别人合作共事？在中国革命的历史上，一大批党外人士之所以冒着生命危险支持我们的事业，是因为我们党有正确的政治主张，也是因为我们党有像周恩来那样的富有人格魅力、高风亮节的同志。要切实做好统战系统干部的培养、交流、选拔、任用工作，大力提高统战干部队伍的整体素质。

同志们：

今年是我们党成立八十周年。统一战线伴随中国革命、建设和改革的发展走过了不平凡的历程，积累了丰富的经验，形成了光荣的传统，在新的历史条件下也面临着许多问题，承担着更繁重的任务。不久前中央召开了全国统战工作会议，江泽民同志发表了重要讲话，对统一战线工作作了全面部署。我们要在以江泽民同志为核心的党中央领导下，高举邓小平理论的伟大旗帜，按照“三个代表”重要思想的要求，不断总结经验，不断探索前进，使统一战线这个法宝在建设有中国特色社会主义事业中发挥更大的作用。

重在落实*

（2001年6月27日）

第四次西藏工作座谈会是新世纪之初党中央、国务院召开的一次重要会议。与会同志认真学习了江泽民、朱镕基同志的重要讲话，深入讨论了中央《关于做好新世纪初西藏发展稳定工作的意见》，并以积极、负责、务实的态度提出了许多很好的意见和建议。会议开得圆满成功。这里，我就会议精神的贯彻落实问题讲几点意见。

一

江泽民、朱镕基同志的讲话和中央《关于做好新世纪初西藏发展稳定工作的意见》，从党和国家工作的战略全局出发，总结了第三次西藏工作座谈会以来西藏工作的成就和经验，分析了当前西藏工作面临的形势和任务，提出了今后一个时期西藏工作的各项方针、政策和措施。这些不仅对于做好西藏工作，而且对于推动党和国家各项工作都具有十分重要的意义。全党同志要认真学习领会，全面贯彻落实。

继续动员全国支援西藏，是这次会议的主要议题。西藏和平

---

* 这是李瑞环同志在第四次西藏工作座谈会上的讲话。

解放50年来，中央始终把帮助西藏加快发展、赶上全国前进步伐作为一项根本性的方针，在西藏实行了一系列优惠政策，通过大量财政补贴、建设投资和组织各类干部进藏，努力促进西藏经济发展和社会进步。特别是党的十一届三中全会以来，中央先后四次召开西藏工作座谈会，不断加大援藏工作的力度。1980年第一次西藏工作座谈会，确定对西藏实行特殊政策，让农牧民休养生息、发展生产，尽快富裕起来。1984年第二次西藏工作座谈会，进一步放宽政策，集中帮助西藏建设迫切需要的43个中小型工程项目。1994年第三次西藏工作座谈会，作出了全国支援西藏的战略决策，中央有关部委和15个省市对口支援西藏，确定援建62个重点建设项目。这一次也就是第四次西藏工作座谈会，对西藏的政策更加优惠，支援力度进一步加大，支援单位之多、援建项目之多、投入资金之多都是空前的。

我们之所以要在各方面任务十分繁重、财力十分紧张的情况下坚持全国支援西藏，首先，因为西藏自然条件差。西藏地处“世界屋脊”，平均海拔在4000米以上，高寒缺氧，地广人稀，交通不便。这种自然环境严重制约了西藏经济和社会的发展，使西藏办许多事情比其他地区面临更大的困难，需要付出更大的努力。没有全国的支援，西藏要改变落后面貌是不可能的。第二，因为西藏发展起步晚。西藏长期处于封建农奴制社会，民主改革几十年来，尽管同自己的过去比有了巨大变化，但是同内地相比，甚至同西部其他民族地区相比，也还存在不小差距。要真正解决西藏生产力水平低下、群众生活贫困、基础设施薄弱、各类人才匮乏等问题，需要相当长的时间，需要全国的帮助。第三，因为西藏战略地位重要。西藏南临南亚次大陆，与印度、尼泊尔等多国接壤，是祖国西南的重要屏障。历史上英帝国主义为把西藏纳入其势力范围，两次发动侵略战争。我们只有加快把西藏建设好，才能有效巩固西南边防，把祖先留下的这块土地守住。第四，因为西藏是我们与国际反华势力斗争的一个焦点。世界上总是有一些人不愿看到中国的统一和强大，一直企图利用所谓“西藏问题”遏制和分裂中国。自新中国成立以来，我们同国际反华势力围绕西藏展开的斗争从来没有停止过。近些年来，达赖集团在国际反华势力的支持下，一方面在西藏频繁制造事端，破坏社会稳定，一方面力求将所谓“西藏问题”国际化，骗取国际舆论的同情。我们要在这场关系到国家主权、国家安全和国家形象的斗争中夺取胜利，需要在各方面制定和实行正确的政策、策略，而最根本的还是要靠西藏本身的建设和发展。这些年来西藏各个方面有很大变化，一些外国人实地参观后，了解了真相，消除了误解，改变了态度。全国支援西藏更快发展起来，是对社会主义中国形象的最好展示，是对国际反华势力的最有力的回击。

实践已经证明，全国支援西藏是一个正确的方针，对西藏加快经济发展和社会进步、全面改变落后面貌产生了巨大推动作用。没有这样一个方针，西藏不可能有今天这个局面。第三次西藏工作座谈会之所以被普遍誉为西藏发展史上的一个里程碑，这七年之所以成为西藏经济发展最快、人民生活水平提高最快的七年，各项事业蓬勃发展、城乡面貌显著改变的七年，社会局面保持基本稳定、反分裂斗争取得重要成果的七年，很重要的一条就是我们确定并实行了全国支援西藏的方针。我们要认真总结经验，不断提高认识，更加坚定、更加自觉地把这个方针坚持下去。

二

中央关于今后一个时期西藏工作的大政方针、目标任务都已经明确，现在关键是狠抓落实。

开会是重要的，重要在于可以研究问题、统一思想、形成决策。但研究问题是为了解决问题，统一思想是为了统一行动，形成决策是为了付诸实施。离开抓落实，会开得再好，也只能是劳而无功。我们过去有些事情办得不好，不是失之于会议开得不好，政策制定得不好，而是失之于落实抓得不好。就大的方面来说，党的七大开得是好的，落实得也是好的，结果是取得了中国革命的最后胜利，建立了新中国；八大开得是好的，但落实得不好，结果是预期目标未能达到，社会主义建设走了弯路。就西藏工作来说，第三次西藏工作座谈会开得是好的，落实得也是好的，结果是这几年西藏的改革开放和现代化建设取得了显著成绩。但是不落实的事情也有。有些事情事先不是没有迹象，不是没有打招呼，也不是没有作部署，但就是抓得不实，结果不好。这次会议，花费了这么大的精力，制定了这么好的政策，安排了这么多的项目和资金，能不能达到预期的目标，能不能收到良好的效果，关键取决于我们能不能在落实上狠下功夫。

一般地说，落实总比开会难。会议所确定的方针、政策、部署属于主观的东西，落实是主观见诸客观的东西，主观认识部分地不符合客观实际是难免的；落实有一个过程，在这个过程中必然会碰到新情况、新问题；落实总要牵扯到上上下下、左左右右、方方面面诸多工作和利益关系，处理不好往往会影响全局。特别是这次西藏工作座谈会精神的落实，其难度切不可低估。一是工作量大。中央和有关省区市先期安排的建设项目就有 187 个，总投资 322 亿元。要在几年时间内用好这么多资金，建成这么多项目并予以有效管理，即使在沿海省份，也不是一件简单的事。有的同志说，要钱容易花钱难，建设容易管理难。我看这句话可以改为：要钱不易，花钱不易，花好了更不易；建设不易，管理不易，管出水平更不易。二是施工条件差。西藏特殊的地理、气候和交通条件，会给材料运送、人员调配和施工组织等带来许多难以想象的问题。三是牵扯面广。承担援藏任务的单位，包括中央有关部委和几乎所有的省区市，如何协调各方，减少扯皮推诿现象，使援藏工作形成一个有效的整体，如何调动大家的积极性、主动性、自觉性，需要做大量艰苦细致的工作。四是目前社会上存在着说得多做得少、布置多落实差的不良风气，就像老百姓批评的那样，“决心在嘴上，行动在会上，落实在纸上”。这给我们的工作带来了不可忽视的消极影响。总之，我们对落实这次会议精神的艰巨性和复杂性要有足够的认识，必须抓紧抓紧再抓紧，精心精心再精心，务求有实实在在的成效。

关于这次会议精神的落实，我具体强调几点。第一，要明确工作责任。中央有关部委、有关省区市和西藏自治区要按照会议的要求，制定自己的工作计划，什么项目由谁负责，什么时间办到什么程度，都必须逐一明确，特别是会议已经确定的项目，必须确保资金到位、人员到位、措施到位。第二，要搞好协作配合。各有关部委和地区要把自己的援藏工作与西藏的发展规划衔接起来，把自己的援藏工作与其他方面的援藏工作衔接起来，把新确定的援藏项目与已经建成和正在建设的项目衔接起来，简化手续，提高效率，真正做到相互支持、密切配合、形成合力。第三，要加强督促检查。各项工作都要实行严格的督查制度，定期检查进展情况，做得好的要给予表彰，不能按要求完成的要给予批评，追究责任。第四，要及时总结经验。加强信息交流，认真推广成功做法，大力宣传先进人物、先进事迹，用典型经验推动工作。

三

这次会议为西藏的稳定、发展创造了新的有利条件，西藏各级党委、政府要认清形势，振奋精神，抓住机遇，乘势而上，努力完成各项任务，使西藏工作在新世纪有一个崭新的局面。要认真学习、领会会议文件，层层传达，广泛宣传，使会议精神在广大干部群众中家喻户晓，从而把思想统一起来，把积极性调动起来，把力量凝聚起来，在全区形成一个为改变落后面貌、实现跨越式发展而共同奋斗的良好氛围。要使广大干部群众知道，中央为一个地区先后四次召开专门会议并动员全国予以支援，西藏是唯一的，中央和各地支援西藏这么多项目、资金是很不容易的，必须百倍珍惜，以实际行动来报答中央和全国人民的深情厚谊。

要集中精力发展经济、改善生活。江泽民同志指出："加快西藏的发展，最根本的是加快西藏经济的发展。""推动经济社会发展的一切措施，都必须把出发点和落脚点放在帮助群众脱贫致富，不断提高生活水平上。"我们在西藏开展的一切工作，都要着眼于发展经济、改善生活，都要有利于发展经济、改善生活，都要放到发展经济、改善生活的过程中去完成。这些年西藏城乡的变化有目共睹，但总的看，农牧民生活水平还比较低，农村人均收入只相当于全国平均水平的一半，一些农牧区多年来面貌变化不大，有的甚至还没有解决群众生活的一些基本条件问题。随着西藏建设规模的扩大，需要集中力量搞一些大的基础设施和骨干项目，如修建青藏铁路，以便为西藏经济社会的持续发展提供必要的条件。但同时还要努力为广大农牧民群众改善生存条件、提高生活水平多办一些实事，使他们在经济社会发展中能够得到实惠，普遍受益。朱镕基同志强调："所有援建项目既要立足于西藏的长远发展，又要着眼于改善近期人民群众的生产、生活条件，提高生活水平。"如果过了一段时间，援建的项目陆续完成，而相当一部分农牧民的生活依然如旧，对这次会议的召开没有什么感受，那么我们就很难说达到了预期的目的。

要扎扎实实做好维护稳定的工作。维护西藏社会稳定，是进行经济建设和发展各项事业的前提。没有稳定的社会环境，一切无从谈起。达赖集团和国际反华势力与我们之间的分裂与反分裂、渗透与反渗透、颠覆与反颠覆的斗争还会继续下去，有时还会相当激烈。对他们的分裂破坏活动，必须旗帜鲜明地予以揭露和打击，绝不姑息，绝不手软。这次会议决定进一步加强西藏稳定工作，增添设备，充实力量。西藏自治区党委、政府要精心安排，周密部署，务使打击分裂破坏活动、控制社会局面的能力有一个显著的提高。同时，我们在指导思想上应当明确，维护西藏社会稳定的基础在于取得各族群众的支持。达赖集团和国际反华势力总是要给我们制造麻烦的，对此我们要心中有数，暗使劲，使真劲，而不可一惊一乍，自乱阵脚，动摇了我们发展经济、改善生活的决心，动摇了我们主要的工作方向。西藏自治区党委、政府工作部署上要统筹兼顾，军队、武警、公安、司法、安全等方面要各司其职，切实负起对付各种分裂破坏活动的责任，但一般情况下，大面上的大多数人还是应当集中精力，把西藏的经济建设搞上去、把人民群众生活搞上去。这些年来，我们在反对达赖集团和国际反华势力的斗争中不断取得胜利，基本保持了西藏社会稳定，从根本上说，是因为群众从西藏的经济发展中得到实惠，看到党和政府真心实意为他们谋利益，从而更加坚定地站在我们一边。这是我们在西藏稳定工作中的一条基本经验，今后也要继续坚持。

要继续发扬自力更生、艰苦奋斗的精神。西藏自治区各级党委、政府要把中央和各地的支持变成强大的动力，开拓进取，创造性地开展工作，争取每一个项目、每一笔资金都能真正发挥作用，都能有效增强西藏自我积累、自我发展的能力。我们说，各地能不能积极主动帮助西藏发展，有一个对西藏人民的感情问题，而西藏能不能真正用好援藏的每一元钱，也有一个对全国人民的感情问题。长期以来，西藏广大干部和解放军指战员、武警官兵、公安干警同各族群众一起，在极其艰苦的条件下顽强奋斗，克服了许多困难，付出了巨大牺牲，作出了重要贡献。尽管这些年中央在提高西藏干部待遇、改善西藏工作条件方面想了不少办法，但不可否认，在西藏工作还是远比在其他地方工作要艰苦。中央将继续努力改善西藏干部的生活和工作条件，同时希望大家进一步发扬“特别能吃苦、特别能战斗、特别能忍耐、特别能团结、特别能奉献”的“老西藏”精神，为西藏各族人民作出新的更大业绩。

同志们，西藏和平解放50年来，中国共产党领导西藏各族人民在西藏经济和社会发展中所写下的光辉篇章，是历史上任何一个时代所无法比拟的。只要我们在以江泽民同志为核心的党中央领导下，高举邓小平理论伟大旗帜，按照“三个代表”的重要思想，紧密团结，扎实工作，一个繁荣兴旺的社会主义新西藏必将昂然屹立在世界之巅！

七、城市规划、建设和管理

坚决而有秩序地进行城市经济改革*

（1983 年 3 月 25 日）

中央领导要天津搞城市经济改革试点，先走一步，提供经验。对此，我们深感责任重大。我们研究讨论过多次，包括领导、企业管理者和专家学者，有了一些想法，但很不成熟。

一、城市改革迫在眉睫

现行的城市管理体制，许多东西已经不适应生产力的发展，甚至是前进的障碍。企业没活力，一切都得按计划行事，生产什么、不生产什么、生产多少，不是看市场，有需要没计划不能生产，有计划没需要照常生产；职工没劲头，干好干坏一个样，固定工资多年不动，虽有差别，微乎其微；政府也没有多少权力，稍大的事情都要跑北京向有关部门请示。部门林立，相互扯皮，办事手续繁杂，效率低下，就像一筐螃蟹，我勾着你，你压着我，急得冒沫谁也出不来。

农村改革对城市的影响很大，有人说：大包干才几年，农村就发生了巨大变化，城市为什么不学习农村？城市应当从农村成功的改革中汲取经验，敢于冲破一切不适应生产力发展的旧框框，通过改革，打破管理体制上统得过死和分配制度上吃“大锅

---

* 这是李瑞环同志就天津市经济改革方案同新华社记者的谈话。

饭”的局面，充分调动人们的社会主义积极性，把改革坚决推向前进。

二、把握好城市改革的特点

进行城市改革必须研究城市改革的特殊性，看到城市改革的复杂性，决不可忽视城市区别于农村、工业区别于农业的特殊点。研究和把握这些特殊点，并以此作为基础来指导城市的改革，是使改革工作有秩序有步骤进行的一个关键。

城市经济改革有哪些特殊点？

第一，城市人口密度大、分工细。居民靠货币收入购买商品来生活，无论衣食住行，生老病死，上学就业，都要依赖社会。不论哪一个环节出了问题，即使是一些非常简单的、在农村不成其为问题的问题，例如，一天没有煤，一天供不上菜，一天没人掏大粪，产妇住不了医院，等等，这些在农村都不是大的问题，而在城市都会直接影响人民的生活和社会的安定。这就决定了城市的改革必须更加细致、周到，绝不能因为改革单位的利益而影响城市的正常生活或者损害广大群众的利益。

第二，城市的专业化协作程度高。工业、交通、基建、内贸、外贸、科学、教育等各个部门，相互依存，相互制约，形成一个有机的整体，不论哪一个部门的工作跟不上，都会影响其他行业以至整个社会经济活动的正常进行。这就决定了城市各个部门的改革要互相衔接，密切配合。

第三，城市是经济中心。像天津这样的城市，经济面向全国，工业产品的一半以上供应全国各地，仅纯碱一项，就供应19个省市和中央20个部门的直属企业。搞得不好，就会影响整个国计民生。这就决定了城市和工业的改革必须有全局观点，不要因为一个城市某些单位出了问题而打乱全国的经济秩序。

第四，城市提供的积累，对国家的财政收入有举足轻重的作用。城市的改革如果不能确保国家财政任务的完成，就会影响四化建设的大局。这就决定了城市的每一步改革都要有所计算，保证国家多收。

第五，城市的生产力状况比农村复杂，城市内部各行业之间、各企业之间，生产力水平和生产关系的差异也很大。自动化、半自动化、机械化、半机械化以及手工劳动同时并存；国家、集体、个体以及中外合资经营等多种所有制形式同时存在；生产经营形式和分配形式也各具不同特点。这种复杂性决定了城市改革形式的多样性。

第六，城市的改革，特别是工业的改革，受国家现行体制和各项政策的制约比较大。任何真正的改革，都势必触动现存的计划体制、流通（包括外经外贸）体制、劳动工资制度、价格体系等各个方面。这就决定了城市的改革必须注意到若干重要方面的同步性。

第七，农村实行的多种形式的经营承包责任制，不仅适合当前农业生产力发展水平，而且广大农民也比较熟悉，乐于接受，也较易实行。城市现行的经济管理体制，尽管人们感到有种种弊端，但是因袭已久，形成了一套相应的组织机构、生活习惯和价值观念。改变这种旧的秩序，实行新的经营管理方式，带有更多的开拓的性质，人们不大熟悉，习惯势力对改革的阻力比较大。这就决定了城市在改革的过程中，必须以更大的努力去提高人们的认识，改变人们的观念和习惯。

第八，由于历史的原因，我们党对农村的情况和农业生产比较熟悉，相对来说，对城市和工业的认识则差得多，还存在着很大的尚未认识的必然王国，需要在实践——总结——再实践这样循环往复的过程中加深认识，摸索规律。这就决定了城市和工业改革的探索性、渐进性。

从上述的分析中可以得出这样的结论：不改不行，小改不行，慢改不行，但是，脱离实际、不经过深思熟虑地乱改也不行。我们应当积极地把群众的改革热情引导到中央确定的总方针上来，充分发挥社会主义制度的优越性，从实际出发，全面而系统地改，坚决而有秩序地改，有领导有步骤地改。

三、积极探索、稳步推进

城市经济改革包括三个内容：一是城市对企业的改革；二是企业对职工的改革；三是中央对城市的改革。就企业来讲，大方向还是以税代利，但从实际情况来看，目前还不可能一步到位。因为企业的基础条件、市场的供需情况、产品的价格高低，都是在计划体制下形成的，因此，企业盈亏原因不完全在企业，必须有个过渡时期。工业企业中凡有盈利的企业，都应加快利改税的步伐，实行税后承包；凡亏损的企业，实行亏损包干，实行减亏留己或减亏分成；“大集体”企业实行“自负盈亏”。基本建设在现有基础上在全行业普遍推行承包制。商业加速推行承包责任制。劳动工资总的方向是实行职务工资和以经营好坏为转移的浮动工资。

在进行城市对企业、企业对职工改革的同时，中央与地方的关系，也需要调整，就是在明确天津市向国家承担责任的前提下，中央赋予天津市以较大的自主权，在责、权、利相结合的基础上，使天津市能够放开手脚。比如，中央对现行计划体制进行必要的改革，减少国家的指令性计划，扩大指导性计划的范围。对于少数关系国计民生的重要产品实行指令性计划，国家在计划上保证供产销衔接，在产品的生产和分配上给地方一定的机动权。再比如，对现有财政体制进行改革。目前天津实行的是收支挂钩、总额分成的财政体制。这个体制实际上是中央统收统支、吃“大锅饭”的办法，不利于调动地方的积极性和统筹安排地方各项事业的发展。这次中央领导同志提出在天津全面实行利改税，并在此基础上逐步建立以税种划分中央与地方财政收入的财政体制，把财政收入范围定下来，收支包干。在企业所得税中划出一定比例作为地方所得税，在税后上缴利润中也划出一定比例作为地方收入。中央在津企业，除铁路、邮电、民航、外贸、军工外，也一律由天津征收企业地方所得税。中央核定天津的支出基数，实行包干。

对于天津这个改革方案，中央领导同志曾概括为“以税代利，税利并存，专项承包，各负其责，扩大自主权”五句话。这个概括符合实际，更加坚定了我们的信心，我们会朝着这个方向改下去。

城市规划设计工作的十大关系*

（1984 年 10 月 10 日）

我们这个会，是我和昌五①同志提议以政府的名义召开的。昌五同志的讲话是我们共同商量讨论的，我都同意。我认为这是一篇很好的讲话，有关规划设计的基本精神都讲到了。我根据大家的发言，把规划设计中经常碰到的、比较具体的问题，可以说是多发病、常见病，归纳成十个问题，或叫十对矛盾或关系，谈点个人的看法，作为引玉之砖，和大家共同商量。

（一）当前与长远的关系

如何处理当前与长远的关系，是我们多年来的老问题，也是规划设计工作中一个带根本性的问题。我们所讲的当前，常常表现为具体的、个别的、计划的东西，长远则表现为总体的、普遍的、规划的东西。一个城市的面貌，总是要通过当前的建设和长远的规划来得到体现。发展是连续的，当前是由过去发展而来的，长远则是当前发展的延续。当前要以长远作为自己的目标，要体现长远的要求，而长远要以当前作为出发点，并指导当前的发展。当前离开了长远就会失去方向，长远离开了当前就会落空。城市规划的作用，就在于能够从全局出发，高瞻远瞩，既考虑当前又规划长远，远近结合，由近及远，以最优的方案、最小

---

* 这是李瑞环同志在天津市规划设计工作会议上的讲话的一部分。

① 即毛昌五，当时任天津市人民政府顾问。

的代价，一步一步地实现长远的设想。在城市建设过程中，影响城市发展的因素在不断变化，所以，规划也要随着城市的发展而加以修改或补充，因而是变化的、滚动的。进行当前的建设，要尽可能地为长远打好基础，而不能设置障碍；编制长远规划，要尽可能地结合当前的需要，而不能脱离现实的条件。

作为城市的领导者，有没有远近结合的规划意识，工作成效是大不一样的。我们的城市建设不能急功近利，以牺牲长远为代价去迁就当前，比如规划的道路红线要从长远考虑，一下子把红线搞够，先控制起来，根据条件逐步实现，有条件时陆续完成，不搞够不行。有些同志不懂，主张把路先修起来，有钱以后再加宽。其实有钱时就宽不了了，两边都盖起了房子，怎么加宽？当然，我们的规划也不能超越现实，贪大求洋，要从可能条件出发，力求适当。

（二）区街规划与总体规划的关系

总体规划是指导城市合理发展的大纲，是区街详细规划的依据。区街详细规划是总体规划的基础和具体化。两者的关系是全局与局部、总体与部分的关系，是互为条件、互为依存的。没有总体规划，区街详细规划就失去了依据和遵循；而没有区街详细规划的制定和实施，总体规划也就成了空中楼阁，只能是“规划规划，墙上挂挂”。我们天津的总体规划已经搞了18稿，最近又搞出一稿，应该说又有了很大的进步。现在广大群众和各个方面都要求尽快把这个总体规划通过，以便有所遵循。总体规划确定以后，才能最后确定区街详细规划。但是，总体规划总是离不开天津的现实，也有一些难以更改的事实。因此，尽管目前总体规划没定下来，但许多地方已不需要、也不可能再有大的变化，着手搞好区街详细规划还是有条件的。

区街规划是一个区街范围建设的依据，我们既要抓紧尽早把总体规划定下来，又不能以此为理由放松区街的规划工作。天津的旧市区、旧街道究竟怎么改，大的方面许多地方已成定局。例如，污染的、扰民的、剧毒的、易燃易爆的工厂逐步搬出市区，市中心区以居住区、文化区和行政区为主，这个方向不会有大的变化。文化教育区域大体上也定了，有天津大学、南开大学等高等院校在那里，想搬也不可能。所以，现在按照总体规划大体定下来的轮廓，一个区、一个街、一个胡同、一块一片地搞好区街详细规划，是完全需要的，也是可能的。至于规划中填平补齐的工作，欠账就更多。许多街道，我们事先说不清缺什么，多什么，最终的样子是什么。因此，区的规划部门成立以后，就要把主要力量放在这方面，尽快地把每个街的规划都搞出来，先有个轮廓，待总体规划定下来后，再据以调整，逐步完善。这样，既为制定总体规划打下底子，也使区街建设不致盲目进行，避免为今后设置障碍。

（三）整修与新建的关系

新建的概念，包括新建小区和旧区内的新建。整修，主要是老房子、老街道的整修，同时也包括部分近几年新建房屋的整修。一方面，毫无疑问，我们面临着庞大的新建任务，将有很多新的建筑物陆续在全市矗立。其中包括若干大厂的建设，还有其他一些商贸、文教、科技设施项目等等。我们希望所有的新建都要按照规划建设，符合时代的要求，为城市增辉，而不能减色，努力做到随着城市建设的发展，使城市面貌不断改观。另一方面，必须搞好旧区的整修。我们要承认这个事实：天津的旧城区不可能全部推倒重建，也不应永远破烂不堪。这就有一个新建房子和旧有房子的结合、旧房子维修和改造的问题。房管局今年整修十条街道的意义，不仅在于街景发生了变化，更重要的是提供了一条经验，许多外形很差的房子是可以经过整修改变外貌的。

天津现有5000多万平方米的房子，除少数需要拆除的，大多数要保留下来，进行整修。这项工作刚刚开始，要根据现在的经济力量，本着少花钱、少扰民的原则，把旧房子、旧街道逐步地整修好。我市最近整修的旧围墙有创造，旧的围墙不动，就是把它铲铲，略勾一个帽子，抹上点灰，弄点水泥花，上面点上点儿丙烯酸，既简单又美观。过去的红砖墙房子也可以把窗间墙弄一点塑料或水泥，做成花饰、假浮雕，效果就很好。大城市的改造是一个大的难题。考虑新建的时候，老市区里只能“填平补齐”，不能“见缝插针”。“见缝插针”本身就是不要规划。我们现在的规划除了逐步地建设卫星城市以外，还要逐步地把工业区往东移，从二道闸沿海河两岸一直到塘沽，最后形成滨海新区。有些工厂陆续布置在海河下游两侧。沿津塘公路南侧是办公楼，北侧是居民区，海河边是工厂。然后开发海河，利用海河搞海运。再搞一个高速的高架铁路，由市里直通塘沽，解决交通问题，改变人们的距离观念，逐步把市中心区人口东迁。如何在旧街道里使新建的房子与旧房子协调起来，使一幢新房子能带动一片旧建筑，如何使旧房子能够整旧如新，与周围的新建房子协调起来，使整条街道旧貌变新颜，这是一篇大文章，必须下力量做好。最近我们向英国、德国各派出一个考察团，学习人家的经验，这方面它们有些做法是可以借鉴的。

（四）个体与群体的关系

如何把个体的多样性与群体的协调性结合起来，是规划设计中经常遇到的一个需要费心思、用气力解决的问题，也是检验规划设计人员水平的一个重要方面。当前，我们的规划中群体问题较多，不太注意前后左右的衔接，没有做到高低有别、错落有致、统一多样，形成好的街景，常常出现一个苍蝇坏一锅粥的现象。建筑设计首先要讲大效果，讲群体，讲街景。有些房子一个个看还不错，加在一起就不好了。这就有一个整体效益、社会效益和环境效益的问题。一幢房子，住房子、使用房子的是几家人，而观瞻这房子的是大多数人。我们常常忽视众多的人对房子的评价、欣赏，以及从这座建筑物所受到的影响。当然，强调总体协调，并不是不要重视个体设计。群体是由个体组成的，没有好的个体也就谈不上好的群体。个体搞不好，必然会影响群体，正是从群体观瞻上考虑，提高了对个体建筑重要性的认识，提出了在个体上下功夫的要求。目前，我们在个体设计上搞得不深，下功夫不够，缺乏特色，千人一面。城市建筑是百年大计，要经得起历史的检验。个体设计，要几遍、十几遍地研究琢磨，提高水平，讲究特点，注意多样性。规划和设计应该是一致的，规划和设计的一致可以充分体现群体和个体的关系。规划较多的是从全局的角度考虑群体的关系；而设计较多的是从单体建筑的角度考虑个体的特性。因此必须把规划与设计紧密地结合起来，通过规划、设计人员的创作，在个体的多样性和群体的协调性上取得更理想的效果，这就是我们的追求。

（五）标准化与多样化的关系

这个问题反映较多，难度也很大。规划设计既要讲标准化、规范化，又要讲特殊性、多样性。在国外，例如像巴黎这样的大城市，任何一个新的建筑，都不准与旧的雷同。国内对我们的“方盒子”、“仪仗队”、“秃脑袋”建筑也有很多议论。这些意见总的来说是对的，可是解决这个问题难度很大。因为多样化会影响标准化，而没有标准化，就很难实行建筑业的机械化、工业化，直接影响建设的速度和造价。但这个文章必须做，总是应该力求丰富一些、多样一些，不应该以标准化为理由拒绝尽可能的多样化。标准化不应该是房子模样的标准化，而是便于工业化生产的内部构件的标准化，参数、模数的标准化。楼板可以标准化，结构、空间也可以标准化，但要研究在这些基础上建筑外形的多样化。同样的构件，形式、高度、色彩可不可以有些变化？阳台、栏板、窗套、窗间墙可不可以有些变化？檐口可不可以有些变化？我认为是可以的。日本的石英表，机芯都是统一的，但表的外形却五花八门，各式各样。世界上汽车的许多零配件是统一的，但车型却多种多样。我们中国建筑是很讲究标准化与多样化统一的。比如古建筑的木构件都是有一定制式的，但盖出来的房子却各不相同。再比如，中国的普通砖尺寸一样，但可以砌出一顺一丁、三顺一丁、梅花丁等各种花式的砖墙。因此，我们不能以标准化为理由，忽视对多样化的研究。现在有很多用同样标准化构件盖的房子外形差别很大，好坏差别很大。所以必须在标准化、多样化上做文章，把标准化与多样化统一起来。

（六）使用与观瞻的关系

一个建筑之所以需要，一般都是由它的使用功能所决定的。从这个意义上讲，任何建筑物都是使用功能第一。但是，由于建筑物还有观瞻的作用，所以人们总是在满足使用的条件下，尽可能搞得美观一些。从建筑是城市文化的重要方面、是“凝固的音乐”这个意义上讲，观瞻本身也是一种功能，或者说是功能的重要组成部分。而且有些建筑物由于位置重要，首先要考虑的是街景和观瞻，观瞻就成为这些建筑物的最重要的功能。一个城市的面貌，是由城市各个街道组成的。能不能做到每一个建筑，既照顾了使用需要，又满足了街景要求，使每个建筑物都为街景增辉而不减色呢？我认为，只要认真下功夫，是可以做到的。必须指出，不重视外立面，不讲究建筑艺术，这是多年来“左”的影响的结果，我们已经吃了苦头，今天应该摒弃这样的观点和做法。建筑作为一种历史文化、民族文化，作为劳动人民智慧的结晶，作为一个民族科学技术发展的重要标志，应该讲求艺术、表现水平。在座的有不少是建筑师，建筑师不重视建筑艺术，实际上就是否认了自己存在的必要，起码是否认了自己的重要性。我提出这个问题，是针对天津市在外立面上的文章做得不够而言的，并不是说使用功能不重要，也不是说在使用功能上不需要改进和提高，而是要求把使用与观瞻有机地结合起来、统一起来，尽可能搞得更好一些。

（七）降低造价与提高水平的关系

前面讲的都是强调提高水平，这就碰到一个问题，按照一般的理解，提高水平就要多花钱。我认为必要的、该花的钱还是得花。但是，提高水平并不一定等于多花钱。而且严格地讲，高水平本身就包含着低造价。高明的建筑师之所以高明，就在于他能把这两者很好地统一起来。有的建筑钱多花了，房子反而难看了，花钱买了个难看。建筑物的外饰面全是单一的红砖墙是不好的。我们最近正在研究不同颜色的砖，强调在檐口、阳台、窗口、窗套上做文章，改变单一红色的毛病。但是，把整个楼、整条街都搞成干粘石白色的，这不同样单调吗？现在世界上把大量使用干粘石当作教训，认为易脏、难看、难修。我们不否定必要的、局部的使用干粘石，但是，我不主张大面积搞这个东西。它脏了没法刷，破了没法补。同样，建筑外墙用瓷砖、马赛克太多了，效果也不好。过几年风吹日晒掉下几块，补也没法补，即使补上了，也像是旧衣服加了个新补丁，很难看。什么叫水平高？我认为把美观、适用、省钱结合得好才是水平高。好的建筑师不在于多花钱，而在于花同样的钱却能做到更美观、更适用。建筑得讲究美术上的点缀，要点缀得有层次，要眉清目秀。另外，我们有些建筑的基础搞得过大，浪费很多。保险和保守是两个概念，不能因为要保险而变成保守。地震要考虑，但要有区别。首先区别地质情况，其次区别使用对象。抗 8 度与抗 7 度，在用钢材上差1倍多，混凝土差多少，造价差多少？再有结构形式，我说过多次，框架结构偏多。这一点一直不被设计人员所理解。我不反对有些建筑必须采用框架，但不加区别地大面积搞框架是不合理的。我们不能把高水平和低造价简单地对立起来，而应该研究提高水平和降低造价的关系。有一段时间，为了降低造价，把住宅的标准越搞越低，面积越搞越小，居住很不方便，这是不可取的。必须明确，在保证使用功能和观瞻效果的基础上，把造价降下来，这才叫真水平。

（八）设计与施工的关系

这也是工程建设的一个老问题，有过多次的反复。设计是属于主观活动，施工则是主观见之于客观的活动。任何一个设计，都是要通过施工和使用的实践来检验的。所以，设计和施工必须很好地结合，不能彼此脱节。在相当长的时间里，由于设计与施工结合得不够，设计脱离实际，施工违反设计，效果不好，经济效益也不好。有一度曾提出设计为施工服务，犯过施工主宰设计的毛病，主要表现在统管施工、设计的建委，常常偏重于施工，着眼于完成任务，代表施工单位的意见压设计；施工单位有时为了图快、图省事，不按设计施工，随意减少施工项目，砍掉必要的装饰；或者由于施工人员不懂设计，机械地按图纸办事，不能体现设计思想，结果影响了工程速度和质量，甚至造成隐患。因此，施工人员必须重视设计，懂得设计，研究设计，体现设计，以避免失误，进而起到补充、完善、提高设计的作用。同样，也有过设计不考虑施工，不同施工相结合的问题，主要表现为片面地强调按图施工，不听取施工人员的合理意见，否认在不影响最终效果的前提下以多快好省为目标修改设计，造成了不少无意义的劳动、无效果的投资，损失和浪费是相当大的。因此，设计人员必须懂得施工，了解工艺，知道在施工过程中该如何操作，才能使设计符合实际，才能使工程尽可能多快好省。事实上，许多建筑在功能、观瞻不受影响的情况下简单地改变一下设计，施工就可以省很多的时间和投资。我曾建议，要有计划地组织设计人员参加一段施工，搞几个不同结构形式、不同施工工艺的工程，通过设计和施工的相互了解与结合，一方面修改和完善某些不合理的设计，另一方面又可用科学合理的设计去引导施工，优化施工工艺，提高管理水平。这样，对设计和施工都有好处。设计内部几个专业的关系也要研究。如建筑与结构的关系，结构设计除了偏于保守之外，还偏于迁就建筑，也可以说建筑不太尊重结构。建筑、结构与电、水、暖的关系也要研究。总之，要做到经济效益、社会效益、环境效益的统一，必须认真研究设计与施工的结合，处理好设计与施工以及设计内部各个专业之间的关系。

（九）规范与规律的关系

规律是事物之间内在的、本质的和必然的联系。这种联系不是偶然的，而是不断重复出现的，它决定着事物发展的趋势。所以，规律具有普遍指导意义。规范是实践经验的总结，规范反映规律，是明文规定或约定俗成的，并经过国家或政府有关部门批准、颁布的标准和规定，是在一定范围内所有部门、单位必须遵守执行的。没有规范，或者有了规范不按规范执行，那就必然出现偷工减料、粗制滥造等质量事故或其他问题。但是，一方面，由于规范具有普遍性、一般性的作用，很难完全概括特殊的、具体的工程，并且规范是人定的，由于人对客观规律的认识是个过程，而人在制定规范时，要受到当时形势、政策、人员思想等诸多因素的影响，难免存在不符合实际情况的内容。另一方面，客观世界也在不断地发展变化，如新技术、新材料、新工艺的应用等等，过时了的规范就应当进行修改。而且，全国性的统一规范还应当结合当地情况运用，不能简单地套用。如何把规范的普遍性与当地的、具体的特殊性结合起来，做到每一项工程的多快好省，这是一个大题目。

有人问，规范、规律究竟谁大？我说这是两个不同性质的问题，但归根结底规范要符合规律，反映规律。违背客观规律的规范，不管是哪里通过的，都应该修改。我认为，在贯彻全国统一规范的情况下，各个地区都要根据不同情况，研究和制定本地区带有补充性质的具体规定。天津这么大的城市，有这么多的工程技术人员，天津大学等高校还有专门搞土建专业教学的，我们完全有责任、有能力在贯彻全国统一规范的过程中，根据研究成果和实际情况向中央有关部门提出建议，制定出符合当地情况的规定。当前最急迫的是：要根据不同建筑的功能、性质、特点和地区，研究确定建筑的抗震标准，尽快改变不分地段、不管用途，一律 8 度设防而造成巨大浪费的不合理现象。同时，对抗震的一些措施也要进行研究。

（十）放开搞活与集中统一的关系

简单地讲，规划要集中统一，设计要放开搞活。当然，规划和设计都有一个深化改革、调动各方面积极性的问题。规划是全局性、综合性的东西，不能分散，必须集中统一。目前反映在规划中的问题，多属于工作问题、作风问题，而不是集中与分散的体制问题。规划需要改革，是应当为大家服务的，但规划的改革必须有利于集中统一。在强调规划集中统一的同时，如何解决规划设计工作中存在的问题，是否也要改革，也要放开搞活呢？我认为，在大的统一前提下放一些不应当集中统一的权力给下边，使下边有一定的主动性、创造性，这就叫放开搞活。现在郊县有了规划员，市区有了规划处，双重领导，业务上以市规划局为主。各市区规划处主要研究本区的区街详细规划，对每条街道的性质、红线、高度、形式、色调等提出自己的意见，上报市局批准。在这个基础上，各区有权对每一幢建筑物批准建筑执照。规划集中统一表现在对各区规划工作的加强。各区成立规划处以后，要加强力量，保持相对稳定，以便对本区的地形、街道、房屋、道路、园林、绿地等情况搞清、搞熟。要深入下去，经常到各街道去看看。市局管大的，一定功能，二定红线，三定高低，四定大小，五定形式，六定颜色，等等。在这个大原则下，设计可以变化，可以创新。设计必须改变一家独揽的局面，逐步进入市场，参与竞争。允许有条件的单位，经审查批准，组织设计机构，承担设计任务，以解决任务大、人手少的矛盾。同时，这样各显其能，开展竞争，也有利于改变目前设计单一和水平不高的问题。

以上这十个关系，涉及的问题很多，一下子说不清楚。我今天只能是抛砖引玉，请大家一起把它们回答好。

我们这次会是非常重要的会，是决定天津城市面貌的会，也是关系天津整个形势的会。我寄希望通过这次会，大家能够心情舒畅，团结一致，振奋精神，齐心合力，把我们天津的规划设计工作提高到一个新的水平，使我们天津的城市面貌明年发生一点大的变化。不知能不能达到这个结果？我的讲话没有准备稿子，只有个题目，不对的你们批评。

市长的职责*

(1985 年 1 月 9 日)

你们出的这个题目：怎样当市长，很难回答。严格地讲，我当市长还没入门。国外的经验也不完全适用，外国的市长基本不管经济，不管市民生活。中国的市长，吃喝拉撒睡什么都管。尤其最近几年，大家都有这样一个感觉，解放以后我们国家从来没有像现在这样形势好，也从来没有像现在这样事情多。过去常常是"单打一"，现在政治、经济，内事、外事，生产、生活全面展开，都要求干好，开创新局面。因而，市长的工作既多又难。两眼一睁，忙到熄灯，马路上有人陪着，办公室里有人围着，星期天客满，早晚等门，真是躲不开推不了。到剧场去看戏，剧场秩序不好；马路上跑一跑，又碰到交通堵塞；抬头看，污染了；低头看，太脏了；和小孩开开心吧，他说学校食堂搞得太次。到处都是市长应该管的事。

中国的市长怎么当，应该说还是个尚待解决的问题。按照中央的精神，市长的主要职责是规划、建设、管理城市。就当前来说，其他的都不管也还不行。如何摆脱目前这种啥都要管、碰到啥管啥的被动局面，主动地、集中地搞成几件事，是个大课题。

---

* 这是李瑞环同志同《中国城市经济社会年鉴》记者的谈话。

第一，关于市长的选择与补课。

我是被人选的，这个题目你们应该找那些选人的人去谈。要我谈，我认为无论选了哪种类型的人当市长、副市长，都得补课。人都有长处，都有短处。搞自然科学的专家教授，他们自然科学知识丰富，但有的担任了校领导职务以后，连学校的食堂、卫生都搞不好，如果选他当市长，要他把全市人民的吃喝拉撒睡搞好，难度更不小。也不是他不想管好，而是因为一个人的时间有限，精力有限，接触的范围有限，“术业有专攻”。常常是这头长那头短，也常常是长是短的原因，短是长的结果。一个人在某一个方面经历时间过多，其他方面就可能是短门。当然，我这话不是说自然科学家不能当市长，而是说要知道自己的短处，要有计划地补短，要把自己已经熟悉和掌握的具体科学，犹如马克思学数学、物理学那样，用一般性的理论概括上升到普遍化的道理，即把自己熟悉了的东西、直接接触的东西上升为普遍的东西，然后再拿普遍的东西，去研究自己所面临的不同的行业和事物。如果忽视这一点，用某一个具体领域的知识直接去解决另一领域的具体问题，是很难成功的，甚至可能失败。因此，如何启发他们学习一点一般性的理论，把他们经验了的东西、熟悉了的东西，用基本原理加以概括，从中了解和掌握一般性的规律，这个过程我看是非常必要的。

社会科学家，是学一般道理的。但如果他没有做过基层工作，缺乏实践经验，上来管理社会，也要补课。因为很多理论，包括马克思主义的教科书，都是一个观点一个观点、一条一条讲的。比如，世界是物质的，认识是一个过程，对立统一，量变质变，一条一条学的，书本也只能这样写。而在事实上，在认识、对待某个具体事物和解决某个具体问题时，不是像书本那样分成条条，这段是讲物质的，那段是讲物质可以认识的；前面是讲对立统一的，后边是讲否定之否定的。每件具体的事都综合了各种理论，很复杂，如有个老丈母娘和闺女合起来把姑爷打了；有时挑大粪的不挑了，出现了“黄金塔事件”；有时菜少了，有时菜多了；等等。怎么解决？毫无疑问这里面都含有理论，但现查书本是不济事的。具体事物之所以复杂，因为它表现为过程，表现为综合，表现为质的多样性。比如一块木头，拿它去做桌子是原料，拿它去烧火是燃料，拿它去做扁担叫工具，拿它和坏人做斗争叫武器，拿它行凶抢劫叫凶器，拿到法庭上就成了证据。而且世界上的事物又是互相联系和制约的。因此，有一般理论的人也要补课，要把理论和实践结合起来，提高认识事物和实际办事的水平。由实践到理论是一个飞跃，由理论到实践也是一个飞跃，这个飞跃更重要，更难。

有实践经验的人，有很多长处，但也需要补课，必须把实践和理论结合起来。从基层调上来当市长的，有个知识问题，局面问题，视野问题。因为任何人都是在一定范围活动的人。他观察的就是那么一个范围，他研究问题就是那么一个范围，他研究问题就是那么一个方式，每天接触的就是那么一些人和事物，难免有局限性。因此，基层上来的人，必须把他接触和熟悉的东西上升到理论，变成一般。这样他才能有全局，有理论，有概括综合能力。不然，尽管有实践经验也难胜任。

我讲的这三条，即自然科学和其他科学的关系、具体科学和一般科学的关系、理论和实践的关系，想说明一个意思，就是三个类型的干部要想当好市长，都必须先下功夫找自己应该补的东西。三个不同类型的干部，具有三种不同的特点，具有各自不同的优势、长处，但与此同时又都有其本身伴随着的各种各样的劣势、短处。所谓短处，是相对市长这个任务和责任而言的。当上市长，就应当自觉地知道自己的短处，哪块是我不熟悉的，哪块是我无知的，就要在这方面下力量，尽快地补上。这是关键。

这里需要说明一个问题，一个人尽管很自觉地努力发挥长处，补上短处，但个人的认识和能力总是有限的。一个班子像一盘棋，下棋的人都比较重视车，因为它的作用大，但如果没有马、炮、卒等，满盘都是车，见面就兑车，这个棋也没法走。因此，一个领导班子要有合理的智力结构。在领导工作中要充分发挥大家的作用，坚持民主集中制的原则。要集思广益，依靠老同志把关，支持新同志的闯劲，吸取每个领导成员的智慧，发挥整个领导班子集体作用。

对新上来的人，不能求全责备。作为领导，作为组织，作为老同志，对新同志的短处不能看得过重，甚至不应先看短处。“寸有所长，尺有所短”，客观地讲，人人都有长处、都有短处，都有优点、都有缺点。领导者的责任就在于发挥长处，避其短处，发挥优点，克服缺点，在发挥长处和优点的过程中，去弥补短处，克服缺点，而不是首先找人的短处把人制住。这是讲领导怎样看待下边和周围的人。作为干部本身，在正视自己短处、缺点的同时，也要知道自己的长处、优势，否则就没有信心，就不能工作，就打不开局面。

学习别人的经验是提高水平、弥补短处的有效方法，但也要说明，不能简单地搬别人的，更不要光看表面现象。比如，我们针对前几年的体制和扯皮作风采取了现场办公的方法，效果较好。一些青年干部上来也效仿，这当然是好的。但是，如果只看当场决断，只看问题解决得快，不了解现场办公前广泛听取意见、艰苦细致地认真进行准备工作，不看反复研究、认真思考的过程，好像只要敢拍板就行，这就会出很大毛病。要解决的问题，有的是你熟悉的，有的是你不熟悉的，有的是你根本没接触过的，如果没有认真研究，怎么能拿来就拍板呢？一次拍不准，下次再拍也就不灵了。要知道，这“最后一下”，是经过日日夜夜、辛辛苦苦准备的结果。常常是看了很多材料，甚至查阅了几万字的资料的结果。只认为这是敢干，干活儿利落，这就是从表面上看，这样会害人的。

第二，如何使工作尽可能有声有色，尽快打开局面。

这个问题我只能说点事实，道理还说不清。天津这几年的工作，基本上是围绕着两句话来展开的。一叫振奋群众精神，二叫树立领导威望。由于历史原因，特别是“文化大革命”的破坏，存在着群众精神不振、领导威信不高的问题。群众精神不振，他不想干，不肯干，不作劲，就没法开创新局面；领导威望不高，说话不灵，就没有办法号令“三军”，攻克难关，攀登高峰。

用什么东西去振奋群众精神？用轰的方法不行，用压的方法也不行。要用工作，用行动，用关心和解决群众生活的事实。你为群众办事，群众为你作劲。在振奋精神的过程中，也就相应地树立了市委、市政府的威信。市委、市政府有了这个威信，就可以号召群众，去办那些群众关心的事情；由于这些事情是在大家拥护的市委、市政府领导下去办的，又是群众关心的，这些事情就可以办好，办好以后又可以进一步振奋群众的精神和树立领导的威信，形成良性循环。你们看到的食品街是100天建的，那样大的一片，拆迁只用了32天。如果没有振奋起全市人民的精神，没有全市人民来支持，没有领导说了以后各方面都照办的形势，是不可能的。南市食品街一个月拆迁完，100天建成，交工后20天开业，这既是天津基本建设各方面工作水平的表现，也是全市人民精神面貌的集中反映。

对于我们讲的这两句话，有些人常常有点误解，说振奋精神，树立领导威信，是为了叫群众说好，为了个人的名誉。一个领导如果把心用在为自己买好上，不仅是低级趣味，庸俗不堪，而且他根本不可能做好工作，哗众取宠，到头来只会被群众所唾弃。但是，领导者必须取得群众的信任。如果领导者得不到群众的拥护，在群众中没威望，说话没人听，没人跟着你干，即使说你的出发点就是为了四化，为了群众，其结果也只能是空话。而群众对领导的信任，靠上级封不出来，靠权力压不出来，靠自己吹不出来，靠耍小聪明骗不出来，只有靠实心实意地、尽心竭力地、坚持不懈地为群众办事，才能逐步地树立起来。你们说新市长上来，怎么能尽快地打开局面？要我看，必须抓住群众最普遍关心的、最亟须解决的问题。特别是大家都很关心，要求又很强烈，而又长期得不到解决，或者过去解决多少次难以解决的问题，经过努力把它解决了，这是最好的突破口。人们常讲“新官上任三把火”，这有点道理。乱放火不行，玩火自焚。但一点火气也没有，慢条斯理，磨磨蹭蹭，劲头就很难起来。没有起步不行，没有急迫感不行，当然乱哄哄也不行。一定要把题目选准，缜密思考，做好准备，一鼓作气把堡垒攻下来，从而把局面打开，这样就会越战越勇，打出士气，打出威风。

第三，必须把为人民服务作为最高宗旨。

全心全意地为人民服务，尽心竭力地为群众办事，既是做市长的目的，也是当好市长的动力，也是增长才干的途径。市政府、市长的职责说来很多，但最根本的就是给群众办事，为人民谋利益。在这个问题上，我们这几年来不说是天天讲，也是连篇累牍地讲，集中起来可以上百万言。

为群众办事、为人民谋利益，与为四化奋斗、为共产主义事业奋斗，与为革命、为民族献身等口号有没有矛盾呢？没有，但也不等同。四化建设，国家的富强，归根结底要人民去奋斗。历史是人民群众创造的，群众需要办的事没人给他办，就影响他工作的情绪。一个市长上来以后，要抓经济建设，抓工农业生产，抓城市管理，抓科学教育，抓文艺体育，等等，但是必须明确，所有这些都不能离开为人民服务这个最高宗旨。只要把握住这一条，工作就有了方向，有了目的，有了动力，有了智慧，听到闲言碎语，不会垂头丧气；听到赞扬颂歌，不会洋洋得意；做到骂街的多了不动摇，喊好的多了不昏然。

所以要强调全心全意为人民办实事这一条，一是因为“文化大革命”的破坏，党群关系、干群关系确实存在很多问题，群众中确实有些人有情绪。二是由于“文化大革命”的破坏，群众在生活中确实存在着许多实际问题。三是由于现在我们抓四化，抓经济，抓效益，抓财政，抓科研，等等，劲又比较足。历史经验证明，在这种情况下，容易出现只顾生产、不顾生活的问题。再加上，我们历史上出现过讲长远利益、根本利益时忽视或者否定群众的当前利益和具体利益，使群众生活中的问题越来越多。因此，就特别需要注意群众的生活问题。

当然，现在我们国家经济底子还很薄，欠账又多，不可能把所有的问题一下子都解决了。我们强调尽心竭力为群众办实事，这个“竭力”不是竭国家的财力，而是要竭尽我们自己的努力。只要你有这种精神，有些事办不了，群众也不会怨你。我们去年在讲市政府为人民办实事的十条经验中，就有一条叫“要做两方面的工作”，一方面要做领导的工作，要他们尽力去为群众办事；另一方面要做群众的工作，使他们了解国家的困难，请他们谅解。这样才能想到一块去，才能把人民生活的事情办好。

我认为对年轻干部来说，这是根本的东西。年轻人提上来，要把注意的重心放在为人民办事上。要抓住一切为人民作贡献的机会，千方百计地为人民干实事，而不是热衷于闹名誉地位，把“官”看得很重。否则他很难打开局面。为人民办事，这是对一个干部的最低要求，也是最高要求。所谓最低要求，是说这是每个党员干部必备的条件；所谓最高要求，是说这是一辈子也干不完的工作，“鞠躬尽瘁，死而后已”。现在不同于战争时期，没有生死的考验，就是看你是不是把群众放在第一位。是尽心竭力为人民，还是千方百计为自己。这是重要的一条。有了这一条就能辨别是非，坚持原则，在重大关头奋不顾身。选拔年轻干部主要的也是看这一条，看他工作的出发点、过程和实际结果，而不能简单地凭听一次汇报，看一篇文章，有一面之交，就提拔、重用。青年干部要能上能下，上来以后，能干的就接着干，不能干的就下去；能当市长的就当市长，当不了的该干什么就干什么。地位既不代表水平，也不代表贡献。但是地位越高，如果不负责任，不干实事，给人民造成的损失越大。因此，领导地位越高的人，越要尽心竭力为人民办实事。

第四，要有好的作风。

这是我们讲得最多的一条。我讲的作风，主要是讲扎扎实实、艰苦奋斗的工作作风。在引滦工程中，我们反复讲“抓紧、抓细、抓具体，抓住不放，一抓到底”。这句话，现在已成为天津广大干部的共同语言了。

为什么抓作风？其一，因为任何事物都是复杂的、变化的，不深入实际，不下一番苦功夫，就不能真正了解事物，更谈不上解决问题。其二，长期以来在我们一些干部中形成了一种毛病，就是作风不深入，不艰苦。有些人讲道理似是而非，谈问题肤浅表面，满足于“大概”、“或者”、“也许是”，“好像”、“恐怕”、“差不多”之类的说法。很多事情不是失之于道理不清、方法不明，而是失之于抓得不紧、不细、不具体。其三，抓作风可以锻炼和考验干部。有的人学了这么一套，有问就答，有零有整，有情况、有数字，但都是编的。如果不抓作风，不仅做不好工作，还会毁掉一批干部。要掌握真实情况，不付出辛苦，不豁出时间，不真正下去，不认真研究问题，是做不到的。为什么强调真下去？因为有的人也下去了，坐着汽车到下边转一圈，听几句汇报，然后说几句，吃顿饭，坐车回来了。照这样天天跑，满场飞，一问什么都似是而非，照样不解决问题。

付出辛苦，不仅仅是胳膊腿勤，很重要的一条是思想必须艰苦。事实上，思想的艰苦对一个领导干部来讲，才是最重要、最困难的。应该既能深入下去，又能坐得住，看东西，听意见，想问题，憋主意。比如想年初怎么开局，年底怎么结束；怎样既照中央精神办，又结合实际，更好地落实中央的精神，有一点自己的创造；一年的任务或一项任务，提冒了不能实现，提低了不鼓舞人心，如何确定一个既鼓舞人心，又跳一跳可以达到的目标。这些问题都要花时间研究琢磨。要找一些做实际工作的人谈，找一些文人来论，采取多种途径，听取各方面群众的意见。比如，派人下去了解情况，搞居民户卷调查，请人民代表座谈直接听取意见，给咨询委员会出调查题目，等等。然后，进行综合研究，根据国家的计划安排和财力、物力的可能，形成工作部署和具体安排。

提倡既要肯艰苦，又要会艰苦。要想得进去，既能展得开，又能拢得起，在把情况弄全、弄准的前提下，把材料掰开了、揉碎了，把关系理顺了、摆正了，把措施具体了、落实了。这样分类排队，分析综合，才能得出正确的结论。材料不全、不准不行，有了材料不会分析综合也不行。先分析后综合，分析本身也就是综合。而分析综合的过程是很艰苦的，有时一两夜才捋出一个头绪。领导干部的讲话、文章不单纯是文字问题，而是对事物的看法，对客观规律的认识，对改造世界的意见，不是说着顺嘴就行了。起草文稿是很锻炼人的，尤其是年轻干部必须养成这个习惯，要自己动手写稿子，能不能提高水平，能不能有个飞跃的进步，过好这一关非常重要。

第五，要抓紧学习。

这里当然有向实践学习、向群众学习的问题，同时也要向书本学习。新同志上来以后事情很多，天天忙忙碌碌，如果自己不自觉挤时间学习，不经常翻翻书，这个不行。年轻干部必须学习马列的基本理论，特别是哲学，必须下大功夫学懂弄通，把它变成自己的思想方法。哲学、历史、现代的经济理论等等，材料很多，既要肯学，又要抓住重点，同时和自己的工作结合起来。用理论来总结工作中的经验，在研究工作中用理论来加以指导，把学习和工作统一起来，这样理论水平和工作能力就可以同步增长。我们有意识地叫文人下去当实际工作的头，把文人改造成为武将。文字水平、理论水平和工作水平应该是一致的，不应分割开来。不然，就将是会写的不会办事，会办事的不会写。

现在文件很多，会也很多，新干部上来不能陷在“文山会海”里，一定要把工作、学习、生活安排好。

我的理论基础较差，但我对理论学习很有兴趣。我切身体会到，做一个领导者，没有马列主义基本理论的基础，不懂得哲学，没有一定的历史知识，是很难胜任工作的。当然向群众学习、向实践学习的领域就更广阔，不学习是不行的。进步的关键在于学习。

总之，你们这个工作很有意义，要把中国的城市搞好搞活，总结出当好市长、尤其是培养一批人的经验，这是很重要的。希望你们多找些有经验的人去谈。我讲的这些意见只是在工作中的一些感受，都是随意而发，仅供参考。

规划、建设、管理好城市*

（1986年1月9日）

一、对天津这几年城市工作的看法

据说大家认为，天津市这几年的工作是进步快、变化大的，近几年除北京以外，我没去过其他城市，这个说法，可能是大家客气。如果说确有变化，其中也有一个历史问题、起点问题。建国初期天津在全国的地位是不低的。当时各方面条件与北京、上海相比，差距不大。后来，由于种种原因，发展较慢，不仅比不了北京、上海，在许多方面也比不了其他一些城市。其主要原因有三条：一是，天津的行政隶属关系几经变化，影响了天津的发展。建国初期，天津是直辖市，后来成了河北的省辖市，许多待遇是省辖市的标准，后来又变成直辖市，而许多待遇标准并没变。由于原来是直辖市，搭了个大架子，一下子就不适应了。这一段时间基本上没什么大的发展。二是，“文化大革命”中天津是“重灾区”。天津离北京比较近，“四人帮”盯得比较紧，江青来了八次，江青评法批儒的第一次讲话是在天津，孔夫子第一次

---

* 全国第四期市长研究班学员，由城乡建设环境保护部部长叶如棠带队，于1986年1月5日到天津市进行了为期五天的教学考察。先后参观了中环线、“三级跳坑”住房改造、古文化街、食品街、街道综合整治、青少年活动中心、新辟住宅区建设、园林绿化、污水处理厂、海河二道闸、海门大桥、新港、经济技术开发区、农贸市场及村镇等建设。1月9日，李瑞环同志与全体学员进行了座谈，根据大家的意见即席作了发言。

“挨斗”是在天津。天津也出过一些“大人物”，还有比较有名的小靳庄。“文化大革命”中天津折腾得比较厉害，遭受了严重的破坏。三是，1976年的大地震对天津的破坏十分之大，全市大约三分之二的房屋受到了不同程度的摧毁和破坏。

“文化大革命”的人祸，加上地震的天灾，天津当时的局面是非常艰难的。当时流传着三大怪：“汽车没有走路快，临建棚拆得没有搭得快，自来水腌咸菜。”我是1981年3月到天津来的，那时马路、公园、学校、体育场到处都是临建棚子。1980年全国人代会期间，天津大学院内临建着了一把火，火烧连营。胡启立同志当时在这里当市长，连夜从北京赶回来处理。那时整个城市的情景真是惨不忍睹。1981年5月，万里同志来天津，看了天津的状况后说：天津是我看到的城市中最脏最破的一个。天津人民经历了这么一段艰苦的生活，既给我们的工作带来很多困难，同时，也为我们工作带来了有利的条件。这就是人们的要求不高，容易感到满足。我讲这段话的意思，是说天津人对天津这几年的变化和成绩感到满意，多属于“饥者甘食，渴者甘饮”的性质，实际上绝对的水平并不高。也就是说，人们亲身经受过苦难，容易感到变化之大；过去的基础差，就显得变化大。好像小孩学走路一样，从不会走到能跑几步，就很明显，如果达到运动员跑百米的水平，再提高就比较困难。比如天津现在不喝咸水了，对此大家很满意，认为是一大成绩，其实，别的城市从来就没喝过咸水，不喝咸水算什么。天津的城市建设欠账较多，上水无来源，下水无出路，不下雨着急，没水喝，下雨也着急，排不出去；马路狭窄，市容破烂，群众生活中困难很多，这是天津工作艰巨、困难的一面。但是，正因为这样，只要我们努力，办成一些事情，群众就会满意。我讲这些，意在说明，在群众的赞扬声中含有这样一种背景和因素。不要光听“满台锣鼓响”，还有很多“金玉其外，败絮其中”的地方，不可看得过高。

二、天津这几年工作的基本思路

不少同志提出要我谈谈天津这几年工作的基本思路。讲基本思路，主要的还是坚决按照中央的方针、政策办事，或者说努力把中央的精神和天津的情况结合起来。三年前，中央领导曾问过天津工作的基本思路，我们说，天津的工作基本上是围绕着两句话展开的，叫做振奋群众精神，建立领导威信。群众精神不振，干劲不足，什么事情也难干好；领导威望不高，说话没人听，就不能号令三军，率领群众克服困难，攀登高峰。“文化大革命”带来的后遗症是很多的，而伤害了群众的感情，大家都有气，心情不舒畅，是个最突出的问题。“文化大革命”实际上是个整人运动，许多人都挨过整，横着整，竖着整，上边整，下边整，前段挨整，后段挨整，两头没挨整中间挨整，差不多都挨了整，伤害了人们的感情。引滦入津工程竣工时，中央领导同志察看隧道时问，引滦工程的最基本经验，简单地说是什么？我说，简单地讲，就是一句话：“把群众的积极性充分地调动起来，并合理地发挥出去。”群众的劲头鼓动不起来，什么也干不成；鼓动起来，用得不合适，既不能奏效，也不能持久。年前我在市委全委扩大会上，讲了巩固和发展大好形势的八条措施，实际上就是讲怎样保持群众的积极性问题。因为，归根结底，历史是群众创造的。根据这个思路，天津这几年反复强调为人民办实事。过去，群众情绪之所以不振，原因之一是他们曾经听了那么些年的空话，天天在那儿说，天天在那儿念，天天在那儿唱。说的、念的、唱的都很漂亮，就是不解决实际问题，反而东西越来越少，国家越来越穷。因而群众对光说不做非常反感。1981 年，中央领导同志批评了天津临建棚拆得慢之后，市委决定加快工作步伐。6 月 9

日我在动员会上讲，到年底“全部临建都拆完，干干净净过新年”，台下哄堂大笑，根本不信。说“拆完临建棚过新年”、“拆完临建棚吃饺子”，已经听了好几遍了。区县局以上的领导干部都不相信，群众就更可想而知了。因此，不从干实事上抓起，不从解决人民生活实际问题入手，群众的精神就振奋不起来，领导的威望也建立不起来。

应当承认，由于“文化大革命”的影响，我们有些干部也确实存在着光说不干的坏风气。有的人茶碗一端，说话无边，香烟一点，专说人短；他们总喜欢说这个不行，那个不行，就是不说自己行不行；最习惯说这个不对，那个不对，就是不说怎么样才对。有的则养成了坐而论道的坏风气，豪言壮语，气吞山河。他们只当“裁判员”，不当“运动员”，光吹哨不下场，谁“进球”就吹谁“犯规”。用群众的话说，这些人是“只有唱功，没有做功”，“嘴行千里，屁股在家里”。更不好的是，还有的不琢磨事，光捉摸人，专门捉摸干事的人，你在前边干，他在后边看，干对了，他说早该如此，干错了，他说意料之中，“常有理”。这种污染空气、涣散斗志的坏风气误人、误己、误事、误国，可恶之极。实践使我们感到，要扭转这种风气，必须从干实事上抓起，否则，这种风气扭不过来，是非曲直分不出来，有真才实学、真心实意为群众办事并取得成效的人也不能显现出来，那些假大空的人物也不能暴露出来。尤其是在新老干部交替时期，我们的老一辈同志经过了血与火的考验，我们年轻的这一代人没有这个条件，最容易直接检验和受到锻炼的，就是靠全心全意为人民办实事。我们常讲，全心全意为人民服务是我们的最低要求，也是最高要求。所谓最低要求，是每个共产党员必备的条件；所谓最高要求，是我们要为之终身奋斗也办不完的事情，“鞠躬尽瘁，死而后已”。我们的目标在哪里？动力在哪里？智慧的源泉、是非的标准和克服困难、坚持原则的勇气在哪里？统统在这里。

再一个是建立领导威信。领导是要有威信的，领导没有威信，说话不灵，事情就一定办不好。而领导的威信从哪里来？实践证明，靠上级封不出来，靠权力压不出来，靠自己或靠报纸吹不出来，靠耍小聪明也骗不出来，只有靠真心实意地、尽心竭力地、坚持不懈地为人民办实事才能逐步地建立起来。所谓公道自在人心，就是说群众心里最有数。同时，就每个干部来说，有个办事的能力问题。而这种能力从哪里来？单靠屋里憋不行，单靠书本也不行，只有靠坚持不懈地去办实事，在办事的过程中提高起来。办事能力含有理论和实践两个方面的意义。理论总是按照它的系统来写的，比如哲学，总是讲世界是物质的，物质世界是可以认识的，认识和实践、对立统一关系等等，总是一章一节地写。而办事却不能这样。最简单、最平凡、最常见的一件事里常常含有许多马克思主义原理。这就是列宁讲的实践高于认识，不但有普遍性的品格，也有直接现实性的品格的道理。所以，多办实事，办好实事，是提高干部水平、能力，即提高改造客观世界本领的重要途径。我观察一些干部，那些肯于办事、勤于学习、善于总结的人，进步就快；而脱离实际、不办实事的人，尽管可能也很忙，长进就慢。同志们都是市长，都有这个体会，一天有多少事说不清，哪里都是你的事：抬头一看，污染了；低头一看，太脏了；马路上走，车辆拥挤；球场上看，秩序不好；找孩子谈谈，说学校伙食太差；和老婆说说，她说菜价涨了……可以说，处处都是你的事。在这种情况下，只要你肯动脑筋，每件或每种工作多想几个为什么，办完了之后琢磨琢磨，捋它几条，日积月累，对自己提高水平，包括学习书本知识好处很大。

振奋群众精神，建立领导威信，是相辅相成的。天津工人中有这么一句话："你们为我们办事，我们为你们作劲。"这虽然是一句普通的话，但它含有深刻的意思。群众是历史的主人，天津这些年工作的成绩，是天津全市人民艰苦奋斗的结果，是广大群众智慧和劳动的结晶。因此，换句话说，这个思路也就是相信和依靠群众，尊重群众历史主人的地位，尽可能地把群众的积极性充分调动起来，并合理地发挥出去。

三、把规划、建设、管理城市作为市政府的主要职能

有的同志说，现在是经济建设为中心，怎么能做到把城市的规划、建设、管理放在市政府工作的突出位置上？这当然是一个难处理的问题。实践使我们逐步地认识到，要实现翻两番、完成四化大业，不重视经济不行，但不关心和重视城市规划、建设、管理也不行。我们国家解放 30 多年来一直没有把城市规划、建设、管理摆在应有的位置上。我这么说，可能会有人不同意，但就我的经历所知，确实存在这个问题。解放初期，可以理解，因为刚刚脱了军装，到城里该怎么办，还不知道。但解放 30 多年了，有许多经验教训，应该有个明确的回答和定义了。规划、建设、管理城市要放在政府工作的突出位置，是由它的作用决定的。有人说，我是“搞城建出身的，转工地有瘾”。我说，说对了一半，最主要的还是由市政府的职责决定的。

城市，这是一个很大的题目，其中普遍遇到的一个问题，就是规划和计划谁管谁？我们的体会不是谁管谁，而是要统一。城市的性质、规模、布局和发展方向，是根据城市本身的地理位置、资源分布等各方面的条件决定的。城市的建设、发展，应干什么，不应干什么，房子盖在哪儿最合适，盖什么样子，如何做到景观、功能统一，个体、群体统一，等等，这是规划设计部门的任务；房子怎么盖，谁去盖，谁来管，也应由城建部门去组织实施。每年定量的东西，比如，有多少钱，盖多少房，先发展什

么，哪些是重点，这是计划部门的责任。如果一个简单的建筑工程，从立项、投资到材料、施工都由计委管，而建委只是领着人去干活，建委就叫没发挥作用，计委则叫不务正业，因为这样会影响计委全局性的、宏观性的工作。我们的提法，叫规划、计划统一。规划离开计划，难以实现，计划离开规划，容易搞乱。规划工作必须集中统一，天津过去曾有这么一个规定，300 平方米以下的建筑，区里有权批准。我说规划不能完全按米数说，比如天安门广场纪念碑前面盖个 10 平方米的厕所也不行；马路中间盖个 3 平方米的小棚子也不可以。一个城市的性质，包括一个城市的规模、发展方向，是由这个城市本身固有的地位、作用和条件决定的，属于规划范围之内。城市要想发展，包括工业、商业和各行各业要想发展，必须按规划办事，否则，乱建一气，今天这个官说了算，把“红线”挤窄了；明天那个官有决定权，安上一个“钉子”，没法搞好，各行各业都搞不上去。城市载体没这个功能，比如说，马路不够宽，管子不够顸，运不进来，拉不出去，工业怎么发展？所以说，离开研究城市规划、建设和管理，谈把工业搞得多少，短期内的、少数的具体项目可以，长期讲、整体讲不行。我们修的中环线西南半环，总投资 1.9 亿元。据公安、交通部门统计，一年节省交通费用可达 8000 多万元，这个社会效益是很大的，过去从引河桥到宾馆要一个多小时，现在半小时就到了。

城市建设与人民生活密切相关，讲办实事，城市建设是最大的实事。不是说要看得见、摸得着吗？城市建设常常是最显眼的。把为群众办实事和各项建设结合起来，这是我们的一条原则。比如修道路既是城市的基础设施，又是人民生活中的实事。有的工人说：“早晨上班是‘吉斯’（挤死），晚上下班是‘奔斯’（奔死），一天工作吃‘气司’（气死）。”他的情绪怎么起得来？

尤其是女职工，下班晚了，孩子没人管，她怎么能安心？我曾讲过，对小孩妈妈来说，她的小孩就是大事。我们过去常常讲要注意长远的、根本的利益，这当然都是对的，办任何事情都不能离开这个大目标。但是，不顾或以此来否定群众当前的、具体的、特殊的利益，这也不行。我们这样提过：要让活到 1980 年的人看到什么，活到 1981 年的又多看和多享受到什么，让所有的人都有盼头。有盼头，才有劲头，这样才能在建设过程中，四化每前进一步，生活就改善一步，即一步一步地化，一步一步地改善。人是生产力中最重要的要素，人的精神不振，劲头起不来，生产是没有办法搞好的。

再拿工业本身来讲，没有一个完整的规划和合理的建设布局，东一摊，西一摊，闹得到处乱哄哄，脏乎乎，是搞不上去的。天津是个历史形成的小手工业众多的城市，一方面很多工厂坐落在密集的居民区之中，严重地干扰了居民的生活；另一方面，居民区又紧紧地包围了工厂，工厂也没法发展，互相制约，都不好受。再加上原来是九国租界地，道路互不连通，把本来是连续生产的产品分隔很远。比如炼钢和轧钢离得很远，拉着钢锭子满城转，热钢锭晾凉了再运，凉钢锭加热了再轧，浪费很大。因此工业要发展，生活要提高，不从城市规划、布局、功能、基础设施上去研究解决，是不行的。再比如没有煤气，这么多的小炉子，怎么治理环境污染？我不反对现在治理烟筒，天津这几年治了黑、白、黄“三条龙”，但是从根本上说，能源结构不改，全市一百多万小炉子，几千个大烟筒，拉进这么多原煤、黄土、石灰，做成煤球，然后再把炉灰渣拉出去，这个污染怎么治？如果从能源结构上改变了，烟筒、炉子不存在了，既方便了人民生活，又节约了能源，也解决了污染问题。如果讲天津这几年的工作有点进步的话，我看就是天津对城市的规划、城市的功能和城市的基础设施的重要性，在认识上比以前有所提高，行动上有所自觉。

我们的四化建设不能靠运动式的突击。生产、生活总是要有长久打算的，应该是生产像生产，生活像生活。现在的青年人都有了文化，他们主张干像干，歇像歇，玩像玩，学像学。坚持规划这个大原则不能放松、不能丢。有些事情，一时统一不了，可以暂缓，再做工作。比如，天津的外国租界地有很多的小洋楼，一幢一个样。现在盖，花不起那么多钱，也没必要。这些小洋楼是拆掉还是留着？我们认为应当保留并加以修整。但是，如果1981年许多人还住在地震棚子里时，你去修群众就会骂你。只好宣布冻结不许拆，也不准插空新建。三年后，大家都住上了房子，高兴了，这时修整，也就赞成了。当然也有人不同意修，认为是帝国主义侵略中国的罪证。当然这种说法不对。建筑是一种文化，是劳动人民创造的，和政治上的侵略是两码事。现在修的水平提高了，人们也都赞成了。

我讲这些，就是想从天津的实际说明，城市工作不把规划、建设、管理摆在突出的位置，认真抓好，工业和其他建设也上不去。天津这几年的工业生产发展比较快，“六五”期间平均增长8.8%；其他各行各业，技术改造、引进和开放等等都发展很快，不仅是这些方面本身的工作成绩，其中一个重要的原因是城市规划、建设、管理工作加强了。在市委扩大会上大家都认为把规划、建设、管理城市摆在突出位置，列为政府工作的重点，并纳入到为人民办实事的轨道之中，是巩固和发展大好形势的一条重要经验。

四、规划、建设、管理好城市必须有一套相应的措施

实践证明，要把城市的规划、建设、管理工作真正摆上位

置，落到实处，必须有一套相应的措施。否则，就是空喊。首先要树立城建管理部门的威望，使它们的人受欢迎，话有人听。当然做到这点需要许多方面的条件，如自身工作得好，领导支持作劲，社会对规划、建设、管理认识的水平有提高等等。根据天津这几年的经验，还要给它们点实力、实权，使它们能给人家解决一些实际问题。我常说，“心里没数，兜里没货，身边没将，手下没兵，事情很难办好、办成”。我跟一些领导同志讲：你们到工厂去，或者到哪个单位去，不要只听送你上车时说：“您作了很重要的指示，给我们很大的教育与鼓舞。”要自问一下，你这次来，究竟给人家干了啥，出了什么好主意，解决点啥问题。如果啥也没办，那你就是给人家添了麻烦。你要说对不起，占了你们的时间。从天津来看，起码得有这么几条。

第一，市委和市政府的主要领导必须把规划、建设、管理城市放在主要位置，下大力量抓。道理很简单，规划、建设、管理城市，是从总体、长远的观点出发的，这就难免伤害某些单位的近期利益和局部利益。因此，常常需要最终裁决的人，而这个人应该是懂得和关心、重视城市规划、建设和管理的。万里同志讲过一段很精彩的话：“城市的党政一把手必须有一个懂得和重视规划、建设、管理的。否则这个城市很难搞好。许多事情行不通，表现在下边，但根子在上边，在市委、市政府大楼里的领导层。”天津很多单位为了城市建设，牺牲本单位的利益，顾全大局，支持政府。一方面是这些单位的努力，另一方面也因为分管的领导支持。如果妨害了工厂，管工业的市长顶着；伤害了农村，管农业的市长不干；妨害了商业，管商业的市长有意见，你规划管理部门再努力也不行。由于市里主要负责人抓，市里的领导层认识统一，下边不支持也顶不住。比如拆迁，常常说某厂长不通，我说没那事，把主管的市长或常委请来，把任务压给他们，很快就可以解决。中环线西半环拆迁时，一个陶瓷厂，说工人意见很大。我说工资照发，奖金照给，工作保证安排好，怎么会有意见？我给局长打电话，说是不是你顶着？他说没有。我说那你们一份一份地打报告是什么意思？第二天，他来了电话说都安排好了。这次修中环线东半环，占一个单位的院子六米宽，领导讨论拆不拆，党组书记说，别提意见了，提完了意见挨顿批，最终还是挡不住。这说明主要领导同志抓就好办。中央关于经济体制改革决定中明确的城市政府主要职能是规划、建设、管理城市，市长或市委书记理所当然地要把它作为大事来抓。我认为这叫抓根本、抓大事。

第二，给负责这方面工作的部门一定的权力，或者说给一定的条件。现在天津有钱的是建委，权力较大的也是建委。有人说建委是"最畅销"的部门，工作最忙，抓事最实，说话最灵。哪里盖楼矮了点，应加一层，它有权给你点指标；材料不够了，它可以给你拨点；进度慢了，它可以调兵遣将，加快速度；差点钱也可以帮一点。如果光卡人，不治病，谁听你的？天津总的大盘子，每年建多少万平方米房子，修多少路由市计委拿统一的盘子，政府讨论，然后把权力和任务，包括投资、材料统统交给建委，建委有责、有权。计委重点研究宏观问题，如天津今后发展什么，工业搞什么，搞几个行业，技术改造搞什么，重点的拳头产品搞几项，怎么个弄法，等等。实践证明，这样做，计委的工作主动多了，它处于监督的地位，日常的具体的事减少了，宏观工作加强了。

强化城市规划、建设、管理部门的权力，树立它们的威信，这是能不能把城市规划、建设、管理好的一个关键。在座的同志是分管这块的，我想大家是赞成的，但也可能会说，你讲的我也同意，问题是我们回去说，主要领导同志不一定听。这个不要紧，因为这种客观的、必然的东西，一时不听，你多说几遍，来回地说，慢慢地也就通了。中央提出的北京市四项建设方针，是把城市规划、建设、管理放在首位的。上海最近就经常在报纸上讲城市建设、基础设施，并提出“七五”期间把提高城市基础设施功能放在突出地位。很多城市也都认识到了这个问题。我看这种趋势是不以人的意志为转移的。不以人的意志为转移，这个“人”，是不管什么人，男人女人，官大官小。当然，方法要讲究，做上级的工作，有时比做下级工作还难，既要有主动的精神，又要用被动的形式，否则动机和效果就难统一。

第三，和这个相联系的，就是加强区街的工作。天津的区街体制进行了改革，区的工作比较活跃。1982 年我提出区街的主要职能有两条：管理城市，组织生活。当时意见不一致，区街改革之后比较一致了。大城市为什么不好管？就是因为大。我有个笨说法，叫把大城市变成小城市管。横的切块，竖的切段，大变小，长变短，就好管了。基于这种思路，我们除了全市需要统一管的，如规划等，其余的都切给区。区长在相当多的方面相当于这个规模的市长。现在，他们比较主动，整天在憋招儿。中环线西半环 18 公里拆迁只用 18 天，东半环 16 公里只用 13 天，而且被拆的人高兴，敲锣打鼓吃喜面，因为拆了旧房能住新房；给房子的人也高兴，因为盖了房子卖不出去，压着资金要付利息；而这些都在区里。这种积极性有很多的因素，主要是经济利益问题，慢慢地也形成了风气。开始也不是这样，1981 年拆除临建棚时，为了搬“钉子户”，动员了各方面的力量，软的硬的都使过。1982 年修海河公园动员拆迁时，也遇到了一些阻力，顶着不拆的又常常是有后台。但是我们坚持定了拆的必须拆，顶着的不能占便宜，积极的不能吃亏，逐步形成了这么一个风气。当然要有一套合理的规定，比如，被拆的，必须给个合理的出路，不能损害被拆老百姓的利益。这样，区里就得有给房子的权力，如果手里什么都没有，心里没底气，说话嘴就软。

五、如何发挥区街的作用

在座的有一些区长，对区里的改革很关心，希望我谈谈这方面的问题。在前面我已讲了一些，天津的区街正处于改革的过程之中，许多问题现在还说不清楚。但我有这样一个看法，人民生活主要在区街之内，或者叫在块块上，而我们过去的工作重点常常在条条中。而人，不管哪个系统、单位的人，晚上都要回到区街之内。我们测算过一次，在一般情况下，人们在家里活动的时间，大体上占三分之二。因此，不研究块块的工作，人民生活是管不好的。块块的工作很琐碎，是综合性的，副食品供应、打扫卫生、计划生育、治安保卫、生活困难补助、街办工业，以至中小学教育、托幼养老，诸如此类很多。单靠条条，是无法管全、管细的。线条画得再多，也有空白。因此，强调区街工作，把更多的管理城市、组织生活的权力放给区里，把大城市变成小城市，管起来就比较容易。比如，我们把环境卫生管理工作放到了区里，环卫局只管政策规定、监督检查，钱比以前省了，卫生比以前好了。就是规划，也由市和区共同管理，各区成立了规划处，作为市规划局的派出机构，同时又接受区里领导，区的规划部门对那块地方的情况最熟悉，哪个门口搭了小棚子，哪个单位搞了违章建筑，他很快就知道。区的工作必须有市里的支持，使他们可以管他这块地方的大企业和大头儿们有关城市管理和生活方面的问题。我们明确规定，所有领导干部都要从作为居民的角度尊重当地街道的管理，应该做的都要按街道的要求去做。我们设想，逐步地把区变成相对独立的、有相当权力的一级政权，做到思想教育、经济利益、行政干预“三管齐下”，使城市规划、建设、管理工作既有较强的集中统一，又有深厚的区街基础。

区街改革最重要的是两条。一是给权，二是有钱。对区的收入，该免税的免税，该给留下的留下，并尽量多留一点，加大它们的财政实力。最主要的是给一些政策，通过组织人民生活和搞好城市管理的过程，使区里有经济上的实力。比如拆迁改造实行总包，自己征地，自己建设，自己销售，自负盈亏。又比如，给一笔贷款资金，给一定建筑指标，给合法的材料渠道，市建委和有关部门都给以支持，等等。经济利益加权力，是当前加强区街工作的最重要的两条。

六、怎样当市长

这是市长研究班老早出的题目。我一直说这是个我回答不了的问题。城市年鉴的同志也找我谈过这个问题，有个讲话记录稿登在了《市长参考》上，题目叫《扬长补短》，我自己也认为没谈清楚。这次同志们又提了这个问题，我回答还是讲不清楚。但有一点可以肯定，当市长是一个苦差事。我讲过，我们这一代是注定要吃苦的一代。当干部，最基本的一条就得不怕吃苦。不吃苦不行，不得罪人不行。“三不”：不吃苦，不得罪人，就不称职。办事情要从大多数人民的利益出发，就不能害怕得罪少数人。唐代名臣魏徵说：“怨不在大，可畏惟人；载舟覆舟，所宜深慎。”就是说关系到多数人的事，必须深思熟虑，慎重对待。比如物价问题，是群众最关心的。天津对物价的控制比较坚决，一些部门和单位想涨价的劲头非常之大，并有许多理由，我们还是不准乱涨价。群众的事，说起来许多都是具体小事，但它涉及的人多，就变成了大事。如何时刻了解到更多人的情绪，着眼于大多数人的利益，这是控制大局面很重要的一条。所谓讲团结，重要的是讲要团结多数人。有时少数人想不通的，多数人拥护，于全局有利。但少数人常常是有权的，他发言的机会多，并且常常是到节骨眼可以评判你工作的人，而多数人常常发言的机会不多。在这种情况下，就得有忘我为民、忘我为公的思想。韩愈有篇文章叫《争臣论》，就是反对当官的为了“独善其身”，不讲是非，忘了人民。当干部决不能只求“独善其身”。如何有利于搞好工作，又搞好团结，为达到最终目的，使效果、动机统一；如何把正确的东西逐步渗透、影响，变成更多人的或你的领导的自觉行动，这是个很大的题目，要费一番心思，下一番工夫。

我有一段常念的歌，叫：抓紧、抓细、抓具体，抓住不放，一抓到底。要做到这一点，就得不怕辛苦。吃苦，是办成实事的要旨、要意、要招、要害。任何工作都要抓紧、抓实，抓工程特别是重点工程，一定要抓狠，心不狠，容易动摇；手不狠，容易落空。干什么事，开始都讲要统一认识，没有统一认识，就没有统一行动。但是，很多事情开始时认识常常不能完全统一，如果要求完全统一了，那就许多事都不能干。真正的统一认识，只有通过干，在干的过程中和干成之后才能形成。只要事前考虑得周到，做到基本统一，在有些人似乎明白又糊涂时先干起来，下力量把它干好，最后在一片赞扬声中，反对的也不反对了，甚至说：“我早就同意。”作为领导，要研究如何把兵带出士气，成为英雄。如果士气不振，到处都说自己不行，这样就没法把工作搞上去。一个地区的民心、民气，自尊、自爱、自豪的精神，是十分可贵的。现在天津许多人都以“我们是天津人”为荣。这和不虚心是两码事，这也不是不承认问题和落后，因为问题和落后也得靠这股劲去解决。不是有一首歌叫《谁不说俺家乡好》吗？如果都骂家乡，那怎么能行呢？如何振奋起群众的民气、士气、志气，是很不容易的，但对领导是至关重要的。

七、以积极进取精神巩固和发展改革的成果

刚才有位市长提出我和天津大学学生对话问题。我个人认为，对学校工作应该重视，教育工作应该加强，学生工作应该做好。但我认为学生里的问题，没有什么了不起的地方。我开始到天大去对话时有关领导还怕我下不来台。我说不至于。如果做个市长连些孩子都说不过，还当什么市长？有人说怕提问题离谱，难回答。我说越离谱的话，越好回答。有人说我是来跟学生对话，我说我不是来和你们对话，我是市长，一是来听你们的，共产党有个规矩，叫听群众意见；二是说你们的，共产党还有个规矩，叫教育群众。你们有什么意见，尽管提。后来我讲了很多诚恳而又尖锐的话，他们不反感，反而给我鼓了十几次掌。我说他们对自己估计得又高又低，对现实水平估计过高，对未来地位的重要和责任估计得低。我说，你们中的有些人可能成为国家的栋梁，成为国家的各类骨干；但有些人也可能是平庸之辈，乃至出现一些不肖之徒。不管你们爱听不爱听，古今中外，大奸大恶、大贤大善多出在读书有才之人。他们给我鼓掌，常常是我批评最厉害的时候。这说明，我们的大学生本质是好的，是通情达理的。在最近召开的市委常委扩大会上，我讲了八条意见，其中第二条我讲了积极进取的精神，不要叫消极的东西牵着走。消极的东西当然要重视，并逐一地加以解决，但我们的主要精力还是抓积极面，注意积极进取。只有团结才能奋斗，但离开奋斗也谈不上团结。真正的团结要在奋斗的过程之中，在为了一个共同的目标而奋斗中逐步形成；有时就事论事，越论问题越多，越复杂。大目标是前进，这样会把更多的人吸引过来。大步向前，有人在后边嚷两句、骂两句，不要紧，不要管他。你越把他当个事，他越觉得自己很了不起。控制大好形势的关键，在积极进取，把工

作搞好、搞完善。精神文明建设需要加强，这毫无疑问是对的。但是，有些人把我们现在的精神文明、思想政治工作说得一塌糊涂，我不赞成。人们的精神状态什么时候像现在这样振奋过？人们的思想什么时候像现在这样解放过？实事求是的原则什么时候像现在这样理解和坚持过？群众的首创精神什么时候像现在这样受到尊重过？外国的科学技术什么时候像现在这样正确对待过？说精神文明建设和思想政治工作需要加强是对的，但不能认为是生产抓多了造成的。如果说，强调加强思想政治工作，或者批评思想政治工作薄弱，是因为抓生产抓多了，这是不对的，也是不利的，甚至会导致不好的后果。应该说，在新形势下思想政治工作怎么做，需要认真地研究探索。当前确有不正之风，需要坚决纠正。流通环节有些乱，很多同志有意见，需要解决。但是不能以此或某些个别现象否定放开搞活的作用和意义。大家想想，农贸市场东西是不是多多啦？有弊病是真的，这些问题必须重视，切实加以解决。但非得说现在这个搞法不如过去，这不符合事实，也不能服人。过去是没这个弊病，那个时候究竟怎么样？什么都发票、都排队，哪来这个弊病？总是要抓本质、抓主流嘛。支流现象，中国之大，总是可以找到的，现在有，将来也有。马克思主义不否定现象，但现象不等于本质。如果现象等于本质，那么“一切科学变成多余”。当然，不是本质、主流的东西也要重视，也要解决，但不能以此来代替主流、本质和总体。我对现在整个的形势是乐观的，我们不能只着眼于极个别人。如果过多地迁就个别人，就会丢了大多数人。绝大多数人是规规矩矩、本本分分地干活的。否则，就没有现在这个大好形势，也没法解释这几年的成绩。因此，在当前形势下，如何保持一种进取的势头，这是一件大事。不抓住这个大事，局面就控制不住。对于改革，我们讲了三句话：第一，这是一场深刻的革命，难免有些不完善；第二，改革实际上是一次权力、利益的再分配，难免有些不公平；第三，改革是调整上层建筑的一个复杂的大型的系统工程，难免有些不协调。因而，在一个大的改革步骤出台以后，有必要拿出一段时间来进行巩固、消化、补充、完善。

今天的发言没有稿子，没有提纲，也没有准备，只是根据同志们提的问题，推心置腹，有感而发。有些说得也未必对，和你们那儿的情况也未必相符。如果对大家能引起点共鸣，我将非常高兴。无论如何别起相反的作用，如果你那里本来处得很好，由于听了我一番话，反而不便于工作了，这就事与愿违了。

重视和加强城市科学研究*

（1986 年 8 月 30 日）

中国城市科学研究会首届年会在天津召开，有这么多负责城市建设的领导和从事城市科学研究的专家、学者来考察、检查我们的工作，这是我们增长知识、向兄弟地区学习先进经验的好机会。听说大家看了一些地方，还专门进行了座谈，讲了许多热情鼓励的话，感谢同志们对天津工作的关心。实事求是地讲，天津的工作，在许多方面只是刚刚起步，还存在不少问题，确实是“盛名之下，其实难副”。我们诚恳地希望大家多提意见，并欢迎同志们常来天津，指导我们的工作。

我两天前去北京见到了万里同志。他对这次会议很关心，很想到会同大家见见面，共同研究、探讨一些问题，但由于要出访，时间来不及了。万里同志让我代他向大家问好，并让我带来两点意见：第一，城市科学研究工作非常重要，希望科学工作者和城市领导者高度重视。第二，城市科学是一个宽泛的概念，涉及的方面很多，研究工作要注意向纵深发展。在回津的路上，我反复琢磨万里同志的意见，觉得对我们的城市科学研究工作有很重要的意义，既明确了这门科学的重要地位，又指出了搞好这门科学研究的努力方向。会议希望我能发个言，我想就万里同志的

---

* 这是李瑞环同志在中国城市科学研究会首届年会暨第一届理事会第二次全体会议上的讲话，后作为《万里论城市建设》一书的代序。

两条意见谈点个人看法。

一、城市科学研究工作非常重要

对于这一点，我们这些做城市领导工作的人体会是很深的。城市的客观地位、我们党对城市工作的认识水平和领导水平，以及不断发展着的新形势，都决定了城市科学的极端重要性，迫切要求我们把这方面的研究工作高度重视起来，真正开展起来。如果说天津这几年的工作有些进步的话，其中一条重要原因，就是增强了这方面的自觉性，开始把城市科学研究工作引入决策的过程之中。

从一般意义上讲，城市的特殊性决定了城市科学研究的重要性。城市是经济、政治和文化的中心，它代表着一个社会经济文化发展的高峰，是人类活动的中心舞台。马克思曾经这样说过：城市的发展，造成新的力量、新的观念，造成新的交往方式，新的需要和新的语言。城市的这种地位和作用，就表明了城市的发展有着自身的客观规律，有着区别于农村和一般地区的若干特点，因此，要使一个城市协调、健康地发展，就必须认识城市的特点，把握城市运动的规律性。然而这是我们长期没有解决好的一个问题。建国以来，经过中央的一再倡导，一大批干部在研究城市、认识城市方面作出了很大努力，对城市工作的领导有了显著进步。但由于我们党走的是以农村包围城市、最后夺取城市的道路，原有干部的主要成分是农民，多数时间活动在农村，这就形成了一整套与农村相适应的思想观念、领导方法和领导作风，这种观念、方法和作风至今还不断地表现出来。相比之下，我们对城市本来就不很熟悉，而这些年又没有把它作为一门科学的对象进行认真、系统的研究，这就使城市工作存在着很大的盲目性。有的同志讲，现在流行着各种“城市病”，比如，人口膨胀，供应紧张，各种“难”越来越多；污染严重，噪声成灾，自然环境不断恶化；基础建设、公用设施同城市发展相脱节，城市长期处于超负荷运行；等等。这些问题，在很大程度上反映了我们还没有掌握城市发展的规律，对城市的认识还有许多必然王国。目前，我们国家 30 万人口以上的城市有 173 个，这里集中了我国绝大部分的物质技术力量和教育、科学、文化力量，是连接幅员辽阔大地、星罗棋布乡镇的纽带，是我们向现代化宏伟目标进军的主要依托。如何使这些城市在社会主义现代化建设中发挥更大的作用，这已经成为一个十分重要、十分紧迫的问题。如果我们的城市领导工作仍停留在原来的水平上，或是把领导农村的做法继续简单地搬到城市中来，城市的发展和城市作用的发挥都将受到极大的限制，甚至会造成新的失误。城市科学是研究和解决城市问题的学科，它对于城市的许多问题，如城市的运动规律，城市规划的原则、理论和方法，城市在国民经济和社会发展中的地位和作用等等，都有科学的理论依据和明确的规定性。它的许多成果都是人类在城市发展的过程中经过曲曲折折、付出巨大代价而得来的，我们应当把这些宝贵的财富自觉运用到城市工作的实践中去，并不断地探索开拓，运用科学的观念和科学的方法，指导城市规划、建设和管理。可以这样说，城市科学是每个城市领导者的基本功和必修课，今后城市工作的水平，将很大程度上取决于城市科学研究开展的广度和深度。

就特殊意义上讲，新形势给城市提出了许多新的要求。当前，城市正面临着改革开放的新形势，新情况、新问题之多，各项任务之重，是过去任何历史时期所不能比拟的。许多前人未走过的路需要我们去探索，许多重大历史课题需要我们去解决，甚至许多工作都需要重新认识、重新谋划、重新实施，这就使城市科学研究工作比任何时候都显得更重要、更紧迫。我们正在进行的城市改革，是要通过实行新的经济体制、经济政策来调动企业和劳动者的积极性，促进社会生产力的发展。这最终要表现在企业生产水平的提高或生产规模的扩大，表现在为劳动者自身素质的提高和繁衍生息创造良好的生活环境和教育条件。这就必然要涉及经济结构的调整，企业的改造、扩建，新项目的上马，相应基础设施的建设等一系列复杂问题。这里需要解决的一类是体制、政策和制度问题，再一类是生产、生活的物质条件问题。如何把这两类问题解决得更合理更有效，都需要从城市的总体和发展上即城市科学的角度上，进行综合系统的研究。

前不久，小平同志视察天津时指出："对外开放还是要放，不放就不活"。据我们这几年的体会，执行开放政策，利用外资，引进技术，引进人才，最重要的是创造一个良好的投资环境。正如小平同志说的：投资环境改善了，外国人投资就比较放心。而目前，我们在这方面还有相当大的差距。世界上有一种普遍的看法，认为我们法制不完善、基础设施差、办事效率低，缺乏直接投资的魅力。我们必须尽快改变这种状况，使城市逐步做到具有高效能的基础设施、高水平的管理工作、高质量的生活环境。要实现这个目标，仅靠原有的经验是绝对不行的，必须依靠现代知识，采取新的理论和方法。而这些都要通过加强科学的研究来实现。

当前，沿海和内地，城市和农村，以及各行业、企业之间，正在发展着横向的经济联系。在这个过程中，城市的中心地位更加突出。怎样打破封锁，扬长避短，形式多样、互利互惠地实行横向联合，怎样以城市特别是大中城市为依托，逐步形成不同规模、开放式、网络型的经济区。对这些问题，我们还没有系统的认识和认真研究，这也迫切需要城市科学努力去探索。

从城市科学的现状来讲，也需要摆到更加重要的位置上。我们的城市科学研究从无到有，发展很快，这是一大进步。但总的来说还处在初创阶段。有些领导同志对城市科学的重要性还缺乏应有的认识，在城市规划、建设和管理等重大问题的决策上，往往习惯于凭老经验办事，对从事这方面研究的同志有时尊重和支持得不够。就城市科学研究自身来讲，也还不够活跃，特别是如何把研究工作同领导决策很好地结合起来，还有许多有待解决的问题。所以总的来讲，研究工作的规模和深度与城市的地位、作用还不适应，与改革、开放的新形势还不适应。我们应该下这样一个决心：要把加强城市科学研究，作为改变旧的决策模式的重要环节和途径，要为这方面的研究创造一个良好的政治环境，提供必要的物质条件，通过几年的努力，使城市科学研究有一个大的发展，逐步形成既具有世界先进水平又具有中国特色的研究体系和研究方法，从而使我们城市工作的决策水平有一个大的提高。

二、城市科学是一个宽泛的概念

城市科学涉及的方面很多，研究工作要注意向纵深发展。我觉得这应当作为城市科学研究的一条重要指导思想。自从第二次世界大战以来，在国内外新出现的社会科学的新学科、社会科学与自然科学相互渗透的综合性学科以及边缘学科大约有 140 多门，这些学科研究的内容和研究方法都比较复杂。但我认为，作为综合性学科的城市学科更为复杂，涉及的问题更多。因此，城市科学的研究绝不能简单化，也不能把领域搞得很窄。

首先，城市本身就是一个复杂的有机体，这就决定了城市科学必然是一个复杂的系统工程。有些同志不是给城市下了这样一个定义吗？所谓城市，就是以人为主体，以空间和环境利用为基础，以聚集经济效益为特点的集约人口、集约经济、集约科学文化的空间地域系统。所谓集约，就是高度密集。由于密集，就出现了许多区别于农村的特点，使许多在农村不是问题的而在城市成了问题。比如在农村粪便处理、盖一两间房算什么问题，但在城市却都是大问题。可以这样说，作为人类文明标志的城市，一方面集中了人类的智慧和成就，另一方面也集中了整个社会和整个时代所具有的各种矛盾。城市的高度密集，决定了城市矛盾的集中和交错，而这种集中、交错，也就决定了城市科学研究的复杂性。

第二，城市具有多功能、多层次、高度综合的性质，这就要求城市科学既是高度分化的，又是高度综合的。在城市这个大系统中，包含着宏观和微观、静态和动态、时间和空间、外部条件和内部功能等等，各个方面相互作用、相互制约，这就使城市问题具有动态、关联和整体的明显特点。因此，研究城市问题必须从全局、整体战略的高度来看待和解决局部、个别、具体的问题，研究在动态中如何协调部分与整体的关系，使部分的功能目标服从总体的最终目标，并把整体与部分最佳地统一起来，从而达到总体最佳。我们过去的一个很大失误，就是城市缺乏这种综合的、系统的研究，工业城市只研究工业，城建部门孤立地研究建设，结果在建设过程中带来了许多新的问题。比如，马路挖了填，填了又挖；商业网点搭起来拆，拆完了再搭。有人说，这个干法，只有马路装拉锁，房子安轱辘。这种管理城市的办法，实际上是割断了事物之间所固有的联系，这就必然给城市工作留下了许多后遗症，甚至造成许多难以弥补的损失。所以城市科学必须站在城市的整体和发展的高度上，来研究城市中各个学科、各个行业、各个部门的地位、作用和它们之间的相互关系，找出它们不平衡之所在和解决问题的最佳方案，并且通过实际工作，使它们协调地发展。

这几年，天津在对城市的研究和管理方面，开始注意了这个问题，效果就比较好，不但使城市的各个方面开始出现了比较协调发展的局面，而且解决了许多看来很难解决的问题。就拿环保问题来说，如果孤立地来解决，限于目前的财力物力条件，很难有大的作为。后来我们采取了综合研究、综合解决的方法，就是根据国家计划，利用各方面想发展的积极心理，善于抓住每个具体时机，把环保工作与各方面发展结合起来，把问题分解在各方面的发展之中。比如，把环保工作与工业的调整、改造结合起来，与城市的建设、改造结合起来，与各单位的日常工作结合起来，与改善人民生活和加强城市管理结合起来，取得了一举几得的效果，资金也有了出路。比如，为了改善天津城市的平面型，造一些假山，解决垃圾的出路；为了解决建材的来源，找到了钢渣和粉煤灰所谓“污染大山”的处理方法；为了解决“两水”（水产、水果）问题，解决了外环线的绿地、水面的占地及其资金问题；结合工业调整、改造，消灭了一批污染、扰民的工厂等等。具体问题具体分析是马克思主义的灵魂，具体之所以具体，是因为它表现为综合、表现为过程、表现为质的多样性。一个城市是一个大具体，大具体里包括着无数的小具体，在整体的发展过程中，由于大具体的变化，小具体也会随之发生变化，从不同的角度、不同的场合看同一事物，其性质就可能不同。有些东西在这里是包袱，到那里就是财富；由这个角度出发，可能处理很难，而由另一个角度出发，可能就比较容易解决。总体和综合是城市科学研究的基本方法。当然，这里边也有局部和分析，但这个局部是站在总体上的局部，这个分析是为了最终的综合分析。其中既有局部之间的综合，也有局部和总体的综合；既有空间的横向综合，也有时间的纵向综合；既有物质之间的综合、精神之间的综合，也有物质和精神之间的综合，这就决定了城市科学研究必须向纵深发展。

第三，城市科学不仅要研究城市本身，而且要研究城市与周围地区之间的关系，起码应当包括城市与区域的关系、城市与农村的关系、城市与城市的关系。这就要求城市科学研究必须向广度发展。大家知道，一个城市的形成和发展，总是和周围的自然资源、社会结构、经济联系分不开的，如果人为地割断这些联系，把城市作为孤立的一点，城市的战略发展也就失去了依据。我们在这方面的教训是很深的，由于长期以来用行政的手段管理经济，割断了城市横向联系的脉管，使许多城市成了相对封闭、独立奋斗、自我循环的小系统，其结果，既限制了自身的发展，也在很大程度上失去了中心城市的作用。像天津这样的加工城市，绝大部分市场在外地，外地的变化与发展直接关系着天津的工业生产，不了解它们的动向、需求，天津就无法生存和发展。所以，一个城市要把自身的工作搞好，既要把本市的发展变化研究清楚，还必须研究联系和制约它的各个外部条件。

总之，城市的复杂性、综合性，决定了城市科学研究的艰巨性和多样性。它与城市内其他各个科学领域的研究，既是不同的，又是相联的；既不能互相代替，又必须互为关系。研究城市的总体发展，必须研究组成城市整体的各个行业、各个部门、各个方面的发展，而这些又都不能离开城市的整体，都必须以城市的整体发展目标为依据、为前提。所以，城市科学的研究既是一个总体，是自然科学和社会科学各类学科的有机结合，又必须多层次、多学科地分别研究，从各个方面、各个部分的相互依赖、相互结合、相互制约的关系中，来揭示整体的特征和运动规律。这个研究必须站在城市总体的高度上来观察问题，把整个城市的平衡、稳定和发展作为一个总的研究题目和对象，并以此为出发点，来研究各个学科、各个行业和各个部门，把它们之间的关系弄清、理顺。这些都决定了城市科学研究的复杂性、多样性和艰巨性。

三、城市领导者要高度重视城市科学

城市科学的一个特点，是与城市领导紧密相联。从一定的意义上讲，城市科学也是领导城市的科学，开展城市科学研究，按照研究成果办事，是城市领导按照城市客观规律办事的基本工作方法，也是实现领导决策民主化科学化的主要内容和途径。城市科学研究从科研课题的提出到科研成果的应用，都离不开城市领导的支持与帮助。因此，城市领导对城市科学重视、关心和认识的程度，极大地影响着城市科学的研究工作。

城市科学研究离开城市领导，在很大程度上就叫“白研究”。因为，第一，城市科研成果绝大多数最终要通过城市领导的决策和工作才能表现出来，如果领导不接受，或引不起重视和支持，科研成果就会束之高阁，无法变成现实。比如，为了治理交通、拓宽马路，难免就要动迁一些单位和住户；为了保持街景观瞻，某些建设单位就不可能完全按照自己的意志和需要去实施；为了改善市中心的环境，某些污染扰民的工厂就要迁到边远地区；等等。这些都不是城市科学工作者自身能做到的，从这个意义上讲，领导支持不支持，决定着科研成果的命运。第二，城市科学既然是综合城市各方面的科学，是站在城市总体和长远利益上，对总体和局部、长远和近期得失利害的权衡，这就难免伤害到某些局部、近期的利益。在实现科研成果中，有些建筑想搞高的需要让它低一点，有些想搞大的让它小一点，有些搞得差的要求它搞好一点……而所有这些，如果没有领导进行调节，某些符合总体和长远利益的科研成果，就有可能因为触犯局部的、近期的利益而无法实现。第三，城市科学研究如果没有城市领导的重视、支持和及时指导，往往抓不住城市工作面临的突出重大问题，使研究工作走入偏题，导致劳而无功，无济于事。一些好的成果也可能由于脱离现实而被搁置起来。第四，城市科学转化为城市领导工作，有一些要最终形成政策、规定和制度，没有领导参加不可能实现这种转化。何况城市科学研究自身，也有若干条件问题，需要领导帮助解决。因此，城市科学必须靠近领导，面向实际，紧密地围绕城市中心工作和突出问题，提出研究课题，开展研究工作，提供研究成果。否则，很可能事倍功半或劳而无功，用不上，“白研究”。

城市领导离开城市科学，在很大程度上就叫“瞎领导”。城市科学是认识、管理和改造城市的科学，把城市科学引入城市领导决策工作中来，有利于改变单靠行政意志管理城市的陈旧方法，促使我们从小生产的手工业管理方式，向现代化、科学化的管理过渡。对城市要实行科学的领导就必须依靠城市科学，重视城市科学研究成果，否则，必然是盲目的领导。第一，城市领导需要从总体、长远去观察和处理问题，而当前的一个特点是大事多、急事多、新事多、难事多，领导者天天处在时少事多的情况下，很难集中时间、精力运筹帷幄，对问题进行系统的研究。在这种情况下往往容易就事论事，就局部看局部，就当前说当前，干一些从局部和眼前看有利，从整体和长远看属于花钱“买腻歪、安钉子、造麻烦”的事。第二，如果缺乏科学研究，没有长期谋划，不经过一个完整的研究过程，待事到临头要拍板，拍晚了误事，拍错了坏事，就难免捅娄子、出乱子。第三，城市科学总体性、系统性、综合性强，不可避免地受城市科学所涉及的各个学科发展变化的制约和影响。对各种相关科学的研究是城市科学研究的基础，而任何一个领导者都不可能有足够的时间和精力、知识和才能，对那么多科学都了如指掌。因此，必须把具有不同知识结构、不同经验的专家、谋士集中在一起，借助众人的头脑，以弥补领导者个人才智、经验和精力的不足。第四，城市领导集团例如市委、市政府，应该从城市总体高度来了解认识城市，研究解决城市的问题。但是，在实行领导分工负责制的情况下，每个领导成员又是一个方面的代表者，在进行集体决策时，某些人能言善辩，坚持己见；某些人有看法讲不出，讲了没人听。这样决策，形式上是少数服从多数，实质上缺乏科学依据，集体决定也可能出现瞎领导。如果我们充分发挥城市科学工作者的智囊、参谋、咨询的作用，又为研究工作创造一种民主、平等、协商的环境和一套健全的决策制度，这个问题就会得到较好的解决。总之，城市领导者必须重视和依靠城市科学研究，关心和支持城市科学的发展，并且要亲自参加城市科学研究，了解城市发展的一般规律。只有这样，才能对城市科学研究出好题目，才能辨识并应用有价值的科研成果，才能与城市科研人员有共同语言，城市科学工作才能广泛深入地、卓有成效地展开。我想，只要城市各级领导对城市科学真正重视起来，并且带头参加研究，身体力行，广大城市科学研究人员就会倍加振奋，更为勤奋。只要城市领导与城市科学工作者紧密结合，我们的城市科学研究就会蓬勃发展，城市工作就会有一个质的飞跃。

由于从万里同志出题到今天只有两天的时间，许多问题还没有想清楚，请大家指正。

论城市协调发展*

（1988 年 3 月 12 日）

这次城市协调发展研讨会是我提议召开的，请这么多专家、领导来专门研究这个问题，在我市还是第一次。开这样一个会的目的，就是要进一步弄清楚“协调发展”对于整个城市工作的作用和意义，使我们在实际工作中更加自觉地把握和运用这个重要原则。我先讲些想法，和大家一块商量。

一

我个人认为，“协调发展”应该是城市科学研究的一个核心问题，是做好城市领导工作的一条重要原则或者叫基本的领导方法。

大家知道，联系和发展的观点，是马克思主义唯物辩证法的基本观点。世界上一切事物之间，以及每一事物内部的各个部分、方面、要素之间，都是相互联系、相互制约的。坚持联系的观点，就必须从事物固有的联系中考察事物，充分注意到构成这种联系的条件及其变化，坚持协调渐进，注意整体效应。

整体不是各个部分、要素的简单相加，而是按一定规律结合

---

* 这是李瑞环同志在天津城市协调发展研讨会上的讲话。

而成的统一体。古人说："倾国宜统体，谁来独赏眉"。从单个看，柳叶眉、杏核眼、樱桃嘴，都是挺不错的理想的五官，但是，如果它们没有按一定的规律结合而成，鼻子、嘴、眉毛、眼，摆得不是地方或者互不成比例，那就会成为丑八怪，吓人一大跳。这个规律简单地说就是整体必须协调。不协调就会出问题。当然，五官的协调还只是人体外貌的协调；人体内部各个器官之间的协调就更复杂也更要紧了，哪个部分出点小毛病都可能引起发烧、全身难受，抵抗力下降，出大问题。一个协调的整体可以具有大于各个部分或要素简单相加的新的功能和性质。如果不注意这种协调或者破坏这种协调，那么事物的功能和性质就会发生变化，整体遭到破坏。比如一辆汽车，从大的方面说，由启动、传导、控制、运载部分组成；再进一步细分析，每个部分又各由上万个零部件组装构成，无论缺了哪一个都不行。但是，如果零部件都齐了，而且单个看质量也都不错，是不是一定能组装成一辆好汽车呢？也不一定。更重要的是，必须注意结构设计的科学合理，各个部件和零件之间的配合协调。一辆好的汽车，起码要说跑起来平稳，坐下去舒适，驾驭灵便，操纵自如，既节能省油，又经久耐用。关键就在于其结构合理、关系协调。如果结构不合理、彼此不协调，即使各部位都不错，整个汽车也好不了。到处有摩擦，内耗丛生，怎么能高效节能？齿轮总打滑，吃不上劲，怎么能高速平稳？要直走轮子打晃，要拐弯前轴不转，结果只能以抛锚告终，还谈什么经久耐用？不协调，整体受到了破坏，既没有了平稳的发展，也无法再持续地发展。协调，是稳定、持续发展的前提和关键。据有关材料，一部汽车的零部件参数是10的5次方；喷气式飞机的零部件参数是10的7次方，往往一个铆钉的长短或重量就可能影响飞机的稳定和速度；而一个城市，规划和建设的单元参数是10的8次方，如果是改造一个老城市，参数就要多达10的9次方，上亿个，比汽车、飞机要复杂得多，是万万不能掉以轻心的。

城市作为一个极其复杂的有机整体，它的各个组成部分之间同样存在着内在的、必然的、不以人的意志为转移的、相互联系和相互制约的关系，功能是多方面的。因此，研究城市必须认真研究这种关系，并找出各个方面之间不够协调、不够稳定的地方；通过工作，使整个城市协调、平稳、持续地向前发展。城市建设的根本目的，就是要充分发挥它的多种功能，使其在发展商品经济、提高生产力、改善人民生活方面发挥更大的作用。因此，研究城市建设，必须注重宏观的、综合的研究。不能就项目论项目，或者就工业论工业，就商业论商业。要将城市作为整个国民经济运行的一个载体，作为一个有机联系的复合体来进行研究，决不能只是从某一个局部孤立地看问题。要从市情出发，根据整体性原则，正确处理城市建设与经济建设、文化建设以及城市环境的综合治理等各个方面的关系。除了必要的生产设施之外，还必须按比例配套地发展城市供水、排水、道路、公共交通、煤气、热力、供电、通讯以及其他满足人民物质和文化需要的基础设施。这些既是发展城市经济、满足居民生活的基本条件，也是发挥城市多功能作用的必要前提。它们之间不协调，城市就会“翻车”。过去，人们用小生产的观点看问题，认为在农村开荒种地就可以发展农业，在城市多盖工厂就可以发展工业；或者认为“变消费城市为生产城市”就是多盖工厂、发展工业。这种认识把城市看得过于简单，忽视了城市复杂的特殊性质和综合功能，硬把我们的城市降低到只是工业生产一项功能的“地域”，使城市无法发挥自己的整体效益。这是吃了大亏的。至今我们拿不出一个像样的城市来。这几年，天津的城市建设是下了一番功夫，取得了一些成绩的。现在有的同志觉得搞多了，他们想使经济，特别是工业上得快一点，其出发点是好的。但他们没有认真分析我们城市这个有机整体，搞清城市建设与经济发展的关系，常常是绝对地、孤立地、非此即彼地看问题，缺乏系统、整体的观念，不注意协调发展这个规律。事实已经证明：如果水、电、交通、通讯、商业、文教、卫生、住宅等各方面的建设跟不上去，都会直接或间接地影响和制约生产的发展。天津正是由于注意了正确处理工业、各项事业的发展同基础设施的关系，才有了这几年稳定协调的发展形势。

协调、稳定对我们的各项工作实在太重要了。我们回顾一下建国以来的历史，许多事情总是干一阵又停下来整顿一阵，走得急、停得长，大起大落，损失实在太大。一条很重要的教训，就是忽视协调渐进。在经济建设中，先行后续的连续性和各个方面相互制约的整体性是不容忽视的。做任何事情，只有对其整体的每个组成部分通盘考虑，统筹安排，才能协调地、稳定地、持续地发展。同样，社会发展中许许多多的事情，如果不注意研究它们内在的和相互制约的联系，不注意其整体的协调发展，不讲“微调”，只搞“大修”，没有不吃亏的。

二

当然，世界上的事情是复杂的，要处理好各个方面的关系，实现稳定协调发展的目标，并不是一件容易的事。一方面，客观事物本身是不断发展的，从一定意义上讲，协调、稳定、平衡都只能是相对的。另一方面，人们对客观世界的认识也有一个由浅入深、不断总结经验、修正错误的过程。先知先觉、百战百胜的领导者和指挥员，事实上是不存在的。聪明的领导者应善于审时度势，驾驭局面，勇于探索，开拓进取，及时总结经验，尽量减少失误，避免大的挫折和失败。

长期以来，从工作指导上看，所以造成不稳定、不协调，有思想方法上的原因，也有历史和政治方面的原因。其主要表现：

一叫急功近利。“大跃进”、“公社化”等许多经验教训表明，我们犯错误出问题，很多是失之于要求过急过快。形势一好转、一顺利，就头脑发热，胡乱折腾，几乎成了一个顽症。许多时候因为不顾客观条件，脱离国情，脱离实际，以致欲速不达，事与愿违。譬如，对生产资料私有制的社会主义改造，成绩固然很大，不容否认，但也有过急、过粗、过分之处。由于在思想方法和工作指导上存在片面性、单打一，常常把复杂的事情看得过于简单，顾此失彼，不讲协调，对我们的事业造成了极大危害。我们在战术上对每一项具体工作都应该抓紧抓实，力求速战速决，而在总体上、战略上则要注意量力而行，尽力而为，力求迈小步不停步，少走弯路回头路。要坚持量变，不能停顿；同时把握突变，在时机成熟时不要犹豫，敢于突破。历史的人只能做历史的事，既不能做超越历史条件的事，也不能逃避历史的责任，具备条件或可能创造条件的事也不努力去做。中国国大、人多、底子薄，10 亿人口、8 亿农民，而且经济发展极不平衡，各地区的情况差别很大。在这样的国情下搞改革、搞建设，必然是一项十分复杂而艰巨的系统工程，要准备若干代人的艰苦奋斗。我们共产党人以改造世界为己任，谁不想把事情办得多一些，把建设搞得快一些，问题在于是真想、实想，还是假想、空想。真想快，只能是在尊重客观规律的基础上发挥主观能动性，按照客观规律办事，摸着石头过河，扎扎实实、一步一个脚印地去干，而不能不顾客观条件，操切行事。这样，按规矩办，循序渐进，看起来慢一些，实际上是快的。有人讲，中国是一个巨人，只要稳步走，步子就是大的；只要不摔跤，就是一个了不起的成绩。最可怕的是自己折腾自己，自身先发起烧来。我认为这话是非常深刻的。

二叫主观片面。凡属重大政策措施，都应该在全面认真地调查研究、审慎周密地分析测算的基础上，提出若干具体方案，经过比较、选择、论证和典型试验，再最后敲定下来，颁布实行。可是，现实生活中往往不是这样。有些政策、措施、意见、办法，是某些人主观意志的产物，或者是少数人在屋里憋出来的。由于产生得简单，改变起来也就比较随便。常常是今天一个精神，明天又一个精神，而这些精神又常常相互矛盾，使人们无所适从。加之我们有些领导干部和宣传理论工作者，不是从马克思主义基本原理和中国实际的结合中引出正确的观点，借以指导和解释现行政策，而是常常跟着“风”跑，习惯于按照所谓的政治气候和某些领导人的意志来阐述理论、回答问题。来一个政策，他就宣传该政策如何重要、如何有理；政策调整了，他又说变得如何应该、如何及时。这种决策上的主观性和理论上的摇摆性，是我们许多方面的工作缺乏客观的、全面的、长远的考虑，许多政策缺乏科学性、连续性的一个重要原因。这个问题不解决，所谓协调就是一句空话。不协调就一定不稳定，不稳定也就一定不能持续发展。城市工作也是这样，单靠长官意志，单凭主观愿望，而不去下功夫研究城市固有的规律，这不行。不是讲不唯上、不唯书、只唯实吗？所谓实，就是客观实际，就是事物的本质和内在联系，就是事物自身固有的客观必然性。在改革开放的新形势下，提倡唯实精神显得非常重要。我相信，只要把各方面的人员和专家发动起来，花一点时间总结一下我们过去的经验教训，同时注意学习研究一点国外城市建设的经验，我们的城市一定会建设得更好。

三叫运动方式。我国的革命走的是一条农村包围城市的道路，是靠枪杆子取得政权的。因此在建国以后，农村的痕迹，战争的色彩，运动的方式，常常在我们的工作中反映出来。强调一项工作重要，就只讲一点，不及其余；要统则统得过多过死，要放则放得无约无束。其结果，往往是一哄而起，一哄而散，纵向不衔接，横向不协调。城市建设也沿用了不少政治上“左”的一套做法。我们的城市经济，在一定程度上还是自然经济加产品经济，比如商业的主要功能还停留在“保障供给”上。城市究竟建成一个什么样子，它有些什么样的功能，这些功能相互间的关系怎样，如何从经济和社会发展的全局上去把握这些关系，加快城市建设的步伐？诸如此类的问题，直到今天，我们还缺乏一个比较明确比较统一的认识。所以我希望天津的专家、学者能够结合天津的实际，研究一些既特殊又一般的东西。讲特殊，是城市相对于中国广大农村而言；讲一般，是指城市发展的普遍规律。通过这样的研究，来提高认识，统一思想，规范我们的行为。总之，如何从旧的、“左”的一套做法中解脱出来，用反映客观实际的新观念、新原则、新方法来组织我们的经济工作，建设和管理我们的城市，确实是一个非常重要的问题，是一件必须抓紧做而做起来又难度很大的事情，但也是一定要做好的一篇大文章。

当然，造成不协调的原因还不只这几条。其他如旧的经济和政治体制中的种种弊端，也是导致各种关系失调、影响经济发展的重要因素。体制方面的问题，中央正在逐步解决，但就主观因素讲，认真研究和纠正前边讲的这几条，我个人认为是非常重要的。

三

有权力的人研究学问有个毛病，就是常常受权力的支配，而权力又常常使人不客观。因此，我把这个问题交给诸位，请大家来研究一下，城市究竟怎么搞法，怎么才能使我们协调发展得更好一些。我以为，以下五个方面的关系是很值得深入研究的。

一是要协调生产与生活的关系。历史的经验表明，每当我们把国家利益和人民利益对立起来，把生产与生活对立起来，以至长期不注意改善人民的生活，甚至使人民的某些困苦越来越大的时候，不但生产上不去，还得被迫退下来实行调整，再回过头来搞生活。而人民的生活的改善，又只能是随着生产的发展，逐步地加以解决。超出了经济许可的范围，片面追求提高生活水平，其结果必然是把经济搞乱，造成经济困难，反过来妨害人民生活的提高。如果许愿过多、过大，把群众胃口吊起来，其结果是，尽管我们尽了很大努力，群众也不会满意，反而会出现一些莫名其妙的牢骚和不满情绪，造成社会的不安定，影响生产和经济发展，最终还是影响群众生活。所以处理好协调好生产与生活、积累与消费之间的比例关系，是我们必须时刻注意的大问题。我们的观点是，随着经济的发展，使人民的生活不断得到改善；随着生产的发展，把我们的城市建设得更好。无论如何不能为了发展生产而紧老百姓的腰带，把城市弄得越来越破。如果这样，就会使人觉得生产是件可怕的事情，生产上去了，老百姓就倒霉了，物价也上去了，房子也没了，路也不修了。久而久之，就会形成这样一种印象：还是别发展生产的好。总之，把生产和生活对立起来，其危害是显而易见的。

二是要协调城市建设与经济建设的关系。城市是经济发展的载体。城市经济的发展，取决于城市的功能，取决于城市这个载体的能力。离开了城市载体的能力，谈经济如何发展，最终只能是空中楼阁。交通不发展，运不进来，拉不出去，经济怎么搞上去？水、电、热不齐全，各项功能不够用，生产怎么能提高？最近几年，我们在解决城市基础设施，比如水、路、气以及其他设施上，花的力气是大一些，抓得比较突出些，力量比较集中些。这些基础设施大都是从经济发展需要出发的。事实也证明，这些基础设施的社会效益是相当可观的，为工业的发展提供了有利条件。因此可以肯定地讲，城市建设工作是一项极其重要的工作，这是问题的一个方面。从另一方面讲，城市建设也是花钱的，而且是花大钱的，要搞好，必须十分细致、认真。胡搞乱搞，可以把家搞穷，把经济搞乱。老百姓讲“土木之工不可不动，不可擅动”，就是说要量力而行。如果脱离实际，企图把长期的欠账在短时间内全部解决，或是不分内容，不分轻重缓急，什么都要大上、快上、全面上，上得过于急、过于猛，超出了财政的能力，影响和冲击了其他的工作，使经济关系紧张而不协调，必然造成难以为继的局面。其结果必然是妨害了整个经济的发展，造成大下的局面。建国 30 多年来，对城市建设在经济发展中的作用，认识不够统一。反映在城市建设工作上，表现为有时候头脑发热盲目大上，超出了财力的可能，造成经济上的困难；有时候又忽视了适度发展的作用和意义，盲目大下，使得“骨头”和“肉”严重失调，影响了经济发展的后劲。这种现象，30 多年中多次反复，很需要深入研究，认真总结，使城市建设与经济建设更加协调稳定地发展。

三是协调城市与农村的关系。农村和城市是相互依赖而存在的、而发展的，农村要发展，必须依靠城市现代工业和科学技术的武装与支援；农民要富裕，就必须研究如何服务城市。近几年的实践证明，农村的富，许多是通过服务城市来实现的。所谓服务城市，主要是为城市提供更多的农副产品。农村对城市的需要了解得越深，与城市市场联系得越紧，越能够适应城市改革的形势，农村商品生产的发展才能越快，规模才能越大，农民富裕的程度也才能越高。天津的农村背靠大城市，它本身就是城市的组成部分，与天津市区的关系更是密不可分，它服务大城市的方向就更加明确。城市要发展，必须研究如何支援农村，通过城乡改革的衔接，建立城乡经济综合发展的新格局，更好地发挥中心城市的作用，帮助郊县走上建设现代化农业的前列，率先富裕起来。这既是农村对大中城市的要求，也是城市发展的基础条件。从城市经济发展上讲，必须十分重视占全国人口总数80%的广大农村，面向这个最广阔的国内市场。农村的商品经济不发达，农民不富裕，工业的原材料供应和产品销路就受到极大的限制，就不可能有更大的发展；而城市附近的郊县，又是城市副食品供应基地，城市人民生活的改善，城市市场的繁荣，乃至安定团结大好局面的稳定，在很大程度上取决于郊县农村的状况。城市支援农村越好，农村发展就越快，农村服务城市的条件就越充分。因而城市支援农村，就是支援自己。如何使城市把郊县农村看作自己发展的基地，使农村把城市的需要看作自己发展的方向，这是一个非常重要的问题，需要做好多方面的协调工作，使城乡有机地结合起来，这方面的研究还很不够，还有许多必然王国，需要探索一条比较符合客观规律的城乡协调发展的路子。

四是要协调政治与经济的关系。现在，人们对经济工作谈论很多，当然，经济的问题还应主要从经济工作自身去研究，但也不能就经济谈经济。经济问题说到底是个生产力问题，而发展生产的根本问题是个生产者的情绪问题，也就是我们常讲的职工的思想觉悟和积极性。不把进步的政治精神贯注于职工之中，不真正形成一个心齐气顺、同心同德干四化的政治局面，再好的经济方针、经济政策、经济构想，也难以顺利实施。当前要下功夫理顺群众的情绪，这是各项工作的前提和基础。如果讲天津这几年取得了一些成绩，干成了一些事情，重要原因之一，就是包括广大职工在内的全市人民有一个好的精神状态，形成了一个好的民风民气。小平同志视察我市时，对天津群众的精神面貌和觉悟水平给予很高评价，说："群众高兴了，事情就好办，也容易办好"。实践证明，要理顺群众情绪，单靠经济手段是远远不够的，那种企图单纯用金钱买积极性的想法和做法更是错误的。对这个问题，我们应该认真地反思。这几年钱花得不算少，人们生活水平提高之快、幅度之大，是建国以来少有的，但为什么有些人还那么大的气，积极性远不如过去，究其原因，我看主要是这几年对思想政治工作有所忽视或者说抓得不够有力。我毫不否认在经济体制改革中，强调按劳分配、物质利益的重要性，使职工的劳动热情和积极性建立在关心自己切身利益的基础上，这是我们摒弃"左"的做法，在经济工作和思想政治工作领域拨乱反正的一个重要成果，但这绝不意味着可以不讲政治、不讲觉悟。失去了这个优势，我们的许多工作也就失去了动力。再者，我们搞四个现代化是搞社会主义的四个现代化，不是搞别的现代化。这几年由于思想政治工作薄弱而出现的一些现象，确实是不祥之兆，令人担忧。如果我们其他方面搞得热热闹闹，而忘掉了这件具有全局意义的大事情，那么，四化建设就可能走偏方向甚至半途而废，那将犯大的历史错误。

五是要协调领导与群众的关系。群众是创造历史的主人，办事要依靠群众。不论什么事，如果脱离了群众，得不到人民的理解、支持和拥护，就一定不能办好。因此，任何领导，要想办好任何事情，就必须研究解决群众情绪问题。而如果没有人给群众解决实际困难和关心他们的利益，群众的情绪就一定不会高，也就一定不会真正地积极起来。群众需要领导，没有领导，群众的积极性既不可能持久，也不可能提高到高级程度。领导必须取得群众的信任，没有群众的信任，也就不会成为真正的领导。而这种信任，靠上级封不出来，靠权力压不出来，靠自己吹不出来，靠要小聪明骗不出来，只有靠实心实意地、尽心竭力地、坚持不懈地为群众办实事，才能逐步地树立起来。“你们为我们办事，我们为你们作劲”。这个普通群众的朴素语言，概括了许多工作的原因，也讲出了一个深刻的道理。当前，领导干部必须解决的一个重大问题，是能否经得起执政的考验和改革开放的考验，克服和抵制形形色色的腐败现象，真正做到廉洁从政的问题。是为人民奉献还是向人民索取，是立志做大事还是追求做大官，这是衡量一个党员干部党性强不强的分水岭。凡是走上领导岗位的同志，都应当联系实际学一点历史唯物主义，真正懂得人民群众是社会的主体，是历史发展的动力，牢固树立人民至上、群众第一的观点，把群众的情绪作为第一信号，做到心里装着人民，办事想着人民，一切依靠人民，通过自己的工作和服务，使人民真正获得利益。那种把自己凌驾于群众之上，当官做老爷，严重损害群众的利益，甚至贪污腐化、腐败堕落的干部，是注定要被历史淘汰、被群众唾弃的。

天津目前正处在一个发展的关键时刻，在这种形势下，天津下一步该怎么走？搞得好，今后几年将会有更大的变化；搞得不好，弄乱套了，下一步就会越走越难。为了使这个问题的讨论能深入展开，很希望大家进一步敞开思想，各抒己见。学术讨论与工作部署不一样，与下级服从上级、地方贯彻中央的指示不一样。大家可以放开来谈，包括对天津这几年的做法和我本人的一些做法，只要认为不合理的地方，都可以提出来。我建议举行这个研讨会，绝没有让大家来论证我的意见是对的这个意思。天津的科学工作者应该以高度的社会责任感来要求自己，使天津城市协调发展的研究取得新的突破。

重视城市规划、城市发展和城市科学*

（1990 年 5 月 25 日）

许多同志建议我到珠海来，说这里的城市规划和建设、管理搞得不错，珠海又是个特区，所以我很早就想来做点较为深入的了解。去年来了一次，晚上到转天早晨就走了。这次来广州开会专门抽几天时间来这里，看了市容，到了几个基层单位，听了市里的汇报，给我的印象确实不错，不仅城市规划和建设、管理得不错，而且人们的精神状态很好，经济建设也很有成绩。就从城市规划来讲，无论是城市的现状，还是整体发展方向，无论是城市的基础设施建设，还是整个城市的管理，可以这样说，在当前是全国最好的城市之一。1983 年我由香港到澳门，站在澳门边上看珠海，一片渔村破破烂烂，心里很不舒服，我们这么大地方怎么就不如它那个小地方？昨天我是站在咱们珠海看澳门，非常感叹，珠海的规划建设和澳门比，并不差。珠海短短几年中发生这么大的变化，可以说是个奇迹。我想了一下，能够有这么大的变化，原因可以讲好多条，但最重要、最根本的还是坚持了党的十一届三中全会以来的改革开放的路线方针政策，没有十多年的改革开放，你这里广大群众的主人翁意识和创造精神就不会得到这样充分的发挥，干出这样惊天动地的事情，各方面也不可能有

---

* 这是李瑞环同志听取珠海市领导班子汇报时的讲话。

这样大的活力。我看对于改革开放要讲三句话：一叫方向不变，这叫做历史的大趋势，也叫做历史的发展不以人们的意志为转移。不改革开放就没有希望。二要总结经验，十多年的改革，有哪些是对的，哪些是错的，今后怎么办，要很好地总结一下。三是重在实干，要一个问题一个问题地去解决，一个困难一个困难地去克服，一件事一件事地去完成，把改革开放稳步、扎实地推向前进。

上面这些话，算是我来珠海的一点观感。因为珠海已经成为一个具有相当规模的城市，而且正处在建设、发展的关键时期，所以，今天我想主要就如何做好城市工作讲些看法。

第一，要重视城市规划。

珠海给我一个很深的感受，就是你们很重视城市规划工作，不仅制定了比较科学、先进的城市总体规划，而且严格按规划办事，使整个城市建设、管理搞得很有章法，干干净净，规规矩矩。这是一条经验，我想应该在全国推广，首先在广东推开。当然，你们还需要进一步进行总结和理论的概括，使这方面的工作更自觉、更规范。所谓城市规划，就是一定时期城市发展的计划和各项建设的综合部署，是城市建设和管理的依据。它不仅决定城市的目前，而且制约城市的长远，是城市发展的方向、目标，是城市建设的规范和蓝图。具体讲，规划应当包括这样几个内容：一是城市的性质。就是要确定这个城市在全国或一个区域的地位、职能和作用。我看珠海城市的性质比较明确，首先是个开放的旅游城市，当然也要适当地发展工业，但根据这个性质，这里绝不能搞污染严重的工业项目，要坚持外向型、轻加工型的发展方向。二是城市的规模。规模讲两条，一条是人口规模，一条是占地范围。昨天听了你们的介绍，旧区、特区以及西区共300平方公里，这个数字是不小的。天津长远的总体规划是330平方公里，北京也差不多，上海还小一些。你们对人口规模和整个城市的规模一定要从严控制。国内外的经验都证明，城市搞大了弊端很多，现在人们常讲的“城市病”，都和规模过大有直接关系。由于你们各方面条件比较好，要求到这里来的人很多，所以要立个规矩，严格控制，无论如何不能使人口膨胀起来。三是城市的布局。布局要正确体现城市的性质，充分发挥城市的功能，达到经济效益、社会效益、环境效益的统一。布局无非是分为几大块，生产区、生活区、行政区、商业区，等等。城市如果没有区域的分工，这个城市就很难管好。工厂包围住宅，住宅包围工厂，必然是生产、生活互相影响；不同行业的厂点混在一起，同一行业的厂点又分散四方，必然是割裂合理的生产系统，带来极大的浪费；还会造成道路不成网，流向不合理，把城市搞得杂乱无章，到处吃紧。四是城市的基础设施。这是提高城市综合功能的基本条件。过去天天挖马路埋管子，群众骂搞建筑的人太笨，其实问题在于基础设施没有规划好。今后基础设施必须超前。大楼的基础不搞好，早晚都要出娄子。有人批评道路搞那么宽干什么。现在不宽，将来还能宽吗？道路的红线只要符合长远需要，宽度定得合理，路面搞差点都没问题。红线窄了，房子建起来就没办法拆了。讲到基础设施，你们要特别注意搞好对外交通网络的建设，包括海上、空中和陆地，要真正做到四通八达，出进方便，这是关系珠海发展的大事，一定要重视再重视。规划里面还应包括专项规划，比如要搞多少电话、多大的供电能力等等。

上面是讲规划包括的内容。如何实现规划？我看珠海今后起码要坚持三条：一是规划与计划的统一。我讲的是我国特定含义的规划和计划。规划表现为长远的、总体的，计划常常表现为当前的、具体的。必须坚持二者的有机统一，计划要依据规划去编制，规划要通过计划来落实。计划应该体现规划的要求，规划要注意到计划的实施。二是规划与设计的统一。本来规划与设计应该是一致的，这也是你们这里的成功经验。但有些地方不太注意这一点，常常因为设计不好而体现不出规划的要求，甚至破坏了规划。设计应该注意这样几点：要在满足使用功能的同时讲究观瞻，使建筑物在造型、色调等方面体现民族文化的传统特色，给人以美的享受；要把个体建筑同群体建筑协调起来，做到高低有别、错落有致、统一多样，形成好的街景；要改革不合理的设计规定和标准，在确保质量、安全的前提下，尽量做到多快好省。在这方面你们要下点功夫，提高个体设计水平。一排楼都是一个模样，“肩膀”朝街，“屁股”朝前，看起来就别扭。珠海作为一个沿海开放城市，在设计上一定要做到依势建设，保护景观。所有新的建筑物都要为自然景观增辉而不能减色，不能使这块地方搞难看了，搞乱套了，要使建筑和自然景观互为衬托，互相添彩。同时对高大建筑要十分谨慎，控制高、大楼数量。三是规划、建设、管理要统一。在领导上就是要统一到市委、市政府领导身上。进一步讲，如果一把手不懂规划或不重视规划，城市就很难搞好。不懂还可以，但要重视、支持。各级政府要把执行、维护规划作为自己的主要职责，维护规划的严肃性、权威性。规划设计部门及有关人员要铁面无私，带头执法，勇于同一切违反规划的行为作斗争。所有部门和单位都要认真守法，尊重、服从城市规划，不允许各自为政，各行其是。

第二，要注意协调渐进。

这是做好城市领导工作必须遵循的一条重要原则或者叫基本的领导方法。在城市建设和发展的过程中，必须坚持横向在空间方面要讲协调，纵向在时间方面要讲渐进。大家知道，世界上一切事物之间，以及每一事物内部的各个部分、方面、要素之间，都是相互联系、相互制约的。坚持联系的观点，就必须从事物固有的联系中考察事物，充分注意到构成这种联系的条件及其变化，坚持协调渐进，注意整体效应。古人说：倾国宜统体，谁来独赏眉。五官单个虽好，但位置不协调，也是丑八怪。还应看到，城市是一个极其复杂的有机整体，它的各个组成部分之间存在着内在的、必然的、相互联系和相互制约的关系，功能是多方面的。因此，研究城市必须认真研究这种关系，并通过工作，经常、及时地解决各种不协调、不稳定的问题。据有关资料，一部汽车的零部件参数是10的5次方；喷气式飞机零部件参数是10的7次方；而一个城市，规划和建设的单元参数是10的8次方，如果改造一个老城市，参数就要多达10的9次方，上亿个。这样一个复杂的有机体，不讲关系协调是很难想象的。建国以来，我们有一条很重要的教训，就是忽视协调渐进，造成干一阵又停下来整顿一阵，走得急、停得长，大起大落，损失实在太大。不会微调，只讲“大修”，没有不吃亏的。出现这种状况的原因，一叫贪急求快的毛病，形势一好转、一顺利就头脑发热，就胡乱折腾。因为着急，往往不顾客观条件，脱离国情，脱离实际，急功近利，盲目冒进；因为着急，难免急中有乱，急中有错，欲速不达，事与愿违。自己不折腾、不发烧，稳步前进，中国这个巨人就了不起。二叫唯意志论，决策上的主观性和理论上的摇摆性，造成许多工作缺乏客观的全面的长远的考虑，许多政策缺乏科学性、连续性。三叫运动式的方法，在我们的工作中常常带有农村的特点，战争的痕迹，运动的方式。经济建设，爱大搞，好突击，走极端，多偏激。我曾经说过，搞经济工作，如果天天都有新精神，这是没有走上正轨的表现。哪有那么多新精神、新名词？新名词搞得大家眼花缭乱。老是用打仗的办法，打一仗换一个地方，运动式的。由于这个问题，我们吃的苦头是相当多了。我们要祖祖辈辈地过日子，不能搞得那么紧张，东一个口号、西一个名词。要规规矩矩的，有条不紊的，路是路、水是水，花是花、草是草，上班是上班、休息是休息。这才是生活，才是社会。我们确实取得了很大成绩，但也确实犯过不少的错误，我们应该听点意见，改点毛病，长点出息。我说过搞建设要有渐进性、同步性、迂回性。渐进性、同步性是讲协调，迂回性就是有时候得停一下、转个弯。总的说就是要稳步前进，别太急。

一个城市要做到协调渐进，就要注意处理好五个方面的关系。

一是生产与生活的关系。我们过去生产一着急就丢了生活，结果生活出了问题就放下生产抓生活，这造成了很大损失。今后，研究生产的发展，必须正确对待人民生活的需要；人民生活的改善，也应该是随着生产的发展逐步加以解决。要十分注意关心人民的生活。特别是在农村贫困地区，要为了生活而发展生产。农村发展了生产就增加了粮食，增加了棉花，整个国家就有了稳定的基础；发展了生产就有了钱，有了钱就有了购买力，有了购买力就有了市场，这样，我们的整个经济就会活起来。

二是城市建设与经济建设的关系。城市经济的发展，取决于城市的功能，取决于城市这个载体的能力，因此，必须把城市建设放在十分重要和先行的位置上。当然，城市建设是花大钱的，必须十分细致、认真。

三是城市与农村的关系。不能说城市这边出钱多，农村出钱少，这个讲法是不行的。就像你珠海一定要保持相当范围的农村，这样你的副食品才有来源，整个城市工作才有基础。这是个战略问题。据我所知，带有农村的城市市长，常常是不太重视这个关系，因为它主体是城市，主体上是工业。这个毛病要改正。城市要把农村看作自己发展的基础条件；农村要把城市的需要看作自己发展的方向，使城乡有机地结合起来。

四是政治与经济的关系。经济的问题应该主要从经济工作本身去研究，但有许多问题不能就经济论经济。我们这几年有毛病，强调按经济规律办事，忽视了思想政治工作，这要注意，应当充分发挥我们固有的政治优势，结合着经济工作，把思想政治工作做好。

五是领导与群众的关系。就是我们最近一再讲的六中全会精神。要注意群众的情绪和生活，把群众的积极性调动起来，把更多的人团结起来。政治、经济和社会的稳定，归根结底是人的情绪的稳定，人的思想的稳定。离开人的稳定，其他一切无从谈起。所以要尽可能地协调好，大家不要为一些小事互相埋怨，这是不好的，还是要努力把各方面的情绪理顺。我曾讲过，整个国家要振奋精神，整个民族要振奋精神，每个人都要振作精神，振奋起来，团结起来，行动起来，我们国家才有希望。如何把领导同群众的关系理顺，这是当前的一个大问题。

第三，要研究城市科学。

城市科学是最近一个时期在世界范围内兴起来的一门重要科学。现在，全国许多城市都相继建立了城市科学研究会，还有其他一些从事城市科学研究的组织。希望你们也要切实重视对城市科学的研究。按照列宁的定义，城市是政治、经济和人民生活的中心，是现代化前进的主要动力。城市科学对于我们来讲已经是很早了，已经形成了一门学问了，但我们很多人不自觉、不重视。离开城市科学谈领导城市，这是很难领导好的，所谓城市科学从一定意义上讲，也就是领导城市的科学。我在天津当市长时曾经总结过这样一句话：城市领导离开城市科学，在很大程度上会出现“瞎领导”。其理由有这么几条：第一，城市领导需要从总体、长远去观察和处理问题，如果离开科学研究而盲目决策，路子往往不是越走越宽，而是越走越窄，不是越理越顺，而是越搞越乱。第二，如果缺乏科学研究，没有长期谋划，不经过一个完整的研究过程，待事到临头要拍板，难免出现拍晚了误事、拍错了坏事的问题。第三，城市科学总体性、系统性、综合性强，涉及到许多方面的知识，而任何一个领导者都不可能有足够的时间和精力、才能，对那么多科学都了如指掌，因此，必须把具有不同知识结构、不同经验的专家、谋士集中一起，共同研究，借助众人的头脑，以弥补领导者个人才智、经验和精力的不足。第四，城市领导集团，应从城市总体的高度来了解和认识城市，研究解决城市的问题。但在实行领导分工负责制的情况下，每个领导成员又是一个方面的代表。在这种情况下，只有充分发挥城市科学研究工作者的智囊、参谋、咨询的作用，才能既为研究工作创造一种民主、平等、协商的环境，又逐步建立一套健全的决策制度。总之，作为城市领导必须重视和依靠城市科学研究，关心和支持城市科学的发展，并且要亲自参加城市科学研究，了解城市发展的一般规律。

当然，城市科学研究也不能离开城市领导，否则，在很大程度上就会变成“白研究”。因为：第一，城市科学研究成果绝大多数最终要通过城市领导的决策和工作才能表现出来，如果领导不接受，或引不起领导的重视和支持，科研成果就无法变成现实。第二，城市科学既然是综合城市各方面的科学，是站在城市总体和长远利益上，对总体和局部、长远和近期得失利害的权衡，这就难免伤害到某些局部、近期的利益。因此，在实现科研成果中，如果没有领导进行调节，某些符合总体和长远利益的科研成果，就有可能因为触犯局部的、近期的利益而无法实现。第三，城市科学研究如果没有城市领导的重视和支持，得不到领导的及时指导，往往抓不住城市工作面临的突出重大问题，使研究工作走入偏题，甚至一些好的构想也可能由于脱离现实而被搁置起来，以致“晾凉了，放馊了”。第四，城市科学研究成果转化为城市领导工作时，有些最终形成政策、规定和制度，没有领导参加就不可能实现这种转化。我希望珠海的各级领导要和从事城市科学研究的各方面同志很好地结合起来，把整个城市工作搞得更好。

最后，我预祝珠海人民在已有的基础上再接再厉，不断开拓，用你们的智慧和力量，把家乡建设得更加富饶、美丽，为祖国的四化大业作出新的更大贡献。

建筑师要对祖先负责、对子孙负责*

（1999 年 6 月 23 日）

各位代表、各位来宾：

在世纪交汇之际，国际建筑师协会第二十届大会在北京召开，来自世界各地的 6000 多位建筑师代表聚集一堂，回顾过去，展望未来，就 21 世纪建筑学发展和人居环境建设问题广泛交换意见，这对于解决人类面临的种种矛盾，实现经济和社会的可持续发展，具有十分重要的意义。我谨代表中国政府，并以大会组织委员会名誉主席的名义，向朋友们表示热烈欢迎！

20 世纪是人类社会取得巨大进步的世纪。科学技术日新月异，社会生产力空前发展，文明程度不断提高，人们的生活状况有了极大的改善。即将过去的 20 世纪也是人类社会蒙受巨大灾难的世纪。连绵不断的战争特别是两次世界大战造成了巨大破坏，大规模的开发建设带来了严重影响，使自然环境与人文环境日益恶化，已经危及人类的生存和发展。

值此关键时刻，人类应该冷静深入思考，应该认真总结经验，应该积极探索新路。作为人类生活环境的直接构造者的建筑师，长期以来，为实现“居者有其屋”的理想，营造良好的人居环境，作出了不可磨灭的贡献，受到人们的普遍尊敬。面对当前

---

* 这是李瑞环同志在国际建筑师协会第二十届大会开幕式上的讲话。

的严峻形势，也应该重新审视自己的工作，力求有所发现、有所创造、有所作为。要寻求人与自然的和谐发展。大自然是慷慨的，它给了人类种种生存与发展的条件；大自然是苛刻的，它对无节制的索取必然给予无情的报复。历史发展到今天，人类改造自然的能力空前提高，破坏自然的能量也日益增大。尊重客观规律，处理好人与自然的关系，是全人类面临的重大课题，也是建筑师的神圣职责。要注意在全球化进程中保持民族传统和地域特色。在国际交流日益广泛、频繁的情况下，建筑师要时刻把握世界的发展趋势，借鉴各国的先进经验，跟上不断前进的时代潮流；同时要高度重视和努力保持不同民族、不同地域的风格，使普遍性的文明成果寓于不同的个性之中，使建筑丰富多彩。要坚持既立足现实又面向未来。建筑必然受到现实的经济、政治、文化等条件的制约，因而总是带有时代的特征；建筑特别是一些重要建筑有着较长的寿命，它将存留于未来，又影响着未来。建筑师必须对历史负责，对祖先负责，对子孙负责，重视保护前人遗产，努力给未来创造财富而不是留下包袱。要做到建筑科学与其他学科的紧密结合。离开建筑专业知识，建筑师就失去了存在的根据，必须重视建筑学的研究、运用；建筑又涉及社会科学、自然科学和工程技术诸多学科领域，建筑师必须及时了解其他学科的发展、变化，借鉴和体现其他学科的综合成果。

中国建筑文化对世界作出了卓越的贡献。两千多年前中国哲人老子提出的“安其居，乐其业”的理想，至今仍是人类的共同追求。几千年来，中国建筑在中华民族灿烂的文明沃土上发展，有很多技术上和艺术上的创造，形成了大量独具特色的建筑、城镇和风景名胜。中国文明博大精深，得益于吸收人类社会创造的诸多文明成果，得益于博采众长、兼收并蓄。英国哲学家罗素曾经说过，世界文明的前途就是中西文化优秀部分的融合，以形成一种有利于全人类进步的文明。这次国际建筑师大会在北京召开，为我们提供了一个与世界各国建筑同行互相切磋、交流合作的机会。我们愿意很好地向大家学习，取长补短，增进共识，共同构筑面向 21 世纪的建筑学。

世界范围的生态环境问题，确实十分严重，确实令人忧虑，确实值得重视。一切负责任、有良知的人们，都应该行动起来，献身于认识自然、保护自然的崇高事业。人类的历史是一个不断扬弃的过程，尽管前进的道路崎岖曲折，但世界总是向着更加文明、更加理性、更加进步的方向发展，人类创造的巨大文明必然为人类造福，而不会用来毁灭人类自己。我们对未来充满着信心。保护环境就是保护人类，拯救地球就是拯救未来。让我们携起手来，为改善人类的生存环境，为创造人类的美好未来而不懈努力！

谈三亚的城市建设*

（2000 年 2 月 10 日）

我是第三次来三亚，这次来感到变化很大。但看的时间太短，走马观花，很难讲出完整、准确的意见，只能是有感而发，主要就三亚的城市建设谈些看法。有的看法可能没用，有的看法可能有错，只当作一家之言，供你们参考。

一

三亚是中国一块宝地。海南是中国的第二大岛，陆地面积 3.4 万平方公里，比台湾小，但可用的面积 2 万多平方公里，比台湾大，台湾可用的面积只有 1.1 万平方公里。就陆地来讲，海南比宁夏还小，但海南管辖的水域 200 多万平方公里，比新疆还大。海南是中国一个很特殊的地方，三亚则是特殊地方中的特殊地方。就自然环境而言，三亚在中国独一无二，海水、海岛、海滩在世界上也是好的。如何把这块地方规划、建设、管理好，是三亚的事情，也是中央和海南省的事情，当然，对三亚意义更大、更直接。可以这样说，把三亚城市规划、建设、管理好，是三亚的名誉、地位、利益，也是三亚义不容辞的责任。三亚地方

* 这是李瑞环同志听取三亚市委、市政府工作汇报时的讲话。

很小，名气很大，在全国很有地位。大家来三亚玩得高兴，花了钱还说三亚好，义务宣传三亚，扩大了三亚的影响，使来三亚花钱的人越来越多。这就是名誉、地位、利益的统一。如果三亚的城市规划、建设、管理搞不好、搞坏了，就对不起国家，对不起人民，对不起祖先，对不起子孙后代。三亚市的党政军领导和广大群众，应该有这样的共识，应该感到担子重、责任大，应该统一思想、提高认识、团结奋斗、坚持不懈，把三亚的规划、建设、管理工作切实搞好。

二

把三亚建成一个什么样的城市？用规划工作的语言说，就是明确城市的性质，也可以叫城市发展方向。三亚城市总体规划将三亚定位为“国际性热带滨海风景旅游城市”。这个定位总体上是正确的，但还可以更准确一些。比如“热带”可以不说，“国际性”好像显示了一种重要性，但看不出国内旅游到底放在什么位置。就国际范围讲，三亚无论是软件、硬件都还达不到先进的水准，在相当一段时间里三亚还不是世界上旅游最好的地方，讲休闲、讲娱乐，有些地方比三亚好。然而来这里的国内游人日益增多，这已经成为事实，也是不可改变的趋势。所以，“国际性”的说法意思不是很大。我觉得把三亚定位为“旅游度假区”、“生态示范区”比较合适。三亚“旅游度假”是“热带”的，是“国际性”的，这没有什么争议。把三亚环境搞好了，许多人，不仅是台、港、澳的人，外国人都会来。随着国内生活水平的提高，必然有更多的人会到三亚来，甚至在这里买套房子，闲时住一住。就12亿人口的国家来讲，这种人相对是很少很少，但绝对数会很大很大。大家想想看，像东北地区冬天气温零下 20～30 度，到三亚变成了零上 20 多度，那是一种什么样的感觉？

“旅游度假”理应有一个好的生态环境。你要吸引游客来旅游、度假，就必须把生态环境搞好。把“生态示范”作为建设目标来强调，就是说不只是一般地重视生态保护，而且要搞成样板、模范，就是要求你的规划、建设、管理都应该以“生态示范”为出发点和归宿。一切围绕环境，服务环境，有利环境，都要为环境添辉，而不要给环境减色，任何有损环境的事情都不能干。这要成为最大的规矩。

现在城市建设的一大毛病是过于雷同。三亚在中国是个很有特色的地方，天涯海角，得天独厚，城市建设应该突出个性。三亚的环境、三亚的建设、三亚的绿化，都应在个性上做文章，体现热带风光、海岛景致。

三

要处理好城市和郊区的关系。三亚整个区域为 1919.6 平方公里，城市规模定为 52 平方公里，属于中等城市。中心城市和郊区要有明确划分、不同分工，但就三亚城市性质来说，城乡不一定像其他城市那样有严格的区分。现在有城乡一体化的提法，也就是把城乡发展结合起来。三亚郊区种植业很有特色。把农村的种植与旅游联系起来，把民族村寨与旅游联系起来，很可能是个优势。如把农村的木瓜园、椰子林、芒果树以及各种花木苗圃，作为观光点，既可以增加农民收入，又丰富了旅游的内容，也是一个特色。

城市必须有合理的分工布局，没有区域分工布局就没有规划。我在天津时搞了食品一条街、文化一条街等几条街，当时有人反对，说是搞形式主义。其实古今中外的城市都有区域分工，北京过去就有大栅栏、王府井，天津有三不管、估衣街，东京有银座，纽约有华尔街。区域分工是城市发展的客观需要和内在要求。三亚有天然形成的若干个海湾，究竟哪些搞成高档次的，哪些建成大众化的，哪些适合外国人，哪些适合国内游客，要很好地研究。我去过马尔代夫，这个国家陆地面积大概22平方公里，人口20多万，有1100个岛，岛与岛之间以船相通，分工也很明确，对外国人开放的几个岛，本国人就受到限制，客房价格贵得惊人。我估计，三亚在相当一个时期内，旅游客源是以国内为主、内外交叉的局面。区域分工既要考虑管理方便、经济效益，更要考虑客人需求。

四

三亚城市道路建设要与城市性质和规模相适应。必须要有主干线，主干道红线一定要够宽。其他支线道路则不宜太宽，太宽了破坏环境。郊区道路路面一般要高于便道，这样可以保证下雨天路面不积水；市区道路路面一般应低于便道，因为下水道口在主路路边。过境的高速公路不能借用市区道路，外围20公里的高速公路要尽快修通。

三亚的绿化是一篇大文章。最基本的一条是保持特点、发挥优势。必须力求采用热带树种、花草，许多品种应该在非热带地区看不到。乔木、灌木、花草要搭配有方，要有美感，不能只是一片森林。设计要多样、不单一。对行道树要下功夫，高、低、疏、密都要有讲究，要尽可能把道路周围的景观拉近，而不能让两旁的树把道路同景观隔绝。不好的景观应下力量改善而不能只去遮挡。当年我在天津提倡“拆裙子”、拆围墙，就是使院内和路旁的绿化交融借景。

三亚降雨量不多，上游来水目前还能保障，但随着城市发展和游人增多，用水量还会逐步加大。你们的浇灌还不普遍，有些花、树显得缺水。淡水对三亚是一个不容大意的问题。三亚的污水必须处理，处理标准太高了办不到，太低了不解决问题，就目前的条件应该达到农业浇灌的水平，把污水变成资源，能够用来浇花、浇草。污水往海里排放很有危险，如果海水被污染了，三亚的优势就没了，发展就难了。三亚是个条形城市，且高差很大，污水怎么处理，是集中处理还是分散处理，可以研究，但必须处理好，这是不容争论的问题。

三亚山多，这是城市美化的优势。但有的山很小，或景观不好，或被建筑破坏，整修起来很难，还挡着后面更好的山景，倒不如削掉，把后面更好的景观显露出来，削山的土也可以垫地，石渣可以做建筑骨料，一举几得。这当然要十分慎重。

五

三亚的最大优势是有漂亮的海滩。这在国内绝无仅有，在国外也不多见。我所看到的海滩，古巴是最好的，但也比不上三亚。如何把海滩及沿海周围的土地充分利用好，这是三亚规划、建设、管理工作的重点。所谓三亚的个性化、特殊化，重要的就是突出热带滨海特色。我看了亚龙湾的几个地方，觉得有些问题。一是建筑离海边太近，本来背面有很多闲置的空地，如果再往后拉二三百米，临海面积就大多了。天域大酒店就有这个毛病，把亚龙湾中心广场给挤了，把附近的海滩给占了，后边再盖房子就看不见海了。二是沿海滨应有一条便道，既用来行人，又把海滨区隔开。厦门滨海大道的设计是好的，你们可以借鉴。三是海滨便道外应搞有热带特色的绿化带，绿地尽量宽一些，不小于100米，以花草、灌木为主，大树要少，但树貌要好，不挡视线，让人一眼就能看见大海，一片汪洋尽收眼底。便道外不能建房子，使更多的房子能看见大海。在夏威夷，能看见大海的房子和看不见大海的价格相差十几倍。建筑体形不宜太高太大，横向距离要拉开。海滩是大家共享，不能让给某一个单位。政府在规划上要严格把关。归结起来说：（一）不要在靠近海滩边上建房子；（二）不能出让海滩；（三）海边要多种花草、灌木；（四）点缀的树种树貌要突出热带滨海特色。

六

建成区拆改建和新建区铺摊子要统筹兼顾，有机结合。1991年，我来海南时曾批评海口市“旧城见缝插针、新区分田到户”的做法，建议把旧城建设放缓，集中力量在新区和海边拉几条街，形成局面。实践证明这个建议是正确的。三亚不同于海口，三亚没有旧城，但由于前几年房地产热、城市建得过快，建成区也存在一些问题。市委整修改建的决心很大，取得的成绩也很明显，应该继续坚持。需要提出的是，不要忽视新建区的工作，不能这边治病、那边添病。建成区的毛病必须努力改，但有的已成事实，晚改几天也没有关系。新建区要把住，不再出大毛病。在这个意义上说，新建区重于建成区，新建重于改建整修。

要重视风格和色调。你们讲建筑南洋风格，我提不出不同意见，南洋风格是什么样需要具体化。有几点可以肯定：房子不宜太高太大，个别需要高大的要搁在合适的地方；形式要统一但必须多样，高低有别、错落有致，丰富多姿而不零乱；用色要柔和、和谐。你们反对外饰面用瓷砖，我支持这个看法，用涂料选色自由，施工简单，刷新方便，但涂料必须是调和色，这需要反复试验，找出理想配比。总之，大小、格式、色调是三大要素，万望引起重视。

七

城市规划是城市建设和管理的依据，也可以说是城市发展的方向和目标。它既决定着城市当前的各个方面，也关系着城市长远的重大问题。一个城市没有规划不行，没有好的规划不行，有了好的规划不按规划去做也不行。执行规划必须严格，不准有例外和特殊。城市主要领导必须支持有关部门按规划办事，反对、制止一切违反规划建设的行为，同时要通过法规加以保证。当然，城市规划也有个完善的过程，必须慎重。

一般说，在长远规划确立以后，区街规划、设计工作要超前。一条街、一个区建什么样、放什么东西，要统一筹划、一笔画完。对整体的建筑大小、格式、色调要确定基本原则，对具体的建筑要精心细致地研究、不厌其烦地修改。一块一块地弄，一条街一条街地弄，一个系统一个系统地弄，一个项目一个项目地弄，反反复复地弄。这是城市规划设计工作的笨办法，又是最基本的办法，也是我们应有的工作作风。

我提倡示范的办法。有些东西在图上是一码事，实物看又是一码事，特别是色调、花纹，近看、远看、早晨看、中午看都有不同。做一块实际样板，看看效果，听听意见，就比较有把握。建人民大会堂时，周总理让在太和殿前搞了个十比一的模型，请大家提意见。人民大会堂的形式、色调到今天都说好，并不是偶然的。我提议你们就海滨布局搞几块样板，尽可能多听听意见，认真比较选择，然后再大规模推开。房屋色调也应该搞几个不同的样板。这样做有益无害。建筑的寿命长，一旦建成改起来就难了，必须慎之又慎，要为子孙留下财富，不要留下包袱。

八

城市主要领导干部必须重视城建工作，凡城建搞得好的城市都由于主要领导重视。过去中央有个说法，大城市党政一把手要有一个懂城建的。当年北京有李锡铭①、上海有芮杏文②，都当过城建部长，天津是我，工地出身。领导懂城建对城建工作有利，但不懂也不要紧，大连、珠海等城市的书记、市长都不是搞城建出身的，但城市建设都搞得不错，重要的是思想方法和工作方法。一要重视，把城建工作摆在重要议事日程，经常抓、反复抓；二要不怕苦、不怕累、不厌其烦；三要多听内行、专家的意见，不懂不要装懂；四要借鉴国内外的经验，借鉴不是照搬，而是善于取诸家之长、走自己的路；五要多听社会各界特别是老百姓的意见。房子盖完了，看的人总是老百姓多、不懂的人多。不懂的人看了说好，懂的人看了知道好在哪里，这样才叫真好。不懂的人看了说不好，懂的人看了说很好，摇头晃脑、很神秘，那

① 曾任中共中央政治局委员、中共北京市委书记。

② 曾任中共中央书记处书记、中共上海市委书记。

就不叫真好。广泛听取意见，然后再进行综合，好的建筑都是综合出来的。人民大会堂、毛主席纪念堂、天津火车站等许多成功的建筑，都是先有多家多种设计方案，然后取众家之长综合而成。搞建筑最怕碰上“不懂、主观、有权”的领导。不懂不可怕；不懂、不听别人意见才可怕；不懂、不听意见但说了可以不算也无大害，最可怕的是碰上不懂、主观又有权“三位一体”的人，其破坏性常常是无可弥补的。懂不懂是个相对的概念。外行成为专家很难，但掌握一些基本知识也不是什么大不了的事。世上无难事，只怕有心人。只要用心，我们许多城市的领导同志都完全可以由外行变成内行。

三亚条件好，市委、市政府领导有雄心、有干劲、有希望。三亚城市建设还处在初始阶段，只要领导重视、工作得法，许多问题都会解决。我相信用不了多长时间，三亚就会变成为一个文明、美丽、独具特色的城市，成为人们向往和学习的地方。我对此很有信心。

八、农村问题

积极探索城乡改革的衔接*

（1986 年 2 月 1 日）

一、认清城乡改革出现的新特点

近几年，特别是从去年开始，我们的城乡改革都进入了一个新的重要阶段。城市改革在更加广阔的领域和更加深刻的程度上全面展开，在所有制结构、分配制度、企业管理、流通体制以及对外经济等方面的改革，都迈出了重要的一大步。在农村，以建立健全家庭联产承包责任制为核心的第一阶段的改革已经完成，以促进商品生产发展为中心的第二阶段的改革已经开始。城乡改革的这种新进程，给整个经济生活带来了许多与过去根本不同的新课题和新特点。

第一，农副产品的统派购制度取消以后，一些同志感到“过去捆着走不动，现在放开不会走”。去年，国家对农产品除了个别品种外，分别实行了合同定购和市场收购，不再向农民下达统购派购任务。这项改革虽然只有一年的时间，但由于农民在生产和交换上有了真正的自主权，在搞活农村经济、活跃城乡市场等方面很快就见到了效果。去年，全市粮食总产和夏粮单产创造了历史最高纪录，定购合同完成得很好。副食品生产全面增长，蛋、奶、鱼、瓜果等产量都超过历史最高水平，流通渠道也比过

---

* 这是李瑞环同志在天津市农村工作会议上讲话的主要部分。

去增多了。这项改革是成功的。但是，由于我们长期以来都是统购统销，一下子放开以后，人们的观念和习惯、体制和制度，都存在着许多不适应的问题。一方面，有些农民习惯于按着指令性计划进行生产，而不善于捕捉市场信息，把握供求趋势，造成一些农民或是无所适从，或是盲目生产。另一方面，指令性计划取消了，如何通过国家计划指导下的市场机制，来引导农民生产，搞好城市供应，无论是在农村还是在城市，都还缺乏一套有效的办法。这些都程度不同地妨碍着农村经济的进一步活跃，妨碍着城乡市场的进一步繁荣。因此，如何对农村商品经济逐步建立起间接的宏观控制和协调手段，既保障农民生产的自主权，又使农村经济的发展更好地面向城市市场，为城市服务，这是一个值得研究的新问题。

第二，农副产品价格放开以后，在刺激生产与稳定物价方面遇到了新的矛盾，“管多了农民喊，放开了城市叫”。去年，我市放开了几种主要副食品的购销价格，实行了自由上市，自由交易，随行就市，按质论价。总的看效果是好的，这一重要改革直接刺激了生产和流通，对“服务城市、富裕农民”方针的贯彻起到了很好的促进作用。1985 年，全市鸡蛋的商品量比上年增长了 64%，实现了自给有余；生猪扭转了由于价格问题而连续几年下降的局面，出现了发展的新势头；水产养殖的总产量增长了 71.6%。市场出现了繁荣的景象，不少长期看不见、买不到的商品，现在购买方便了。许多商品开始扭转了长期以来购销价格倒挂、财政大量补贴的局面。但另一方面，遇到的问题也不少，最突出的是价格放开以后，如何做到既能刺激生产，又能保证物价稳定、市场稳定。现在，有些商品或是农民自己上市，或是批发给个体商贩，形成了与国营商业竞争的局面，这本来是好事。但由于国营商业体制不适应，有些货源掌握得不足，加上各项负担重，缺乏竞争能力，难以担当起旺吞淡吐、平抑物价的作用。这就使得在有些商品价格偏高，引起市场波动的情况下，国家不得不继续采取补贴的办法。还有一个问题，就是有些农副产品比如鸡蛋，由于生产上去了，又出现了价格下跌的苗头，直接影响了生产者的积极性，弄得不好，鸡蛋的生产又会萎缩。这些情况说明，在价格放开以后，如何既能充分发挥价格这个杠杆作用，刺激生产，活跃流通，更好地发展商品经济，又能切实保护消费者和生产者的利益，体现有计划的商品经济，这是一个很大的难题，但又必须解决，需要我们很好地研究和摸索。

第三，农村产业结构调整进一步深入以后，在一部分地区出现了“怕担风险不敢调，情况不明盲目调”的问题。这几年，全市农村按照“服务城市、富裕农民”的方针，因地制宜地进行了产业结构调整，特别是去年迈出了一大步。在生产总值中，以农业为主要内容的第一产业已由1984年的31%下降到28%，以加工业为主要内容的第二产业和以服务业为主要内容的第三产业已由69%上升到72%。在农、林、牧、副、渔五业中，林、牧、副、渔四业迅速发展，比重上升。这说明原来那种只适应解决温饱问题的农业结构，正在朝着适应农民致富和城乡需要的新型产业结构转变。由于产业结构的调整正在向更大的规模发展，对城乡的衔接和配合提出了更高的要求，对农村五业的协调发展也提出了新的要求。目前由于城乡沟通不够，一些郊县的同志对城市的长远发展需要底数不清，在确定调整方向和布局上举棋不定；也有的在调整产业结构时，没有把服务城市作为调整的方向，急功近利，只顾眼前，带有很大的盲目性。最近已发生了多起因此而在经济上遭受了重大损失的事例。这些情况说明，农村特别是像天津这样大城市的郊县，产业结构的调整，首先是城市发展的需要，必须放在城市发展这个全局中来考虑。如何使城市把郊县农村看作自己发展的基地，农村把城市的需要看作自己发展的方向，把城乡看作一个整体，来研究看待自己的地位和作用，并通过城乡改革的衔接，做到城乡改革同步进行，城市农村协调发展？对这个问题，无论是城市还是农村，都需要有深刻的研究和明确的认识。

第四，农村劳动生产率提高以后，剩余劳力日益增多，组织得好能创造巨大财富，找不到出路或组织得不好也会成为一大包袱。按照马克思主义的观点，农村出现部分劳力非农化是一种必然趋势，是社会进步的表现。这几年，我市有大批农民从种植业中分离出来。目前，从事包括乡镇企业在内的加工业和服务业的近 90 万人，占农村总劳力的 52%。这种劳动力转化对于农村产业结构的调整和农村经济的繁荣都起到了很大促进作用。今后，随着生产力的不断提高，这种转化的趋势将会继续下去。如何使这些劳动力各有所为，各有所得，发挥更大的作用，这将是长期面临的一个重大问题，是城乡各级领导，特别是市一级领导必须重视和研究的战略问题。

第五，农村商品经济发展以后，流通成为突出的问题，搞好了会促进商品经济的发展，搞不好也会限制或者搞乱正在发展着的商品经济。我市农村经济的商品率已经达到 73%，以商品生产为特征的专业户、重点户已有 4.6 万多户，各种经济联合体 7000 多个。可以说商品生产从来没有过现在这样的发展速度和规模，而商品生产和流通的矛盾，也从来没有像现在这样突出。首先表现在流通规模与商品经济大发展的客观形势很不适应。当前在农村从事商品生产的有个体户、专业户、联合体、村办企业和乡镇企业等，这种多层次的商品生产，要求我们建立起相应的流通体制、流通网络，以及必备的流通设施和手段。而全市承担农村商品流通任务的主要是供销社和农村集市贸易以及城市农贸市场，无论是在市场规模、加工、储藏、运输等流通设施上，还是在购销经营方式上，远不能满足农村的要求。这就使许多农民既要生产，又要储运，还要销售，困难更加突出了，以致出现了某些商品城市紧缺而农村卖又难的不正常现象。如何解决这个问题，现在还没有一个成熟的意见，但可以看出，问题不在于农村商品生产的发展，而在于衔接城乡的流通过程没有跟上。

第六，加强宏观控制以后，乡镇企业面临着新的考验，处理得好，可以提高效益，增强生命力；处理得不当，就会受到挫折，造成损失。去年加强了宏观控制，对于消除经济中不稳定因素，解决社会总需求超过社会总供给的问题，产生了很好的效果。对农村经济特别是对乡镇企业减少盲目性，促进经营管理的改善，也起到了很好的作用。今年将继续加强和改善宏观控制，固定资产投资不会增加，甚至减少，资金、能源和原材料都将比较紧张。这种情况会程度不同地影响到乡镇企业。而且，随着城市工业企业的搞活和乡镇企业税赋的调整，使乡镇企业的发展面临着新的挑战。可以这样讲，当前乡镇企业有两种前途，一种是适应新的情况，积极做好工作，合理调整产业结构和产品结构，把基础工作抓上去，把追数量、追产值的劲头，转到抓管理、抓技术、抓质量、抓经济效益上来，提高竞争能力，得到稳步发展；另一种是无视变化了的情况，盲目投资，扩大规模，而造成严重的经济损失，导致停滞、萎缩，甚至难以为继。对这种形势必须引起重视。

第七，进一步对外开放以后，农贸双方都想扩大农副产品出口，但两个积极性还没有真正统一起来。我市郊县背靠港口城市，在地理、资源、经济、技术等方面具有优越的条件，发展外贸出口潜力很大，农民积极性也很高。经过几年的发展，郊县的外经外贸事业已初具规模。但总的看，发展不够快，优势没有充分发挥出来。有些农民想多出口，但又怕担风险；有些地方货源很多，但出口困难，有时甚至出现“慢了赶，多了砍”的现象，挫伤了农民的积极性，影响了农村外贸事业的发展。这里的关键问题是，现行的外贸体制照搬了对国营企业的办法，不适应农村出口生产的特点，没有体现双方共担风险的原则，农贸之间缺乏稳定的、协调的关系。因此，我们应当把如何建立一个稳定的农贸关系，合理调整农贸之间的经济利益，作为城乡改革衔接的一个重要方面来加以研究。

第八，农民由勤劳致富向科学致富转化以后，城乡技术流通中的梗阻问题更加突出。农民中有一种很形象的说法，说“第一级火箭”也就是包产到户这个推动力已经接近尾声，今后要靠“第二级火箭”也就是科学技术来推动农业的发展。现在农民正采取各种办法，通过各种途径网罗人才，购买技术。这本来为扩大农村科技市场、加强城乡技术交流提供了有利的条件，但由于体制上的问题，这些条件没有很好地利用起来。比如，高等院校为农村培养人才的专业很少，即使有一点，培养出的人也很难分到农村。又比如，由于管理体制上的原因，影响着大批科技人员下乡，影响着技术成果流向农村，造成农村需要的科学技术得不到满足，城里的科技力量得不到充分发挥的现象。再比如，由于某些政策上的原因，农村的科技市场还没有真正建立起来，科技信息的掌握、传递和运用还不配套。能否解决这些问题，对今后农村的发展关系极大。我们必须认真研究这样一个课题：如何通过对现行科技体制的改革，使之更好地适应农村的需要，推动农村经济向专业化、商品化、现代化转变。

第九，改革带来了人民生活水平的提高，也就带来了对消费的新要求，而我们对城乡消费结构的变化研究不够，适应性较差。从郊县农村看，多数家庭开始由“温饱型”向“小康型”转化，生活方式也在改变。就整个农村来讲，对工业品的要求不但规模越来越大，而且档次越来越高。同城市一样，农村也是“老三件”见软，“新三件”仍热，“金三件”（戒指、耳环、项链）渐兴，出现了农村生活城市化的趋势。这就给城市工业品提供了一个日趋扩大的市场，但从目前情况看，我们的工业品远远不能满足农村市场的需要，在批发、销售等环节上都存在不少问题。比如下乡的工业品中，粗货多，细货少；大路货多，紧俏货少，这就难以满足广大农民的需要。从城市看，人们对副食品的要求越来越精，越来越细，越来越强调营养。现在人们吃肉讲瘦的，吃蛋讲鲜的，吃鱼讲活的，吃菜讲嫩的，而且开始要求供应经过深加工的各种规格的小包装食品。这就给农村发展副食品生产，搞好农产品的转化和增值提供了广阔的门路。但从现在情况看，农村的许多人没有充分注意到城里人的这种变化，而我们的流通渠道也还不适应这个特点。就是说生产和经营都还没有摆脱粗放状态，农村该赚的钱没到手，城市想吃的东西又吃不上，许多商品鲜的变成蔫的，嫩的变成烂的，活的变成死的，生产者不满意，消费者有意见。这个问题我们已经喊了多年了，但始终没有得到根本解决。今年，应该通过城乡改革的衔接，在这个问题上有所突破。

第十，随着农村改革的深入发展，农民要求服务和合作的趋势，已经逐步明朗化。农村先后进行的经营体制改革和购销制度的改革，使一家一户就成为一个经济实体，成为相对独立的商品生产者和经营者。商品生产不同于自然经济，分工越来越细，社会化程度越来越高，有许多事情是一家一户办不了或办不好的，而商品生产者又不能用更多的时间和精力从事生产以外的活动，这就必然要求社会提供产前、产中、产后的服务，发展各种形式的合作。但是，目前社会化服务组织和机制很不适应，给各种专业户的发展带来了很大困难。随着商品经济的不断发展，这个问题将会变得更加突出，我们应当看到这种趋势，加强这方面的研究。比如，如何通过经济的、行政的手段，使各种服务组织能有一个较大发展。又比如，对农民要求实行合作的愿望，如何既做到加强组织领导，促使合作的实现，又做到自愿互利，自然而然地发展。对于合作的形式、规模、实施办法也应当加强研究。总之，要通过不断地摸索，不断地总结，准确地把握农民对合作经济的不同要求，发现、支持、推广广大农民所需要的合作形式。

上面我讲的都是当前城乡改革汇合中出现的一些新特点和新问题。这在新旧体制共存、交替时期是难以避免的。要使城乡改革顺利进行，就必须注意到这些新特点，来研究城乡改革的汇合问题。

二、探索城乡改革衔接的新路子

城乡之间的关系，在旧社会是对立的。建国以来，我们建立起社会主义的新型城乡关系，工农联盟、城乡互助有了很大发展。但是，由于“左”的影响，在政策上、体制上存在一系列的问题，限制了商品经济的发展，在经济上造成城乡割裂状态，形成二元结构。现在，城市改革与农村改革相汇合，原来衔接城乡的许多方式和方法，包括人们的思想习惯，都出现了许多不适应。衔接的客体变化了，因而衔接的方式和方法也要作相应的改变。这是一个十分复杂的问题，需要一个长期的渐变的过程，我们必须看到这个问题，并在实践中不断地探索，及时地总结，摸索出一条适合于城乡改革新形势的衔接城乡关系的新路子。

（一）要明确城乡改革衔接的思想。这方面需要解决的思想认识问题很多，这里我只提出三个带有根本性的问题。

第一，城乡结合必须树立商品交换的观点。我们城乡经济体制改革的基本方向，是在公有制基础上发展社会主义有计划的商品经济。这就决定了城乡之间的衔接，不再是过去那种单纯靠产品调拨或无偿支援的办法，而是采取商品交换的形式，这就要求城市生产的工业品更加适合农村的需要，农村生产的农副产品更加适合城市的需要。通过建立发达的商品交换，达到城乡紧密结合、互助合作、协调发展的目的。

第二，发展生产必须树立面向市场的观点。商品生产是以市场需要为前提的，既然是商品生产，就必须有广阔的市场，没有市场，商品卖不出去，再生产就难以进行。我们社会主义商品生产的基本目的，是最大限度地满足人民日益增长的物质文化生活的需要。不问市场需要的盲目生产，不仅商品失去销路，实现不了价值和使用价值，而且达不到满足人民需要的目的。我们郊县农村，靠近天津这个大城市、大市场，是发展商品生产十分有利的条件。我们应当充分利用这个有利条件，把农村的商品经济迅速发展起来。同时，城市也应当研究不断变化的郊县的市场，以适应农村生产发展和生活提高的需要。

第三，农村经济要树立综合发展的观点。中央提出的“无农不稳”、“无工不富”、“无商不活”三个口号，完全切合我国的实际，是建设有中国特色的社会主义现代化农业的必由之路。实践证明，那种长期以来沿袭的单一农业的做法，是没有出路的。我们要把这三个口号有机地结合起来，使之互相促进、互为补充，而不能互相对立、互相排斥。我市郊县农村具有自己的优势，实现农工商综合经营，一、二、三产业协调发展，大有作为。我们的国营农场近几年兴办农工商联合企业，综合发展所取得的突破性进展，就充分说明了这一点。

（二）要研究城乡改革衔接的政策。城乡改革涉及到一系列政策问题，核心是价格问题，因为它关系着如何正确处理国家、集体、个人之间的利益和城乡之间的利益，在研究价格问题时，要力争做到：

一要保护生产者利益。城市改革要保持物价的稳定，但也要防止把农副产品价格统得过死，压得过低。否则，就会使农民感到无利可图，无钱可赚，影响生产者的积极性，妨碍农村商品经济的发展，到头来会给城市供应带来困难。

二要保护消费者利益。农村改革要放开搞活，但农副产品价格也不能毫无节制，提得过高。否则，就会超过城镇人民的承受能力，造成市场萎缩，到头来会影响农村商品经济的发展。

三要考虑财政的承受能力。要通过正确的方法，使生产者不少得，消费者不多花，使市场稳定、丰富，而不能只靠财政补贴。物价改革出台以来，我市城市居民每人每月补贴七元五角，每年达两亿多元，原来对农村和商业的补贴也基本没减，国家已经尽了最大努力，如再增加过多的补贴，国家财力就负担不起。尤其是我市实行财政包干以后，地方没有这么大的财力。同时，物价改革的一个重要目的，就是把财政的暗补改为明补，如果增加了明补，又不减少暗补，这就走了回头路，失去了改革的意义。

（三）要探索城乡改革衔接的新形式。中心是疏通流通渠道，完善购销方式。为了更好地促进农村商品经济的发展，确保城市副食品供应，我们要研究如何把原有的按行政区划、行政层次统一收购和供应商品的流通体制，改变为开放式、多渠道、少环节的流通体制，形成城乡畅通、地区交流、纵横交错、四通八达的流通网络。根据我们这几年的实践经验和这次会上专业座谈中大家的意见，搞好城乡之间、农商之间的衔接，主要形式是采取合同制。合同制是把国家计划和生产者联系起来的好办法，它可以把农民的生产、购销活动，引向有计划商品经济轨道，使农民的生产同市场需要更好衔接起来，做到指导生产，稳定供给。具体来说，商业部门要根据市场需要，提出菜、肉、禽、蛋等主要副食品的数量、质量、品种、规模要求，以及上市时间。农业部门根据郊县的生产能力，提出可以承担的供应任务，同商业部门协商，议定价格，签订包保合同。不足的部分，由商业部门负责采购，保证市场供应。合同具有法律效力，一经签订，任何一方都必须严格遵守，违反者要承担政治和经济责任。

沟通城乡之间、农商之间的衔接，除了合同制以外，还要采取更多的形式，增加新的渠道。比如，发展多种形式的联合体，试办一些农工结合、农商结合或农工商结合的新型商业企业。城市商业部门出资金、出技术和农村结合，试办各种类型的副食品生产基地。城市食品工业也可以同农村原料产地直接挂钩，由产区直接供应原料。交通运输部门可以同农民试办一些联合运营公司，运输农副产品。商业部门的冷库、仓库、车队、货栈等设施，有条件的要拿出一部分，面向社会，谁用谁付费，充分发挥它的效益。又比如，扩大农副产品的产销直供。商品生产者可以与城市的消费单位和商业部门直接挂钩，定点供应；农村商业部门可以把分散的商品收购起来，直接供应城市的消费单位和零售部门；城市的企业、单位等可以到农村产地直接采购农副产品。再比如，开辟各种类型的、不同规模的交易市场。可以在城乡接合部和郊县大集镇，有计划地建立农副产品交易市场、贸易货栈、贸易中心；也可以在城市区街增辟农贸市场，敞开城门，为农副产品进城销售提供方便。

与此同时，还要充分发挥供销社在农村商品流通中的重要作用。我市郊县农副产品收购额的60%和商品零售额的70%，是靠供销社经营的，今后，要把供销社真正办成农民群众自己的商业，由单纯的买卖机构转变成为发展农村商品生产提供方便的综合性服务中心。

（四）要采用有利于城乡改革衔接的多种手段。从经济体制改革的发展趋势来看，就是要以从行政手段为主的直接控制，转变为以经济手段为主的间接控制，也就是说通过运用价格、税收、信贷、分配政策等，来调节生产、调节流通，搞好城乡之间的衔接。由于当前正处在新旧体制交替过程中，各项经济手段还不完善、不配套，单靠经济手段也还不行，必须综合运用思想的、行政的、经济的和法律的等多种手段。之所以强调要运用思想手段，是因为改革的根本目的，是建设有中国特色的社会主义。因此，要自始至终坚持四项基本原则，进行“四有”教育，提高大家的认识，在处理改革中遇到的经济利益关系时，自觉做到小局服从大局，眼前利益服从长远利益。我们的许多农民，宁可少卖几个钱，也要为国家多作贡献；有的专业户自己富了，把自己的专长教给村里人，带动大家共同致富。这种精神要大大发扬。之所以强调运用行政手段，是因为当前间接控制体系不健全，行政手段还不能削弱；即使将来间接控制体系健全了，由于我们实行的是有计划的商品经济，对于关系国计民生的一些重大问题，也还需要采用必要的行政手段来进行处理。之所以强调运用法律手段，是因为只有健全各种经济立法，才能保护合法经营，限制非法经营，惩处违法分子，保证城乡经济协调、健康地发展。

（五）要建立搞好城乡改革衔接的研究机构。城乡改革衔接的问题，许多事情还没有经过实践，是一个尚未被认识的必然王国，有必要建立一个研究机构，来研究城市的市场需要，研究农村的产业结构和规模，研究城乡交换的体制、政策和形式，并做好多方面的协调工作。这样的研究机构，要把天津城乡作为一个研究的整体，从整个天津发展的总体观点出发，而不能用城市或农村单方面的观点看待和研究问题，做到兼顾城乡两个方面的情况、两个方面的需要与利益，来探索一条比较符合城乡协调发展要求的城乡衔接的新路子。

总起来讲，搞好城乡改革的衔接，不仅是一个重大的实践问题，而且是一个重大的理论问题；不仅是当前的问题，而且是长远的问题。由于缺乏实践经验，今天只是提出问题，还回答不清楚这个问题。希望同志们在实践过程中，不断探索总结经验。

三、坚持“服务城市、富裕农民”的方向

前年农村工作会议上，我讲了“服务城市、富裕农民”的方针。去年讲了《兴农话变》，实质上是讲了要通过改革更好地服务城市、富裕农民。今天这篇讲话，其目的还是要坚持贯彻这个方针，即在深入改革的新形势下，通过搞好城乡改革的衔接，把服务城市、富裕农民的工作提高到一个新水平。大家可以看出，虽然这几年我们对实际工作所强调的侧重点有所不同，但坚持这样一个方针是一贯的。过去是这样，今后还应当这样。对这一点，我们必须坚持不懈，坚定不移。

城乡改革的衔接和“服务城市、富裕农民”的方针是辩证的统一。服务城市、富裕农民，是衔接的方向，衔接的依据，衔接的标准。也就是说，城乡的任何一项改革，都要服从于和服务于这个方针，而不能忘掉甚至偏离这个方针。另一方面，服务城市、富裕农民的方针，是在城乡改革的衔接和配套过程中来实现的。服务城市、富裕农民本身就是要求城市和农村两个方面结合起来，城市改革和农村改革衔接起来。只有这样，农村的商品生产才有方向，才有销路，才能获得利润，达到富裕的目的。而城市得到农村的支持，有了可靠的副食品来源，人民生活稳定，才可以保持安定团结的社会环境，才可以保证改革的顺利进行，促进城市经济的发展。这两方面是互为条件、互相促进的。因此，在研究城乡改革的衔接过程中，必须注意以下几个问题：

首先，农村要富裕，必须研究如何服务城市。近几年的实践证明，农村的富，许多是通过服务城市来实现的。所谓服务城市，主要是为城市提供更多的农副产品，农村对城市的需要了解得越深，与城市市场联系得越紧，越能够适应城市改革的新形势，农村商品生产的发展才能越快，规模才能越大，农民富裕的程度也才能越高。比如1983年，农村为城市提供商品蛋2900万公斤，使农民人均收入增加19元；1984年提供5000万公斤，人均收入增加33元；1985年提供8000万公斤，人均收入增加58元。在城市居民吃到大量鲜蛋的同时，一大批养鸡专业户率先富裕起来。在菜、肉、鱼、奶、瓜果等副食品方面，也是如此。去年，农村人均收入比上年增长了19.2%，已达601元。为什么天津郊县的收入比全国农村的水平要高一些呢？一个很直接的原因就是背靠大城市，服务大城市。现在农村服务城市的水平还比较低，覆盖面也还不够广，有些领域还是空白；城市里的人多、钱多，有较强的购买力，特别是城市消费结构日趋多层化、高档化，许多要求还没解决。所有这些都说明：农村服务城市的潜力还很大。广大农村干部和群众都要研究这个大课题，为致富而服务，在服务中去致富。

第二，城市要发展，必须研究如何支援农村。通过城乡改革的衔接，建立城乡经济综合发展的新格局，更好地发挥中心城市的作用，帮助郊县走在建设现代化农业的前列，率先富裕起来，这既是中央对大中城市的要求，也是城市发展的基础性条件。从城市经济发展上讲，必须十分重视占全国人口总数80%的广大农村，面向这个最广阔的国内市场。农村的商品经济不发达，农民不富裕，工业的原材料供应和产品销路就要受到极大的限制，就不可能有更大的发展；而城市附近的郊县，又是城市副食品供应基地，城市人民生活的改善，城市市场的繁荣，乃至安定团结大好局面的稳定，在很大程度上取决于郊县农村的状况。特别是城市经济体制的改革，更需要农村的紧密配合。去年我市副食品价格体系改革，由于农村的支持和商业部门的努力，使市场和物价基本保持稳定，保证了改革的顺利进行，就是一个有力的证明。

农村生产的发展，农民生活的富裕，又有赖于城市的支援和城市改革的配合。城市支援农村越好，农村发展就越快，农村服务城市的条件就越充分，因而城市支援农村，就是支援自己。以水产品为例，由于市内各有关部门注意从资金、物资、技术等方面支持水产养殖业，帮助农民解决了一些实际问题，使我市的海淡水养殖业有了一个突破性的进展，养殖水面迅速扩大，单产迅速提高，吃鱼难的问题有很大的缓解。今年春节将有9000吨水产品上市，城市每人平均近两公斤半，这在过去是难以办到的。

城市如何支援农村呢？总的讲要按照商品经济规律办事，互利互惠，等价交换。但是，作为社会主义的城市，帮助农村发展，缩小城乡差别，又是自己义不容辞的责任。城市的各行各业都要提高认识，从不同的方面做好支援农村的工作。商业部门要努力发挥服务导向、活跃流通、调节市场、联合开发的职能，做好农副产品的收购、生产资料和日用消费品的供应以及产前、产中、产后的服务工作，切实解决目前存在的“买难卖难”的问题。要认真研究农村实行第二步改革出现的新情况、产业结构调整提出的新要求以及农民消费结构的新变化，相应地改革商业的经营体制，树立好的商风，做好新时期的支帮促工作。工业部门要研制和生产农村需要的各类商品，特别是要注意适应农村新的经营方式和新的产业结构的要求，为农村提供小型适用、物美价廉的农业机械以及化肥、农药，支持农村发展多种经营；要结合市区工业产品结构的调整，有计划地把一些产品扩散给农村，并逐步由单项的产品扩散发展到合资办厂、联合经营、行业协作，支持乡镇企业的健康发展；以农产品为原料的工厂和行业，要从多方面为原料产地提供服务，指导生产，建立长期的原料基地；要利用城市工业的技术优势，帮助乡镇企业，提高生产技术水平。外贸部门要积极帮助郊县建设一批新的农副产品、土特产品和小商品出口基地，扩大农村外贸出口。科技部门要坚持科学技术为农村经济服务的方针，适应农村改革的新形势，积极改革科技体制，进一步做好科技下乡工作，实行技术承包，改变科研和生产相脱节的状况。要集中力量、集中时间帮助农村开发“短、平、快”技术，加强农业第一线的技术推广工作。

总之，城市各行各业都要支援农村。这是城乡共同繁荣、协调发展的需要，是新形势下密切城乡结合、加强工农联盟的大事，既有重大的经济意义，也有重大的政治意义。

第三，既允许一部分人先富裕，又要坚持共同富裕。共同富裕，是我们坚持社会主义道路的重要标志之一。我们允许一部分人和一部分地区先富起来，使农民从少数富裕，发展到多数富裕，最终实现全体人民的共同富裕。那种用平均主义的分配办法“抑富济贫”，不但做不到共同富裕，而且必然导致共同贫困。当然，作为社会主义国家，也不能让一小部分地区和农民长期处于贫困状态，连温饱问题也解决不了。近几年来，我市农村通过服务城市，农民收入稳步上升，但是，五县仍有一些农村程度不同地存在着贫困现象，人均年收入200元以下的贫困村还有113个，6.1万多人。即使在一些富裕村也还有少数贫困户。作为天津这样的大城市，农村人均年收入已达600元以上，脱贫问题应该解决，也不难解决。前天我在专业会上讲，作为党的干部，农村长期存在这样的问题不能得到解决，应该感到内疚。我们必须下决心搞好扶贫脱贫工作，要把这件事情作为今年改善农村人民生活十件大事的头一件。解决这个问题不能单靠临时性的救济，要认真研究所以贫困的原因。我认为他们所以贫困主要是因为商品经济不发达，缺乏为城市服务的机会和条件。我们要通过城乡改革的衔接，帮助他们利用自己的优势，开展多种经营，发展商品经济，在为城市服务的过程中脱贫，进而走上致富的道路。我们的要求是：一年脱贫，三年致富。所谓脱贫，就是首先要解决贫困户的温饱问题，当前各级政府要安排他们过好春节，使每户都吃上饺子、吃上肉；所谓致富，就是要在解决温饱的基础上，有个比较固定的、不断增加的收入来源。

扶贫问题，是全社会共同的责任，农村要挖掘自己的力量，城市也要作出贡献，各行各业都要出力。农委、县、乡各级都要抽调一批优秀干部，到贫困村工作。要帮助贫困农村搞好基层党组织和基层政权的建设，培训基层干部，提高他们的素质，使他们能够担负起领导农民脱贫致富的重任。市有关经济部委和财政、金融等综合部门，要把扶贫问题提到重要议事日程，积极配合农委保证扶贫计划的落实。特别需要提出的是，当前城市建设、经济建设蓬勃发展，需要大量的劳动力，而贫困地区的优势之一就是劳力资源丰富。从今年开始，修路、建房等土建工程，要有计划地优先安排贫困农村的劳动力，以便使他们尽快增加收入。

加快农村现代化建设*

（1988 年 2 月 9 日）

为了筹备天津市农村工作会议，1 月上旬，我们组织一些同志到郊县做了些调查。所到之处，干部群众有个共同想法，希望这次会议能就天津农村的发展，明确一些大的思路，制定一些大的政策。这也是市委最近一直考虑的大问题。农村经济发展到今天，确实面临着一个如何加快步伐，再上一个台阶的新形势，有许多问题需要我们作出正确的回答。市委经过反复研究，从天津的实际出发，确定了这样一个原则和方向，就是要把加快我市农村现代化的问题更加突出出来，这不是作为一个口号，而是要作为一个指导方针、战略布局、具体步骤。从现在起，我们的思想观念、工作重点都要切实转到加快农村现代化的步伐上来，郊县的各项工作都要围绕着这个目标进行安排，全面展开。

（一）为什么现在要提出加快农村现代化的问题？这是由我市农村面临的形势所决定的，也是农村长远发展的需要。

当前，全国农村形势很好，天津也是如此。整个农村经济在较长时间里保持了稳定、持续发展的好势头。特别是在农村的第二步改革中，进行了许多有益的探索，取得了一些实质性的进展。我们常讲的农村几个带根本性的变化，在我市郊县是一种继

---

* 这是李瑞环同志在天津市农村工作会议上的讲话。

续发展、不断深化的趋势。农村商品经济在前几年发展的基础上，又向前迈进了一步。农村产业结构得到进一步调整，初步形成了农、林、牧、副、渔全面发展，农、工、商、建、运综合经营的新局面。农村经济形式有了新变化，已经形成以公有制为主体，多种经济成分、多种经营方式并存的格局。应当说，经过这几年的努力，农村经济新体制的框架正在逐步完善，长期窒息人们思想的许多旧观念正在突破，积极变革、勇于开拓已开始形成潮流，而这些都是对今后的发展具有决定意义的因素，反映了当前形势的本质。

但是，在农村经济发展中，也确实存在一些值得注意的问题。我有个感觉，这几年，农村的进一步改革比较吃力，制约农村经济发展的因素逐渐增多，出现了一些新的问题、新的矛盾。对这些问题和矛盾，可以从不同的角度、不同的侧面去认识、去分析，但我的看法是，问题的实质，或者叫问题的原因，是现实的农村生产力水平低下，现代化程度不高。这里有原来农村经济技术基础薄弱的老问题，也有农村已经转向商品经济，而我们还没有完全摆脱产品经济的指导办法，从而阻碍着生产力更大发展的新问题。具体讲，有以下这样几个突出表现。

第一，农业生产条件落后，后劲不足的问题比较突出。这几年，天津的粮食产量和其他种植业生产是增长的，但幅度不很大，还有一些低产田生产不够稳定。这集中反映了我们的农业生产物质基础脆弱，科学技术水平低下。一般来讲，衡量农业现代化水平的标志，主要包括农业机械的生产和使用水平、化肥的生产和施用水平、农业用电水平、植物良种的选育和推广水平等，而在这些方面我们都是相当落后的。我们郊县的农业生产基本上还停留在依靠传统的农艺技术和增加活劳动来维系的低水平阶段。更值得注意的是，由于农产品之间比价不合理，务工务农收入过于悬殊，一些农民对农业的投入兴趣不大，这几年真正用于农业的投入是减少的趋势。这就造成在相当多的地方，农业生产条件不但没有得到改善，农田水利设施反而逐年老化失修，农业生态环境不断恶化，粗放经营、掠夺性生产的现象比较严重，有些甚至弃耕撂荒。照此下去，农业这个基础就会受到削弱，发生动摇。而一旦出现这种情况，就会迫使我们不得不对整个农村经济进行再次调整，多年来形成的农村经济新格局、已经蓬勃发展起来的各项非农产业，都将受到极大的影响，我们必须看到这个问题的严重性。

第二，经营规模过小，在很大程度上限制了生产力的发展。以家庭经营为主的联产承包制，对解放生产力、促进农村经济发展，发挥了伟大的历史性作用。现在的问题是，由于这种经营方式规模过小，条块分割，机械耕作和先进科学技术的应用很难推开，加上产前、产中、产后的服务工作跟不上，限制了生产社会化和专业化的发展，妨碍了现代化水平的提高。这就造成我市农村的土地产出率和劳动生产率在最近几年提高幅度不大，甚至在有些地方出现徘徊、停滞。如何在保护农民个体积极性的前提下，在完善家庭联产承包责任制的基础上，逐步扩大经营规模，以获取更大的规模效益，为农业现代化创造条件，这是农村面临的重要课题。

第三，副食品的生产、流通手段落后，远不能适应消费的需要。天津农村在服务城市方面作出了很大贡献，但城市副食品供应中的忙乱被动局面，至今没有完全摆脱。造成这种情况的原因，有农民经营自主权与有计划商品经济之间的矛盾还没有妥善解决的因素，有价格体系和产销关系还没有理顺的原因，但根本上还是生产落后，缺乏现代化的生产手段，造成农副产品的生产很不稳定，其数量和质量还不能满足市场需要。当然，就全国来讲，广大农村中一家一户的手工劳动生产方式，在相当长时间内还不能完全排除。当前发展农村经济，包括副食品的生产，还必须发挥我国人多的优势。但像天津这样拥有几百万人口的特大城市，其副食品供应必须有一个稳定的来源，而要做到这一点，必须在郊县建立一批现代化的、具有一定规模的、商品率很高的副食品生产基地。同时，当前流通领域的现代化水平也很低，加工、储藏、运输设施还不完备，产销衔接还不紧密，销售渠道还不畅通，市场信息还不灵敏。这同不断发展的商品经济，同人们需求水平的日益提高，形成了尖锐的矛盾。这种状况也要加以改变。

第四，多数乡镇企业素质不高，面临着一系列新的挑战。就天津来看，乡镇企业虽然具备了一定的规模，但许多企业生产波动较大，经济活动的效益较低。特别是近几年来，由于市场竞争激烈，优惠政策减少，有相当一部分企业的经济效益下降，亏损企业增加，还有不少企业是负债经营。这反映了乡镇企业的装备、技术以及管理水平是相当落后的。有些乡镇企业使用的还是四五十年代甚至二三十年代的设备；从业人员中有50%是初中以下文化程度。在这样一个素质的基础上，讲乡镇企业的发展、振兴，是很困难的。如果乡镇企业目前存在的装备陈旧、设计落后、工艺粗糙、管理松懈的状况没有一个较大的转变，科学技术和管理水平没有一个显著的提高，已经出现的好势头就有可能遭受挫折，或是一大批企业在激烈的竞争中陷入困境，难以生存；或是造成整个乡镇企业长期停留在一个低级阶段，很难在整个国民经济中发挥更大的作用。

第五，农村的精神文明建设还不适应新时期的要求，出现了一些值得注意的问题。这几年农村的文明程度有了很大提高，但是，传统的小农意识还相当浓厚，市场观念、竞争观念、效益观念不强，有些人视野狭窄，小富即安。突出表现在轻生产、重消费上。有些农民有了钱，不是考虑如何发展生产，而是讲排场、摆阔气，婚丧嫁娶，大操大办。有些青年结婚要搞双重嫁妆，电冰箱、洗衣机、彩色电视都要成双成对，用不上，就把电冰箱当碗橱，洗衣机装粮食。还有的地方死了人，竟然烧了几令纸，用几百元买高级香烟作陪葬品。出现这种情况的原因可以讲很多，但重要的一条，是和农村现代化水平不高有很大关系。精神文明程度的提高，有赖于生产方式的改变。在目前农村生产方式比较落后的情况下，精神文明程度的更大提高势必受到一定的限制。

从上面的分析可以得出这样的结论：解决我市农村中出现的新问题、新矛盾，其根本出路在于加快现代化建设的步伐。我国农民长期受小生产自然经济的影响，往往容易满足于“三十亩地一头牛”，一些人习惯于当“土财主”。如果不适时地提出进一步发展商品经济，实现农村现代化问题，很可能把现在的水平误认为我们的最终目标，很可能在解决了温饱之后就失去了前进的动力，而使农村经济的发展受到窒息。适时地提出这个问题，就能使我们的广大农村干部和群众奋发图强，不断进取，以更大的热情促进生产力的发展；就能使整个农村工作继续保持生机勃勃、蒸蒸日上的好势头，不断向着生产的广度和深度进军；就能通过几年时间的努力，使整个农村面貌有一个大的变化。

（二）农村现代化的基本内容是什么？这是一个需要弄清楚的大问题。我们应当加强这方面的理论研究，并在实践的过程中不断深化和明确。

据我了解，对于农村现代化的目标任务和主要途径，实际工作部门和理论界都有些不同认识，说法很多。从已经实现农村现代化的国家来看，选择的发展道路大体可分为三类：一是日本、荷兰这样地少人多的国家，它们是从生物技术起步，主要是面向国内市场，富余劳动力除一部分转入大城市外，多数农户实行兼业经营，亦工亦农；二是美国和加拿大这样地广人稀的国家，它们是从机械化起步，主要是面向国际市场，发展家庭农场，实行专业经营，富余劳动力主要涌入大城市；三是法国和德国这样地少人也少的国家，它们是兼业经营和专业经营并存，兼顾国内外两个市场，富余劳动力主要也是涌入大城市。无论是哪种类型，各国政府都注意对农业进行资金投入，并支持兴建了一批新兴城镇，城乡差别基本消失。我国的社会制度和经济状况与这些国家不同，我们既要借鉴国外农村现代化的经验，又要从我们的国情出发，走出一条建设有中国特色的社会主义现代化农村的道路。农村现代化是一个很复杂的系统工程，包括的内容很难作出一个十分准确、全面的概括。从天津的情况看，主要的是解决好三个领域的问题，就是要实现农业现代化、农村工业化和村镇城市化。

所谓农业现代化，就是要逐步建设高产、优质、高效、低耗的效益型农业体系。农业是整个国民经济的基础，更是农村经济的基础，农业现代化是农村现代化的最基本内容。加速农业现代化，要解决哪些突出的问题，需要进行认真的研究。从天津郊县看，有几个问题是非解决不可的。比如，要努力采用生物工程。生物工程就是运用基因操作、细胞融合、细胞培养以及生物反应等生物技术，创造新的生物类型。生物工程的采用，对提高劳动生产率起着突破性的作用。而从我们的实际情况看，这方面的研究和应用很差，种植技术、植物保护、品种改良还处在相当落后的水平。我们应当在这方面迈出较大的步伐。再比如，要提高农业机械化水平。天津的农业机械化虽然有了一定的发展，但农业生产基本上还处在分散的和小规模的以手工劳动为主的阶段，这种状况应当随着土地经营规模的不断扩大，逐步得到改变。总之，今后郊县农业发展的方向，要坚持生物工程和机械化并用，现代科技和传统的精耕细作技艺结合，发展经济效益、社会效益、环境效益相统一的生态农业，保持农业生产的良性循环和持续增长。

所谓农村工业化，就是要逐步建设结构合理、具有现代科学技术和现代管理水平、有明显行业优势和产品优势的农村工业体系。要充分利用靠近大城市的优势，城乡一体，农工商贸结合，加快发展农村工业。要使占全市半数左右的农村人口，更多地从农业转入非农产业，在更大的范围里，充分利用各种优势和资源，创造出更多的财富。逐步改变“农业区”、“农业县”的传统观念、传统形象和传统经济内容，使农村工业真正成为农村经济的主体产业，为农村现代化提供更多的资金、物资、技术支持。农村工业化要以县级和乡镇企业为重点，发展以集体经济为主、多种经济成分的工业企业。

所谓村镇城市化，就是要逐步建设性质不同、层次不等、规模各异、布局合理的现代城镇体系。要以中心市区和滨海市区为主体，积极发展市郊接合部的星城、近郊卫星城镇和远郊县镇。村镇建设应当包括基础设施、服务体系、交通通讯、文化场所、生活环境等各个方面，通过提高这些方面的功能，改变农村分散、闭塞、落后的面貌，缩小城乡差别。

实现农村现代化，需要有一个较长的渐进过程。但从现在开始，我们就应该朝着这个方向努力，把目标搞集中，使我们一切工作的出发点和立足点真正转移到这个方面上来，该起步的起步，该深化的深化，该加快的加快。具体讲，今后一个时期的农村工作要注意以下六个要点。

第一，实现由小商品经济向发达商品经济发展的突破。

要实现农村现代化，必须在商品生产上有一个大的发展，想超越发达的商品经济阶段而进入现代化，是根本不可能的，这是经济发展的客观规律。经过九年的改革，产品经济的管理体制虽然有所改变，货币、商品、价值规律在广阔的经济领域开始恢复了作用，农村商品经济有了很大的发展，但是，从现代化的标准看，商品经济发展的程度还相差很远，从意识观念到体制结构，从生产环节到经营体系，都还不适应向现代化发展的需要。因此，我们必须把大力发展商品经济作为加快现代化建设步伐的一个重要环节来抓，争取有一个大的突破。一方面要努力提高劳动生产率，这是提高商品率、发展商品经济的基础。要搞深加工，提高附加值；要降低消耗，减少成本，使农村各产业的经济效益有一个显著的提高。另一方面要通过深化改革，进一步搞活流通和培育市场，这是发展商品经济所必须解决的前提条件。这里最根本的问题，是要学会按价值规律跟农民打交道，以改善宏观指导。应当看到，我们现在所承认的商品范围，要比马克思所说的商品范围窄得多，限制了许多商品进入流通领域。而且产品经济的旧体系还没有彻底打破，以致流通渠道呆板，价格体系不顺，流通领域的梗阻现象还很严重。这些问题不解决，商品经济很难有一个大的发展。因此，要打破禁区，使更多的产品进入流通领域。要逐步改变垄断经营和地区封锁的局面，真正打开城门，允许农民进城经商，让商品在城乡之间自由流动，形成一个连结城乡、沟通产销、促进生产、方便消费、多层次多形式的流通网络，为农村商品生产创造一个开放式的流通环境。要逐步理顺价格体系，发挥价值规律在商品生产和流通中的作用。要大力发展各类生产要素市场，比如，科技市场、劳务市场、资金市场、房地产市场以及证券市场，等等。

第二，实现由封闭的内向型经济向开放的外向型经济发展的突破。

农村经济要不要、能不能以国际市场为导向，这个问题我们议论了多年，应当说现在已经有了肯定的回答。天津的经济，包括农村经济不向开放型、外向型发展，我们就不能取得先进技术，就不能取得外汇资金，也就不能走向现代化。最近，紫阳同志反复强调了这样一个观点，农村经济应当“充分利用农村劳动力资源丰富的优势，大力发展劳动密集型产品，换取外汇支援基础设施建设，过资金密集产业发展阶段这一关，走国际大循环经济发展的路”。从国外进口原材料，利用国内充裕的、廉价的劳动力，加工生产劳动密集型产品，然后再销往国外，靠加工生产赚取我们经济技术发展所急需的外汇。作为沿海大城市的天津郊县，在基础设施、技术力量、人才素质、管理经验、国际联系等方面，都有着十分优越的条件，应当在这方面有所作为。我们一定要抓住当前的有利时机，认清形势，转变观念，依托国内市场，尽快把外向型农村经济发展起来。要尽快引进一批优良品种和先进适用的技术设备，加速农业和乡镇企业产品产量和质量的提高，以增强在国际市场的竞争能力。要按照国际市场的需求，有计划地调整好产品结构和产业结构，使更多的产品打入国际市场。要规划并着手建设一批出口基地，特别是农副产品出口基地，并通过深化改革，使这些基地逐步向生产、流通、科技、信息相结合和贸工农一体化的方向发展。要把出口形式搞得灵活多样，既可以搞“三来一补”，也可以搞合资、合作；既可以搞收购制，也可以搞代理制；既可以搞松散型的加工，也可搞“贸工农”联合企业。总之，什么形式有利，就采取什么形式。

第三，实现由土地分散经营向规模经营发展的突破。

农村的现代化是与土地的规模经营紧密联系在一起的。现在，农村已经进入了发展商品生产，讲求经济效益的新阶段，对规模经营提出了迫切要求。我们必须高度重视这个伴随着商品生产发展出现的新问题，把发展规模经营摆到重要的议事日程。目前，天津已经出现各种形式的土地规模经营单位6900多个，劳力占务农劳力的2.7％，土地占集体总耕地的4.7％。实行土地规模经营的数量尽管不是很多，也还不够完善，但它以较好的社会和经济效益吸引着广大农民，展示了农村土地经营的发展趋向。我们应该因势利导，加快这方面的进程。当然，搞规模经营要具备一些基本条件，最起码的，一是转移出来的劳动力要有新的就业机会，二是集体经济力量较强。因此对土地规模经营这件事，态度要积极，工作要稳妥，政策要衔接，要注意这样几个问题：(1) 要在继续巩固和完善以家庭为主的联产承包责任制的同时，根据自觉自愿的原则，鼓励和提倡在互利的基础上实行多种形式的合作与联合，逐步达到合理的经营规模。决不能大轰大嗡，采取行政捏合的手段。(2) 要制定促使土地经营向联合方向发展的各项鼓励政策。在生产资料供应、银行贷款、产品销售等方面，要优先优惠。(3) 要发挥地区性合作经济组织的管理、服务和协调作用。(4) 规模经营可以发展家庭专业大户、联户承包、集体组织的粮食生产专业队等多种形式，不要局限于某一种形式，要从当地实际出发，因地制宜。

第四，实现由分散的“小而全”经营向产业结构专业化发展的突破。

产业结构向专业化发展，这是农村现代化的重要标志之一。一切分工都是社会生产力发展的结果，而分工的发展又会大大促进社会生产力的提高。就农村整体讲，由单纯的农业发展为一、二、三产业并举，综合开发，这是产业结构上的一大质的飞跃，农村经济的一大进步。但是，实现现代化还需要有一次新的飞跃，就是在各个产业中进行专业化再分工，进而随之产生新的产业。现在的农村经济中，很多产业处于“小而全”的状况，种植业、养殖业、加工业等，大体都如此。这里既有生产力发展水平低的客观原因，也有我们思想上不重视建立社会化服务体系的主观原因，这在很大程度上限制了专业化分工，下一步应当着力解决这方面的问题，进一步优化产业结构。调整产业结构，进行专业分工，是一个渐进的过程，不可能一次调整好，要随着经济发展水平的提高而不断进行深化。调整产业结构，首先要坚持正确的原则，最重要的是市场需求的原则，就是要以市场为导向，把生产和需求密切结合起来。这几年我们有不少教训，买难卖难的现象时有发生，大起大落的波动接连不断。虽然有价格变动的影响，但也有调整产业结构存在盲目性的问题。因此，要加强宏观指导，尽量避免失误。其次要兼顾为农民增加收入和增加就业机会两个目标。虽然我市郊县乡镇企业以及各类专业户、兼业户已经有了很大发展，但还有许多需要发展的产业没有开发，许多农业剩余劳力没有充分利用。因此，要继续做好劳动力向非农产业的转移。我们的产业政策是，经济发达的郊县，乡镇企业要高起步，并不断进行技术改造，但也不可丢掉劳动密集型生产的优势；经济较差的郊县要更多地发展建筑业、养殖业、农产品初加工，用“劳力替代资本”。一切劳动力向非农产业的转移，都要从本地的经济实力和具体条件出发，选择合理的产业结构，保证广大农民收入的持续稳定增长。第三要注意发展外延性加工和深加工，以充分利用资源，使农产品经过二次、三次加工增值，来缓解初级产品价格过低的矛盾，提高经济效益。

第五，实现由自然村落向城镇化发展的突破。

小城镇是附近区域的政治、经济、文化中心。它上联城市，下接农村，是“城市之尾，农村之首”，对农村经济、社会和科技的发展具有十分重要的作用。农村第二步改革的深入，商品经济的进一步发展，提出了多渠道流通和多方面服务的客观要求。

但是，历史上适应小农经济而形成的自然村落和集镇，面貌陈旧，功能残缺，条件低劣，远远不能适应农村向商品化、社会化、现代化发展的要求，给农村经济带来了许多不便。因此必须把村镇建设作为一个重要问题提出来，使小城镇在城市与农村的联结和发展上切实发挥纽带和桥梁的作用。村镇建设要以改善功能为重点，当前要把主要力量放在为农村商品经济服务的生产、流通、消费、科技、教育等综合配套设施上。建设小城镇必须搞好规划，根据市里确定的总体规划和本区县的村镇建设规划，制定落实措施，依靠各方面的积极性，分批展开，逐步形成一个星城、卫星城星罗棋布，配置合理的网络。

第六，实现由轻视科学技术向依靠科技进步发展的突破。

农村现代化，说到底就是用现代工程技术、生物技术和管理技术武装农村，尤其是农村经济各部门。科学技术在农村现代化中的重要意义几乎年年讲，年年也有些变化，但我总的感觉，我们有些同志在这方面还缺乏应有的紧迫感，对这项工作抓得不够具体、不够扎实，也缺乏大的招法。可以这样讲，我们虽然喊了几年，但就整个郊县来说，科技落后、经营粗放、劳动力素质差的状况还没有得到根本的转变，这是一个很值得注意的大问题。应该看到，我们天津农村劳力的价格比内地相对较高，这是个劣势，要弥补这一点，也只有靠进一步发挥科技优势，降低成本，提高劳动生产率。希望大家从思想到工作要有这样一个转变，就是把实现农村经济的更大发展，真正转到依靠科学技术方面来。能否实现这个转变，将决定着我市农村现代化的进程。当前要特别注意抓好两个方面的工作：一是要大力推广先进适用的新技术。各科研单位和技术推广部门，都要紧紧抓住适用技术的推广和应用这个重点，搞好“星火”计划的实施。郊县以下各级都要进一步建立健全科技服务组织，有效地、及时地把农民需要的适用技术，在农村推广、普及。要重视农家肥，开展农家肥的干燥、浓缩等方面的科研，便于储藏、使用，扩大施用农家肥的面积，有条件的要发展无公害农业。在大力推广适用技术的同时，要抓住世界新技术革命的机遇，积极开展当代先进的科学技术的研究和运用，为长远发展储备后劲。二是要切实解决目前在农业科学技术研究方面存在的力量分散、资金分散、重复研究的弊端。要本着集中力量、分类指导、分层次建设的原则，统筹安排好各类农业科研项目规划；要提倡多种形式的跨地区、跨部门的联合，分工协作，抓住关键问题开展各种类型的专题和综合性的科研攻关。要通过几年的努力，使我市农村科学技术比较落后的面貌有一个大的改观，在农村现代化的进程中迈出更大的步伐。

（三）如何加快我市农村现代化建设的步伐？要做的工作很多，我认为，当前比较重要的有三个方面的工作。

第一，统筹规划，合理安排。我市农村工作在许多方面都很有起色，孤立地看都不错，但综合起来看，就会发现有不少不协调的地方。我们必须清醒地认识到，在实现农村现代化的过程中，会引起农村各个方面、各个领域一系列新的变化。如果不注意统筹规划，不仅原有的不协调解决不了，而且还会出现许多新的不协调，产生许多新的矛盾和摩擦，因此，在加快农村现代化的过程中，必须十分强调统筹规划，合理安排。这要作为一个重要原则和基本的领导方法。

制定农村的总体长远规划。一要注意充分利用当地资源，扬长避短，合理布局，最大限度地发挥各自的特长和优势。我市农村虽然面积不算很大，但各种资源很多，各地都有优势。在加快现代化建设的过程中，各地应当认清自己的条件和优势，在发挥这些优势上做文章，使整个发展做到自然适宜，经济合理，各具特点。二要对今后的发展作出必要的预测，有一个比较长远的打算。市里要制定整个农村的发展规划，各区县也要结合自己的实际情况，制定出各自的发展规划，还要具体帮助乡、村搞好规划。使全市农村的发展目标明确，有条不紊，持续稳定。

第二，广揽人才，提高素质。如何广揽人才呢？我想大体有三条渠道：一是引进外来的；二是起用当地的；三是培养自己的。这就是农民常说的，请来外地的"洋财神"；重用当地的"土财神"；培养自己的"小财神"。首先要切实放宽人才流动政策，给农村更多、更优惠的条件，使郊县具有更大的吸引力，最大限度地引进市内外、国内外的各种人才。今后，凡是农村需要、又符合流动方向的，政策上一律放开，在户籍掌握、经济待遇等方面，一律从优。就本市范围来讲，允许城市在职科技人员和在职技术工人辞职或停薪留职，到农村进行各种形式的技术承包或租赁、领办、承包企业，户口保留不动；允许各级各类人才按照国家规定利用业余时间到农村兼职或进行有偿服务；城市科研机构也可以承包、租赁和购买农村的各类企业。与此同时，还要通过行政措施，有组织、有领导地搞好人才交流。在引进人才的问题上，城市放宽政策是一个方面，但更重要的是郊县要有一整套能够吸引人、留住人的政策和措施。要经过一段时间，使天津郊县成为对人才最具有吸引力的地区之一。

在积极引进外来人才的同时，还要充分发挥农村现有人才的作用。这些年，农村涌现出一大批企业家、能工巧匠和科技能手。这些人是新的生产力的代表，是我们加快农村现代化步伐的基本力量。充分发挥这些人的作用，最具有现实意义。各郊县要通过科技部门，把这些人的情况搞清，统一登记造册，制定合理使用的方案，量才录用，并按国家规定，授予不同职称。要实行招标、承包等办法，为农村人才的脱颖而出创造条件。同时要十分注意开发农民智力，强化农民教育，提高全体农民的素质。这两年，农村有忽视教育的苗头，这要引起我们高度的警惕。作为农村的各级领导同志，必须自觉地把发展教育事业放在突出的战略位置，以极大的热情做好智力开发工作。首先是要把农村的基础教育切实抓好，在这方面要舍得花钱、花精力。其次是要切实搞好业余教育。要举办各种短训班、业校，充分利用广播、电视、函授，发展成人教育。要有计划地选拔一些具有一定水平的人到大中专深造，主要培训乡镇企业、农业生产等方面的骨干，乡镇企业要舍得在这方面投一点资。要继续搞好农村中青年的扫盲工作。对于从事种植、养殖的广大农民，也要通过办夜校、科技示范等途径，不断提高其科学文化素质和思想道德素质。

第三，深化改革，放宽政策。实现农村现代化，归根到底要靠改革。农村改革，要按照中央有关政策的要求，对过去几年取得的成就继续完善、配套、巩固、提高，使经济的发展转向讲求经济效益的阶段。当前要十分注意搞好城乡改革的衔接，这是深化农村改革的关键。在前年的农村工作会议上，我专门就这个问题作了一次讲话，在那以后，工作有进展，有成绩，在发展鱼、奶、蛋等副食品供产销一条龙上有所突破。但总的来看，有三个问题还没有完全解决好。一是衔接的内容不明确。近两年城乡的同志都说搞衔接，但究竟在哪接，接什么，思路不太清楚，目标不够集中。二是衔接的政策不落实。改革是权力、利益的再分配，它必然会触动原来的格局。怎样用合理的政策调节好各方面关系，做到既维护生产者的利益，又保护消费者的利益，还要考虑到国家财政的承受能力，是个一直没有解决好的难题。三是衔接的形式不具体。我们搞一体化，搞衔接，主要是通过建立发达的商品交换，达到城乡结合、协调发展的目的。但如何达到这个目的，还没有探索到一套好的形式，所以一到关键时刻，就不得不采取行政手段，把“衔接”变成了“硬捏”。这些带有关键性的问题解决不好，衔接问题喊得再响也落实不了。下一步农村改革，要把研究和解决好这三个问题作为重点。今明两年，在城乡改革的衔接上，我们要选择几个影响较大、又容易突破的环节，通过城乡的共同努力，取得实质性的进展。

农村发展道路的一点思考*

（1991 年 4 月 20 日）

党的十三届七中全会和七届人大四次会议已经开过，两个会议对过去十年的工作作了总结，对今后十年的经济和社会发展作了规划、部署。中央对政治、经济、文化、军事等方面的工作，都有了明确的方针和要求，我讲不出什么新话。但到一个地方总要讲几句。

1980 年我来过江苏，那个时候，苏南在全国算是好的。这次来看，与上次相比，又发生了很大的变化。刚才达人①同志从几个方面讲了江苏“七五”期间的发展情况，我觉得他讲得很实在。这些天我看下来，听下来，感到起码有四个方面的变化比较突出。一是经济建设有了很大的发展。刚才你们列举了一大篇数字，在“七五”期间，江苏几个指标在全国是数第一的。这里，我就不重复了。二是环境面貌有了很大的改变。讲城乡一体化，环境面貌是一个重要的方面。苏南的环境，包括道路、园林、建筑等都焕然一新。在苏南，有些地方哪里是农村，哪里是城市，不大容易分得清了。无锡的前洲镇，相当漂亮，北方有很多县城也赶不上。三是群众生活有了明显的改善。我们看了无锡县华庄的幼儿园、养老院，条件不比城市差。江阴市华西村农民住的是

* 这是李瑞环同志在听取江苏省委工作汇报时的讲话。

① 即沈达人，当时任中共江苏省委书记。

楼房，“吃粮不用挑（口粮集体送到户），用水不用吊（家家通自来水），煮饭不用草（普遍使用液化气），洗澡不用烧（村里热水管道通到户），便桶不用倒（使用抽水马桶），通信不用跑（家庭装上电话机）”。这个村的党委书记吴仁宝说，他那里是“不土不洋，不城不乡，华西特色的社会主义新农村”。我说，可以改成“亦土亦洋，亦城亦乡”。当然，不是每个村镇都已经到了这个程度，但苏南城乡居民衣食住行的改善，确实是令人高兴的。四是人的素质有了很大的提高。过去农民的文化素质、商品观念等很多方面都比较差。这次我们到了一些乡镇企业，那里的农民，特别是在乡镇企业工作的农民企业家有见解，善管理，会经营，不简单。我们所接触的一些村镇干部，对农村的两个文明建设都有一套想法，谈起话来都很上路。

为什么江苏这几年会发生这么大的变化呢？我认为，很重要的一个原因是坚持了改革开放。路上我对达人、家正①同志说：三中全会以前，天是这个天，地也是这个地，人也是这么一批人，为什么那时生产就上不来，生活就那么困难？根本问题是旧观念和旧体制中的一些弊端把人给束缚住了。那时，养几只鸡就认为是资本主义倾向，大家怎么会有积极性呢？现在农民把地种得像地毯一样，连房顶屋边、院前院后、犄角旮旯都种上东西。没有改革，能如此充分地调动广大群众的积极性吗？大家都记得《毛泽东选集》第四卷最后有五篇文章，是评美国国务院白皮书和艾奇逊信件的。当时是建国前夕，美国国务卿艾奇逊说中国人口多，历代王朝都不能解决吃饭问题，结果都垮台了。他预言共产党上台也解决不了吃饭问题。实际情况驳斥了艾奇逊的预言。现在我国人口从四亿五千万增加到十一亿三千万，吃饭问题基本

---

① 即孙家正，当时任中共江苏省委副书记。

上得到了解决。假如没有改革开放，这是不可想象的。现在，改革开放已经给广大人民群众带来了直接的实际的利益，已经深入人心，谁想变也变不了，没办法变，要变也只能往好的方面变，否则就会站到人民群众的对立面。关于这个问题，我曾讲过三句话：一是方向不变；二是总结经验；三是重在实干。我们决不能像群众所担心的那样，遇到困难就收，而是要在克服困难中把改革开放推向前进。

中国有8亿多农民，农村的状况如何，极大地影响着城市，也制约着整个国民经济的发展。把农村建设好，使农民逐步走上富裕的道路，逐步缩小城乡差别和工农差别，这是建设有中国特色的社会主义必须下大力气研究解决的问题。我这次看了苏南几个地方，感触颇深，乡镇企业确实像小平同志说的那样，是“异军突起”。从苏南乡镇企业的发展中我们可以看出建设有中国特色的社会主义农村的一种方向、一个趋势、一条路子。对于乡镇企业的地位和作用，你们最有发言权。我昨晚也想了几条，提出来供你们参考。

（一）应该和可以促进农业的发展。民以食为天，无农不稳，无粮则乱。我国是一个有11亿人口的大国，吃饭是头等大事。过去、现在以及将来农业都是国民经济的基础，这是始终不能有丝毫动摇的。实践证明，发展农业，一靠政策，二靠科学，三靠投入。增加投入，国家是要拿出一些钱来的，但目前国家财政很困难，不可能拿出很多，主要还是靠农民自己。从苏南和其他一些乡镇企业发达地方的情况来看，乡镇企业已成为农业投入的重要来源。据统计，仅“七五”期间，全国乡镇企业直接用于以工补农的资金就达到270多亿元，相当于国家同期对农业总投资的35%，如果加上间接投入，那就更多了。当然在发展乡镇企业的过程中，有些地方出现了为多挣钱，把田撂荒了的问题，但这并不是不可解决的，只要我们在思想上引起高度重视，并采取切实措施，是可以做到在发展乡镇企业的同时，农业也得到更快的发展的。

（二）应该和可以帮助农民脱贫致富。我国人口多、耕地少，人均才一亩三四分地，单靠在这点耕地上做文章，收入是很有限的。我到过云南的大理，那里日照时间长、雨水多，精耕细作，粮食亩产 2000 多斤的很普遍，有的甚至达到 3000 多斤，应当说相当高了，但农民生活和经济发达的地方相比，还是相差较多。要使农民富起来，单靠提高粮食价格是办不到的，发展乡镇企业，合理开发和利用耕地以外的资源，是一条很好的路子。十年来，我国农民来自乡镇企业的收入共 4800 多亿元，占农民净收入的四分之一以上，有些地区高达百分之七八十。今后十年我国农民生活要从温饱达到小康。实现这一目标，看来比较可行的路子，是在大力发展农业的基础上，发展乡镇企业。

（三）应该和可以为农村的剩余劳力找到出路。随着农村人口的自然增多和农业现代化水平的提高，越来越多的农村劳动力从土地上分离出来，这是一种必然趋势。现在一些发达国家农业劳力只占全国劳力的百分之几，而我国占到百分之七八十。我国再往前发展，农业劳力不要说减到百分之几，就是减到百分之五十，仍然是一个很大的数字。这些剩余劳力如何安排，是关系到中国政治稳定和经济发展的一件大事。据有关部门的资料，到目前为止，全国已有 9000 多万农民进入乡镇企业，占农村劳动力的百分之二十，你们这里的比例更高，有的县乡已达到百分之五六十、七八十。这些农民“离土不离乡，进厂不进城”，没有花国家多少钱。当然，国家在税收上给了优待，在贷款上也给了一些支持。而城市安排一个劳动力就业，国家得花一两万，甚至两三万元。正如邓小平同志所说，中国农村人口就业同其他国家“大批进城”的路子有一些不同之处，“就是发展乡镇经济”。

（四）应该和可以有利于国营企业的发展。国营企业特别是大中型企业是国民经济的主要支柱，有人才、技术、管理等许多方面的优势。但是，国营企业不可能也不必要包揽一切。许多地方的乡镇企业发挥自己的优势，利用自己的资金、设备和廉价劳动力，加工本地的农副产品，为国营企业生产零件、配件或部分产品，向社会和外贸提供需要的产品，这不但对农村有好处，对国家和国营企业也有好处。比如，国营企业把零部件加工向农村扩散，一不要自己增加工人，二不要自己新建厂房，三不要增添生活设施，既提高了专业化水平，又达到了降低成本、提高效益的目的。还要看到，乡镇企业的发展，为搞活国营企业提供了一些有益的经验和启示。我们不能不加分析地说，全民不如集体；也不能简单地把乡镇企业机制硬搬到国营企业中去。但是应该看到，乡镇企业在以自主经营、自负盈亏、自我发展、自我约束为内容的“四自”经营机制方面，确有值得国营企业借鉴的地方。比如说，这两年搞治理整顿，调整结构，事实证明，调整快、效益大的还是乡镇企业。它看准了哪个行，哪个不行，马上就转。乡镇企业的运行机制究竟有哪些地方可供国营企业借鉴，这是一个需要进一步实践和认真研究的问题。

（五）应该和可以为逐步缩小城乡差别创造条件。逐步缩小城乡差别，是我们取得政权以后进行社会主义建设的一项战略性任务。过去党和政府为此进行了不少探索，采取了不少措施。现在来看，乡镇企业的发展，既对改变农村面貌不断提出新的要求，也为农村面貌的改变提供了物质条件。乡镇企业要经销产品，吸引客商，需要把路修好，把房子盖好，把电话装好，为做生意创造一个良好的条件。这次我看了几个乡镇企业发达的村，楼房、柏油路、绿化都很不错，和城市没多少差别。乡镇企业的发展，势必带动商业、服务业的发展和文化娱乐设施的建设，这样就逐步形成一个个小城镇。最近几年，我国农村成千上万个小城镇的出现，特别像苏南这样的地区，小城镇星罗棋布，是和乡镇企业的发展分不开的。乡镇企业的发展，还使城乡之间的联系增添了许多新的内容。传统的城乡经济联系主要是产品交换，乡镇企业一发展，就扩大到技术转让、人才交流、资金流动等若干方面，这就促进了城乡的共同繁荣。

（六）应该和可以提高农民素质。一般说来，哪个地方农民素质高，哪个地方的农村经济发展就快；同理，哪个地方农村经济发展快，哪个地方的农民素质提高也快。在我国，要提高农民素质，发展各种教育当然是一条重要途径，但总的说来必须同发展农业、发展工业、发展商品经济的实践活动结合起来。我这次到苏南看了几个地方，深感乡镇企业对提高农民素质有着巨大作用。农民在工厂做工或者当干部，同代表社会化大生产的机器相联系，经常参与超越县界、省界甚至国界的经济活动，活动范围广了，眼界开阔了，见识增多了，组织性纪律性加强了。一个村只要有这么几个企业，农民就有追求科学文化的积极性。他没有文化进不了工厂，或者进了工厂当不了技术工人、技术员、工程师、经营管理人员，这就迫使他们去学习。乡镇企业发展了，有钱办学校，培训人员，建设图书馆、电影院、闭路电视等文化设施，这也为农民素质的提高创造了条件。不久前召开的乡镇企业思想政治工作座谈会指出，乡镇企业不仅是物质生产单位，而且是造就一代新型农民的大学校。这个看法是有道理的。

（七）应该和可以促进我国商品经济更快地发展。发展商品经济需要很多条件，市场是不可缺少的一条。没有市场，商品堆在仓库里卖不出去，价值和使用价值不能实现，再生产的过程就要中断。拥有 8 亿农民的我国农村是商品消费最广大的市场。不管什么商品，只要农民一需要，是不愁卖不出去的。这里关键的问题在于，农民口袋里要有钱。光有需要，没有钞票也不行。乡镇企业的重要作用之一就是能提高农民的购买力。去年我国乡镇企业直接以工资形式支付给农民的就有1200多亿元，平均每人150元，差不多占到农民纯收入的四分之一。所以，解决我国市场疲软问题，农村是一篇大文章，而发展乡镇企业，提高农民购买力，是这篇文章的一个重要部分。

（八）应该和可以加强农村基层组织的建设。农村基层组织处在农村改革、建设的第一线，直接同群众打交道，是党和政府联系群众的桥梁，是执行党的农村政策和完成各项任务的重要保证。怎样加强农村基层组织的建设？从组织上说，就是建设一个好的党支部和好的村民委员会；从经济上说，就是尽快帮助农民富裕起来。一个村子如果有一两个、两三个像样的企业，如果集体收入和积累有几万、几十万元，这个村的基层组织就可以增强正常运转和为群众办实事的能力。可以免费提供多种服务，可以进行各方面的公益建设，也可以开展思想道德和科技文化教育活动。这样这个村子的基层组织就有了吸引力、凝聚力。可见，发展乡镇企业不仅是一个经济问题，而且是一个政治问题。

乡镇企业的地位和作用，不一定就是这么八条，我这里只是一个大概的归纳。你们可以随着发展仔细琢磨，往深里研究。比如，乡镇企业的发展趋势究竟如何，它和小城镇建设怎么结合，它在未来整个国民经济中会占什么位置，乡镇企业是农村改革深入的产物，将来城市改革对它会有什么影响，等等。当然，和任何新生事物一样，乡镇企业在发展中也有一个逐步健全和完善的过程。有个别乡镇企业在工作中甚至还出现了一些毛病。但是，不能因此否定整个乡镇企业在社会主义建设中的积极作用。我们应当把乡镇企业的地位和作用同它在发展中的问题区别开来，认真贯彻中央“积极扶持、合理规划、正确引导、加强管理”的方针，既坚定不移地扶持，又实事求是地帮助，并及时总结经验，引导它健康地向前发展。

九、土地、水和绿化问题

关于农用土地的几个问题*

（1994 年 7 月 1 日）

各位副主席、各位常委、同志们：

这次会议的中心议题是讨论农业问题。国务委员陈俊生①同志就我国农业形势和对策作了重要报告。杨汝岱、钱正英副主席、几位民主党派中央负责同志和几个专门委员会的同志作了专题发言。在大会发言和小组讨论中，常委们就进一步认识农业的基础地位、调动农民种粮的积极性、培育农产品和农业生产要素市场、促进农业科技的开发和推广、解决农村剩余劳动力等问题，提出了许多重要的意见和建议。研究农业，不能不涉及土地这个根本问题，涉及农用土地的保护、利用和开发问题。许多同志会前会上就这个问题发表了不少意见，我也想过很久，但研究不深，谈一点看法，以期引起各方面的重视。

一

马克思说："土地是一切生产和一切存在的源泉"。土地是人类赖以生存的立足空间，是一切物质生产的首要条件。离开土地

---

* 这是李瑞环同志在政协第八届全国委员会常务委员会第七次会议上的讲话。

① 当时任国务委员、国家防汛抗旱总指挥部总指挥。

就无所谓农业。在中国这块广袤的土地上，我们的祖先，世世代代辛勤耕作，繁衍生息，创造了优秀的中华民族文化，在人类文明发展史上写下了光辉的篇章。新中国成立以后，我们在土地的保护、利用和开发方面取得了很大成就，特别是中共十一届三中全会以来，农村实行联产承包责任制，改革土地使用制度，极大地调动了农民的积极性，大幅度地提高了土地的生产率。我们国家以占世界7%的耕地养活了占世界22%的人口，被赞叹为人类历史的一大奇迹。

但是，我们必须清醒地看到，人口多、耕地少是我们的基本国情。我国国土总面积960万平方公里，约占世界陆地面积的1/15，居世界第三位。但由于人口多，人均占有国土面积不到世界人均数的1/3。而在我国国土总面积中，不能或难以利用的沙漠、冰川、戈壁、石山与高寒荒漠又占去相当大一部分。据统计，我国目前共有耕地14.3亿亩，人均不到1.3亩，仅为世界人均数的1/4。有1/3的省人均耕地不足1亩，广东、浙江、福建等省在0.6亩以下。在历史上我国人均耕地远远高于现在，如汉代人均9.6亩，唐代、明代人均12.6亩。在全世界26个人口5000万以上的国家中，我国人均耕地仅高于日本和孟加拉国，居第24位，相当于美国的1/9，泰国的1/4，印度、巴基斯坦的1/2。我国耕地后备资源不足，据统计，现有宜农荒地不过5亿亩，其中可开垦为耕地的只有1.7亿亩。说我国地大物博并不假，但从人均占有量来看，说我国土地资源相对贫乏也是事实。我们想问题、办事情都不能离开人多地少这个基本国情，特别是研究以土地为先决条件的农业，更要时刻牢记这个基本国情。

二

目前，我国人口仍在日益膨胀，耕地却在急剧减少，这一严峻形势令人十分担忧。据统计，从1957年到1986年的29年间，全国累计减少耕地6.1亿亩，净减少2.3亿亩，平均每年净减少790万亩。1986年《土地管理法》颁布实施后，耕地锐减的趋势一度得到控制，但近两年来，又重新回升，仅1993年全国耕地就减少937万亩，相当于一个青海省的耕地面积。根据国家计生委的数字，现在我国每年净增人口1600万，相当于每年增加三个半青海省的人口。到2000年，我国人口将达到13亿，到2040年达到最高峰16亿～17亿。如果这种耕地锐减、人口剧增的势头得不到遏制，50年以后我国的人均耕地将降到0.6亩，100年后还能留给我们子孙后代多少耕地?!

我国耕地面积大幅度减少，人为占用是一个重要原因。据粗略统计，1992年各项建设、农业内部结构调整和设立开发区等占用耕地高达1000多万亩。一般说来，在国民经济高速增长时期，由于建设规模的扩大、产业结构的调整和城市化进程的加速，占用耕地难以避免。但如此大幅度的占用，在任何国家都不能容许，在我们这样人多地少的国家尤其无法承受，更何况有相当一部分是属于乱占滥用。1987年曾搞过一次全国性非农用地清查，查出违法占地案件1000多万件，违法占地达816万亩。1993年全国清理开发区，查出在新设立的2804个各级各类开发区中，有78%属于滥设，涉及土地面积高达1143万亩。

我国农地面临的另一个深刻危机，是水土流失严重，土地生态环境恶化。现在全国水土流失面积已达360多万平方公里，土地沙化面积已达160多万平方公里，荒漠化面积达260多万平方公里，每年都有大量耕地、草地被吞蚀。若不尽快采取有效措施，水土流失面积和沙化、荒漠化面积将继续扩大。熟悉历史的人们不会忘记，我国唐代繁荣一时的丝绸之路，由于生态环境的破坏，昔日的西部绿洲变成了今天的一片荒漠。殷鉴不远，我们应该汲取这种沉痛的教训，绝不能重蹈历史的覆辙。

土地资源状况制约着国民经济的发展，影响着社会的各个方面，关系到中华民族的兴衰。土地的保护、利用和开发是一项事关全局和长远的大事。我们要广泛、深入、持久地开展爱护土地特别是耕地的教育，增强全民的土地忧患意识。要牢固树立“十分珍惜和合理利用每一寸土地，切实保护耕地”的基本国策观念，严格依法管理土地。要实行领导干部任期目标责任制，处理好发展经济与合理利用土地的关系，坚决刹住乱占滥用耕地之风，扭转耕地锐减的势头。

三

解决我国耕地不足问题，必须面向全部国土，充分挖掘潜力，尽可能把农用土地搞得多一些，把土地的利用方式搞得合理一些，把土地的质量搞得高一些。

要加快农地后备资源的综合开发。我国除宜农荒地5亿多亩外，还有牧草地39亿亩，林地29.4亿亩，内陆水域5.39亿亩，沿海滩涂3000万亩，其中有一部分尚待开发，已开发部分的产出率同发达国家相比也还有很大差距。因采矿、烧砖、燃煤发电、修路取土等人为因素废弃的土地累计约2亿多亩，其中70％以上是耕地。这部分土地大多位于人口密集、土地短缺的地区，已复垦的只占能够复垦的2%。要利用传统农业技术和现代科技手段，把一切可以利用的农地都尽可能地合理利用起来。要走“大农业”的路子，因地制宜，宜耕则耕，宜牧则牧，宜林则林，宜渔则渔。要注意眼前利益、中期效果和长远发展兼顾，经济效益、社会效益和环境效益并举，力求避免重复历史上那种盲目开垦草原、围湖造地、毁林造田，严重破坏生态环境的错误做法。

要根据不同自然条件和当地经济发展状况，合理调整土地的利用方式。近年来有些地方利用低山丘陵发展果木、茶叶、木本油料等经济作物，既充分利用了荒山荒坡的土地资源，又把条件较好的土地腾出来用作耕地；有些地方先以速生树种实现荒山绿化，改善生态环境，然后逐步用经济林木更替，提高土地产出率；有些地方随着经济实力的增强，对农民住宅和乡镇企业用地进行规划、调整，适当集中过于分散的村庄，把位于耕地的村庄迁移到不宜耕种的土地上，并提倡多建楼房。这些做法在有条件的地方可以逐步推广。

要依靠科技进步和增加投入提高土地的质量。在我国现有耕地中，中低产田占到70%以上，通过农田水利建设、改良种籽、增加肥力、适当提高复种指数以及其他整治、改造措施，努力把低产田改造为中产田，把中产田改造为高产田，使高产田更上一层楼，就可以较大幅度地增加农产品产量。在有条件的地方，通过合理安排种植业、养殖业和加工业，使三者有机结合起来，构成一个多层次、多产业，经营上高效益，生态上良性循环，技术上规范化的立体农业生产体系，也是提高土地产出率的有效途径。提高林地的单位面积蓄积量和生长量，扩大优质草地面积以增加畜产品产量，同样也有巨大的潜力。

四

开发大西北是一篇大文章。我国西北地区具有地广人稀的显著特点，除内蒙古西部之外，陕西、甘肃、宁夏、青海、新疆五省区有296万平方公里，占国土总面积的31%，耕地后备资源占全国的32.3%，而人口只占全国的7%。大西北光热资源充足，地下矿藏丰富，边境线长达3000多公里，欧亚大陆桥横贯东西，具有发展经济和对外贸易的多方面优势。开发大西北，不仅对当前推动我国农业的发展、解决我国地区间经济发展的不平衡、加强我国民族大家庭的团结具有极为重要的战略意义，而且对下个世纪增强我国发展的后劲、保持国家的长治久安也将产生极为深远的影响。研究中国的农业用地，研究中国的未来发展，不能不研究中国大西北的开发。

由于自然条件的限制，大西北的许多地方确实很难改造成为农地，但确也有许多地方具有开发成为农地的广阔前景。有些地方开发的关键在于水。只要有了水，就能发展农业，只要水资源充足，粮食单产、总产就可以大幅度提高。解决大西北缺水的问题，必须采取一些重大步骤。一是尽量把水用于发展粮食生产和大规模植树造林。二是提倡合理、节约用水，采用先进灌溉技术，发展节水型农业。三是加快水利建设，把尽可能多的水留在西北、用在西北，特别是对于西北建设具有战略意义的水利项目，应加快研究、论证，早日决策、实施。四是研究从区外调水。有些专家提出从长江上游向黄河上游调水的方案，并已研究多年，还有从雅鲁藏布江调水过昆仑山入新疆的方案，调黑龙江水南下入内蒙古和华北的方案。这些方案如果可行，对改造开发大西北及其他缺水地区具有重大意义。

开发大西北这篇文章，必须全国人民共同来做，必须世世代代长期坚持来做。地方要发挥主动性，中央也要予以支持和引导，提高西北地区的农业比较效益，调动地方和农民种粮、种树、种草的积极性。只要我们的政策符合实际，地方和农民有了开发利用土地资源、发展农业的积极性，大西北的耕地和绿化面积就可以不断扩大。只要绿化达到一定程度，大西北的生态环境就可以得到改善。一旦大西北的生态环境发生了大的改善，将会对我们的国家、我们的民族、我们的子孙后代，产生不可估量的作用和影响。

五

我国地形的特点是西高东低，造成大量宝贵的水资源白白流失。水资源的分布是南多北少，导致南方经常洪涝成灾，北方普遍干旱缺水。特别是由于降雨量的季节性、区域性严重失衡，旱涝灾害常常是异地同时发生或同地异时发生。有的地方，旱季赤日炎炎，土地龟裂，河川断流，人畜饮水都非常困难；有的地方，汛期连降暴雨，洪水泛滥，大片农田、村镇、厂矿被淹。在过去的两千多年间，我国共发生大旱灾 1600 多次，大水灾 1300 多次。连绵不断的自然灾害，使水土大量流失，土地严重盐碱沙化，农田遭受大面积的破坏，给人民带来无穷的灾难，给国家造成巨大的损失。

为了战胜自然灾害，谋求生存和发展，我们的祖先进行了不屈不挠的斗争，表现了非凡的智慧和伟大的力量，创造了宝贵的经验和可歌可泣的业绩。大禹治水，至今仍为人们所传颂，其壮举成为我们民族精神的象征；两千多年前的都江堰工程，今天仍在造福人民，其智慧为世人所叹服；开掘于1300多年前的京杭大运河，沟通南北几大水系，其规模仍居当今世界人工河之最。新中国成立以后，我国人民响应毛泽东主席“一定要把淮河修好”、“要把黄河的事情办好”、“一定要根治海河”等伟大号召，治理江河，兴修水利，取得了举世瞩目的成就。今天，我们各方面条件比以往任何时候都好多了，我们拥有更加强大的经济实力、前人无法想象的科学技术和世界上最充足的劳动力资源，应该像邓小平同志所说的那样“发挥社会主义制度能够集中力量办大事的优势”，在认识和改造自然的过程中有新的更大的作为。比如，我们能不能通过各种工程，使不同高程上的水流经更多的缺水地区；能不能通过各种工程，实现水资源的跨流域调剂，把尽可能多的水从东、南调到西、北；能不能通过各种工程，大幅度地提高内陆蓄水能力、调控水平和利用程度，变“水害”为“水利”；能不能通过各种工程，大规模地围海造地、改造滩涂，增加陆地和耕地面积；能不能通过各种工程，遏制沙化，使尽可能多的沙漠变成绿洲，扩大农地面积；能不能通过各种工程，开展大规模植树造林，实行小流域系统治理，从根本上改变我国水土流失状况；能不能根据水资源的分布，合理调整工业布局，把用水量大的项目尽可能安排到水源充足的地方；如此等等。当然，把这些设想变成现实，绝不是容易的事，一定会碰到许多问题和困难。但是，我深信，只要我们有这种雄心壮志和长远的战略构想，只要我们尊重科学，进行充分的论证，制定周密的规划，只要全国各族人民万众一心，锲而不舍，世世代代奋斗不息，我们就一定能够在整治国土、安排河山、战胜灾害、改善环境等方面创造出无愧于先辈的伟大业绩，中国这块古老的土地一定会展现出新的面貌。

让我们在以江泽民同志为核心的中共中央领导下，在邓小平同志建设有中国特色社会主义理论的指引下，团结起来，扎实工作，更好地发挥人民政协参政议政的作用，为解决好农业问题作出应有的贡献。

谢谢大家！

关于我国水的几个问题*

（1998年10月23日）

各位副主席、各位常委、各位同志：

我们这次会议的主要议题是学习贯彻中共十五届三中全会精神。会议期间，温家宝同志作了报告，几位副主席和常委们发表了意见。与会同志认为三中全会的《决定》和江泽民总书记的重要讲话对我国的农业和农村工作具有重要指导意义，一致表示赞成。人民政协的各级组织和委员要认真学习和贯彻。大家对我国水的问题表示了深切关注，发表了许多议论，看法也不尽一致。各种见解的充分发表，有利于相互启发、集思广益。一些同志建议我也讲一讲。对这个问题我没有系统的研究，在三中全会上有个即席发言，就以此为基础，结合大家讨论的情况，谈谈个人看法。不一定正确，也算是我的一点议论。

一

今年我国长江发生了自1954年以来又一次全流域性大洪水，松花江、嫩江出现超历史纪录的特大洪水，珠江流域的西江和福建闽江也一度发生大洪水。全党、全军和全国人民在以江泽民同

---

* 这是李瑞环同志在政协第九届全国委员会常务委员会第三次会议上的讲话。

志为核心的中共中央坚强领导下，齐心协力，英勇奋战，取得了抗洪抢险斗争的伟大胜利，有力地保障了全国改革、发展和稳定的大局。特别是在这场斗争中形成的抗洪精神，充分体现了中华民族的优秀品德，体现了中国共产党和人民军队的优良传统，体现了爱国主义、集体主义、社会主义的伟大力量。这种精神，对于鼓舞人民的士气，增强社会的凝聚力，推动各项工作，具有重大而深远的意义。

江泽民同志最近指出："洪涝灾害历来是中华民族的心腹之患，必须引起全党和全国的高度重视。这次洪灾造成了严重的损失，我们付出了很大的代价。自然灾害是件坏事，但通过同它的斗争，人们可以加深对自然规律的认识和把握，从中得出有益的结论。"今年我国南北洪水水位之高、时间之长、范围之广是历史上罕见的。造成这种局面，从根本上说是由于气候异常、降雨量过大和过于集中，但作为痛定思痛，作为总结经验，作为改进工作，我们也应该汲取一些教训。以长江为例，长期以来上游过量砍伐森林、陡坡开荒，造成生态恶化、水土流失，加上河道未能及时整治疏浚、堤坝未能切实加高加固，严重影响行洪泄洪。沿江湖泊是天然滞洪、蓄洪区，对于分洪削峰、调节水位、缓解堤坝压力有重大作用。长江流域原有大的通江湖泊 30 多处，总面积 1.7 万平方公里，总容积 1200 亿立方米。由于多年的泥沙淤积和围湖造田，湖泊面积缩小了 6700 平方公里，达 40%；湖泊容积减少了 567 亿立方米，达 47%。历史上"衔远山，吞长江，浩浩荡荡，横无际涯"的洞庭湖，作为长江中下游最重要的过水性调蓄湖泊，面积由建国初期的 4350 平方公里减少到目前的 2691 平方公里，蓄水容积从 293 亿立方米下降到 174 亿立方米。鄱阳湖的面积也由建国初期的 5314 平方公里减少到目前的 3914 平方公里，蓄水容积由 370 亿立方米下降到 298 亿立方米。

长江河道的行洪能力、过水流量是有限的，超过限量的水有去处就可安然无事，反之就会泛滥成灾。围湖造田的最大弊端，就是使过量的水无处排放，造成各方来水同时争挤一条河道、水位越壅越高的危险局面。应该说当初提出“蓄洪垦殖”、围湖造田的动机是好的。沿江沿湖地区人多地少，在不发生洪水的时候抢种一些作物，确实可以收到一定的经济效益。但久而久之，垸越做越多，堤越垒越高，形成了“垸益多，水益迫，客堤益高，主堤益卑”的状况。自然界有其不以人的意志为转移的运动规律。人不能违背规律，也不能改造规律，否则就要受到惩罚。在人类的历史上，因为违背自然规律而受到惩罚的事例不胜枚举。世界上一些文明古国如古巴比伦的衰落，我国古丝绸之路上一些名城的消失，都与生态遭到严重破坏有着密切的关系。恩格斯说过："我们不要过分陶醉于我们人类对自然界的胜利。对于每一次这样的胜利，自然界都对我们进行报复。"无度的围湖造田，从局部看有所收益，从全局看危害甚大；由一时看是人对自然的胜利，由长远看是干了一件蠢事。

无视自然规律，片面夸大人的力量，是唯意志论；听任自然摆布，否定人的能动作用，是宿命论。人不能违背规律、改造规律，但人可以认识规律、掌握规律、运用规律。自古以来，水给中华民族带来巨大的利益，也造成无数次灾难。在兴利避害的过程中，我们积累了丰富的经验和系统的资料，对水有了比较充分的了解。就长江而言，我们知道从公元前185年到现在发生的200多次较大洪水灾害的情况；我们知道长江宜昌站洪峰流量5年一遇是6.03万立方米/秒，20年一遇是7.23万立方米/秒，百年一遇是8.37万立方米/秒，千年一遇是9.88万立方米/秒，超千年一遇是11.5万立方米/秒；我们还知道长江来水的时间和空间分布以及各个河段的行洪能力和承载水量。可以说，我们对长江发生洪水的基本情况是比较清楚的。经过探索和总结，对治理长江的方向、方法也是大体明确的。除了下大力量切实抓好植树造林、改善生态这个长远大计之外，最主要的是，按照必要的防洪标准，确定适当的堤坝高度、河床断面；在此范围内整治河道、保证水流畅通无阻，加固堤防、保证大堤万无一失；建设相应的蓄洪区，遇有河道承载不了的超量洪水，根据情况有计划地分洪蓄洪。今天，我们已经掌握了古人难以想象的科学技术，积累了比较雄厚的物质基础，加上我们有共产党的领导和优越的社会主义制度，只要统一认识，下定决心，“坚持全面规划、统筹兼顾、标本兼治、综合治理的原则”，就一定能够把长江治理好，把祖国的大江大河大湖治理好。

二

我国是一个缺水的国家，从总体上讲水不是多而是少。我国年水资源总量为 2.8 万多亿立方米，人均水量不足 2400 立方米，仅为世界人均水量的 1/4。我国水资源总量中，可用水储量只有 1.1 万亿立方米，而用水量增加很快，自 1949 年以来平均每 10 年增加近 1000 亿立方米，目前已达 5600 亿立方米。照此趋势，用不了很长时间，我国用水就将达到可用水储量的极限。我国农业自然灾害主要是水旱灾害，水旱灾害面积占农业自然灾害面积的 70%，而旱灾面积又占水旱灾害面积的 70%。从 1950 年至 1989 年，我国平均每年洪涝面积约 1.2 亿亩，而干旱面积约 3.1 亿亩，90 年代平均每年干旱面积更增至 3.8 亿亩。由于缺水，全国 668 个城市中有 400 多个供水不足，生产和生活受到严重影响；由于缺水，大量耕地草场废置，土地沙漠化以平均每年

2460平方公里的惊人速度扩展，总面积已达160.7万平方公里；由于缺水，地下水超量开采，一些地区地面沉降、河湖干涸。中华民族的母亲河——黄河1972年发生第一次断流，1985年后更是年年断流，1997年断流累计竟达226天。缺水已经成为威胁中华民族生存和发展的一个紧迫问题。

要在全民牢固树立科学的水意识。通过广泛、深入、持久的宣传教育，使广大干部群众知道水是不可替代的有限资源。离开水万物就不能生长，离开水人类就不能生存，离开水社会就不能前进，离开水一切都无从谈起；了解我国水的基本情况，牢记我国是一个水资源短缺的国家，水的问题已成为影响我国可持续发展的重要因素，增强水的忧患意识；懂得节水是我国的一项基本政策，保护水资源、水环境是每个公民的责任，破除“水取之不尽、用之不竭、取用无偿”的传统观念，形成节约用水、合理用水的社会风气。

要努力建立节水型经济和节水型社会。农业用水是我国用水的大头，占总用水量的72%，而我国大部分农田仍采用大水漫灌方式，输水渠道渗漏严重，浪费很大。喷灌普及率很低，只占全部灌溉面积的2%，而一些发达国家已达60%～80%。如果普遍推行渠系衬砌，推广喷灌滴灌，节水数量是相当可观的。我国工业耗水量太高，万元产值耗水量达225立方米，而发达国家仅为100多立方米。大部分城市工业用水的重复利用率仅为40%左右，而发达国家已达75%以上。如果采用先进技术、提高水的重复利用率，使单位产值耗水量接近发达国家的水平，并在沿海城市大量采用海水冷却，每年就可以节水数百亿立方米。我国城市用水很不合理，生活用水与工业用水不分，清洁用水与饮用水不分，雨水与污水不分，这既不利于污水的处理，又给提高饮用水质量、合理调整水价带来困难。如果将不同的水用不同的管道输送，根据不同的用途进行处理，就可以大大提高水的有效利用。

要认真保护水资源，治理水污染。目前我国80%的污水未经处理直接排入江河湖海，1/3以上的河段受到污染，约90%的城市水域污染严重。水污染破坏了生态环境，加剧了水资源的供需矛盾，不同程度地影响了人们的生活和健康。要加大治理水污染的力度，尽可能减少污水排放总量；要认真落实“三同时”① 的规定，严防出现新的污染源；要努力提高污水处理率，逐步实现污水资源化；要坚持依法办事，加强对水污染防治工作的监督管理。

解决中国的缺水问题，是一个艰巨的任务，需要多方面的努力。要加强对水资源的科学研究，建立健全有关的法律法规，加快水利设施的建设，形成多渠道投资的机制。当前，要特别强调提高水资源的市场化程度，改变低价用水甚至无偿用水的状况，运用经济手段促进节水，使我国水资源的利用逐步走上良性循环的轨道。

三

我国水资源的分布严重不平衡，既患寡又患不均。在时间方面，年降水的70%～90%集中在6、7、8、9四个月，并多以暴雨形式出现，水资源70%以上由洪水组成，利用的难度很大。在空间方面，水资源的分布是东南多西北少。长江流域及其以南地区水资源占全国总量的82%以上，而耕地只占36%；长江流

① “三同时”指工厂建设和三废利用工程同时设计、同时施工、同时投产。

域以北地区水资源不到全国的18%，而耕地却占64%。由于这种严重不平衡，往往在同一时候，有的地方赤日炎炎，土地龟裂，河川断流，有的地方连降暴雨，洪水泛滥，农田、村镇、厂矿被淹；有时在同一地区，干旱和洪涝接踵而至，交替成灾。江泽民同志明确指出，水资源问题必须引起全党的高度重视，人无远虑，必有近忧。因此，我们研究中国水的问题，不仅要研究水灾问题，还要研究旱灾问题；不仅要研究水资源的总量问题，还要研究水资源的平衡问题。如何最大限度地把水留住，如何把水引到最需要的地方去，实行水的再分配，这是我国治水事业中的重大战略问题。

要提高水的拦蓄能力。新中国建立后，毛主席等老一辈领导人非常关心水利事业，重视拦洪蓄洪，动员全国人民兴建了一大批水利工程。这些工程对全国的抗旱防洪发挥了巨大的作用，如官厅水库、密云水库、潘家口水库等，不仅缓解了海河、滦河流域的洪涝威胁，而且成为京津唐三个城市的"水缸"。今年，隔河岩水库、葛洲坝水库、丹江口水库、五强溪水库等多次拦洪削峰，大大减轻了长江、汉江和洞庭湖大堤的压力。但是，从总体上看，我国拦蓄洪水的水平还不高。全国现有各类水库可用来调洪的库容约1800亿立方米，仅占洪水径流量的11%，多数洪水白白流失甚至泛滥成灾。江河径流的形成主要是在山区，我国是个多山国家，这种地形有利于洪水的拦蓄。特别是我国西部，地势高峻，峡谷密集，江河落差大，在这里建设水库，既有利于防汛抗洪，又有利于水的截留利用。

要搞好跨流域的调水。不仅要把水多时候的水留住用于缺水的时候，还要把水多地方的水引导到缺水的地方。要充分利用自然落差，实现最大限度的长距离引水。根据水往低处流的规律，要尽可能把水拦在高处，水拦得越高，送得就越远，流经的面积也就越大。我们知道，长江从宜昌到入海口落差不过40多米，一年就把几千亿立方米的江水送到1800公里以外的大海。如果我们能在海拔更高的地方，比如一百米、几百米、一千米、两千米的高程把水拦蓄住，通过必要的工程引导水的流向，就可以使水流到我们所希望的更远、更广的地区。比如，从长江上游通天河、雅砻江、大渡河取水，穿越巴颜喀拉山，每年调200亿立方米水入黄河上游，就可以有效缓解西北几省乃至整个黄河流域的干旱状态；如果每年从长江三峡水库、丹江口水库调水500亿，就等于为黄河增加了一倍的水量；更进一步，如果每年从南方调水1000亿、2000亿，那么西北、华北大部分地区就可以基本解决干旱缺水问题。类似的情况还有很多。东北地区的北部水资源比较丰富，如果把松花江、嫩江的水在上游控制起来，引到东北地区缺水的西南部，那么这片广袤的土地就可以为国家作出更多的贡献。占国土面积1/6的新疆，水资源达1150亿立方米，相当于两条黄河，如果把这些水资源充分挖掘出来，控制好，引导好，就可以使大片戈壁沙漠改变面貌。总之，我们要通过努力，把江河尽可能地控制起来，将更多的水拦在高处，按照我们的意图流向需要的地方，如同大城市的给排水那样，上水随时都有，下水自动排走。这样，我们就可以把解决洪涝问题和干旱问题、水资源分布不平衡问题和水资源短缺问题有机结合起来，走出一条符合中国实际的治水之路。

上述设想听起来似乎有点浪漫，实行起来难度也会很大。但我们应当有这样的雄心壮志，有这样的宏图大略。中华民族在中国这块土地上生息繁衍了几千年，几千年来我们的祖先在治水中表现出了非凡的才智，创造出了辉煌的业绩。公元前250年李冰修建都江堰，引岷江水灌溉成都平原，使这一地区从此“不知饥馑，时无荒年”。公元前214年史禄开凿灵渠，引湘江水入漓江，沟通了长江与珠江两大水系，至今仍兼有农业灌溉和城市供水的功能。公元612年隋朝修建大运河，全长1780公里，沟通了钱塘江、长江、淮河、黄河、海河五大水系，成为我国南北交通大动脉，至今仍居世界人工河之首。今天我们所拥有的条件是任何朝代都不可比拟的。且不谈社会制度、经济实力、科学技术，仅就人力资源来说，秦朝在凿灵渠、修长城时人口不过2000万，隋朝在修建大运河时不过5600万，直到清朝前期不过1亿，而我们今天有多少人口、多少劳动力、多少富余劳动力？这里还没有包括人的科学文化素质的提高。我们应该也有条件继承前人的事业，在重新安排江河方面有更大的作为，为子孙后代创造更加美好的生存空间。水利工程说到底，无非是穿山打洞、开渠架桥，无非是钢筋水泥、土方石方，无非是距离远、难度大、用工多、耗时长。当年，河南林县人民在极端困难的条件下，举一县之力，苦战10年，劈山1250座，凿洞180个，修渠总长近2000公里，将山西漳河水沿太行山引入林县，成为中外水利史上的壮举。如果全国都有这种精神、这股劲头，有什么困难克服不了！我们应把治水作为一项国民世代工程，每位公民一生都应有一定的时间参加义务治水。人多是中国劳动力的优势，就业是中国长期存在的问题。把治水与就业紧密结合起来，具有重要意义。我这里说人多是优势，并不是主张人越多越好，而是说必须面对人多这个现实；我这里说就业是中国的长期问题，也不是指一般意义上的就业问题，而是说中国的劳动力实在过多。治水同就业相辅相成，既可以使治水有充足的劳动力，节省工程费用，又可以使一大批人有活可干，减轻就业压力。我们要有一个较好的长远总体规划和分期实施计划，一项一项地干，一天不停地干，祖祖辈辈地干，并在实践中不断总结、不断提高，形成制度、形成传统。我相信，随着经济和社会的发展，我们一定能够实现从根本上变水害为水利的理想，中华民族一定能够为解决缺水这个世界性难题作出自己的贡献！

我上面所讲的是一些设想，还不成熟，讲出来是为了抛砖引玉，请同志们批评指正。

关于我国绿化的几个问题*

（1999 年 6 月 25 日）

这次会议的主题是环境与发展。会议期间，大家以负责、求实的精神，发表了许多很好的意见和建议。研究环境与发展，不能不涉及绿化问题。对绿化问题，人们一直比较关心，我也作过一些思考。借此机会，谈点看法。

一

绿化，特别是植树造林，对于人类居住环境的保护和改善，对于人类自身的生存和发展，有着极为重要的意义。

森林是陆地生态系统的主体，对保持水土、涵养水源、调节气候、净化空气、防风固沙、养护物种具有不可替代的作用。森林是发展经济、改善人民生活的重要基础，能提供人们所需要的木材、食品、药品、燃料及工业原料。人类不能离开森林，历史上由于森林消失而导致国家衰亡、文明转移的例证屡见不鲜。古巴比伦、古埃及、古印度文明的衰落，以及我国古黄河文明的转移，都与森林被破坏密切相关。可以说，人类如果失去森林也就会失去未来，失去一切。

---

* 这是李瑞环同志在政协第九届全国委员会常务委员会第六次会议上的讲话。

我国大部分疆土适宜森林生长，在古代森林资源十分丰富。3000多年前，黄土高原曾经“草木繁茂，禽兽繁殖”，森林覆盖率达50%以上。天山、祁连山、阿尔泰山也曾经“有松柏五木，其水草茂密”，分布着大片森林。只是在此后的漫长岁月中，由于过度开发、社会动乱和自然灾害等多种原因，我国森林资源遭到严重破坏，逐渐变成少林国家。新中国成立后，党和国家一直高度重视绿化事业，采取了一系列措施，制定了有关政策和法律、法规，取得了巨大的成就。经过全国人民近半个世纪的奋斗，全国累计义务植树300多亿株，现有人工林面积达5亿多亩；“三北”防护林、长江中上游防护林、沿海防护林、平原农田防护林体系建设等工程取得阶段性成果；一批省、自治区基本消灭宜林荒山，一批城市初步建成园林城市。

但我们必须清醒地看到，我国绿化事业仍然面临严峻的形势。森林人均占有量少，我国共有森林20.06亿亩，人均只有1.6亩，为世界人均水平的12%；林木蓄积量117.85亿立方米，人均不足10立方米，为世界人均水平的13%。森林覆盖率低，仅有13.92%，为世界平均水平的一半，在160多个国家和地区中排在第120位左右。森林分布不均，总的来说东南多，西北少，许多地方基本没有树。我国森林的这种状况带来一系列生态环境问题。水土流失日趋严重，面积已达367万平方公里，约占国土面积的38%，而且还以每年1万平方公里的速度增加。土地荒漠化不断扩大，面积已达262万平方公里，大大超过全国耕地面积的总和，而且还以每年6700平方公里的速度扩展，其中沙化土地每年就净增2460平方公里。野生动植物资源数量下降，物种总数的15%～20%受到威胁，数千种动植物濒危，已经有一批珍贵的野生动植物在国土上绝迹。自然灾害日益加剧，从1950年至1989年，我国平均每年洪涝面积约1.2亿亩，干旱面积约3亿亩，而1990年至今平均每年洪涝面积增至2.5亿亩，干旱面积增至3.4亿亩。以大家熟知的沙尘暴来说，特大沙尘暴在60年代发生过8次，70年代发生过13次，80年代发生过14次，而1990年至今已发生23次，并且波及的范围愈来愈广，造成的损失愈来愈重。去年4月北方地区发生的一次大范围沙尘暴不仅使北京降落泥雨，还危及包括南京、杭州在内的长江中下游广大地区。尤其令人不安的是，破坏森林资源的行为在许多地方仍未有效制止，由于各种原因，全国每年约有3000万亩有林地逆转为疏林地、灌木林地、无林地乃至非林用地。如果我们再不增强危机感和紧迫感，采取切实有效的措施，从根本上改变这种被动状况，那么，不仅我们的现代化建设目标和可持续发展战略难以实现，就连中华民族的生存也会成为问题。

二

我国绿化工作面临的严峻局面，是多种原因造成的。作为思考问题、改进工作，我们应该着重研究主观原因，研究思路、研究政策、研究方法。

必须在人多上打主意。人多是中国的基本国情，中国许许多多问题是人多造成的，许许多多问题的解决也必须在人多上打主意。我国有960万平方公里国土，要使如此广阔的大地山川都绿起来，只靠少数人使劲不行，必须有广大人民群众的积极支持和踊跃参加。我国是发展中国家，经济基础比较薄弱，花钱买绿化的事情办不起，必须走全民动手、艰苦奋斗的路子。我国劳动力资源丰富，绿化又是一个需要大量劳动力的行当，通过各种形式把尽可能多的人组织起来投身绿化，可以为富余劳动力开辟一条就业的门路。我们要下大力气琢磨如何把人多的优势发挥出来，努力形成千军万马齐心协力大搞绿化的局面。

必须在物质利益原则上做文章。思想教育、组织动员是我们的优良传统，义务植树是我们的成功做法，应该继续坚持和发扬。但是，要把思想觉悟、文化水平和职业分工千差万别的人们都发动起来，自觉自愿、长期不懈地参加绿化，还必须切实贯彻物质利益原则。我们搞社会主义市场经济，发展以公有制为主体的多种所有制经济，实行以按劳分配为主体的多种分配方式，就是承认和运用物质利益原则。绿化工作也应当充分体现这个原则。在劳动还是谋生手段的历史阶段，人类从事生产活动的直接目的，就是获得满足自身需要的物质利益。绿化是义务，是责任，也应该是利益。没有利益就没有动力，没有动力就没有活力。我们要建立一种利益驱动的工作机制，最大限度地调动广大群众的积极性，使每一个人在谋取自己利益的同时为发展集体利益尽责任，在追求自己致富目标的过程中为实现国家宏伟目标作贡献。这是发展我国绿化事业的基本思路，也是我们研究许多问题的出发点。

必须在研究管用的方法上下功夫。我们许多事情之所以没有办好，不少问题之所以长期得不到解决，不是因为思路不对，也不是因为原则不好，就是因为缺乏管用的方法。过去，我们为了解决吃饭问题，憋足了气儿，使足了劲儿，想尽了法儿，制定了农业四十条，提出了粮食产量上纲要、过黄河、跨长江①的目

---

① 《1956 年到 1967 年全国农业发展纲要（修正草案）》（又称“农业四十条”）提出：从 1956 年开始，在 12 年内，粮食每亩平均年产量，在黄河、秦岭、白龙江、黄河（青海境内）以北地区，由 1955 年的 150 多斤增加到 400 斤（即上纲要）；黄河以南、淮河以北地区，由 1955 年的 208 斤增加到 500 斤（即过黄河）；淮河、秦岭、白龙江以南地区，由 1955 年的 400 斤增加到 800 斤（即跨长江）。

标，但就是吃不饱肚子。当时，地比现在多，人比现在少，党风不能说不好，领导威信不能说不高，粮食生产之所以上不去，究其原因，就是没有找到真正体现物质利益原则的有效方法。后来，实行家庭联产承包责任制，把农业生产同农民的切身利益挂起钩来，广大农民的积极性得到前所未有的发挥，我国农业才实现了具有重大历史意义的飞跃，被国际上称为一大奇迹。可以这样说，正确的思路和原则确定之后，关键就在于找到行之有效的方法。一种好的方法、一个对路的实招，可以下活一盘棋，可以开辟一条道，可以影响一大片。我国的绿化工作要取得突破性进展，也必须开动脑筋，深入研究，积极寻找确实管用的正确方法。

真正能够解决问题的正确方法从哪里来？只能来自实践。我们应当按照小平同志的要求大胆地想，大胆地试，大胆地闯。在大西北这样的地方，有那么多土地长期荒着，当务之急是让它尽快绿起来。国家要加大基础设施建设力度，首先要解决缺水问题。同时，要解放思想，放宽政策，谁绿化谁所有，谁投入谁受益，谁经营谁得利，鼓励不同地区、不同行业、不同所有制的投资者来进行开发。我们的大目标是绿起来，只要有利于绿，绿得多、绿得快、绿得好，各种方法都可以探索和试验。在已经绿起来的许多地方，可以推广森林管护经营责任制，实行管护承包，责任到人，利益到人，并进一步明晰和稳定林地权属关系，切实减轻林业税费负担。对其他需要绿化的荒山荒地、田边路旁、公园庭院等，也应该制定一些能够体现物质利益原则的具体政策。这些想法不一定都对，还会有其他做法。我的目的是鼓励积极探索，不要坐而论道。有些事情来回地争论，争论 10 年、20 年，到头来一事无成，把时间也丢了。应先干起来再说，在干的过程中研究比较，在干的过程中总结提高。我相信，只要有这种精神，总会找到适合自己情况的绿化之路。

三

大力发展经济林木，是推进我国绿化事业的一项重大举措。

发展经济林木，能够给绿化者带来较多的经济利益。与其他林木相比，经济林木不仅具有一定的生态功能，还具有更高的经济价值。据了解，核桃平均亩产约400斤，一般可收入1200元，板栗平均亩产约500斤，一般可收入2500元，荔枝平均亩产约800斤，一般可收入8000元。由于高新技术的运用，经济林木的挂果期已经大大提前，不少是一年栽植，三年结果，产量和质量都有很大提高。自古以来，我国人民就有种植经济林木的传统和经验。许多家庭千方百计在房前屋后、田间地头种上几棵经济林木，称之为“长年结果的摇钱树”，并把它作为一种财富留传给子孙后代。改革开放后，随着党的富民政策的实施，群众越来越重视种植经济林木，出现了许多依靠经济林木发家致富的典型。广西右江河谷地区是经济贫困的少数民族地区，通过种植芒果，不少群众走上了富裕路，去年芒果收入超万元的近800户。福建漳州的西坑村通过种植芦柑等经济林木，每户收入数万元，盖起了100多幢别墅式的住宅，由一个村民四处讨饭的“贫困村”变成了闻名八闽大地的“现代村”。实践证明，种植经济林木，人们积极，容易坚持，容易推广，有利于形成绿化的良性循环。

发展经济林木，能够充分利用土地等自然资源。土壤、水分、日照和温度是植物生长的主要条件，在我国，这几个条件都好的地方常常农业发达、人口密集、土地珍贵。在这样的地方搞绿化，不能不考虑比较效益。一棵树，占那么大一块地皮，用那么多水分和阳光，不能仅仅为了观赏，还应当发挥更多的作用，既有生态效益又有经济效益。比如丘岗地区，过去大炼钢铁把树都砍光了，当然很荒唐；后来提倡绿化，秃山变绿山，这是进步。但从合理利用土地等自然资源来讲，只绿还不够，应当大力发展经济林木，宜果则果，宜茶则茶，宜药则药。湖南怀化有个钦万有，以承包、入股、购买等方式，开发丘岗地 4500 亩，种植柑橘、金秋梨，绿化了山岗，增加了收入，安排了就业。湖南计划开发丘岗地 5000 万亩，相当于全省耕地的面积。江西也提出在山上"再造一个江西"。类似湖南、江西这样条件的地方还有很多，如有计划地进行开发，其意义不可估量。按照这样的思路，不论是丘岗还是平原，不论是农村还是城市，不论是成片的地块还是零散的角落，像公园、庭院、沟旁、路边等，都应地尽其力，见缝插针，广种经济林木，这将对发展经济、改善生活和绿化祖国具有重大的影响和作用。

发展经济林木，能够为解决我国未来的吃饭问题提供新途径。目前，我们用仅占世界 7%的耕地养活占世界 22%的人口，这是举世公认的伟大成就。但应当看到，我国人口仍在以每年一千几百万的速度增加，而耕地却在以每年几百万亩的速度减少，到下世纪中叶，我国人口将达到 16 亿，人多地少的矛盾会更加突出。"民以食为天"，吃饭问题始终是关系中华民族生存和发展的头等大事。在我国，解决吃饭问题当然主要靠提高粮食产量，但还必须调整食物结构，广辟食品渠道。我国经济林木有 1000 多种，其中，木本粮食类 100 多种，木本油料类 200 多种，大部分可作为传统粮油的替代品。如板栗、核桃、柿子、枣、油茶等，就被群众誉为"铁杆庄稼"。根据专家测算，经过改造，木本粮食林平均亩产可达 250 斤，我国现有木本粮食林 4000 万亩，适宜开发的还有 2 亿亩，如果全部开发出来，每年总产可达 600

亿斤，按照一斤抵一斤粮食计算，相当于6000万亩耕地的粮食产量。水果尽管不是木本粮，但多吃水果，也可以减少吃粮。

当然，提倡种植经济林木，不是要在所有地方、把所有的树都变过来，不是用经济林取代用材林、防护林等其他林种，在什么地方种什么树，必须尊重科学，从实际出发，因地制宜，适地适树，突出特色，协调发展。

四

国土绿化是一项长远的战略任务，是一个宏大的系统工程，需要从多方面做大量扎实有效的工作。

要搞好绿化规划。规划应立足长远，为子孙后代着想，该留的绿化用地必须留足留够，不能因现在穷，就只图眼前，不顾长远，也不能因为要搞开发、上项目，就随意挤占和破坏林地绿地。规划应统筹兼顾，哪里建防护林带，哪里搞经济林木，哪里种乔木灌木，哪里栽花种草，都要合理布局、科学安排，并与国土整治、区域开发和城乡建设结合起来。规划应有权威性，一经制定颁布，就要保证实施，不能因领导人的主观意志而任意改变。

要加强科学研究。搞好绿化尤其是发展经济林木必须依靠科技进步。要强化科技兴绿意识，健全科研机构，组织科研力量，重视绿化造林的基础研究和应用研究。要采用现代生物技术，选育提供品种对路、数量充足的优良种苗，同时搞好对林木的抚育管理，防止退化、老化。要抓好技术试验示范区的建设，积极推广先进适用的技术，大力促进科技成果的转化、应用，保障绿化造林向优质、高产、高效的方向发展。

要完善服务体系。我们不但要使该绿的地方绿起来，还要使已绿的地方富起来，这就要为绿化造林者提供产前、产中、产后一系列服务。最近连续发生果贱伤农现象，并不表明水果真的多了，其主要原因是服务跟不上，致使水果多的地方运不出、卖不掉，水果少的地方见不到、买不着。目前我国的果品消费量还很低，人均每年仅 30 公斤左右，而世界上有的国家已高达 200 公斤。因此，要大力培育市场，疏通销售渠道，帮助种树人把辛勤劳动的果实卖出去，实现其价值。要切实解决好水果的贮存、保鲜、加工、运输等问题，特别是要搞好精加工、深加工，使产品既适销对路又得以增值。要兴办产供销相配套、贸工林一体化的服务组织，建立稳定、高效的生产、销售体系，确保绿化产业的经济效益。

要加大绿化投入。搞好造林绿化，国家必须保证基本投入，并随着经济的发展而逐步增加。去年以来，中央决定加强基础设施建设，把生态工程建设作为重点，大幅度增加投入，今年仅天然林保护工程一项，就拨款近 60 亿元。但绿化需要大量资金，必须开辟多种渠道。应落实《森林法》有关森林生态效益经济补偿的规定。可采用租赁、承包、股份合作、“四荒”① 使用权拍卖和独资、合资等各种形式，吸引各方面的资金，形成国有资本、集体资本、私营资本和国外资本共同参与的多元化投入机制，并通过政策上的倾斜与扶持，保证其投资收益。

一部人类的发展史，就是人与自然的关系史。中国数千年来在认识和改造自然的过程中，创造了辉煌的文明成果，也付出了环境恶化、资源紧缺的沉重代价。在人口、资源、环境之间矛盾

---

① “四荒”是指农村集体经济组织所有的荒山、荒沟、荒丘、荒滩，包括荒地、荒坡、荒沙、荒草、荒水等。

日益突出的情况下，必须调整发展的模式，寻求人与自然的和谐。绿化是协调人与自然关系的重要环节。我们要进一步提高对绿化事业的认识，使绿化成为全体公民的自觉行动；要一年一年地干，一辈一辈地干，给子孙后代留下山清水秀的美丽环境，为中华民族开辟生存和发展的广阔空间。

务实求理

下

李瑞环

中国人民大学出版社

目　录

十、为人民办实事

十一、群众观点和群众路线

十二、宣传思想工作

十三、弘扬民族优秀文化

十四、繁荣文艺

十五、对外交往

十六、学习理论　总结经验

十、为人民办实事

坚持一切为了人民，一切依靠人民*

（1984 年 4 月 5 日）

一、基本思路是实践经验的总结

“一切为了人民，一切依靠人民”的基本思路的形成经历了曲折过程。1981 年天津面临“三大怪”的局面（临建棚拆的没有搭的快、坐车没有走的快、自来水腌咸菜），特别是抗震棚，遍布各个角落，路边、操场、医院随处可见。这种局面使得群众怨声载道、精神不振；使得领导挺不起腰杆、说话不灵。“把领导威信树立起来、把群众精神振奋起来”的思路就是面对这种局面提出来的，拆完临建棚之后，我们又用了一年四个月时间，搞完引滦工程，结束了天津吃咸水的历史。总结引滦经验，我们又提出“把群众积极性充分调动起来，并合理发挥出去”的思路。

认真总结几年的工作，天津各项工作进步较快，城市面貌变化较大，各方面评价较好，原因是多方面的。党中央的正确领导，党的方针政策的正确，这是根本性的，而全市 800 万人民，紧密团结在党的周围，为建设社会主义新天津尽心尽力，付出了代价与牺牲，则是推动我们各项事业不断前进的决定性力量。可以说，天津的每一点进步、每一项成就，无不凝结着全市人民的心血与汗水，都是人民智慧与劳动的结晶。人民群众是创造历史

---

* 这是李瑞环同志同天津部分机关干部谈话的主要部分。

的动力，是实践和认识的主体，是社会主义国家的主人。我们所做的一切工作归结为一点，就是“使群众认识自己的利益，并且团结起来，为自己的利益而奋斗”。在此基础上，我们概括出“一切为了人民，一切依靠人民”的基本工作思路。为了贯彻好这个思路，我们反复强调各级领导必须牢固地树立群众观点，真心实意地相信和依靠群众，把群众的情绪和呼声作为第一信号，全心全意地、尽心竭力地、坚持不懈地为群众办实事。几年来，各级党组织和政府为群众办了大量实事好事，千方百计地解决了一批长期得不到解决的群众生活难题，使城乡人民的物质文化生活得到了明显改善。人们从一件件实事、一天天的变化中，深切感受到我们党和政府为人民服务的决心和热情、能力和水平，有了盼头，长了劲头，从而形成了“党和政府为群众办实事，群众为党和政府作劲”的生动局面。实践充分证明，“一切为了人民，一切依靠人民”的基本思路是完全正确的。

二、经常不断地进行基本思路的再教育

形成基本思路不容易，坚持基本思路也不容易，需要做大量艰苦细致的工作。要结合形势，联系实际，经常不断地、反反复复地对广大干部进行群众观点的再教育。这个教育要贯彻始终，历届班子、各级领导，任何时候都要抓住不放。这个教育要广泛深入，对各条战线、各个方面、各个部门，包括市委的、人大的、政府的、政协的、工青妇的等等，都要纳入到“一切为了人民，一切依靠人民”的轨道之中。这个再教育要经常抓、反复抓、抓住不放。

第一，这是由于“文化大革命”十年的动乱破坏。我们不少同志确实对全心全意地为人民服务这一根本宗旨理解得不深，贯彻得不好，甚至有些违背。坚持根本宗旨有两条：一是为人民服

务，一切从人民的利益出发；二是向人民负责，对群众的切身利益采取严肃的态度。可是我们有许多同志至今不能掌握马克思主义的群众观点，不懂得我们党区别于其他政党的这个显著标志，不懂得我们党和政府之所以能够存在和发展的历史理由和客观根据。尽管我们党反反复复地强调，干什么事情，在任何时候都要想着群众，都要为了群众，都要依靠群众，但时至今日，我们有的干部脑子里群众的事考虑不多，个人的事想得不少；还有的同志调子唱得很高，道理讲得很多，听起来似乎决心很大，但只有唱功，没有做功，嘴行千里，屁股在屋里；有的同志只想要群众卖劲，不想给群众办事，只怨群众落后，不找自己的毛病；还有的同志虽然给群众办了一些好事实事，但遇到了非议又左右摇摆，认为“费了劲，办了事，换来的是怨气”。应当承认，这些年来我们欠群众的太多，当前社会风气没有根本好转，在这种情况下，办事难免惹事，受累难免受委屈。受委屈不要紧，只要是真心实意地为人民群众，终会心安理得。我常常记着这样两句话：“岂能尽遂人意，但求无愧我心。”我们是人民的公仆，为群众办事是我们的职责，任劳任怨是我们必须具备的素质。谁为群众办了好事，谁没有办好事，谁办事尽心尽力了，谁办事没有尽心尽力，群众的眼睛是雪亮的，心里最有数，谁也骗不了他们。历史证明，耍小聪明想骗取群众信任的人，都没有好下场，而老老实实地为人民办事的人，即使一时蒙受误解，但终究会得到群众的拥护和支持。

第二，这是因为我们的干部队伍结构发生了很大的变化。过去，在战争时期，我们的干部和群众血肉相连，脱离了群众我们就无法生存，所以干部都比较注意密切联系群众，自觉地为人民利益而奋斗。解放以后，在和平环境里，在执政的条件下，一些人的群众观点淡薄了，和群众联系不那么紧密了。特别是现在，我们各级党和政府机关正处在新老干部交替的时期，在这个过程中，有一大批久经锻炼、久经考验的老同志退居二线，有一大批年轻干部进入了领导班子，走上了领导岗位。总的来讲，这些年轻同志绝大部分条件都是很好的，有文化，有知识，精力比较充沛。今后我们国家的命运将要倚重于他们。但这批同志究竟怎么样，能不能担当起今后这个重任，还需要在实践中进行锻炼和考验。在战争时期，选拔干部要经过冲锋陷阵，经历生与死的考验，现在是和平建设时期，很少有这个条件。但是，有一条是可以检验的，就是看你是不是全心全意地为人民服务。只要你真的是全心全意为人民服务，以人民的利益为自己行动的准则，只要你真的解决了这个问题，那么就可以得出这样的结论，即使将来发生什么重大的事变，你也能够辨别方向，判断是非，顶住风浪。最近，《天津日报》发了一个短评，讲用干部的标准要看实绩，我看写得不错。一个新同志上来，总是希望把自己的工作做好，在群众中有威望。那么究竟靠什么提高自己，靠什么能够在群众中有威望呢？事实证明，靠上级封不出来，靠权力压不出来，靠宣传吹不出来，靠要小聪明骗不出来，只有靠真心实意地为群众办事。谁要是不把群众的疾苦放在心上，不能尽心竭力地为群众办事，他就得不到群众的拥护，也就不可能肩负起领导的重任。比如，现在有的同志上来以后，往下看得不多，往下使劲不多，而是往上看得太多，往上使劲太多，功夫没有用在群众这方面。这是一个很大的问题。选拔干部究竟以什么为标准？是光听汇报，光看在你面前顺从，还是看他的实际工作？选拔干部应该看他在四化建设中、在为人民工作过程中的表现及其结果，而不是别的。我过去写过一篇文章，其中讲了这么个意思，即有那么一小部分人，在领导面前是奴才，干起工作来是庸才，一切活动为了升官发财，一旦掌权就搞个人独裁。我们必须防止这种人投机上来。这种人虽然是少数，但在群众中影响极坏。所有这些都必须引起我们的高度重视，经常不断地在全党进行基本思路的再教育，使新老干部交替过程中，人变而为人民服务的宗旨和“一切为了人民，一切依靠人民”的基本思路不改变、不丢掉、不淡化。青年干部接班要接好全心全意为人民服务这个班，以不辜负党的重托、人民的期望。

第三，这是因为在目前强调抓经济、抓生产的情况下，人民生活和群众利益容易被忽视。社会主义时期的根本任务是发展生产力，但我们决不能理解为发展生产力可以不抓生活，或者离开生活。生产和生活是辩证统一的。如果离开人民生活，只抓生产，群众的积极性就调动不起来，生产也抓不上去。在马克思主义的生产力学说里，最基础的内容是由人们的生活研究起的，人们首先要吃饭、要生存，而人类从事生产活动，正是为了解决物质生活问题。发展生产，满足人民日益增长的物质文化生活需要，这是社会主义经济的规律，也是我们社会主义生产的目的。对于这一点，现在我们有相当多的同志还没有完全认识。当前我们面临的各项任务很多，我讲过这样的话，建国 35 年来，我们的形势从来没有像现在这样好，我们的任务也从来没有像现在这么多。过去常常是单打一的，大炼钢铁、“大跃进”、搞“四清”运动等等，从来没有像现在这样，政治、经济，内事、外事，生产、生活，文化、教育、科研，全面地展开。面临着这样繁重的任务，我们是不是仍然把群众的利益、群众的生活摆在重要位置？这是很值得提起注意的一个问题。这就需要我们在进行基本思路再教育中必须十分明确：任何以生产任务重、工作忙而忽视人民生活，或者以发展生产去挤掉人民生活的做法，都是错误的，同我们的社会主义制度、同党和政府的宗旨、同搞好各项工作，特别是同发展经济的目的都是背道而驰的。天津这几年实践告诉我们，越是任务重、工作忙的时候，越要关心群众的生活。凡是这样做的，群众积极性就高，生产就上去了。

第四，这是因为群众生活中确实还存在着一些亟待解决的问题。从历史上看，由于多年来“左”的思想影响，很长时间我们忽视了抓人民生活，历史欠账较多；特别是经过“文革”十年浩劫的严重破坏，人民生活困难无人过问。就天津来讲，再加上地震灾害，人民的实际生活雪上加霜，确确实实存在着许许多多亟待解决的问题，造成了种种后顾之忧，严重地影响着群众专心致志地搞四化建设。从近几年看，虽然天津在改善人民生活方面经过努力取得了一些进展，总的讲群众还是满意的，但是，我们必须清醒地看到，这只是解决了一些最基本的问题，只是因为我们过去条件太差，“饥者甘食，渴者甘饮”。我们决不能在办了一批实事，群众高兴的时候，就认为解决得差不多了，盲目自满，停滞不前。要看到，天津的人民生活绝对水平和其他省、市比，特别是和北京、上海比，还有很大差距。所以，在这种情况下，必须加强对干部、对党员进行“一切为了人民，一切依靠人民”的再教育，告诫大家必须认真地坚持基本思路，决不能半途而废，并以此来推进解决我们工作中的各种问题。

第五，这是因为在经济体制改革中出现了一些新情况、新问题。改革具有重大的历史意义，不改革就不能使生产有更大的发展，不改革就不能使人民的生活有大幅度的提高，不改革就不能实现本世纪末翻两番的目标，不改革就没有四个现代化。因此，我们必须按照中央的要求，把改革放在突出的位置，并贯彻在四化建设之中。我在这里讲的意思是想说明，我们在改革的工作中，必须继续坚持“一切为了人民，一切依靠人民”的基本思路，始终注意广大人民群众的利益。特别是直接和人民生活有关的行业、单位的改革，例如饮食业、服务业、公共交通、医疗卫生事业等等，要十分注意，决不允许只顾本单位的利益，采取非正当的手段，把负担转嫁到广大群众身上，伤害群众的利益。有的搞承包，自负盈亏，收入多了多分，就出现点心盒里装馒头，乃至严重的装砖头。还有的搞承包后，群众反映馃子个头短了、小了，炸得火候差了；食品缺斤少两，变相涨价等等。这些问题都需引起高度重视。我们相信体制改革会挖掘每个人的潜力，调动积极性、主动性，增加活力。但是，我们也要警惕有些单位和个人因单纯追求创收、盈利而伤害群众的利益。所以在改革当中，我们明确提出，必须充分注意广大群众的利益，凡涉及到广大群众的事情，都必须采取小心谨慎的态度。对涉及到群众利益的事情采取审慎的态度，这和改革要坚决并不矛盾。只有坚持我们的基本思路，使绝大多数群众在改革中得到好处，看到前途，改革才能顺利进行下去，这才叫坚决推进改革。

三、贯彻基本思路要体现在为人民办实事之中

为人民和靠人民集中到一点，都离不开办实事。几年来，市政府一直把为改善城乡人民生活办实事作为重点，每年都经政府全体会议郑重讨论，定下办实事的项目，公之于众，取得群众的监督，做到件件落实，事事兑现，取信于民。每年 20 件实事、上百个项目，怎样才能使每件事、每个项目都从人民的愿望出发，体现人民的意志？又怎样把实事办实办好，取得实效？实践证明必须把握好以下五条原则。

一是办多数人受益的事。为多数人谋利益，这是社会主义制度的一条根本原则。始终关注大多数群众的利益，时刻注意解决大多数群众的问题，这也是我们政府搞好一切工作的出发点和归宿。同时，坚持办多数人受益的事情，就能够得到多数人的支持，事情就容易办好。

二是办群众最急需的事。我们主张一部分人和地区先富起来，最后达到共同富裕，但我们是社会主义国家，不能使贫富过于悬殊。关心群众疾苦，是我们共产党人和人民政府的天职。一切真正关心群众的领导，都要急人之难，救急当先，把最困难的人的疾苦时刻挂在心头，作为重点问题下力量加以解决。因此，我们每年办实事不只是注意了“锦上添花”，而且更重视“雪中送炭”。

三是办长远起作用的事。办实事，是要解决群众的急迫问题，但也不能完全急功近利。群众的利益，既有当前利益，也有长远利益；既有局部利益，也有整体利益。一般来讲，群众往往对当前的切身利益注意得多一些。而领导者的责任，就在于能够从全局出发，代表群众的根本利益，高瞻远瞩，既考虑当前又想到长远，搞好远近结合。办当前需要的事情，尽可能为长远作铺垫、打基础，而不能为将来安钉子、设障碍；办长远的事情，尽可能结合当前的需要，而不能脱离现实的条件。

四是办促进精神文明建设的事。社会主义的现代化，包括物质文明、精神文明两个方面的建设。只讲物质，不讲精神，就会迷失方向，偏离轨道，就不是社会主义现代化。因此，我们为人民办实事，不仅要努力改善人们的衣食住行的条件，同时还要注意提高人们的思想觉悟，培养良好的道德风尚，用精神上的富有战胜物质上的困难。精神文明建设成果，既是我们办实事的目标之一，又是办实事的根本保证。

五是办力所能及的事。实事求是，一切从实际出发，是我们办一切事情必须遵循的基本指导思想。历史的人必须承担历史的责任，但历史的人只能办历史的事。因此，为人民办实事必须依据客观条件，尽力而为，量力而行。当前，在人民生活中确实还存在着许多困难，群众要求解决这些问题，应当说是合情合理的。但是客观条件有限，只有那么些钱、那么些物，决定了一个时期只能集中力量解决一批问题。如果项目列得过多，把财力、物力撒了“芝麻盐”，到头来什么事情也难以办成办好，想办多，反而办少，甚至连少也办不成。当然，我们也不能以客观条件为借口，不去尽力而为。党和群众把我们安排到各级领导岗位上，我们有责任尽心竭力地为人民办实事。在客观条件许可的情况下，能办成的事不努力去办，就是失职，就辜负了群众对我们的重托。

少讲空话　多干实事*

（1985 年 5 月）

邓小平同志最近强调，各个部门和地方，特别是主要负责同志，都要注意“少讲空话，多干实事”。小平同志的话，语重心长，切中时弊。我们各级领导干部都要深刻领会，认真思考，把自己摆进去，对照对照。

几年来，我们天津在贯彻中央一系列方针政策的过程中，强调了要多办实事，使我市的经济建设、城市建设、改善人民生活和精神文明建设等方面，都取得了可喜的成绩，党和政府的威信不断提高，人民群众的精神更加振奋，领导干部的作风和工作水平也有了新的进步。事实证明，真心实意地关心群众疾苦，切切实实地多办实事，是巩固和发展大好形势，搞好各项工作的主要动力和基本经验。

但是，我们应当清醒地看到，对这个事关四化大局的根本问题，许多同志认识还不够深刻，行动还不够自觉。在一些部门和单位的领导同志中，讲空话，图形式，不下真功夫，只搞假把式，做表面文章，甚至弄虚作假的坏作风，还严重地存在着。他们不学习，不调查，不认真思考，讲空话，讲大话，讲假话，讲一些似是而非和漫无边际的套话。他们喜欢开会，特别是开大

---

* 这是李瑞环同志连续为《天津日报》撰写的十篇特约评论员文章。

会、开长会，满足老程式，轮流作演讲，行礼如仪；会前不准备，会上无主题，议而不决；决心在嘴上，行动在会上，落实在纸上，决而不行。他们在部门关系上，不是互相谅解，互相支持，而是抓住枝节问题纠缠不休；踢皮球，争利益，论高低，比输赢，把宝贵的时间浪费在无休止的扯皮之中。他们只讲人情，不讲原则，整天走东家，串西户，到处找人谈话，除了讲个人的私利，就是说别人的缺点，自己不工作，还浪费了别人的时间。他们热衷于设机构，争编制，机构越精简越繁，人员越压缩越多，人浮于事，无事生非，增添了环节，加多了手续，降低了效率。他们把主要精力放在应付门面上，整天忙于红白喜事，送往迎来，出头露面，陪会陪餐。他们争出国，把出国当成了待遇。出国前，大讲必要性，争取出去；回国后，强调特殊性，为了不干。出去不少，办事不多。一天只有 24 小时，如果老是陷在这些无效活动之中，除去睡觉、吃饭，还有多少时间去工作学习，还有多大精力去办实事！

“少讲空话，多干实事”，不只是个工作作风问题，而且是个精神状态和革命意志问题，是个对革命事业的责任感问题，说到底是个世界观问题。因此，要搞好四化建设，就必须下决心解决这个问题。

兴邦之道

空谈误国，实干兴邦。实现宏伟目标，到 2000 年，工农业总产值翻两番；到建国一百周年，接近和达到中等发达国家的水平，这是一项伟大而艰巨的任务，必须靠全国人民、几代人实干苦干。首先，干部要身体力行，而后，再推广到整个民族，使少讲空话，多干实事成为一种社会风尚、行为规范、是非标准、民族气质，并持之以恒，流传后代，成为振兴中华的巨大物质力量。

我们有些同志沾染了一些很坏的风气，他们习惯于坐在屋子里，豪言壮语，气吞山河，听起来似乎决心很大，道理很多，但只有唱功，没有做功，嘴行千里，屁股在屋里。高谈使他们浪费了很多时间，阔论使他们耽误了许多事情。有些同志“茶碗一端，说话无边；香烟一点，专说人短”。他们习惯于说这也不对，那也不对，就是不说怎么样才对；他们总喜欢说这人不行，那人不行，就是不说自己行不行；他们不当运动员，只当裁判员，只吹哨不上场，谁“进球”吹谁“犯规”；你在前边干，他在旁边看，干好了他说“早该如此”，干错了他说“意料之中”。他们涣散了别人的斗志，污染了周围的空气，误事、误国、误人、误己，此患不除，四化难矣。

我们要造成社会舆论，采取有力措施，使实干为荣，使空谈为耻。评价一项工作要循名责实，看是不是取得了实际效果；考核一个干部，要听其言而观其行，看他究竟办成了多少实事。要提拔、重用、奖励那些有干劲、有才能、办实事、有成效的人。要查处一些极端不负责任、空谈误事的严重官僚主义者，以明功过，以正视听，树一代之新风，兴中华之大业。

民心所望

四化建设是亿万人民的事业。群众的信心如何，精神状态如何，积极性如何，决定着建设的进程。因此，凡真正关心四化大业的领导，都应该研究如何最大限度地调动群众的积极性。

由于十年浩劫，人们对于说空话、说大话非常反感，而对说实话、干实事十分渴望。近几年，我国形势之所以这样好，天津的变化之所以这样大，群众的热情之所以这样高，主要是坚持和办成了一些实事的结果。

办事要靠人，人要有精神。这个道理，有些同志至今尚未理解。他们不依靠群众，不动员群众，不深入群众，不研究群众的情绪，只是打电话，听汇报，办公室里憋套套；尽管忙忙碌碌，辛辛苦苦，工作却无起色。还有些同志，虽然也知道办事要靠大家，也想把大家的劲头鼓动起来，但方法不对头。他们只想让群众卖劲，不想给群众办事；只怨群众落后，不找自己毛病；好施小恩小惠，迷信权势压人。殊不知，用轰的办法，哄的办法，压的办法，都是无济于事的。

群众中本来蕴藏着极大的社会主义积极性。领导者的责任就是把群众的积极性调动起来、发挥出去。领导必须使群众信得过，在群众中享有威望。领导的威望从哪里来？靠上级封不出来，靠权力压不出来，靠自己吹不出来，靠耍小聪明骗不出来。只有靠真心实意地、尽心竭力地、坚持不懈地为群众办实事，才能逐步树立起来。“领导为群众办事儿，群众为领导作劲儿”。实事越办越多、越办越好，领导威望越来越高，群众劲头越来越足，形成“良性循环”。干群一体，群威群胆，无坚不摧，勇往直前。

育人之途

四化建设最主要的是要有人才，特别是领导人才。如何选好人才，用好人才，培养、造就更多的人才，是一项关系重大，影响深远的大事。小平同志提出的“少讲空话，多干实事”为我们办好这件大事指出了正确途径。

战争时期选人，把生与死、血与火的考验作为重要标准。和平时期选人，就要把多干实事作为重要标准。评判一个人，不能只听他说得如何，在领导面前表现得如何，主要应看他是否为人民干实事，看他干事过程的表现及其结果。这样，我们就可以不被那些只有花把式，没有真本事，只要小聪明，不下真功夫，靠投机钻营的人所欺骗，就可以把那些有真才、干实事的人选到领导岗位。

选拔干部要看干实事，培养干部也要靠干实事。年轻干部上来，靠捧着、哄着、保着不行，必须把他们放到改造世界的第一线，交任务、压担子，使他们通过办实事的过程受到磨炼，经受考验，增长才干，树立威望。只有这样的干部，人们才信得过，自己才站得住；也只有这样，才能把误选、误用的人暴露出来，淘汰下去。

我们的国家人多，四化建设事多。我们的伟大人民正在为我们的伟大事业艰苦拼搏，大显身手。时势造英雄，在这个过程中必将会有许多优秀人物脱颖而出。只要我们端正思想，破除陈规陋习，闯出包围圈，深入到干实事的过程中去，就一定会发现更多更好的人才。

坚持把“少讲空话，多干实事”作为出发点去选人才，用人才，造就人才，就会形成新的社会观念、社会风气。新风育新人，新人重实干，人才辈出，大业可成。

排难之方

建国以来，形势从来没有像现在这样好，事情也从来没有像现在这样多。大事多，新事多，急事多，难事多。事多，反映各方面工作在阔步前进；事多，反映整个事业兴旺发达；事多，也给我们带来一些困难。

在困难面前，我们的同志有的唉声叹气，一筹莫展；有的犹豫不决，踟蹰不前；还有的搪塞敷衍，回避矛盾，“手抓两把泥，脚踩西瓜皮，能抹的就抹，能溜的就溜”。其实，扫帚不到，灰尘不会自己跑掉。同样，事情不办，问题永远不会解决。结果，坏了大事，拖了新事，误了急事，久而久之，成了老大难。

办事之所以难，主要是因为我们没有掌握它发展变化的规律。要想由必然到自由，就要勇于实践，在干中学，在学中干；就要不耻下问，求教于内行和有知识的人。当熟悉了情况，掌握了规律，困难就会转化为顺利，被动就会转化为主动，办事情就有了把握。

办事之所以难，还因为事情复杂，办事难免有错，有错就会受责难。这就要求我们敢于和善于坚持真理，修正错误。对有利于人民的事就要脚踏实地，一件一件去办，不为困难所吓倒，不为非议所动摇。这样就会积微壤成泰山，汇细流为江海。

对革命者来说，困难也是个好事，它可以磨炼意志，增长才干。困难预示着成绩，困难愈大，战胜之后所取得的成绩也就愈大。又想要成绩，又怕卖力气，这种事世界上不存在。我们应当知难而进，知难而上，对大事抓住不放，对新事勇于开拓，对急事当机立断。我们这一代是创业的一代，“创业艰难百战多”，让我们站在时代的前列，肩负起历史的重任，学会排难的方略，完成历史的大业。

知行结合

干实事不抓认识不行，思想不明确，行动不自觉，好事也会干砸。但只抓认识，醉心于无休止的议论，耽误了行动，事情办不成，最终认识也解决不好。因此，必须把抓认识与抓行动统一起来，结合进行。

“无论事大小，认识先抓好”，这是我们的传统。现在的问题是，一些人把抓认识当成了坐而论道、不干实事的借口。他们只讲空理论不讲实道理，只讲大原则不讲真问题；“事小道理大，个小帽子高”。你急得坐立不安，他说你不懂政治。他们不分大事小事、难事易事，一律都要“找”上一帮人关门去开会，结果只听楼梯响，不见人下来，占去了很长干事的时间。事实说明，许多事情常常不是失之于方向不对，道理不清，而是失之于空论太多，久议不决，坐失良机。抓认识，本来是为了更好地行动，空论太多，反而影响了行动。

有些事情比较简单，只要去干，很快就可以办完，议来议去，越议越复杂，反而变成了难事。有些事情难度较大，涉及面广，需要花一定时间统一思想，但也不能议论起来没完。人们的认识总有差异，所谓“完全一致”只是一种说法。实际上只有通过干的过程，通过事实，即在改造客观世界的过程中，改造人们的认识，才能逐步地把思想统一起来。任何一个大的社会变革，思想的真正统一，常常不是在变革之前，而是在变革之中，变革之后。如果片面强调不统一思想就不能行动，实质上就是取消了行动，同时也就否认了纪律的必要性。

我们不反对必要的议论，但议论是为了干；如果只是停留在一般议论上，就失去了议论的目的。议论和行动要相辅相成，在议的基础上干，在干的过程中议，知行统一，开拓前进。

要在具体

实事都是具体的，要干好实事必须狠抓具体。弄清具体情况，研究具体招法，观察具体变化，解决具体问题，实属干成实事的要领、要招、要旨、要害。

抓具体之所以重要，因为它体现着特殊性，即使是“老套活”，由于时间、地点、条件的变化，也会有些“不一样”。抓具体之所以重要，也在于我们的体制存在着弊端，作风有些不正，容易扯皮。抓具体之所以重要，还在于我们进行的是开拓性的事业，常常碰到预料不到的问题。现在的问题是，我们有些同志不懂得抓具体的重要意义，工作不艰苦、不细致、不扎实，谈问题似是而非，讲道理肤浅表面。习惯于用“大概”、“或者”、“也许是”、“好像”、“恐怕”、“差不多”等模棱两可的词语。即使到基层，也是“葫芦掉在井里——在下边漂着”。此病不除，实事难以干成。

我们决不否定普遍性的意义，也不反对经验的重要作用。我们反对的是唯心论、唯理论和经验论。我们从来认为，只有原则和理论才能揭示事物的本质，但原则、理论必须以丰富和合乎实际的材料作依据。而我们有些同志在工作中，只讲书本怎么说，不谈自己怎么看；只有原则怎么样，没有具体怎么办。人们说，“想听的他们没讲”，“所讲的都是听腻了的”，是“文人编的、报上抄的、屋里憋的、应付会的”，是名副其实的“空洞无物，言之乏味”，既没有错处，也没有用处，并讽刺说，“不是高棋，不是臭棋，而是废棋”。这些人似乎是很重视原理、原则，实则违背了“具体问题具体分析”这个最根本的原理和原则。

我们正处在百事待举的时期，事多事难。多，应该是拼命工作、讲究科学的理由，而不能作为大而化之的托辞；难，应该是兢兢业业、扎扎实实的根据，而不能作为逃避现实的借口。

我们必须提倡具体抓、抓具体、抓住不放、一抓到底的作风。做到讲原则而不空泛，讲具体而不琐碎。果能如此，实事就能干好，局面就会改变。

务实为本

干实事，必须务实求实。要知实情，想实招，说实话，求实效。否则就会把事办歪、办砸。

要会找事。现在是百业待兴，百事待举，要把所有的事都找出来，分分类，排排队。看看哪些该办，哪些不该办；哪些能办，哪些不能办；哪些先办，哪些后办。排列清楚，落实下去。不加选择，眉毛胡子一把抓，核桃栗子一起数，其结果必然是螃蟹吃豆腐——吃得不多，抓得挺乱。历史的人只能办历史的事。不顾客观条件，不分轻重缓急，不排先后主次，只顾说起来好听，看起来热闹，提些不切实际的目标，到头来劳民伤财，图虚名，得实祸。

贯彻上级的指示要结合实际，既不能借口特殊，自行其是，干扰统一部署；也不能不顾实际情况，等因奉此，生搬硬套，只起录音机、传话筒的作用。那种单纯的照抄照转，看起来似乎是执行得很坚决，实则是最大的怠工，必定坏事。要吃透上级的精神，弄准自己的情况，研究切实的办法，创造性地进行工作。

要注意左邻右舍，但切忌听风办事。要注意参考别人的做法，但必须注意自己的条件，不能盲从，不要攀比，不随声附和，不听风是雨。脑袋长在自己肩膀上，不能放在别人的胳臂上。这样，才能有底气，有主见，才能在纷繁复杂的社会现象中，辨清方向，坚定信心，经得起风浪，不左右摇摆，最后把事情办好。

干好实事，要在务实。执行中央精神时要务实，运用书本知识时要务实，学习别人经验时要务实，坚持自己经验时也要务实。务实形成风气，形成习惯，形成规矩，事情就能干好。

要琢磨事

实事是实实在在的，有些还是错综复杂的，要真正干好它，必须勤于思考，善于琢磨。

有些事所以没有干好，有的是因为一些同志看得过于简单，事前琢磨得不细，准备得不足，仓促上阵，处置失当；有的则是因为一些同志思想不对头，他们只捉摸人，不琢磨事，影响了干事。

事是人干的。干成事当然要琢磨选人、用人，做到“知人善任”，但这种琢磨的出发点是为了把事情办得更好。有些人专找干事人的毛病，甚至给人家安个小辫子，揪住不放。凡干实事的人，就要说话，就要办事，就要待人。老说话难免有失，老办事难免有错，老待人难免有怨，哪怕是万分之一。其结果，干事的人变成了毛病最多的人，不干事而整人的人反倒变成专给人“治病”的人。这是一个很坏的风气，如不改变，就没有人敢干事，也没有人愿干事，国家就无法兴旺。

每个人都有长处和短处、优点和缺点，即使先进人物也不例外，这些短处和缺点也要弥补和克服。但作为领导者，看人，首先要看长处和优点，用其所长，避其所短，在用长处的过程中补其所短；发挥优点，克服缺点，在发挥优点的过程中去克服缺点。而不是专抠人家的毛病，把人制住，结果，把人们干事的劲头给治没了。

琢磨事是研究、探索客观规律的过程，也是理论联系实际的过程。琢磨事，必须下真功夫，花大心血，熬夜、吃苦。要有“众里寻他千百度”的毅力和“衣带渐宽终不悔”的韧劲。同时还要善于琢磨，学会分析综合，认真把情况搞全了、弄准了，把材料掰开了、揉碎了，把关系理顺了、摆正了，把措施具体了、落实了。

经常不断地琢磨事，经常不断地使用思考器官，就会使我们思维敏捷；经常不断地琢磨事，就可以知道很多事，懂得很多事，提高干事的水平，为国家为人民干成很多的实事。

善于总结

总结经验，是学习理论、提高认识、搞好工作和增长才干的重要环节。要想把实事越干越多、越干越好、越干水平越高，必须抓住这个环节。

这几年，各行各业、各个部门、各个单位都干了许多实事，有成功的，也有不太成功的。凡成功的一定有正确的东西，要通过总结找出它的规律，做到打一仗进一步。凡失败和受挫折的，也一定有不合理的地方，要通过总结，找到它的原因，才能吃一堑长一智。这样，知其然又知其所以然，不占糊涂便宜，不吃糊涂亏，我们的工作就会有大的进步。

实事办得如何，反映人们对客观世界认识和改造的能力。这个能力从哪里来？只能在“实践——认识——再实践——再认识”的过程中，通过不断地总结经验去逐步取得。有些同志不重视或不善于总结经验，满足于说干就干，干完就算，结果，工作上辛辛苦苦，道理上稀里糊涂，水平提高不快，工作起色不大。实践可以产生理论，但并不等于理论，如同木头可以做成桌子，并不等于桌子一样。要把实践中的感性认识上升到理性认识，必须经过去粗取精、去伪存真、由此及彼、由表及里的改造制作，而这个过程就是总结。

总结经验必须有一般原理作指导，因此必须提倡认真学习理论，掌握武器。总结经验必须有正确的方法，因此必须经常总结，通过总结学会总结。我们各级领导干部，要养成总结的习惯，学会总结的本领，通过总结使学习步步深入，认识不断提高，经验日益增多，行动更加自觉。这个不断地由“必然王国”到“自由王国”的飞跃过程，也就是四化大业不断地向前推进的过程。

为人民办实事十题*

（1987 年 2 月）

关于今年政府全会讲话稿，你们已经研究了几天了，提出了许多很好的意见。今天我讲点看法，供你们讨论时参考。

今年我国的情况发生了一些变化，中央提出在政治上要反对自由化，经济上要压缩空气，中央的这个精神是完全正确和非常及时的，我们要认真地、卓有成效地贯彻执行。由于压缩空气，中央要由我们这里抽走较大一笔资金，我市的各方面的支出都要减少。在这种情况下，几年来我们一直坚持的每年为群众办几件实事还要不要搞，怎样来搞，要统一思想，认真研究，细心谋划。我感到至少有十个方面的问题，不仅今年办实事要认真贯彻，今后做好各项工作也必须注意遵循。

一、万变不离其宗

根据情况决定工作的方针，这是我们的一个原则。方针必须随着情况改变而改变，包括为人民办实事的内容、规模、水平也必须根据变化了的情况，从实际出发，量力而行。全心全意为人民服务是我们党的宗旨，不能以任何理由把全心全意变成半心半意、三心二意、无心无意或假心假意，变了这一条就叫做变质、

---

* 这是李瑞环同志在研究起草天津市政府全体会议讲话时的谈话要点。

变色。因此，我们要进一步加强全心全意为人民服务的教育，不断提高为人民服务的自觉性。为什么今年遇到一些困难，有些干部就对为人民办实事产生动摇，甚至对过去一些做法也怀疑起来了呢？这说明全心全意为人民服务的思想在这些干部头脑中还没有扎下根。全心全意为人民服务是我们党和政府的根本宗旨，是我们一切工作的出发点，并表现于其活动的过程和归宿。作为共产党员和人民的干部，全心全意为人民服务是对每个人的最低要求，也是最高要求。所以说是最低要求，因为这是每个党员入党时必备的条件，是每个干部应尽的职责；所以说是最高要求，因为这是我们终身的奋斗目标，是一辈子也干不完的事情，叫做“鞠躬尽瘁，死而后已”。为人民服务永无止境，进行为人民服务教育也必须坚持经常，特别是在新形势下，在大量年轻干部走上领导岗位的时候，更是放松不得。全心全意为人民服务是一个立场问题，是一个世界观问题，要进行多种形式的教育，更要抓为人民办实事的实际行动，在实践中锻炼和提高为人民服务的自觉性。

有的同志对实事没办以前先公布有点看法，认为“有许愿性质，办不好会造成被动”。这个看法有一定道理，有些事，特别是没有把握的事没办以前是不能公布，但有些事先公布也有它的好处：它可以使领导有明确目标，受到约束；使群众有个盼头，受到鼓舞；方便于群众监督，领导检查；有利于号令各方，协同作战；兑现以后，还可以取信于民，为以后和其他工作创造条件。当然，先公布，并且说到做到确实很难，这就要求我们公布以前考虑周到，把工作做细，公布以后把工作抓紧抓实，不能落空。先公布并兑现，是领导工作计划性、预见性、决心和底气的反映。这和讲空话、胡乱许愿、说了不办是两回事。是不是先公布，只是个为群众办事的方法问题，要不要为群众办实事是个根本问题，方法可以多种多样，也可以改变，但对党的宗旨这个根本问题，必须坚定、坚决、坚持，不能改变。这就叫千变万变，万变不离其宗。

二、搞好两个教育

所谓两个教育，一个是教育干部，就是我们反复强调的，全心全意地办，尽心竭力地办，坚持不懈地办，为民办事要高标准；一个是教育群众，体谅国家困难，自觉顾全大局，不能急于求成，对个人利益要低要求。这一高一低，使办事的努力，受益的知足，齐心协力，互相促进。几年来我们坚持这个做法，收到了很好的效果。今年要继续坚持下去，并且根据新的形势，搞得更有深度，更有新意。

我们要在群众中广泛深入地开展艰苦奋斗的教育。使群众了解我们的基本国情，了解我们的经济现状，自觉地克勤克俭、励精图治。我们国家既是一个人口众多的大国，又是一个长期受帝国主义侵略、封建主义压榨的弱国、穷国，新中国成立 30 多年来，虽然发生了翻天覆地的变化，但人口多，底子薄，经济、科学、文化落后，仍是我们的基本国情。我们想问题、办事情绝不能离开这一点，提高人民生活的事情也不能离开这一点，不能要求过高、过急。历史反复证明，过急了就容易翻船，过快了就容易跌跤，最终使群众的利益受到损害。应当使群众懂得，尽管我们是在帝国主义、封建主义长期掠夺、压榨又经过几十年战争破坏的烂摊子上起步的，尽管国外的环境曾经给我们的经济建设造成很大困难，尽管我们犯过一些错误，但我们所取得的巨大进步是有目共睹的。最基本的事实，中国几亿人口的吃饭问题，是历代政府没有解决了的，而我们基本解决了，许多外国人都认为这是个很不简单很了不起的奇迹。我们不反对比较，但要有一个正确的方法和出发点，注意不同事物的可比性。我们要引导群众不仅看到我国和发达资本主义国家的差距，而且要正确分析造成差距的原因。资本主义在西欧、北美已经发展了几百年，在日本也有一百多年，它们今天的经济发达和物质财富的充裕，是建筑在几个世纪以来国内劳动群众的汗水和对外掠夺的基础之上的。我们现在的生活水平确实不如一些发达的资本主义国家，但我们与它们的社会制度不同，历史的起点不同，绝不能因此否定社会主义的优越性，也不能企图用几年的时间，消除几个世纪历史形成的巨大差距，必须牢固树立起长期奋斗、艰苦创业的思想。

我们还要教育群众懂得生活水平只能随着生产发展而逐步提高的道理。改善生活是搞好生产的目的，搞好生产是改善生活的基础。没有生产力水平的提高，就谈不上生活水平的提高。改善生活的实事，要想多办点，就得多干点。特别是我们目前正处于社会主义现代化建设的创业阶段，需要大量建设资金，正确处理好生活与生产的关系，就显得更加重要。如果脱离开我们的经济实力，只讲需要，不讲可能，不仅影响整个经济建设，而且会滋长贪图享乐、不求创业的思想，最终给人民的利益带来危害。

我们也要教育群众正确对待改革。当前改革正处在新旧体制交替的过程中，势必会出现各种利益关系的摩擦和矛盾。要教育群众懂得，从根本上讲改革必然会给人民带来物质利益，但要求任何一项改革措施都给每一个社会成员立竿见影地带来明显的经济利益，要求用很短的时间还清历史上的一切欠账，是不可能的。我们要引导群众自觉克服那种以个人眼前利益的得失来衡量改革的得失、决定自己对改革态度的狭隘观念。矛盾是可以调解的，要针对不同的对象采取不同的方法，不加区别地采用一种方法，就不能把关系理顺，很可能使矛盾激化，这一点必须注意。

三、让人民当家作主

每年坚持为人民办一些看得见、摸得着的实事，反映人民的意志和愿望，体现了社会主义民主的实质。所谓社会主义民主，说到底是充分反映群众的意愿，并通过多种形式和渠道，使广大人民群众了解国家大事，积极参与国家和社会事务的管理，有效地监督党和政府的各级工作人员，使自己的民主权利在政治、经济和其他社会生活方面得到充分的体现，真正成为国家的主人。而我们坚持为群众办实事的过程，具体地体现了这种人民当家作主的精神。

一是我们强调办实事要尊重人民的意愿。在确定办哪些实事之前，我们都是通过各种渠道，广泛征求群众的意见，比如直接同人民代表对话，发挥咨询委员会作用，开展户卷调查，重视新闻媒介，认真对待信访，进行调查论证等等，使每一项决策都尽量反映多数群众的要求。

二是我们坚持办实事要依靠人民的力量。始终坚持了人民城市人民建、为民之举靠人民的方针，充分发挥了群众的主动性、积极性和创造性，依靠群众自己的智慧和力量建设家乡、改善生活，这不仅解决了财力物力方面的不少困难，办成了很多难办的事情，而且群众通过参加艰辛的劳动，培养了当家作主的民主意识，增强了主人翁的光荣感和责任感。

三是我们做到办实事要反映人民的利益，让人民得到实惠。我们办实事贯彻了一条基本原则，就是面向群众大多数，从大多数群众的需要出发，为大多数群众的利益而奋斗，使广大群众随着四化建设的不断发展，一步步化、一步步富、一步步改善生活。通过坚持不懈的努力，我们办了大量的急事、难事、大家受益的事。群众确实得到了实惠，亲身感受到党和政府为人民办事是尽心竭力的。

四是我们注意办实事要接受人民的监督。在办实事的过程中，我们尽可能地创造一些条件，让人民群众充分行使参政议政的权利，把办实事的工作置于广大群众的监督之下。这几年，群众给我们提出了许多批评和建议，使我们避免了许多失误。

事实证明，办实事的过程，就是实行民主的过程。办实事尽心尽力越多，体现人民的意愿越充分，官僚主义就越少，主人和仆人的关系就越清楚，社会主义民主的发扬就越明显。

四、理顺群众情绪

理顺群众情绪是一个十分重要的问题。中央几位领导同志来津视察时都讲过这样的话：人民高兴了，一切事情就好办了。古人讲，天下之势，常系民心。民心顺了，就会一顺百顺，一顺百兴。这几年，天津各项工作之所以进展顺利，越干越好；天津城市面貌的变化之所以越来越大，日新月异；天津的大好形势之所以经受住了种种考验，不断巩固和发展，究其原因是因为群众心齐气盛，他们对党和政府的号召一呼百应，对国家的困难主动承担，对一些不遂心的事也能正确对待。而天津之所以出现这样的局面，原因之一就是因为我们以为人民办实事为突破口，时刻注重群众的情绪，不断理顺群众的情绪，使天津形成了一个好的民风民气。

所谓群众情绪，说到底是个群众的切身利益问题，离开了对群众中实际问题的解决，离开了物质文化水平的不断提高，理顺情绪就会变成一句空话。大家可以回忆一下，十年前的天津是个什么样的情景，“文化大革命”的人祸，加上地震的天灾，群众生活十分困难，心不顺，气很大，意见纷纷，在这种情况下，我们的工作能搞好吗？通过办实事，把群众的精神振奋起来，就是在这种情况下提出来的。实践证明，这个思路是正确的。几年来，我们坚持办多数人受益的事，使越来越多的群众得到了实惠，越来越多的群众心情舒畅；我们坚持办群众最急需的事，使群众中意见最突出的问题得到了及时的解决，受益者人心安定，同时赢得了更多人的同情和支持；我们坚持办长远起作用的事，使群众看到更大的希望，始终保持一种不断追求、积极进取的精神状态；我们坚持办促进精神文明的事，不断提高了人们的素质，逐步形成了一种良好的社会风气和精神风貌；我们坚持办力所能及的事，使群众看到政府的努力，体谅国家的困难，养成一种艰苦奋斗、顾全大局的好风尚。正是由于好事实事年年办，才使群众从一大堆的后顾之忧中解脱出来，有条件、有可能专心致志地从事各项工作；才使群众从切身利益的变化中体会到党和政府为民办事的诚意、决心和能力，在党群、干群关系上，好的传统得以发扬，丢掉的东西得以恢复，出现了全市人民同心同德干四化的可喜局面。

目前，全市人民的情绪总的讲是顺的，但也还有不少的问题，在大满意中还有许多的小不满意，比较普遍的是对物价波动有意见，对党风和社会风气不正有反感，对收入上的过于悬殊有想法，对一些迫切的生活问题得不到及时解决有怨言。同时由于思想政治工作薄弱，在一些人中也滋长了某些不好的东西，所谓“端起碗来吃肉，放下筷子骂娘”，就是这种反映。这种情绪，如不引起重视并及时和妥善地加以解决，蔓延开来，就会造成大的消极影响，我们来之不易的大好形势就有可能受到损害。市委提出，今年要把理顺群众情绪作为一件大事来抓。希望大家在这个具有全局意义的事情上，提高自觉性，把工作做深、做细，万万不可粗心大意。

五、注意两个成果

为人民办实事是进行两个文明建设，要两个文明一起抓，两个成果一起要。

我们在办的实事中，要重视社会主义精神文明建设。一方面，有一些实事本身就是精神文明建设或为精神文明建设创造条件，如制定和贯彻《市民守则》，抓好商业、医疗卫生、公共交通等窗口单位的职业道德教育，在各行业树立行业新风等等，都属于精神文明建设的重要内容；如修建校舍、扩建医院、建设电视发射塔等，都是为精神文明建设提供必要的物质基础。办实事要注意考虑这些方面的内容，不能只讲物质文明，更要注意精神文明。

另一方面，我们还要把精神文明建设贯彻于整个办实事的过程之中。因为办实事拿到物质成果比较明显，比较容易做到；要尽可能多地拿到精神成果往往被忽略，比较难以做到，尤其是自觉地去拿就更不容易。我们办实事，常常要求急，不准拖拉、扯皮。从总的讲，急事急办还是对的，但也容易产生另一方面的问题，即单纯追指标，赶进度，两眼一睁，忙到熄灯，忙得不亦乐乎，累得筋疲力尽，顾不上考虑什么是精神，什么是物质。我们提倡实事要办实，这也是对的，这个实是扎实的实，实在的实，离开这一点就叫虚假漂浮，事情就办不好，而不是否认精神、思想、理论的实，离开精神、思想、理论的指导，这个实就变成了事务主义。如果从这个意义上讲，我们确有务实有余，务虚不足，抓了物质，丢了精神的毛病。因此，我们在办实事中要注意赋予精神文明方面的意义。这几年，我们所干的实事大多数属于人民生活的急迫需要，乍一看，似乎都是物质文明建设，细一想，有些事也很难分得很清，许多都具有两重性质，比如整修建筑、街道，修复文物古迹，恢复小洋楼的原有风貌，建设公园、绿地和庭院式绿化小区，等等，既是物质文明建设，同时又是重要的精神文明建设。因为它为群众提供了优美的环境，满足了群众的精神生活需要，有利于陶冶人们情操，给人以一种奋发向上的精神力量，激发起热爱家乡、热爱祖国的感情，我们要有意识地往这方面引导，使人们深刻了解它的意义和作用，从而促进精神文明建设。与此同时，我们在办实事中还要重视总结经验。我们有些事情干得很漂亮，里边有很多的宝贵东西，但我们不注意总结经验，说干就干，干完就算，工作上辛辛苦苦，道理上稀里糊涂，不能做到打一仗进一步；我们也走过一些弯路，付过一些学费，但没有接受教训，碰了钉子不知哪里痛，不能做到吃一堑长一智。这就妨碍了我们的提高，无法做到实事越办越会办，越办越好。我们必须做到每办一件实事都要认真总结经验教训，找出其中规律性的东西，成功了原因是什么，失败了问题在哪里，真正做到通过干实事的实践得到锻炼，有所提高。

总之，今后在办实事中要进一步强调精神文明，狠抓两个文明的成果。每办一件事，从最初的谋划，目标的制定，方法的研究，方案的实施，直到工作的总结和成果的宣传，每个环节都要注意抓好精神文明，尽量体现精神文明。要通过办实事教育群众，振奋精神，提高认识，改变社会风气；通过办实事培养干部，锻炼队伍，积累经验，提高水平。做到两副担子一起挑，两种本领都提高，两个成果一起要，各项工作都见效。

六、为民之举靠人民

完成今年任务，我们确实存在着许多的问题和困难，但这些问题怎么解决，困难怎么克服，任务怎么完成，大的出路是什么？“人民城市人民建，为民之举靠人民”，我看大的出路就是依靠广大群众高昂的民气、振奋的士气、克服困难的勇气和振兴中华的志气，这就是人们常说的天津办事的“仙气”。

把广大群众的积极性充分调动起来并合理地发挥出去，这是我们几年来工作的基本思路，也是各项工作取得成绩的一条基本经验。所谓充分调动，就是既要广泛动员各行各业、各个方面的力量，又要使每个人的优势、长处最大限度地得到开发和利用。所谓合理发挥，就是要把群众的智慧、力量凝聚起来，科学地组织起来，使之产生巨大的社会效益和经济效益。不管任何时候，碰到任何情况，我们首先想到的不是别的而是群众，“群众生产、群众利益、群众经验、群众情绪”。当然，我们也不是否认或不重视其他方面的问题，诸如资金、材料、工作安排等，所有问题都要重视，并要认真和妥善地加以解决。但第一位的是个群众问题，因为只有解决好这个问题，才能较好地解决其他的问题。马克思、恩格斯讲，历史活动是群众的事业。列宁讲，创造性的社会主义是由人民群众创立的。斯大林讲，脱离了群众我们就会丧失任何力量而变成空架子。毛主席讲，群众是真正的英雄，而我们自己往往是幼稚可笑的。这些马克思主义的基本观点，兴邦治国的至理名言，我们必须时刻牢记。大家可以回顾一下，这几年天津的形势为什么这样好，各方面成绩为什么这样大，天津的事情为什么容易办，是我们的先天条件好，还是我们的外部条件好？都不是。而是因为在建设四化、改善家园的过程中，天津人形成了一种自尊、自爱、自强、自信的精神，全市上下有一种心齐气盛的局面，如小平同志所说的，“群众高兴了，事情就好办，也容易办好”。群众这种积极性怎么来的，是我们几年来全心全意地、尽心竭力地、坚持不懈地为群众办实事调动起来的，领导给群众办事，群众给领导作劲，是这几年我们的一条基本经验。我们是历史唯物主义者，我们认为群众是历史的主人，社会的存在与发展最终取决于群众。群众最可敬，他们有无穷无尽的力量，社会的财富靠他们来创造；群众最可爱，只要你真心实意地为他们服务，他们就真心实意地支持你；群众最可怜，他们确有许多实际困难，而对我们的要求并不高；群众最可畏，不管什么人，惹怒了他们就可以使你垮台。对此，我们必须有个清醒的认识。

在为人民办实事中，一定要坚持“人民城市人民建，为民之举靠人民”的方针。特别是当前国家财政困难，办实事的资金不足，更要广泛动员各个方面的力量，尽可能使更多的人参加，有钱出钱，有力出力，没钱没力出出主意。我常讲，我国的一大特点是人多，我们的许多困难和问题是人多造成的，要解决这些问题也必须在人多上想主意。人多是我们的一大难题，人多也是我们的一大优势。实践证明，坚持“为民之举靠人民”，不仅有利于改变人们一切依赖国家、事事向上伸手的习气，解决财力物力方面的困难，而且使大家在办实事的过程中受到教育和鼓舞，更加珍惜爱护自己的劳动成果，形成热爱家乡、关心公益事业的良好社会风气。为此，我们首先要广泛动员社会各方面的力量办那些群众急需、公众受益、长远受益的事。其中包括正确处理局部利益与全局利益的关系，自觉地牺牲局部，支援全局，克己奉公，辛劳为民；包括主动地为全市性的工程和人民生活中的大事开绿灯、让方便、担困难、分压力，而不是设障碍、添麻烦、捞油水、占便宜；也包括根据各单位的特点，发挥各自的优势，为办实事出设备、献技术，或在舆论上宣传、道义上支持。这样，就造成了一种万众一心、团结奋斗、建设家园的生动局面。“众人捧柴火焰高”，我们办成的许多大事、难事，都是靠全市各行各业、各家各户的通力协作、紧密配合而搞成的。其次，我们还可以通过适当集资解决建设资金不足的问题。我们有不少社会公益项目，是发动社会集资，并辅之以财政拨款建设起来的。今年由于压缩基建规模，外环线建设资金有缺口，市道路工程指挥部采取发行建设债券的办法，仅十多天时间就征集到社会闲散资金5000万元，不但保证了外环线按计划建成通车，提早发挥效益，而且由于采取了借款一年到期还本付息的办法，群众利益也得到了保证。实践证明，适当集资是解决当前资金不足的一个有效途径，群众是可以接受的，也是符合中央指示精神的。当然，在具体做法上要十分谨慎，严格按照政策办事，切实坚持自愿、受益、合理负担、政府批准等原则，对于违反群众、企业自觉自愿原则和负担能力的乱摊派，必须坚决制止。再次，还要注意组织群众参加义务劳动。天津这几年组织群众性的义务劳动兴建大的工程，成效是显著的，中央几位领导同志来津视察都充分肯定了它的政治意义和经济意义。今后，根据需要和可能，还要坚持这一做法。中央领导同志讲，经常组织人民参加一些义务劳动，这是我们的一个优势，也是很好的思想政治工作。今后我们要把这种精神和形式大范围推开，推广到各个部门、各个单位中去。现在各企事业单位要办的事情很多，比如建浴池、办食堂、铺道路、修围墙等等，过去都是雇人来搞，花钱很多，如果本着勤俭办事的原则，发动职工自己来搞，只要组织得好，安排得适当，对解决本单位的实际问题，改善生活环境和工作条件，对节省开支，对培养职工艰苦奋斗、自力更生的精神，都是大有好处的。当前群众中突出的要求还是住宅问题，是不是也可以采取一些义务劳动的方法？比如新中国成立初期建的工人新村，目前都已危陋，组织义务劳动，拆掉重建，原地方、原材料，还建平房，比原建的好一些，各户也适当地加一些面积，料不够国家补一些，各户接上煤气、自来水，地不够外迁一些，我看群众是会同意的。我希望今年搞一些试试。

七、坚持勤俭办事

艰苦奋斗、勤俭节约是我们中华民族的美德，是我们党的优良传统，也是我们克服困难、办好一切事业的法宝。尤其是今年的20件事，是在经济上压缩空气，开展增产节约、增收节支运动的形势下，经过反复研究、综合平衡，费了很大力气、下了很大决心才确定下来的，更应该注意勤俭节约。一是我们的钱来之不易，可以说是硬挤出来的，大手大脚、胡花滥用，良心上过不去，也必然会遭到群众的反对；二是我们的钱不多，如不精打细算、紧缩使用，钱就不够用，事就办不成，就会出现亏空；三是更重要的是勤能补拙，俭以养廉，可以形成一个好风气，使勤俭建国、勤俭办一切事业的方针在全社会扎根，发扬光大。

今年我们必须在少花钱、多办事，钱花少、事办好上下大工夫。根据我们这几年的实践，必须把握这样几点：

第一，精打细算，把计划搞好，做到规模、标准都要从实际出发，从当前的经济状况出发，符合于当前的气候。不能脱离现实贪大求洋，更不能搞形式主义，挥霍浪费。从一开始就要抓紧，把严。要有预算，有决算，有制度，不准随意乱花。

第二，要精心再精心地研究省钱的办法。能搞点义务劳动的就不要花钱雇人，能用旧料代替的就不要新买，拆迁下来的砖瓦木料，许多可以利用，而我们都白白地送了人。特别是基本建设项目，从设计就要抓紧，从规划到标准，从结构形式到内部装饰，以及材料的选择，都要体现克勤克俭的精神。施工单位要千方百计地提高效率，缩短工期，降低造价，不准胡乱收费、取费，确实体现刻苦为民、克己为民的精神。

第三，要加强管理。围绕节约开支、减少原材料消耗、降低成本等，发动群众揭矛盾、找差距、提措施、堵漏洞，从点滴入手厉行节约。坚决刹住乱抄乱拿的歪风，要严格管理制度，要认真抓一些典型，大张旗鼓地表扬、处理。决不允许重点工程造成“重点”浪费。

第四，要大家出力。在办实事的过程中，各单位都要开绿灯而不设障碍，简化手续而不扯皮，作贡献而不捞油水。一方面要把自己应办的事办好，另一方面要为保重点办好全市的事献计出力。

成于勤俭败于奢。勤俭节约乃兴旺发达的象征，奢侈浪费乃误国误民的不祥之兆。此举系国家之兴衰，望大家充分注意。

八、综合抓、抓综合

毛主席说要过河必须解决桥和船的问题，把实事办好必须解决办事的方法问题。这几年，我们在办实事中，摸索、创造了许多好的方法，诸如义务劳动、现场办公、下放权力、分工包干等等，其中有一种方法对我们办实事产生了很大的作用，但至今还没有被所有的同志所认识、所掌握，这就是“综合抓、抓综合”的方法，即从综合的目标出发，采取综合的方法，进行综合的工作，达到综合的效果。所谓综合的目标，就是办事情不能单打一，只看某一个方面，只看一个局部，而要将其放在一个整体里边，放在全局来考察，达到综合的目标。所谓综合的工作，就是不能把办实事简单地看作只是一个单位或几个单位的工作，或只看作是任务所在单位的工作，而是要看作是全体人民、各行各业都涉及到的工作，要有负主要责任的单位，也要有多方面的参与，有各个方面、各条战线的支持，“众志成城”，就什么事都好办了。所谓综合的方法，就是解决一个问题并不只是一个方法，可以从各个方面、用各种方法来解决，不能“吊死在一棵树上”。

采取综合的方法，把相关的工作结合起来，视野就宽了，方法就多了，力量也就大了。因此，“综合抓、抓综合”是我们办成许多大事、难事的要招。对这个方法，希望同志们作些研究。

城市本身是一个复杂的有机体，具有多功能、多层次、高度综合的性质。许多事情既表现为各种矛盾的互相对立、互相制约，又表现为互相联系和多样性的统一。因此，对城市工作必须有综合的观点，切忌孤立、静止的观点，要从多方面观察研究问题。有一些事物在这个范围里是一个性质，在另一个范围里又是一个性质；在这里是包袱，在那里就是财富；在这方面是废料，在那方面就是原料。有很多事情，孤立看一筹莫展，综合看柳暗花明。比如外环线建设，专家们曾评价是一个很有气魄的规划，但是个很难实现的“美丽幻想”。由于我们着眼于综合，使人们难以想象的困难被克服了，使人们难以相信的速度实现了。我们挖了一条环路河，不仅解决了路基土源，又为城市排洪、农村养鱼、农业用水提供了一条渠道；结合调整农业结构，种果树，挖鱼塘，不仅可以较快地建成一条500米宽的环城绿化林带，也为农民致富创造了条件；我们用了大量的钢渣、粉煤灰垫路基，不仅节省了大量投资，又为消灭钢渣堆、粉煤灰堆这些环保上的老大难问题找到了出路。现在看来，用不了多长时间，“美丽幻想”就会变成动人的现实。再比如，我们在城市建设中始终坚持了综合治理、综合开发的方针，抓了“五个结合”：把城市建设同经济发展结合起来，把城市建设同解决各种难题结合起来，把单项建设和综合开发利用结合起来，把新建、改造同提高完善城市功能结合起来，把改变城市容貌同建设精神文明结合起来，都取得了许多意想不到的综合效益，即经济效益、社会效益和环境效益，可谓是一举多得。

当然，综合不是捏合，也不是凑合。综合抓，不是“胡子眉毛一把抓”，而是对事物本质规律认识的结果。这种综合的本事也不是从天上掉下来的，它来自于对情况的全面了解，来自于对工作的呕心沥血，来自于反复实践和理论的指导。我希望大家对这个方法试一试，我想对于提高本领，搞好工作，会有好处。

九、办实事靠人才，办实事出人才

为人民办实事要靠能办实事的人才。一件件实事都是具体的、复杂的、困难的，靠讲空话大话无济于事，必须放下架子、扑下身子真抓实干，解放思想、开动脑筋想出千方百计，勇往直前、百折不挠坚持办成。因此，为人民办实事要十分注意选择能办事的人，包括肯办事、敢办事、会办事。不肯办事，一事当前患得患失，舍不得下力气、费功夫；不敢办事，遇到一点困难，有个风吹草动，就退缩不前；不会办事，缺乏招法、没有思路，或只说不干，或盲目乱干，都办不成事，只能误事、坏事。“善始者未必善终，善作者未必善成”，我们要求办实事要办实办好，实事不能办虚了，好事不能办坏了。

检验干部能不能办事、会不会办事，最重要的有四条。一是一心为民。实事都是关涉群众切身利益的事，办实事必须心中装着人民，急群众之所急，想群众之所想，不能计较个人利害得失，杜绝任何虚夸漂浮，扎扎实实地想实招、使实劲、讲实效，使群众真正得到实惠。二是狠抓具体。实事都是具体的事，所谓具体，就是既有特殊性又有多样性，还有多变性。笼而统之，就不能把事弄清楚，抓得不紧不及时就可能半途而废，甚至全盘落空。因此，切忌形式主义，搞花架子，必须具体抓，抓具体，抓住不放，一抓到底。目标要具体，要求要具体，责任要具体，措施要具体，一切都要讲具体。这样就会出速度，出效益，出水平。三是善于思考。实事许多都是新事，过去没做过，或者碰了钉子失败过，因此要开动脑筋，分析形势，善于谋划，创造新的途径，采用新的招法，特别是要重视群众和专家的意见，多谋善断，按客观规律办事，做到事半功倍。四是知难而进。一般讲实事都是难事，没有一种吃苦的精神，没有一股拼命的劲头，事情是很难办成的。有位区里的同志说，为群众办实事，不但要一步一个脚印，还得要一步一个血印汗印。就是说办实事要舍得花心血流汗水。我看这话是很有道理的，希望有更多这样的干部为群众办实事、谋利益。

能办实事的人才从哪里来？一个重要途径是在为人民办实事的过程中物色发现人才，培养锻炼人才，考察检验人才，这样的人才实打实，群众公认，可靠有用。我们坚持用人主要看政绩，讲的就是这一条。

我们之所以强调在为人民办实事中发现、培养人才，是因为经过“文化大革命”的破坏，有不少同志全心全意为人民服务的思想淡薄了，他们脑子里群众装得不多，个人想得不少，有的人乃至违法乱纪、贪污腐败，影响四化建设大局，引起群众强烈不满。因此，加强全心全意为人民服务宗旨的再教育，使干部在为人民办实事中经受检验、锻炼，纠正各种不正之风，是搞好干部队伍建设的当务之急。也还因为我们各级党政机关正处在新老干部交替时期，一大批年轻干部走上了领导岗位，他们有文化、有知识，精力比较充沛，但没有像老一辈那样处于战争年代，经受过火与血、生与死的考验。当今是和平时期，检验干部的主要标准要看是否全心全意为人民服务，是否真正为人民谋利益。只有把群众的疾苦时刻放在心上，真心实意地、尽心竭力地、坚持不懈地为人民办实事，才能取得组织上和群众的信任，也才能增长才干、不断进步，经得起各种风浪的考验。也还因为我们以经济建设为中心，各项建设的任务很重，人民生活、群众利益容易被忽视。发展生产，满足人民的日益增长的物质文化生活需要，这是社会主义经济的规律，也是我们社会主义生产的目的。在经济建设和各项任务十分繁重的情况下，能不能正确处理生产和生活的关系，是不是仍然把群众利益、群众生活摆在重要位置，继续坚持为人民办实事？这是检验干部全心全意为人民服务思想是否牢靠的一个标准，看干部觉悟，看干部水平，看干部能力不能忽略这一条。也还因为当前群众生活中确实还存在一些亟待解决的问题，造成了种种后顾之忧，影响群众的积极性，使他们不能热情饱满地、专心致志地工作和生产。各级干部要牢固树立全心全意为人民服务的思想，想群众之所想，急群众之所急，多办一些实事，千方百计地为群众排忧解难，通过实际锻炼，提高为人民服务的自觉性。

我们提倡为人民办实事，其中一个重要目的就是培养造就一大批合格的人才。我国的四化建设正是用人之际，各级领导和组织部门要有意识地加强这方面的工作，注意在为人民办实事中发现人才，放手使用人才，使“智者尽其谋，勇者竭其力，仁者播其惠，信者效其忠”，做到人尽其才；重视在为人民办实事中培养人才，给机会，压担子，创条件，多方帮助干部在实践中经受锻炼，增长才干；认真考察干部，以为人民办实事的实际表现和具体成果作为重要依据，识别干部，评判优劣，确定奖惩升降。这样，形成一种舆论、一种制度、一种机制，激励干部投身为人民办实事，使实事越办越好，风气越来越正，干群关系越来越密切，大量有用之才脱颖而出，人才兴旺，国家兴旺。

十、贵在形成自觉

上面讲了九条，归根结底目的只有一个，就是希望大家不断深化认识，提高为人民办实事的自觉性，使之形成风气，形成习惯，形成制度，形成传统。

我们之所以反复强调这个问题，是因为虽然这几年办实事大家尝到了甜头，认识也有很大提高，但要真正形成自觉，还有一段距离，存在着一些问题。就总的来讲，我们的同志在一般情况下，还都清楚，但在特殊情况下，有些同志就常转向。比如在工作繁多、任务艰巨的时候，往往容易顾此失彼，忽视人民生活；在遭到非议的时候，往往缺乏主见，为某些不同看法和闲言碎语所动摇；在碰到与群众切身利益紧密相关的敏感问题的时候，往往由于受外界干扰，轻易决策，草率从事；在办了一批实事、群众高兴的时候，往往容易满足，停滞不前；在遇到困难的时候，往往缺乏迎难而上的勇气，不尽心竭力。凡此种种，都是不够自觉的表现。提高自觉性是个根本问题，自觉性不高，有个风吹草动，就会摇摇摆摆，反反复复，坚持不懈地为群众办实事这个好的做法，就可能半途而废。

自觉性的问题，归根到底是一个政治立场和思想感情问题，是个世界观的问题。这种立场、感情和世界观最本质的表现，就是看是否牢固地树立了人民至上、群众第一的观点；是否在任何时候、任何情况下都把群众利益、群众情绪作为第一信号，放在第一位；是否把全心全意为人民谋利益，作为一切工作的出发点和落脚点。一句话，是否做到了心中装着人民，办事想着人民，一切为了人民。有了这种坚定的立场和炽烈的感情，办实事就会永不自满、永不停步，不被困难所吓倒，不为非议所动摇，越办越想办，越办越会办。

自觉是在办实事的实践过程中逐步形成的。不办实事无从提高自觉，当然没有一定的自觉也很难办成实事，这两方面是互为作用、相辅相成的。只要我们高度重视这个问题，有意识地解决这个问题，积极地投身于为人民办实事的实践中去，我相信，我们天津市办实事会经久不衰，越办越好，我们的各项事业就会大有希望。

选人主要看政绩*

（1988 年 1 月 5 日）

我们这次座谈会开得很好。两天来，大家围绕市级几套班子换届选人问题，畅所欲言，各抒己见，可以说是有议论有争论，有共识也有歧见。大家是边讲边议，我是边想边记。今天，会议就要结束了，我把大家讲的和我自己想的整理一下，归纳成几个问题向大家讲一下，作为会议的总结。

（一）要广泛听取意见。过去我们配班子，主要靠组织了解，这当然很重要，今后也还需要，但实践证明，这种单靠组织或少数人的方法也有毛病，容易看不准人。孟子曾经讲过："左右皆曰贤，未可也；诸大夫皆曰贤，未可也；国人皆曰贤，然后察之；见贤焉，然后用之。"他都懂得要多方面听取意见和亲身考察。大范围的民主推荐或对干部进行大范围的评议，不但可以避免少数人在用人上搞不正之风，同时，把这种方法普及开来，形成制度，坚持下去，就会增强干部的民主意识。因为决定他升降的不只在领导，主要在群众。报纸也要发一些这方面的文章，讲一些用人之道，反映一些群众的意见，使更多的人关心这件事，有个正确的看法，这本身也就是政治体制改革。

（二）要找正派的人。"要配好班子就得找好人"。这话当然

---

* 这是李瑞环同志同天津市各民主党派负责人座谈时的讲话。

是对的，但这里所讲的好人不是一般意义上的好人，指的是道德品质好和思想觉悟高的人。具体来说，他们必须是拥护十一届三中全会以来的路线、方针、政策，坚持十三大通过的“一个中心、两个基本点”，坚持四项基本原则，积极主张并参加改革开放，不搞自由化和僵化的；他们必须是全心全意为国家办事、为人民谋利益，一切言行都是以党和国家民族大业为出发点，而不是以其他，例如，以个人、小团体利益为出发点的；他们是尽心竭力、兢兢业业拼命工作的，不怕苦、不偷懒、不停顿地想事，没完没了地干事，永不满足，永不懒惰；他们光明磊落，有话讲在当面，有错不怕批评，不搞小动作，不搞拉拉扯扯，不搞团团伙伙；他们坚持原则，坚持真理，不怕得罪人，不当老好人，敢于仗义执言，为真理不顾一切；他们为人诚恳，待人宽厚，决不背后整人，对任何人哪怕是犯了错误的人，反对过自己的人，也是满腔热情地去帮助、去对待，甚至“书生气”地宣传这些人的长处。当官对他们讲是什么？就是受苦；有权对他们讲有何用？就是负责。这样的人才是我们需要的人，只有选这样的人进班子，天津的各项事业才有希望。

（三）要注重办事能力。什么叫做好班子？简单地讲就是忧国为民能办事的班子。忧国为民是德，是觉悟；能办事是才，是水平。首先应该重视的是德，是为人民服务，对人民负责。但一个好的班子不只是要有德，而且要有才，要能办事。从某种意义上讲，班子重要的就是因为它要办事，班子好，可以办很多事；班子不好，许多事就办不成。办事，包括肯办事、敢办事、会办事。能办事是个综合指标，没有理论不行，光有理论没有实践经验也不行。比如有些人话说得挺顺溜，找毛病没有，论用处不大，也就是人们常说的既没有错处，也没有用处；药方开得挺多挺全，但不对症下药，不能治病。这种人，一方面缺乏实际工作能力，不能办事，容易误事；一方面又容易讨好，容易通过。要配好班子就不能用这种人。

（四）要讲究结构配比。一个领导班子，特别像天津这样大城市的领导班子，它的任务是很重的。要办的事不仅很多，而且涉及的方面很广。要应付这么个局面，把事情办好，必须有各方面的知识能力。具体到人上，就是必须有熟悉和擅长各方面的人才。如同一个好的乐队，有会吹的、有会打的、有会弹的、有会拉的，还得有会指挥的，否则就不可能演奏出好的乐章。一个好的班子必须是你擅长这方面，他精通那方面，各有长短，组合在一起就成了面面都行的好班子。当然也要有比较全面一点的、知识多一点的人负责全面工作，如同乐队的指挥。但这种人也不能多，多了也可能误事。有的班子之所以一个个数不软，加在一起不强，毛病就在这里。满盘象棋都是车，见面就“兑”没法走。因此，配班子选人，首先是从各方面的工作需要出发，因事选人，其次才是按人派事。比如，选工业方面的领导，必须是在熟悉工业工作的优秀人才中去比较、去挑选。同样，要找教育方面的领导，也必须从熟悉教育工作的优秀人才中去比较、去挑选，而不能从根本不熟悉的人中去挑选。现在建筑常采用钢筋混凝土结构，因为它可以经受各方面力量的冲击，而钢筋混凝土是很讲究配比的。钢筋受拉好，受压不行，混凝土受压好，受拉不行。把两者结合在一起就产生了一种特殊的力量。但如果把配比搞错了，或只用一种缺一种，这座建筑就会出问题，乃至发生事故。我看班子配比不好也会出现问题，也会发生事故。

（五）看人主要看政绩。一个人怎么样，主要看他的工作过程及结果，而不是凭关系，更不是凭领导印象。政绩是一个人各方面的综合反映，工作不肯干，政绩出不来；没有真本事，政绩出不来；群众不拥护，政绩出不来。所谓能办事，主要的标准就是政绩。我们现在的毛病在于一方面大家都反对说空话的人，另一方面干事多的人又常常得不到支持，甚至干事越多，人们意见越多。凡干事的人就得说话，就得办事，就得待人，而老说话难免有错，老办事难免有误，老待人难免有怨，加在一起就叫做说错了话，办错了事，得罪了人。结果缺点比不办事的人还多。办事不多的人，你说不出他有多少具体的毛病，常常容易通过。但如果以这种人为主体组成一个班子，我看不行，因为他只想当好人，不想多干事，也很难说他能忧国为民。坚持用人看政绩，即不要只听他怎么说，主要的是看他干了哪些事，这样公道、科学，人们服气，也可以避免发生大的偏差。如果真的这样做并不断地宣传、提倡，久而久之，逐步形成风气，使干事的人光荣、受尊重，不干事的人耻辱、吃不开，人们就会去努力干事，而不是把精力用在串门、送礼、搞关系上。

（六）要正确看待优点和缺点、特点和弱点。人和其他任何事物一样，都是一分为二的。由于时间有限，实践的范围有限，一个人往往是这头长那头短，那头长这头短，有时长是短的原因，短是长的结果，完美无缺的人世界上根本不存在。同时有些优点和缺点是伴生的，如果不注意保护优点，一味死抠缺点，缺点是没有了，但优点也就没有了。对一个人要一分为二，但一分为二不是半对半，不分主次是折衷主义。一个人七分或八分是优点，优点又很突出，那就是好的，就是我们需要的。相反，如果这个人七分是缺点，那就基本不行。因此，必须把握好优缺点的分量。如果把缺点一味渲染扩大，三就变成了四或五或六了，同时再把优点一贬低，这样稍一偏，优、缺点分量就不准了，优秀的人才可能被看作毛病很多的人物。看人必须抓主要面，看主要面是缺点还是优点，既要看缺点对工作有多大害处，更要看优点对事业有多大用处，要估计得恰如其分。就一般讲，要先看长处后看短处，发挥长处避其短处，在发挥长处过程中补其短处；先看优点后看缺点，在发扬优点过程中克服缺点，而不是首先抠缺点把人制住。有些同志常常以个人好恶作为标准，把别人的特点、个性当成了缺点。如这个人活跃一点，就说他咋咋呼呼；这个人稳当一点，就说他暮气沉沉。我们为什么“万金油”式的人多，我看是和我们不允许个性存在有很大关系。如果人人都按一个模式、一个标准，管得又严又死，就会把人搞得圆头圆脑、没棱没角，使特点不能发挥，从而埋没了人的才华。一定的实践范围造就一定的人才，有些真正可贵的东西，很可能就是你看不惯的东西，个性的东西，即所谓殊众的东西。王维讲“贱日岂殊众？贵来方悟稀”，是说可贵的东西开始不明显，不注意容易丢失掉。

（七）要努力区分主见、主观，自信、自满。主观和自满对一个领导者来说确实是一个大的忌讳。领导的高明之处并不是一般地讲个人的才智，最主要的是他善于把群众中好的东西集中起来、坚持下去。我们的基本理论是群众创造历史，群众是历史的主人；我们讲的实践是社会的实践，而不是讲某个人的实践。所以一个领导者不坚持群众路线，不吸收群众的智慧，不能团结、带领群众，是个光杆司令，就不可能很好地完成任务，也不能算是好的领导者。但人们常常忽视与此相联的另外一面，即领导者有没有主见与自信也是个重大原则问题。作为领导者自己没信心，怎么叫人对你有信心？自己没主见，遇事拿不出办法，或有办法而不敢决断，人云亦云，东倒西歪，今天这么着，明天那么着，怎么能保证政策的连续性和理论的一贯性？别人怎么能跟随和遵循？多谋善断，当机立断，历来是做领导的基本要素。这个要素也表现为能够力排众议，坚持自己的意见，这个坚持在没有结果、是非未分时，也可能被人们认为主观。因此，领导干部主观、自满不行，没有主见和自信也不行。没有主见和自信的人干不成大事。自满和自信，主观和主见有时很难分辨和区分，它们有很多形似之处，真把它们分得很清也不容易，但我们在思想上必须明确，不能以反自满和主观为名，搞一些没有主见、没有信心的窝窝囊囊、随风倒的人上来，这是能否把班子配好的一个关键。

（八）要正确理解知识、才能与学历、文凭的关系。为了提高干部队伍素质，适应四化建设的需要，我们必须注意干部的科学文化知识，正因为如此，这几年我们在选人员、配班子时比较重视学历与文凭。就一般来讲，学历和文凭可以代表或说明一个人的文化水平，应该说这是我们的一大进步，也取得了很大成绩。但在坚持这一条的过程中，我们确实也犯过一些毛病，乃至因此吃了一些苦头，这就是我们有些人把学历、文凭看得过于神圣，过于绝对，似乎只要有了文凭就有了一切。其实，学历、文凭并不等于知识；文凭、知识也不等于才能；知识、才能更不等于贡献。而我们要选的是那些既有知识、有才能又能作贡献的人。什么是知识，概括地讲是生产斗争和阶级斗争的知识，具体下来，确实是一个非常宏大的领域，书本上的知识只是一部分；同时，书本也包括在工厂、家庭自学的书本。我们有许多人没有上过大学，看学历很低，要文凭没有，可是论对某一方面的了解，包括书本知识，比有大学文凭的人还要多，我们怎么能把这样的人排斥在外呢？四化建设既是个大考场，又是个大课堂，我国正在用人之际，切不可忽视这个课堂。至于贡献，这是一个更为复杂的问题，不仅联系才，而且联系德。不是讲“才华秀出谓之英，胆力过人称之雄”吗？而胆力是一个更为复杂的问题。因此，把学历、文凭绝对化不对，把知识、才能绝对化也不对。

（九）要警惕嫉贤妒能。笑人之无，妒人之有，这是中国流传久远、影响较深的一大毛病。现在一个普遍现象是表彰谁谁挨攻，宣传谁挑谁的毛病，因此许多人怕表扬，怕“曝光”。这是一个很不好的现象，如果不警惕并采取必要的措施，有能力的人就提不上来。我们是要坚持群众路线，广泛听取群众的意见特别是基层广大群众的意见，但有时对有的意见也要加以分析。古人讲“忠直之忤于主，独立之负于俗”。忠直的人为了坚持真理常常跟领导有些争议，有独立见解的人常常跟多数人看法不一样。地球是圆的，开始创立这个学说的人，不是很孤立嘛！所以，马克思主义讲检验真理的唯一标准是实践，不是“公认”或“多数人的意见”。不知道大家是否看过《基度山恩仇记》，你看嫉妒可以产生什么结果。其中有个长老，好像叫法利亚，以自私和嫉妒作为依据，分析推理主人公的仇人是谁何等准确。无数的事实证明，嫉贤妒能极大地影响我们社会的安定团结，影响了一些人才的发现、使用和发挥作用。我们中国历史上很早就把克服嫉才当作大问题，提倡任人唯贤，反对任人唯亲，提倡外举不避仇等等。管仲和齐桓公原来是什么关系？“射钩之仇”；魏徵和李世民原来是什么关系？冤家对头。但管仲和魏徵仍能被委以重任，难道我们还不如封建社会统治阶级的头子？我们要提倡荐贤为公，不以个人亲疏为根据，不以个人好恶为标准，而应以大局为重，党和国家事业为重，广大人民的利益为重，并且表彰那些为国荐贤的人，警惕、抵制和批评那些搞宗派、搞小动作，不琢磨事、光捉摸人、专门捉摸干事人的人，以保证我们选人过程不出大的问题，换届工作顺利进行。

（十）要使干部能上能下经常化、制度化。中国目前是个特殊的阶段，要一下子完全解决干部能上能下问题不大可能，但这个方向必须坚持，起码可以是老人老办法，新人新规矩。新上来的大多是解放后参加工作的人，为什么同时期的人这个能上来做领导而那个就不行，原因只有一条，就是看谁能够给国家和人民办事。因此，凡能给国家和人民办事的干部，也就是称职的干部，可以接着干下去，否则就应该下来。这不是哪个人的问题，而是国家和人民的大利益。我们常讲不要占着茅坑不拉屎，不称职的干部要比占茅坑不拉屎严重得多。领导干部没有功就是过，没有成绩就是问题。现在领导都要讲工作，讲指标，讲效益，一个人的工作好坏联系到整个的局面；其实自己干不了，又不下来，对自己也是一种折磨。同时，在一个班子中，你不称职，又不下来，别人就进不来了，这不利于新的优秀人才的发现和锻炼。打破终身制，首先要解决观念问题，要宣传干什么都一样的观点。不是讲“智者尽其谋，勇者竭其力，仁者播其惠，信者效其忠”吗？能干什么就干什么嘛！有什么不好呢？一个人对社会的贡献大小，不取决于职务而在于尽心竭力；只要全心全意，只要工作第一、他人第一、革命第一，就是个高尚的人，有益于人民的人。外国的政界大都是先在议会当议员，然后逐步参加竞选当总理或总统。我们现在是市委、市政府下来再到人大、政协，这样就注定了人大、政协的成员年龄都大。因此，我们想逐步地加以改变，由现在的单向改成双向，即人大、政协也要搞些年轻人。因为对有培养前途的年轻人，需要叫他们早些接触上层，在人大、政协锻炼一阵，得到提高以后，有的可以到市委或市政府工作。当然，还会有由市委、市政府退下来的到人大、政协。这就叫做双向流动，这样人大、政协也会增加活力。总而言之，要提倡流动，能上能下，能官能民，能干这个也能干那个。

我的上述讲话，或叫会议总结，归纳是否全面、准确，表达方式、逻辑顺序是否合理，还可商榷。比如，是否就是十个问题，可不可以是十一个问题、十二个问题或八个问题等等，都还需要仔细地斟酌和考虑。也就是说，这个讲话不是我个人最后的意见，我之所以把它先讲出来，意在抛砖引玉，意在引起大家的重视，以深化对问题的认识。各位民主党派的同志都是有能力、有知识、有影响的，我相信能够在这个方面做一些思考、做一些工作，为天津换个理想的班子献策出力。

为人民办实事的重要启示*

（1988 年 3 月 5 日）

由市政府全体会议讨论决定改善城乡人民生活的各项工作，公之于众，付诸实施，在天津已是第六个年头了。我们之所以坚持这样做，是为了增加政府工作的透明度，使更多的人参政议政，使政府的工作始终不离开全心全意为人民服务的宗旨，始终不离开广大人民群众的直接监督。几年来的实践，近百件的实事，我们收到了显著的效果，积累了有益的经验，获得了重要的启迪。

一

为人民办实事，既要迎难而上，又要善于运筹。

今年，我们面临着稳定经济、深化改革的新形势，各方面资金较紧，矛盾较多；同时由于连续几年办实事，留下的题目要求较高，安排起来难度很大。但是经过各有关部门的积极筹措，精心谋划，最后正式列入决定的实事还是非常鼓舞人心的。例如，规模宏大、具有现代水平的天津铁路枢纽改造工程，将在“十一”建成交付使用，届时百年的老龙头火车站将实现龙年龙抬

---

* 这是李瑞环同志在天津市人民政府第九次全体会议上的讲话。

头；继全市民用气化之后，人民群众渴望的热化工程，今年已提上日程，将采取多种途径，在较大范围内展开；拆迁多、难度大的内环线将要加快拓宽改造速度；多频道大功率、目前全国最高的广播电视发射塔今年要着手建设；电话装机容量将要大幅度增加，郊县电话将要逐步实现与市区直拨，居民家庭电话也将要逐步普及推广；农村扶贫致富提到较高标准，村镇现代化建设将迈出较大步伐。可以肯定地讲，这20项工作的完成，对于进一步改善城乡人民生活，振奋全市人民精神；对于提高城市功能，优化投资环境；对于促进经济建设和各项事业的发展，必将产生巨大的作用。

今天讨论通过的20件事，既有积累多年的老难题，又有工程量大、技术要求高的新项目；既有历年存在的资金、材料等老困难，又有新形势下出现的一些新特点，可以肯定，实施起来困难一定很多很大。我认为要真正把这些事办实办好，首先必须解决好正确对待困难的问题。第一要承认困难的普遍性。从这几年我们办实事的经历来看，哪年没有困难？哪件事没有困难？从拆临建棚，到引滦、中环线、外环线和民用气化，都是困难重重。许多事开始似乎都是“山穷水尽”，但结果又都是“柳暗花明”。什么是工作，工作就是斗争，斗争就是克服困难。严格地说，不经过斗争，不碰到一点困难的工作，世界上是没有的。第二要看到困难的两重性。困难有两重性。一方面，困难可以给工作带来不利因素，阻碍我们前进，有时压得人喘不过气来；另一方面，困难也可以激励斗志，磨炼意志，提高本领，增长才干。这几年，天津涌现出一大批有才干、有作为的干部，仔细摆摆，这些人哪个不是经历了同困难作斗争的考验和锻炼。困难与成绩、艰苦与光荣从来就是紧密相联、伴随而生的。困难中包含着胜利，艰苦中孕育着光荣。困难越大，成绩越大；艰苦越多，荣誉越高。无数事实表明，凡是被人民称道、使人民受益的好事大事，都是经过艰苦磨难、付出巨大努力的结果。困难并不完全是坏事，也不是不可战胜的。重要的是要有一种迎难而上，坚韧不拔、锲而不舍地向困难做斗争的精神。第三要把握困难的特殊性。任何事物都是具体的，不同质的矛盾要用不同的方法去解决。因此，要把事情办好，单凭满腔的热情，良好的愿望，冲天的干劲，响亮的口号还不行，还必须有解决具体问题的真实本领和切实招法。大家可以回想一下，这几年我们在较为困难的条件下，能够办成一些看来难以办成的事，哪一个不是经过了长期的酝酿、艰苦的思索、反复的琢磨、多方的比较，最终找到了科学的方案、切实的方法而搞成功的。因此，作为一个领导干部，是不是努力提高自己的本领，不断地研究探索新的招法，不只是自己的问题，而且是一个为人民服务、对人民负责的问题。本领、招法不是从天上掉下来的，也不是脑子里固有的，而是从实践中来的。只要处处留心，勤于、善于把实践材料连贯起来思索，进行分析、综合，就一定可以想出新的套套，走出新的路子。

二

为人民办实事，最重要的是树立牢固的群众观点。

马克思主义的群众观点最本质的有两条。一是一切为了人民群众，全心全意为人民群众谋利益。也就是毛泽东同志所讲的，全心全意地为人民服务，一刻也不能脱离群众，一切从人民的利益出发。二是一切向人民群众负责，对群众的切身利益采取严肃认真的态度。也就是刘少奇同志多次强调的，共产党人要在客观上使人民因为我们的服务而真正获得解放，获得益处。我想，只要掌握了这些观点，就会理解我们在为群众办实事的工作上，为什么花这样大的精力，下这样大的功夫。也就会在任何情况下，都能正确地对待群众，对待自己，对待我们党和政府的工作。具体来讲，也就是比较自觉地尊重人民群众的主人地位，从而把最广大人民群众的最大利益作为真理的最高标准；就能时刻牢记自己是人民的公仆，从而尽心竭力地为人民群众谋利益；就能懂得我们党和政府之所以存在的历史理由和客观根据，从而自觉地习惯地把为人民服务作为一切工作的出发点和归宿。

强调牢固地树立群众观点，对当前搞好改革开放和其他各项工作具有极其重要的现实意义。群众观点最核心的内容是承认群众是创造历史的主人，一切工作的成败归根结底取决于人民群众。因此，在政治和经济体制改革的过程中，无论是发展商品经济，调整各方面的利益，还是推行厂长负责制，完善各种法律和规章制度，都必须重视群众、尊重群众、审慎地对待群众，而绝不能伤害群众。比如，在强调知识分子和专家重要性的时候，要特别注意不能忽视体力劳动者的作用，体力劳动者和脑力劳动者都是社会财富的创造者，都是国家的主人，都应当受到尊敬，对此，要在宣传报道时、具体政策上、各项工作中准确无误地体现出来。在强调厂长负责制重要性的时候，要特别不能忽视广大工人群众主人翁的地位和作用。工人群众是企业的主人，他们决定着企业的生存和发展。推行各种经济责任制也好，实行承包、扩大经营自主权也好，加强管理、整顿纪律也好，都要注意发挥工人群众的积极性和创造性，使厂长的管理权威同工人群众的主人翁地位统一起来。在强调经济手段、物质利益作用重要性的时候，要特别注意不能忽视思想工作和人的精神作用。我们进行经济体制改革，毫无疑问地要研究如何通过经济利益的调整与分配，来调动人们的积极性。但这并不意味着可以削弱甚至否定思想政治工作。小平同志在视察天津时曾指出，改革、现代化科学技术，加上我们的思想政治工作这一套，这是我们的优势所在。在这个问题上，我们一定要保持清醒的头脑，通过卓有成效的工作，把这种特有的优势最大限度地发挥出来。

天津这几年的情况表明，办实事的自觉性来自于群众观点，而牢固的群众观点必须在办实事的过程中锻炼提高。许多同志都有这样的体会，在办实事的实践中，最能感受群众的觉悟，群众的疾苦，群众的意愿。可以这样讲，办实事越多，对群众的理解越深刻，与群众的感情越深厚，对自己的要求越严格。因此，我们要把办实事作为一个大课堂，通过它来提高马列主义水平，树立牢固的群众观点。

三

为人民办实事，与做好各项工作是相统一、相一致的。

承认群众是创造历史的主人，承认一切工作的成败归根结底取决于群众的自觉与自动，这就有一个如何调动群众积极性的问题。这几年，我们始终把群众最关心的热点作为工作的重点，时刻注意“群众生产、群众利益、群众经验、群众情绪”，坚持办多数人受益的事，办群众最急需的事，办长远起作用的事，办促进精神文明建设的事，办力所能及的事，解决了群众生活中的大量难题，为全市人民创造了一个良好的工作和生活环境。同时，由于我们办的实事速度快，质量好，花钱省，扰民少，年年圆满完成、如期兑现，使群众鼓舞了斗志，振奋了精神，增强了对党和政府的信任。现在全市人民心齐气盛，以“我们是天津人”为荣，对各项事业、各项工作保持了高昂的情绪，形成了一种政府为群众办事、群众为政府作劲的生动和谐局面。有的群众说天津有仙气，办事容易，有的专家说天津这种局面是办实事产生的“实事效应”和“辐射作用”。不管怎么说，这都表明，为人民办实事与做好其他工作并不矛盾，而且有利于搞好其他工作。

城市是个多层次、多功能、高度综合、互相联系、互相制约的有机体，很多事都具有多重意义。比如民用气化，方便了人民生活，同时也改变了城市的能源结构，节约了大量能源，缓解了运输压力，减轻了污染，对城市的管理、工业产品质量的提高都有很大好处，可以说是一举数得。引滦入津、建设道路、整修市容、改造车站等等，都是这样。中环线谁走得最多？谁受益最大？我看还是工业企业。事物都有质的多样性。许多事由这边看是物质文明，由那边看是精神文明；由这个角度看是人民生活，由那个角度看是经济建设；由这方面看是救急的性质，由那方面看是基础性措施。我们把许多事情都列入了改善人民生活的内容，并不是说其他方面的意义就没有了、降低了，事实上许多都与各行各业的发展息息相关。

过去的五年，市政府决定办的 90 件实事、240 多个子项中，很大一部分是四化建设的基础工作，其作用和意义是多方面的。

（一）促进了经济建设。比如，我们在水、路、电、气等方面的建设，既解决了人民生活的困难，也为工农业生产提供了有利的条件。五年来，我市国民经济持续、稳定、协调发展，工农业总产值年均增长 10.7%，财政收入逐年上升，上缴国家财政的比例已居全国各省市首位，这些与我们为群众办实事不能说没有重要关系。

（二）取得了很好的效益。有些项目，有些效益，如社会效益、环境效益很难用数字计算，有些项目其经济效益就比较明显，比如食品街、文化街建筑投资已全部收回，国际商场、旅馆街、服装展销中心营业额与日俱增，建筑投资不久也将收回。中环线工程经国家有关部门和北京、上海等地专家共同鉴定，通车第一年直接经济效益达 1.28 亿元，到 1990 年投资即可全部收回。

（三）增强了城市功能。经过几年的工作，城市欠账偿还不少，城市面貌有了很大的改观。随着城市总体规划的实施，为工业东移、安排更多更大的项目创造了良好条件；随着“三环十四射”的建设改造，形成了城市的交通骨架和网络，东西不畅、南北不通，运不出去、拉不进来的状况有了根本性改变；随着商业、通讯、文教、卫生等设施的增加和专业街的建设，城乡交易日益兴隆，中心城市的作用正在得到发挥。

（四）改善了投资环境。这几年，我市投资的硬环境和软环境引起了国内外的瞩目，中央和外地同志给了很高评价，国外人士也给了很多赞扬。天津声誉的提高，对于发展外向型经济是个有力的促进。所有这些都说明，办实事与各项工作，特别是与经济工作是个有机的整体，它不是可有可无，而是必不可少；不是相互矛盾，而是相辅相成。这是人们公认的天津一条经验，我们自己更应该自觉地坚持。

四

为人民办实事，必须坚持群众路线的工作方法。

群众路线是党的根本的思想路线、政治路线和组织路线，是各级领导干部必须遵循的基本工作方法，也是办好实事、做好各项工作的基本工作方法。

我们必须善于发挥人多的优势。我们国家，最大的特点就是人多。人多是一大难题，许多问题和困难都和人多相联系；人多也是一大优势，解决难题必须从人多上打主意。“人多力量大”，“人多主意多”，动员起来，组织好了，就可以将不利因素变为有利因素，将“包袱”变成财富。天津这几年之所以能够又快又好又省地办成一批大事、难事，各项工作有长足的进步，其根本原因就是我们注重人的因素，把群众中的社会主义积极性最大限度地调动起来，并合理地发挥出去。这是我们的基本思路、基本经验，也是一些人、包括外地人不能理解的天津钱不多、事干得却不少的奥秘所在。在引滦工程中，几十万人参加义务劳动，52天挖出百里明渠；在外环线工程中，25万人奋战20多天，完成了70多公里挖河垫路的土方工程。这些全市性的大项目，牵动着千万人的心，前方打胜仗，后方齐支援，出现了“生产搞上去，红旗扛起来”，拆迁不讲条件，征地不讨价还价，万人捐款、捐物，数十万人制作慰问品等动人场面。这说明，群众中蕴藏着巨大的创造力，同时也说明在中国这块土地上当领导人，想问题、办事情，时刻也不能忘记人多这个基本国情，善于在人多上想办法、做文章，使众多的人都能从不同的角度、用不同的方式参加建设，发挥作用。只要我们做到了这一点，许多难题都可以迎刃而解，许多人间奇迹都可以创造出来。

把群众的积极性充分调动起来并合理地发挥出去，这是领导者的基本功。这里有领导的态度问题、水平问题、方法问题，更重要的是所办事情的内容问题。要想靠人民，首先为人民。只要我们选择的事情是群众关心的、群众受益的、群众要求解决的，也就是我们常说的为民之举，群众看到大干有利于自己，贡献是为了收获，就会乐于参加，勇于出力，心甘情愿地作出奉献。

我们必须善于集中群众的智慧。群众是社会实践的主体，他们最聪明、最有智慧。实践说明，很多事靠少数人坐在屋子里冥思苦想，往往一筹莫展；而迈开双脚到群众中去求教问计，就会豁然开朗。我们这几年努力把办实事的过程作为发扬社会主义民主的过程，建立了信息网络，坚持了户卷调查，通过多种渠道听取群众的反映，发动群众献计献策；注意发挥各群众团体的桥梁纽带作用，自觉听取人民代表、政协委员、各民主党派和无党派爱国人士的意见；广泛开展民主协商对话和谈心服务活动，直接体察群众的情绪，及时发现和总结群众中的先进典型和经验。用这些办法，我们不断地把群众中的分散意见集中起来，化为系统的意见，再到群众中坚持下去。我们在办实事中，决策之所以比较正确，措施之所以比较得力，效果之所以比较理想，一个重要的原因就在这里。

我们必须坚持群众自己教育自己的方针。群众中确实存在着需要教育和引导的问题，而组织群众参加为自己办实事的活动，是使群众受到教育的最好方法。群众受益的事情发动群众参加，群众出了力气，花了心血，就会感到自己是主人，就会当作自己的事情，有困难主动克服，有成绩引以为荣，对成果倍加珍惜。群众参加了办实事，就会亲自体验党和政府的关怀，知道办事的难处，了解领导的辛苦，对一些不尽如人意的地方也就能够理解和体谅。正因为我们在办实事的过程中尽可能扩大群众的参与程度，群众在办实事中看到了自己的力量，增强了主人翁的意识和责任感，从而更加积极地响应党和政府的号召，以更加饱满的热情投身于各项工作。

同志们，“一切为了人民，一切依靠人民”，这就是我们为人民办实事的根本思路，也是我市其他各项工作的根本思路。今年，在全面贯彻党的十三大精神，进一步深化改革和推进对外开放的过程中，我们要更好地坚持这个思路。让我们振奋精神，团结一致，把今年改善城乡人民生活的 20 件事切实办好，把经济建设和各项工作推向前进。

十一、群众观点和群众路线

为了人民、依靠人民是政法工作的基本指导思想*

（1988 年 7 月 30 日）

最近，市委根据中央精神，认真研究了我市的政法工作，并决定召开这次会议。会议开始时学政①同志代表市委就我市的政法工作作了比较全面的报告，我今天不想多讲了，只就政法工作必须明确的一个基本指导思想，即“为了人民、依靠人民”，讲以下三点意见。

一、保护人民利益是政法战线的根本任务

这几年，天津各方面工作都取得了很大的进步，国民经济稳定发展，人民生活显著改善，城市面貌日益变化，安定团结的政治局面不断巩固和发展，可以说，现在是建国以来天津最好的时期之一。天津能有今天这样局面是来之不易的，这是因为党的方针、政策正确，全市军民齐心协力、艰苦奋斗，也是因为政法战线的工作卓有成效。几年来，特别是 1983 年下半年开展“严打”以来，政法战线的同志做了大量的工作，取得了很大的成绩。在整个“严打”过程中全面地贯彻了市委的要求，坚持一手抓建设、

---

* 这是李瑞环同志在中共天津市委政法工作会议上的讲话。

① 即鲁学政，当时任天津市副市长。

一手抓法制，一手抓教育、一手抓打击，有力地打击了敌人，保护了人民，使社会治安状况越来越好，人民群众的安全感日益增强，为改革开放创造了一个良好的环境，成为全国治安秩序最好的城市之一。可以肯定地说，如果没有这样一个环境，我市的各项工作就不会有今天的局面。对我市的政法工作，中央是肯定的，人民是满意的，市委、市政府是有数的。借这个机会，我代表市委、市政府和全市人民向政法战线的同志们表示崇高的敬意!

当前，改革开放已进入一个新的阶段，向政法工作提出了许多新的要求。比如，经济体制改革的不断深化和政治体制改革的逐步展开，需要政法工作及其他工作为其创造良好的社会环境；我国社会主义民主的日益发展，社会主义民主制度化、法律化的客观进程，要求进一步健全社会主义法制；在加强社会治安和维护社会秩序的过程中，要求精神文明和法制宣传紧密配合，教育手段和法律手段同时并用；同时，我们还要继续坚持依法从重从快打击严重刑事犯罪和严重经济犯罪，继续坚持同各种违反社会治安管理的行为作斗争，继续坚持进行社会治安的综合治理；等等。总之，在新的形势下，政法工作的任务不是轻了，而是重了，政法工作只能加强，不能削弱。对于这一点，我们不能有任何的动摇和放松。为了加强政法战线的工作，我们必须进一步明确政法战线的根本任务。我们的各项事业归根结底都是为了人民的利益，都是体现人民的愿望和要求的。政法工作作为整个革命事业的一个重要组成部分，不言而喻，它的根本任务也必然是为了人民、保护人民利益的。

明确保护人民利益，是我们政法工作的根本任务，有利于正确判断是非，妥善处理矛盾。我们所进行的改革是社会主义制度的自我完善，是历史的必然。它不仅符合全体人民的长远和根本利益，而且在当前也给多数人带来了实惠。因此，从本质上讲，改革本身不存在产生冲突的根源。但是，由于新旧体制交替，各种利益关系不断调整，法制建设和商品经济新秩序尚不完善，再加上由于工作中缺乏经验而出现的一些失误和漏洞，这些都有可能带来一些不安定因素，有时在局部地区和有限范围内也可能发生一些不应当发生的事情，乃至有少数群众闹事。这种闹事现象错综复杂，有的是人民内部矛盾的激化，有的是不满情绪的变态反映，有的是少数坏人的蛊惑煽动，有的是境外腐朽思想的渗透和敌对分子的破坏，这就增加了我们掌握原则、辨别是非的难度。但只要我们坚定不移地把保护人民利益作为根本任务，我们就能准确、有效地打击少数坏人，取得广大群众的支持和拥护。

把保护人民利益作为政法战线的根本任务，是由人民民主专政的性质所决定的。人民民主专政决定了人民的主体地位，同时也决定了我国的政法工作同资本主义国家的本质区别。奴隶社会、封建社会、资本主义社会的国家机器，本质上都是代表少数剥削者的利益的，都是与人民群众的利益相违背的，都是以限制和伤害劳动人民利益为目的的。而我们的政法工作区别于它们的主要标志就是为了人民、代表人民、保护人民的利益。因此，我们政法工作的一切内容和形式都必须从这个原则出发，在任何时候、任何情况下，都必须摆正自己同人民群众的位置，人民是主人，我们是公仆，应该勇敢、忠诚地捍卫人民的利益，矛头所向始终只能是为数极少的、与人民为敌的人。对人民实行民主，对人民的敌人实行专政，这是相辅相成、不可分割的两个方面。没有民主，只有专政，不成其为国家政权；没有专政，只讲民主，同样不成其为国家政权。在这一点上，一切剥削阶级的政权和我们的区别，仅在于是对少数人民主、对多数人专政，还是对多数人民主、对少数人专政。所以，我们在讲对广大人民群众实行民主的时候，不应忘记对少数坏人的专政；在讲对少数坏人实行专政的时候，不应忘记对广大人民群众的民主。离开对少数坏人的专政讲民主，或者离开对多数人的民主讲专政，都不是人民民主专政。

为了人民、保护人民的基本指导思想，体现了马克思主义世界观的根本之点。人，是历史的人，是一切社会关系的总和。一切为了人民，是马克思主义学说的精髓，是马克思主义世界观的核心。它把人作为出发点、过程和归宿，把人看作最可宝贵的财富，它以无产阶级为了求得本阶级的解放必须解放整个人类为目标，为推翻压迫人、剥削人的社会关系而斗争。在实现这一伟大理想的过程中，马克思主义讲社会的人，历史的人，多数人和少数人，始终把区别多数与少数、好人与坏人作为基本立足点。小平同志在驳斥西方资产阶级在人权问题上的攻击时指出，什么是人权？是多数人的人权，还是少数人的人权，还是全国人民的人权？西方世界的所谓“人权”和我们讲的人权是两回事，观点根本不同。马克思主义把历史活动看成是人民群众的事业，人民是创造历史的动力，是历史的主人。列宁在批判民粹派分子时说过，民粹派分子总是把劳动居民“看作是采取某些比较合理的措施的对象，看作是应当听命走这一条或那一条道路的材料，而从来没有把各个居民阶级看作是在既定道路上独立的历史活动家”。这里道出了马克思主义同一切唯心主义的根本区别。从这个角度讲，我们政法工作坚持为了人民、保护人民的原则，也就是坚持了辩证唯物主义和历史唯物主义的世界观。在这一科学世界观的指导下，就可以把千百万人民群众发动起来、组织起来，无往而不胜，达到我们预定的目标。道理说来也简单，当人民群众看到政法工作真正为他们服务，真正保护他们并维护他们利益的时候，就会真心实意地支持和拥护政法工作。有了这一条，那就什么事情都好办了。

二、依靠人民群众是政法工作的基本方法

毛泽东同志在讲到抗日战争时说过："战争的伟力之最深厚的根源，存在于民众之中。"战争时期如此，和平时期也是如此；经济建设如此，政法工作也是如此。为了群众必须依靠群众，这是我们一切工作的基本原则，也是政法工作的力量源泉。历史和现实的大量事实都证明，只有依靠人民群众，得到广大群众的支持，我们才能耳聪目明，才能形成强大震慑力量，才能有全社会的长治久安。

近几年来，天津之所以能够保持一个稳定的社会局面，天津政法工作之所以能够取得显著进步，受到中央的表扬，得到人民的拥护，原因是多方面的，但总的来讲，政法战线始终较好地坚持了依靠人民群众这个基本原则和基本方法，则可以说是一条最基本的经验。从大的方面说，天津人民为建设家乡、改变家乡面貌而进行的辛勤劳动，所取得的巨大成就，在人民中间形成的心齐气顺、奋发向上的精神风貌，为我们政法工作创造了一个良好的"大气候"，提供了一个很好的条件，这就是人民对我们的支持。具体讲，广大人民群众检举揭发坏人，提供破案线索，见义勇为同犯罪分子进行斗争，为教育挽救失足青少年进行艰苦的工作，以及普遍开展的法制宣传员、人民调解员、人民陪审员、户院联防、轮班巡逻等，都直接参与和有效地支持了政法工作。他们虽然不在编制之列，不穿制服，但他们确实是维护社会治安的一支巨大力量。所以说，我们的力量来源于人民，我们的一切成绩应该归功于人民。

今后，我们要继续把搞好政法工作的基点放在依靠人民群众上，坚持和发扬依靠人民群众搞好政法工作的优良传统。具体讲，要搞好三个结合。

首先，要把“严打”同综合治理结合起来。“严打”方针必须坚持，“严打”势头必须保持，任何时候都不能动摇。越是严，犯罪的越少，越是松，犯罪的越多。天津的一条重要经验，就是坚持“严打”不放松，今后还要继续下去。与此同时，必须依靠群众进行综合治理。要深入发动各行各业、各个阶层的人民群众，对社会治安齐抓共管，把惩治与教育结合起来，以形成正常的社会秩序和良好的社会风气。要采取政治的、文化的、教育的、行政的、法律的各种手段，来预防犯罪、减少犯罪，惩治罪犯、改造罪犯。必须明确，群众是综合治理的主体，群众中当然难免会有这样那样的缺点，但必须相信，群众通过参加综合治理会受到教育，得到提高，成为有道德、守纪律、敢于同坏人作斗争的公民。这就是马克思主义所说的，人民群众在改造客观世界的同时也在改造着自己的主观世界。与此同时，必须加强改造罪犯和帮教有罪错的人的工作，提高改好率，降低重犯率。要继承我们党在这方面的优良传统和丰富经验，探索在新的形势下，劳教、劳改部门与企业、学校、家庭、社会互相结合的各种教育和改造的方式。我们共产党人以解放全人类为己任，我们政法部门的同志也一定能够通过自己卓有成效的工作，化消极为积极，化腐朽为神奇，改造罪犯，使他们浪子回头，重新做人。

其次，要把专门工作同群众路线结合起来。政法各部门都要加强自身的业务建设，政法战线每个同志都要精通业务技能，熟悉法律知识，钻研政法理论，懂得犯罪心理，一句话，要提高业务素质，使各项专门工作更加适应新形势的要求。同时，在各项工作中都必须注意依靠群众、发动群众。政法战线的每一位同志，应该既是一名战斗员，又是一名宣传员、组织员。要善于组织动员群众，努力提高群众自防自治的能力。由于我们代表了人民的利益，只要真心实意地依靠群众，群众就一定会支持我们，同我们紧密配合。我们在实践中创造了许多专门工作同群众路线相结合的好做法，应该很好地总结、推广、提高，并且不断地创造出一些新的经验来。

第三，要把现代化的手段、方法同我们的优良传统结合起来。随着科学技术的发展，现在许多犯罪活动常常采用一些新的手段，我们必须以其人之道还治其人之身，用现代化的手段、方法、装备来对付犯罪分子，来提高我们的机动能力、应变能力和战斗能力。我们说要加强政法工作，就包含着这方面的内容。但是，仅仅靠现代化手段是不够的，我们还必须把现代化的手段、方法同我们政法工作的优良传统有效地结合起来。建国初期，我们的装备十分落后，但我们用很短的时间，就把一大批反革命分子镇压下去，就消灭了各种社会丑恶现象，建立了世所公认的良好社会秩序和治安秩序。我们要继承和发扬在长期斗争中形成的政法工作的优良传统，如爱民的传统，当好宣传员、工作员的传统，深入群众调查研究的传统，等等，这些都是依靠群众的传统。我们必须明确，任何现代化的方法、措施、手段的运用，都必须立足于依靠人民群众这个基点之上，离开了人民群众的支持和配合，不管多么现代化的手段也会失去效用。假如我们忽视了光荣传统，单纯地依靠武器、装备，就会变成“唯武器论”。我们要坚决反对神秘主义、孤立主义、技术至上的思想，把我们的工作深深地扎根于群众之中。

以上所讲的三个结合，核心是依靠群众。离开了这个核心，所有的方法就失去了灵魂，就会成为徒具形式的东西。对敌斗争是如此，处理人民内部矛盾也是如此。毛泽东同志早在 31 年前就指出：“什么叫正确解决人民内部矛盾？就是实事求是，群众路线。归根到底就是群众路线四个字。不要脱离群众，我们跟群众的关系，就像鱼跟水的关系，游泳者跟水的关系一样。”这是一条颠扑不破的真理。

三、忠于人民的教育是政法队伍的基础建设

我市政法队伍总的讲是好的，在关键时刻是拉得出，打得响的。政法队伍在广大市民心目中是有威信的，同人民群众的关系是融洽的。市委对我们这支队伍是放心的。但是也要看到，政法人员生活在社会之中，不能不受社会的影响；改革开放的深入和建立社会主义商品经济新秩序的任务，向政法战线提出了许多新的、更高的要求；几年来，政法队伍不断更新，大量的新人补充到政法战线中来，他们的思想素质和业务素质也需要有一个提高的过程。因此，加强政法队伍的自身建设仍然是一项重要而紧迫的任务。这方面要做的工作很多，包括提高广大政法人员的业务技术水平，改造政法工作的管理体制，完善政法工作的制度、方法，增加现代化的手段和装备等等，其中最根本的是要进行热爱人民、忠于人民的教育。这是政法队伍的一项基础性建设。

忠于人民就是要牢固树立全心全意为人民服务的宗旨，增强"人民卫士"的光荣感和责任感，充分认识国家的重托、时代的使命，恪尽职守，爱憎分明，做到对待人民像春天般温暖，对待敌人像冬天那样冷酷无情。大量的事实证明，只有树立忠于人民的观念，才能有一往无前、压倒一切敌人而决不被敌人所屈服的英雄气概，在任何艰难困苦的条件下，都能坚持战斗，直至胜利；只有树立忠于人民的观念，才能自觉执行党的群众路线，经常深入群众，和人民群众打成一片，组成"真正的铜墙铁壁"；只有树立忠于人民的观念，才能有强烈的革命事业心，勤学苦练，掌握从事政法工作所需要的各种知识和本领，以保护人民，惩治罪犯；只有树立忠于人民的观念，才能有宽广的胸怀，搞好内部和外部的团结，克服一切妨害和涣散团结的现象，使我们的

队伍成为始终保持统一意志和旺盛生机的战斗整体。

对政法人员进行忠于人民的教育要采取各种切实有力的措施，要贯穿于政法工作的全部过程之中。首先，要加强学习，提高认识。要进行全心全意为人民服务的宗旨教育，弄清我们政法人员和人民大众的关系，明确政法工作的根本任务和目的。要学习人民民主专政的理论，区分人民政权与剥削阶级国家政权的不同性质，真正代表和维护人民的利益。要学习历史唯物主义的基本原理，认识社会的发展规律，认识人民是历史的主人，提高依靠群众的自觉性。要学习党的方针、政策和国家的法律、法令，严格依法办事，保障改革、开放和四化建设的顺利进行。其次，要建立健全各项制度，密切联系群众。要经常和人民谈心、对话，听取意见、建议和批评，开展各种形式的爱民活动、“警民共建”活动，逐渐实现制度化、规范化，使政法工作得到群众的理解和支持，并接受群众的监督。再次，要严肃组织纪律，坚持为政清廉。司法、执法部门公正清廉，还是贪赃枉法，历来是一个政权兴衰的重要标志。我们是社会主义国家，正处在发展有计划的商品经济的历史过程中，我们的政法人员在日常的工作岗位上，必须做到秉公执法、刚直不阿、廉洁奉公、一尘不染；在国家和人民利益受到危害的紧急时刻，必须做到见义勇为、挺身而出、一不怕苦、二不怕死。对于那些违法乱纪、侵犯人民群众利益的人，那些对犯罪行为放任不管，甚至临阵脱逃的人，要追查责任，严肃处理。最后，要树立典型，大力表彰先进。对于密切联系群众、努力为人民服务、工作成绩突出的单位和个人，要总结推广他们的经验，表扬宣传他们的事迹，以弘扬政法战线的凛然正气，形成争当先进的热潮。

同志们，现在天津的形势很好，政法战线的形势也很好。我们正在认真传达学习中央关于政法工作的一系列指示精神；随着市级领导班子换届工作的完成，市委政法委和市公、检、法等部门的领导班子得到了充实、调整；这次政法会议又总结了经验，明确了方针任务，所有这些都将对我市今后的政法工作产生重大影响。我们相信，在已有成绩的基础上，我市的政法工作一定会搞得更好。政法战线必须有这样的雄心壮志：要让广大人民群众安心和放心，要给改革开放创造稳定的社会环境。这是我们的责任，我们必须做到，我们完全能够做到。市委相信，政法战线的全体同志决不会辜负党和人民的希望。

把群众情绪作为第一信号*

（1988 年 12 月 30 日）

人民是历史的主体，改革是人民的事业，治理经济环境、整顿经济秩序、全面深化改革能否取得成功，最终取决于广大人民群众的理解和支持。民心顺了，就一顺百顺。因此，关注群众的情绪，理顺群众的情绪，对于治理、整顿、全面深化改革创造一个良好的环境，对于胜利完成十三届三中全会提出的各项任务极为重要。天津市委在近几年的工作实践中，一直十分注意群众利益和群众情绪问题，以此作为考虑问题和安排工作的重要依据，并要求各级领导干部把群众情绪作为第一信号，学会理顺群众情绪的本领，不断提高领导水平。

群众情绪是领导决策的重要依据

细心地倾听群众的呼声，善于体察群众的情绪，使我们的一切决策和措施符合广大人民群众的意愿，赢得广大人民群众的拥护和支持，这是党的群众路线的根本要求，也是重要的政治领导艺术。

---

* 这篇文章原载中共中央党校《理论动态》第 816 期（1988 年 12 月 30 日），后发表于《求是》杂志 1989 年第 4 期。

在中国革命的实践中，凡是正确的决策都是人民群众意志、情绪的集中体现。我们党之所以能够力挽狂澜，战胜前进中的各种困难，都是由于顺应了人民群众的意愿、要求和情绪。在新旧体制转换的历史时期，工作中的缺点、失误是不可避免的。通货膨胀，社会分配不公，以及党内和社会上出现的某些消极腐败现象等问题，使得许多人情绪不顺。党的十三届三中全会提出了改革的方向必须坚定不移，步骤和方法应该审时度势、力求稳妥的方针。这个方针切合实际，符合民心，必将赢得广大人民群众的理解和支持，把改革事业进一步推向前进。任何决策或措施，必须顺应群众情绪，符合群众愿望，否则，群众情绪不高，甚至气呼呼，事情就不可能办好。群众情绪往往反映了群众对现实生活中各种社会现象的感受、认识和态度，因此，为了使我们的一切决策和措施都符合群众的愿望和要求，从领导的角度来说，就应当把群众情绪作为第一信号，及时把握群众情绪。

群众情绪，最基本的是反映群众的切身利益问题。诚心诚意地为群众解决实际问题，满足群众日益增长的物质文化生活的要求，是领导者决策的出发点和归宿。早在抗日战争时期，毛泽东同志在陕甘宁边区就曾指出：一切空话都是无用的，必须给人民以看得见的物质利益。我们第一方面的工作并不是向人民要东西，而是给人民东西，就是组织领导人民帮助人民发展生产，增加他们的物质福利，只有在做了这一方面的工作，并确实生了成效之后，再去做第二方面的工作——向人民要东西的时候，我们才能取得人民的拥护。这样，我们的工作才不是勉强的，才会感觉顺利，才会感觉真正和人民打成一片。这就是我们党的根本路线，根本政策。重温毛泽东同志40多年前的这段话，仍然感到很亲切，很有现实意义。由于长期“左”的影响，特别是十年“文化大革命”的破坏干扰，我们在很长时间里不注意人民群众的情绪，群众生活中有许多亟待解决的问题我们没有解决好，从而严重影响了群众对党和政府的信任和支持，影响了群众社会主义积极性的发挥。当然，随着改革、开放的深入，人民群众的物质生活和文化生活有了较大的改善，群众对各级党和政府的信任情绪增加了。但是也要看到，我们确有一些本来可以办得更好的事情因为种种原因还没有做好，不尽如人意的事还不少，我们的工作还不能说广大人民群众都满意了。

党中央反复强调，在新的历史时期全党和全国人民的总任务，就是一心一意干四化，而干四化的目的就是谋求国家的繁荣昌盛和人民的富裕幸福。我们只有十分重视群众情绪，注意切实解决关系群众切身利益的问题，不断满足人民物质和文化生活的需要，才能使我们的一切决策建立在科学的基础上，并符合广大人民群众的愿望和要求。历史的经验反复告诉我们，每当把国家利益和人民利益对立起来，把长远利益和当前利益对立起来，忽视人民的利益、忽视群众情绪的时候，这时的革命号召往往掩盖了决策的失误，到头来，群众不高兴，生产也上不去。

领导干部要学会把握群众情绪的本领

改革是亿万人民的事业，群众的情绪如何，精神状态如何，决定着改革的进程。因此，凡是真正关心改革的领导干部，都应该学会把握群众情绪的本领，研究如何最大限度地调动群众的积极性。

学会把握群众情绪的本领，要深入到群众中去，认真倾听群众的意见和呼声。只是主观上有为人民服务的愿望，但自以为比群众高明，遇事不愿向群众学习，不愿同群众商量，就不可能想出好主意，拿出好办法。光有深入实际的愿望，而不迈开双腿到群众中去，了解工作中的实际情况，往往会作出与群众意愿、群众情绪相悖的决策。在新旧体制转换的特定历史时期，我们面临着一些困难和问题，群众对物价上涨、社会分配不公、党政机关消极腐败等现象有许多意见，怎么办？这就需要领导者腾出一定的时间深入到群众中去。近几年，天津市通过完善信息网络、户卷调查、建立意见箱、联系电话、举报中心以及谈心服务等多种形式，直接听取群众的反映，体察群众的情绪；根据群众的要求，市委、市政府每年为城乡人民群众办20件实事，受到了群众的好评。这对稳定群众的情绪，激励全市人民为建设新天津作出自己的贡献，收到了比较好的效果。

把握群众的情绪，就要发扬社会主义民主，敢于接受群众的批评意见。领导干部应当做到坦率地与群众对话谈心、交换意见。这样，群众才会感到，领导干部值得信任和依靠，他们的心情才舒畅，也才能直抒其言。新旧体制交替之际出现的各种各样的问题，有的是不可避免的，也有的是由于我们工作中的缺点和失误造成的。群众中出现一时不能适应这种局面的现象，以至产生对某些问题的误解，是难免的。怎么办？对存在的问题采取回避的态度是不行的。最好的办法是同群众对话，敢于把我们工作中的缺点、失误，我们面临的种种困难，以及我们在十年改革中总结出来的主要经验和教训，毫无保留地向群众讲清楚，同群众坦诚相见，一起商量克服困难的办法。目前，在党政机关某些工作人员中存在的消极腐败现象，为群众所深恶痛绝。群众对这些问题有意见，我们要认真听取，做到该解决的解决；同时，对一些误解也要该解释的解释，该引导的引导，绝不能采取敷衍了事的态度。党的历史表明，我们的力量在于群众，群众是拥护我们的。敢于让群众讲真话、讲批评的话，这不是坏事，而是自信与力量的表现。

把握群众的情绪，就要同群众同甘共苦。“勾践栖山中，国人能致死”，“上能同甘苦，下能共安危”。有了与群众同甘共苦的精神，就能永远和群众保持密切的联系，与群众心心相连，休戚与共。但是，我们有些干部和人民群众的距离越拉越远，个别人热衷于讲排场、摆阔气，房子越住越高级，小汽车越坐越豪华，而对于关系群众切身利益的事情，他们却采取麻木不仁的态度。群众对他们有气，有话不愿对他们说，有劲不愿为他们使。当然，他们也就无从把握群众的情绪。我们党一贯提倡，领导干部无论何时何地，都要把人民的冷暖装在心中，“先天下之忧而忧，后天下之乐而乐”，与人民群众同甘苦共患难。这样，领导干部了解、关心人民群众，人民群众才能理解、支持领导，使我们的各级领导在准确把握群众情绪的基础上，把群众的积极性充分调动起来。

群众情绪是广大群众对现实的一种直观反映，往往不那么规范、雅致，不那么有条理、有分寸，有时甚至以尖锐的、粗糙的、使你感到不那么舒服的形式和方式表现出来。作为领导者，就要善于体察，从中获得教益。当然，作为领导者，不能满足于反映群众的一般情绪，而是要引导群众前进，但是，首先要及时准确地体察、把握群众的情绪。

重视稳定群众情绪

群众情绪是否稳定，是一个国家、一个社会是否安定的晴雨表和折射镜。近年来的改革实践说明，群众对一些问题不理解，想不通，心不顺，有怨气，就不仅不可能积极地支持改革、献身改革，而且往往会影响社会的安定。因此，把握群众情绪、理顺群众情绪，是各级领导机关和领导干部不容忽视的大问题。

稳定群众情绪，就要引导群众正确地认识形势。群众对在改革、开放中出现的某些消极现象有意见，情绪不顺是可以理解的。理顺人们的情绪，就要通过形势教育，引导群众实事求是地看待当前的形势。所谓实事求是，就是既要讲成绩，也要讲困难和问题。当然，这两者不是半斤八两，平分秋色，而要把占主导地位的成绩摆在首位。要向人们讲明，群众既是十年改革建设的参加者，也是十年改革建设成就的受益者。虽然我们的人均收入水平还很低，还有这样那样的困难，但我们是个有 10 亿人口的泱泱大国，改革十年来惠及全国人民的看得见、摸得着的事实，说明我们党的改革、开放政策是正确的。这样，引导人们从宏观到微观看到我们已经取得的成绩，就能够把群众从只看到困难和问题转移到看到成绩、看到进步上来，使他们对前途充满信心。在肯定成绩的同时，对问题和困难也不能回避。邓小平同志最近接见外宾时曾坦率地说道，过去十年，我们没有犯大的错误，但是这样或那样的小的缺点、小的毛病是不断发生的。最近中国就存在着通货膨胀问题，物价涨得太快。这样认识形势，符合实际，令人信服。引导群众的前提是相信群众，那种怕群众“承受不了”，对问题和困难避而不谈，其结果只能是帮倒忙，加剧群众的不满。只有让群众在成绩面前受到鼓舞，在问题和困难临头时也不灰心丧气，才能使改革大业变成亿万人民的自觉行动。

稳定群众情绪，就要协调好人际关系。人与人之间关系的融洽、协调，是社会安定的基础。从根本上说，我们的改革无疑是符合人民群众的整体利益的。就当前来说，绝大多数群众也是受益的。但是，在改革中，由于各方面利益关系的不断调整和变化，往往会在某种程度上影响人民对改革的态度。因此，要研究改革方面的人际关系，尽可能体现社会公平。比如，我们既要承认人们在分配上的合理差别，也必须实行合理的调整，在鼓励一部分人先富起来的同时，力争使在付出同等体力和脑力劳动的情况下，收入大体相等。这样就可以防止收入差别过于悬殊，从而避免人们产生新的不满情绪。再如，在宣传改善人民生活时，要注意国情、国力，不要吊群众的胃口；在揭露和批评某些问题时，要分清主流和支流，不要以偏概全；等等。这样，在处理各种问题时，就能够克服片面性，照顾到广大群众的整体情绪，从而避免诱发不安定因素。总之，协调人际关系的最终目的在于通过完善政策和以诚待人、平等待人的思想政治工作，力求使更多的人高兴，让更多的人满意，使更多的人在改革中充分发挥聪明才智，在全社会真正形成一个民主和谐、安定团结的政治环境。

稳定群众情绪，就要为群众多办实事。空谈误国，实干兴邦。社会上的不安定因素，有些往往同领导上“只喊不干”的作风有直接关系。离开了对群众中实际问题的解决，离开了物质文化生活的不断改善，很难理顺群众的情绪。实践证明，坚持办多数人受益的实事，让更多的人得到实惠，就能使更多的人心情舒畅；坚持办群众最急需的实事，解决群众中意见最突出的问题，就能赢得群众的同情和支持；坚持办长远起作用的实事，让群众看到更大的希望，就能使他们保持一种不断追求、积极进取的精神状态；坚持办力所能及的实事，就能够让群众看到政府的努力，体谅国家的困难，养成一种艰苦奋斗、顾全大局的好风尚。我们既不能超越历史去干那些条件不允许、不能干的事，也不能逃避历史责任而不去干我们应当和可以干的事。群众最实事求是，最通情达理。他们衡量一个政府、一个单位的领导人是否尽职尽责的标准，不仅仅看他们办了多少事情，更重要的是看他们尽心尽力的程度。如果真的尽了心，竭了力，有些问题即使一时不能解决，群众也会理解的。总之，坚持不断地为群众办实事、办好事，才能使群众从一大堆后顾之忧中解脱出来，有条件、有可能专心致志地搞好生产，从事各项工作；才能使群众从切身利益的变化中体会到党和政府为民办实事的诚意、决心和能力，从而一心一意地支持和拥护我们。

人民群众的支持是我们最大的政治优势*

（1989年3月6日）

从1983年开始，市政府每年召开全体会议，研究讨论为人民办实事，到今年已经是第七个年头。过去几年里，我们决定办的实事件件都能落实，因素是很多的，其中最重要的一条，是我们从发挥政治优势的高度去认识办实事的意义，通过发挥政治优势来完成办实事的任务。今年是治理整顿全面展开的一年，各方面矛盾较多，困难较大，要把今年的实事办好，更需要充分发挥政治优势。

一、群众的拥护和支持是政治优势的根本问题

我们讲的政治优势包括着十分丰富的内容，但根本的一条是党和人民群众保持密切联系的问题。人民群众是实践和认识的主体，千百万群众的实践是一切知识和智慧的源泉。历史上任何一个伟大人物的创造和发现，虽然都带有个人的因素，但是，归根结底是时代的产物，是群众劳动和智慧的结晶。人民群众是世界历史的创造者，是推动历史前进的终极力量。历史上任何一个能够站在时代潮流前头而有所作为的阶级、政党及其领袖人物，都只不过是顺应了人民群众的意愿，争取了人民群众的支持，借助

---

* 这是李瑞环同志在天津市人民政府第十一届第二次全体会议上的讲话。

了人民群众的力量。人民群众的意志和力量决定着历史发展的方向，人民群众参与和支持的程度决定着历史发展的进程。历代统治者在取得政权之前和取得政权之后的一段时间里，之所以生气勃勃，就在于他们知道“政之所要在乎民心”、“得民心者得天下”的道理，能够在客观上反映那个时代人民的一定要求。但是，由于阶级的和历史的局限，剥削阶级不可能真正认识人民群众在历史上的地位和作用，最终必然走到人民群众的对立面。纵观古今中外历代的兴衰，不管统治阶级自觉或不自觉，谁顺应了广大人民群众的意愿，谁就能赢得人民群众；有了人民群众就有了优势，可以说人民群众就是优势。

我们党与一切剥削阶级政党的本质区别在于，我们从历史唯物主义的高度，自觉地以“合乎最广大人民群众的最大利益，为最广大人民群众所拥护为最高标准”，并以此作为自己一切工作的出发点、过程及其归宿。党和人民利益的一致，党的路线和纲领的正确，党的英勇牺牲和斗争精神，使党产生了巨大的感召力、吸引力和凝聚力，使中国人民把中国共产党当作自己利益的最忠实代表，使党和人民群众建立了鱼水相依、血肉相连、生死与共的亲密关系。我们党诞生、发展、壮大的历史，是不断获得人民信任、拥护和支持的历史。在解放战争中，两种命运的决战实质上就是人心向背的较量。共产党民心所向，用“小米加步枪”战胜了国民党的“飞机加大炮”。建国40年来，我们党团结和依靠全国各族人民，取得了社会主义革命和建设的辉煌成就。历史的经验表明，与最广大人民群众保持最密切的联系，是我们党的最显著特点和最大的优势。什么时候坚持马克思主义的群众观点和群众路线，我们的事业就前进、就兴旺；什么时候违背了这一条，就走弯路、受挫折。我们党的一切胜利都是人民的胜利，我们的政治优势就是人民的优势。

所有政治优势的发挥，都同群众问题有着直接的联系。我们说党的领导是优势，就在于它代表了全国各族人民的共同利益和根本利益，反映了群众的意见和要求，集中了群众的智慧和力量。我们说社会主义制度的优势，就在于这个制度使人民真正成为国家的主人，使亿万群众的主动性、积极性和创造性得以充分发挥。我们说马克思主义的理论指导是优势，就在于这个理论揭示了人民群众的历史地位和作用，是人民群众改造世界、改造社会的锐利武器。我们强调加强思想政治工作，而思想政治工作只有以尊重人、理解人、关心人、爱护人为基点，采取群众乐于接受的方法，并依靠群众来进行，才能发挥其宣传和动员群众的作用。“实现四化、振兴中华”的共同理想，也只有为群众所认识、所接受，才能成为动员群众的精神力量和共同行动的基础。总之，发挥政治优势必须抓住群众的拥护和支持这个根本。这与我们提出的“一切为了人民、一切依靠人民”的基本工作思路是完全一致的。

二、尽心竭力办实事是取得群众拥护和支持的关键所在

政治优势是一个不断发展变化的动态过程。不能笼统地、一般地讲优势，不能认为我们党具有这样的优势，所有的地区、单位和干部就自然而然地都有了这样的优势。在有些地方和单位，领导相信群众，依靠群众，并真心实意地为群众服务，从而得到了群众的支持，就有了这个优势；而在有些地方和单位，领导不相信群众，不依靠群众，甚至严重地脱离群众，就没有这个优势，甚至变成了劣势。另外，我们也不能孤立地、静止地看待优势，优势的加强或削弱、发挥或丧失都与实际工作状况有着直接的联系。如果工作不审慎、不努力，已有的优势就会发生变化，走向反面。正如古人所说的，“水可载舟，亦可覆舟”。那么，怎

样才能获得并保持这个优势呢？最根本或者叫最关键的问题，在于能够代表人民群众的利益，体现人民群众的意愿，坚持为群众办实事，使人民群众获得实实在在的利益。早在1934年毛泽东同志就在《关心群众生活，注意工作方法》中指出："要得到群众的拥护吗？要群众拿出他们的全力放到战线上去吗？那末，就得和群众在一起，就得去发动群众的积极性，就得关心群众的痛痒，就得真心实意地为群众谋利益，解决群众的生产和生活的问题，盐的问题，米的问题，房子的问题，衣的问题，生小孩子的问题，解决群众的一切问题。我们是这样做了么，广大群众就必定拥护我们，把革命当作他们的生命，把革命当作他们无上光荣的旗帜。"

现在，天津人民对党和各级政府的工作是十分支持和信赖的。这些年，每当我们提出一项重大任务时，全市人民都积极响应，争挑重担；每当我们遇到某些困难时，全市人民都同心同德，主动分忧解难；每当为了全局的利益需要一些群众作出必要的牺牲时，他们都通情达理，无私地作出奉献；即使由于我们一时工作上的疏漏而给群众的生活造成一些困难和不便时，他们也都充分理解，予以体谅。总之，人民的拥护和支持已经成为党和各级政府的坚强后盾和深厚基础，成为我们坚持和发挥政治优势的根本所在，成为我们建设有中国特色的社会主义现代化国家的关键所在。许多外地的同志说，天津人那种热爱家乡的炽烈感情，那种维护党和政府威信的自觉精神，确实令人感叹，令人羡慕。在当前的情况下，广大群众能够保持这样良好的精神面貌，上上下下能够形成这样融洽的关系，这是非常可贵的。这种局面的形成，并经受种种考验不断得到巩固，当然有多方面的因素，但其中很重要的一条，是全市各级政府始终坚持了"一切为了人民、一切依靠人民"的工作思路，不论任何时候、任何情况下，都把群众的情绪和呼声作为第一信号，都把群众的利益和意愿放在首位，全心全意地、坚持不懈地、尽心竭力地为群众办实事。几年来，我们克服种种困难，排除种种非议，为群众办了大量的实事，使城乡人民的物质文化生活得到了明显的改善。广大群众正是从一件件的实事，一天天的变化中，深切感受到政府为人民服务的决心和热情、能力和水平，从而形成了“政府为群众办事，群众为政府作劲”的生动局面。

在今年治理整顿的新形势下，我们的办实事工作也确实出现了一些新情况、新特点。从根本上讲，治理整顿和为群众办实事是一致的。我们所要治理整顿的各种混乱现象，都是危害国家和人民利益，违背群众意愿的。治理整顿的最终目的，就是要把群众厌恶的混乱现象消除掉，把群众希望的事情办起来，实实在在地解决群众最关心的问题，从而进一步稳定群众生活，理顺群众情绪。中央提出，今年在治理整顿中必须做好三方面的工作：力争农业有个好收成，增加有效供给，物价上涨幅度明显低于去年，都是直接关系人民生活的重大问题，是群众最关心、最需要我们办好的实事。具体来说，由于基建规模的大大削减，消费基金的严格控制，对我们办实事的工作产生了很大影响。因此，在今年办实事的问题上，态度要坚定，方法要讲究。既要尽可能地多办一些实事，使群众的物质文化生活继续得到改善，又要符合治理整顿精神，少花钱多办事。我们的各级领导同志都应该在这方面动脑筋，下功夫，寻求新的招法。办法可以讲很多，但我觉得，最重要的是善于把办实事同其他方面的工作很好地结合起来。讲综合、讲结合，是我们多年来坚持的一条成功经验，许多事情孤立地看一筹莫展，但结合起来办便柳暗花明，取得意想不到的综合效益。具体到今年，要注意这样几个方面的结合：一是要与整治的中心任务结合起来。比如，我们把丰富市场、稳定物价确定为今年的头等大事，这既是人民群众迫切需要解决的问题，又是治理整顿的首要任务。二是要与深化改革、搞好调整结合起来。比如，推进住房制度改革，建设廉价商品房，搞好城乡改革衔接，建设副食品生产供应基地，加快交通能源建设，增加有效供给，等等，这些既有利于保障人民生活，又是贯彻中央部署的实际步骤。三是要与紧缩开支、提倡勤俭节约结合起来。比如，今年的许多实事，都是本着力所能及的原则，尽可能少花钱或不花钱，像绿化美化、保护环境、整修街道等等，都可以通过义务劳动来完成。四是要与加强管理、发挥公共设施的效益结合起来。比如，加强煤气的管理，城乡街道的管理，文化医疗福利事业和服务场所的管理，这既用不着花钱，又可以把几年来已经办成的实事的功能进一步发挥出来。五是要与加强精神文明建设、纠正各种不良现象结合起来。比如，加强基础教育，活跃文化生活，搞好社会治安，树立文明新风，整顿行业作风，提高服务质量，等等。只要我们把这些方面很好地结合起来，就可以解决办实事过程中所遇到的各种困难，把不利条件变成有利因素，不仅可以使群众得到更多的实惠，推动治理整顿工作深入地进行，而且可以使我们的干部在困难的环境里锤炼作风，提高水平，增长才干。

三、充分发挥政治优势是办好实事的重要保证

要把实事办实、好事办好，最重要的就是要坚定地相信和依靠群众，充分发挥政治优势。“只要我们依靠人民，坚决地相信人民群众的创造力是无穷无尽的，因而信任人民，和人民打成一片，那就任何困难也能克服，任何敌人也不能压倒我们，而只会被我们所压倒。”按照马克思主义的观点，群众的解放，群众的利益，群众的进步，从根本上讲，都是群众自己努力奋斗的结

果。领导者的责任就在于宣传群众，组织群众，使群众认识自己的利益，并且团结起来，为自己的利益而奋斗。

天津这几年发展变化的过程，就是依靠群众战胜困难的过程。回忆几年前的天津，满街临建棚，到处是垃圾；上水没来源，下水无出路；路上车挤车，车上人挤人，城市面貌破烂不堪，城市功能残缺不全，被人称为全国最破最乱的城市。曾几何时，天津完全改变了模样，其变化之快、变化之大，使全市人民引以自豪，外地人交口相誉。当然，也有些人感到难以理解，不可思议。是不是天津投资特别多？并不是，天津的城建经费比其他大城市要少得多；是不是天津享有特殊的政策？也不是，天津在上缴国家财政比例上一直是较高的；是不是天津有什么出格的地方？更不是，天津一直规规矩矩，几年来无论压缩固定资产投资，控制消费基金和社会集团购买力，都较好地完成了国家下达的任务。那么，天津靠的是什么呢？就是靠全市 800 万人民奋发向上的精神状态，800 万人民一往无前的顽强拼搏，800 万人民无穷无尽的智慧和力量。这几年，我们一直把相信和依靠群众，作为工作的基点。早在 1981 年，我们提出“把群众的精神振奋起来，把领导的威信树立起来”；1983 年，又提出“把群众的积极性最大限度地调动起来，并合理地发挥出去”；去年，又归结为“一切为了人民、一切依靠人民”。正是我们坚持了这样一个基本思路，依靠群众的力量，用不到一年的时间，就拆除了遍布全市的十几万户临建棚，八年建起了相当两个多旧天津的住房；仅用一年零四个月的时间，就完成了计划三年完成的引滦入津工程；用 10 个月的时间，在繁华的市区建成了中环线；用一年的时间，建成了外环线，使“美丽的幻想”变成了现实。我们用两年实现了民用气化，我们用一年零五个月完成了铁路枢纽改造工程，我们分别用几个月的时间建成了南市食品街、旅馆街、古文化街、服装展销中心。我市的社会治安是全国最好的地区之一，我市的物价居于全国最低水平。所有这一切，都是全市干部、群众共同努力的结果，功劳应归于群众，光荣应属于人民。广大人民群众在实践中改造了客观世界，也改造了主观世界，形成了自尊、自爱、自豪、自强的天津人精神。这种精神蕴含着巨大的能量，是我们最宝贵的财富，是我们最强大的优势。

今年，在为群众办实事的过程中，各级领导要更加自觉地相信和依靠群众，发挥我们的政治优势，特别是要注意以下几个问题：一要通过协商对话、谈心服务、户卷调查等多种渠道，广泛征求群众的意见，使办实事尽量体现群众的意愿。二要把办实事中遇到的困难和问题如实地向群众交底，取得群众的理解、支持和帮助。三要广泛发动群众参加办实事的活动，组织群众参加义务劳动，增强群众的主人翁责任感和光荣感。四要把办实事的工作置于广大群众的监督之下，有事同群众商量，虚心听取群众的批评和建议。五要发挥领导干部和各方面骨干的模范带头作用，自觉地发扬无私奉献、艰苦奋斗的精神，在各项有益于群众的工作中留下自己的足迹，赢得群众的信任。

四、学会发挥政治优势是人民政府的基础建设

既然人民群众的拥护和支持是政治优势的根本，那么，以全心全意为人民服务为宗旨的人民政府，理所当然地要把研究、学会发挥政治优势作为基础建设，把增强群众观点、坚持群众路线，作为政府成员的基本功。应该说，近几年来，天津市的各级政府和部门，在这方面做得是好的，在坚持不懈地为人民群众办实事的过程中，为人民、靠人民的自觉性有了很大提高，取得了明显的成果。这是天津大好形势得以巩固并不断发展的主要原因，也是我们的基本经验。

但是，必须清醒地看到，在我们各级政府的领导干部中，也确有一些同志存在着忽视政治优势的倾向。比如，有的同志没有摆对自己同群众的位置，颠倒了公仆与主人的关系，高高在上，脱离群众，不了解群众的意愿，不关心群众的疾苦；有的同志在遇到问题时，总是习惯于关起门来，少数人苦思冥想，看不到群众的智慧和力量；有的同志过分地强调金钱刺激的作用、行政手段的作用，而低估了思想政治的作用、精神文明的作用。可以这样说，在发挥政治优势这个问题上，广大干部的认识确实有了很大的提高，但还没有完全形成自觉；确实有了良好的开端，但还没有蔚然成风。我们既有许多成功的经验，也有不少应该记取的教训。

改革开放以来，随着干部队伍结构的不断调整，大批年轻同志走上了领导岗位。这些同志热情高，干劲大，有许多优点和长处，特别是文化水平较高，懂得专业知识。但不能不承认，相对老一辈来说，许多同志政治上还不够强，突出表现在，不善于从政治上考虑问题，不熟悉群众路线的工作方法。作为领导干部，掌握一定的科学文化知识，具有一定的专业技术能力，这无疑是必要的。但是，在我们这样一个社会主义国家里，不论做什么工作，如果不善于宣传群众、动员群众、组织群众，不能同群众保持密切联系，不掌握从群众中来、到群众中去的工作方法，就很难把工作搞好，也叫做缺乏领导工作的基本功。我们不是经常讲干部要“四化”吗？而群众观点、群众路线就是革命化的重要内容；我们不是经常讲继承革命传统吗？而相信群众、依靠群众，就是重要的革命传统。所以，我们在讲加强干部的培养教育、提高素质时，尽管可以讲许多条，需要做许多工作，但必须把相信和依靠群众、学会发挥政治优势作为最主要的内容，坚持不懈地抓紧抓好。

为了搞好各级人民政府的这项基础建设，这里突出强调以下几个方面：一是要认真地读一点书。主要是认真学习马克思主义的基本理论，以求从根本上懂得人民群众在历史发展中、在社会主义国家中的地位和作用，进一步确立辩证唯物主义、历史唯物主义的世界观。马克思主义告诉我们，历史不过是追求自己目的的人的活动而已。在一切生产要素中，最强大的生产力是劳动者本身。作为一个领导者，如果不懂得这一点，或者忘记了这一点，就很难担当起领导的责任。二是要保持同群众的密切联系。要通过各种形式，始终与最广大的基层群众保持最广泛的接触，了解群众的情绪，体察群众的疾苦，感受群众的觉悟，学习群众的智慧，从群众中汲取营养、增添力量。要在深入群众的过程中，把群众的正确意见集中起来，再到群众中坚持下去，引导群众前进。三是要坚持清廉从政。在当前党风和社会风气存在严重问题的情况下，各级政府要加强廉政建设，各级领导干部务须率先垂范，克己奉公，克己为民，坚决抵制各种腐败现象，经受住执政和改革开放的考验。四是要不断提高自己的办事能力。为了更好地给人民办实事、谋利益，我们要刻苦钻研业务，不断更新知识，成为精通本职工作的行家；我们要勇于实践，大胆探索，创造性地开展工作；我们要善于总结经验，坚持真理，修正错误，不断增长才干，把为人民服务的良好动机与实际效果很好地统一起来。

同志们，今年要办的 20 件实事，就要付诸实施了。只要我们坚决相信和依靠群众，充分发挥政治优势，振奋精神，团结一致，开拓进取，扎实工作，就一定能够圆满完成这些任务，推动治理整顿和各项工作，巩固和发展天津的大好形势。

继承和发扬党的密切联系群众的优良作风*

（1990 年 2 月 27 日）

今天座谈，主要是想听听大家的意见，以便把《中共中央关于加强党同人民群众联系的决定》稿改得更好一些。年初，中央常委在讨论今年安排时，泽民同志和其他一些同志提出，要把密切联系群众的问题作为今年工作的一项重要内容。后来又进一步议论，并和一些老同志商量，认为这个问题关系重大，尤其在当前更有着极其特殊的意义。因此都建议，要把这个文件提交中央全会讨论，并以中央决定的形式下发。

一、密切联系群众是坚持马克思主义的必然要求

群众路线是我们党的根本的政治路线、组织路线、工作路线。首先，人民群众是历史的创造者。人民群众是物质财富的创造者，也是精神财富的创造者，是推动社会发展的决定性力量。这是历史唯物主义的基本内容。

第二，人民群众是实践和认识的主体。马克思主义的辩证唯物论认为：人的认识都是从实践中来的。而这里所讲的实践，是社会的实践，群众的实践。一切智慧的源泉在群众的实践之中。

---

* 这是李瑞环同志同津冀鲁三省市党委负责同志座谈时的讲话。

只有到群众中去，总结和汲取群众在实践中创造的经验，集中起来，坚持下去，才能正确指导群众的活动。

第三，人民群众是社会主义国家的主人。人民在国家中占什么地位，这是衡量一个国家坚持什么制度的根本标准。我们实行的是社会主义制度，人民群众是国家的主人，这是区别于资本主义国家的最根本的标志。社会主义社会以前的各种阶级社会，都是少数人统治多数人，只有社会主义制度，才实现了占人口绝大多数的人民群众自己当家作主。这也决定了共产党必须加强同广大的人民群众的联系。

第四，共产党的宗旨是全心全意为人民服务。这是我们共产党区别于一切剥削阶级政党的根本标志。共产党人的世界观，党的全部活动的出发点、过程和归宿，只有一个，就是全心全意为人民服务。正如毛泽东同志所说的，马克思列宁主义的基本原则，归根到底就是要使群众认识自己的利益，并且团结起来，为自己的利益而奋斗。所以，我们讲生产任务也好，讲其他任务也好，最终是为了满足广大人民群众日益增长的物质和精神生活的需要。

所有这些，都决定了我们党的根本的工作路线就是群众路线，即相信群众，依靠群众，从群众中来，到群众中去。

密切联系群众是我们革命和建设取得胜利的基本经验。回顾党的历史，兴衰成败都同党与群众的关系紧密相联。当着我们与群众血肉相依，群众路线贯彻得好的时候，我们的事业就兴旺发达；相反，当着我们脱离群众，群众路线执行得不好的时候，我们的事业就出现曲折和损失。革命战争年代，面对强大的敌人，星星之火之所以燃成燎原之势，靠的是群众的拥护和支持。建国40年，在许多时候，特别是党的十一届三中全会以来，我们能够战胜困难，走向胜利，开创改革开放和社会主义现代化建设的新局面，同样是靠群众的拥护和支持。在许多情况下，有些问题，只要群众谅解，就不叫问题，就不难解决。群众真的理解你、支持你，困难就能过去。假如群众有情绪，气不顺，就不能不引起重视。

密切联系群众也是我们克服困难的根本出路。目前，我们面临着不少的困难和问题。国际上苏联和东欧出现的变化，对我们冲击比较大。国内经济生活中存在的问题解决起来难度也很大。克服困难，解决问题，核心的是如何理顺群众情绪的问题。这就是要靠加强党同人民群众的联系来解决，要在继承和发扬党的优良传统上打主意、想办法。目前存在的许多问题，说到底是在与群众的关系上体现出来的。许多问题的解决方法，说到底也必须依靠群众的拥护和支持。因此，加强党同人民群众的联系，已经成为当前最根本性的问题。对此，我们必须有清醒的认识，在这方面动点真格的。现在，我们干部的大多数是在和平环境中成长起来的，从战争时期过来、经受过群众斗争考验的已经相当少了。在现在的情况下，能不能取得群众的信任和支持，更要看是不是真心实意地执行群众路线，是不是全心全意地为人民服务，遇事是把群众放在第一位还是把自己放在第一位。一个领导干部，不懂得这一点就谈不上领导水平，也无法提高领导水平。党的路线是群众路线，党的宗旨是为人民服务，我们要和广大群众一起克服困难，就是看你在这方面表现如何。历史注定了我们这一代仍然是吃苦的一代，吃亏的一代，为中国实现现代化奠定基础而献身的一代。谁要想当共产党的干部就得准备吃苦，准备吃亏，准备作奉献，否则你别当这个干部。

二、坚持不懈地办实事是联系群众的根本途径

要理顺群众情绪，加强党和政府同人民群众的联系，必须千方百计地、尽心竭力地为人民办实事、办好事。这是实实在在的招，是正招。去年6月，小平同志在同我们几个人谈话时就谈到这个问题。他说，新班子上来，能不能站住脚，树立起形象和威信，最关键、最重要的是看能不能为群众解决问题，办几件让人民群众高兴和满意的事。当你们真正让群众满意的时候，让群众拥护的时候，我给你们鼓掌。小平同志的话很深刻，它说明了办实事在密切党群关系中的极端重要性。

在我们的社会主义国家，人民是国家的主人，我们都是公仆。我们的权力是人民给的。人民给我们权力，不是为了别的，就是为了要我们为他们办实事，帮助他们解决实际问题。如果我们又要掌权，又不为人民办实事，那还不如让人民另请高明。“当官不为民作主，不如回家卖红薯”，封建时代的“清官”尚且懂得这个道理，我们人民当家作主的国家的干部更应当懂得为人民办实事是我们的职责。人民是否拥护共产党，并不是看共产党说了什么，而是看共产党做了什么。战争年代，人民群众那样拥护共产党，是因为看到共产党在真心实意地为他们谋利益、办实事而不惜流血牺牲。没有这一条，说得再好听，人民也不会跟我们走。说一千道一万，社会主义制度的优越性也要靠我们办实事体现出来。十一届三中全会以来，我们取得了举世公认的令广大群众振奋的成绩，就是因为我们用改革开放和四化建设的实事代替了50年代中期以后没完没了的政治运动，用办实事代替了说空话、废话。对于我们这些年来所办的实事，群众是充分肯定的。当前党群关系中存在这样那样的问题，人民群众对党和政府有这样那样的意见，就更加要求我们一件一件地、踏踏实实地办实事。通过办实事，来体现我们是真正反对腐败，不是假的；来体现我们坚持改革开放，而且要继续深化。就像小平讲的，要拿事实给人民。这样，党的威信才会更好地树立起来，人民的心里才会平静下来，社会气氛才会进一步活跃起来，才能保持稳定的好势头，使人民群众觉得有盼头、有奔头。人民群众觉得有盼头、有奔头，对党和政府的号召就会一呼百应，形成强大的向心力、凝聚力，就会攻无不克，战无不胜，什么人间的困难也不在话下。

三、加强廉政建设是密切联系群众的重要内容

加强廉政建设，克服消极腐败现象，这是当前密切党群关系的一项重要内容。对于这个问题的认识和宣传应当把握这样三条。第一条，对我们党和党的干部队伍在总体上要有一个正确估计。党的现行方针政策和一切工作都是为人民利益的，绝大多数党员和干部是为人民利益奋斗的。特别是改革开放十年来，广大党员、干部战斗在第一线，起到了先锋模范作用。这样，才使我们的国家有了今天的局面，才使11亿人的衣、食、住、行达到了今天的水平。不肯定这一点，就不能解释现在的局面，就不能解释今天的成绩。第二条，也应该承认，由于一个时期以来忽视反对资产阶级自由化，忽视思想政治工作，忽视党的作风建设，在党风和社会风气方面确实出现了一些不好的现象，必须坚决加以纠正。第三条，今后宣传报道要把重点放在惩治腐败上，放在我们有决心、有力量克服腐败上，而不能放在揭露腐败上。成天在那里揭露，好像共产党真的腐败到了那种地步，把人们“打老虎”的胃口吊得很高，结果可能事与愿违。在加强廉政建设的问题上，一方面我们要表明坚决纠正不正之风的决心，并采取措施，一抓到底；另一方面，也不要把什么事都归结为党的腐败，否则，解决这个问题就很难下手。总之，要使人民群众对我们党有一个正确的、全面的了解。

党内存在的消极腐败现象，可以列举很多。当前，群众最不满意、最憎恶的，我看一个是官僚主义，一个是以权谋私，再一个就是用人不公。官僚主义的习气这些年来在党内滋长了不少，有些地方、有些干部当官做老爷的现象还很严重。他们不了解群众的要求，不关心群众的疾苦，高高在上，颐指气使，在有意无意中制造着党同群众的隔阂。以权谋私的现象也很普遍，而且屡禁不止。有些人把群众赋予他们的权力当成筹码，去做种种交换，谋一己私利，直接侵犯群众的利益，严重败坏了党的形象。用人不公也是脱离群众的一个突出表现。这是因为，共产党的组织路线必须走群众路线，如果不按程序办事，以个人好恶来用人，或者把那些群众不欢迎的人提拔上来，群众必然对党的领导失去信心。我在天津时常引用孟子的话，“左右皆曰贤，未可也；诸大夫皆曰贤，未可也；国人皆曰贤，然后察之；见贤焉，然后用之。”左右皆曰贤，你左右的人，你的秘书、司机都说他好，这不可以，这个没准。士大夫皆曰贤，当头头的都说他好，这个也不可以。国人皆曰贤，老百姓都说他不错，按理说可以了吧？还要再考察他，看他确实是贤才，然后才用他。古人尚且如此，我们共产党人当然应该比古人站得更高。组织路线中最根本的问题，就是用人不能失去群众，群众不接受、不拥护的人，你咕噜半天好话也不行。所以我说，官僚主义、以权谋私和用人不公，是当前党内消极腐败现象比较突出的表现，加强廉政建设必须在解决这些问题上有所突破。

廉政建设要见到实效，还必须注意树立干部的权威。现在由于领导干部的权威有所削弱，致使一些决定不能直接贯彻下去落到实处，一些干部的工作只好凑凑合合。这样一来各种不正之风就不能得到有效的制止，而不正之风的泛滥又反转过来变成了一些人攻击领导干部的理由，领导干部的权威就更难树立了。我刚到天津工作时就特别强调，一定要把群众的精神振奋起来，把领导的威望树立起来，不然的话，不正之风纠正不了，其他工作也干不起来。在这个问题上，要特别注意不能让真正干工作的人挨整。干事情的人经常挨整，这是国家不兴旺的一个突出的表现。对告状信尤其是匿名信必须认真分析。有些不干工作的人出发点不正，借题发挥，以整别人来表现自己的价值，很值得警惕。领导对于自己手下的干部要有基本的了解，起码的信任。如果要说缺点，哪个干部恐怕都能凑出三五条。因为真正干事的人老是说话，老是办事，就难免有错误，就难免得罪人。对于真干事而有缺点、错误的同志，要善意地帮助。那种小节貌似周到而不干事的人，反而什么毛病也逮不着他，因为他用不着说话，说话也净说门面的话、圆滑的话，专门买好。如果用了这样一批人，能谈得上兴旺发达吗？因此，在选用干部时，必须首先看他是不是把心思放在工作上；在处理举报时，要增强科学性，不要使真正干事业的人干起活来提心吊胆。要杜绝这样的现象：谁在下面整天打“小报告”，专门捉摸人，谁就吃香。此风一长，就不得了，我们就不得安宁。

四、健全党的制约机制是改善党群关系的重要环节

我们党的组织制度是民主集中制。这是一个很好的制度，它是同群众路线相贯通的。共产党不把民主集中制完善起来，就很难谈得上联系群众。现在在执行民主集中制上也存在一些问题，特别是在发扬民主、接受党内外监督方面，问题还不少。比如，有些领导干部，口头上讲要听取群众的意见，而要真提意见就不高兴；口头上说要尊重多数人的意见，而在自己孤立的时候又大讲“真理”在少数人手里，而不去想一想自己的意见到底是否是真理，怎样经过民主集中制来取得多数人的同意。总之，不听群众意见，不看实践效果，翻来覆去怎么讲都是自己常有理。一个

干部在台上的时候，是满台锣鼓响，一片赞扬声；一旦下台，意见就全来了。为什么？就是在台上的时候不让人家提意见或人家不敢真提。我们现在研究问题，有些命题提出来了，包括民主的问题，集中的问题，政治体制改革的问题等等，但好多研究都还是仅仅证明已经作出的决策和判断。你那个政策出来，它去证明这是对的；当你说这个政策错了，它又证明早就该批。类似的现象很多，而且在重复着。所有这些都反映出我们发扬民主还不够充分，党的自我制约的能力还比较差，因而也就给我们提出了一个如何进一步发扬民主，健全党的制约机制的大问题。

发扬民主要真正集中多数人的意见，不仅能够听到，而且要善于使这些意见成为决策的依据。要发扬民主，联系群众，倾听群众的意见，按照群众的意愿办事，首先必须把党内的民主和制约问题解决好。现在的社会民主生活还不够正常、不够规范，有些事情表态慢了或哪个字说错了就怕被抓住尾巴，这些不正常的现象应该说是党内民主生活不够正常的延伸。我过去常引用马克思的两个观点，一个观点是，对于社会上普遍存在的现象，要在统治集团内部找原因；另一个观点是，对于连续不断地重复出现的事情，要从客观事物的规律性上找原因。在社会主义民主建设中，究竟怎样探索一条自我制约的路子，对各级领导机关和领导干部加强监督，这个问题归根到底要在领导与群众的关系上去研究，在民主与集中的关系上去研究。

民主和制约机制的建设，必须包括善于听取意见和允许有不同意见，你在台上的时候让人家也敢于向你无保留地提意见；允许人家在决策形成过程中进行研究，防止决策失误；也允许人家在决策执行过程中进行研究，及时发现和纠正失误。要建立这样一种机制，形成这样一种风气。建立这样的机制，我看关键在各级机关领导干部。作为领导者，不应该让提意见的人害怕，不应该让人家非得有“五不怕”精神，非得豁出去，跟孙安动本那样，抬着棺材才敢进言。经过十年改革开放，人民群众的民主意识大大增强，我们现在也缺乏老一辈革命家在特定历史条件下形成的那种权威，特别是又面临着许许多多新的复杂的问题。在这样的形势下，一个人拍板，是很难做到科学决策的。一个领导班子的决策，应是这个班子集体智慧的结晶。共产党是执政党，加强同群众联系的一个重要内容就是要制定出符合大多数群众利益、符合实际、行之有效的各项政策。对于决策者来说，决策错误是最大的脱离群众。这也是这个《决定》稿中的一个重要思想。如果能够建立起一个强有力的监督机制，把民主集中制切切实实贯彻好，我们就可以把决策的失误减少到最小程度。目前东欧的局势提醒我们，应当认真总结过去若干年的历史经验，勇敢地毫不犹豫地承认存在的弊端，坚决地有步骤有计划地通过各种各样的渠道，挖掘科学社会主义理论固有的潜能，把这种潜能充分发挥出来。其中发扬民主、健全党的制约机制，就是一个十分重要的方面。

五、联系群众切忌搞形式主义

联系群众是实打实的，来不得半点形式主义的东西。中央和国务院关于组织党政机关干部下基层的通知下达以后，广大干部到农村去，到工厂去，到基层去，深入实际，调查研究，势头很好。这是一个十分可喜的现象，对于实现我国政治、经济和社会的进一步稳定发展，继承和发扬党的密切联系群众的优良传统，具有重大和深远的意义。

但是，干部下基层要有章法。究竟怎样下去，采取什么方式下去，都要考虑实际效果，切忌搞形式主义。我们讲联系群众，就要实实在在地联系群众，不能简单地把干部轰下去，表面上看起来热热闹闹，而实际上并不符合中央精神和群众要求，弄不好反而给群众增加麻烦，带来灾难，把好事情给办坏了。

怎样避免形式主义呢？我想讲几点意见：第一，首先要把机关的本职工作做好。各级党政机关的工作，从根本上讲是为人民群众服务的，日常工作中更有许多直接联系群众的事情可做。我们的机关讲廉政，讲简政、勤政，讲提高办事效率，切实改进思想作风和工作作风，倾听群众呼声，认真为群众办事，本身就联系了群众。如果把机关的门关了，干部一下子都涌到基层，群众也会有意见的。第二，要下去就要真心实意地下去。机关干部下去，要想群众之所想，急群众之所急，办群众之所需，实实在在地解决问题，而不仅仅当个劳动力，要把下基层当作自己长出息，提高思想水平和工作水平的好机会。如果不是这样，即使人下去了，也像“葫芦掉到井里——在下边漂着”，这不能叫做真正联系群众。第三，干部下去要安民而不扰民。古人讲，为政之道，顺民心，厚民生，安民而不扰民。这是很有道理的。干部特别是领导干部下基层，要轻车简从，不要让基层为你干这个、忙那个，更不能搞不正之风。工作上和生活上也不要给群众增添负担和麻烦。比如过去“四清”工作队强调和群众同吃、同住、同劳动，现在和群众同吃、同住就不一定好办，特别是同住，人家不一定欢迎。干部下基层要看是否获得了民心，不能因为扰民反而闹得老百姓一肚子意见，把威信给弄丢了。第四，领导干部要下得去，上得来。既要深入调查研究，为下面解决实际问题，同时要立足全局，把群众的意见收集起来，反映上去，为领导机关的正确决策提供依据。下去是为了上来，是为了更好地指导全局工作。总之，干部下基层一定要因时制宜、因地制宜，坚持实事求是和讲究实际效果，真正给群众帮忙，而不能给基层添乱。

六、认真研究新形势下影响党群关系的新问题

在执政条件下和改革开放中，确有许多影响党群关系的新问题值得研究，解决这些问题不能简单化。这几年，联系群众啊，从严治党啊，条文比解放初期严多了，可是很多问题并没有真正解决，有些甚至比解放初期更严重了。这是为什么呢？是大家不想往好里干吗？是按现在的理论搞不下去吗？还是其他什么原因？应当认真地调查研究一下。这些问题的出现，究竟哪些是由于忽视了教育，哪些是由于制度没跟上，哪些是改革开放中暴露的新问题，哪些是同改革开放和搞活经济伴生的？我们都应该仔细想想。是前几年处理人胆子小了？好像也不完全是这样，省一级的干部处理得不少了。症结究竟在什么地方呢？我总觉得没有真正摸透。由于没有说清道理，所以有的问题不管你怎么使劲去解决，人家对你还是不满意。但许多问题长期解决不了，一些群众的不满情绪继续发展下去，一定会影响生产，继而必然波及生活；生活一出问题，群众的气就上来了，这就是真家伙了。对于这些问题，一定要十分认真地去研究，为进一步解决这些问题提供思路和办法。

广大群众对分配不公意见比较大，解决这个问题也不那么简单。现在大家都喊物价高、工资低，党政机关和其他有些单位也确有一部分人生活比较困难。但如果都那么困难，银行存款怎么年年增加那么多呢？到底哪来的钱呢？这也值得好好研究。当然，分配不公的问题也确实存在。一些单位管钱、管物的人中，手里有点权的人中，手头有许多钱说不清来路的，查出来不少；有些个体、集体经济单位的人同国营企业中的一些人勾结在一起，把国家的流动资金、固定资产投资明里暗里这么一转，就变成消费基金入了兜。这样一来，很多人的气就来了，说你的经济

收入，你的生活、消费水平，不再标志你对社会的贡献，不再标志你的本领和实际价值了。这样，他们就越想越觉得不痛快，说干的不如不干的，守法的不如胆大的，太不公道了。群众有意见，干部有意见；拿得少的有意见，拿得多的也有意见，弄得你不知道究竟问题在哪里，究竟是谁欠了谁的。所以，要理顺群众情绪，确有必要认真研究一下新形势下出现的这些影响党群关系的新问题。要认真解决这些问题，特别是一些深层次的问题。这些问题的解决，要实行思想的、舆论的、行政的、法律的、政策的、制度的综合治理，也都要有一点新思路和新办法。

现在，我们国家政治稳定、经济稳定、社会稳定。当然，也还有许多困难和问题。我们要乘中央号召密切联系群众的大好时机，在这方面发扬党的优良传统，总结新的经验。党的优良传统是我们的传家宝，看家的拿手戏。在新的形势下，要继续把这篇文章做下去，并且要下大功夫、下真功夫。只要这篇文章做好了，我们就会立于不败之地。

关于加强党同人民群众联系的几个问题*

（1990 年 4 月 11 日）

你们这个会很重要，是去年春夏之交那场政治风波以后，新华社召开的第一次国内工作会议。总社负责同志要我来同大家见个面，并且希望能讲讲话。关于整个新闻工作，不久前江泽民同志作了重要讲话，我也讲了一篇，没有更多新意见要讲了。最近党的十三届六中全会通过了《中共中央关于加强党同人民群众联系的决定》，这是一件大事。江泽民同志在全会闭幕式上的讲话中，强调要狠抓决定的落实。李鹏同志最近在七届全国人大三次会议上的《政府工作报告》，一个重要方针就是把六中全会决定的要求在政府的各项工作中落实。我们思想宣传战线要按照这个精神来做。今天我想就宣传、落实这个决定的问题，讲一些意见。宣传也是为了落实。

我分了三个方面讲，一共十条。

一、充分认识密切联系人民群众的重大意义

（一）四项原则的牢靠基石。四项基本原则，是我们党的基本路线的重要组成部分，是我们的立国之本。实践证明，坚持四项基本原则，中国就能稳定、团结，充满希望；背离四项基本原

* 这是李瑞环同志在新华社国内工作会议上的讲话。

则，中国就会混乱、分裂，陷入灾难。

四项基本原则，集中反映了中国最广大人民群众的根本利益和共同意愿。相信和依靠人民群众，获得人民群众的支持和拥护，是四项基本原则的最牢靠的基石。我们讲坚持马列主义、毛泽东思想，是因为人民需要这种思想理论。这种思想理论是无产阶级和人民大众认识世界和改造世界的锐利武器。它在人类历史上第一次揭示了人民群众作为社会物质财富和精神财富的创造者，是实践和认识的主体，是历史的主人，是推动社会前进的动力。马列主义、毛泽东思想也只有掌握人民群众，才能变成巨大的物质力量。我们讲坚持社会主义，是因为人民需要这种社会制度。在这种制度下人民能够当家作主，能够摆脱剥削和压迫，能够充分发挥聪明才智，从而使生产力获得解放，使自己的物质和文化生活水平不断提高。社会主义也只有在实现人民群众的这种基本历史要求的进程中，才能不断巩固和发展。我们讲坚持人民民主专政，是因为人民需要这种民主专政。这种民主专政是绝大多数人对极少数人的专政，而与历来的少数人对多数人的专政根本不同。人民民主专政也只有充分依靠广大人民群众，才能强有力地保护人民权利，打击和惩治极少数敌人的破坏活动。我们讲坚持共产党的领导，是因为人民需要这种领导力量。群众中有种种不同的利益和意见，只有作为工人阶级先锋队的共产党，才能集中群众中的正确意见，克服错误意见，代表最广大人民群众的最大利益。密切联系人民群众是我们党区别于其他任何政党的最显著的标志之一。党的根本宗旨，就是全心全意为人民服务。党的全部任务，就是引导人民群众认识自己的利益，并团结起来为自己的利益而奋斗。

由此可见，四项基本原则是我们最大的政治优势，这种优势归根到底来源于最广大人民群众的支持和拥护。坚持四项基本原则，就必须坚持群众路线，在各项工作各个环节都细心地研究人民群众的利益，了解人民群众的要求，倾听人民群众的呼声，体察人民群众的情绪，调动人民群众的积极性，教育和引导人民群众前进。正如毛泽东同志所说的："只要我们依靠人民，坚决地相信人民群众的创造力是无穷无尽的，因而信任人民，和人民打成一片，那就任何困难也能克服，任何敌人也不能压倒我们，而只会被我们所压倒"。我们讲密切联系人民群众是四项基本原则的"牢靠基石"，道理就在这里。六中全会决定强调加强党同人民群众的联系，它的重大政治意义就在这里。

（二）维护稳定的关键所在。最近一个时期，中央反复强调稳定，明确指出没有稳定就没有一切，稳定是压倒一切的大局。政治稳定，经济稳定，社会稳定，说到底取决于群众的稳定，人心的稳定。有了群众的稳定，人心的稳定，即使有极少数敌对分子捣乱也容易解决；而没有群众的稳定，人心的稳定，政治、经济、社会的稳定都不可能巩固。

当前，全国的政治局势，总的来说，是稳定的。同时必须清醒地看到，也存在着若干不稳定的因素。去年那场政治风波，毫无疑问，有国外反动势力的插手和国内坚持资产阶级自由化、搞政治阴谋的人的煽动。国内外敌人反对和破坏我们的社会主义的阶级斗争，在一定范围内还会长期存在，在一定条件下还可能激化。对此我们必须保持高度的警惕。但不能否认，去年那场风波有那么多人卷进去，说明我们确实有失误，群众对我们确实有意见。小平同志说："我们确实有失误，许多思想工作没有做，好多话没有讲清楚"。党的十三届四中全会以来，经过我们积极努力地工作，相当多的人思想认识有了提高。特别是后来国外局势的某些剧变，使更多的人进一步认识到中央坚决制止动乱的方针是正确的。如果当时不采取这样的方针，后果不堪设想。另一方面，现在也确实还有相当一些人，思想扣子还没有完全解开，一些深层的思想问题也还没有解决。同时，群众中积累很久的那些不满，像腐败问题、社会治安问题、社会分配不公问题、官僚主义问题，等等，尽管我们在努力解决，也有成效，但要解决好，取得更显著的效果，使群众比较满意，还需要继续做极大的努力。再加上去年下半年以来，停产、半停产企业增多，相当数量职工的生活受到影响。对这些确实存在着的种种不稳定因素，千万不可大意。

面对这样的形势，我们要理顺群众情绪，稳定人心，靠什么？加强并且切实地改进思想政治工作，用无产阶级思想和各种积极健康的东西占领思想文化阵地，是必要的。从各方面采取有效措施，努力解决那些引起群众不满的问题，是必要的。而最根本的，是认真落实六中全会的决定，密切党同人民群众的联系。只有这样，才能提高人民群众对党的信心，使稳定建立在党与人民群众同呼吸共命运的基础之上。这样的稳定，才是牢不可破的，才是经得起任何惊涛骇浪考验的。我们讲加强党同人民群众的联系是维护社会稳定的关键所在，道理就在这里。

（三）完成任务的根本保证。今年是治理整顿的关键一年，90年代还要实现国民生产总值再翻一番的第二步战略目标，我们的任务宏伟而艰巨。一年来，治理整顿、深化改革已经取得了比较明显的成效，但是问题还很多。有些多年积累下来的深层次的问题，像产业结构失调、体制不合理、经济效益差等等，不是短期内可以解决的。再加上治理整顿过程中，又出现了市场销售疲软、工业增长速度回落过猛、停产半停产企业增加等新的问题。新老问题交织在一起，各方面的困难比较集中。经济形势是严峻的，我们完成任务的难度是很大的。

为了克服困难，完成任务，党中央和国务院提出了一系列重要的方针、政策和措施，必须认真贯彻执行。而这些方针、政策、措施能否真正落到实处，发挥其应有的作用，归根到底要靠群众，靠群众的积极性，靠广大职工的主人翁精神。有了群众的积极性，领导提出的种种主意、办法就能够化为群众的自觉行动，取得实际的成果。有了群众的积极性，大家还会出更多的主意，想更多的办法，从生产上、技术上、管理上、经营上和思想政治工作上，提出种种合理化建议，那是光靠领导坐在办公室里想不到、也憋不出来的。有了群众的积极性，一些涉及群众切身利益而又暂时无法解决的困难，大家能够体谅，为国家分忧，为企业分忧，问题也就可以缓解，大问题可以变成小问题。反过来，群众没有积极性，领导提出的主意和办法再多再好，也不易实现；群众不谅解，小问题也会变成大问题。

现在，在相当一部分单位，相当一部分群众积极性不高，极大地影响着各项经济任务的完成。经济工作中的具体困难和问题可以摆出许多条，但从一定意义上说，最根本、最核心的还是人的问题，群众情绪的问题，群众积极性和创造性的问题。因此，解决经济问题，不能只是就经济谈经济，见物不见人，而必须从政治上看问题，从人的积极性上看问题。就是说，要始终想着群众，紧紧依靠群众，尊重群众的主人翁地位，从这里入手来解决问题。研究形势，就要把群众情绪当作第一信号；确定任务，就要倾听群众的意见和要求；采取措施，就要把依靠群众作为主要措施。总之，加强党同群众的密切联系，把广大群众动员起来，把他们的积极性调动起来，我们克服困难、完成任务就有了根本的保证。六中全会决定的又一个重大的现实意义，就在这里。

（四）治国兴邦的宝贵经验。执政集团同人民群众的关系问题，在不同的时代、不同的社会，有不同的阶级内容。但是，无论在什么时代、什么社会，这个问题都关系到是治国兴邦，还是乱国丧邦。过去时代的有作为的清醒的政治家、思想家，无不对这个问题给以高度的重视。中国古人讲“民贵君轻”，“民惟邦本，本固邦宁”，“民，犹水也”，“水可载舟，亦可覆舟”，等等。这些重要政治思想，是很可宝贵的，是中国文化的优秀遗产，我们应当很好地继承和发扬。

无产阶级政党和马克思主义革命家，同过去时代的任何政治集团和政治家根本不同。他们相信人民群众是历史的创造者，尊重人民群众的历史主动性和创造精神，依靠人民群众进行革命斗争。以毛泽东同志为代表的中国共产党人，根据马克思主义的唯物史观，在斗争中逐步形成了一切为了人民群众、一切依靠人民群众，从群众中来、到群众中去的作风，创立了一整套关于群众路线的理论和方法。这是我们党长时期在敌我力量悬殊的艰难环境里进行革命活动的无比宝贵的经验总结。

六中全会的决定指出：“历史经验反复证明，什么时候党的群众路线执行得好，党群关系密切，我们的事业就顺利发展；什么时候党的群众路线执行得不好，党群关系受到损害，我们的事业就遭受挫折。”我们党的历史上，有两次代表大会，一个是七大，一个是八大，都以透彻地论述了群众路线而给全国人民和全世界进步人士以深刻的印象。七大总结了抗日战争时期我们党领导的人民事业的胜利，并且强有力地推进了中国革命在全国的胜利。八大总结了中华人民共和国成立以后，国民经济恢复和对生产资料所有制进行社会主义改造的胜利，并且强有力地推进了我国的社会主义建设。两次大会，两个大会的政治报告，两个修改党章报告，都指出群众路线是中国共产党人取得胜利的路线，群众路线既是根本的政治路线，又是根本的组织路线。这样，就把党的政治路线、组织路线、思想路线同群众路线贯通起来，把马克思主义关于人民群众是历史的创造者的原理系统地运用到党的全部活动中，从而把无产阶级政党同人民群众密切联系的问题提到前所未有的高度，使之成为中国共产党的三大作风之一，成为毛泽东思想的活的灵魂的三个要点之一。这是中国共产党人对马克思主义理论和共产主义运动的一大贡献，也是对中华民族文明和全人类文明的一大贡献。

党的八大以后，我们党经历了挫折，一个重要原因就是群众路线遭到背离和歪曲。十一届三中全会以后，我们党重新确立了实事求是的思想路线，纠正了在社会主义建设时期还“以阶级斗争为纲”的错误，把工作重心转移到经济建设上来，形成了“一个中心、两个基本点”的新的路线，这就从根本上体现了广大人民群众的利益、愿望和要求，因而得到了最广大人民群众的拥护。十年来，我们能够取得伟大胜利、打开社会主义现代化建设和改革开放的新局面，一个重要原因就是由于继承和发扬了七大、八大群众路线的优良传统。而我们工作产生失误和党内出现种种消极腐败现象，一个重要原因就是我们对于在新的历史条件下妨碍我们联系群众的种种因素的滋生和发展缺乏警惕和有效的斗争。

党的十三届六中全会的决定，针对当前的问题，又总结了历史的经验，把能否始终保持和发展同人民群众的血肉联系，作为直接关系到党和国家盛衰兴亡的问题提到全党面前，这是完全正确的，是非常重要的。六中全会决定的深远历史意义，就在这里。

二、认真落实六中全会决定提出的各项要求

（五）下大力量，狠抓落实。党的十三届六中全会的决定得到全党和全国各族人民的热烈拥护。人民群众殷切期望这个决定能够真正落到实处，同时担心会不会又是一阵风，走过场。这种

担心不是没有一点根据的。多年来，我们有些工作没有搞好，有的是失之于思路不对头，设想不实际，但更多的是失之于作风不过硬，工作抓得不实。1980 年 2 月《关于党内政治生活的若干准则》，1983 年 10 月《中共中央关于整党的决定》，1986 年 9 月《中共中央关于社会主义精神文明建设指导方针的决议》等等，都反复强调反腐倡廉，密切党同群众的联系。文件都写得很好，也起了积极作用，可惜的是抓得不够紧，不够有力，不够一贯，没有很好地贯彻落实。一些地方、部门和单位的领导，作风漂浮，像人们说的那样："决心在嘴上，行动在会上，落实在纸上。"这是人民群众对中央的决定盼落实又担心落实不了的原因所在。我们不能不深刻体察群众的这种情绪，从取信于民的高度来认真落实六中全会的决定。如果说了不算，定了不办，说是要密切联系群众，结果反而更加脱离群众；说是要增强群众的信心，结果反而更加挫伤群众的信心。因此，一定要下大力量狠抓决定的落实。

必须清醒地看到，要真正落实六中全会的决定，确有难度。现在，我们党同人民群众的联系，既不如革命战争时期，也比不上解放初期。脱离群众的严重性，决定了解决联系群众问题的艰巨性。在改革开放的新形势下，社会环境、价值观念和人际关系等方面都发生了新的变化，产生了新的矛盾，党同人民群众的联系也面临着许多有待解决的新课题。从更深层次上说，我们在体制上还存在着一些不利于甚至妨碍党同群众联系的东西，不利于甚至妨碍群众监督和人民当家作主的东西。这些问题，只能通过深化经济体制改革和政治体制改革，推进社会主义民主政治建设、法制建设和各种监督制度的建设，逐步解决。

必须指出，我们的干部队伍发生了很大的变化。这些年来，一大批年轻的和比较年轻的同志走上领导岗位，这是我们事业兴旺发达的表现。他们有许多优点和长处，但同老一辈相比，他们没有经过战争年代生与死、血与火的考验，许多人对于依靠群众的极端重要性缺乏真切的体会，对于党的群众路线还不大熟悉。这也是我们落实决定遇到的一个难题。还应该看到，干部联系群众的问题，不只是认识问题和方法问题，最根本的是世界观问题。要想真正解决联系群众的问题，干部就必须能够吃苦，能够受累，为了群众的利益艰苦奋斗，无私奉献，不惜风霜劳苦，必要时甘愿作出牺牲。因此，要落实决定，就必须下大力量抓干部队伍的马克思主义群众观点和党的群众路线的再教育，倡导在改造客观世界的同时自觉地改造主观世界，树立牢固的群众观点，学会群众路线的基本功。只有这样，干部密切联系群众才会逐渐形成习惯，形成风气，形成制度，落实党的十三届六中全会决定才有可靠的保证。

（六）少讲空话，多干实事。落实党的十三届六中全会决定的工作千头万绪，当前应该从哪里抓起？我认为，应该从办实事抓起。尽心竭力地为群众办实事，是落实决定的一个突破口，也是加强党同人民群众血肉联系的一条根本途径。说它是“突破口”，是因为这些年来在我们的一些干部中，确有“说得多、干得少”的毛病。群众对干部要听其言而观其行。小平同志一再强调，“少讲空话，多干实事”。他在具有历史意义的十三届四中全会前夕，语重心长地提出：四中全会产生的新班子“要聚精会神地做几件使人民满意、高兴的事情”。群众是最讲实际的，他们是从一件件具体的、实实在在的事情中来观察、了解和认识我们的，只有坚持办实事，为群众排忧解难，在客观上使群众因为我们的联系、服务而获得实实在在的利益，才能逐步取得他们的信任和支持。说它是“根本途径”，是因为要真正加强党同人民群众的血肉联系，必须从根本上处理好党的工作同人民利益的关系。毛泽东同志深刻地指出过，我们有两方面的工作："我们的第一个方面的工作并不是向人民要东西，而是给人民以东西"，"只有在做了这一方面的工作，并确实生了成效之后，我们去做第二方面的工作——向人民要东西的工作时，我们才能取得人民的拥护"。"只有在我们的同志懂得并且实行了这样两方面工作的配合时，我们方能算得上一个完全的共产主义的革命家"。他告诫我们："一切空话都是无用的，必须给人民以看得见的物质福利。"我们应该用自己的实际行动，让群众从大量现实生活中感受到党和政府是为人民着想、替人民办事的，从而给人民以信心，使人民受到鼓舞。这应该说是加强党同人民群众紧密联系的要旨、要招。

为人民办实事，必须真心实意地办，尽心竭力地办，坚持不懈地办。半心半意不行，三心二意不行，假心假意更不行。要真心实意地为群众办实事，必须有坚定的群众观点，必须时刻把群众装在心里，把群众的利益和意愿放在头等地位，想群众之所想，急群众之所急，办群众之所需。为群众办实事要尽心竭力，马马虎虎不行，敷衍塞责不行，见难而退更不行。只要我们的决策正确可行，就要坚持下去，不为非议动摇，不被困难吓倒。我们讲尽心竭力，是指干部应该竭尽自己的主观努力，迎难而上，鞠躬尽瘁，而不是指要竭尽国家之财力。有些问题的解决是要花钱的，有些问题的解决并不需要花钱。只要我们真正积极地采取了措施，尽了心，竭了力，并且坚持不懈，群众是通情达理的，公道自在人心。真正做到了这一点，将大有利于促进干部作风的转变和社会风气的转变，推动各项体制的改革和各项政策的完善，使六中全会的决定真正落到实处。

（七）统筹安排，加强领导。六中全会决定提出了七个方面的任务，都十分重要，必须全面落实。这就要求各地区、各部门，根据各自的实际情况，抓住不同的重点，加强组织领导，统筹规划安排，有计划、有步骤地贯彻实施，务求取得扎扎实实的效果。

中共中央、国务院关于组织党政机关干部下基层的通知下达以后，各地区、各部门组织了一批干部深入工厂、农村等基层单位。六中全会公报发表后，又有大批干部下去。领导干部到基层去，到群众中去，对于改变那种高高在上、坐而论道的毛病，摆脱那种整天陷入文山会海、礼仪活动的弊端大有必要。但是，加强党同群众的联系是一个大概念，要求通过多种途径，采取多种方式，解决多方面的问题，干部下基层只是一个途径。现在下面的干部和群众对相当一部分领导机关有意见，说这些领导机关办事拖拉，工作扯皮，“门难进，脸难看，事难办”，“离不开，惹不起，靠不住”。因此，各级领导机关在组织干部分期分批轮流下基层的同时，要切实抓好机关自身的建设，使领导机关的工作能够切切实实地为基层、为生产、为群众服务。

各级干部下基层必须有计划、有目的、有领导地进行。一般地说，领导干部下基层应该到最困难的地方去排忧解难；到群众意见多的地方去理顺情绪；到出现新情况、新变化的地方去总结经验；到工作推不开的地方去打开局面。要注意实行点面结合、上下配合。留在机关工作的同志要支持下去同志的工作，把他们留下的任务很好地担当起来，对他们在基层发现的问题，要积极地配合解决。下去的同志既要把基层的情况和群众的意见及时反映上来，作为改进工作和科学决策的依据，又要实地考察已有决策和措施贯彻的情况，有什么经验，有什么不足，反馈上来作为进一步完善政策、措施的参考。

贯彻中央决定，特别是领导干部下基层，必须坚持实事求是，反对形式主义。从领导上讲，要防止不顾面上工作需要，不考虑基层承受能力，单纯地追求下去的人数，形成“一窝蜂”、“一阵风”，收不到预期效果，无法坚持经常；要防止为下去而下去，茫无目标，“葫芦掉在井里头——在下面漂着”，不能帮助基层和群众解决问题，只是添乱；要防止不顾现实情况的变化，机械地搬用过去同吃同住的某些具体做法，以致给群众带来不便；要防止工作的主观随意性，偏离党的政策，滥发议论，乱出点子，使基层和群众对政策的稳定性和连续性产生怀疑，引起思想混乱。从干部来讲，必须放下架子，甘当小学生，真正和群众打成一片，虚心倾听群众的意见，认真改正自己的毛病；必须关心群众疾苦，帮助基层解决问题，正确宣传和贯彻党的政策；必须模范遵守中央有关廉政建设的规定，不大吃大喝，不收受礼物，不开后门，不走后门，努力做人民的好公仆。

三、不断总结建设有中国特色的社会主义的经验

（八）总结经验，深化认识。认真贯彻执行六中全会的决定，必将使全党干部同广大人民群众更加密切地联系在一起，在“一个中心、两个基本点”的基本路线的指引下，团结奋斗，埋头苦干，创造许许多多的新鲜经验，进一步开创社会主义现代化建设和改革开放的新局面。这是一个伟大的实践过程，也是一个伟大的认识过程。在这个过程中，不断地总结经验，加深认识，使经验上升为理论，指导我们继续开拓建设有中国特色的社会主义的道路，是一项极其重大的任务。

我们党历来重视总结经验。马克思主义与我国实际相结合的两次飞跃，都是在总结经验的基础上进行的。第一次飞跃发生在新民主主义革命时期。中国共产党人经过反复探索，在总结成功和失败经验的基础上，找到了有中国特色的革命道路，形成了中国革命的理论，把革命引向全国胜利。第二次飞跃发生在党的十

一届三中全会以后。中国共产党人在总结建国以来正反两方面经验的基础上，在研究国际经验和世界形势的基础上，开始找到了一条建设有中国特色的社会主义的道路。

我们继续前进的道路，就总体上说，是明确了，但就具体上说，还有不少尚待研究的问题。

十一届三中全会以来，以邓小平同志为核心的党的第二代领导集体，把马克思主义同我国的具体实践相结合，以无产阶级革命家的大无畏的魄力，纠正了“文化大革命”的错误，坚决把工作重心转移到经济建设上来，打破僵化体制，实行改革开放，探索、开辟了一条建设有中国特色的社会主义的新路。这是一条正确的道路。我国十年来取得的举世瞩目的成就，就是从这里来的。面对国内国外的事变，我国之所以能够稳得住，也是从这里来的。实践的成就反映到理论的创新上，我们对马克思主义关于社会主义的理论也有了丰富和发展。比如说，提出了关于我国仍处在社会主义初级阶段的观点，关于社会主义经济是有计划商品经济的观点，关于物质文明和精神文明一起抓的观点，关于改革是社会主义制度自我完善的观点，关于进行政治体制改革的观点，等等。我们的建设有中国特色的社会主义的理论，体现在邓小平同志的有关著作和近年来多次重要谈话当中，体现在党的十一届三中全会以来的重要文献当中。反思十年，我们对党的十一届三中全会以来开辟的这条道路，形成的这一套理论，它的意义和价值，要有充分的认识。这对于我们端正对科学社会主义的理解，澄清模糊观念，坚定不移地沿着我们自己已经开辟的道路走下去，不受国外局势变化的干扰，把人们的注意力引导到办好自己的事情上来，具有极为重要的意义。我们今天总结经验，统一思想，抓住这个根本，就比较容易达到统一。

总的路线对了，不等于各项具体路线、方针、政策、制度、办法都成熟和完备了，更不等于说理论上的许多问题都清楚和明确了。面对国内国际现实生活中的众多复杂问题，我们在理论上还缺少准备，缺少研究，有许多还没有作出深刻的说明和科学的回答，也不可能从过去的本本找到现成的答案。所以，不管是总的路线和理论，还是各方面的具体路线和政策，以及我们所干的每项工作、每件事情，都需要根据马克思主义的基本原理，结合新的情况，总结新的经验，进一步探索、创造、发展。这里特别要强调，经验要及时总结。这样，正确的经验才能较快地推广，错误才能较快地纠正。过去十年，我们工作指导上的某些失误，一个重要原因就是没有能够很好地做到这一点，老是"交学费"，群众很不满意。所以，能否及时总结经验，是关系到能否减少失误，少走弯路，少付代价，较快地获得正确认识，较顺利地推进我们工作的一个重要环节。

邓小平同志近年来不止一次地指出，要认真总结经验，要很冷静地思考过去，思考现在，思考未来。六中全会的决定，就是这样做的一个成果。执行这个决定，既要着眼于现在，也要着眼于未来。就是说，要着眼于 90 年代的第二步战略目标，着眼于下个世纪中叶基本实现现代化，着眼于整个建设有中国特色的社会主义的伟大事业。在今后的历史进程中，中国共产党人按照实践、认识、再实践、再认识这个认识的总规律，不断地总结新经验，研究和解决新问题，就一定能够使党的十一届三中全会以来的路线不断丰富和发展，使建设有中国特色的社会主义的理论不断丰富和发展，胜利地完成把马克思主义同中国实际相结合的第二次飞跃。

（九）研究理论，面向实际。总结经验，要做到正确的总结而不是错误的总结，就必须以马克思主义理论为指导，面向群众，面向实际，把立足点真正摆到党领导的广大人民群众建设有中国特色的社会主义的伟大实践中来。陈云同志多次讲："不唯上、不唯书、只唯实"。生气勃勃的社会主义事业是人民群众创造的事业。建设有中国特色的社会主义，是中国人民改造社会、创造历史的伟大工程。我们讲历史，讲发展，讲创造，都离不开人民群众这个历史发展和社会改造的动力，离不开人民群众这个认识和实践的主体。总结经验也是如此，不能照搬外国，不能面向过去，不能只靠少数人，不能理论脱离实际。

毫无疑问，研究外国、借鉴外国经验是非常重要的。改革开放以来，在这方面做了不少工作，今后还要坚持做下去，关注的领域还应当拓宽，考察的层次还应当加深。但是必须指出，像我们这样大的一个国家，又有着独特的历史发展和革命经历，要实现现代化，是没有现成道路可走的。无论是发达的资本主义国家，还是某些新兴的工业化国家，都不可能为我们提供照搬照抄的模式，只能从中国的实际出发，走自己的路。

毫无疑问，我们党的历史上积累了丰富的经验。许多经验，就其基本精神来说，对于我们今天搞社会主义现代化建设和改革开放，仍然具有指导意义，必须认真研究和运用。特别是党的优良传统是我们的政治优势，一定要继承和发扬。这些年在这方面确有削弱，是一大教训。同时，我们必须看到：形势、条件、任务都发生了许多变化，好的传统只有同新的情况相结合，在新的群众实践中才能获得新的生命力，发挥新的作用。新的形势和任务，给我们的工作带来了不少新的课题，需要我们依靠群众，在现代化建设和改革开放的广泛实践中，从多方面去创造许许多多新经验、新办法，这是我们的历史责任。不到新的实践中去创造新的经验，实际上等于放弃了历史赋予我们的把事业推向前进的责任。

毫无疑问，我们要尊重知识，尊重专家、学者，这是我们党的群众路线的组成部分。我们说人民群众是认识和实践的主体，其中就包括专家、学者在内。在社会主义现代化建设时期，这一点尤其重要。同时必须指出，在研究和解决中国社会主义现代化建设和改革开放问题的时候，必须实行领导、专家和在实践第一线的广大干部、群众相结合。实现这种结合，专家和群众这两方面都要提高自觉性，而关键在于领导者的自觉性。如果各级领导不去促进这种结合，怎么能够得到有价值的研究成果呢？还有各级政策研究机构也很重要，对领导决策的影响更加直接。但是，如果不到群众中去，不到实践中去，也不听专家、学者的意见，那又怎么能够帮助领导经常地及时地了解群众的情绪，摸清群众的脉搏，集中群众的智慧，形成正确的观点和决策呢？总之，看不起群众的经验，以为少数人关起门来研究，就可以拿出周密完善、万无一失的方案，党和群众只要照着去办就行了，这只能是一种幻想。

总结经验，这是研究马克思主义理论，把马克思主义理论与实践结合起来的一个极其重要的方法。我们坚持马克思主义，忠于马克思主义，坚决反对那种公开否定马克思主义，或者借口“发展”、“创造”、“更新”而实际上抛弃马克思主义基本原理的资产阶级自由化倾向。近年来马克思主义理论学习遭到削弱的状况，必须切实改变。如果不这样做，我们就不是真正的马克思主义者。同时，坚持和忠于马克思主义，又不能停留在口头上，不能把它当成万古不变的教条。中国的马克思主义者，必须紧密结合我国现代化建设和改革开放的实际，结合世界形势的新发展，来运用理论，检验理论，发展理论。我们的根本原则，是理论与实际相结合。这个结合，就是坚持，也就是发展。坚持和发展，二者统一于理论与实际结合的过程之中。邓小平同志去年 5 月在会见外宾时指出：“真正的马克思列宁主义者必须根据现在的情况，认识、继承和发展马克思列宁主义。世界形势日新月异，特别是现代科学技术发展很快。”“不以新的思想、观点去继承、发展马克思主义，不是真正的马克思主义者。”“固定的模式是没有的，也不可能有。墨守成规的观点只能导致落后，甚至失败。”

这里还要特别强调，总结经验，要注意面向基层。最广大的人民群众在基层活动，许多新鲜活泼的经验都是在基层创造出来的。抓住基层创造的成功经验，加以总结，用政策的形式加以推行，从而引起我们经济和社会面貌的重大改变。可以说，这是十年改革成功的奥秘之一。看看中国农村改革的历程，这一点就很清楚。整个说来，考察我们体制的利弊如何，政策的得失如何，它是解放生产力还是束缚生产力的，归根到底，都要到基层去看。在农村，要看人高兴不高兴，牛高兴不高兴；在工厂，要看工人干活作劲不作劲。只有这样，才能了解到真实的情况，也才有进行科学分析和总结的基础，避免主观臆断。

（十）振作精神，团结奋进。落实六中全会的决定，无论是当前，还是整个 90 年代，在各级领导和广大干部中都有一个精神状态问题。现在有相当一部分人的确存在着精神不振、信心不足，在困难面前唉声叹气、一筹莫展的问题。这种精神状态，与我们要求党同人民群众密切联系在一起，以推进社会主义现代化建设和改革开放事业，是很不适应的。

精神不振有多方面的原因。但是，不管有多少原因，精神不振是没有根据的。为什么说没有根据呢？我这里讲两条：一是要相信党的路线，二是要相信人民群众。应当看到，党的十一届三中全会以来的这条路线，十年来给我们带来巨大的成就。经过这十年的努力，我国人民生活普遍提高，综合国力得到加强，国民生产总值翻了一番。经济发展速度，无论是同发展中国家比，还是同发达国家比，都是比较快的。社会主义制度的活力，社会主义制度的优越性，在这十年中不是得到了显著的表现吗？不管还存在着什么消极东西，不管发生了哪些本来可以避免或者难以避免的失误，不管遇到了哪些曾经料到或者未曾料到的困难，我们取得了伟大成就这个基本的方面是不能低估，更不能无视的。而失误和困难，我们都在努力纠正和克服，并一定能够纠正和克服。还应当看到，这十年中取得的成就，十年中所显现的人民群众的创造力，还仅仅是十一届三中全会以来的这条路线的锋芒初试。这条路线的展开，有中国特色社会主义的活力的迸发，社会主义制度优越性在中国的充分显现，好戏还在后头。在中国，人民群众与中国共产党的密切联系是有悠久历史的。只要党的路线正确，人民群众就能够在党的领导下克服各种困难，发挥聪明智慧，创造光辉业绩。一切悲观论点都是没有根据的。

在当今世界范围竞争十分激烈的环境中，我们无疑应当有忧患意识。这是要求我们清醒地科学地面对挑战，是为了激励全民族奋发进取。这样的忧患意识，是包容在我们中国共产党人的马克思主义的乐观主义之中的，与那种在“忧患意识”名义下散布的悲观绝望情绪根本不同。马克思主义的乐观主义，是基于对历史发展规律的科学理解，基于对广大人民群众的智慧和力量的深刻认识，基于对中华民族的举世罕见的生命力和创造力的坚定信念。因此，中国共产党人总是把乐观主义放在自己心目中的首位，这是有充分根据的。

在延安的时候，毛泽东同志就提出，要放下包袱，开动机器。他说：“检查自己背上的包袱，把它放下来，使自己的精神获得解放，实在是联系群众和少犯错误的必要前提之一。”包袱有各种各样。胜利了就骄傲，是包袱；遇到困难和挫折就悲观，也是包袱。背上包袱，思想不得解放，聪明才智都被压住了，联系群众也谈不上。今天我们贯彻落实十三届六中全会决定的时候，重温毛泽东同志的这个论点，是很有好处的。

十一届三中全会的时候，邓小平同志提出了一个口号："解放思想，实事求是，团结一致向前看。"党的十三大强调，这仍然是我们的基本口号。"解放思想，实事求是"，就有了十一届三中全会的路线。在这个路线的基础上，全党团结起来了，党和人民群众团结起来了。全党全国人民团结奋进，取得了我们现在的胜利。振作精神，继续团结奋进，我们就必将在 90 年代取得新的更大的胜利。

安民之要在于察其疾苦*

（1995 年 4 月 16 日）

人民群众是历史的主人，是实践和认识的主体，是最终决定社会发展的力量，全心全意为人民服务是党和政府的最高宗旨，各级干部是人民的公仆，这些观点是我们在任何时候都必须始终牢记的。我们常讲要发挥我们的政治优势，而所谓政治优势，不简单在于我们所领导的人多，而在于这些人的拥护与支持。特别是当前我们正处于新旧体制转换的历史时期，各项政策措施的出台，各种社会矛盾和问题的出现，都可能涉及人民群众的切身利益，都可能引发人们情绪的变化。只有坚持把绝大多数人的利益放在第一位，时刻关心群众的生活，准确地把握群众的思想脉搏和情绪动态，我们才能赢得群众的支持，避免或减少重大失误，使经济建设和各项事业顺利发展。

改革开放以来，我国人民总体生活水平有很大提高，但由于种种原因，还有部分群众生活比较困难。在城市，由于一些企业亏损严重、停产半停产，许多职工长期不能按时领到工资，加上物价上涨，他们的生活已经相当困难，有的甚至连吃饭都发生问题。我们的许多工作，能做到百分之九十九就算很不错了，唯独吃饭必须百分之百，有百分之一的人没饭吃都不行。必须看到，

---

* 这是李瑞环同志在辽宁考察工作期间的谈话的一部分。

虽然这部分人相对比例不大，但绝对数字并不小。古人讲为政之道在于安民，安民之要在于察其疾苦而已。我们讲为人民办实事，首先应当想到最困难的这部分群众，真心实意地为他们排忧解难。特别是国有大中型企业的职工，他们过去把青春和汗水献给了国家建设，作出了巨大的贡献。对于他们来讲，干活给钱，看病给报销，退休了给养老金，是社会主义制度优越性的体现，也是他们的既得利益。现在他们的生活困难是经济转轨造成的，并非他们不努力劳动，党和政府理应予以特别的关注和照顾。我们搞改革，任何时候都要讲两个理：一个理是讲市场经济、成本核算、优化组合、按劳分配等，另一个理是讲全心全意为人民服务是我们党的最高宗旨。这后一个理是我们作为执政党的带根本性的大道理。如果这么多群众的困难长期解决不了，如果对他们的疾苦不闻不问，我们就够不上叫共产党，就会失去人民群众的拥护，失去自身存在的历史理由。各级政府要为生活困难的职工群众提供切实的帮助，不要等到节日，也不要等到一些问题酿成事端，而要经常性地深入群众，访贫问苦，谈心服务。我们目前经济上固然有许多困难，但是就国家整体实力和各级政府所掌握的物质基础来说，保证他们吃饱肚子、穿上衣服，总还是有办法的。当然，从根本上解决这个问题要靠建立健全劳动和社会保障制度。有的问题一时还拿不出办法，就“老人老办法，新人新规矩”。就是说，对新职工采取改革后的新用工制度，对老职工还是沿用由国家基本包下来的办法。这些老职工有贡献，有觉悟，现在的要求也并不算高，人数也不会再增加了。保证他们的基本生活不出现问题，应该是办得到的。

这里，我想再强调一下维护稳定的问题。维护稳定本来不仅仅与解决群众生活困难有关，还同打击各种别有用心、蓄意制造社会动乱的势力有关。但是在我们的社会里，属于后一种情况的毕竟是少数，对于这些人可以采取坚决果断措施予以制止。目前我们经常遇到的、大多数的问题，还是与群众的利益、要求、愿望相关的问题，而对于这类问题，必须采取十分慎重的态度。必须承认，当前群众中对我们不满的方面不是很少，不满的人不是很少，各地上访的、围政府的不是很少。这些必须引起我们的严重关注。不可否认，有些群众的不满是由于不了解情况，但是就主要方面来说，群众的意见是值得我们重视的。比如长时期内物价上涨过快、干部中腐败问题严重、社会治安恶化等等。如果这些问题长期不能解决，我们怎么能得到群众拥护、怎么能实现稳定社会的目的呢？对于涉及多数群众的问题，对于由我们工作中的缺点和错误而引发的问题，一是不能掉以轻心，要主动地去做工作，力争把矛盾解决在萌芽状态，解决在基层，防止事态扩大，防止发生连锁反应；二是要采取耐心说服、教育、引导的方法，采取改进工作、取得群众谅解的方法，不能简单粗暴，更不能随便动用其他方法。

在改革开放的全过程中，始终都要把握好改革的力度、发展的速度、稳定的程度，处理好改革、发展、稳定三者的关系。一方面，没有改革和发展，就难以实现社会稳定；另一方面，社会稳定的程度又制约着改革和发展。如果改革力度过大，发展速度过快，影响到社会稳定，那么改革和发展就不可能顺利进行下去，就必须慢下来，先把社会稳定保住。所以，稳定作为改革、发展的前提和保证，在任何时候都是一个非常重要的问题。没有稳定，什么也干不成，没有稳定，一切都无从谈起。对于辽宁来说，领导班子要统一思想，就是实事求是地对待发展速度问题。能够干多少就干多少，能够干多快就干多快，而不要简单地同其他省市攀比。辽宁目前遇到的困难，有个外部大环境问题，换谁来也不可能很快解决，不能简单归结为领导班子“思想解放不解放”、“改革步伐大不大”的问题。我们还是要按陈云同志所说的“一要吃饭，二要建设”，在人民群众吃饱肚子的条件下安排建设规模。把群众的基本生活问题解决好，把社会稳定住，在这个前提下取得的速度，才是实实在在的、有效的速度。

坚持实事求是、群众路线*

（1999 年 9 月 9 日）

当前，全国各地都在隆重庆祝新中国建立 50 周年。经过 50 年的奋斗，伟大祖国发生了翻天覆地的变化。社会生产力和综合国力有了很大发展，主要工农业产品产量跃居世界前列；12 亿人民基本解决了温饱问题，物质文化生活整体水平接近小康；社会主义精神文明建设取得丰硕成果，全民族的科学文化素质普遍提高；社会主义民主与法制逐步健全，人民当家作主的国家政权日益巩固；爱国统一战线不断扩大，中华民族的大团结、大联合空前增强；“一国两制”的伟大构想深入人心，祖国统一大业取得历史性进展；我国国际地位显著提高，成为世界上维护和平与促进发展的重要力量。特别是党的十一届三中全会以来，我们把马克思主义同中国实践和时代特征结合起来，形成了邓小平理论，制定了社会主义初级阶段的基本路线，走出了一条建设有中国特色社会主义的道路。在回顾和展示 50 年来我们所取得的各项辉煌成就的同时，我们还应当做些什么？我在今年全国政协九届二次会议闭幕会上说，我们还应该认真地、全面地总结和汲取历史经验。小平同志非常重视总结历史经验。他曾强调指出：“历史上成功的经验是宝贵财富，错误的经验、失败的经验也是

---

* 这是李瑞环同志听取陕西省委、省政府工作汇报时的讲话的一部分。

宝贵财富。”成功的经验可以鼓舞士气，失败的经验可以使思想冷静。我们不应当像《阿房宫赋》说的那样，“后人哀之而不鉴之，亦使后人而复哀后人也”，而应当乐亦鉴之，哀亦鉴之，前事不忘，后事之师。50 年来的经验可以说出很多，最主要的我认为有两条，一条是实事求是，一条是群众路线。

实事求是是我们党的思想路线，群众路线是我们党的工作路线。把实事求是和群众路线提高到我们党一切工作必须遵循的最根本原则，是毛泽东同志在延安时期确定的。小平同志在 1977 年 7 月他正式复出的十届三中全会上，作了题为《完整地准确地理解毛泽东思想》的重要讲话，他说：“我认为，毛泽东同志倡导的作风，群众路线和实事求是这两条是最根本的东西。当然民主与集中的关系，自由和纪律的关系，都是很重要的。对我们党的现状来说，我个人觉得，群众路线和实事求是特别重要。”回顾我们党领导全国人民建立新中国、建设新中国的奋斗历史，所有兴衰成败都与这两个问题解决得好不好紧密相关。什么时候我们坚持了实事求是、群众路线，我们就能夺取革命和建设的胜利；什么时候我们违背了实事求是、群众路线，我们就会遭受挫折，甚至已经取得的成果也会丧失。或者说，我们所有成绩的取得都是坚持实事求是、群众路线的结果，而所有失败都是由违背实事求是、群众路线造成的。实事求是、群众路线是我们事业胜利前进的基本保证，是我们党活跃于中国和世界政治舞台上的鲜明特征，也是我们始终不渝、不懈追求的奋斗目标。只有时刻牢记并努力实现这一目标，才谈得上在各种艰苦复杂的斗争中立于不败之地，才谈得上在各种消极影响和腐蚀面前保持共产党的政治本色。从这个意义上完全可以说，实事求是、群众路线是我们的命根子，我们任何时候、任何情况下也不能丢掉这个命根子。

人类历史是一个不断从必然王国向自由王国发展的历史，所谓“必然”就是客观世界的规律性，所谓“自由”就是对规律的认识和运用。而实事求是，“实事”是客观事物，“求”就是我们的工作包括研究，“是”就是事物的规律性。因此可以说，人类发展、进步的历史也就是一部实事求是的历史。

小平同志非常重视实事求是。在视察南方的谈话中，他意味深长地说：“实事求是是马克思主义的精髓。要提倡这个，不要提倡本本。”“我读的书并不多，就是一条，相信毛主席讲的实事求是。过去我们打仗靠这个，现在搞建设、搞改革也靠这个。”作为党的思想路线，实事求是的重要意义已经为全党所一致公认。但是，现实表明，要真正自觉地把它贯穿于各项工作之中并坚持下去，并不容易。我认为，这里有认识问题、作风问题、水平问题，还有一个勇气问题。所谓认识问题，就是懂不懂实事求是作为党的思想路线在理论和实践、历史和现实中所具有的深刻含义，不是把它停留在一般性口号上，而是解决所有矛盾与问题时真正把它摆在第一重要的位置。所谓作风问题，就是肯不肯抛弃官僚主义、形式主义和浮躁心态，塌下心来、扑下身子，深入到群众和实际工作中去作艰苦细致的调查研究，透过纷繁复杂的现象探求事物的本质。所谓水平问题，就是会不会在理论指导下将从实践中得来的丰富的感性材料进行去粗取精、去伪存真、由此及彼、由表及里的抽象、概括、加工，并上升为理论。而所谓勇气问题，就是敢不敢面对现实、反映现实，做到一切从实际出发，根据事情的本来面目说话、办事。我们都承认客观事实是第一性的，但是在处理问题时，在事实同文件、同讲话、同理论发生矛盾的情况下，我们常常不是去修改文件、修改讲话、修正理论使之符合事实，而是去“修改”事实使之符合文件、符合讲话、符合理论。之所以发生这种削足适履的事，很重要的一个原因就是缺乏实事求是的勇气。所以，勇气问题，既是一个解放思想问题，也是一个品质问题；既是一个理论问题，也是一个政治问题，我们必须予以重视并切实解决。

人民群众是社会实践和认识的主体，是历史发展的动力，是社会主义国家的主人。全心全意为人民服务是我们党的根本宗旨，千方百计满足最广大人民群众日益增长的物质和文化生活需求是我们全部工作的出发点、过程和归宿。因此，我们做任何工作，都必须倾听群众的意见，真心实意地向群众学习；都必须集中群众的智慧，依靠群众的力量，都必须脚踏实地地为群众办实事，接受群众的监督。群众路线同实事求是是一致的。不坚持群众路线，就不能坚持实事求是；同样，不坚持实事求是，也不可能坚持群众路线。我们的干部特别是领导干部要重视研究广大群众的劳动、工作、生活状况以及他们的思想、情绪、愿望、要求，把这些作为第一信号，作为制定和调整方针政策的最重要依据。一般说来，如果多数群众赞成拥护我们的方针政策，我们就有理由坚持下去而不要随意变更；如果多数群众对我们的方针政策有意见，那么需要纠正的就不是群众的意愿，而是我们自己的工作。

同我们党历史上相当长一段时间比，现在我们在坚持实事求是、群众路线上有差距。有些地方的领导干部天天开会、做指示，并没有经过认真的调查研究和周密的思考，并没有先当群众的学生，再当群众的先生。有的文件不是实践经验的总结、群众智慧的结晶，而是文人笔杆子的"创造"。"出上一个题儿，找上一帮人儿，关上窗户门儿，做上一篇文儿，念起来挺顺嘴儿，就是不解决问题儿。"延安整风，内容就是坚持实事求是、群众路线，经过党的七大形成全党高度的团结，大大加快了解放战争的进程。十一届三中全会之后，在小平同志的倡导下，大家本着实事求是、群众路线的原则，有啥说啥，畅所欲言，集思广益，所以才有改革开放的伟大胜利。我国当前经济建设和各项工作形势很好，但确实也存在许多复杂的矛盾和问题，有些困难如果久攻不下，会影响干部群众的信心。敢不敢实事求是地对待这些问题，在实践中大胆探索，求得新的突破，能不能充分调动群众的积极性，最大限度地取得他们的拥护和支持，关系到改革开放能不能进一步深入，关系到现代化建设的前景。因此，要把对干部特别是领导干部进行实事求是、群众路线的教育，作为党的思想政治建设的重要内容加以强调，要以此作为考察干部政治上合格不合格的重要标准，严格要求，长期坚持。

加强和改进作风建设*

（2001 年 9 月 29 日）

各位副主席、各位常委、各位同志：

这次政协常委会的主要内容，就是学习贯彻中共十五届六中全会精神。六中全会关于加强和改进党的作风建设的决定，是一个非常重要的文件。《决定》对党的作风建设的若干重大问题进行了分析、部署，体现了江泽民同志“三个代表”的重要思想。会议期间，曾庆红同志作了很好的报告，与会常委们发表了许多很好的意见、建议。叶选平副主席作了会议总结。会议开得圆满成功。

作风建设是一个十分重要的问题。党的作风是党的世界观的外在表现。有什么样的世界观就应该有什么样的作风。我们的世界观是辩证唯物主义、历史唯物主义，我们承认社会存在决定社会意识，承认客观世界相互联系不断发展，所以我们要求党员干部的作风必须是深入实际、实事求是、一切从实际出发，必须是注重实践、联系群众、尊重群众的首创精神，必须是研究特点、着眼发展、不断解放思想开拓创新。反过来，如果不是这样，而是弄虚作假、闭门造车、不顾实际地憋词憋文憋套套，或者上传下达、等因奉此、不研究自己的特殊情况，或者思想僵化、迷信

---

* 这是李瑞环同志在政协第九届全国委员会常务委员会第十五次会议上的讲话。

本本、跟不上时代的发展变化，这就说明不但作风发生了问题，而且思想深处、世界观上也出现了毛病。党的作风是党的宗旨的必然要求。有什么样的宗旨就应该有什么样的作风。我们党是最广大人民根本利益的代表，党的宗旨是全心全意为人民服务。同最广大的人民群众保持最密切的联系，一刻也不脱离群众，一切从人民的利益出发，而不是从个人或小集团的利益出发，向人民负责和向党的领导机关负责的一致性，是我们党区别于其他政党的显著标志。这次中央全会指出，加强和改进党的作风建设的核心问题，是保持党同人民群众的血肉联系，也就是坚持党的全心全意为人民服务的宗旨问题。应该说，这些年来我们党为群众办了许多实事、好事，多数群众的生活得到了改善，广大群众是拥护我们党的。但必须看到，不少群众确实对我们有意见，在某些事情上意见还比较尖锐，甚至有较大的不满情绪。“水可载舟，亦可覆舟”。我们切不可忘记这句箴言。党的作风是贯彻党的方针政策的必要保证。各级机关、各级干部总是要执行政策，不是正确地执行政策就是错误地执行政策，而政策执行得如何与作风如何有着极其密切的关系。作风好，能够深入实际、调查研究，密切联系群众，方针政策的制定就比较周全，贯彻执行就比较顺利；作风不好，高高在上，官僚主义，形式主义，虚华漂浮，不仅政策不能落实，还会产生其他许多问题。现在，群众对我们的一些政策有看法，有的是政策需要完善，更多的则是政策在贯彻过程中出了问题。政策和策略是党的生命，万万不可粗心大意。

对于当前党的作风，应当讲两句话，一是总体上是好的，绝大多数党员干部是勤政为民、廉洁奉公的，不这样看就不能理解我们所取得的巨大成就；一是确实存在不少问题，有些问题还十分严重，不这样看就是头脑不清醒。这些年来，为了纠正党内不正之风，我们开了多少会，讲了多少话，发了多少文件，作了多少规定，应该说也取得了不少成绩，查处了一批大案要案，惩治了一批腐败分子，为党和国家挽回了重大损失，同时也涌现了一大批敢于同腐败现象作斗争的先进人物。但也要承认，党的思想作风、学风、工作作风、领导作风和干部生活作风等方面的一些问题，并没有得到根本解决，有的甚至愈演愈烈，特别是贪污腐败的案子越来越多，涉及的钱数越来越大，卷入干部的职务越来越高。这是一个值得深思的现象。这里确有一个对许多事情怎么看、怎么办的问题。有些事情在改革开放和市场经济的新形势下是必需的，不能用旧观念把它看成是问题；有些事情在任何时候都是不好的，不能以新形势为借口不把它看成是问题。比如说，形式是必要的，因为没有形式就不能有效地开展工作，但形式主义是不能要的，因为形式主义不讲实效、劳民伤财，有些已发展到误事误国的地步。比如说，“本本”是要认真研究的，因为不弄通弄懂“本本”就难以指导实践；但本本主义是错误的，因为本本主义食古不化、照抄照搬，有些已经完全脱离实际。比如说，政绩是要讲的，因为政绩是考核干部的一个重要依据，但“政绩工程”是不能搞的，因为“政绩工程”沽名钓誉、华而不实，有些甚至用老百姓的救命钱往自己脸上贴金。比如说，应酬是难免的，因为应酬是对外交往的一种方式，但大吃大喝是要反对的，因为大吃大喝铺张浪费、奢侈腐败，严重影响干群关系。总之，对于党风建设中的许多事情，我们必须从实际出发，具体问题具体分析，认真总结经验，努力探索管用的方法。解决党风方面的问题，六中全会作出了一系列规定。要加强思想教育，加强制度建设，加强监督管理，在当前情况下要特别强调的是领导带头、以身作则。什么叫领导？简单地说，“领”就是带领，就是走在前边，干在前边，身先士卒，“导”就是引导、教导。只有“领”好了，“导”才能起作用。自己满脸脏东西，怎么号召人家讲卫生？你在台上讲人，人在台下讲你，你讲的还管什么用？“其身正，不令而行；其身不正，虽令不从。”如果各级领导干部都能真正做实事求是的表率、联系群众的表率、艰苦奋斗的表率、清正廉洁的表率、遵守纪律的表率、批评与自我批评的表率，都能真正克服和反对形式主义，抵制和不搞任人唯亲，都能身体力行，言行一致，那么许多问题就可以得到解决或者容易得到解决。当前社会上议论最多的是权钱交易、买官卖官。人们说，“有的人本事不大，但赚钱很多；有的人德才不佳，但升迁很快”。这些问题能不能切实解决，是党风建设的一个关键。我们要时刻想着，我国目前还有几千万农民没有脱贫，几千万职工下岗失业；我们正在建立社会主义市场经济体制，面临许多棘手问题。我们要增强使命感、责任感，用自己的模范行动带动群众、影响周围，为加强和改进党风建设、促进社会风气的好转作出应有的贡献。

各级政协要把学习贯彻六中全会精神当作一件大事来抓。人民政协作为多党合作和政治协商的重要机构，应当立足自身的特点和优势，在履行职能的过程中，深入了解社情民意，充分反映各党派、各团体、各界别人士的意见和建议，围绕党风建设中的突出问题进行协商和监督。同时要加强政协的自身建设。新形势、新任务对政协工作提出了新要求，政协本身也需要加强和改进作风建设。我们要通过学习贯彻六中全会精神，全面检查和深入分析在作风建设方面存在的问题，找出差距，找准症结，并研究一些实实在在的办法，使政协作风切切实实有所改进。学习贯彻全会精神要与学习贯彻江泽民同志的“七一”讲话结合起来，认真研究在政协工作中如何实践和体现“三个代表”的重要思想，增强贯彻执行党的基本理论、基本路线、基本纲领的自觉性，求真务实，开拓创新，努力把工作提高到一个新水平。

十二、宣传思想工作

发挥知识分子作用
是解决知识分子问题的总钥匙*

（1983 年 3 月 13 日）

知识分子工作同其他工作一样，由于长期受“左”的思想影响，特别是由于十年动乱造成的灾害，问题成堆。比如，对知识分子的使用、培养、考核、奖励、提拔、入党、两地分居、子女就业、工作条件、生活待遇、政治地位、社会舆论等等，都存在着一些问题，都需要切实地、认真地逐一解决。但当前最根本、最关键的问题是如何充分发挥知识分子的作用。这是解决知识分子诸多问题的总钥匙，也是我们做好知识分子工作的出发点。

经济的发展实质上是知识的发展和运用

充分发挥知识分子作用，是四化建设的迫切需要。现在，越来越多的人认识到，不充分发挥知识分子的作用，翻两番的目标就不能实现，建设富强、民主、文明的社会主义现代化国家就是一句空话。人类社会发展的历史告诉我们，在人类社会发展的进程中，有一种起终极作用的推动力，就是生产力的发展，也就是

---

* 原载 1983 年 3 月 13 日《光明日报》。

知识的发展、科学的发展和技术的发展。人类通过不断地探求知识，并且运用已经掌握的知识不断地增强改造世界的能力。从19世纪起，特别是20世纪以来，这个进程大大地加快了。人类掌握的知识量和信息量几倍、几十倍地增长了，科学技术对于生产的先导作用极大地提高了。可以说，所谓经济的发展，实质上是知识的发展、科学技术的发展及其应用的结果。所谓经济的竞争，归根到底，是科学技术的竞争、知识的竞争。党中央之所以一再强调重视知识、重视知识分子，正是因为解决好这个问题与国家的前途息息相关，与翻两番的战略目标息息相关。我们强调重视知识、重视知识分子，并不是要抬高哪一部分人或要贬低哪一部分人，而是在于重视四化建设，重视国家的富强，重视广大人民的根本利益。在我国历史上，凡属进步的思想家，都十分重视知识的作用、人才的作用。他们把“尊圣者王，贵贤者霸，敬贤者存，慢贤者亡”作为“古今一也”的定律。我国历史上的许多思想家，在重视知识这一点上都是相同的。他们提出：“国势之强弱，系乎人才”，“财用不足，国非贫，人才不竞之谓贫”。我们的先人尚且如此，我们共产党的各级领导干部就更应当懂得这些道理。

一酬壮志是知识分子的最大心愿

充分发挥知识分子作用，是广大知识分子最强烈的愿望。知识分子有许多要求，他们最关心的是什么？天津市科委最近在500名知识分子中作了一次民意测验。结果表明，大多数人最关心的是四化能不能实现，党的十二大提出的任务能不能完成。这真实地反映了当前广大知识分子的心声。据我所知，知识分子对现实生活中不如人意的地方感受较多，其中最大的不如人意、最大的苦恼是不能充分发挥自己的作用，不能把自己学到的知识贡献给社会和人民。年富力强的知识分子，最担心的是一生碌碌无为，虚度年华，知识荒废，一事无成。已过中年的知识分子的心情是，自己在十年动乱中度过了人生最宝贵的年华，现在政通人和，百废待兴，正是大有可为之时，可是年过半百，鬓有星霜，他们最大的愿望是抓紧有生之年为国家多作贡献。老年知识分子更深感时间不多了，死不足惜，可叹的是：抱负未展身先死，常使英雄泪沾襟。我认为，一个知识分子的宝贵品格是对真理的执著追求，也就是王国维指出过的那种"衣带渐宽终不悔，为伊消得人憔悴"的境界。魏明帝时有个李康（萧远）写过一篇《命运论》，其中有几句写得很精彩，他说：志士仁人，"其身可抑，而道不可屈"，"其位可排，而名不可夺"，"前鉴不远，覆车继轨"，"犹蹈之而弗悔"。这正是中国知识分子的品格。100 多年来，我们有多少志士仁人，为了民族的独立、国家的富强和人民的幸福，前仆后继，奋斗不息，正是"前鉴不远，覆车继轨"。大家熟知的蒋筑英、罗健夫，还有模范共产党员、经济学家孙冶方，就是具有这种品格的知识分子。我们各级党政领导干部和做知识分子工作的同志，应该了解知识分子的基本要求，掌握他们的思想脉搏。当然，这并不是说知识分子的一些生活问题可以忽视，可以不去认真解决。恰恰相反，解决好知识分子的生活问题，是一个必须认真对待的重要问题。但是，如果只是简单地把当前知识分子问题归结为生活问题、待遇问题，那是低估了知识分子的觉悟，也不能从根本上调动知识分子的积极性。

从实际情况看，也只有充分发挥知识分子的作用，使他们有机会向群众表明自己对社会的作用和价值，才能从根本上改变人们对知识分子的偏见，提高知识分子的社会地位，为改善知识分子的生活条件和工作条件创造良好的舆论氛围。农村就是一例，现在农业科技人员为什么很受农民欢迎，就是因为他们的知识在提高农业生产中起到了良好作用。引滦入津工程又是一例，在那里，从战士到司令员，都把工程技术人员奉为上宾，开会请他们坐前边，讲话让他们先说，生活上派警卫员对他们照顾，没有一个人不赞成。原因在哪里？在于他们亲眼看到了没有这些知识分子，塌了方真砸死人，渗了水真没治。工业上类似例子就更多了。

革除陈规陋习，让知识分子充分施展才能

什么是影响知识分子发挥作用的因素呢？我认为，一是在思想上，长期以来受“左”的影响和小生产者的狭隘观念，形成了轻视知识、歧视知识分子的偏见。有的人甚至拿着放大镜看知识分子的缺点和毛病。二是在体制上，长期以来逐渐形成的“单位所有制”，把大批有才能的知识分子禁锢在一个小天地里，使他们无法施展自己的全部才能。三是在政策上，长期以来的“大锅饭”，使懒人得到了保护，勤劳的人使不上劲，得不到应得的报酬。

由此看来，要真正地充分发挥知识分子的作用，没有改革的勇气，没有革命精神和科学态度，是不可能实现的。当前，首先要坚决冲破“单位所有制”的束缚，实行以任务带学科，以任务为中心，把知识分子队伍组织起来，逐步改变分布不平衡、结构不合理的状况。打个比方，就像拍电影那样，以一个电影剧本为中心，按导演的要求把各电影厂的演员借来，组织一个班子，共同拍一部电影。电影拍完了，这个剧组也就结束了。演员接着又

被另外的导演请去拍别的片子。在组织方法上可以采取多种形式：一种是对全局性的重大项目，建立有权威的组织实施机构，调动和组织有关的科技力量集中攻关。另一种形式是，对一个专业、一个行业、一个单位的专项科技任务，由科研单位或大学的系、教研室对口承包。再一种形式是，单项的技术改造任务，可以由一个单位承包，也可以以一个单位的科技人员为主，吸收其他单位的科技人员参加，共同承担任务。

其次，要坚决改变“大锅饭”的状况，实行一套调动知识分子积极性的政策。农村实行家庭联产承包责任制以后，经济发展较快，给我们一个很大的启示。为什么农村可以富起来，城市不能富起来？当然，城市的情况比较复杂，但推行经济责任制的方向是肯定的。可以试行一些调动知识分子积极性的政策，使有本事的、贡献大的知识分子得到较多的经济报酬，生活得更好一些。如果不把收入差别拉开，不改变多劳不能多得、少劳也不少拿的状况，知识分子积极性就不能充分发挥出来。

第三，要加强和改善对科技队伍的管理和领导。落实知识分子政策，第一位的就是要解决好科技队伍的管理使用问题。几年来，对知识分子队伍的管理确有很大进步，但还没有走上轨道，或者说还比较混乱，需要下力量进行调查研究，进行各种改革的试点。我认为，只要我们坚持了以任务为中心，把知识分子组织起来，实行按劳分配的经济政策，建立一个有权威、讲效率的领导机构，把束缚他们的各种不合理的规章制度打破，那么，充分发挥知识分子的作用，加快四化建设的步伐，是大有希望的。

与天津大学学生的对话*

（1985 年 10 月 23 日）

李瑞环（以下简称李）：我来天大，一是听听你们的意见；二是同你们共同探讨一些你们关心的问题。我希望你们有什么说什么，我也有什么说什么。

关于如何看待形势问题

一位研究生首先提出：请市长谈谈为什么说现在的形势是最好的，又是最关键的？

李：同学们这样关心国家的形势，这是好事。如何估量形势是一个很大的问题。我们走过曲曲折折的路，有经验，也有教训，仔细想一下，都和我们对形势的看法有关。大家对形势关心，说明了我们这一代大学生对当前最基本的也是最重大的问题的关心。

---

* 1985 年 9 月间，在北京、西安等地发生了部分大学生上街游行事件，起因是学生表达爱国热情，反对日本首相参拜靖国神社。在事件发展过程中，部分大学生向政府表达了对改革开放中出现的一些消极现象的看法，宣泄了一些不满，对社会稳定产生了一定影响。这一事件波及到了天津一些高校。为了及时疏解学生情绪，化解社会矛盾，使改革开放得到更多人的理解和支持，李瑞环同志亲临天津大学，与学生们进行了面对面的交流座谈。这是 10 月 23 日与大学生们的对话。

形势是由条件决定的，形势是各方面条件的综合反映。所谓各方面的条件，主要是政治、经济和人民生活三个方面。当前的形势好不好？或者说是大好，还是小好？应首先看看这三方面的情况。

先谈政治方面。在座的都比较年轻，对“文化大革命”不大了解。且不说“文化大革命”中我国政治如何混乱，就说粉碎“四人帮”之后吧，当时全国是个什么局面？经济到了崩溃的边缘，政治一片混乱，许多是非不清。比如知识分子，被看作是“臭老九”，是改造的对象。那么，现在与当时对比又如何呢？短短几年，就从那种混乱的状态变成今天这样大家心情舒畅、安定团结的局面，我是没有想到的。那么多的历史遗留问题得到比较合理的解决；各行各业都在研究自己的本行，都在努力工作；读书的也有了一个比较好的环境。这种局面是来之不易的，是解放 30 多年来最好的。

再说经济方面。政治上的大好局面，说到底是经济稳定和发展的表现。经济形势大好，可以列举许多数字来说明，这里我仅讲几个主要数字。全国的工业生产，“六五”期间平均增长 10.5％；财政收入，今年全国可以达到 1700 个亿，地方和企业拥有的预算外资金还有 1300 个亿，总数达到 3000 个亿，比 1980 年增长近一倍。粮食全国人均达到 800 斤，接近世界平均水平；棉花自给有余。1980 年天津农村人均收入为 190 元，现在达到 500 多元；城市职工收入，1980 年人均不到 1000 元，现在达到 1200 多元，剔除物价上涨因素，人民生活水平的提高也是相当快的。尤其是农村的形势是很好的。前几天我去西郊区王稳庄乡小孙庄看了一下，很受鼓舞。这个乡今年向国家交售 200 万斤肉鸡、肉鸭，300 万斤鸡蛋、鸭蛋，400 万斤鱼。就是说，他们每年可以向天津市城镇居民每人提供一斤鱼。像这样的村子，天津已有好几个了。这样发展下去，天津能有 40 个这样的村，吃鱼难的问题就可以解决了。

人民生活方面的改善更是显而易见的。只要看一看家里住的、屋里摆的、身上穿的、嘴里吃的，就不难得出结论。困难户当然也有，但总的讲是提高多了。天津职工家庭的电视机普及率已达97%，其中90%是十一届三中全会以后买的。现在人们买电视机，一要彩色的，二要大个的，三要名牌的，四要进口的。高档商品多数脱销，而低档商品多数滞销，卖不动。高档毛料不好买，涤卡、纯棉布不好卖。很多脱销的商品，不是因为生产能力降低了，而是人们手里钱多了，购买力提高了。天津城市面貌这几年变化也是很大的。如住宅，最近4年新建的住宅，相当于解放时天津房屋总量的一倍半，每年新建住宅都保持在300多万平方米。天津过去有三大怪："坐车不如走的快，临建棚拆的不如搭的快，自来水腌咸菜"。现在临建棚消灭了，多年喝苦咸水的问题解决了。"三级跳坑"房①是天津历史遗留的老问题，今年全部改造了。当然，大家还有些意见，比如肥肉多，瘦肉贵，我们正在发展瘦肉型的猪。但就这条意见本身，也说明人民生活水平提高了，1960年连肥肉也买不着。天津的变化，是贯彻中央的正确方针、政策的结果，是全国大好形势的一个部分，也可以说是全国大好形势的一个缩影。现在的形势大好，是有目共睹的，是不容置疑的。

看待形势必须有正确的观点。一是要有唯物主义的观点。毛泽东同志说过，只有感性材料丰富（不是零碎不全）和合于实际（不是错觉），才能得出正确的结论来。如果不是从事实出发，不是以事实为依据，而以虚假作为前提，并以此推理，方法上是错的，其结果也必然是错的。二是要有全面的观点，既要看到各个

---

① "三级跳坑"房指天津市解放前遗留下来的一批简易住房，因胡同比马路低，院子比胡同低，屋里比院子低而得名。由于房屋地势低洼，每到雨季雨水便会倒灌进屋里。

方面，又要分清主流和支流。一分为二是马克思主义的观点，但不能把一分为二理解为一半对一半。必须要弄清哪个是主要面，哪个是次要面，不分不对，颠倒和不分主次也不对，这才是辩证法。我认为只要用这样的观点去看待当前的形势，就可以得出正确结论，同时也并不否认存在的问题。三是要有发展的观点。对形势不能孤立地、静止地去看，不能只看眼前，要看到长远，要看到发展趋势。我们不是天天说小孩子不如大人吗？但发展地看，最终还是小孩子战胜大人。改革过程中出现了一些问题，许多是前进中的问题，是可以在改革的进程中逐渐解决的。只有把握住这些基本的观点，才能够正确地观察形势。

关于一些人思想上有消沉情绪问题

管理系一位研究生提出：市长讲的大好形势我们并不否认，但为什么在这样的形势下，有些人思想上比较消沉？

李：目前在工厂企业和机关等部门确有一部分人精神不振，这无疑是一个重大问题。造成这种现象的原因是多方面的，其中重要的一条是思想政治工作薄弱。这几年，我们的宣传教育工作有成绩，但跟不上形势的发展，或者说宣传工作中还存在着一些问题，有片面性。有些事情，钱花得不少，劲费得不小，结果却不那么好。比如调整工资，这几年增长的面是最大的，幅度也是最高的，但常常是长的面越大，挨的骂越多。回过头来看，很多事情我们说得过早、过多、过硬。像这次中小学教师调资吧，本来是大好事，但还没有研究好，就早早地宣布了，甚至说这次增长的钱之多，是“想象不到的”，“会大吃一惊的”，大家就在那里猜，可能是每人 70～80 元，把大家的胃口吊得很高，结果平均长了20多元。20多元应该说是很不少了，但怨言很多，因为比他想象的少。如果先不说，做好了工作，到时候平均每人增长20元，大家真的想象不到，一定会很满意。像这样的教训不少。

过去，我们不大讲经济规律，不大讲按劳分配，否认经济利益在人们生活中的地位和作用，这显然是错误的。最近几年，我们比较地强调了用经济手段管理经济，应该说在这方面还是取得了很大成绩，但也出现了一些问题，就是忽视了思想政治工作，忽视了理想教育，致使有些人只讲钱、只认钱，不讲政治、不讲理想。人没有理想，在个人要求达不到目的时就容易消沉，遇到问题或困难时就缺乏动力。也正是因此，中央最近强调要加强思想政治工作，加强理想纪律教育。我们认为，如何加强思想政治工作，振奋人们的精神，这是摆在我们面前的一大课题。在新形势下如何做好思想政治工作，有许多问题并未解决好，或者说研究得还很不够，需要大家共同努力去探索。就每个人来讲，在当前大好形势下不应该消极沉闷，应该振奋起来，积极向上。

关于部分大学生闹事问题

一位博士研究生提出：请市长谈谈对北京、西安等一些大学最近发生事情的看法，听说派军警打了不少学生，还抓了人，真相如何？

李：最近，北京大学、西安的一些大学生中发生了部分学生闹事的问题，有的学生打骂了一些工作人员，但我们的工作人员打不还手，骂不还口，耐心地做了学生的工作。现在已经平息了。

北京大学的学生因为对日本首相参拜靖国神社有意见，贴了标语和大字报，后来又有几百人去天安门广场献花圈。当时正开全国党代会，人民大会堂门前广场还有外事活动。就是在这种情况下，还是让学生到了纪念碑。日本政府，特别是首相以政府公职人员的身份去参拜靖国神社，伤害了中国人民的感情，有些同学有些气愤是可以理解的。但是，采取聚众示威的做法是不好的。这样并不能给日本政府造成什么压力，反而容易被日本的右翼利用。我明确地告诉你们，我对这种做法不赞成。这种做法只能是搞乱了我们自己。我坦率地告诉大家，中国老百姓在高兴之中还有余悸：一是怕乱，怕折腾；二是怕变，怕政策变。我们国家人不少，地不小，资源不缺；我们的人民一不懒，二不笨，为什么发展慢？原因是多方面的，其中一个重要原因就是因为折腾。一个美国人说，如果有一个中国人进了我的研究所，我就要很小心，他很有可能把我的研究成果学走；如果有两个，就稍微放点心；如果有三个中国人，我就完全放心了，因为他们自己就折腾起来了。日本人就不一样，如果有一个日本人，我不在乎，他虽然能干，却成不了气候；有两个就得小心；如果有三个，无论如何要采取点措施，不然的话就不得了。中国是个大国，能不能保持现在这样的前进势头，我看危险不是慢，而是乱。自己不生"病"，别人是打不倒的。如果自己折腾、"发高烧"，不用别人来打，自己就倒下了。我说过，中国的事要迈小步不停步，少走弯路回头路。这话不是说不要大干快上，就是说不要引起折腾。

国外人士认为中国人好折腾是有名的。这话多少有点根据，因为搞运动，搞示威，我们都内行。这种法儿，在旧中国，反对帝国主义侵略，反对反动统治，是起了作用的。但是，在我们自己掌权以后，有什么理由这样搞？"文化大革命"搞的结果怎么样，这是大家都知道的。学生读书是最需要清静环境的，如果折腾起来怎么读书？就国际关系来讲，我们是坚决反对复活军国主义。对日本政府的所为，我们政府已有表示，许多中央领导人都发表了谈话。外交上的事情错综复杂，要有理、有利、有节，搞运动的方法只能是折腾自己。在这样的重大问题上，必须听从中央的统一部署。“文化大革命”中不是常讲千万不要忘记吗？我看现在也要讲千万不要忘记，就是千万不要忘记现在的大好局面来之不易；千万不要忘记大好形势的主要标志和前提条件是安定团结；千万不要忘记人民群众还心有余悸，担心再折腾，折腾不得人心；千万不要忘记确有些人在处心积虑地想把中国的安定团结的局面破坏掉。我并不反对学生关心国家大事，但学生主要的任务是学习知识，为今后建设和管理国家打基础。对于国际上的事情，相信中央会正确处理的。

当然，我们对学生的热情是要保护的，所谓保护就是要引导他们走正路。学生的这种热情如果误入歧途，就会起破坏作用。实在地说，对青年学生教育、引导确实是个大问题。北大学生去天安门广场时，正在开全国党代表会议，如果哄起来，可以想象将导致一个什么结果。在这件事情上，我们天津大学没有闹，没有出现什么问题，说明同学们觉悟是高的，是顾大局的。我们希望同学们珍惜宝贵的年华，集中精力，认真学习，经常想想将来的历史使命，想想老一辈所寄予的期望，想想目前学习和将来的关系，为将来担负起建设国家重任打下坚实基础，而不要听信某些喊得很凶，说得很好，行动却不怎么样的那种人的话。

关于对我们党和政府的看法问题

几位学生相继提出：北大学生闹事，提出要“打倒腐败政府”，你怎么看？

李：我不赞成这样说，更反对这样的口号。这是错误的。说这种话的人，其中有的是无知，受谣传迷惑，但有的可能是别有用心。我们承认现在确有不正之风，我们提出整党，本身就承认了党内存在着不正之风，有的也可以说是腐败的人或作风，但我们的政府不能说腐败。十一届三中全会以来，干了多少事情？怎么能说腐败？不符合事实，也不公道嘛！我亲眼看到，我们党和国家领导同志为四化和民族大业日夜操劳，拼命工作。他们比我们苦得多。只要想想从“文革”后中国的破烂局面，到今天的景象，就可以想到他们辛苦工作的程度。这几年为人民办了那么多实事、好事，这样的党和政府是应当受到拥护的。就我所知道、看到的，中央一些同志工作非常之苦，办公室里摆个硬板床，日日夜夜在那里干。同时，在处理问题上非常实事求是和讲究民主，待人以诚、以宽，肝胆相照。我们在他们面前讲话敢于直言，无所顾忌，他们是有能力领导好我们国家的。别的不说，就以对待知识分子问题为例，由多年来把知识分子压在底层叫“臭老九”，到今天这种尊重知识、尊重人才的局面，费了多少劲，做了多少工作。有人天天在那儿喊要民主，现在能说不民主吗？如果在 1957 年，谁敢提这样的意见吗？党和政府在努力克服和纠正自己的错误，你们这些意见还不够个帽子吗？像这样的党和国家领导人，怎么能说是腐败？这很不公道。

就我们天津来讲，“文化大革命”加地震的破坏，当时是个什么样子？能有现在这个样子，当时人们敢想吗？这几年我们费了多大劲？每天除了睡觉以外，能有多少自己的时间？大家看到中环线 4 个月建成很高兴，但由筹划到建成，我就去了 100 多次，其他同志呢？现在的领导，哪有不忙的时候？办公室里有人围着，马路上有人拦着，家里有人等着。到剧场看看，秩序不好；到球场看看，球迷闹事；走在马路上，抬头看看，污染，低头看看，太脏，前后看看，交通太差；到朋友家里去谈谈，说

“我们单位有不正之风”；回到家里和孩子聊聊，孩子说学校伙食搞得不像样子；如此等等，到处都是需要解决的问题，每天处于紧张状态。这当然不是表功，严格地讲，做得还很不够，毛病、缺点还很多。但确实没有偷懒，每天都在干事情。而我们之所以这样拼命，也是因为心里顺气，因为看到那么多的老前辈，有的年过花甲，有的年逾古稀，都在那里日夜拼命，我们不拼，良心上过不去。大家可以回想一下，党的十一届三中全会以来，党和政府在这么短的时间办了这么多为国为民的事。如果把我们党和政府当腐败政府打倒，那么想用什么人来掌权？不要听有些人喊得很凶，说得很好，真叫他掌权行吗？群众答应吗？放心吗？

关于对不正之风的看法问题

一位学生说：说打倒腐败政府，我们也认为不对，但我们对不正之风气愤。

李：不正之风确实存在，有的甚至还相当严重，有的就是腐败现象。同学们对不正之风气愤，我很高兴。因为我也很气愤。这虽然是支流，但确实成为影响群众情绪的一大问题。但必须明确，搞不正之风的人毕竟是少数，如果不是这样，这几年的成绩也不会这么大。同时，反对不正之风是我们党提出来的。几年来我们采取了许多措施，还是取得了很大成绩的。过去上大学走后门不是成为一大不正之风吗？现在怎么样？你们中还有走后门来的吗？我是有信心的，我看再有两年时间，实现党风和社会风气的根本好转是大有希望的。同学们对不正之风有意见这是好事，一是希望你们看到、听到有不正之风的地方，揭发出来，包括我们市领导，我们去纠正，并感谢你们。二是希望你们毕业后掌了权，当了什么长、什么员，不要再搞不正之风。

关于选择干部第三梯队问题

两位研究生先后站起来说：听说在第三梯队中有很多是高干子女，对此人们传说挺多，意见很大，不知市长对这个问题怎么看。

李：这个问题有各种说法，我认为必须弄清两条：一是要弄清事实。据我所知，你们现在传说的不是事实，很多名字是张冠李戴。比如说有一位省委书记是胡耀邦同志的侄子，其实他们根本不是一个省的人；说某位部长是陈云同志的女婿，这也纯属编造。这类谣传还有许多。以假的东西做前提去推断，并在此基础上推断其他，必然荒唐。二是要弄清一个根本的观点，即评判谁能当接班人，首先不能看他是谁的儿子，而是看他够不够资格。不能因为他爸爸是高干，不够格也提拔；也不能因他爸爸不是高干，够格也不提。说高干儿子不能提拔，同说高干的儿子都要提拔，都是"血统论"。你们传说中有个叶选平，现在是广东省长，是叶帅的儿子，我对他比较熟。他在抗日时期参加革命，留学苏联，今年 60 岁。解放初，他是北京一机床厂的总工程师，后任北京一机局的副局长、国家科委局长、广东省副省长、广州市市长，政绩不错，威信很高。他在北京一机床厂当总工程师时，我那时当木匠。文化水平比我高，参加革命比我早，为什么我能当天津市长，他就不能当广东省长？如果就因为他爸爸是高级干部，我爸爸是农民，这是什么道理和情绪呢？

有的同学说：有些人群众根本不了解，不知道他干了哪些事，一下子就上来了，人们不理解、不服气。

李：群众对干部的了解是相对的，你不了解不等于别人也不了解。比如广东人了解广东的干部，北京人了解北京的干部，山东人了解山东的干部，天津人就了解李瑞环。地方干部的成绩，常常是本地方人了解得多一些，外地人就不那么了解。但你不了解不等于那个干部就不好。理解也是一样，比如我当天津市长天津人还认为可以或者叫理解，那么外地的人是否理解呢？未必。当时外地就有很多说法，说木匠怎么能当那么大城市的市长？天津有人说我敢干，可是外地却有人说李瑞环是当木匠的，木匠有斧头，乱砍。这说明，人都有局限性，事物也很复杂，不能说因为你不理解就说三道四。至于你们担心选得不准会误事、留后患等等，我看大可不必，在这方面，中央和地方都下了很大的力量。当然，说选得都准，谁也打不了这个保票。无论是干部子弟还是工农子弟都难免有选得不准的。准了的，大家拥护的，就干下去；不准的，干不了就下台。说我们的干部废除了终身制又来了个"世袭制"，这种说法是没有根据的。我认为，今后的干部必须凭真本事，凭对党、对人民的忠诚和贡献。这一点，我们应该有坚定的信念。

关于当前文艺中的一些问题

一位学生提出：当前文艺中问题不少，近来没有出什么好的作品，而有些国内作品拍成电影后，如《原野》，又不让在国内演，这能说是贯彻"双百"方针吗？

李：文艺问题更为复杂，但我认为，这几年我们的文艺是有成绩的，活跃多了。当然，我们的文艺是有毛病，进步得不算快，与当前的形势不大适应，个别的还有不健康的东西。正因为如此，才提出要坚持"双百"方针，反对自由化的倾向。现在，一些人对文艺节目、电影、电视的批评，多数是很中肯的，应当认真吸取他们的意见，但有的也不正确。比如有人坚决反对文艺节目中有恋爱的内容，认为这是污染、毒草。当然，把所有的节目都加上恋爱的内容，或者表现得不适当，这确实不好，但如果说中国的文艺就是不能表现恋爱，也不合适。假如我们做这样一个规定，文艺节目中只许男的和男的在一起，女的和女的在一起，男的都是“少林寺”，女的都是“尼姑庵”，那将是历史性的大笑话。鉴别文艺作品好坏是一件很复杂的事，起码它比物质的产品难得多。尤其要注重的是，不能以个人的好恶为标准。比如我好打球，不会跳舞，就反对跳舞，行吗？说跳舞出事，吃饭不也出事吗？有害的东西必须清除，有益的东西必须保护，益大害小的要修改，即使无益但也无害的东西也未必去反对，绝不能以反自由化为名，以个人好恶为标准，把几年来很不容易得来的好东西搞掉。

关于对外开放问题

一位学生提出：听说对外开放吃了很多亏，究竟怎样看待对外开放？

李：对外开放的方针是正确的，这必须肯定。搞四化，不开放，闭关自守肯定不行。这个道理，我想你们应该懂得。至于外贸是否吃了亏，这要具体地说。应该说有吃亏也有占便宜的，总的是平等互利。个别的吃亏，哪个国家都免不了。

有的同学说：开放带来很多消极的东西，现在的自由化就是开放带来的，这不是自找麻烦吗？

李：当然，是有些消极的东西进来，但要看主流。为了透透空气就要打开窗户，打开窗户就难免进来蚊子、苍蝇，但绝不能因此就连窗户也不开了。不吸新鲜空气的人，身体是不会好的。中国憋了那么多年，苦头吃得不少，现在怎么能回到闭关锁国的老路上去呢？当然，和外国人打交道，是一门学问，要完全学会，需要有个过程，但我相信中国人不傻、不笨，你们承认你们比外国人笨吗？至于如何尽量避免、防止资本主义消极的东西，这要研究，总结经验，总可以找到途径。

关于社会财富再分配的某些不合理问题

一位学生提出：现在社会财富的再分配有很多不合理的现象，多劳不能多得，而有些人没有付出什么劳动却收入很多。

李：这是一个大题目。三中全会以来进行的一系列改革，本意就是想解决这个问题。今年工资改革迈出了第一步，现在看效果是好的，最后怎样，还要经过检验。总之如何做到比较合乎按劳分配原则，这是一个较难和必须解决的问题。比如说，最近几年分配到市委、市政府机关的大学生，收入普遍比分到企业的学生低，而这些人都是比较好的。再比如，利奖挂钩，因为价格体系不合理，企业盈利与否并不完全取决于企业的努力，同时，原来国家给企业的固定资产也不相同。因此，挂钩的方法也就不合理。但不搞利奖挂钩搞什么，这就需要认真研究探索。当前，人们对分配的主要意见，是一些中间环节的人收入太多，说什么"老大（工人）靠了边，老二（农民）分了田，老九（知识分子）上了天，不三不四赚大钱"，"老大蔫，老二笑，老九坐花轿"，等等。这些说法未必对，但它确实反映了人们对从事中间环节的人赚钱过多有意见。中间环节赚钱过多，我们是不赞成的。我讲过多次，要研究、解决，努力使付出同等劳动和智慧的人，收入大体相等。但怎样才能做到这一点，需要探索，简单的做法容易重新搞死。搞死是没有前途的。

关于如何发挥知识分子作用问题

一位研究生提出：中央对知识分子政策很好，但下边不执行，“艳阳天”照不到自己头上。

李：这要从两方面说，一方面在对待知识分子、大学毕业生上确实存在着问题。有些单位在要大学生的时候，嘴张得很大，分到后，又使用不当。天津也存在这个问题。把大学生当中学生使用者有之，所学非所用者也有之。中国过去发展缓慢，原因是多方面的，其中之一是不重视知识，不重视人才。但也必须承认这样一个事实，即：这几年人们特别是领导干部，对这个问题的认识是提高多了，知识分子的地位提高多了，作用的发挥也大多了。当然要完全解决好这个问题，还必须有一个相当的过程。我相信，知识的重要作用会越来越被人们认识、重视。就天津来讲，我们准备对知识分子使用情况做一次普查，尽可能地发挥他们的作用。另一方面，就大学生来讲，自己也不要把自己估计得过高。总的来说，大多数大学毕业生是满腔热情，积极努力，进步较快的。但毕业以后马上就顶事的，不能说没有，确实不多。在我们机关里有的大学毕业生开始下去工作，常常是不实际，甚至捅娄子。这不是说这些学生不好，而是说理论水平，或者说书本知识如何与实际结合好还要有个过程。工作能力、办事能力的提高要有一个过程，不能看得太简单。大学毕业以后，仍然需要很好地学习，而且是更高阶段的学习，只有这样，才能不断提高自己的能力。要首先看看自己的弱点，克服自己的弱点，努力提高自己的能力，不要老是抱怨别人。我们有的年轻干部上台，一下子局面打不开，也有这种情绪，抱怨别人看不起自己。我说你不要首先研究别人不应该看不起你，因而产生怨气，而是要首先研究你为什么叫人看不起，找找自己的弱点。我看大学生也应该这样，大学毕业到工作岗位后，一下子就都能使上劲是很难的，也需要自己的努力。大学生要对自己有一个正确的估计和评价，出了学校门只意味着在大学毕业了，而不能认为功课好了，毕业分配了，工作上就能胜任了。能力的提高必须在实践中取得，切不可把学历和文凭、文凭和知识、知识和才能、才能和贡献等同起来，它们之间有联系，但不等同。确有这样的人，有知识缺见识，有见识缺才能，有才能没贡献，眼高手低，志大才疏。知识分子最大的愿望是为他们创造条件，使他们的才能得到充分发挥，使他们的知识贡献给人类，使他们的价值得到社会的承认。解决知识分子问题的钥匙，在于发挥他们的作用。这个问题，我们早就提出来了，今后还要当作一个大事继续研究解决。

关于大学的后勤工作问题

几位学生在发言中都提出，学校食堂问题很多，希望市里帮助解决一下。

李：这是个很重要的问题。对此，市委、市政府进行过多次研究。过去，我也到你们学校看过食堂、宿舍。最近又组织了专门班子，要集中地研究解决一下大学的后勤、食堂问题。现在已经下去检查了，通过检查，帮助各校解决问题，如从供应上给以支持，商业部门让点利，养鱼单位直接与高校挂钩等等，争取在短时间内有个改变。各大学的食堂、后勤问题，原因是多方面的，有市里的问题，我们关心、重视不够，抓得不力；也有学校的问题，管理问题。我一直主张，招生不能超负荷，学校负担不了，搞得宿舍、食堂、图书馆都紧张，也不利于学生学习。再有，学校的教授有学问，但管理食堂、后勤未必擅长。管食堂、管后勤，这也是一门行道，我多次主张要调一批懂行的人来管理学校的食堂。

有的研究生、博士生提出：现在很多东西涨价，书费太贵，而研究生、博士生在校的助学金太少，毕业后生活待遇偏低。有的已结婚成家有了小孩，经济负担更重；有的认为“念书越多经济上损失越大”，急于到社会上去赚钱或迫于生计而退学。

李：这是个实际问题，但又是个全国性的问题，不是天津可以决定的。我们将通过调查研究，向中央有关部门反映，并提出我们的看法和意见。

关于大学勤工助学问题

一位学生提出：对大学勤工助学有不同的看法，说是不务正业，你怎么看?

李：我是赞成勤工助学的。把大学和经济单位联系起来，这是大学教育体制改革的重要环节。大学必须与经济、与科研相结合。我们国家的大学生，基础课都比较强，但毕业后的实际工作能力低，学问很多，但达到顶用的过程太长。美国就不同，大学里承担科研任务很多，学生在校就受到不同程度的锻炼。你们学校的设计院承担了很多设计任务，在全国也很有名气。这样做，学生有了实践机会，学校和学生又有一定的经济收入。事实上，学校承担科研任务，也有利于教学，很多问题也容易解决，但必须明确主要目的是为了提高教学水平，培养顶用的人才，而不应是为了多一些钱。过去，在强调教学与生产实际相结合时，用劳动代替学习，有片面性，是错误的。但现在，学生不注重与生产实践结合，也是不对的。我认为两结合的方向是正确的，关键看怎么摆。希望你们在这方面摸索点经验。

关于大学里思想政治工作难做问题

一位学生辅导员提出：他是本校毕业留校做政治辅导员的一名党员，工作很困难，领导支持不够，说话不硬气。

李：不只是大学，整个思想政治工作都存在着软弱涣散的问题，对做思想政治工作的人重视和支持不够。在这次党的全国代表会议上，中央领导同志特别强调了这个问题，在大学做思想政治工作的同志要抱十分乐观的态度。可以肯定，你们的黄金时代就要到来，但你们的任务是繁重的。我认为，要不要加强思想政治工作的问题容易取得一致意见，但究竟怎样加强思想政治工作，却不是个简单的问题。应当说，我们党做思想政治工作是有经验的，但也应当承认，现在的情况，现在的人和过去有许多不同，完全或简单照搬过去的办法，有的未必能行。这个问题，需要大家共同探索。

有的同学说：我们没想到市长这样坦率和毫无顾忌地向我们谈问题。

李：我没有理由顾忌。第一，我充分相信这几年我们党的方针、政策是正确的，是没有见不得人和不能向你们讲的。第二，我是领导，你们是群众，领导对群众总有两条任务：一叫听你们的，你们说得对的，我就听，是错误就改，并不护短，也就没有什么可怕；二叫说你们的，你们说得不对的，我就要讲，讲给你们听，因此没有什么下不了台的。第三，我相信我们的学生绝大多数是好人、好心，都希望把我们的经济搞得快一点，把我们的国家搞得好一点。这一点我们是共同的。有了这个共同点，问题就好谈。第四，改革、四化是一场革命，是个群众创造历史的过程，在我们面前存在着很大的必然王国，我说不清楚、说不准并不丢人，你们能有高见我求之不得，因此我是高高兴兴、轻松愉快而来的。

关于怎样看待大学生的价值问题

李：今天的座谈会，我很高兴。不是说传闻之言不可不审吗？今天的座谈说明，外边有些对你们的传说也不都准。和同学们座谈后，使我看到我们这一代大学生是十分之可贵的，是大有希望的。

市委教卫部反映说，大学生希望领导谈谈对当代大学生的看法，对他们的价值做一点评价。今天，我们的谈话本身就是对你们的评价。大学生在四化建设中占什么地位？这是个不言自明的问题。青年是世界的未来，这是不以人的意志为转移的。大学生在青年中的地位是显而易见的。从这几年党对知识分子和教育工作所下的力量就可以说明问题。我们的国家，目前经济还比较困难，全国人均收入不过 360 元钱，而培养一个大学生要 1 万多元，还不算间接费用。天津大学 1 万多学生，一年要多少钱？大体上说，要 40 个人的收入供一个大学生。如果党和政府不重视大学生，为什么下那么大的本钱？党和政府对大学生是寄予很大希望的。

人们怎么看你们，这不重要，重要的是你们怎么看自己。你们看没看到未来是属于你们的？现在你们评判当权者，将来你们可能就是被评判的对象。我不能算老，但10年后也下台了，20年后也可能不在世了，历史的重担将落在你们身上。大学生自己认识没认识到自己的地位？认识没认识到将来肩负的历史重任？要叫别人看重自己，首先自己看重自己。大学生要把自己摆在未来主人的位置上来要求，要有使命感，而不应摆在旁观者或对立面的位置，专挑毛病。从这个意义讲，你们要把自己看高一些。希望你们珍惜这一段大学生活。当然，我不反对你们关心国家大事，但你们目前的主要任务是学习将来建设和管理国家大事的本领。学生最主要的精力应该放到学习上来。基础打不好，高楼是盖不起来的，这在建筑上是常识。学习的基础，包括提高政治觉悟和树立远大理想。没有正确的政治方向和理想，有才也不一定能干好。不怕你们不高兴，历史上，大奸大恶，大贤大善，多出在读书有才之人。

上大学是很不容易的，想挤进天津大学的有多少人！家里对你们寄予多大希望！党和国家对你们寄予多大希望！你们要珍惜时间，集中精力，认真读书学习，为将来建设国家、管理国家打下雄厚的基础。孟子说过："天将降大任于斯人也，必先苦其心志，劳其筋骨，饿其体肤，空乏其身，行拂乱其所为"。青年为承担历史的重任，必须下一番苦功夫才行。可以肯定，你们当中将来会有许多人成为党和国家的栋梁之才，但不客气地说，也难免有一些平庸之辈，乃至个别的不肖之徒。国家的大事将来终归是要你们青年人来管理，但不要急，要做一点准备。你们要有历史的使命感，不要把自己的历史使命看得太低了。但现在你们是准备阶段，实在地讲，你们还不行。因此也不要把自己现在的水平估计得过高了。世界是非常复杂的，不是只读几本书就可以解决问题的，何况你们天天读，才读了几年、读了几本？观察世界要有独立思考的精神，但也不能过于自信。我是把你们放在将来肩负历史重任的角度来要求的。你们都很有思想，我希望你们要经常想想你们未来的历史使命；想想老一辈对你们的期望；想想你们目前学习和将来的关系；想想自己的学习究竟怎么样。人类的发展总是一代比一代强。木匠当市长，不能说绝后，反正今后是很少了。我们的国家是大有希望的，党是寄希望于你们的。

我今天跟你们谈的都是心里话。因为我们日以继夜地干活，归根结底是为了将来，而将来是你们的，从关心我们自己的心血，关心未来出发，我不能不向你们说点心里话。

坚持正面宣传为主的方针*

（1989年11月25日）

中宣部举办的新闻工作研讨班，很好。大家认真学习了党的十三届五中全会精神，围绕如何改进新闻工作展开了讨论，在一些重要问题上提高了认识，统一了思想。这次研讨活动，对于我国新闻事业的发展必将产生积极的影响。

我们的党和国家正处在一个非常重要的时刻。党的十一届三中全会以来，我们以经济建设为中心，坚持四项基本原则，坚持改革开放，成绩是很大的。十三届四中全会以来，以江泽民同志为核心的中央领导集体采取了一系列果断措施，全国的局势日益稳定，各项工作都有进展，赢得了全国人民的信任。但是，我国经济在前进中也存在着许多问题和困难。十三届五中全会正确地分析了形势，决定用三年或者更长一点时间基本完成治理整顿的任务，实现经济持续、稳定、协调的发展。解决多年积累下来的问题需要有一个过程，实行财政、信贷“双紧”方针，进行经济结构调整，也会带来一些新的困难。特别是在今年政治风波之后，一些思想认识问题的深入解决还需要做许多工作。西方一些国家对我国的经济“制裁”仍在继续。近几个月来东欧一些国家政局出现的动荡和变化，也需要我们冷静对待。总之，形势很

* 这是李瑞环同志在中宣部举办的新闻工作研讨班上的讲话。

好，问题不少。我们既要充满信心，又不可掉以轻心。当前压倒一切的是稳定。我们要进行多方面的努力，充分发挥我们的政治优势，稳定经济，稳定政治，稳定社会，在巩固改革开放成果的同时，实现治理整顿的目标。完成这一任务，虽不能说主要依靠新闻宣传，但确实需要新闻宣传的紧密配合。新闻宣传如何按照中央的精神把工作做好，做到有利于稳定，有利于鼓劲，只能帮忙，不能添乱，确实是一个值得重视和研究的大问题。

当前，改进新闻工作需要研究和解决的问题很多。无论是从新闻工作的一般意义上讲，还是从当前各方面的实际情况来讲，或是从稳定压倒一切这个大局来讲，关键的问题是新闻报道必须坚持以正面宣传为主的方针，这是社会主义新闻事业必须遵循的一条极其重要的指导方针。坚持这个方针，就是要准确、及时地宣传党的路线、方针、政策，实事求是地反映社会现实生活的主流，让人民群众用创造新生活的业绩教育自己，形成鼓舞人们前进的巨大精神力量，在当前就是要造成一个有利于稳定局面的舆论环境。下面我想就这个问题以及与此有关的问题，谈一些看法和意见，以求教于在座的行家们。

一、认真总结历史经验

回顾我们党的新闻事业的发展历史，至少可以得出两个鲜明的结论：一是我们党历来十分重视新闻工作；二是坚持对人民革命和社会主义事业以正面宣传为主。

我们党的许多老一辈革命家，从党的创建时期直至全国革命胜利以后，不仅亲手创办了一批宣传革命真理的报刊，而且亲自动手写评论、写消息。毛泽东同志早年主办《湘江评论》、《政治周报》，后来在延安领导创办《解放日报》和新华广播电台，周恩来同志抗日战争期间在重庆亲自领导《新华日报》的工作，这些都是大家所熟知的。毛泽东同志的《对晋绥日报编辑人员的谈话》，刘少奇同志的《对华北记者团的谈话》，以马克思主义观点阐述了党的新闻工作的性质和任务，至今仍是我国新闻工作者的必读文献。邓小平同志建国初期所作的《在西南区新闻工作会议上的报告》，强调“拿笔杆是实行领导的主要方法”，“出报纸、办广播、出刊物和小册子”，“在贯彻实现领导意图上，就比其他方法更有效、更广泛，作用大得多”；指出办好报纸必须有结合实际、联系群众、批评和自我批评三个条件，以及要大家办报等。这些意见，对今天改进新闻工作仍有着十分重要的现实意义。在粉碎“四人帮”之后，邓小平同志支持报刊开展真理标准的讨论，恢复和发展了党的实事求是的思想路线，为制定和贯彻党的十一届三中全会以来的路线、方针、政策奠定了思想理论基础。总之，党中央的关心和重视，正是我们党的新闻事业从无到有，不断发展壮大的根本保证。

就新闻战线自身的发展来说，是否正确地、全面地理解和执行以正面宣传为主的方针，直接关系到舆论作用的发挥，也关系到社会主义新闻事业的成败。一般说来，新闻舆论作用发挥得比较好的时期，也正是这个方针贯彻得比较好的时期；反之亦然。50 年代，关于中国共产党三十年伟大、光荣、正确历史的宣传，抗美援朝、保家卫国的爱国主义宣传，黄继光、邱少云等战斗英雄的宣传和孟泰、马恒昌、李顺达、郝建秀、王崇伦等劳动模范的宣传，以及大规模有计划的社会主义经济建设的宣传；60 年代，关于独立自主、自力更生、上下一心克服暂时困难的宣传，大庆油田创业史、“铁人”王进喜、雷锋精神和焦裕禄事迹的宣传；十一届三中全会以来对拨乱反正、经济建设和改革开放的宣传，所有这些，都曾对我国人民发挥了巨大的鼓舞作用，对我国社会主义建设事业起到了积极的推动作用。在坚持这个正确方针的过程中，也锻炼和培养出一大批知名度较高并且深受党和人民信任的新闻工作者。在“文化大革命”期间，全局性的“左”的错误使新闻事业遭到了严重的干扰和摧残。那种“假、大、空”的所谓“正面宣传”使新闻在广大群众中丧失了信誉，那种揭批“走资派”的宣传给党和革命抹了黑。这个沉痛的历史教训，人们永远不会忘记。

再从今年的情况来看，可以说，我们的新闻战线既有成功的经验，也有失败的教训。在今年春夏之交的风波中，新闻界有少数同志背离了党和人民的立场，几乎到了是非混淆、敌我不分的地步。有的报刊对北京的政治风波起了推波助澜的作用。可以说，这一段时间内新闻工作的教训是十分深刻的。在十三届四中全会以后，由于中央和地方采取了一系列重大措施，整个新闻战线发生了可喜的变化。在揭露政治风波真相，反对资产阶级自由化，宣传建国四十周年的巨大成就，宣传先进模范人物的事迹，宣传廉政建设，宣传加强和改进思想政治工作，以及开展“扫黄”斗争等方面，新闻界的同志们做了大量工作，取得了很好的效果，新闻舆论对稳定大局起到了很好的促进作用。中央和地方的新闻舆论机构（包括报纸、通讯社、电视台、广播电台）关于建国四十周年成就的宣传，搞得有声有色，电视节目“弹指一挥间”等更是受到全国上上下下的好评。可以说，这一段时间内新闻工作的成绩是非常显著的。总之，历史经验证明，新闻工作必须坚持而绝不能背离正面宣传为主的方针。

二、增强新闻宣传的党性

社会主义新闻宣传的党性，概括来说，就是无产阶级的阶级性和马克思主义的革命性、科学性的集中表现。这是区别于资产阶级新闻宣传的最显著的标志。我们说报纸是党、政府和人民的耳目喉舌，就是对新闻工作党性的一种鲜明的、形象的和科学的表达。它的主要内容是：公开声明自己站在党和人民的立场上说话，在政治上同党中央保持一致；坚持实事求是，说真话，不说假话；密切联系人民群众，真诚地和人民同呼吸，共甘苦，齐爱憎，正确地反映他们的愿望、呼声和要求；服从党的领导，遵守宣传纪律。

坚持新闻宣传的党性，就是要旗帜鲜明地宣传真理，宣传现实生活中进步的、光明的、先进的、积极的东西，揭露和批评反动的、黑暗的、落后的、消极的东西。必须准确地、坚持不懈地向广大群众宣传党的基本路线，宣传建设有中国特色社会主义的理论，宣传党和政府的方针、政策和法规。新闻报道必须注重社会效果，以社会效益为最高准则。在报刊、广播、电视的宣传中，决不允许发表违反宪法和法律的主张，决不允许发表诋毁、否定党的领导和社会主义制度的报道和言论，决不允许散布错误舆论、动摇人们对社会主义的信念，决不允许利用精神鸦片毒害人们的灵魂。不能因为新闻报道的失误影响社会的稳定。

我们的新闻事业是党的新闻事业，是社会主义国家的新闻事业，新闻的党性同新闻的人民性，两者是统一的。我们党的宗旨是全心全意为人民服务，除了人民的利益以外，党没有自己的私利。党是人民利益的最集中的代表者。因此，党的耳目喉舌当然是人民的耳目喉舌。新闻工作对党负责与对人民负责是完全一致的。前几年新闻界曾有过党性与人民性的争论，有的人主张人民性高于党性，报纸应当跟人民走，而不应当跟党走。这种将人民性和党性对立起来的观点是根本错误的，是十分有害的。在今年春夏之交发生的政治风波中，新闻界极少数人正是以“人民性”为幌子，与党分庭抗礼，兴风作浪，起了很坏的作用，既危害了党的事业，也损害了人民的利益。在新闻战线工作的同志应当从这次血的教训中警醒。

既然我们在理论上和实践上承认并坚持新闻宣传的党性，那么在新闻报道中坚持正面宣传为主的方针就是题中应有之义了。我们所说的“正面”，所说的“为主”，就是要着力去宣传报道鼓舞和启迪人们发展社会生产力的东西，鼓舞和启迪人们坚持四项基本原则、坚持改革开放的东西，鼓舞和启迪人们加强社会主义民主和法制建设的东西，鼓舞和启迪人们推进社会主义精神文明建设的东西，鼓舞和启迪人们热爱伟大祖国和弘扬民族文化的东西，鼓舞和启迪人们维护国家统一和民族团结的东西，鼓舞和启迪人们为推动世界和平与发展而斗争的东西。总之，一切鼓舞和启迪人们为国家的富强、人民的幸福和社会的进步而奋斗的新闻舆论，都是我们所说的正面，都应当努力加以报道。

三、讴歌人民的英雄业绩

列宁说过，生气勃勃的创造性的社会主义是人民群众自己创造的。我们党领导人民建设具有中国特色的社会主义，不管这一事业有时会经历怎样的曲折和失误，但从根本上说，从长过程说，这一事业无疑是我国历史上最壮丽、最伟大的事业，人民群众创造历史的主流总是健康的，光明面总是占主导地位的。无论是这一事业本身还是投身这一事业的人民群众，都是值得讴歌的。这是辩证唯物主义和历史唯物主义的基本观点。坚持正面宣传为主的方针，理直气壮地宣传人民群众创造历史、改造社会、建设新生活的英雄壮举，宣传社会主义在中国不断前进的历史真实，正是新闻工作者义不容辞的历史责任。

人民群众自己教育自己，是推动历史发展的基本方式之一，人民群众在创造历史的进程中，总是有所发现，有所发明，有所创造，有所前进。加强正面宣传，用人民群众自己创造的英雄业绩来教育人民，是最有说服力、最能鼓舞人心的。这本来是我们的一条成功经验。近十年来，我们的新闻机构对四化建设与改革开放的成就、经验和先进人物也作了不少报道，但是从总体上说还不够充分，不能与时代的前进步伐相呼应，还没有形成一种振奋精神、艰苦创业、励精图治、无私奉献的社会舆论环境。应该说，这是邓小平同志指出的这些年来思想政治工作薄弱、艰苦奋斗的教育进行得不够这个最大失误在新闻工作中的一种反映。我们之所以强调坚持正面宣传为主的方针，就是为了改变这种状况。在目前我们遇到暂时困难、不少同志信心不足的时候，坚持这一方针尤为必要。

坚持以正面宣传为主的方针，用人民群众自己创造的英雄业绩来教育人民，实质上也是我们党实现领导的一种重要方式。因为人民群众在创造历史的过程中，总有一部分先进的人走在前头，他们创造的先进劳动生产率、先进工作方法，他们在这种创造过程中表现出来的高尚的精神境界、道德风貌，无疑具有极大的示范和引导作用。领导者的责任，就在于把他们的经验和事迹加以总结、推广，使他们的先进经验和先进思想逐步成为全社会的共同财富。对于一个领导者来说，这是提高自己领导水平的一条重要途径。

四、注重舆论的导向作用

新闻舆论对人们的思想和行动具有迅速、广泛而深刻的导向作用。过去人们常说，报纸是“射程最远的大炮”。特别是在今天，随着科学技术的进步、人民群众物质生活条件的改善和文化水平的提高，看电视，听广播，读报纸，已经成为人们日常生活的重要组成部分。新闻舆论随时随地都在影响着人们的思想和行动。一条新闻，可以启迪人们奋发进取，也可能混淆视听，涣散人心。还必须看到，随着改革开放的深入，国外境外的大批记者进来采访，国外境外的各种声音也通过种种渠道迅速地传递进来，其中有许多新闻报道，或由于作者的政治偏见，或是有意造谣歪曲，往往造成错误的舆论影响。利用舆论蛊惑人心，进行颠覆煽动，已成为敌对势力实行“和平演变”战略的一个重要手段。因此，正确发挥新闻舆论在当代社会生活中的导向作用，既是正确引导人民群众的需要，也是反对敌对势力反动宣传的需要。对此我们必须有新的足够的认识。

新闻报道只有坚持以正面为主的方针，才能正确地、充分地发挥引导社会舆论的作用，才能有助于大局的稳定和各种社会问题的解决。党的方针政策是人民群众眼前利益与长远利益、局部利益与整体利益相结合的集中体现，新闻引导社会舆论，要坚持用党的政策主张引导群众，把党的政策化为群众的自觉行动。党的十一届三中全会以来的路线方针政策，实践证明是正确的，全面地准确地宣传“一个中心、两个基本点”，做到不偏颇倾斜，始终是新闻舆论工作的一个重大问题。有关党和国家方针政策的宣传要保持稳定性和连续性，防止由于宣传不当影响经济稳定和社会稳定。对于在小范围内进行的试验，宣传上要取谨慎态度，不允许公开宣传与现行政策相抵触的东西，防止造成干部、群众的思想混乱。

新闻引导社会舆论，要注意防止片面性。新闻宣传提倡什么、反对什么，旗帜要鲜明；在具体掌握上要防止“刮风”。当我们宣传某项工作时，要讲清具体情况、政策界限；当我们表扬先进人物、先进经验时，要讲清不同的条件，留有余地；当提倡某种做法、形式时，不要贬低另一种可行的做法、形式；在强调宣传这一面时，对允许存在的另一面也要作适当报道；当社会舆论过分集中在某些“热点”问题时，要注意适当分流。解决好这个问题，要靠记者有高度的责任心和政治敏感性，更要靠总编辑掌握全局，统筹安排。新闻宣传领导机关也要从宏观上及时加以指导。

坚持四项基本原则、反对资产阶级自由化，是新闻战线一项长期而重要的任务。我们强调正面宣传为主的方针，正是实现这个任务的迫切需要和实际步骤。极少数顽固坚持资产阶级自由化的人，否定四项基本原则，在新闻报道上的惯用手法，就是夸大渲染我们社会的消极现象和阴暗面。这些人之所以那么起劲地要办同人报、同人电台，之所以那么狂热地鼓吹所谓的“新闻自由”，无非是要同我们争夺社会主义的舆论阵地，以便毫无顾忌地“揭露”共产党的“腐败”和社会主义的“失败”。这是资产阶级自由化在新闻领域的一个要害。我们之所以要坚持正面宣传为主的方针，大张旗鼓地宣传共产党领导的必要性和社会主义制度的优越性，宣传党的正确领导和社会主义的现实成就，正是和资产阶级自由化针锋相对。正面宣传搞得越生动、越丰富，对自由化思潮的抵制、揭露和反击就越有力。

五、重视和改进批评报道

坚持正面宣传为主的方针，不是不要批评报道。重视和改进批评报道，同样是新闻事业的社会主义性质和党性原则决定的。批评与自我批评，包括新闻批评，是我们党的建设的重要法宝之一，是我们党克服消极思想侵袭、保持健康肌体的有力武器。正因为如此，我们党历来重视在报刊上开展批评。早在建国初期，中央针对我们党处于执政地位“容易产生骄傲情绪，在党内党外拒绝批评，压制批评”的新情况，专门作出了《关于在报纸刊物上展开批评和自我批评的决定》。1954 年 7 月 17 日，《中共中央关于改进报纸工作的决议》又进一步明确规定：“把报纸是否充分地开展了批评、批评是否正确和干部是否热烈欢迎并坚决保护劳动人民自下而上的批评，作为衡量报纸的党性、衡量党内民主生活和党委领导强弱的尺度”。十一届三中全会以后，针对“文化大革命”中党的这一传统遭到严重破坏的情况，1981 年 1 月 29 日在《中共中央关于当前报刊新闻广播宣传方针的决定》中再次重申：“各级党委要善于运用报刊开展批评，推动工作。”开展批评，是我们党领导的事业及自身建设的需要，也是我们党有自信心、有力量的表现。因此，批评报道不是要不要的问题，而是如何坚持和改进的问题。

报纸、通讯社、广播、电视有没有严肃认真的批评，关系到新闻机构的形象和新闻宣传的效果。新闻报道经常有一点严肃认真的批评，提倡什么，反对什么，态度鲜明，就显得有生气，有战斗性。群众的愿望、意见、要求得到了反映，心情就舒畅，积极性就高涨。群众的情绪能够通过正当渠道得到疏解，就不至于来个“总爆发”，也有助于整个社会的稳定。反之，如果没有一点批评，新闻报道就会显得沉闷、呆板，缺乏生气，缺乏战斗性。这里的关键在于正确处理好正面宣传与批评报道的关系，处理好歌颂与揭露的关系。新闻既要讴歌伟大的成就，也要对存在的问题展开批评；既要赞颂时代的壮举，也要对消极丑恶现象进行揭露。当然，正面宣传必须占主导地位，批评与揭露性的报道只能占次要位置，并且要十分注意把握分寸。批评的东西太多、太集中，连篇累牍，效果肯定不好。我们的批评报道，不是为批评而批评，不是为了展示和渲染落后现象，而是为了改进工作，解决问题，增强人们前进的信心。批评报道要有下文，有实际效果，以充分显示党和人民克服消极现象的决心和力量，从而进一步团结、鼓舞和激励人民，为实现建设有中国特色的社会主义宏伟目标努力奋斗。无论是表扬还是批评，最后都要给人以力量，给人以信心，给人以勇气，给人以希望。对消极的东西如果处理得当，也可以起到积极的作用，这就是我们追求的目的。

从目前批评报道的实际状况看，既有新闻单位不大善于批评的问题，也有被批评者包括一些领导机关、领导干部不习惯不适应批评的问题。有些被批评的部门、单位认为“家丑不可外扬”，于是就到处说情，或设置障碍，使健康的批评报道也难以正常进行。这种状况应当通过各方面的努力，逐步加以改变。从新闻单位来说，发表批评性报道要站在党和人民的立场上，以热情帮助解决问题的态度，选择具有普遍教育意义的、有代表性的典型事例。不仅要注意问题的合理性，而且要注意问题解决的可能性。同时，批评报道的事实一定要准确，对问题的分析要客观。凡涉及重大问题的批评报道，要同有关上级或主管部门联系，并听取被批评者的意见，核查事实。中央新闻单位在批评报道中涉及到地方时，要多与地方党政领导机关通气、协调，多尊重它们的意见。新闻工作者不要把自己放在“裁判官”的位置。批评报道出现失误应公开更正。从被批评者来说，尤其是作为领导干部和领导机关，要充分理解、积极支持来自新闻单位的批评，增加对新闻批评的承受能力，自觉地拿起批评的武器，依靠舆论的力量，弘扬正气，打击邪气，推动工作。

六、正确实行舆论监督

坚持正面宣传为主的方针与正确地实行舆论监督是一致的。新闻舆论的监督，实质上是人民的监督，是人民群众通过新闻工具对党和政府的工作及其工作人员进行的监督，是党和人民通过新闻工具对社会进行的监督，不应仅仅看成是新闻工作者个人或者是新闻单位的监督。舆论监督包含批评报道，但不是简单地等同于批评报道，它在我国已成为人民群众行使社会主义民主权利的一种有效形式。人民的利益和愿望，人民的意志和情绪，人民的意见和建议，都是党和政府所必须时刻重视和考虑的内容，通过新闻报道把这些反映出来，形成舆论，也就是舆论监督。新闻舆论监督是通过新闻工作者的努力来实现的。新闻记者不是党和政府的负责干部，一般说不大会囿于某个单位、团体的具体立场，看问题比较容易超脱一点；他们生活在群众之中，比较容易听到真实情况；他们大都有较高的政治水平和文化素养，能比较敏感地发现和提出问题；他们所处的工作岗位，有条件方便地、无所顾忌地向领导机关直至最高决策层反映问题。因此，我们必须充分重视新闻舆论的监督作用，必须充分重视发挥新闻工作者在新闻舆论监督中的作用。

搞资产阶级自由化的头面人物所鼓吹的新闻舆论监督，同我们所说的根本不同。他们是要凌驾于党和政府之上，站在党和人民的对立面来进行所谓“监督”，这种“监督”往往是他们或他们的小集团对党和人民不满情绪的宣泄，甚至是对党和政府的进攻。人民群众根本不需要这样的“监督”，而且坚决反对这种所谓“监督”。

新闻的舆论监督既然是人民的监督，新闻工作者就要千方百计地深入实际，扎根于人民群众之中，细心地体验、洞察、反映群众的呼声、愿望和要求。我们的新闻报道，必须增加来自下面的声音，代表广大群众讲话，下情上达，在广大群众同党和政府之间，在各部分群众之间，架起相互沟通理解的桥梁，为人民群众实现对党和政府工作的监督作出贡献。

总结近几年来的经验，正确地发挥新闻舆论的监督作用，应当把握好这么几条：第一，新闻工作者必须坚定地站在人民利益的立场上，也就是站在党的立场上，反映广大人民群众的呼声、愿望和要求，这是舆论监督的根本前提和出发点。第二，新闻单位通过内部参考、内部简报向上反映问题，必须力求准确，不得掺假，以免提供错误信息。第三，要充分发挥新闻的能动作用。要选择那些人民群众普遍关心而又有条件解决的问题作公开报道。舆论监督有了满意的结果，群众就能从中受到党的路线、方针、政策的教育。第四，党和政府要支持和善于利用舆论监督来改进和推动工作。这是舆论监督取得实际效果的关键。第五，新闻舆论监督必须在宪法和法律的范围内进行，新闻单位和新闻工作者也应接受党和人民的监督。

七、必须讲求宣传艺术

要使正面宣传为主的方针取得良好效果，必须努力提高宣传艺术。读者、听众、观众是报纸、广播、电视的服务对象。全心全意为他们服务，首先就要让他们想听、爱看，尽量满足他们的不同需要。有些正面宣传内容是很积极的，但不讲究报道的方式、方法和技巧，不研究读者的心理和接受能力，人们就不愿听、不愿看。因此，如果不下功夫提高宣传艺术，不增强新闻对人们的吸引力、感召力和说服力，坚持正面宣传为主的方针就是一句空话。

提高宣传艺术首先是内容问题。如果没有引人注意的内容，报道的事实没有典型意义或深刻的内涵，而片面地去追求写作或表现技巧，那只能是矫揉造作。反之，有了好的内容，但不讲究表现的方式方法，不讲究技巧，干干巴巴，枯燥乏味，也不会收到好的效果。我们要求的是内容与形式的统一，思想性与知识性、趣味性的统一。当然，这很难全部做到，但实践证明，只要态度端正，肯花气力，一定会有所收获。

提高宣传艺术，还有个承认不同新闻单位的差别性或特殊性的问题。像其他任何事物一样，新闻工具都有各自的特殊性。就报纸来讲，也都各有分工，不是按专业分工，就是按地区分工，或是按日报、晚报来分工，因而也就各有自己的特定任务和服务对象。报纸的名字就是特殊和一般的统一。讲求艺术性就必须把握特殊性，党报与专业报，中央报与地方报，以及不同的地方报之间，在报道的内容、方式、方法等方面都应当有所区别，都应发挥各自的优势，办出自己的特色。

提高宣传艺术，关键在于总编辑、记者、编辑要振作精神，充分发挥自己的主动性和聪明才智，刻意求新。只要广大新闻工作者以满腔的热情对待自己的读者、观众和听众，向人民群众多多奉献精神佳品，就一定会赢得他们的信赖和赞许。

八、注意新闻工作特点

坚持正面宣传为主的方针并不否认新闻的特点。新闻的特点，人们可以作多种概括，但照我看，除了前面谈到的党性以外，还要注意真实性、时效性和可读性。首先，新闻的生命在于真实。离开了真实，新闻就失去了存在的意义。所以我们要像爱护眼睛一样，维护新闻的真实性原则，坚决防止和杜绝弄虚作假、任意拔高和凭空杜撰等不良现象。要把坚持真实性提高到坚持党性原则、坚持新闻工作职业道德的高度来认识。

强调正面宣传为主，是以真实性为基础的。早在 1925 年，毛泽东同志在《〈政治周报〉发刊理由》一文中就明确主张："我们反攻敌人的方法，并不多用辩论，只是忠实地报告我们革命工作的事实。敌人说：'广东共产'。我们说：'请看事实'。敌人说：'广东内哄'。我们说：'请看事实'。敌人说：'广州政府勾联俄国丧权辱国'。我们说：'请看事实'。敌人说：'广州政府治下水深火热民不聊生'。我们说：'请看事实'。"用事实说话，这是我们新闻报道的基本原则。新闻的真实性不仅要求每一篇具体报道的新闻要素必须真实准确，而且要求从新闻宣传整体的把握上做到真实、客观、全面。如果把阴暗面集中起来，每天八个版都登不完，其中每件事都可能是真实的，但从整体上看完全不符合我们的真实情况。批评性报道，固然要实事求是，完全真实；正面报道，歌颂性的，表彰性的，也要实事求是，完全真实，否则不但起不到鼓舞人心的作用，而且可能产生相反的效果。“文化大革命”中盛行的“假、大、空”，为了某种政治需要，没有的事实也硬加上去。这种恶劣作风必须禁止。在新闻实践中，故意造假的不能说没有，但毕竟是极个别的。但囿于政治水平低，调查不深入，或者因粗疏操切而造成失实的现象倒是屡见不鲜。所以治本的方法，是提高新闻队伍的马克思主义水平，提倡深入实际、调查研究和艰苦细致的工作作风及严肃认真、一丝不苟的工作态度。编辑部要把这件事当成大事，每年抓它几次。否则，我们的新闻在人民群众中就没有信誉，没有权威，党和政府的威信也会因此而受到影响。

新闻姓新。要新就要讲时效。慢三拍，时过境迁，就没有新闻可言了。特别在当今社会，传播工具、通讯手段日益现代化，情况瞬息万变，我们又处在一个开放的条件下，信息四通八达，竞争日趋激烈。新闻的战斗性、吸引力如何，很大程度上取决于传递的速度。一些重大事情和突发事件，如果我们在报道上动作迟缓，往往陷于极大的被动。“美国之音”在这次政治风波中起了极其恶劣的作用，除了它大量造谣以外，一个重要原因就是它的报道快，利用了人们“先入为主”的心理。我们要从增强新闻的战斗力、吸引力、竞争力的高度来认识时效性的问题，尽可能快地提供大量人们迫切需要了解的信息，先声夺人。这就要求我们眼观六路、耳听八方，洞察天下风云；同时又有争分夺秒的工作作风和精神状态。与此同时，也要注意掌握新闻报道的时机。

快是相对概念，新并不是猎奇。讲求时效必须从维护国家、人民利益的需要出发，慎重考虑报道的时间、口径和效果，不能为快而快，不仅要善于抢，有时也要善于压。如遇到重大的突发事件，一时情况还不很清楚，决不能仅仅因为担心外国人同我们抢新闻便草率发稿，以致报道失实，危害党和人民的利益，甚至严重影响安定团结的大局。有时为了尽快提供信息，可先发简单消息，随后再进一步加以报道。有些事情可以多做少说，有的则只做不说，不该报的坚决不报。总之，我们追求的应当是符合党和人民根本利益的高时效，是在服从党和政府领导机关有关规定下的高时效，是准确、真实前提下的高时效。

增强新闻的可读性，是为了让尽可能多的人入耳、入眼、入脑、入心。为此，要大力改进文风，克服八股腔调，把形式多样、生动活泼的新闻奉献给广大读者，让人们喜闻乐见，成为良师益友。我们共产党人靠真理吃饭，靠真理服人。要让人们从大量的新闻中自己得出结论，不要指手画脚，强加于人。凡是可读性强的新闻，大多具有贴近群众、贴近生活的特点。人们不仅要工作、学习，同时也要吃饭、娱乐。人的需求是多方面的，我们的报道面也应当是广泛的，无论是八小时以内，还是八小时以外，人们都应能从新闻报道中找到感兴趣的东西。因此，只要是有益的知识，是健康的趣味，就应该提倡和传播。

九、继续坚持新闻改革

我们已进入社会主义现代化建设和改革开放的新时期，新闻宣传所处的国内外社会环境，宣传报道的内容、手段和服务对象，都发生了很大的变化，新闻必须适应形势，进行深刻的改革。新闻改革如同其他方面的改革一样，不是要不要改的问题，而是怎样改的问题。应该指出，这种改革必须坚持社会主义方向，必须有利于加强和改善党对新闻工作的领导。不能用资产阶级新闻观对待新闻改革，也不能照搬西方的新闻体制和模式。我们社会主义新闻改革的目的，就是使新闻工作更加符合新闻的党性原则，更好地遵循新闻的规律，发挥现代化舆论工具的功能，发挥新闻作为党、政府和人民的耳目喉舌作用。新闻改革搞好了，也有助于把正面宣传为主的方针落到实处。当前新闻改革要做好的工作可以考虑以下几点：

——要完善新闻单位内部的领导体制。实行总编辑（社长、台长）负责制的单位，总编辑应有职有权。他们对自己职权范围内的工作，要敢于负责，果断处理，充分发挥自己的聪明才干，发挥主动性和创造精神。地方党委对此要充分理解和大力支持，不应过多地干预。总编辑对一些重要言论和敏感问题，应及时请示中央或地方党委，以避免和减少失误。在报社内部要完善记者、编辑对部主任，部主任对总编辑的分级负责制。

——要把新闻报道的立足点真正转移到面向群众上来。要把办好报纸、电视、广播提高到全心全意为人民服务、满足人民精神生活需要的高度上来认识，充分利用有限的版面、画面和时间，尽量多提供一些广大群众所需要的信息，反映他们的呼声和要求，为群众提供多方面的优质服务。要从群众关心和需要了解的角度，进一步拓宽报道面，对国内外各方面新发生的事实作广泛报道；要继续压缩各级领导干部一般活动的报道，需要报道的领导干部的活动，除重大的国事活动和国务活动外，要着眼于密切干群之间的联系与沟通。要多侧面地宣传人民群众在四化建设和改革开放中的创造性活动，使之在我们的报纸、电视和广播中得到充分的反映。

——要改革新闻宣传内容。要加强和改进经济宣传，为经济的决策、生产、经营、管理提供广泛的信息。要加强科学技术的宣传，通过各种形式普及科技知识，促进科技进步。要加强社会主义民主和法制建设的宣传，普及法律知识，增强人们的法制观念。这些宣传，特别是经济宣传，要改变艰涩乏味的状况，搞得生动活泼，深入浅出，尽可能与人民生活紧密结合起来，使更多的人喜闻乐见。

——要改革新闻宣传的形式。报纸是报道新闻。要增加报纸上的信息量，就必须多报道短新闻。我们的新闻要短些、短些、再短些，改变目前报纸上大块文章、长篇讲话过多，专版过多，会议报道、领导人一般活动的新闻过多的状况。领导同志的一般性讲话、文章，凡篇幅过长的应摘要后再送报纸发表，或者只在消息中提及。内容重要而篇幅过长的通讯、调查报告，可采取分日连载的办法。报纸刊登的学术研究和理论宣传文章篇幅一般不宜过长，有些很有新意的长篇文章可送刊物发表，报纸刊登摘要。至于那些虚张声势、言之无物的文章，报纸有权拒绝发表或转载。报纸的标题制作必须有内容，要切题、醒目和传递尽可能多的信息，版面设计要重点突出，新颖别致。

在新闻改革中，要注意正确处理社会效益和经济效益的关系，始终把社会效益放在首位。广告不要过多过滥，不要助长社会上推崇洋货和追求高消费的不良风气。严格禁止“有偿新闻”。对新闻单位的各种“创收”，要认真整顿。在整顿后，它们的经费收入可能会减少，政府有关部门应设法帮助它们解决困难。

十、提高新闻队伍素质

建国四十年来，特别是改革开放十年来新闻工作的成就和贡献，说明我们的新闻队伍总体上是好的，是跟着党走的，是可以信赖的。我们党在领导社会主义建设过程中有过失误，受过挫折，党对新闻工作的指导有时也有失当之处。广大新闻工作者在困难的条件下，勤奋工作，任劳任怨，这种精神是值得称赞的。在我们的中青年记者、编辑队伍中，已经有一批政治上强、业务上精、作风过硬的后起之秀脱颖而出，我们应当继续对他们严格要求，精心培养。必须指出，在这次政治风波中新闻舆论导向的一度失误，各单位情况不同，应当分别吸取教训，但从总体看，主要责任在中央主要领导同志。新闻队伍中出现了个别败类，但大多数同志是经受住了考验的，特别是不少新闻单位的主要负责人，在极为复杂困难的情况下，明辨是非，站稳立场，为党和人民做了大量工作。

但是，由于近年来新闻队伍发展快，培养教育工作没有跟上，加上资产阶级自由化及社会上不正之风的影响，新闻队伍中也存在着不少的问题。相当多的同志马列主义理论水平不高。党的新闻工作的优良传统在我们的队伍里没有得到很好的继承和发扬，资产阶级新闻观点还有一定的市场。一些同志工作作风不深入，编采写作的基本功不扎实，有的甚至违背新闻工作者的操守和职业道德，把新闻商品化，以稿谋私。这种状况说明，如不下大力量抓紧提高新闻队伍的素质，新闻工作的改进就无从谈起，正面宣传为主的方针也不可能得到正确有效的贯彻。

提高新闻队伍的素质，是新闻战线一项战略性的任务。当前，首先要继续认真搞好清查清理工作。要充分估计资产阶级自由化对新闻队伍影响的严重性，联系思想实际，深入批判资产阶级新闻观并肃清其影响；对顽固坚持资产阶级自由化的人要调离新闻工作岗位。与此同时，要切实抓好新闻单位领导班子的建设，把一些政治上强、有一定理论水平和业务能力的同志充实到领导岗位上来。新闻战线的领导人员必须善于从全局和从政治上观察分析形势的变化，掌握好宣传的政策和策略，坚持“政治家办报”。要切实加强新闻工作人员的培训工作。要组织大家认真学习马克思主义理论，加强职业道德教育和文化业务培训，并通过社会实践和新闻实践提高大家的思想政治水平和新闻业务水平。对缺乏实际经验的年轻记者，要创造条件让他们经常接触实际，乃至把他们派到基层做一段实际工作。新闻队伍要精干。新闻单位要严格编制，人员能进能出。要注意选拔一些有实践经验而又熟悉新闻业务的同志充实到新闻队伍中来。

十一、严格新闻宣传纪律

新闻工作者必须模范遵守宪法、法律和认真贯彻党的方针政策。在这个前提下，新闻工作者有着纵横驰骋的广阔天地，可以充分发挥自己的聪明才智，把新闻报道搞得生动活泼、丰富多彩、各具特色。当前之所以特别强调新闻宣传纪律，不仅考虑到这是新闻党性原则的要求，新闻工作者必须同党中央在政治上保持一致，同时也是考虑到新闻队伍素质的提高需要一个过程。由于新闻从业人员各自的工作经历、政治素质、政策水平和业务水平的差异，工作中出现这样那样的差错是难以完全避免的。在这种情况下，强调严格新闻宣传纪律，有助于减少差错，也有助于新闻工作者在严格要求中得到锻炼和提高。

党领导下的报刊必须宣传党的路线、方针、政策和决定，这是纪律。个人如有不同看法、不同意见可以保留，或按照一定的组织程序提出，但是绝不允许利用自己掌握的舆论工具发表同中央决定相抵触的意见，绝不允许利用新闻舆论工具任意表达个人或小团体的主张、意志和感情。

对于西方和港台反共报刊发表的对我进行攻击、挑拨的文章，不得随意转载。党员和干部也不得私自同境外反共报刊建立联系，或向它们提供党和政府的内部材料。绝不允许在那些反动报刊上发表反对党的主张的文章。

新闻单位要加强保密观念，严格保密纪律，健全保密制度。对中央授权有关新闻单位发布的重要新闻，其他新闻单位不得抢先。要注意内外有别，新闻从业人员在工作中了解的机密，绝不准向无关人员透露，更不得传播各种小道消息。对违背新闻宣传纪律者，一定要认真追查，并根据不同情况给以批评教育或党纪、政纪处分；触犯刑律的还要追究其刑事责任。非如此，不足以改变一些单位长期纪律松弛的状况。

十二、加强党委对新闻工作的领导

毛泽东同志指出：“办好报纸，把报纸办得引人入胜，在报纸上正确地宣传党的方针政策，通过报纸加强党和群众的联系，这是党的工作中的一项不可小看的、有重大原则意义的问题。”各级党委必须高度重视，切实加强对新闻事业的领导，特别是在当前形势下，应该比以往任何时候更重视新闻工作，把舆论工具牢牢掌握在自己手中。

党委加强对新闻工作的领导，主要应抓大的问题、方向性问题。包括：选派忠于党的事业的优秀干部担负新闻单位的领导工作；定期研究宣传工作；吸收社长、总编辑列席党委有关会议，创造条件让他们早一点了解领导机关的决策、决定，多熟悉一点全局的情况；对正面宣传特别是重大问题的宣传适时提出指导性意见；对舆论导向可能发生的问题要及时提醒以至进行必要的把关；督促新闻单位领导人抓好内部思想教育工作；帮助新闻单位解决它们自身无力解决的实际困难等。至于报刊的日常宣传报道业务，包括日常的版面安排，各级党政领导可放手让新闻单位的同志自行妥善处理。

党委主要负责同志要亲自抓新闻工作，善于运用舆论工具推动全局工作。利用舆论工具动员群众、传播经验、指导工作，应成为领导者的一项基本功。大量事实表明，在关键时刻，新闻舆论能否保持正确导向，党委的坚强领导是决定性因素。因此，对于那些影响全局的言论、消息和文章，党委主要负责同志应切实负起政治把关的责任，必要时应亲自动手起草或修改。只要各级党委真正重视新闻宣传，切实加强领导，我们的新闻事业一定会生机勃勃，越办越好。

以上各点，意在对当前新闻宣传工作中的一些主要问题，有个较为明确的说法，有个可资遵循的依据。能否达到这个目的，希望大家广泛发表意见，进行补充修正。

在广东省新闻宣传战线负责人座谈会上的谈话*

（1990 年 1 月 31 日）

（一）新闻宣传要坚持党性和人民性的统一。党性和人民性是统一的，但又不能等同。新闻宣传要发挥“喉舌耳目”的作用。党的宣传机构不仅要有“喉舌”的功能，还要有沟通党和群众的联系、沟通群众之间的联系、传播信息、反馈情况等“耳目”的功能。不仅要通过“喉舌”向群众宣传和灌输党的主张，也要通过“耳目”广泛收集来自四面八方的信息，表达群众的意愿，发挥群众对党和政府工作监督的职能。我们的新闻宣传，既要坚持党性原则，坚持以正面宣传为主，又要有可读性、趣味性，做到生动活泼，使群众喜闻乐见、愿意接受。总之，在新闻宣传的实践中，要注意把坚持党性原则同坚持群众观点、群众路线两者很好地统一起来。

（二）要继续维护和创造民主、和谐的政治气氛。这段时间我始终担心一个问题，就是怕文艺和宣传搞得太死板。春节前审看中央电视台的除夕晚会节目，意见最多的是对几个小品，而后来证明恰恰是这几个小品最受群众欢迎。长期紧张不是好现象，

---

* 1990 年 1 月 31 日，李瑞环同志在广州主持召开广东省新闻宣传战线负责人座谈会，听取党的十三届四中全会以来有关方针政策贯彻情况的汇报，征询对中央关于新闻工作的方针政策和要求的意见。这是其谈话要点。

要松弛开来。紧张的稳定是虚假的稳定。我经常引用古人的话，“天下顺治在民富，天下和静在民乐”，为政之道在于顺民心、厚民生、安民而不扰民。宣传思想战线要准确地宣传中央的精神，既要坚定地坚持四项基本原则、反对资产阶级自由化，又要继续创造和保持民主、和谐的政治气氛。反对资产阶级自由化的教育和斗争，要按照中央的部署坚定不移、坚持不懈地抓下去，但不能什么问题都简单地往资产阶级自由化里塞。一些地方把计划生育搞不好、干部占地建私房等问题，统统说成是资产阶级自由化，这就不妥。我们要坚持用党中央正确的方针政策去批评和克服资产阶级自由化泛滥的问题。只能站在正确的立场上反对错误的东西，而不能以“左”反右，或以右反“左”。宣传思想战线的工作意义重大，如果在这些基本的问题上把握不好，就会导致出现新的不安定因素。只要不违反四项基本原则，不宣传资产阶级腐朽思想和封建迷信，不搞“黄色”的东西，就可以允许它存在。我们的宣传工作和文艺工作，要努力搞得更活泼、更轻松一些。

对于一些政治口号和敏感的提法，要十分慎重。比如说，最近一些地方提出搞“社会主义教育活动”，本意是好的，但要十分地谨慎，因为原来的“四清”也叫“社会主义教育运动”。工作的重点要放在引导人们增强对社会主义优越性的认识上，使大家坚定“只有社会主义才能救中国，只有社会主义才能发展中国”的信心。要注意稳定政策、稳定人心，绝不能使人误解或联想到又要搞“四清”运动，“割资本主义尾巴”。对坚持多种经济成分，允许私营经济和个体经济存在等敏感的问题，在宣传用语上不要随意更动，不要让人以为政策又要变了。在对外交往中，特别是对待与我经济合作的外商，要慎用“防止国外敌对势力的颠覆”、“防止‘和平演变’”、“防止资本主义复辟”和“抵制资产阶级思想侵蚀”等提法和口号。要区别不同场合和不同对象，做到心中有数、内紧外松，注意为对外开放、鼓励外商前来投资创造一个宽松、稳定的环境和气氛。宣传上不要随意上纲上线，领导布置工作时讲话也要注意分寸。现在，还有许多人怕政策变，宣传上稍有不慎，就会影响一大片，影响国计民生和社会的安定。我过去常说，“过头”和“不及”两者相权，宁可“不及”而不要“过头”，老是搞“过头”了再来落实政策不好。

（三）对腐败问题的报道要适度和实事求是。有的境外报刊说，内地的腐败现象比香港还要厉害，这不符合事实。中国是个有 11 亿人口的大国。那么多人基本上解决了温饱问题，粮食从哪来？活是谁干的？如果腐败现象真的像他们说的那么厉害，我们就不可能取得今天这么伟大的成绩。当然，腐败现象确实存在，有的还比较严重，所以要重视，要认真抓，坚决惩治腐败，搞好廉政建设，但不能夸大、渲染。去年动乱期间，有的人就抓住腐败问题做文章。为什么会闹得这么厉害？这同我们一段时间内过分地、集中地渲染腐败现象有关。中国地方大，如果报纸把各地发生的贪污、受贿、抢劫、强奸等犯罪活动集中起来，8 个版天天登也登不完。这不反映我们现实生活的总体，不是本质的真实。我们自己把阴暗的东西，把贪污腐化宣传得过分了，好像腐败得不得了，这不叫“勇于正视问题”，这在客观上将会帮助敌对势力，是自我毁灭。四中全会后，中央下决心惩治腐败，已经取得了一些成效，这项工作还要扎扎实实、坚持不懈地抓下去。在查处过程中也发现有些腐败问题不像人们想的那么严重，有些腐败现象同对外开放、对内搞活政策难以分开，同制度、管理跟不上有关，这些问题要通过治理整顿和深化改革来解决，在前进过程中解决。社会上关于腐败问题之所以有这么多的传言，一个重要的原因是人们心里有气。改革开放以来，人们的收入构成发生了很大的变化，有透明的工资部分，也有不透明的工资外收入。随着物价的上涨，如果把工资外的收入去掉，相当一部分人生活就会困难。为了保持工资外收入这部分，各种各样的事情就来了，有些基层执法单位和城市公用事业单位用罚款发奖金，有的人把这些事都说成是党政机关干部“贪污受贿、搞腐败”。其实，目前党政机关干部是很清苦的，就那么一点工资，也没有办法去搞什么创收。所以，现在要冷静地想一想，为什么群众有那么多的怨气？反腐败到底应该怎样抓？要具体分析。例如，有些是执法犯法、敲诈勒索、贪污受贿的，应当加以严肃查处；有些是在改革开放的过程中由于工作和管理制度跟不上造成的，应完善制度和加强管理，从根本上堵塞漏洞。不加区别，不加分析，笼而统之地说问题严重，就会自己把自己搞得下不来台。你再使劲抓，群众还是说你不坚决。这个问题还同领导干部没有深入基层，不了解实际情况有关。宣传上说，广州人的生活好得不得了，已经同日本差不多了，实际上并不是这样。广东的腐败现象也不像一些人说的那样，随便一抓就是一大把，没有那么邪乎严重。

关于腐败问题的报道，我在去年国庆节前的全国组工会议上讲了几点意见：一是我们的党总体是好的，必须肯定；二是确实有腐败现象，要坚决抓；三是宣传的重点要放在我们党坚决纠正腐败现象上，而不要放在揭露腐败现象上；四是建国四十周年大庆将至，多从正面宣传建国四十年社会主义建设的伟大成绩，鼓舞士气。这几条意见，从这一段执行的情况来看，反映是好的。总之，有关腐败问题的报道要适度，要实事求是，不要自己给自己找麻烦，自己把自己的形象搞坏了。

（四）认真搞好重大事件的宣传报道。前段对东欧局势的报道，我们坚持了“谨慎、客观、低调、适度”的八字方针，取得了较好的效果，对稳定全国局势很有作用。这是事关全局的大事，处理好很不容易。当前，我们规定由新华社、《人民日报》统一发稿。对罗马尼亚事件的报道，我们也照此原则行事，结果在国内国外赢得了主动。

（五）要端正抓典型的指导思想。先进典型，是由领导定的，还是群众自己创造的并从具有典型意义的先进经验中提炼出来的，说到底是个历史观的问题。也就是究竟是人民群众创造历史，还是少数人创造历史的问题。通过群众创造的先进典型引导群众不断前进，使个别的、先进的东西得到推广、普及，推动社会的前进，历史的发展本来就是这样的。近年来，我们在抓典型时有两个毛病：一个是抓的问题，常常按照我们自己的需要，按照既定的模式去选典型，搞成上面要什么，下面就给你什么；一个是用的问题，不注意运用群众创造出来的、大量生动先进的典型来教育和引导人民前进。这已经成为我们社会科学工作和思维科学方面的一个大毛病。抓典型的意义，除了以此推动事物发展外，还有一个重要作用，那就是用反映事物本质的典型经验，用群众创造历史过程中的智慧，为中央决策提供正确依据，也为修正和补充我们的方针政策提供参考。我们不能按照主观意志去臆想和决定政策，而必须根据群众的实践来决定和制定我们的方针政策，这是一个带根本性的问题，是坚持辩证唯物主义和历史唯物主义的大问题。

（六）要努力办好电视文艺节目。电视文艺节目有多种功能，包括娱乐功能、教育功能、认识功能、审美功能等等，但就文艺节目来讲，首先是娱乐和审美的功能，否则就不叫文艺了。我们现在的一些电视文艺节目，娱乐性、可视性不强，群众不大喜欢，要千方百计把电视节目办好，适应群众“富而思文，富而思乐”的需要。只有大家喜欢看了，教育功能、认识功能才能实现。电视节目还要尽量考虑社会上不同年龄、不同文化层次观众的需要。天津有个文艺台，只播放相声、曲艺和其他各种文娱节目，很受群众的欢迎。我们对香港、澳门没有一个电视和广播台不行，当地总会有一些人愿意收看、收听我们的节目。你们的计划我原则同意，中央应当拿一点钱，这件事要积极筹办，具体事情由你们同广播电影电视部具体研究，我回去也向中央有关部门反映，争取尽快把它搞起来。

（七）地方报纸要办出地方的特色。我至今仍认为，地方报纸登中央的东西太多。中央的重要新闻，地方报纸应该登，但太多了地方特色就不明显了，这是个需要进一步解决好的问题。地方报纸就应该主要为地方服务，否则同《人民日报》还有什么区别呢？今后必须明确一点，地方报纸主要报道地方的东西，要想办法把地方报纸办活，办出自己的特色来。同一件事，报道也可以有差别。比如这次我到广东来，新华社的报道就可以简单一点，而广东的报纸就可以详细一点，特别是有关广东的内容。报纸的内容要适应社会各方面读者的需要，地方报纸要适应地方的需要。不论中央报纸和地方报纸，都要坚持党性和人民性的统一，在目前资产阶级自由化的影响尚未彻底肃清的情况下，尤其要坚持党性，但同时也要想办法把报纸办活一点，把文章写活一点，增强可读性和趣味性。我常读广东的报纸，总的感觉是办得好的，但也觉得偏紧了点。广东离港澳这么近，国际市场和各方面的信息很多，还可以设法把报纸办得更活泼一点。

（八）努力提高新闻队伍的素质。我们的新闻队伍，政治素质和业务素质总的来说是好的，是靠得住的。但近年来受资产阶级自由化的影响，也出了一些问题。一些同志，尤其是一些刚刚加入新闻队伍的年纪轻的同志，缺少马列主义理论修养，不能很好把握新闻的规律。对新闻队伍的年轻同志，要加强党的历史、党的知识和马列主义原理的教育，也要加强按新闻规律办事和新闻业务的教育。新闻院校的教材和课程，也要根据这个要求进行必要的调整和改革。否则，新闻队伍的接班人问题将成为一个大问题。

（九）各级党政领导和有关部门都要积极支持和配合宣传舆论部门的工作。搞好宣传舆论监督，光靠宣传舆论部门不行，还需要各级党政部门的积极支持和配合。天津市委、市政府专门有十来个人干这件事，就是天天盯着报纸、电台、电视台对各方面的批评，发现问题后及时反映给有关部门或把有关部门的领导找来，督促其落实解决。通过这个办法，一年解决上千个问题。这样做，不仅较好地发挥了报纸的舆论监督作用，帮助党政领导发现和解决了一大批没有注意和发现的问题，而且报纸、电台、电视台的地位和威信也提高了。毛泽东、周恩来等许多老一辈无产阶级革命家，都十分善于运用报纸指导工作和推动工作。这要成为我们领导干部的一门基本功。现在办报纸有许多困难，经费不够，纸张涨价，要上缴税收和利润，希望各级党政领导都要关心报纸、支持报纸，帮助办报的同志办好报纸。

（十）广东各级领导和广大群众要振奋精神，争取继续在全国的改革开放中先走一步，继续宣传改革开放，继续探索改革开放的路子，并不断把改革开放引向深入。不仅要宣传，更重要的是要扎扎实实地干。在治理整顿的条件下，广东要找出一条继续向前走的路子来。一方面，要充分利用特殊的有利条件，继续执行中央赋予的“特殊政策、灵活措施”；另一方面，要研究如何使全省干部群众进一步振奋精神，团结起来，形成一种进取向上的气氛。

广东要学会如何在“降温”的情况下保持经济的适度增长。

香港有人说过，会做买卖的人，在涨价或跌价的情况下，都可以赚钱。广东也要争取学会这个本领。当务之急，是要研究采取一种什么样的方针，把中央给的那么一点资金调剂好，使用好，在这方面走出一条路来。要借助治理整顿的机会，把不该干的事情停下来，把该干的事情促上去。如基础设施建设，有些是费钱很多投工较少的，有些则是费工很多而费钱较少的。在目前的情况下，可以多搞一些费工多而用钱少的基础设施项目，既可以解决待业人员的吃饭问题，又可以为以后的大发展打下基础。在宣传上，省委要研究一下，用什么样的方针和口号，把大家凝聚起来，团结起来，保持奋发向上的势头，克服困难，夺取胜利。当然，宣传工作搞得好不好，归根结底取决于各方面实际工作做得怎么样。我在北京曾说过，新闻宣传部门对治理整顿要“尽量帮忙，绝不添乱”，靠新闻宣传报道是吹不出一个“四化”来的。

经济还是要保持一定的增长速度，改革开放搞了十年，不能走着走着就停下来，走得太慢也不行。速度同效益是直接关联的，同人民生活直接关联的，调整的步子太大，速度跌得太猛，效益没有了，不仅生活水平不能提高，连养人也会成问题。这个问题要引起充分的重视。关键是要找个办法继续向前走，只有向前走才能稳定局面，才会有光明的未来。广东有一个很有利的条件，就是广大干部和人民群众的利益同改革开放的政策拴得比较紧，基础动力比较强，干部、群众的积极性、主动性很高，这是十分可贵的。省委要满腔热情地保护人民群众的积极性，积极克服困难，继续带领他们前进，争取使广东的改革开放继续走在全国的前头。

与人民日报编辑、记者的对话

（1990 年 4 月 28 日）

按理早就该来人民日报，今天来也可以叫还账。这次和高狄同志约定，不作什么正式讲话。同志们都知道，我原来不是干这行的，讲这个行道的话比较费劲。去年我调到北京时曾经讲过，叫我干这档子事，可算是中国历史上的新鲜事，也可能算是误差吧。人民日报的情况我知道得不多，同时，关于新闻工作和有关方面的话，我也说得不少了。今天，先听听同志们的意见，包括你们理解的、不理解的，同意的、不同意的，也包括你们希望的，对中央的，对中央宣传思想工作领导小组的，对我个人的，也包括对报社领导的。自由化是不能要的，民主和自由还是要的。希望大家畅所欲言，有什么谈什么。

（高狄[①]：李瑞环同志来听大家意见，也可以叫对话，也可以叫答记者问。）

有记者问：发扬雷锋的奉献精神和社会主义商品经济、引入竞争机制、实行按劳分配政策，这两者应如何协调起来？

李瑞环（以下简称李）：其实不只是学雷锋的问题，类似问题还有许多。一段时间内报纸上的一些文章和一些人的讲话，把我们提倡的东西与现行的政策混同了，也就是说把倡导的伦理道

---

① 当时任人民日报社社长。

德规范、先进分子能做到的事同我们用以处理最广大群众经济利益关系的现行政策混同了，相互替代了，这是不对的，也是有害的。比如，按照社会主义的道德规范，提倡奉献精神是完全应该的，不能用经济政策来限制道德要求。但是，把一些有利于生产力发展的现行政策视为非道德的异端加以否定，包括对那些按现行政策多得收入的人加以谴责和鄙视，就不应该了。我们的远大理想是什么？少数先进分子可以做到的是什么？多数人的思想觉悟和以此为根据实行的政策是什么？如何把先进性与广泛性更好地统一起来？这些问题在过去实行高度集中的计划经济体制和平均主义分配方式的情况下并不突出，而在改革开放实行一系列新政策后，就显得非常突出。可以肯定地说，把道德要求和政策规定混同起来或相互替代是不行的，把二者对立起来、相互排斥也是不对的。如何把二者具体地、历史地统一起来，这是当前思想政治工作、宣传报道工作、两个文明建设中面临的较难解决但又必须解决的问题。我看还得靠实践，靠经验，靠在实践、经验基础上的理论概括来解决。有的报纸或文章批评思想政治工作要尊重人、理解人、关心人、爱护人的提法。其实，这个说法最早是我在天津市党代会上提出的。要说它不全面，这可能；要说思想政治工作不要尊重人、理解人、关心人、爱护人，这就站不住脚了。人家见你就跑，你怎么做他的思想政治工作？

说思想政治工作的目的，就是为了树立远大理想、共产主义世界观，这是没有错的，而说“两张皮”的现象是不能避免的，这个话是讲不通的。比如，你是某厂的政工干部，你离开生产业务，天天都是上大课讲道理，就是不联系实际问题，不考虑企业经济工作的需要，我看其结果一定很坏。历史的经验已经证明，那种过激的、脱离多数人切身利益的口号，最终的结果一定是脱离群众。学习雷锋也好，坚持历史优良传统也好，都是因为其基本精神有现实意义，可以解决当前问题。如果离开了当前的形势和实际，离开了十年改革开放后的新情况，不同现实相结合，都不会有好的结果。毛泽东思想的精髓，就是实事求是。所谓实事求是，简单地说，就是无论干什么都要从实际出发，研究事物的内在规律，并按客观规律办事。思想、理论必须与实际相结合。党的十一届三中全会以来，我们坚持实事求是，产生了一整套符合实际的政策，使中国出现了一个崭新的局面。过去我们的毛病也就是因为离开了实事求是。因此，我们不论干什么都要坚持实事求是。当然要真正做到实事求是也不容易，一是要出于公心，二是要肯花力气，三是要有理论指导。但最重要的还是要有坚持实事求是的勇气和精神。

在审查今年春节文艺联欢晚会的节目时，一些同志意见提得最多的几个节目，恰恰都是后来大家拍手称好的节目，为什么我们有些同志的看法和广大群众的看法差距那么大？很耐人寻味。在天津工作时有人问我，讲话为什么那么难，准备了很长时间，人家还说听着别扭。我说原因有三：一是水平问题，像我当木匠的，叫我当市长，现在管意识形态，当然就难；再一个是由于问题重大，需要慎重考虑，也比较难；还有一个是说的不是自己的话，不是怎么想怎么说，而是说违背本意的话，当然就困难，听的人也觉得别扭。我们是搞唯物论的，总是要力争使自己的言行符合实际。有时官越大越不容易符合实际。我有个做法就是时常找三方面的人谈谈话，一是老同志，退居二线的，他们没顾虑，不怕你罢他的官，可以告诉你一些真实情况；二是不太热心政治又真正有知识的知识分子，他们的要求常常反映多数知识分子的具体利益和愿望；三是和我共过事的老工人，他们说话直来直去，听着刺耳，但说的是真情实话。总之，必须看到，要真正使自己的言行不脱离下面的实际情况很不容易。

有记者问：现在讲弘扬民族文化，其目的和意义是什么？

李：我曾讲过一个观点，即弘扬民族文化是关系到能否建成有中国特色社会主义的问题。毛主席在《新民主主义论》中讲，新民主主义是由三部分构成的，即新民主主义政治、新民主主义经济、新民主主义文化。并说政治、经济决定着文化，文化又极大地影响政治和经济。按这个道理，我们现在提出的有中国特色的社会主义，应该包括有中国特色的社会主义政治、经济和文化。有中国特色的社会主义文化，既是有中国特色的社会主义的组成部分，又极大地影响着有中国特色的社会主义的政治、经济。因此，重视不重视有中国特色的社会主义文化的问题，实际上是要不要坚持建设有中国特色的社会主义的问题。按照马克思主义的原理，所谓有中国特色的社会主义文化，一定是以民族文化为主体的文化。所以，现在讲弘扬民族文化，也就是建设有中国特色的社会主义文化。

应当肯定，我们过去40年在文化方面、精神文明建设方面、道德伦理教育方面，取得了不少成绩，但是同时我们也必须承认，如何按照马克思主义原理，结合民族特点，建成一套具有中国特色的社会主义文化体系，这方面做得还很不够。建国40年来我们有经验，但也有相当多的苦头，相当多的教训。我们没有很好地把正确的世界观通过群众喜闻乐见的方式，在不知不觉中渗透到各个方面去，包括我们的课本，我们的文艺。从这个角度上讲，我们比不上封建社会的一些统治者，他们把封建主义的思想、伦理道德和文化，渗透到各个方面，诸如小说、戏剧、故事，还有《三字经》、《百家姓》、《千字文》等一整套东西中来传播。即便在穷乡僻壤，一字不识的老头、老太太蹲在墙根聊天，说的也是这一套。

我们关于社会主义道德和文明的舆论宣传，常常搞得比较简单、生硬，不易为人们所接受。我讲这个话，是不是有毛病？如果你们不同意，可以批评。

社会主义制度是当今最先进的制度，马克思主义理论是最科学的理论。其特点之一是它代表了大多数人的利益。如果我们的宣传比资产阶级还不近人情，就不能说明我们真正科学地解释了马克思主义。因为马克思主义讲解放全人类，它不仅仅是讲社会制度，讲剥削与被剥削的关系，还包括讲每个人的思想解放。现在有些文章和讲话，使人一看就感到很远、很硬，不近人情，我认为这不是马克思主义本来之义。如果马克思主义理论一开始就是这个样子，那就出不了社会主义国家。我和很多外国人，包括尼克松、基辛格谈过有关哲学的问题。基辛格是搞哲学的，他对我说，你讲的中国哲学比马克思主义的好，可以接受。我说，我讲的这个哲学就是马克思主义哲学，不是别的什么哲学，因为我没有学过别的哲学。在天津开全国哲学讨论会时，我有一篇讲话，因为当时国内各种西方哲学盛行，否定马克思主义哲学的劲头很大，我就讲了那么一篇。我不相信有哪家的哲学比马克思主义哲学更科学。问题是我们现在的很多解释和讲法，往往自以为是马克思主义的，事实上不符合马克思主义。我们对于社会主义精神文明建设，对于人们的行为规范等各方面的工作，第一，是功夫下得不够，工作没有做好，没有完全让马克思主义和正确的东西占领阵地；第二，没有占领阵地的原因，有不够重视的问题，也有左右摇摆和搞两个极端的问题。要么极左，像“文化大革命”那样，要么是最近几年有的同志搞的那一套，思想政治工作、社会主义精神文明建设，不要了、取消了。任何东西讲到了极端，正确的也会变成错误的，其结果是使自己出丑。

我们在批判过去的错误中也有一点毛病，常常是从这一个极端跑向另一个极端。比如说，“文化大革命”确实应该彻底否定，“文化大革命”的教训是什么呢？其中一个很突出的问题，是林彪、“四人帮”别有用心地把我们多少年的很多好经验，借助毛主席的崇高威望无限地向前推，结果，真理向前跨越一步便成了谬误。我们现在应该只把谬误的东西去掉，而把本来就是正确的东西留下。还有一个因人废言的问题，因为某人垮台了，他说过的话就都不能说了。垮了那么多人，他们说了那么多话，如果他们说过的话都不能说了，我们该怎么说话呢？可不可以这样说，我们过去在批判、纠正错误的过程中，同时也犯了一些错误。

我们的文化工作、思想政治工作，在清理“左”的和右的错误的同时，没有注意在伦理、道德建设上提出自己一套正确的主张。至少是对此没有引起足够的重视，没有在清理的过程中认真、科学地总结过去的教训。到现在为止，理想、伦理、道德如何真正确立马克思主义原则的指导，以中国历史文化、民族特色为立足点，提出一套比较完备的主张和规范，并将它们渗透到各个方面去，使人感到是“真经”而乐于接受，这个工作我们还没有真正摆到议事日程上来。这是个庞大的系统工程，需要动员社会各方面力量，经过长期努力才能完成。

有记者问：是否应当像学雷锋那样强调学习焦裕禄同志？

李：在全国人代会上，有人提出高级干部学周恩来，广大干部学焦裕禄，人民群众学雷锋，少年儿童学赖宁。我觉得后面的三个“学”都可以，而高级干部学周恩来有一个对老一辈革命家的摆法问题，具体说来有一个对毛泽东、刘少奇、朱德的摆法问题。学焦裕禄，从一定意义上说，医治现在社会上、领导干部身上存在的病，这张“药方”可能更灵验一些。现在出现在领导干部身上的许多问题，用焦裕禄同志的可贵精神来衡量，主要是心目中丢掉了人民，过多地强调了自己。学习焦裕禄同志那阵子我刚好赶上，当时邢台发生大地震，灾害严重，请几个典型人物出来作表率，对全国是很大的精神鼓励。一个典型是河南省的焦裕禄同志，通讯是穆青同志采写的。当时还有一个典型是河北省的一个女支部书记，叫吕玉兰。这两个典型对当时鼓舞全国人民渡过自然灾害造成的困难都起过较大作用。如果人民日报发起，在全国干部中提倡学习焦裕禄，我赞成，但是用什么方式推开，要有个总的计划和部署。比如编排几个系列活动，比如可以在河南省先学起来，也可以找些领导发表讲话。总之，要搞就要认真，要搞就要搞好。

有记者问：树立和学习现阶段涌现的焦裕禄、雷锋式人物，是不是更重要？

李：这个建议肯定是正确的。最近我们也树了不少先进模范集体和人物，例如“奋斗者足迹”、刘庄煤矿等，但如何使他们能够像雷锋、焦裕禄那样叫响还要下大功夫。这里面有种种原因，有社会风气问题，也有我们工作的问题。你们如果能够树几个像当年焦裕禄那样的现阶段的典型，我举双手赞成。你们宣传的刘庄煤矿典型，就是最近一段时间影响较大的一个，基层广大群众看了服气，超出了我原来的预想。这样的典型与老典型并不矛盾，如果能多一些，那就更好了。

有记者问：有些群众对改革开放有疑虑，担心治理整顿会走回头路，对此你有何看法？

李：关于改革开放，中央领导同志发表了很多讲话，归纳一下，主要讲了三个意思。

一叫方向不变。毛主席在井冈山的时候，写了几篇文章，后来在延安又写了一些文章，论证中国的红色政权为什么能够存在，提出了四条根据：第一，中国是一个半殖民地国家，帝国主义的不统一，影响到中国统治集团间的不统一，每个省的军阀后边都有帝国主义的控制和支持，帝国主义国家之间的矛盾必然反映到中国来，造成军阀之间的混战，因而顾不上省与省交界之处等边边角角的地方，我们正好在这些地区建立根据地；第二，中国政治经济发展不平衡，有的地方先进，有的地方落后，有的地方通铁路航路汽车路和独轮车路，有的地方只有用脚走的路甚至用脚也不好走的路；第三，中国是一个大国，“东方不亮西方亮，黑了南方有北方”，不愁没有回旋的余地。这三条是容易理解的，最后一条就是，中国经历了第一次国内革命战争。这是什么意思呢？就是中国准备好了红军的种子，准备好了红军的领导者即共产党，准备好了参加过一次革命的民众，人民已经有了一定的政治觉悟，了解共产党是为老百姓的，所以尽管根据地的地盘很小，但它是得到老百姓支持的，它的影响是封锁不住的。现在中国经过了11年的改革开放，人民确确实实得到了实惠，观念也发生了很大的变化。人们希望改革，而且要求改得越来越好，退回去不得人心。现在我们常常给基层群众做工作，告诉他们改革开放的政策不会变，他们说，你们不要担心我们，我们倒是担心你们。我们一到基层，那里的干部、群众都说这几年好多了，不要再变了，这个“不要再变”指的是不要往后退。所以说，改革开放的方向不会变、也变不了，这叫做历史的大趋势，也叫做历史的发展不以人的主观意志为转移，这个“人”包括了所有的人。

二要总结经验。11年的改革开放，确实取得了巨大成就，有许多成功的经验，应该通过总结把它们肯定下来。但与此同时，也确实做了一些不太好的事情，也有教训。比如，一手软、一手硬，忽视四项基本原则，在理论、实践、政策上都带来了一些毛病。又如“六害”的出现，卖淫、赌博、拐卖妇女这些社会丑恶现象，过去早已绝迹了，现在又沉渣泛起。不能简单地说这些都是改革造成的，但和改革过程中的工作有联系。我们不能因噎废食，因此就不搞改革了，更不能做“没治了”的结论，但教训应当汲取。比如说，进口那么多小汽车干什么，进口那么多水果干什么，进口那么多外国香烟干什么，电视机生产线引进可能也多了一些，等等。改革开放取得了巨大成就，尤其是展示了方向的正确性和继续发展下去的潜力，但也确实有许多经验教训应该总结。我们不是打了败仗才被动地总结经验，而是要通过“实践——认识——再实践——再认识”的过程，使自己得到长进，把工作做得更好些，把改革开放搞得更好些。在我们纠正错误的时候，难免有人借治理整顿之名，违反中央的精神，把已经放了的权偷偷收回去。这种情况要警惕。但有一些确属于不好的东西和做法，必须进行纠正，这不能叫改变方向。有些事情步伐放慢了些，这是从我们这几年的经济状况和目前的实力出发来考虑的。

三是重在实干。坚持改革开放，在当前不是一个表态的问题，因为表态的话我们已经说得不少了，重要的还在于如何去做，一个问题一个问题地去解决，一个困难一个困难地去克服，一件事一件事地去完成。我看解除当前人们思想疑虑的唯一办法是实实在在地干，并且干出成效。现在要多报道继续改革开放的实际步骤和具体内容，宣传改革开放的典型事例及其成效。

有记者问：边远地区和贫困地区的宣传总是排不上号，如何看待这个现象？

李：说一句尖锐的话，我们现在的宣传，更多是发达地区的宣传。有的宣传内容也是挑了又挑、选了又选的。说这种宣传的积极意义，是使人们看到了希望；说消极意义，是使人们产生错觉，以为中国都这样发达了，其实我们许多地区还很困难。据我了解，现在不少农村仍很贫困，有些地方还没有做到一人一床被子，许多人冬天穿光杆棉袄。有一个地区，13 个县中有 6 个县的人均收入只有 200 元。我认为这个数字可能有假，因为我看到农民家中存了不少粮食。有的人愿意少报，把粮食不算收入，目的是多要一点扶贫费。但无论如何还是很穷的。现在，农村和偏远地区同城市和沿海地区比，还有相当大的差距，如果不如实、适当地宣传农村和偏远地区，就会使人们产生错觉，似乎中国各地已经都那么好、那么富裕了，就会助长中国的事情办起来很容易的想法，不知道还有困难的地方。你们当记者的应该多到远离城市的地方去跑跑，加强对边远地区的了解，这样可以使大家的脑子冷静下来，知道中国的事情没有那么简单。富裕的地方应该报道，这样可以鼓舞士气，但要适度，否则越报道，穷的地方就越生气。我建议各地的记者都到当地最穷的地方去看一看。中国了不起的奇迹是11亿人口能吃饱肚子，但要说农民都那么富裕了，说实话，还没有。农村问题是一个带有根本性的重大问题，一定要重视，并把它宣传好。

有记者问：怎么看待和解决市场疲软问题?

李：不久前我在延安的一次讲话中说过，宣传市场疲软、资金紧张，要求增加流动资金来启动生产，是可以理解的，也是有一定道理的，特别是增加一点资金启动一下生产，对提高生产速度有明显的作用。但对实现利润来说，那还要看市场需求。一般来讲，产值增长不等于实现利润，实现利润是要把东西卖出去，拿到钱。如果产值增长与实现利润成反比，增长得越快，产品的库存就越多。不研究需求，启动需求，开辟消费市场，生产最终无法发展。比如汽车，有长春的奥迪、上海的桑塔纳、天津的夏利、广州的标致，四个厂加在一起，假如一年的生产能力是15万辆，国家获得的利润是5个亿。如果除私人外，所有国家和集体的单位都不允许买，这15万辆小汽车卖给谁呢？如果卖不出去，那么5亿元的利润哪里去要呢？高消费固然不适合国情，但如果不重视消费，不提倡消费，没有消费，也就没法发展生产。如何使启动消费不脱离国情，我看关键是要着眼于广大农村，特别是较为贫困的地区。要改善农民的生活，改变农村面貌，就要帮助农村搞好生产，启动农村生产，把粮棉搞上去，把农副业搞上去，这样农村就富裕了。农民有了钱，就要购买东西。中国是个大农村，农村是个大市场。因此，工业必须把为广大农村服务作为一个着眼点，把农村看成广阔市场，把工作做到农村去，帮助农村生产，启动农民需求。有了稳固的农业基础，不仅工业有了广阔的市场，国家的稳定也就有了牢靠的基础。

有记者提出：李瑞环同志，请你对人民日报记者提几点希望。

李：我今天说的话没有准备，难免有错。同志们对我的话有意见可以批评，但希望大家理解时全面而准确。我搞这项工作时曾讲过一句话，叫“尽量帮忙，绝不添乱”。你传我的话可能是好心，但每个人角度不同，兴奋点不同，传来传去就可能给人家添乱。

我们的宣传工作，从去年四中全会到现在，我个人认为总的来讲是好的，提出了坚持“二为”方向和坚持正面宣传为主的方针，现在看来，这些都是正确的，人们对这个提法也是能够接受的。比如今年东欧发生了这么大的事，在非常复杂的情况下，我们的报道应该说是谨慎的、成功的。现在的宣传报道总的来讲形势是好的，人民日报近一年来的工作也是好的，在宣传报道中起了带头作用，这一点是中央领导同志都很满意的。这个事实起码说明了：第一，中央的方针是正确的；第二，我们的新闻队伍总体是好的，是听中央的话的，所以我们的新闻宣传能够在很短时间内迅速改变面貌。既然如此，在过去资产阶级自由化泛滥时期，出过这样或那样的问题的，凡不是别有用心的，凡错误不太大的，凡他的所作所为是有上边根据的，就不要过分追究个人责任。当然，作为自己应该从严要求，认真接受教训。对于高级干部要求应该严格，因为那么大的干部，自己也以为有那么高的水平，在重大问题上应该有辨别是非的能力。总之，人民日报非常重要，人民日报近一年来成绩很大，人民日报的队伍总体上讲是好的。人民日报近一年来办得不错，这和领导班子的正确领导有关系，和全社同志的共同努力有关系，和你们外地记者站的工作也有关系。据我了解，你们驻各地的记者在去年动乱期间的表现，除个别人之外，都是过硬的。其中许多同志在报道上很有水平，反映很好。事实证明，听地方党委的，问题就少。人民日报驻外地记者是听地方党委话的，所以基本上是好的。今后还要加强驻各地记者站的工作，支持驻各地记者站的工作，使他们得到地方党委更有力的指导，这应该作为人民日报搞好工作的一大课题。外地记者一年回不来几次，因此报社对驻外地记者在某些方面要尽量照顾，如评职称等，如有照顾不周之处，希望能及时纠正。报社的同志应理解驻外地记者的难处，他们在外地工作是很不容易的。

现在我们的报道方针是明确的，比如对东欧的报道，坚持了谨慎、客观、低调、适度，一般不作评论的原则；对“两会”的报道，提出了“民主、求实、团结、鼓劲”的原则；今年又提出了“一要稳定，二要鼓劲”的宣传方针。当前压倒一切的任务是稳定，离开了稳定，一切都无从谈起。我们的宣传报道必须十分认真谨慎，要尽量避免可能导致不稳定的东西。比如不久前说什么一颗小行星要撞击地球，搞得人心惶惶。中国无论如何不能再乱了，不管什么理由，讲得多么好听，只要是不利于稳定的事，就要从根本上采取措施去解决。

要稳定，就必须团结。你埋怨我，我埋怨你，心不齐，气不顺，怎么稳定？团结本身就是稳定。讲团结，当前主要的是要协调好各个方面相互之间的关系，理顺人的思想情绪，团结一切可以团结的人。目的是克服困难，顶住各种压力，把经济搞上去。说简单一点，就是协调关系，理顺情绪，加强团结，发展经济。这是当前的大局。关系是可以协调的，矛盾是可以调节的。我们不但要讲矛盾的普遍性，而且要讲矛盾的特殊性；不但要懂得斗争的绝对性，还要懂得斗争的多样性。筷子与肉斗，肉到了嘴里；手术刀与人斗，可以去除病灶；扁担与肩斗，可以把水挑进家里。这些都是斗嘛，为什么一说斗，非要你把我整垮，我把你整垮呢？具体问题要具体分析，不同性质的矛盾，要用不同的方法去解决，这是马克思主义最本质的东西，活的灵魂。当前要多做“活血化瘀”的工作。协调关系，理顺情绪，尽可能把可以团结的人团结起来，以克服我们国内目前的经济困难，顶住外来的压力，这是我们当前的大局。

东欧的变化对我们国家影响不小，对苏联的情况我们还是按邓小平同志说的：冷静观察，稳住阵脚，沉着应付。这不是一个策略上的问题，而是一个重大的原则性问题，客观存在的问题。我们要认真地贯彻执行。咱自己的事就够自己忙乎的了，人家不惹我们，我们就不要去惹事。我就跟美国人说过，你们那么好管闲事，人家的事你们都想管，嫌累不嫌累，辛苦不辛苦呀？我们叫人家不要多管别人的事，我们自己干吗管人家的事？当然，原则要坚持，欺负我们不行，搞颠覆、破坏要坚决反对。今后对苏联的报道要坚决贯彻邓小平同志的 12 个字，不要批人家，也不要搞含沙射影、旁敲侧击，要仔细看一看。美国目前和我们闹得很僵，摆在我们面前的实际问题不少，6 月底就有一个最惠国待遇的问题，这是一个很不小的问题。毫无疑问，我们不愿出现坏的结果，但这种事也不能单凭愿望，如果真的出来怎么办，只能顶住，决不能因此丧失了国格。

我们必须看到，动乱以后，相当多的人，特别是知识阶层，在学校特别是中青年教师，现在还需要做大量的工作。我估计思想没有真正转过弯来的不是个小数目。对待他们，要耐心地做工作，乃至需要我们更开明一点，豁达一点，“糊涂”一点。我好说两句话，叫做心中有数装糊涂，心中有数团结多数。当然，在重大原则问题上，要立场坚定、旗帜鲜明，但是无关紧要的小事太清楚了反而不好。大夫容易看见到处都是病菌，就来回地洗手，搞得神经高度紧张。管仲临死的时候，齐桓公想叫管仲的好朋友鲍叔牙接他的班，问管仲怎么样？管仲有一段很有名的话，意思是：叔牙君子也，虽然，不能为相，叔牙见人一恶始记终生，是其短也。现在中国经济上存在着许多问题，政治上去年春夏之交的政治风波之后又有许多人有思想问题，国际上面临着许多压力，确实是“内有困难，外有压力”。如何顶住外边的压力，要依靠国内的团结一致，如何减少外边的压力，也要靠我们团结起来把国内的事情办好。团结才能稳定，团结才能有劲。大家团结一致，劲都往一处使，外边的压力就不可怕了。我们常讲，团结就是力量，团结就是胜利，团结就是生命，现在还可以讲，团结就是稳定，团结就是鼓劲。我讲这些话，是希望宣传报道要多说一点理顺群众情绪的话，多做一点“活血化瘀”的工作。我曾经讲过：从来没有这么多人对我们有意见；从来没有这么多人对我们这么多事有意见；从来都是有有意见的，也有做工作的，现在连做工作的也有意见；我们许多同志不承认这个现实，使问题更加复杂化。当然，现在和那时比不同了。我们目前确实面临着一个错综复杂的国际局面，对此必须有十分清醒的认识。第一要坚持原则，不能丧失国格。第二要有理、有利、有节，11 亿人的事，不能凭感情，不是能不能豁得出去的问题，事情不那么简单。在国内，把自己的事情办好，种好自家的田；在国际上，对没有必要得罪的人，就不要得罪。我看这个精神适合于整个新闻战线。

总之，团结一切可以团结的力量，调动一切积极因素，搞好国内的各项工作，克服内部的困难，顶住外来的压力，这是我们当前的大局。这一条我希望同志们能够深刻理解。

今天的讲话既没有准备，也没有提纲，难免有错。我希望形成这样一种风气，大家都能推心置腹地谈意见，错了不要紧，可以批评，允许改正，但不打棍子，不抓辫子，不扣帽子。我认为只有形成这么一种局面，中国才有大的希望。

关于职工思想政治工作的若干问题*

（1990 年 5 月 18 日）

这次中国职工思想政治工作研究会的年会，实际上也是一次全国性的企业思想政治工作会议。首先让我向今天受到表彰的全国思想政治工作优秀企业和优秀企业思想政治工作者，表示热烈的祝贺，并向所有在思想政治工作中付出了心血、作出了贡献的同志们，表示亲切的问候和衷心的感谢！中央很重视这次会议。在会议开始时，江泽民同志、李鹏同志发来了贺信，这是对思想政治工作者很大的鼓舞，同时也提出了希望和要求，我们要很好地贯彻。

如何加强和改进企业的思想政治工作，是一个大问题、老问题，也是一个新课题。大家都在研究，我也发表一点个人思索的意见同大家交流。

一、科学认识思想政治工作的地位和作用

党的十三届四中全会以来，全党冷静地思考过去，思考未来，总结去年那场政治风波的严重教训，加深了我们对做好思想政治工作必要性和重要性的认识。由于在这个问题上取得了广泛的共识，一个时期存在的在两个文明建设中“一手硬、一手软”

---

* 这是李瑞环同志在中国职工思想政治工作研究会第六次年会上的讲话。

的状况已有所改变，整个思想政治工作战线出现了新的转机，这是一个十分可喜的现象。回顾历史，不能不承认，在如何对待思想政治工作这个问题上，我们有许多成功的经验，也有不少失败的教训。最明显的是“文化大革命”时期，林彪、“四人帮”出于反革命的需要，篡改思想政治工作的内涵，把它夸大扭曲到“高于一切、大于一切、冲击一切”的荒唐地步，造成唯心主义泛滥，形而上学盛行，严重脱离实际、脱离群众，败坏了思想政治工作的形象和声誉。党的十一届三中全会以后，通过批判“四人帮”的极左路线和进行拨乱反正，思想政治工作出现了一个新的局面。全党同志，包括思想政治工作战线的同志，共同努力，使我们的思想政治工作为实现全党工作重心的转移，为促进社会主义现代化建设和改革开放，为宣传建设有中国特色的社会主义的理论、路线和政策，为取得各条战线的巨大成就，作出了重要的贡献。但是，在转折时期也出现了许多复杂的情况和问题，特别是由于中央个别领导同志错误指导思想的影响，曾经出现了忽视、贬低思想政治工作的倾向，严重削弱甚至取消思想政治工作，带来了极其恶劣的后果。历史经验告诉我们，对于思想政治工作的认识，不能停留在朴素的感性阶段上，而必须从理论上加以研究和探讨，使我们能够获得一个科学的认识，从建设有中国特色的社会主义的客观必然性上，认识做好这项工作的重要性，提高做好这项工作的自觉性。这样才能防止“左”的或右的干扰，避免和减少在今后的工作实践中重犯过去的错误。

思想政治工作是坚持唯物史观的应有之义。马克思主义唯物史观认为，人类社会的历史是人民群众的历史，而不是神仙皇帝和少数英雄豪杰的历史。人民群众在创造历史的过程中，表现出强烈的历史主动性和主观能动性。马克思指出：“自由自觉的活动恰恰就是人类的特征”。毛泽东同志说：“思想等等是主观的东西，做或行动是主观见之于客观的东西，都是人类特殊的能动性。这种能动性，我们名之曰‘自觉的能动性’，是人之所以区别于物的特点。”这种主观能动性的发挥是否正确以及程度如何，首先取决于人们对客观世界的科学认识。我们的思想政治工作，就是用人类历史上最先进、最科学的世界观、方法论去教育人、启发人，解决人的立场和思想问题，使人们从各种谬误和偏见中解放出来，不断提高认识和改造世界的能力。工人阶级从自在阶级变成自为阶级，人类从必然王国走向自由王国，这是一个伟大的实践过程，也是一个曲折的认识过程。在这个过程中，思想政治工作，马克思主义理论的灌输起着十分重要的作用。唯物史观还认为，推动历史发展的决定性动力是生产力，而人是生产力中最活跃的因素。这里所说的人，是指掌握一定的劳动技能、科学技术知识和具有一定的思想觉悟、道德修养的劳动者。而开掘人的潜能，提高人的素质，改造人的认识能力，激发人的创造热情，都离不开教育，离不开思想政治工作。实践表明，随着现代科学技术的进步，提高劳动者的科学文化素质和思想道德素质，对于促进生产力的发展，具有越来越重要的意义。在社会主义条件下，思想政治工作天地广阔，大有作为。由此可见，重视思想政治工作，就是重视人民群众在创造历史过程中的巨大主观能动作用，就是重视人的因素在发展生产力中的决定性作用。

思想政治工作是实现远大理想的必需条件。我们的远大理想是实现共产主义。共产主义社会既要求物质财富的极大丰富，也要求思想觉悟的极大提高。刘少奇同志说：在共产主义社会里，“人类都成为有高等文化程度和技术水平的、大公无私的、聪明的共产主义劳动者，人类中彼此充满了互相帮助、互相亲爱，没有尔虞我诈、互相损害、互相残杀和战争等等不合理的事情”。这段话清楚地告诉我们，高度的思想觉悟和道德修养，是共产主义社会的一个重要特征。为了达到这样的美好境界，我们从社会主义初级阶段起，就要在大力搞好经济建设、创造越来越丰富的物质财富的同时，高度重视加强社会主义精神文明建设，培养一代又一代有理想、有道德、有文化、有纪律的社会主义新人。而离开思想政治工作，精神文明建设的任务就要落空，物质文明建设也搞不上去，实现远大理想就会成为一句空话。实现共产主义远大理想，决不是一蹴而就的事情，必须经过一个很长的社会主义历史阶段。这个历史阶段是不可逾越的。在社会主义阶段，特别是社会主义初级阶段，旧社会遗留下来的痕迹不可能马上消除，旧思想、旧观念、旧习俗会纠缠人们的头脑；经济、文化的落后在很大程度上制约着人们思想道德水准的普遍提高，原始、愚昧、落后的东西会顽固地表现出来；改革所带来的利益调整，会在思想道德方面引起种种新的矛盾、困惑和追求；风云变幻、错综复杂的国际环境和国内一定范围的阶级斗争，对人们的思想会不断地产生种种冲击。克服旧思想、旧习俗，抵御内外侵袭和腐蚀，战胜各种冲击和挑战，消释困惑和疑问，所有这一切，都离不开强有力的思想政治工作。只有通过卓有成效的思想政治工作，处于社会主义历史阶段的人们才会在创造物质文明的同时，不断地向思想道德的新境界迈进。实现共产主义远大目标，需要许多代人长期不懈地艰苦奋斗，奋力开拓，无私奉献，必要时不惜牺牲自己的生命。在整个过程中，我们不可避免地会遇到许多曲折、挫折和困难，人们也不可避免地会产生这样或那样的思想问题，这就决定了思想政治工作必须伴随并贯穿于为共产主义理想奋斗的全过程。忽视、否定思想政治工作，就谈不上实现共产主义理想的伟大历史使命。

思想政治工作是贯彻党的基本路线的可靠保证。党的十三大确定的社会主义初级阶段的基本路线，是十一届三中全会以来全党和全国人民进行改革和建设的伟大实践的科学总结，是以邓小平同志关于建设有中国特色的社会主义理论为指导而作出的高度概括。四项基本原则是立国之本，改革开放是强国之路。能否坚定正确地坚持党的基本路线，关键在于正确地理解四项基本原则和改革开放这两个基本点的相互关系，在于自觉地把两个基本点有机地结合起来，贯彻到各项工作中去。而要做到这一点，不能没有相应的、强有力的思想政治工作。因此，离开了思想政治工作，就不能正确地认识党的基本路线，也不能坚定地执行党的基本路线。

思想政治工作是协调人际关系的基本方法。在社会主义社会中，最广大的社会成员的根本利益是一致的，在共同的理想、共同的目标、共同的道德要求下形成良好的人际关系，这是社会主义优越性的一个重要体现。但是，在社会主义社会中，也仍然存在着矛盾和差别。由于人们生活在不同的社会群体之中，其社会地位、实践经验、知识水平和认识能力等各不相同，对利益的追求，对事物的认识，包括兴趣、性格、习惯等在内的个性，都存在着许多差异，因此，在群体与群体、个人与群体以及人与人之间的关系中经常地、普遍地存在着矛盾。要及时地解决这些矛盾，就需要有组织地进行经常性的协调。还应当看到，在社会主义初级阶段，由于经济和文化不够发达，由于不同经济成分的存在，由于地区经济、政治、文化发展很不平衡，在人际关系方面出现的不协调现象还会相当广泛、突出和长久。协调人际关系，简单地用行政命令的方法不行，用强制压服的方法不行，只能用民主的说服的方法，互相沟通以达到互相理解的方法，从团结的愿望出发，经过批评与自我批评，达到新的团结的方法，也就是我们讲的思想政治工作的方法。没有相应的、强有力的思想政治工作，人与人之间就容易疙疙瘩瘩，整个社会就难以协调，我们的雄图大略就无法实现。

思想政治工作是凝聚全民族力量的重要途径。缺乏凝聚力的民族只会四分五裂，没有凝聚力的国家必然是一盘散沙。中国是一个有56个民族、11亿人口的大国。在这样一个大国，不论是革命还是建设，都必须有全民族的团结，必须有全民族力量的凝聚。半殖民地半封建的旧中国任人宰割的悲惨历史，原因是多方面的，其中一个重要原因就是没有凝聚成全民族的伟大力量。这种情况是由当时统治阶级反动和腐败造成的。我们现在是在建设社会主义的中国，在新的历史条件下，我们强调思想政治工作的重要性，其主要原因之一就在于培养和激励人们执著、深厚的爱国主义情感，提高人们的民族自尊心和自信心，就在于对人们进行马克思主义的教育、中国历史和国情的教育以及远大理想和目标的教育，把中华民族的爱国热情和建设有中国特色的社会主义的共同理想，融化和渗透到人民群众中去，使之成为全国人民的共同行为准则和道德规范，成为团结和激励人们奋发图强、开拓进取的精神支柱。

思想政治工作是社会主义企业的内在要求。我国的社会主义企业，首先是一个经济组织，发展生产力是它的根本任务。企业必须坚持以经济工作为中心，把职工组织起来，保证完成生产、经营任务。同时，社会主义企业又是建立在生产资料公有制基础上的企业，这是它同资本主义企业的根本区别。在社会主义企业里，只有切实加强思想政治工作，才能保证企业坚决贯彻执行党的各项方针政策和国家的法律、法令，保证企业坚持社会主义的性质和方向，保证工人阶级在企业中的主人翁地位，为企业的不断发展提供强大的动力。近几年来，一些企业的生产经营方向不端正，出现了一些损害国家利益、消费者利益、职工利益的不良现象，这与思想政治工作被削弱有直接关系，这个教训应当记取。我们的社会主义企业要在生产和社会实践中培育有理想、有道德、有文化、有纪律的职工队伍，担负起建设物质文明和精神文明的双重任务，也就是我们常讲的两个文明一起抓，两个任务一起下，两副担子一起挑，两个成果一起要。企业要完成这双重任务，加强思想政治工作是一项必不可少的措施。我国工人阶级是我们党的阶级基础，是国家的领导阶级，是社会主义现代化建设和全面改革的强大动力，也是维护社会稳定的中坚力量。工人阶级要真正担负起对国家前途和社会主义命运的重大责任，就必须在改造客观世界的同时，不断提高当家作主的自觉程度，提高参与管理企业和社会事务的能力。在这方面，思想政治工作有着不可替代的作用。

综上所述，我们对思想政治工作地位和作用的认识是建立在科学基础之上的。既然思想政治工作是坚持唯物史观的应有之义，是实现远大理想的必需条件，是贯彻党的基本路线的可靠保证，是协调人际关系的基本方法，是凝聚全民族力量的重要途径，是社会主义企业的内在要求，那么，任何削弱、否定、取消思想政治工作的观点和做法，都是错误的，都是有害的，都是不能允许和必须坚决反对的。

二、努力完成当前企业思想政治工作的主要任务

企业思想政治工作怎样加强，当前企业思想政治工作的主要任务是什么？我认为，就是要充分调动广大职工的积极性。

只有充分调动职工积极性，才能实现经济的持续、稳定、协调发展。党的十三届四中全会以来，中央采取了稳定政治、稳定经济、稳定社会的一系列重大措施，治理整顿和深化改革取得了比较明显的成效，整个局势继续朝着稳定的方向发展。但是，我们面临的经济形势还是严峻的。多年积累下来的深层次问题尚未

解决，治理整顿中又出现了新的矛盾和问题，再加上一些西方国家对我国实行经济“制裁”，各种矛盾交织，更加剧了问题的严重性和克服困难的艰巨性。经济是基础，许多社会政治问题，都是同经济问题联系着。我国的企业，特别是全民所有制大中型企业，是国民经济的主要力量。经济要稳定，关键是要把生产搞上去，把企业搞好。我国国民生产总值、国民收入以及国家财政收入，绝大部分直接或间接地取决于工业企业的状况。经济要走出困境，归根到底，要靠企业生产的发展和效益的提高。从去年第四季度以来出现的市场销售疲软、工业生产增度回落过猛等问题，到现在还没有根本好转。我们必须采取各种有力措施，尽快扭转这种局面。

解决当前经济问题的办法，可以摆出许多条，但最根本、最核心的还是人的问题，群众的问题，群众的情绪和群众的积极性、创造性的问题。有了群众的积极性，党的方针政策，治理整顿和深化改革的各项任务，领导者的主意、办法，就能化为群众的自觉行动，取得实际的成果。有了群众的积极性，大家就会开动脑筋，出更多的主意，想更多的办法，从生产、技术、管理、经营上提出种种合理化建议。有了群众的积极性，一些涉及群众自身利益而又暂时难以解决的困难，大家也能体谅，自觉地为国分忧，为企业分忧，许多矛盾就可以缓解，大问题也可以变成小问题。正如毛泽东同志在60年代初的三年暂时困难时期所指出的：“不依靠群众，不发动群众和干部的积极性，就不可能克服困难。”因此，各级党委、政府及有关主管部门，所有企业的领导者和政工干部、行政干部，在分析经济形势、解决经济问题时，都必须注意从政治上看问题，从人的积极性上看问题，而不能只就经济谈经济，见物不见人。只有做好思想政治工作，把协调关系、理顺情绪的工作放在应有的位置上，把职工的积极性充分地调动起来，并合理地发挥出来，我们才能较好地解决面临的问题和困难，实现我国经济持续、稳定、协调的发展。

只有充分调动职工积极性，才能把企业的巨大潜力进一步发掘出来。党的十三届四中全会以来，由于中央和各级地方党委、政府以及广大基层同志的共同努力，我们在治理整顿、稳定经济方面，在加强党的思想建设、组织建设和作风建设方面，在“扫黄”、除“六害”和净化社会风气方面，都做了不少合民意、得人心的事情。对这些，人们是高兴的，是顺气的。由于做了这些工作，影响以至挫伤人们积极性的、涣散以至销蚀内部凝聚力的消极因素，有的已有明显缓解，有的虽然解决起来难度较大，但人们对消极因素的解决也是抱有希望的。总的看，广大职工参与治理整顿、深化改革和双增双节的积极性在不断提高，自觉从事创造性劳动的先进模范人物在不断涌现，当家作主、为国分忧的意识在不断增强。这是职工队伍的主流和基本趋势。但是必须看到，职工队伍中蕴藏的巨大潜能还远远没有发挥出来。在相当多的企业里，内聚力不强，一些职工中还存在着情绪不顺、劲头不足、关系不协调的现象，影响着劳动生产率的提高。全国总工会对 17 个城市的 447 家企业作过抽样调查，情况表明，有相当多的企业职工出勤率没有达到历史最高水平，生产定额完成程度低于历史最高纪录，有效工时利用率有的也很低，有相当数量的职工劳动积极性没有得到充分发挥。这些问题必须引起我们的高度注意。这也从一个侧面说明，调动职工积极性还有十分广阔的工作余地。最近全国许多企业开展了合理化建议活动，时间虽然不长，但收到了很好的效果，提高了职工的参与意识和民主意识，活跃了基层民主生活，提出一大批建议，认真切实实现这些建议，可以产生相当可观的经济效益。

职工积极性是生产者的外部环境以及自身素质等各种因素作

用于生产者的综合反映。当前，影响职工积极性的因素是多方面的，调动职工积极性也需要从多方面进行努力，包括解决好体制、政策、管理等一系列问题，但其中加强和改进思想政治工作是极为重要的一环。这种加强、改进，必须以调动职工积极性为出发点，这是企业职工队伍现状对思想政治工作提出的不可回避的重大课题。

只有充分调动职工积极性，才能使社会的稳定具有牢固的基础。现在我国的形势总的是稳定的，但也存在一些不稳定的因素。极少数反对社会主义的敌对势力不甘心失败，企图制造新的动乱。反革命破坏活动、刑事犯罪活动和经济犯罪活动还比较严重。引起群众不满的腐败现象、分配不公、官僚主义等问题还没有很好解决。由于一些企业处于停产、半停产状态，部分职工的生活受到影响，情绪也有所波动。在这种情况下，做好思想政治工作，协调好各方面关系，理顺人们的情绪，团结一切可以团结的力量，调动一切积极因素，维护全国局势的稳定，是压倒一切的政治任务。在稳定大局中，企业和职工队伍的稳定是一个关键。在去年的那场政治风波中，职工队伍的稳定对稳定大局所表现出来的重大作用充分说明了这一点。在现代化进程中，城市对于社会稳定和繁荣的影响越来越大。企业是城市社会的重要细胞，是劳动者活动的主要场所，城市社会生活的正常运转，在很大程度上取决于企业的工作和职工队伍的稳定。通过富有成效的思想政治工作，把职工团结起来，把他们的积极性调动起来，实际上就稳定了城市，对全国的稳定也有重大意义。

调动积极性与培养“四有”新人是完全一致的。我们所说的职工的积极性，是职工的理想、道德、纪律、文化诸方面素质的综合的现实的表现，是指劳动者的生产积极性和创造精神，当家作主的主人翁意识，热爱祖国、热爱社会主义的政治热情，一句话，就是投身社会主义现代化建设的积极性。这种积极性是在改造客观世界的实践中逐步形成的。从一定意义上来说，改造客观世界的过程也就是工人阶级积极性发挥的过程。因此，离开积极的自觉的改造客观世界的实践活动，主观世界的改造就无从谈起，也就根本谈不上树立远大理想、改造世界观和培养“四有”新人。

调动积极性也是企业思想政治工作长远的根本任务。因为，生气勃勃的社会主义是千百万人民群众自己创造的。思想政治工作就是要提高人的思想觉悟和认识能力，调动和保护人的积极性，启发人的创造力，激励、鼓舞人们前进，使人们的聪明才智得到充分的发挥。社会主义企业领导和职工的关系是新型的、同志式的关系。领导者的责任就是通过各种服务，把职工积极性调动起来，并合理地组织到企业的生产和各种活动中去。职工是社会主义企业的主人，尊重职工的主人翁地位，调动职工的积极性和创造性，是办好社会主义企业的必要条件。历史和现实生活中，有许多情况证明，思想政治工作离开了调动积极性这个基点，往往效果不好，或流于空谈、说教，或成了形式主义、花架子，甚至引起群众的反感，挫伤群众积极性，玷污党的思想政治工作的声誉。因此，企业的思想政治工作只有把调动职工的积极性作为主要任务，才能谈得上是真正的加强，真正的改进，也才能真正确立思想政治工作自身的地位。

调动积极性是贯彻党的十三届六中全会精神的实际行动。去年的政治风波平息之后，邓小平同志指出：“要聚精会神地做几件使人民满意、高兴的事情”。邓小平同志如此重视人民的“满意”和“高兴”，很值得我们深思。十三届四中全会以来，中央采取的许多重大措施，都是着眼于这一点的。十三届六中全会正确分析了国内国际形势，总结了历史经验，针对当前存在的问题，重申了党的一切为了人民群众、一切依靠人民群众和从群众中来、到群众中去的群众路线，作出了《中共中央关于加强党同人民群众联系的决定》，这就抓住了党的建设的根本问题。我们把调动群众的积极性作为思想政治工作的主要任务，是与十三届六中全会精神完全一致的，也是贯彻落实十三届六中全会决定的实际行动。

三、认真总结职工思想政治工作的成功经验

我们党的思想政治工作有几十年的优良传统和丰富经验。这些被实践证明行之有效的成功经验，我们应该很好地运用，并继续探索，不断完善。

第一，坚持以经济建设为中心，密切结合经济工作一道去做。

十一届三中全会以后，党的工作重心转移到经济建设上来。邓小平同志反复强调："社会主义的最根本任务是发展生产力"。要横下心来"始终如一地、贯彻始终地搞这件事，一切围绕着这件事"。"对实现四个现代化是有利还是有害，应当成为衡量一切工作的最根本的是非标准"。思想政治工作和党的其他工作一样，理所当然地要服务于经济建设这个中心，有利于促进生产力的发展，促进社会主义现代化的实现。企业的思想政治工作围绕企业的生产和经营来进行，这是一个不可动摇的原则。

多年来正反两方面的经验证明，企业思想政治工作只有结合经济工作一道去做，才会取得成效和富有生命力。在企业中，职工的主要实践活动是生产和经营。职工的喜怒忧乐、情绪起伏，不少是发生在生产、经营过程之中，国家、企业、个人三者利益的协调与冲突，计划定额、工资奖金、住房福利等方面的问题与矛盾，干部与群众之间、职工之间的纷争与摩擦，大都直接或间

接地与生产、经营有联系。我们的思想政治工作只有渗透到生产、经营、管理、服务、分配等各个环节，才能及时地把握职工的思想脉搏，找到解开“扣子”、化解矛盾的办法，才能使思想政治工作具有针对性和有效性。在企业中，我们开展各种教育，其现实的主要目的就是为了调动、发挥职工群众的积极性和创造性，把经济搞上去，发展生产力。离开了这一条，我们的教育工作就失去了依托，就不能落实，企业就不欢迎，群众也会有反感。对于这一点，在基层工作的同志都是有深切体验的。我们应该在这方面比过去做得更好。

第二，坚持先进性与广泛性的统一，正确处理提倡先进道德同执行现行政策的关系。

加强道德建设与执行现行经济政策，应当是互相促进的。我们是社会主义国家，我们的改革开放是以马克思主义为指导的，是为了发展社会主义有计划的商品经济。经济政策的制定和实施，不仅要讲求经济效益和工作效率的提高，而且要有利于人际关系的协调和健康良好的社会道德风尚的形成。道德的教育和宣传，不仅要致力于提高全民族、全社会的道德水准，而且要有利于现阶段各项经济政策的实施。如果把二者对立起来，彼此排斥，道德与政策顶牛，其结果不是冲了道德建设，造成精神滑坡，风气败坏；就是冲了经济政策，造成平均主义、“大锅饭”的重新泛滥。

努力寻求道德建设与经济政策的具体的历史的统一，是思想政治工作的一个重要课题。在进行关于道德的教育和宣传时，要处理好三个关系，即现实与未来的关系，多数与少数的关系，广泛性与先进性的关系。在实际工作中，我们应根据不同对象的情况、不同时期的实际，讲究道德的层次性，注意工作的渐进性，明确区分应当提倡的、必须做到的、允许存在的和坚决反对的，既照顾多数，又鼓励先进，连结和引导不同觉悟程度的人们一起向上。

第三，坚持自我教育，重视和开发群众在教育过程中的主动精神。

人民群众是历史的主人，是创造物质文明的主人，同时也是创造精神文明的主人。人民群众自己解放自己，包括政治的解放，经济的解放，解除束缚自身的种种思想包袱的精神解放，所有这些解放都不能靠神仙皇帝，只能靠人民群众自己。马克思主义的这一观点，决定了我们对待群众的立场和态度，也决定了我们在思想政治工作中必须坚持依靠群众进行自我教育的原则。

人民群众是实践和认识的主体。人民群众实践的过程，改造客观世界的过程，同时也是改造自己主观世界的过程，实际上也就是自我教育的过程。思想政治工作的责任，就是在马克思主义和党的路线方针指导下，不断发掘人民群众在实践中涌现的代表历史发展趋势的先进思想、先进经验，帮助他们加以总结、概括，使之系统化、科学化，同时利用各种形式进行宣传、推广。这个总结、推广、再总结、再推广的过程，就是实践、认识、再实践、再认识的过程。这就是马克思主义的认识论，也是我们常说的从群众中来、到群众中去的马克思主义的工作方法。

人民群众自己教育自己，不仅决定了教育内容以及教育者与教育对象之间的平等关系，而且决定了必须采取启发式的教育方法。对人民群众的各种教育，都必须采取耐心说理、平等讨论、互教互学等民主的方式方法。启发式教育的意义在于，开掘和发挥教育对象内在的积极因素，使思想教育的过程成为信息交流、思想交流和感情交流的过程，使教育者发出的思想信息被顺畅地接受，并产生共鸣，从而增强教育效果。

第四，坚持正面教育为主，善于用积极因素克服消极因素。

坚持以正面教育为主的方针，实际上是一个相信真理的力量、相信人民群众基本觉悟的问题。我们所从事的事业是正义的，是符合和代表人民利益的，尽管有时会有曲折和错误，但是整个说来，正面的事物、积极的因素、光明的东西总是居于主导地位的。这就决定了思想政治工作必然要把激发人们内在的积极因素、促进先进思想的发扬光大，作为最基本的任务和内容。

坚持正面教育为主，最基本、最生动、最有效的方法是开展树先进、学先进的活动。这种活动的教育作用是其他任何思想政治工作方法所不能替代的。各条战线的先进模范人物是走在时代前列的先进分子，他们产生于并生活在群众之中，他们的事迹群众熟悉，易于学习，是最实在、最具体的活教材。他们不仅告诉人们应该做什么，不应该做什么，并且具体地告诉人们应该怎么做，不应该怎么做。当然，对先进模范人物的宣传必须坚持实事求是的原则，对他们的成绩、优点要讲得恰如其分，不要人为地夸大、拔高，更不能编造，即使是细节也应如此。

第五，坚持为群众办实事，把热情服务和耐心教育结合起来。

坚持为群众办实事，把解决思想问题同解决实际问题结合起来，应当作为思想政治工作的原则、内容和方法。我们的思想政治工作当然要讲道理，帮助群众解开思想疙瘩，但是必须看到，当前群众中存在的思想问题，有相当一部分是由于实际问题得不到妥善解决而引起的。这种因实际困难而产生的思想问题，不从解决实际问题入手，仅仅靠空洞的说教是解决不了的。人家在困难中烦恼，你的道理讲得再好，话讲得再动听，他也很难听得进去。不办实事，只说空话，思想政治工作就插不进手，贴不上身，就无法取得做好工作的基本条件和主动权。

第六，坚持寓教于文、寓教于乐，让群众在丰富多彩的精神文化生活中受到感染、熏陶。

追求丰富多彩的精神文化生活是人类固有的特性，不断满足人们对精神文化的需求是社会主义建设的重要目标。随着经济的发展和物质生活的改善，人民群众对文化生活和娱乐活动提出了新的更高的要求。富而思文，富而思乐，这是社会发展的趋势。近几年社会上出现了许多新的文化现象，社区文化、企业文化、校园文化、家庭文化的兴起越来越受到广大群众的欢迎。如何把思想政治教育渗透到各种文化、娱乐活动中去，在满足人们审美需求和兴趣爱好的过程中，使群众得到哲理的启迪，心灵的感染，情操的陶冶，进而帮助人们分清是非，提高觉悟，树立正确思想，升华精神境界，这是我们的思想政治工作面临的一个重要而紧迫的课题。

第七，坚持尊重人、理解人、关心人的原则，增强思想政治工作的吸引力、说服力。

我们党的根本宗旨是全心全意为人民服务，我们党历来强调相信群众，依靠群众，尊重群众的首创精神。这就决定了必须把人民群众放在主人的地位，在任何工作中都要正确地对待人民群众。尊重人、理解人、关心人，就是坚持这一根本宗旨和群众观点在思想政治工作中的体现。思想政治工作是做人的工作，只有努力使一个个人感到受到尊重、关心、理解，才能启发他们自觉地提高主人翁责任感，接受党的思想政治引导，发扬积极创造精神，克服自己身上的消极东西。这样的思想政治工作，才是真正有效的。尊重人，就是要平等待人，尊重人的人格和权利。理解人，就是要理解每个人的具体处境和个性，承认人们不同的性格、爱好和兴趣。关心人，就是要对人满腔热情、诚恳宽厚，为人排忧解难。只有这样，才能把思想政治工作做到人们心里去，尽可能地使更多的人高兴、舒畅，充分调动人们的积极性，让各阶层的人都能在四化建设中发挥自己的聪明才智。这是我们几十年来，在处理人民内部和革命队伍内部关系问题上形成的一个优良传统。是否尊重人、理解人、关心人，这是检验我们在思想政治工作中是否真正相信、依靠人民群众的一个重要标志，也是衡量思想政治工作干部是否合格的一个起码条件。

尊重人、理解人、关心人，是社会主义制度的必然要求，是社会主义制度优越于资本主义制度、比资本主义制度更有吸引力的一个重要方面。在社会主义制度下，人民群众的根本利益是一致的，这就决定了人与人之间应该是诚恳宽厚、平等互助、团结友爱、和谐融洽的新型关系。尊重人、理解人、关心人，是社会主义新型人际关系的一个重要表现，也是建设社会主义新型人际关系的一个基本方法。

尊重人、理解人、关心人，绝不是不讲原则、放松管理、取消批评，绝不是迁就不合理的要求或容忍不守纪律的行为。但是要注意把人们的缺点和特点区别开来，不要把人们的特点误认为是缺点加以抹煞。在批评人的错误时，一定要从团结的愿望出发，与人为善，好心帮助。只有这样，才能把坚持原则同尊重人、理解人、关心人很好地统一起来。

第八，坚持言教与身教结合，发扬严于律己、以身作则的优良作风。

思想政治工作要真正说服人，一靠真理的力量，二靠人格的力量。所谓真理的力量，就是宣传者、教育者讲的东西必须合乎实际，反映事物的本质和社会进步的趋势；所谓人格的力量，就是宣传者、教育者必须以身作则、言行一致，带头实践自己提倡的道德标准和价值观念。

为什么要强调言教与身教相结合？为什么要强调以身作则？因为只有你按照自己说的去做，人家才会信你说的是对的；要求别人做到的，自己首先做到，人家才会口服心服；信了服了，你讲的道理人家才能听得进去，才能照着去做。有了这种人格的力量，真理的力量才能发挥。不少事实说明，我们的有些教育工作收效不大，往往不是因为教育的内容失当，而是由于“语言的巨人，行动的矮子”、“台上他说，台下说他”这种现象的结果。假如你对群众讲的是“吃苦在先，享受在后”，而群众看到你的行为却是“好处全占，吃亏不干”；你对群众讲的是艰苦朴素、勤俭节约，而群众看到你的行为却是挥霍浪费、铺张排场，群众怎么能信服你，你讲的还有什么用？公生明，廉生威。言行一致，则一言九鼎；言行相悖，则一文不值。只有严于律己，才能产生巨大的感召力量。

以身作则，吃苦在先，享受在后，是共产党人的本色，是我们思想政治工作者的优良传统，也是我们党同剥削阶级政党相区别的最显著标志。现在，我们已经进入了新的历史时期，思想政治工作的环境、任务、对象，虽然不同于战争年代，但是，这个优良传统必须继承和发扬。可以这样说，要开创思想政治工作的新局面，充分发挥思想政治工作的功能，实现思想政治工作的目标，各级领导和政工干部以身作则是个关键。我们的困难在这里，我们的希望也在这里。

我们强调思想政治工作要言教与身教相结合，坚持以身作则，这是贯彻六中全会精神的一个重要措施。因为密切联系群众，领导者首先必须以身作则、言行一致，切实克服脱离群众的种种弊端。抓住了这一条，就抓住了当前党的建设中的核心问题，也就抓住了当前思想政治工作中的核心问题。

四、加强领导，振奋精神，把企业思想政治工作提高到新水平

当前，思想政治工作的宏观环境有了很大改善，企业思想政治工作的任务、原则和基本方法都已明确。现在的问题是，要进一步振奋起来，行动起来，加强党的统一领导，充分调动各方面的积极性，努力开创思想政治工作的新局面。这方面需要做的工作很多，在这里，我强调一下当前要着重抓好的几项工作。

第一，企业党组织要切实加强对思想政治工作的领导。

去年十三届四中全会以后，中央在加强宣传、思想工作和加强党的建设两个通知中，都明确提出企业党组织应发挥思想政治工作的领导作用。实践证明，这是完全正确的，实际效果是好的，对于加强企业的思想政治工作起了重要作用。希望企业党组织按着这个要求继续做好工作。要切实把思想政治工作摆到重要地位，加强研究，精心指导。当前，企业面临的问题很多，情况又多种多样，要紧紧围绕着调动职工积极性这个主要任务，结合各自的情况，确定好思想政治工作的主要内容和方法，有的放矢地解决好突出问题，使思想政治工作开展得更加富有成效。要进一步健全机构，加强政工干部队伍的建设。凡是机构尚未理顺，职责尚未分清的，要按照有关规定，抓紧做好调整工作。要下决心抽调一批优秀人才，充实到专职政工干部队伍中去。并要逐步建立起对政工干部定期培训的制度，使他们不但有坚定的政治立场，而且有一定的理论水平、较宽的知识面，懂得本单位的业务。企业党组织还要十分重视发挥各个方面的积极性，把行政、工会、共青团及其他方面的力量都调动起来，协调起来，使大家各司其责，各展所长，真正做到齐抓共管，形成做好思想政治工作的合力。同时要发挥共产党员、共青团员、劳动模范、老工人

和其他先进职工的积极性，形成专兼结合的宏大队伍，努力扩大思想政治工作的覆盖面。

第二，做好企业思想政治工作人员专业职务的评定工作。

最近，中央正式批准了中宣部、中组部、人事部制定的《企业思想政治工作人员专业职务试行条例》，这是中央为改善政工干部的工作条件所采取的一个重大措施，是企业思想政治工作者的一件幸事。大家一定要统一认识，认真地、审慎地把这件好事办好，使之收到应有的效果。通过评定专业职务工作，振奋精神，增进团结，使思想政治工作队伍进一步朝着革命化、专业化、正规化方向发展，在两个文明建设中发挥更大的作用。

搞好专业职务评定，首先是加强领导，要把这项工作列入党组织的重要议事日程，成立专门的、有权威的、人们信得过的评选组织或机构。第二，要制定专业职务评定的民主程序和工作程序，坚决防止各种各样的不正之风。第三，要严格按标准办事，既要强调从实际出发，又不能擅自改变和歪曲评定标准。第四，要强调发扬风格。要严于律己，先人后己。我希望广大思想政治工作者要在这项工作中表现出应有的觉悟、风格和党性，一定要从大局出发、从政治出发、从长远出发，发扬风格，讲求奉献。通过专业职务的评定工作，评出一个团结、进取的好风气，树立起思想政治工作人员的好形象。

第三，加强对职工思想政治工作的科学研究。

改革开放的深入，国内外政治经济形势的发展，以及职工队伍构成的变化，给企业的思想政治工作提出了许多需要认真研究的新课题。几十年来，我们在思想政治工作方面积累的许多丰富经验，也需要从理论上加以概括和总结。如何在加强的前提下改进，在继承的基础上创新，是一篇刚刚破题的大文章，确有许多尚未认识的“必然王国”，比如：传统的思想政治工作经验如何与新的形势相结合，企业教育如何同学校教育、家庭教育、社会教育相衔接，厂长和书记、党政工团如何既分工又合作，等等，都亟待我们去研究。老实说，连思想政治工作究竟有哪些问题需要研究这个问题本身就是一个需要研究的问题。

关于思想政治工作的理论研究同其他科学研究一样，需要创造一个良好的环境，需要发扬社会主义民主，需要坚持“百花齐放、百家争鸣”的方针。要强调面向实际。研究职工思想政治工作，必须研究企业的状况，必须研究整个工人阶级的状况，必须细心体察职工群众的情绪、愿望、要求和呼声。一切热心于、有志于思想政治工作的同志，都要像当年恩格斯研究英国工人阶级状况那样，迈开双脚，到工人中去，虚心地向他们学习，在积累大量感性材料的基础上，进行科学的研究。

这些年，各级职工思想政治工作研究会在党委和政府的领导下，做了大量工作，对组织和推动企业思想政治工作的研究起了很好的作用。各级党委要继续加强对研究会的领导，关心研究会的建设，支持研究会的工作，发挥研究会的作用，尽可能帮助它们解决一些工作条件方面的问题。各级研究会也要组织各方面的力量，把基础性、超前性研究与应用研究、对策研究结合起来，拿出更多对实际工作有指导意义和参考价值的研究成果。

第四，振奋精神，努力开创思想政治工作的新局面。

我们党历来重视选拔和培养思想政治工作队伍，历来把思想政治工作者看成是一支可以信赖和依靠的力量。在前几年思想政治工作受到削弱的情况下，这支队伍中的大多数同志，仍然凭着党性、觉悟和坚定的事业心，积极努力地工作，表现出可贵、可敬的精神。党的十三届四中全会以后，强调了思想政治工作的地位和作用，思想政治工作得到了加强。当前，我国的政治、经济形势总的来说是好的，但面临的困难也是相当多的。要战胜这些困难，最主要的是把全国人民的精神振奋起来，这是思想政治工作者的一个重要任务。而思想政治工作者能不能完成这个任务，关键是能不能把自己先振奋起来。思想政治工作者需要振奋，思想政治工作战线需要振奋，国家和民族需要振奋。我相信，在振奋精神、战胜困难、开拓前进中，必将有更多的思想政治工作者显示出杰出的才能，创造出可贵的经验，必将有更多的思想政治工作优秀企业、优秀思想政治工作者涌现出来，必将在全国范围内开创一个思想政治工作的新局面！

关于社会主义精神文明建设问题的几点意见*

（1990 年 11 月 9 日）

我这次来沙市主要是和大家见见面，听听意见，没有准备讲话。没有准备讲话，主要是因为这个题目很大，究竟应该怎样讲，我还没想得很清楚。我认为，建设以马克思主义为指导的有中国特色的社会主义精神文明，这是一个十分重大而又需要进一步探索的问题。年初我到福建三明去，就同福建省的同志商量，希望大家比较系统地研究一下。这次会议主要是研究开展群众性的精神文明建设活动问题，我没有多少新话可谈。昨天，我看了你们的简报，也找参加会议的个别同志进行了交谈，刚才又听了同志们的发言，受到一些启示。现在，我有感而发，讲几点看法。

（一）谈谈对这几年精神文明建设活动的看法问题。我认为，这个会是重要的，开得是好的。从三明会议[①]至今已经六年了，在这六年中间，我们国家发生了许多事情，如 1986 年的学潮，去年的政治风波，其原因是多方面的，但都与精神文明建设中存在的问题有关。有些问题尽管发生在党的个别领导人身上，但对

---

* 这是李瑞环同志同全国精神文明建设活动工作会议代表座谈时的讲话。

① “三明会议”指 1984 年 6 月 11—18 日在福建省三明市召开的全国“五讲四美三热爱”活动工作会议。

精神文明建设所产生的不良影响还是比较大的。与此同时，我们也必须看到，在党的基本路线指引下，由于改革开放和经济建设大趋势的推动，由于各地党委和政府做了大量的工作，特别是由于开展精神文明建设活动深得人心，广大人民群众积极支持和参与，群众性的精神文明建设活动还是相当活跃、卓有成效的。党的十三届四中全会之后，社会主义精神文明建设的地位突出了，人们开展活动的自觉性提高了，成绩也就更显著了。现在尽管环境卫生、文明礼貌、社会风气等方面问题还不少，但是出去跑一跑，当地干部、群众常常会高兴地告诉你，他那里变了。天变得比以前青了、亮了，地变得比以前干净了、绿了，马路比以前宽了、平了，人的衣着比以前讲究了、漂亮了，说话待人比以前文明礼貌了，等等。所有这些变化，人民群众是承认的、高兴的。如果说对一些问题如净化、绿化、美化前几年还有点争议的话，现在多数人都认可了。这几年精神文明建设方面的经验不少，会议上许多地方介绍的经验，都是非常可贵的。比如文明单位、文明家庭创建活动，军民、警民共建和工厂与区、街共建等共建活动，企业文化、校园文化、军营文化、社区文化、乡村文化等文化活动，都是经济发展、社会进步、文化提高的表现，都是大得人心的。再比如环境卫生，各地几乎都是承包，或者是单位门前承包，“各扫门前雪”；或者是某一路段由一部分人承包。广东、福建以及沙市等许多地方，比较干净，它们的一个共同做法，是注意地面特别是道路和庭院的覆盖，或软覆盖或硬覆盖。软覆盖就是种草、种花，硬覆盖就是修砖地面或柏油、水泥地面。没有覆盖到处露土，不下雨是“扬灰地”，一下雨是“水泥地”，很难打扫干净。国外的经验，树穴也要覆盖，有的用石头子儿，新加坡用特制的砖，砖上有透水洞。我们有些城市地面老搞不干净，不一定是不卖劲，原因之一是缺乏覆盖。总之，这几年精神文明建设活动成绩是大的，经验也是多的。

这些年来，从开展“五讲四美三热爱”活动起，许多同志为了建设精神文明，做了大量的工作。对于这些同志的工作，必须予以肯定和理解。对于他们创造的经验，必须引起重视，并采取切实有力的措施，加以推广，鼓励他们再接再厉，创造新的更大的成绩。

（二）谈谈精神文明建设的规划问题。大家知道，现在中央和地方都在讨论酝酿国民经济和社会发展的“八五”计划和今后十年的规划。今年9月，中央开了省、自治区、直辖市和计划单列市党政一把手座谈会，主要是研究这个规划的基本思路。中央集中与会同志的意见作了修改，又把稿子发到各省、自治区、直辖市进行讨论。现在讨论的意见又都报了上来。中央将根据大家讨论的意见作进一步修改，最后召开中央全会讨论通过。今后的十年，是我们国家社会主义现代化建设至关重要的十年。这十年经济建设搞得如何，不仅是一个重大的经济问题，而且是一个重大的政治问题，乃至于直接关系到社会主义的前途和命运。大家知道，我们党曾明确提出，到2000年，国民生产总值以1980年为基数要翻两番，人民生活达到小康水平，综合国力进一步增强。今后十年的战略目标不只是一个数量问题，还有一个质量问题，不仅有一个物质文明建设问题，还有一个精神文明建设问题，比如说科学技术达到什么水平，社会文明达到什么程度等等。在向这个目标进军的道路上，我们会碰到许多困难和矛盾。不但要解决当前的经济困难和今后的经济发展问题，而且还要在这十年的过程中，通过改革进一步完善党的十一届三中全会以来摸索出的符合中国实际情况的建设社会主义的路子，为下一个世纪的继续发展奠定基础。我说这些，不是要我们这个会议来研究国民经济问题，而是说，在实现这样一个奋斗目标的过程中，我们在思想战线工作的同志要认清自己的地位和担负的任务。一方面要自觉地把经济建设放在中心地位，积极地为经济建设服务；另一方面，精神文明建设本身也要有一个明确的战略目标，有一个与经济发展相适应的或者说与经济目标相匹配的五年或十年规划。叫规划也行，叫设想也行，单写一本也行，列在国民经济和社会发展规划之中也行。我个人认为应该有这么一个东西，中央应该有，各省市、各地区也应该有。理由有四条：

第一，是物质文明建设的需要。在社会主义时期，物质文明建设为精神文明建设提供物质条件和实践经验；精神文明建设又为物质文明建设提供精神动力、智力支持，为它的正确发展方向提供有力的思想保证。可以断言，没有精神文明建设，社会主义的物质文明建设最终还是搞不上去。单就如何给改革开放和经济建设以更强有力的理论指导和支持来说，目前还有许多工作要做。比如，在社会主义公有制为主体的条件下，社会主义商品经济究竟怎么搞？计划经济与市场调节相结合，具体怎样结合？再比如说，一放就乱，一乱就收，一收就死的问题如何解决？这些都要从理论与实践的结合上加强研究，都需要有一个总体设想和安排。

第二，是精神文明建设本身的需要。精神文明建设既有软件也有硬件，许多建设内容必须有一个载体，必须有一些物质条件，必须有一定的经费支持。比如说，扩大电视、广播的覆盖率，发展和充实图书馆、文化馆、科学馆、少年宫等等，更不要说发展教育事业，发展科学研究，出版马列主义的重要著作和优秀学术著作，都是要花钱的事。刚才还有同志讲，弘扬民族优秀文化提得不错，但是有些较大规模的编纂项目，没有钱就实现不了。我过去讲过一个意见，凡是好的，我们提倡的书或戏，而经济上有困难，都要给予经济支持。怎么支持，支持什么，是钱是物，支持多少，五年多少，十年多少，都得有一个总体的计划安排，并纳入到经济和社会发展的总体计划之中，否则经费就没有来源。有些事没干好不是钱的问题，有些事没有干就是因为没钱。我看过故宫一个仓库，房子很破，但东西很多，几万件瓷器，有的是无价之宝，有的一件就值上百万元。故宫的同志说，要是发生大地震，就全报销了。看完之后，我非常感慨。可是修文物库房、修复古建筑是要花大钱的。我对文物局的同志说，你们写一个报告，共三条：第一条，请求中央拨款，一年增加2000万元；第二条，允许门票提价；第三条，如不批准，很难负责。我拿着这个报告又写了一封信，找有关领导同志商量，最后同意门票由五角钱提到三元钱。每年参观故宫的人大约1000多万，一年就可增加2500万元。有了这笔钱，故宫的修缮费就有了保证。陕西华清池是唐明皇、杨贵妃沐浴的地方，谁都说重要，可是原址挖出八年了没有整修，唐朝的木门，在水里泡着，风吹雨淋，寒冬酷暑，再过几年，就什么都没了。不修，主要是没有钱。我把建筑师找到一起，商量了一个意见，提了一个仿唐建筑的方案，他们说要1000多万，我说二到三百万，国家文物局、国家旅游局、陕西省共同分担。前些时候我去看，修得很好，总共花了300多万。当前，我国资金比较紧，我们要体谅国家困难，要坚持艰苦奋斗、勤俭节约办一切事业的方针，但总还是要花一些钱。要有一个总体规划，有一个单子，就可以逐步实现。我在天津时，剧团没有地方排戏，没有地方演戏，我说你们规划一下，要做到一个剧团一个剧场，结果几年就补齐了。你没有一个规划，说要多少钱多少钱，很难办。

第三，是社会主义社会全面发展的需要。以马克思主义为指导的社会主义精神文明是社会主义社会的重要特征，是社会主义社会全面发展的应有之义。社会主义精神文明与物质文明，是相互联系又相对独立地存在着，精神文明本身就是我们的一个战略目标。这个目标包括思想道德建设和科学教育文化建设等非常广泛的内容。这些内容之间既有区别又有联系，既互相制约又互相促进，构成了精神文明建设的统一体。在社会主义社会的全部发展过程中，这个统一体与物质文明建设要做到相互渗透，相互影响，相互促进，必须有一个总体规划。例如要切实地把马克思主义的科学思想和社会主义的道德观念渗透到各个方面，渗透到社会的各个角落，让人们在为现代化事业和为工作目标奋斗的过程中，在实现个人爱好和个人追求的过程中，在高高兴兴、喜闻乐见的过程中，潜移默化地受到影响。这是一项重要、长期、复杂、艰巨的任务。在封建社会里，统治者为了宣传他们的道德，采取了许多办法，比如《三字经》、《千字文》、《女儿经》、《神童诗》、《治家格言》等等，搞得通俗易懂，妇幼皆知，乃至说书、唱戏等等宣传的都是它那一套。相比之下，我们的工作深度就差得多。我们从事社会主义和共产主义的思想、理论、道德宣传工作的队伍，可能是全世界最庞大的，我们是执政党，人、财、物、设施、阵地都在我们手里，只要我们有一个好的规划，并坚持不懈地抓下去，就完全能够做好这件事。

第四，也是进一步解决“一手硬、一手软”的需要。一个好的规划，既表明重视精神文明建设的态度，又表现对精神文明建设的认识程度，也是进行精神文明建设的重要依据。没有规划，也就没有目标和实现目标的措施，很难不犯“一手硬、一手软”的毛病。应当说，一年多来，“一手硬、一手软”的状况有了很大改变。在思想理论上，在社会环境上，在实际工作上，精神文明建设开始有了新的转机。在肯定成绩的同时，还要看到，从与今后十年再翻一番、达到小康水平的战略目标相适应来讲，从进一步解决“一手硬、一手软”的现实问题来讲，仍然存在着不少差距。有些事，如思想政治工作、党的建设、“扫黄”、除“六害”，即使我们已经做了，并且做得很有成绩，但从经济建设和精神文明建设的整体要求来看，仍然显得比较薄弱、比较零碎，存在着说得多、做得少的问题。要改变目前这个状况，如果没有一个总的本本，一个总体的、科学的、使人信服的本本，“一手硬、一手软”的问题，仍然难以从根本上得到解决，而且很难避免再出现反复。

以上四条说明，中央和地方都要有一个与经济建设规划相适应的精神文明建设规划，并纳入到经济和社会发展的总体规划中去。只有这样，精神文明建设的各项工作才能有计划地进行，才能落到实处，才能得到保证。

（三）谈谈精神文明建设《决议》问题。在福建，在其他一些地方，还有这次会议简报和刚才几位同志的发言，都提到了十二届六中全会通过的《中共中央关于社会主义精神文明建设指导方针的决议》。许多同志认为，这个《决议》是一个好文件，只是因为前几年中央主要领导人出了问题，没有得到很好的贯彻，也不怎么提了。现在大气候变了，从上到下都强调加强精神文明建设，对《决议》应该有个明确的说法。我理解大家的心情。从组织原则上讲，《决议》是中央全会通过的，是在以邓小平同志为首的老一辈无产阶级革命家指导下，总结历史经验，经过反复讨论形成的，是群众路线的产物，是全党智慧的结晶，十三大通过的报告也是予以肯定的，以后的中央全会没有对它提出否定的意见，它应该仍然有效；从思想内容上讲，《决议》所阐述的主要精神，精神文明与物质文明的关系，精神文明建设与坚持四项基本原则、改革开放的关系，现阶段共同理想与最高理想的关系，道德建设上先进性与广泛性的关系，对历史传统的批判与继承的关系，民主与法制的关系，精神文明建设中教育科学文化建设与思想道德建设的关系，坚持马克思主义与发展马克思主义的关系等基本观点，现在仍有重要意义。因此，我个人认为，在思考和设计今后五年、十年精神文明建设的总体规划或大体设想时，在大的方面仍然可以遵循《决议》的基本精神。

用马克思主义的基本原理作指导，比较系统地研究社会主义条件下的精神文明建设问题，并作出专门决议，这在我们党的历史上是第一次。《决议》的基调是坚持以经济建设为中心，坚持四项基本原则，坚持改革开放。《决议》强调我们党在领导社会主义建设的总体布局中，必须物质文明建设和精神文明建设一起抓，这就确定了精神文明建设的极其重要的地位。同时对精神文明建设的基本内容做了科学的规定。《决议》提出："精神文明建设，包括思想道德建设和教育科学文化建设两个方面，渗透在整个物质文明建设之中，体现在经济、政治、文化、社会生活的各个方面。"这就明确了精神文明建设的全面而丰富的内涵。

《决议》强调指出，我们的精神文明建设"必须是推动社会主义现代化建设的精神文明建设，必须是促进全面改革和实行对外开放的精神文明建设，必须是坚持四项基本原则的精神文明建设。这就是社会主义精神文明建设的基本指导方针。"这既指明了指导方针的三方面内容是个有机整体，缺一不可，也同后来概括的"一个中心、两个基本点"的基本路线是完全吻合的。精神文明建设要为经济建设这个中心服务，为经济建设提供精神动力、智力支持、思想保证，形成有利于社会主义现代化建设和全面改革的舆论力量、价值观念、文化条件和社会环境，有力地抵制资本主义和封建主义的腐朽思想，防止种种迷失方向的危险，振奋起全国各族人民的巨大热情和创造精神，用几代人的努力建设起社会主义现代化强国。

《决议》提出一切着眼于建设的观点，并具体地概括为四个集中："把注意力集中到团结人民、充分发挥人民的社会主义积极性和创造精神上来，集中到满足人民的文化和精神需要上来；集中到加强思想道德建设和教育科学文化建设上来，归根到底，集中到促进社会生产力的发展上来。"这就十分清楚地告诉我们，一切着眼于建设的本意，就是把精神文明建设各部门和一切工作的出发点、落脚点都集中到建设上来，这个建设，包括着眼于经济建设，为经济建设服务，也包括思想文化部门的工作，如宣传、理论、新闻、文艺、出版、教育、科学、卫生等也都要着眼于自身的建设，着眼于自身的发展和繁荣。着眼于建设，当然包含着遵循党的基本路线的必要的思想斗争。《决议》还明确指出必须坚持反对资产阶级自由化，并且对资产阶级自由化的政治含义作出了确切的规定。我认为这些思想，在当前也是非常重要的。

《决议》还强调精神文明建设一定要从实际出发，要从我国国情、人们的觉悟程度、社会的经济状况出发。在道德建设上，从实际出发，就是要既鼓励先进，又照顾多数，把先进性的要求同广泛性的要求结合起来，这样，才能连结和引导不同觉悟程度的人们一起向上，形成凝聚亿万人民的强大精神力量。普及和提高教育、科学、文化，也要从我国地域辽阔，经济、文化发展不平衡的实际出发。沿海与内地，城市与农村，情况各有不同。所以对精神文明建设的整体设想，对不同地方要求也不能完全一样。要既想到需要，又想到可能，与经济实力相适应。

当然，《决议》里还有许多内容，提出这么几条，意在说明，这个文件的基本精神至今仍有重要指导意义。

这里必须强调指出，从 1986 年 9 月《决议》制定到现在已有四年多的时间，在这期间，我国的改革开放和四化建设有了新的实践、新的经验。同时，我们在前进中出现了一些新的问题、新的困难，特别是去年发生了政治风波。世界上也出现了许多新的情况，国际反动势力加紧推行“和平演变”战略，社会主义遇到了新的挑战。政治风波以后，邓小平同志有若干重要讲话，以江泽民同志为核心的党中央在思想工作、理论工作、文化工作、教育工作、科学技术工作等方面又有许多新的重要的精神。这些，对精神文明建设都有重要指导意义。我们在考虑精神文明建设总体安排时，必须认真研究这些新的情况，新的精神，切实做到理论与实际的结合与统一。

（四）谈谈机构和领导问题。会议简报和刚才同志们的发言都提出这个问题，要求我讲讲，起码要有个态度。说实在的，这是我不愿意讲和很难讲的问题。精神文明建设的重要地位和作用，决定了应该有一个与之相适应的领导机构。就中央来讲，正因为这个问题特别重要，涉及的方面太多太广，目前很难一下子成立一个全国性的领导机构。精神文明建设既有虚的，又有实的；既有软件，又有硬件；既有思想道德，又有教育科学文化；既有属于党中央管的，也有属于国务院管的。这个统一的机构放在哪儿，很难设计。但我认为，地方有所不同，可以设个机构。这个会是否可以明确这样一个精神：中央怎么办，我们回去再说，地方可以根据自己的实际情况，来设置本地方的精神文明建设机构。机构叫什么名字，设多大摊子，给一个什么级别，中央不作硬性规定。上下不强求一致，左右也不要求看齐。就开这么个口子，中央既不另给钱，也不另给编制，各地方自己去调剂。据我所知，精神文明所涉及的部门有的是有钱的，有的是有人的，有的既有钱又有人。我们要善于利用现有的人员机构，把力量组织起来，协调起来，纳入精神文明建设的轨道。

总而言之，第一，精神文明建设很重要，应该有个机构；第二，短期内中央很难成立这个机构；第三，同意地方设这个机构；第四，设一个什么样的机构，由地方党委和政府自己定。机构问题，就讲这么四句话。

还有个领导工作和理论研究问题。领导和机构不能简单地等同。办事机构上面应该有一个领导小组，或精神文明建设委员会一类的领导班子。我的看法，办事机构可以小一点，但领导班子的规格应当高一点。小班子办大事，一靠道理正，二靠后台硬。道理正就得人心，群众就支持。后台硬，有难办的事，可以进行协调，就能得到支持。实际办事的人，一般不要给领导添麻烦，非到万不得已的时候不要惊动领导。能否得到领导的支持，这里面有一个领导本身对精神文明建设的认识问题，也有一个下级做上级工作的本事问题。福建省委的负责同志提出要加强研究工作，准备搞个研究室，出一本刊物，专门研究精神文明建设深层次的问题，我觉得很有必要搞一个研究性质的摊子，从理论上研究精神文明建设的问题。机构放在哪里，或者放在党校，或者放在社会科学研究机构里边，或者放在一个什么别的单位，请大家回去商量商量。

最后一点，希望同志们回去以后，把会议精神向领导汇报一次。通过认真传达贯彻这次工作会议的精神，从本地区、本单位的实际情况出发，突出重点，多办实事，把群众性的精神文明建设活动开展得更好，搞得更加活跃。我相信，如果能把这次会上介绍的经验，同本地区的情况结合起来，加以推广，精神文明建设一定会出现一个新的局面。同时，也希望大家想一想今后五年、十年精神文明建设的规划问题。总之，总体规划要想着，手底下别闲着，该干的要干着。今天就讲这些，供同志们参考。

用建设有中国特色社会主义的理论和路线统一思想*

（1992 年 1 月 25 日）

这次全国宣传部长会议，是一次非常重要的会议。大家集中讨论了《一九九二年宣传工作要点》，提出了许多很好的意见和建议。这个《要点》修改后将正式下发执行。这里，我想就当前形势下如何进一步做好宣传思想工作谈点意见。

一、准确把握今年宣传工作的重点

过去的一年，国际形势发生了重大变化，以海湾战争、苏联解体为标志，旧的国际格局已经打破，新的格局尚未形成，世界正向多极化加速发展。和平与发展仍然是当今世界的两大主题。国际形势对我确有严峻的一面，特别是具有近七十年历史的社会主义苏联解体，国际共产主义运动落入低潮，西方敌对势力对坚持社会主义的中国的压力会有所增加，对此我们必须有清醒的认识。同时又要看到，国际形势对我们也有有利的因素，或能向有利方向发展的因素。两大军事集团对峙的局面不复存在，世界大战在一个较长时期内打不起来。西方内部矛盾上升，原苏联和东欧地区继续动荡，世界许多地区的民族、宗教冲突加剧，广大发

---

* 这是李瑞环同志在全国宣传部长会议上的讲话。

展中国家强烈要求建立公正合理的国际新秩序，这就使得由美国一家或西方七国垄断世界事务的企图难以实现，它们的战略重点也难以从欧洲和中东地区移开。西方对我国的“制裁”正在被打破，我国同广大第三世界国家的关系进一步发展，同周边国家的关系也处于近些年来最好的时期。因此，从总体上看，我国在当今国际舞台上的回旋余地仍然很大，可以继续争取一个有利于搞好国内建设的国际环境。中央要求我们认清形势，抓住时机，发展自己，集中力量把国内工作搞上去。宣传思想战线的同志们必须坚持按照中央的这个要求行事，切实做好各项宣传工作，引导和鼓舞人民集中力量把国内的事情办好。

在国内各项工作中，经济建设仍然是中心。正如邓小平同志指出的：“我们的政治路线，是把四个现代化建设作为重点，坚持发展生产力，始终扭住这个根本环节不放松”。以经济建设为中心，符合广大人民群众的根本利益和共同愿望，是社会主义时期的主要矛盾所决定的，是党的基本路线所规定的，是实现现代化建设“三步走”的战略目标所要求的，也是进一步打开外交局面和在国际上树立社会主义中国良好形象所需要的。因此，所有关心国家前途的人，都要十分关心经济建设；所有其他工作，都要围绕经济建设这个中心，服从并服务于这个中心，而不能离开或干扰这个中心。今年是实施“八五”计划和十年规划的第二年，我们要大力宣传中央工作会议精神，推动进一步搞好国营大中型企业的工作；大力宣传党的十三届八中全会精神，推动农业和农村的各项工作；大力宣传科学技术是第一生产力的观点，促进经济建设转移到依靠科技进步和提高劳动者素质的轨道上来。要运用多种宣传手段，采取多种宣传形式，把一心一意发展经济的空气搞得更浓，努力为经济建设帮忙鼓劲。

加快改革开放的步伐，加大改革开放宣传的分量，是中央对我们的要求。中央之所以提出这个要求，是因为治理整顿的任务已经基本完成，要解决经济生活中的一些深层次矛盾，促进经济形势继续朝好的方向发展，必须进一步解放思想，深化改革，扩大开放；是因为我国保持了安定团结的社会政治局面，具备了进一步加快改革开放的环境和条件；也是因为在东欧剧变、苏联解体之后，一些人对中国改革开放的前途产生疑虑，需要解疑释惑，坚定信心，振奋精神。宣传部门要充分认识并紧紧跟上国内经济政治形势的这一新发展，适时地把改革开放和建设有中国特色社会主义的宣传提到突出的位置上来，满腔热情，精心组织，加大分量，注重效果，用自己的实际工作促进这一新发展。改革开放的宣传不能停留在一般口号上。要通过我们的宣传，使广大干部群众对我国改革开放总方针、总政策的理解更加深刻，对改革开放的前途更加充满信心。要通过我们的宣传，传播和交流改革开放的成功经验，把先进地区、先进单位、先进人物的好思路好办法总结出来，推广开去，成为全社会的共同精神财富。要通过我们的宣传，引导人们进一步解放思想，实事求是，在理论和实践两个方面积极研究新情况，大胆探索新问题，勇于开拓进取，把90年代的改革开放不断引向深入。

要始终重视四项基本原则的宣传和教育。我们的改革是共产党领导的社会主义制度的自我完善，是为了把我们的社会主义国家搞得更好，因而在经济建设和改革开放的过程中必须坚持正确的方向。对于西方敌对势力“和平演变”的图谋，我们要保持高度警惕，特别是党的高级领导干部必须心中有数，不能大意，不能糊涂。反对“和平演变”、反对资产阶级自由化的教育，要分层次进行，做到内外有别，上下有别。对广大群众主要是进行四项基本原则的正面教育，党的基本路线的正面教育，爱国主义、集体主义和社会主义的正面教育。这些教育搞好了，坚持四项基本原则就有了更加广泛的群众基础。

《一九九二年宣传工作要点》确定的各项任务，包括城乡社会主义精神文明建设、党建理论的研究与宣传、思想政治工作、国防教育、社会科学研究、文艺和出版工作、“扫黄”、对外宣传等，都要贯彻中央的路线、方针、政策，抓住重点，逐项落实。

二、用建设有中国特色社会主义的理论和路线统一思想

进一步统一思想，是推动今年全局工作的一个极其重要的环节。当前，广大干部群众的思想总的来说是稳定的。特别是苏联的解体，给我们提供了一个很好的反面教材，使大家更加深刻地认识到党的十一届三中全会以来的路线、方针、政策是正确的，我国社会稳定、经济发展的大好局面是来之不易的，应该十分珍惜和努力维护。同时，我们必须看到，世界上第一个社会主义国家垮得这么快，确实在广大干部群众思想上引起了一些震动。一些人为中国社会主义的前途和命运担忧，产生某些困惑，这是可以预料到的。问题是对这些困惑要引起高度重视，并进行认真研究，给以科学的解答，从而使人们有一个统一的正确的思想认识，增强建设有中国特色社会主义的信心。

共产党夺取政权后，究竟怎样才能巩固和发展社会主义制度，这是国际共产主义运动长期研究、探索的重大问题。我们党执政后，在这个问题上下了很大力量，并取得了显著的成就，使全党认识到对马列主义、毛泽东思想的基本原理要坚信不疑，对坚持社会主义的方向要坚定不移。与此同时，在研究、探索这个问题的过程中，我们也遭受了不少挫折，付出了巨大代价。成功与失败，胜利与挫折，深刻地教育了我们，使我们终于找到了一条符合国情的正确道路，这就是党的十一届三中全会以来邓小平同志倡导的建设有中国特色社会主义的理论和路线。这套理论和

路线的内容十分丰富。关于“中国特色”、“初级阶段”、“根本任务”、“基本路线”等重要理论观点，是我们党对科学社会主义认识的具有深远意义的重大突破。建设社会主义必须从本国的国情出发，走自己的路，而不能照抄书本已有的结论，照搬别国现成的模式和经验。社会主义初级阶段是不可逾越的，必然存在许多特有的情况，只能从实际出发，按其固有的规律办事，而不能把现阶段必然出现、应该允许存在的东西简单加以排斥，也不能超越阶段，把将来才有可能办到的事情放到现在来办。社会主义的根本任务是发展生产力，在初级阶段更要扭住经济建设不放，不断壮大社会主义的物质基础，努力满足人民群众日益增长的物质文化需要。党的“一个中心、两个基本点”的基本路线，是建设有中国特色社会主义理论和路线极其重要的组成部分，它不仅鲜明地体现了社会主义初级阶段根本任务的要求，而且为完成这一任务指明了正确途径，提供了可靠保证。要发展生产力，促进社会全面进步，就必须进行改革开放。要搞好经济建设和改革开放，就必须有一个稳定的环境，有一个正确的方向，因而也就必须始终注意坚持四项基本原则。党的基本路线是一个有机联系、不可分割的整体，不能片面理解，不能随意加减，必须全面准确地贯彻执行。建设有中国特色社会主义的理论和路线还包括其他许多重要的理论观点、战略论断和政策思想。比如，关于科学技术是第一生产力，关于计划与市场，关于先富和共富，关于两个文明建设一起抓，关于政治体制改革，关于“一国两制”、统一祖国，关于和平与发展是当今世界的两大主题，关于“冷静观察、稳住阵脚、沉着应付、韬光养晦、善于守拙、绝不当头”的方针，等等。这些都需要我们深入钻研，认真贯彻，并在实践中加深理解。

建设有中国特色社会主义的理论和路线是一个完整的科学体

系，是对国际共产主义运动特别是我国几十年社会主义建设正反两方面经验的正确总结，是马列主义、毛泽东思想在新的历史条件下的运用和发展，是中国人民创造历史的伟大成果，是中国共产党人特别是邓小平同志等老一辈无产阶级革命家集体智慧的结晶。十多年来，我们在这套理论、路线的指引下取得的巨大成就是举世公认的，我们这个11亿人口的东方大国在经济、政治、文化和社会等各个方面，都发生了历史性的变化。国民经济大幅度增长，综合国力进一步增强，人民生活水平明显提高，人们精神面貌大为改观。社会主义制度的优越性得到进一步发挥，马克思主义理论充满着勃勃生机。对党的十一届三中全会以来我们所取得的巨大成就，全国人民欢欣鼓舞，外国朋友惊叹不已，连一些反对我们的人也不得不承认这个现实。如果没有这些年改革开放的巨大成就，没有广大群众对我们党的衷心拥护，我们就不能顺利地平息1989年的政治风波，就很难顶住两年多来的外部压力。这套理论和路线是在什么情况下提出的呢？它是在“文化大革命”结束不久时酝酿和提出的。大家可以回想一下，那时我们国家是一个什么局面？经济是一个什么样子，人民生活是一个什么样子，党的组织是一个什么样子，干部队伍是一个什么样子，知识分子政策是一个什么样子，人们的精神状态是一个什么样子，我想，经历过这段历史的人都不会忘记。我们就是在这样一个混乱的危急的局势下开始起步的。这十多年，还仅仅是这套理论和路线提出、形成和逐步完善的时期，是广大干部群众对这套理论和路线实践、探索、初步掌握运用和不断加深认识的过程。这十多年，贯彻、执行这套理论和路线也遇到了一些阻力和干扰，并非一帆风顺。尽管如此，我们按照这套理论和路线才干了十几年，就取得了如此巨大的成就。那么，在现有的基础上，继续按照这套理论和路线干下去，并在实践中排除干扰，不断丰富、完善、发展，干到本世纪末，干到下个世纪中期，我国将会是什么样子？可以确信，我们所面临的各项繁重任务一定能够顺利完成，我们的国家和社会一定能够保持长治久安，东欧、苏联的悲剧一定能够避免在中国重演，现代化建设“三步走”的战略目标一定能够实现。社会主义制度在中国一定能够得到巩固和发展，中国人民对人类的文明与进步事业一定能够作出新的历史性的贡献。

用建设有中国特色社会主义的理论和路线来统一全党的思想，这是党中央的要求。中央政治局常委会在今年的工作要点中指出：“邓小平同志建设有中国特色社会主义的理论和党的‘一个中心、两个基本点’的基本路线，是指引我们进行社会主义现代化建设的强大思想武器，必须以此来武装全党，进一步统一思想，坚定信心，增强团结，振奋精神。”对党中央的这一重要指示，宣传思想战线的同志们要深刻领会和认真贯彻。要认真读书学习，学习马列著作、毛主席著作，学习邓小平同志和其他老一辈无产阶级革命家的著作，学习党的十三届四中全会以来以江泽民同志为核心的党中央的一系列重要文献。要倡导理论联系实际的马克思主义学风，在学习中要联系我们党的历史，联系国际国内形势，联系本地区、本部门和个人的工作实际，加深对建设有中国特色社会主义理论和路线的理解，正确认识和解决实际问题。要把宣传好这套理论和路线作为宣传思想战线的一项重要任务，通过我们卓有成效的工作，促进全党、全国人民充分认识和自觉贯彻执行这套理论和路线，推动各方面工作的健康发展，迎接党的十四大的召开。

三、继续贯彻团结、稳定、鼓劲的方针

1989 年 11 月，针对政治风波平息后的形势，我们提出以正

面宣传为主的方针，强调新闻报道要“有利稳定，有利鼓劲，只能帮忙，不能添乱”。1990 年 3 月，对七届全国人大三次会议和七届全国政协三次会议的宣传报道，我们提出要贯彻“民主、求实、团结、鼓劲”的原则。对于其他方面的宣传，我们也分别提出过一些要求，都体现了以正面宣传为主，团结、稳定、鼓劲的精神。两年多来的实践证明，团结、稳定、鼓劲的方针是正确的，反映了党的宣传工作的特点，符合党的基本路线的要求。这一时期的宣传工作，包括城乡精神文明建设，地方和军队的思想政治教育，国内国际的新闻报道等，都取得了明显成绩。特别是重大事件和重要活动的宣传报道，如建国四十周年、建党七十周年、亚运会、西藏和平解放四十周年、抗洪救灾以及苏东剧变和海湾战争的报道，都收到了比较好的社会效果，赢得了广大干部群众的好评，促进了社会的稳定和各项事业的发展。

团结、稳定、鼓劲的方针，是宣传思想工作必须长期坚持的方针。我们的中心任务是搞好经济建设，如果没有一个长期团结稳定的政治和社会环境，许多事情就难以办成。只有实现团结稳定，才能鼓起人民群众搞建设的劲头；只有人民群众有了搞建设的劲头，才能有助于团结稳定。我们宣传思想战线的同志在任何时候做任何工作，都要考虑到团结稳定，都要有利于团结稳定。

贯彻团结、稳定、鼓劲的方针，在当前形势下具有特殊重要的意义。东欧剧变、苏联解体之后，确有一些敌对势力在打我们的主意。在这种情况下，如果我们自己不团结、不稳定，就会使亲者痛、仇者快，给敌对势力以插手捣乱的可乘之机。当前国内形势总的说是好的，但前进中也存在一些困难和问题，如腐败问题，社会治安问题，分配不公问题，官僚主义作风问题等，都是党内外群众十分关注，需要下大力量解决的，而解决这些问题必须有一个团结稳定的局面。今年第四季度将要召开的党的第十四次全国代表大会，是一次极其重要的会议。它对于承前启后，推进邓小平同志开创的建设有中国特色社会主义的伟大事业，必将产生巨大而深远的影响。巩固和发展团结稳定的政治局面，创造和保持民主和谐的良好气氛，是开好这次大会的重要条件，也是宣传思想战线义不容辞的责任。我们要充分利用多种手段和形式，宣传我们党领导全国人民求解放、求富强的光辉历程，宣传十一届三中全会以来我们国家的巨大变化，宣传全国各条战线党组织的战斗堡垒作用和共产党员的先锋模范作用，进一步增强人民群众对党的领导的信心，鼓舞全党和全国人民为建设有中国特色的社会主义继续奋斗。

贯彻团结、稳定、鼓劲的方针，对宣传思想工作提出了更高的要求。宣传思想工作者要有良好的政治素质，善于运用正确的立场和观点，站在全局的高度，从政治上观察问题，实事求是地分析问题。要有艰苦扎实的工作作风，到基层去，到火热的生活中去，准确把握群众的思想脉搏，始终保持与现实的紧密联系。要不断提高业务水平，使我们的新闻报道、理论研究、文艺作品生动活泼，丰富多彩，具有更强的说服力和感染力。贯彻团结、稳定、鼓劲的方针，坚持正面宣传为主，不能简单化，不应理解为堆砌好人好事，不应搞成干巴枯燥的空洞说教，尤其不能宣传形式主义，助长形式主义。贯彻团结、稳定、鼓劲的方针，也不是不要批评报道和舆论监督，关键是这些批评、监督要给人以力量、信心和希望，有利于团结、稳定和鼓劲。

为了贯彻好团结、稳定、鼓劲的方针，宣传思想部门本身要增强团结。我们说话办事都要从有利于团结这个大局出发，使大家的精神振奋起来，积极性调动起来，聪明才智发挥出来，真正造成一种相互理解、欢快和谐、齐心协力干事业的良好气氛。宣传思想战线的广大干部，特别是各级领导干部，要增强事业心，作风要扎实，思想要艰苦，虚功要实做。要少讲空话，多干实事，空话连野猪都骗不了①，何况人呢？要解放思想，开拓进取，不为困难所吓倒，不为非议所动摇，敢于探索和解决工作中的矛盾和问题，努力开创宣传思想工作的新局面。

同志们，让我们更加紧密地团结在以江泽民同志为核心的党中央周围，以更加出色的工作成绩，迎接党的十四大的召开！

---

① 湖北神农架地区野猪糟蹋庄稼厉害，群众叫苦不迭，为此，乡村组织民兵巡逻驱赶，花费很多人力。后来有人想了一个“高招”，用录音机录上狮、虎的吼声和人声、枪声，用高音喇叭播音。开始果然有效。几天后，野猪试探着往庄稼地里凑，并用身子靠了靠绑喇叭的杆子，发现仍然只是叫喊而没动作，于是甩开嘴巴，把绑喇叭的杆子给打倒了。当地人说，说空话、唱高调连野猪都骗不了！

宣传贯彻好邓小平同志重要谈话是全党的大事*

（1992年5月21日）

一

你们提出，这次年会将深入讨论贯彻邓小平同志年初的重要谈话，集中研究企业思想政治工作如何适应加快改革开放的新形势，千方百计把广大职工的积极性调动起来，为提高企业经济效益，促进经济上新台阶服务。我认为这是一个正确的议题。现在举国上下都在认真学习、全面贯彻邓小平同志的重要谈话。在这种形势下召开年会，一是有了比较好的条件，二是有了确定的主题。我相信，这次年会一定能开成一个振奋精神、加油鼓劲的大会。

用邓小平同志倡导的建设有中国特色的社会主义的理论和路线统一思想，是我在今年1月全国宣传部长会议讲话中论述的主要内容。我认为这是一个关系到党和国家前途命运的问题，也是宣传思想战线必须下大力量研究和贯彻的问题。共产党夺取政权后，究竟怎样才能巩固和发展社会主义，这是国际共产主义运动长期研究、探索的重大问题。许多社会主义国家都没有解决好，

---

* 这是李瑞环同志同中国职工思想政治工作研究会负责人的谈话。

结果共产党丢了政权，国家变了颜色。我们党执政后，在探索这个问题上下了不少的功夫，取得了不小的成绩，但也遇到了不少的挫折，付出了很大的代价，包括“文化大革命”那样沉重的代价。只是从党的十一届三中全会以来，我们才逐步找到了一条正确的道路，这就是邓小平同志倡导的建设有中国特色的社会主义的理论和路线。正是在这套理论和路线的指引下，我们这个有11亿多人口的东方大国，在经济、政治、文化和社会等各个方面，才发生了历史性的变化。国民经济大幅度增长，综合国力进一步增强，人民生活水平明显提高，人们精神面貌大为改观。社会主义制度的优越性进一步发挥，马克思主义理论充满着勃勃生机。我曾说，这套理论和路线是在“文化大革命”结束不久时酝酿和提出的，在贯彻执行的十多年中也并非一帆风顺。这话的意思是，这套理论和路线提出和开始执行时的基础和条件并不太好，在贯彻执行中还遇到了一些阻力和干扰。尽管如此，我们仍然取得了这样巨大的成绩。如果在现有的基础上，继续按照这套理论和路线干下去，并在实践中排除干扰，不断丰富、完善、发展，那么我们的国家能不繁荣和兴旺吗？我们的社会主义能不巩固和发展吗？这套理论和路线是国际共产主义运动的正确总结，是马列主义、毛泽东思想在新的历史条件下的运用和发展，是中国人民创造历史的伟大成果，是中国共产党人特别是邓小平同志等老一辈无产阶级革命家集体智能的结晶。实践证明，在当今中国只有这套理论和路线，才能顶住风浪，巩固政权，发展自己。因此，对这套理论和路线，我们必须百倍地珍惜，扭住不放地坚持。邓小平同志年初的重要谈话，坚持、丰富和发展了这套理论和路线，回答了当前国际、国内许多重大的根本的问题，既有深刻重大的理论意义，又有鲜明的现实针对性，在国内外产生了强烈的反响。我们要认真刻苦地学习，全面准确地领会，真心实意地贯彻。对这篇谈话，任何三心二意或含含糊糊，动摇或背离，都会给我们的事业带来灾难性的后果。当前，学习好、宣传好、贯彻好这个谈话，是全党的大事，也是宣传战线的大事，理所当然也是企业思想政治工作的大事。

二

思想政治工作究竟落实到哪里？这是一个经常遇到而又没有完全解决的问题。

我多次讲过，在广州年会上又比较系统地讲过，思想政治工作只能落实到经济上、业务上。要坚持以经济建设为中心，紧密结合经济工作一道去做，不能搞空头政治和“两张皮”。坚持党的基本路线要一百年不变，也就是说经济建设的中心地位一百年不变。为什么不能变？因为它不是某个人头脑中臆造出来的，而是我们党总结建国以来正反两方面的历史经验得出的科学结论，是针对多年来“左”的错误的最大的拨乱反正，也是党的十一届三中全会以来我国面貌发生巨变的一个最根本的原因。因此，思想政治工作不能游离于经济建设这个中心之外，更不能搞“自我中心”、两个中心或多中心，妨碍和干扰经济建设的发展。思想政治工作者必须提高执行党的基本路线的自觉性，强化为经济建设服务的意识，自觉地服从和服务于经济建设。思想政治工作只有在经济建设和改革开放的长期过程中，找到自己合适的位置，才能发挥自己特有的作用，体现自身存在的价值。这样，思想政治工作就一定能大有作为，就始终是“春天”。

企业思想政治工作的对象是广大职工。职工的主要实践活动是参与企业的生产和经营，他们的喜怒忧乐、情绪起伏，大多与生产经营过程相联系。工作保障、工资、奖金、住房、福利等容易产生思想问题的方面，都与企业的生产成果和经济效益直接相关。脱离企业的实际，脱离业务工作，脱离生产、经营、管理、服务、分配等环节，思想政治工作就会越抓越空，同职工越隔越远，甚至搞得与生产无关或根本对立，那就不仅不能促进经济工作，相反会产生一些消极作用。

三

我在广州年会的讲话中提出，把调动群众的积极性作为思想政治工作的主要任务，并从六个方面论述了它的合理性。两年来的实践证明这个提法是站得住脚的。

从一定意义上说，领导者的责任就在于把群众的积极性充分地调动起来，并合理地发挥出去。这两方面的工作，当然不完全是思想政治工作本身能完成的，但是在很大程度上又离不开思想政治工作。有人总觉得把调动积极性作为主要任务，是把思想政治工作的作用降低了。我不这样认为。人民是历史的主人，群众是实践和认识的主体，这是我们的基本观点。按照这个观点，我们事业的兴衰成败，归根到底取决于人民群众，“取决于群众的自觉与自动”。思想政治工作就是要通过各种方式、方法和途径，使群众了解自己的利益与责任，自觉地为自己的利益而奋斗，也就是要启发群众的自觉性，调动群众的积极性，把国家的各项建设事业搞好。可以这样讲，当前我们面临的许多问题，都同人的问题、人的积极性问题有关。改革的目的是什么？就是为了调动人的积极性，发展社会生产力。做好各项工作，说到底都必须调动人的积极性。所有的领导者，不但要做到自己工作积极，更重要的是要通过自己的积极使他人、多数人都积极。如果由于自己的“积极”，反而使他人特别是多数人消极，这种“积极”就值得研究了。为了调动群众投身社会主义建设的积极性，我曾提出过要尊重人、理解人、关心人、爱护人，注意人的个性，最大限度地团结人等问题。有人说我这里讲的人是抽象的人，没有区分好人与坏人，自己人与敌人，对坏人、敌人怎么能讲尊重、关心？按照这种逻辑，还怎么讲话呢？讲什么都得先加上“革命”字样，我看没有这个必要。

四

党的十三届四中全会以来，党中央在思想政治工作方面作出了一系列重要指示和决策，各部门、各地方切实加强了对这项工作的领导。在企业中，思想政治工作的重要地位得到了确认，政工队伍进一步稳定，职工群众思想道德建设受到普遍重视。企业思想政治工作发挥了巨大作用，涌现了一批像吉化[①]那样的先进典型。应该说，这几年企业思想政治工作是有很大成绩的。当然，像其他工作一样，也有一些不足。比如在为经济建设服务方面还存在差距，工作还不够活跃等等。我们要认真总结经验，发扬成绩，克服不足，在现有基础上把工作做得更好。

邓小平同志视察南方的重要谈话传达以后，企业的广大政工干部同全国人民一样，感到极大的鼓舞和振奋。但也有少数同志担心，在全党集中精力抓经济建设，加快改革开放步伐的时候，思想政治工作会不会被削弱、被淡化。我看不会出现这种局面。

① 吉化，即吉林化工集团公司。

加强思想政治工作是中央的一贯主张。邓小平同志在视察南方的谈话中，再一次要求我们在搞好物质文明建设的同时搞好精神文明建设，做到“两只手都要硬”。党的“一个中心、两个基本点”的基本路线一百年不变。坚持四项基本原则就包含着加强思想政治工作的内容。加强思想政治工作是建设有中国特色的社会主义的客观必然。我在广州年会上讲过，思想政治工作是坚持唯物史观的应有之义，是实现远大理想的必需条件，是贯彻基本路线的可靠保证，是协调人际关系的基本方法，是凝聚全民族力量的重要途径，是办好社会主义企业的内在要求。加强思想政治工作是当前形势的迫切要求。现在改革正在深化，企业经营机制的转换，劳动、人事、工资制度的改革，必然要打破过去某些习以为常的传统观念，必然会涉及一些人的切身利益，许多新情况、新问题、新矛盾需要研究解决。思想政治工作在化解矛盾、协调关系、理顺情绪等方面要做的事会越来越多，可以说大有用武之地，思想政治工作者肩上的担子不是轻了而是更重了。因此，任何怀疑、削弱、取消思想政治工作的观点和做法都是根本错误的、十分有害的。当然，思想政治工作也确有一个不断适应新形势的问题。但这不是个要不要的问题，而是个如何改进、改善的问题。职工思想政治工作研究会应当在这方面发挥自己的优势，作出积极的贡献。

为了从组织上切实加强对企业思想政治工作的领导，各级党委和企业党组织要继续按照中央已有的规定，保持必要的政工机构和精干的专职政工人员。企业在改革中涉及政工机构和人员变动时，未经慎重论证和上级党委批准，不要匆忙从事。当然，这方面的改革应该允许试验，但这种试验要在有利于加强思想政治工作的前提下进行，既要符合精简、精干的原则，又要保证工作的正常运转。历史经验证明，思想政治工作必须全党动手，依靠大家，我希望各级领导和各个方面都来重视这项工作。

全社会都要关心和支持基础教育*

（1995 年 1 月 14 日）

各位副主席、各位常委、各位同志：

这次常委会议集中讨论了教育问题。李岚清副总理作了重要讲话。钱伟长副主席作了专题报告。大家发表了许多好的意见和建议。这些意见和建议，有的是切身感受，有的是科研成果，都十分珍贵，我们将认真整理，分送有关部门。下面我就发展我国基础教育问题谈几点意见。

一

基础教育，包括学前教育、小学教育和中学教育，在我国教育事业中占有十分重要的地位。抓好基础教育尤其是九年义务教育，是今后一个时期内发展我国教育事业的“重中之重”。

基础教育是发展高等教育的奠基工程。实现现代化，需要大批科技人才和各个领域的高级人才。这些人才的培养主要靠高等教育，而高等教育的生源在基础教育。即使那些未能进入高等院校而自学成才的人，同样离不开基础教育阶段所掌握的知识和本领。根深才能叶茂，只有切实搞好基础教育，高等教育才有可靠

---

* 这是李瑞环同志在政协第八届全国委员会常务委员会第九次会议上的讲话。

的根基。

基础教育是提高劳动者素质的关键环节。根据我国的情况，接受基础教育之后能够进入高等学校的人总是少数。我国基础教育的主要任务是为各行各业培养合格的劳动者。劳动者是生产力中最基本的要素。没有较高素质的劳动者，任何先进的科学技术都不可能转化为现实生产力；一切行业劳动效率的提高，产品质量的保证，经济效益的增加，都难以实现。不论是从现实情况看，还是从长远观点看，决定我国国民经济和各项事业发展的一个根本因素，在于全体劳动者的素质。基础教育所传授的知识，既是每一个合格劳动者素质的内涵，也是他们进一步发展提高的起点。

基础教育是推动社会文明进步的基本条件。基础教育传授的科学文化和劳动技能，培育的思想道德和身心素质，都是社会文明进步的内容。基础教育阶段所掌握的知识，为进一步接受人类文明的成果提供了条件。基础教育的对象是儿童和青少年，这个时期所受的教育，影响人生观、世界观的形成，影响健全人格的形成，影响人的一生，进一步说，也就影响整个中华民族的素质。我们常说，培养“四有”新人，从幼小抓起，从根基抓起，就是从基础教育抓起。

基础教育是覆盖全社会的重要工作。在各级各类教育中，只有基础教育是全民性教育。特别是九年义务教育，是每一个公民都必须依法接受的教育。基础教育牵动着千家万户，受到全社会的重视。由于我国实行计划生育制度，独生子女在中小学生中已占有相当大比重，他们普遍成为家庭的关注中心，凝聚着家庭几代人的希望。对家长来说，学校办好了，孩子教好了，比什么都高兴。搞好基础教育，实际上已经成为全心全意为人民办实事的一项重要内容，对于密切党群关系、理顺群众情绪、维护社会稳定，具有特殊的意义和作用。

二

这些年来，我国基础教育发展很快，取得了很大的成就。教育规模日益扩大，教学质量稳步提高，办学条件明显改善，教师队伍不断加强，教育改革逐步深化，这些都是有目共睹的。但是同两个文明建设的需要相比，我国基础教育仍然有较大差距，仍然面临许多亟待解决的困难和问题。

基础教育的任务非常繁重。我国需要接受基础教育的适龄人口数量居世界首位，没有完成义务教育的成年公民数量也非常惊人。全民平均受教育年限仅有 5.4 年。据 1990 年全国第四次人口普查，15 岁以上文盲有 1.8 亿，占同龄人口的 22.25%，其中青壮年文盲约 5200 多万。尽管党和政府为扫盲进行了不懈努力，每年仍有成百万新生文盲涌入劳动者的行列。特别是近两年，不少地方中小学辍学率呈回升之势，使普及义务教育面临更加严峻的形势。

基础教育的经费十分困难。近些年来，我国基础教育经费有较大幅度的增长，但与基础教育发展的要求相比，仍然显得非常不够。我国教育经费在国民生产总值中所占比重，1993 年为 2.66%，人均只有 12.92 美元。这不仅比世界发达国家低得多，而且与发展中国家的平均 4.1%、人均 42 美元相比，也存在不小的差距。按照中央的要求，省级教育经费应占到财政支出的 20%以上，目前全国实际上达到这一标准的省仅有四个。问题还在于，这些本来不足的投入，绝大部分用于人员开支。据统计，1993 年我国预算内教育事业费普通中学用于人员部分达

82.81%，小学将近90%，教学经费所剩无几。

基础教育教师的待遇仍然偏低。目前许多地方中小学教师特别是农村中小学教师的收入与许多行业相比，存在很大的差距。全国民办教师的月平均收入只有80～100元。在一些地方，拖欠教师工资的问题还没有根本解决。中小学教师的福利待遇也偏低，在住房、医疗、子女就业等方面都有很多困难。基础教育师资匮乏越来越令人担忧。

基础教育的教学内容、方法有待更新。目前，在我国中小学教育中存在不少值得认真研究解决的问题，教材内容有的陈旧，课程设置不尽合理；脱离多数学生将要就业的需要，片面追求升学率；教学方法不够科学，填鸭式、满堂灌、死记硬背等现象严重存在；中小学生学习负担过重，影响了德、智、体全面发展。

三

发展基础教育是一项复杂的系统工程，必须从我国实际出发，必须全社会共同努力，必须在实践中不断探索，必须扎扎实实地工作，按照《中国教育改革和发展纲要》规定的目标，有计划有步骤地向前推进。

第一，领导要真正重视。基础教育实行地方负责，分级办学，分级管理，各级领导是否重视，关系极大。没有领导重视，就不能把基础教育工作摆上应有的位置，经常研究讨论；就不能采取有力措施，切实解决实际问题特别是优先安排教育经费问题。实践证明，只有领导特别是主要领导重视，才能带动逐级领导和有关部门的重视，形成上下左右齐心协力抓教育的局面。要认真组织学习邓小平同志的教育理论，努力提高各级领导对基础教育的认识，牢固树立“百年大计，教育为本”的指导思想。要大力宣传表彰那些重视教育、身体力行、卓有成效的领导干部，批评以至处理一些极端不负责任、空谈误教的官僚主义者，以分清功过，明辨是非。要把基础教育发展状况列入各级领导干部政绩的考核内容，作为评价、提拔、任用干部的一个重要标准。

第二，全社会要大力支持。人多是我国一大国情，许多问题由人多而产生，许多问题的解决也必须在人多上做文章。在我们这样一个经济不发达的大国办教育，不可能完全由政府包下来，必须依靠全社会共同努力。要坚持多种形式办学。在实行基础教育以地方政府兴办为主的同时，继续提倡和鼓励企业事业单位、社会团体、社区组织以及公民集体或个人举办各类学校。社会办学要严格遵守国家有关法律法规、方针政策，有关方面也要爱护社会办学的积极性，尊重其办学的自主权。要利用多种渠道筹资。继续动员和支持海内外各界人士为基础教育捐资助学，千方百计地把他们捐助的资金用好。大张旗鼓地宣传各种兴学支教义举，表彰热心教育的先进人物，使我国尊师重教的优良传统得以发扬，使社会支教活动形成风气、形成制度。这几年开展的“希望工程”、“春蕾计划”等活动，效果很好，要总结经验，推广创新。要加强各方面的配合。教育好下一代是学校、社会及家庭共同的责任。新闻出版、广播影视、文学艺术等部门要积极为青少年提供有益的精神食粮，为青少年的健康成长创造良好的社会环境。家长有责任有义务按照国家法律的要求，确保子女完成九年义务教育，并配合学校引导孩子健康发展。总之，社会各个方面要形成合力，共同承担起教育下一代的任务。

第三，教育工作者要艰苦奋斗。搞好基础教育，归根结底要靠教育工作者自身的努力。几十年来，广大教育工作者在艰苦的条件下，任劳任怨，呕心沥血，为教育事业的发展作出了巨大贡献。党和人民永远感谢他们。随着经济发展和社会进步，基础教育的办学条件会有所改善，教师的生活待遇也会逐步提高，但是困难和问题不是短时期内都能解决的。广大教育工作者要树立远大理想，以从事教师工作为荣，为着民族的振兴，为着祖国的未来，不怕艰难，安贫乐道，把毕生精力献给教书育人的神圣事业；要提倡勤俭办学，挖掘潜力，创造条件，把学校办好，把学生教好；要发扬敬业精神，坚持“三个面向”，加强政治修养，刻苦钻研业务，不断改革教学内容和教学方法，培育出适合现代化需要的“四有”新人。

第四，工作要狠抓落实。邓小平同志在1985年5月全国教育工作会议上曾经指出，搞好教育工作，必须“少讲空话、多办实事”，必须转变“那种只靠发指示、说空话过日子的坏作风”。当前，有些地方官僚主义严重，形式主义泛滥，空话、套话、假话盛行，会议、文件、应酬成灾，影响了干群关系，贻误了许多工作。基础教育存在的问题既多又难，只有经常抓、具体抓、反复抓，才能解决。我们必须转变作风，切实做到小平同志所要求的“扎扎实实地抓”，“抓紧、抓好”。

同志们：

重视和支持教育事业，是人民政协的好传统。许多委员长期工作在教育第一线，对教育工作素有研究。每年政协大会和常委会议上关于教育的发言和提案，对我国教育事业的改革和发展都起了很好的作用。希望会后大家继续深入调查研究，身体力行，努力为振兴我国教育事业作出新的贡献。

谢谢大家！

十三、弘扬民族优秀文化

关于弘扬民族优秀文化的若干问题*

（1990 年 1 月 10 日）

全国文化艺术工作情况交流座谈会，是中宣部、文化部在90年代第一春召开的一次重要会议。新年伊始，把各地和有关部门的同志请来，交流贯彻党的十三届四中全会和五中全会精神的有关情况，学习邓小平同志关于文化艺术工作的重要论著，对前一时期的文化艺术工作进行总结，对今后的文化艺术工作作出部署，是十分重要的。在这个会议即将结束、全国话剧戏曲创作座谈会开始举行之际，我想就弘扬民族优秀文化的问题讲几点意见。

当前全国人民正在集中力量进行社会主义现代化建设。在这个伟大的历史进程中，文化艺术工作作为一个重要方面，有着极其重要的意义。人民群众迫切需要健康的丰富多彩的精神文化生活，需要更多优秀的文艺作品，反映他们的伟大实践，启迪他们追求新的理想，激励和鼓舞他们前进。这也是文化部门和文艺界同志们的共同愿望。

新时期的文化工作和文艺工作，是一个很大的题目，今天我着重地说一下弘扬民族优秀文化的问题，这是全党全社会关心瞩目的一个重要问题，也是文化战线面临的一项迫切任务。由于文艺是文化的重要组成部分，也由于你们这几个会议的重点是研究

* 这是李瑞环同志在全国文化艺术工作情况交流座谈会上的讲话。

文艺工作，我想从繁荣文艺谈起，讲民族文化也较多地涉及民族文艺。大家知道，弘扬民族文化问题的范围非常广泛，内涵极为丰富，而且历来众说纷纭，不容易一下子讲清楚。我选择了20个有关的问题和同志们探讨，其中有些只是提出了问题，意见还很不成熟。如果能够以我的一孔之见，引起同志们的重视，大家都来思考研究，并采取切实措施做好这方面的工作，那就是我的最大愿望了。

一

（一）继续坚持一手抓“扫黄”一手抓繁荣文艺

党中央从“扫黄”一开始，就把繁荣社会主义文艺、活跃群众文化生活作为一个突出问题提到文艺工作者面前。一个时期以来，随着西方腐朽文化的渗入和资产阶级自由化思潮的泛滥，色情、淫秽的出版物和音像制品大量制作、传播，严重腐蚀了人们的心灵，毒化了社会空气，成为青少年犯罪的一大诱因。几个月来，在全国人民的拥护和支持下，在各有关部门的共同努力下，“扫黄”已经取得很大成果，文化市场面貌明显改观。现在，“扫黄”和除“六害”的斗争正在深入进行，形势是好的。当务之急是，抓紧创作足够多的健康的精神产品，去占领文化市场和各种娱乐场所，占领人们的业余时间和精神空间。如果这项工作跟不上去，腐朽的东西就不可能被挤走，扫掉了的东西还会死灰复燃，卷土重来。应当看到，要创作大批健康有益的、为人民群众喜闻乐见的文艺作品，并不像查禁和收缴“黄色”的东西那样容易，而是要下更大的力量，动员组织文艺战线的全体同志进行坚持不懈的努力。文艺战线的同志们要认清这个问题的重要性和紧迫性，自觉地担当起这个历史重任，不失时机地把这项工作抓起来，并尽快取得成效。

当然，我们同资产阶级自由化的斗争主要还不是“扫黄”。就文艺战线来讲，资产阶级自由化的影响是严重的，有些文章和作品违背四项基本原则，散布对党对社会主义的怀疑和不信任情绪；有些人卷入了去年春夏之交的政治风波，极少数人甚至站到了党和人民的对立面。对于这种状况，文艺界的同志要有清醒的认识，绝不可低估，更不能护短。党的十三届四中全会以来，各级党委在文艺战线开展了坚持四项基本原则、反对资产阶级自由化的教育和斗争，按照中央的政策和部署进行清查清理工作，已经取得了一定的成效，必须进一步把这项工作引向深入。与此同时，必须大力推进繁荣社会主义文艺的实践，用健康的、优秀的文艺作品占领思想文化阵地，以有效地缩小以至消除资产阶级自由化在文艺领域的影响，巩固和扩大反对资产阶级自由化的成果。正是出于这样的考虑，中央从一开始就提出要两手抓。实践证明，这个方针是正确的，实行的效果是好的，受到了广大群众的欢迎，今后要坚定不移地继续贯彻执行。

（二）充分发挥文艺对稳定社会和鼓舞人民的积极作用

我们正在进行的治理整顿、深化改革是一项极其繁重的任务。实现这个任务，一要保持社会的稳定，二要给人们鼓劲。在稳定和鼓劲这两个方面，文艺都有其不可替代的特殊重要的作用。

繁荣文艺，既是稳定社会的一种手段，也是社会稳定的一个标志。天下和静在于民乐。努力使我们的舞台姹紫嫣红，使我们的屏幕绚丽多彩，使我们的书刊百花争艳，这种气氛本身就有利于造成和保持安定团结的局面。政治风波之后，我们结合中华人民共和国成立四十周年庆祝活动，抓了建国以来的巨大成就的宣传和活跃群众文化生活的工作，还要抓好春节期间的文化娱乐活动，这对于活跃气氛、疏解矛盾、理顺情绪已经发挥并将继续发挥积极的作用。当前，治理整顿已进入攻坚阶段。前一段时间治理整顿虽然取得了初步成果，但一些影响经济稳定的深层次问题还没有从根本上解决，而随着治理整顿的进展还会出现一些新的矛盾。在这种形势面前，稳定显得更加重要。而稳定经济、稳定政治、稳定社会，首先要稳定群众情绪。要切实解决好人民生活中的困难，加强思想政治工作，同时要开展多种多样的群众文化活动，千方百计地活跃群众的精神文化生活，创造祥和融洽的社会气氛。这就要求广大文艺工作者一要以治理整顿的精神搞好各项文艺工作，把该办和可能办的事情办好，把该解决而长期没有解决的问题解决好，把该去掉的毛病坚决改掉；二要积极运用文艺方式，为稳定局面和治理整顿贡献力量，满腔热情地歌颂人民群众在治理整顿、深化改革和现代化建设中的英雄业绩和辉煌成就，鼓舞和坚定人们战胜困难的信心；三要通过创作大量健康优秀的文艺作品，开展丰富多彩的文娱活动，使人们的精神生活得到愉悦和满足，以保持社会气氛的和谐和社会生活的稳定；四要寓教于乐，在各类文艺作品和文化活动中，大力发扬邓小平同志所倡导的五种精神，即革命的拼命精神，严守纪律和自我牺牲精神，大公无私和先人后己精神，压倒一切敌人、压倒一切困难的精神，坚持革命乐观主义、排除万难去争取胜利的精神，以激励人们振奋起来，迎难而上。这是广大文艺工作者义不容辞的责任，也是新形势下文艺工作者应当作出的贡献。

（三）努力满足人民群众日益增长的精神文化生活需要

随着我国改革开放和经济建设的发展，城乡绝大多数群众的温饱问题已经得到解决，部分群众的生活正在向小康水平迈进。富而思文，富而思乐，人民群众求知、求乐、求美的要求越来越高、越来越迫切。这就向社会主义文艺事业提出了更高的要求。满足人民精神文化生活多方面的需要，既是社会主义精神生产的根本目的，也是文艺工作者负有的其他部门所不能替代的职责。

党的十一届三中全会以来，我国文艺事业遵循毛泽东同志《在延安文艺座谈会上的讲话》等著作中所阐述的文艺思想和邓小平同志的一系列重要指示，坚持“为人民服务、为社会主义服务”的方向，在反映现实生活的深度和广度上，在艺术表现力上，进行了多方面的探索和创造，取得了显著的进步。小说、报告文学、诗歌、电影、电视剧、话剧、戏曲、音乐、舞蹈、美术、摄影、曲艺、杂技、书法等各个方面，都出现了一大批好作品。文艺事业对于促进思想解放，鼓励人们积极投身于社会主义现代化建设和改革开放，丰富群众的精神文化生活，都起到了积极有益的作用。这些巨大成就是必须肯定的，是任何人也否定不了的。但也应该看到，与十年改革和建设的伟大成就相适应、相匹配，无愧于我们伟大人民和伟大时代的优秀文学艺术作品，在全国引起强烈反响的作品，还不是很多。这也就是为什么一方面群众感到精神文化生活得不到充分满足，另一方面许多文艺书刊又卖不出去，许多电影、戏剧卖不上座的一个重要原因。当然，这里面有社会风气和社会成员的文化素质等诸多因素，但文艺战线本身也应该找一找原因。近几年来，国家花了大批资金兴建电台、电视台和各种文化娱乐设施，广大群众节衣缩食买了录音机、电视机，可是我们没能给他们提供更多更好的作品，这本身就是一种浪费，也损害了人民群众的利益。说到人民的需求，我还要特别讲一讲占全国人口一半的青少年的需求，他们是跨世纪的人，是21世纪的建设大军。能不能为他们提供丰富优质的精神食粮，这关系到几亿青少年能不能健康成长，关系到我们民族的前途和未来。我们的文艺工作者要以对社会、对历史的高度责任感，投身于繁荣社会主义文艺的崇高事业，努力把最好的精神食粮贡献给人民，满足人民日益增长的精神文化生活的需要。

（四）繁荣文艺是各级文化部门的中心任务

邓小平同志指出，党对文艺工作的领导，就是“根据文学艺术的特征和发展规律，帮助文艺工作者获得条件来不断繁荣文学艺术事业，提高文学艺术水平，创作出无愧于我们伟大人民、伟大时代的优秀的文学艺术作品和表演艺术成果”。从中央到地方，党政各级文化领导部门和领导干部都必须以高度的责任感，全神贯注地致力于充分调动广大文艺工作者的积极性和创造性，发动他们为全社会提供足够数量的优质精神产品。陈云同志向评弹说书艺人提出，“出书、出人、走正路”，这个精神对整个文艺工作都是适用的。检验文艺领导工作是否有成绩以及成绩大小，根本标准就是看健康的社会主义的文艺是否繁荣。如果一个地方、一个部门长期出不了优秀作品，出不了杰出人才，甚至搞得群众没书看、没戏看，就如同搞得群众没粮吃、没菜吃一样，这样的领导不能说是称职的，也是不会取得广大群众的拥护与支持的。

文艺界确有一些原则问题需要分清是非，统一思想，否则就会影响团结，妨碍创作，就不能引导文艺事业沿着社会主义方向健康发展。对于资产阶级自由化，必须进行严肃的批判；对于某些不同的思想认识问题，则主要应当通过学习马克思主义和文学艺术的实践，在繁荣文艺的过程中逐步求得解决，求大同存小异。历史上长期积存下来的恩恩怨怨，各种各样的门户之见，许多都是无原则纠纷，不应该也不可能争出个我高你低和是非曲直来。领导者的责任是，引导大家以大局为重，把主要精力放在繁荣文艺事业上，认识一时统一不了的可以先放一放，让实践来做结论。在坚持“一个中心、两个基本点”的前提下，总是能够找到共同点的。把工作停下来，陷入无休止的争论，只能贻误大事。我相信，同志们能够理解这一点，也会乐于这样做，并且会以自己卓越的工作为尽快繁荣社会主义文艺作出应有的成绩。特别是面对当前的国际国内形势，党和人民对文艺工作的殷切期待，希望同志们很快传来佳音，为全国人民展现一个文学艺术蓬勃繁荣、争奇斗妍的新局面。

二

（五）繁荣文艺必须注意弘扬民族优秀文化

尽管随着国家与国家、民族与民族之间交往的增加，文化的互相交流、互相借鉴会越来越频繁，但从总体上来说，一个国家的文化，仍然具有鲜明的民族特色。因此，当我们提出繁荣文艺的时候，应该同时提出弘扬民族优秀文化。近几年来，在我国文化战线上，围绕着民族文化问题的论争，实质上包含着重大的思想政治斗争。全盘否定民族文化，宣扬民族虚无主义和历史虚无主义，是顽固坚持资产阶级自由化立场的人所主张的“全盘西化论”的一部分。在当前的国际和国内形势下，弘扬民族文化不仅直接关系到我国文化的兴衰，而且在政治上具有重要意义。面对西方“和平演变”的攻势，弘扬民族文化是振奋民族精神，提高民族自尊心和自信心，发扬爱国主义精神，顶住一切外来压力的一个重要条件。在实现祖国统一大业的进程中，弘扬民族文化又是沟通海峡两岸的桥梁，是加深海内外中华儿女的相互理解、增强民族凝聚力的一个重要力量。

无论是东方还是西方，世界各民族都有自己独具特色的文化。文化离不开人民的生活、习惯、思想、感情。而各民族人民语言不同，历史发展不同，地理环境各异，经济和社会发展形态有别，所以，文化总是具有鲜明的民族形式、民族风格。一般来说，文化的民族保守性比较强，许多古典的东西，甚至可以保持几百年、几千年，后人还是继承它、喜欢它。提起俄罗斯民族文化，人们就会联想到普希金的诗歌和托尔斯泰的长篇小说；提起日耳曼民族文化，人们就会想到歌德、海涅的诗歌、剧作和贝多芬的音乐；提起意大利民族文化，人们就会想到但丁的《神曲》和达·芬奇的绘画。这些富有民族特色的文化，是各民族人民生活、劳动、斗争和智慧的结晶，是各民族人民的创造，也是各民族人民吸收人类文明成果又对人类文明的贡献。它构成了维系民族成员的心理纽带，是民族生命的重要组成部分。一个国家要实现文化的繁荣，必须注重研究和继承民族文化的优秀遗产。在深刻的社会变革过程中，文化的内容和形式必然会有许多新的变化，但优秀的民族文化不能丢掉。越是民族的，越是世界的。丢掉民族的优秀文化遗产，不仅是民族自身的悲剧，也是人类的损失。

（六）大力弘扬灿烂辉煌的中华民族文化

中华民族文化是一个丰富博大的有机整体，既包括汉民族的文化，也包括各少数民族的文化；既包括悠久的古代文化，也包括近代和现代文化。中华民族文化在世界文明史上占有极其重要的地位。它有以下几个显著特点：

一是源远流长。我国是世界上经济、文化发展最早的国家之一，有记载的历史长达五千年之久。我国人民依靠自己的勤劳和智慧，很早就有了发达的农业和手工业。许多重要的农作物都是中华民族的先民最早从野生植物培育而成的，在公元6世纪就有了完整的农耕理论著述。在春秋时期就炼出了生铁，早于欧洲很多年。我们的祖先有举世闻名的造纸、印刷术、指南针、火药四大发明，并且是第一个将指南针用于航海的国家。在观天测地方面，我们的祖先也创造过奇迹。我国至今还保留着世界上最早最丰富的古代天象记录资料，在春秋时期就发现并记录了后来以哈雷命名的彗星，早在战国时期就编制出了恒星表。在公元132年我国就发明了地震仪，开始了人类使用仪器观测地震的历史。我们的祖先不仅在认识和改造大自然的过程中曾经遥遥领先于世界，而且在文化思想领域也有许多成就居于世界前列。早在周朝，我国便产生了文学巨著《诗经》。中国的戏曲艺术也有悠久的历史，从古代歌舞发展起来的戏曲——元杂剧是中国古典戏曲的高峰。著名的剧作家关汉卿活动的时代比世界著名的英国戏剧家莎士比亚要早三百年。

二是博大精深。中华民族的传统文化内容极其丰富，不仅包括政治、经济、文化、军事、史学、教育、哲学、道德、宗教等方面的理论、思想，还包括科技成就、文艺创作、文物古迹和民风民俗等等。在上述许多领域，我们的祖先都曾分别达到过当时世界水平的巅峰。我国的文学艺术，就其作品的丰富、成就的辉煌和名家的众多来说，在世界文学史上占有突出地位。以诗歌为例，继《诗经》、楚辞之后，汉乐府、唐诗、宋词、元曲，递相继承又有创新。就小说而论，《三国演义》、《西游记》、《水浒》、《红楼梦》、《聊斋志异》等文学巨著更是闻名世界。我国古代的美术，不仅有《韩熙载夜宴图》、《清明上河图》这样的杰作和诸多画派名家留下的大量艺术珍品，还有敦煌、云冈、龙门、麦积山四大石窟和秦陵兵马俑这样堪称世界奇观的地上地下的绘画雕塑宝藏。我国古代的学术，诸子百家，经史子集，经过千百年的繁衍和发展，有些已形成了完备的体系，其中尽管有一些封建性的糟粕，但也有许多值得吸取的精华。

三是影响深远。我们的民族文化是随着中华民族的发展而发展起来的，它对于中华民族的形成、繁衍、统一、稳定和自立于世界民族之林，都起了不可取代的巨大作用，有着超越时代的深远影响。而刻苦耐劳、酷爱自由、不畏强暴、英勇奋斗、从不屈服于外来压迫的民族精神，正是中华民族优秀文化传统的集中体现。在漫长的岁月中，我们的民族屡经曲折磨难，甚至几临倾覆厄运，却一次再一次地衰而复兴，蹶而复振，转危为安，巍然屹立。在当今世界上，凡是中华儿女，不管走到什么地方，只要他良知未泯，都不能不为辉煌灿烂的中华民族文化而感到骄傲。

中华民族文化对于人类的进步和发展产生了广泛深远的影响。我国古代的四大发明对于人类文明的贡献自不待言，若干领域的学术思想成就也丰富了世界思想文化宝库。中国古代的辩证法、教育思想、军事理论等，在当今的世界上仍然具有不衰的魅力。

总之，我们的祖先给我们留下了一份极其丰厚、极其珍贵的文化宝藏。我们要为后代留下点什么？这的确是个严肃的问题。我们应该珍惜、保护和发掘中华民族的优秀文化遗产，并在继承的基础上，有所创造，有所前进。在新时期，我们就是要在邓小平同志建设有中国特色的社会主义理论的指导下，在推进改革开放和经济建设的同时，努力建设有中国特色的社会主义新文化。现实是历史的发展，是历史长河的一定阶段。现代文明无一不是在已有的物质和文化基础上建立起来的。因此，建设有中国特色的社会主义新文化，一定要植根于中华民族文化的深厚土壤，深入地研究中国的历史文化，弘扬中华民族文化的优秀传统。我们相信，只要我们明确方向，坚定信心，团结奋斗，经过坚持不懈的努力，随着我国社会主义经济、政治的发展，就一定能够发扬光大中华民族文化的优秀传统，建设起无愧于先人和当今时代的有中国特色的社会主义新文化。

（七）批判民族文化问题上的历史虚无主义

在对待我们民族文化传统的问题上，五四运动以来就存在着不同的态度和主张。中国的马克思主义者主张批判地继承，这是唯一正确的主张。毛泽东同志的《新民主主义论》等著作，对这种正确主张作了透彻的阐述。他多次强调对待民族传统文化，要坚持马克思主义的历史观，明确指出我们不应当割断历史，从孔夫子到孙中山，我们应当给以总结，承继这一份珍贵的遗产。同时，他又指出，对待历史遗产，要给以批判的总结，剔除其封建性的糟粕，吸收其民主性的精华。毛泽东同志对我国的民族文化有极深的造诣，并在长期的革命和建设实践中加以灵活的运用。他的讲演和论著对祖国语言、历史典故、诗词语汇的运用自如和赋予新意，是众所周知的。

对待民族文化的错误态度，主要有两种表现：一种是毫无批判地兼收并蓄，食古不化；另一种是全面否定民族文化的历史虚无主义，鼓吹“全盘西化”。“五四”之后，就有所谓“充分西化”、“一心一意的西化”的主张。在30年代的中西文化大讨论中，有人更明确提出中国的出路就是从文化到经济到政治都要“全盘西化”。这种主张是对我国民族优秀文化的贬低和否定，当时就遭到有力的批驳。毛泽东同志早在1940年就明确指出“所谓‘全盘西化’的主张，乃是一种错误的观点”。我国新民主主义革命的伟大胜利和社会主义建设的巨大成就，用无可辩驳的事实宣告了这种民族虚无主义和“全盘西化论”的破产。

最近几年来，资产阶级自由化思潮泛滥的一个突出表现，就是鼓吹民族虚无主义和历史虚无主义。有的资产阶级自由化的头面人物，把中华民族的文化说成“已经夭亡了”，“孕育不了新的文化”，是只能走向“自杀”的“黄土文化”，中华民族几千年的历史只有“愚昧和落后”，主张照搬西方资产阶级的世界观、历史观和价值观。这些诋毁民族文化、歪曲民族历史的所谓“文化主张”，是与他们在经济上要照搬西方的私有制、在政治上要照搬西方的多党制的主张相一致的，是为他们否定社会主义制度、否定共产党领导的政治目的服务的。一些坚持资产阶级自由化立场的所谓“文化精英”，在去年春夏之交的政治风波中成了“动乱精英”。在政治风波后，他们中的一些人叛国出逃，从民族虚无主义走向了卖国主义。这个事实，最清楚不过地说明，鼓吹民族虚无主义和历史虚无主义思潮，不仅是个文化问题，而且是个政治问题；不仅是个对待历史的态度问题，而且更重要的是个对待现实的态度问题。这种思潮在政治上、思想上造成了恶劣的影响，对此不可低估。一个时期以来，在一些人心目中，似乎中国什么都不行，一切都是外国的好，言必称西洋，张口骂祖宗，崇洋媚外、丧失国格人格的丑恶现象时有发生。深入批判民族虚无主义和历史虚无主义，不但关系到弘扬中华民族优秀文化，而且关系到发扬爱国主义精神、维护我们民族尊严，关系到引导人们坚持什么方向乃至于中国走什么道路的大问题。

（八）重视和研究建设有中国特色的社会主义新文化

邓小平同志提出的关于建设有中国特色的社会主义的基本理论，是毛泽东思想的新发展，是指导我们建设社会主义现代化强大国家的锐利武器。毛泽东同志在《新民主主义论》中说，我们共产党人，一切奋斗的目标，在于建设一个中华民族的新社会和新国家，在这个新社会和新国家中，不但有新政治、新经济，而且有新文化。同样地，建设有中国特色的社会主义，不但要建设有中国特色的社会主义的政治和经济，而且要建设有中国特色的社会主义的文化。

一定的文化（作为观念形态的文化）是一定的政治和经济的反映，又给予伟大影响和作用于一定社会的政治和经济；而经济是基础，政治则是经济的集中的表现。我们讨论中国文化问题，不能忘记这个马克思主义的基本观点。有中国特色的社会主义新文化，即我们的民族形式与社会主义内容相结合的新文化，就其本质和主体来说，应该是符合中国国情的，表现社会主义的时代生活和时代风貌，揭示现实社会关系的本质和历史发展趋势的。这种新文化必然是以有中国特色的社会主义的政治和经济为根据的，反转过来又给予政治、经济以伟大的影响和作用。如果不能建成这种新文化，建设有中国特色的社会主义的历史任务就不可能真正完成。

列宁说过："无产阶级文化并不是从天上掉下来的，也不是那些自命为无产阶级文化专家的人杜撰出来的。如果硬说是这样，那完全是一派胡言。无产阶级文化应当是人类在资本主义社会、地主社会和官僚社会压迫下创造出来的全部知识合乎规律的发展。"现实是历史的发展，是历史长河的一定阶段。现代文明无一不是在已有的物质和文化基础上建立起来的。因此，建设有中国特色的社会主义新文化，一定要植根于中华民族文化的深厚土壤，深入地研究中国的历史文化，弘扬中华民族文化的优秀传统。

自"五四"以来，我们党领导的无产阶级新文化运动即新民主主义的文化革命运动是卓有成就的。新中国成立四十年来，我国的社会主义文化建设取得了重要的进展。特别是在邓小平同志提出建设有中国特色的社会主义的基本理论以后，在改革开放和经济建设取得巨大成就的同时，社会主义文化建设事业又有重要的发展。但是，我们必须清醒地看到，建设有中国特色的社会主义新文化，是一项浩大的系统工程，是一个非常艰巨、非常复杂而又非解决不可的任务。究竟怎样实现民族形式与社会主义内容的有机结合，社会主义新文化各门学科和各个领域的内容、构架、体系、发展趋势及其相互关系究竟应当是怎样的，这是一个需要认真实践和探索的重大课题，是一个长期的过程。但是，我们相信，只要我们明确了方向，坚定了信心，团结奋斗，经过坚持不懈的努力，随着我国社会主义经济、政治的发展，就一定能够发扬光大中华民族文化的优秀传统，建设起无愧于先人和当今时代的有中国特色的社会主义新文化。

三

（九）积极借鉴一切对我有用的外来文化

弘扬民族文化的优秀传统，绝不意味着排斥外来文化。尤其是在国际间文化交流日益频繁的今天，排斥外来文化，在文化上把自己封闭起来，只会延缓我们民族文化的发展进程。积极地借鉴、吸收外来文化中一切对我有用的东西，是促进民族文化发展的一个重要条件。在我国历史上，汉、唐时代既是吸收外来文化最为积极最有气魄的时代，同时也是民族主体意识高扬、民族文化蓬勃发展的时代。"五四"以来，以鲁迅、郭沫若、茅盾、老舍为代表的革命作家和进步作家，都最善于借鉴、吸收外来文化，同时又都对民族文化的发展作出了卓越贡献。在社会主义条件下，在改革开放的今天，我们吸收外来文化的气魄应该更大一点，更要有世界眼光。不管是资本主义国家的还是社会主义国家的，不管是第三世界的还是发达国家的，不管是古代的还是近代、现代的，凡是人类创造的积极的精神财富，凡属人类文明发展的新成果，凡属世界各民族创造的优秀艺术表现形式，我们都要积极地了解、介绍、学习、借鉴。

吸收、借鉴外来文化的目的不是用它来取代本民族的文化，而是为了丰富和发展本民族的文化。因此，借鉴外来文化必须立足于本民族的实践，从思想内容到艺术形式，都要根据促进社会主义现代化建设和发展我国民族文化的需要加以检验和考察，用马克思主义的立场、观点和方法加以分析、鉴别、选择和改造，做到“洋为中用”。把我们民族的优秀传统弘扬起来，使我们的文化具有深厚的民族基础，才会增强我们吸收外来文化的能力。

党的十一届三中全会以来，随着对外开放和中外文化交流的发展，我们在研究和吸收外来文化方面有了很大的拓展。中外文化交流规模之大、数量之多、内容之广、信息传递之快都是前所未有的。这就使人们特别是文化工作者开阔了眼界，增长了知识，活跃了思想，使我国文艺的内容、题材、样式、表现技巧和创作方法更加丰富多样，对我国文化设施和艺术传播手段的现代化也起了很大的促进作用。与此同时，我们也应该看到，近几年来，在对待外来文化方面也存在着相当严重的混乱现象。在翻译、出版、评介外来文化艺术作品和进口音像制品方面，不加选择、粗制滥造、盲目吹捧的做法在相当大的范围内存在着，更严重的是有些人利用开放之机，极力宣扬西方资产阶级的世界观和政治观，鼓吹腐朽的人生观和价值观，助长了自由化思潮的泛滥。对此我们必须高度重视，认真加以清理和改变。

伟大的中华民族应该而且可以对世界文化作出更大的贡献。要做到这一点，只能靠努力创造具有鲜明中华民族特色的文化艺术精品。越是民族的，越是世界的。这一点，已经为无数的事实所证明。

（十）正确处理继承和发展的关系

弘扬民族文化的优秀传统，并不是要搞复古主义。历史文化都是一定时代的产物。同任何事物一样，中华民族的文化遗产也具有两重性。建立在小农生产基础上的封建文化的狭隘性和保守性，诸如宗法观念、家长作风、因循守旧、封建迷信、男尊女卑等等，曾经是导致我国社会长期停滞的思想根源之一。因此，对历史文化遗产绝不应不分良莠，全盘接受，而应当批判地继承，吸取其精华，剔除其糟粕。我们弘扬民族文化的根本目的，是要推陈出新，古为今用，是为了向前看，而不是向后看。

对待民族文化遗产，必须采取历史唯物主义的态度，就其所处的历史条件去分析它进步与否，而不能用今天的标准苛求历史和前人。苛求势必导致历史虚无主义。文化遗产具有相对的稳定性，它的许多方面并不是为某一个阶级、某一个时代所独有的，也不只是为某一个阶级、某一个时代所专用的。我们既要看到文化遗产的阶级性、时代性，又要重视它的继承性、借鉴性。我们的先辈在治理国家、修养品德、成就事业等方面，为我们留下了大量可资借鉴的宝贵经验，他们提出的许多警句格言，至今仍然闪烁着哲理的光辉，其中有些东西一旦赋予新意，便可成为社会主义精神文明的组成部分。

我们对待民族文化不仅仅要继承和传播，而且要以马克思主义为指导，加以系统整理和综合研究，在继承的基础上有所发展和创新。这是我们应尽的历史责任。以京戏为例，《玉堂春》是一出群众喜爱的戏，如果把前面嫖院一段去掉，只剩下起解和会审，就会好得多。再如《四郎探母》，如果把四夫人这个角色去掉，既不伤害原剧的本意，又能使主要人物特别是杨四郎的形象更加生辉。有的戏文唱词稍改动几个字，也会更加确切、增色。当然，这种加工、整理要采取很谨慎的态度，不能损害、减弱它原有的思想、艺术成就。总之，我们不仅要将前人的优秀遗产保留下来，而且应该为后人留下一些新的能够传之久远的东西。

（十一）着力讴歌社会主义的时代精神

我们提倡弘扬民族文化，重视民族形式和民族风格，并不是不要注意反映现实生活，而是为了更好地表现社会主义的时代精神，我们的文艺必须高举社会主义的旗帜，满腔热情地歌颂一切社会主义的美好事物，激励人民群众投身于社会主义现代化建设和改革开放的伟大事业中去。不要求文学艺术从属于临时的、具体的、直接的政治任务，丝毫不意味着文艺可以偏离为社会主义服务的政治方向。对我国人民在共产党的领导下，为夺取新民主主义革命胜利所建立的丰功伟绩，对我国人民在建国四十年来特别是改革开放十年来所取得的社会主义建设的巨大成就，对社会主义必然要代替资本主义的历史发展总趋势，我们都应当充分发挥文艺的多种功能加以表现和歌颂。而这种社会主义的现代生活和时代精神，只有通过为当代中国老百姓所喜闻乐见的艺术形式加以表现，才能为广大群众所接受，真正成为人民的文艺。

在文艺创作反映社会主义时代生活和时代精神方面，不是没有什么东西可写，而是写得还不够。现实生活中有着无比丰富的题材、主题在等待作家、艺术家们去反映去表现，一切有志气的作家、艺术家在这里都可以充分施展自己的创造才能。我们希望，广大文艺工作者到社会实践中去，到人民群众中去，了解人民的生活和工作，劳动和创造，欢乐和苦恼，从火热的生活中汲取题材、主题、情节、语言，用具有中国风格和中国气派的文艺作品，去真实而深刻地再现社会主义新人的内心世界及其英雄业绩，创作出有血有肉、生动感人的艺术形象，表现新时期创业者的革命理想和科学态度，高尚情操和创造能力，宽阔眼界和求实精神。我们已经有许多文艺工作者这样做了，希望有更多的文艺工作者也这样做。

（十二）必须面向人民大众

在社会主义社会，人民群众是我们国家和社会的主人。他们需要通过文艺来满足自己日益增长的精神文化生活需求，获得美的享受。因此，为最广大的人民群众服务，既是文艺的方向，也是文艺的目的。对于健康的作品来说，看的人越多，它的社会效益就越大。而要真正做到为广大群众喜闻乐见，就必须具有民族形式、民族风格。很难设想，缺乏民族特色的作品会赢得广大人民群众的喜爱，会具有长久的魅力。我们的文艺工作者，应当下功夫研究人民群众的文化心理和欣赏习惯，大力创作具有浓郁的民族特色和地方特色的文艺作品。我国有 11 亿人口，绝大多数在农村，面向人民大众，要特别注意面向农村。对于广大工人、农民、知识分子所需要、所喜闻乐见的，包括海峡两岸骨肉同胞和海外侨胞所需要、所喜闻乐见的，我们都有责任积极地加以挖掘、整理、加工、创作、表演和传播。

民族的文艺，是最易于普及的文艺，因而也是大众的文艺。正是从这个意义上讲，文艺的革命化、民族化、大众化是不可分割的。民族化和大众化有着天然的联系。要重视并组织好群众性的自娱自乐文化活动，因为群众既是我们的服务对象，又是弘扬民族文化的动力。他们自编自演、自拉自唱，既是演员又是观众，既活跃了文化生活，配合了生产和工作，又能产生出很多好作品，培养出很多艺术人才；既推动了民族文化的普及，又为民族文化的提高提供了土壤。与此同时，人民群众对民族文化的需求，也一定会在普及的基础上不断提高。整个社会对民族文化的鉴赏水平提高了，必然会提出更高的要求，推动民族文化向前发展。好比懂戏的人多，唱戏的就难唱了，非得提高自己的表演水平不可。我们相信，随着弘扬民族文化活动的普及和深入，广大人民群众必将为我们民族文化的艺术宝库增添新的光彩，必将有许许多多新的创造。

（十三）全面贯彻“百花齐放、百家争鸣”的方针

“双百”方针是繁荣社会主义文艺的基本方针。文艺创作是一种独特而复杂的创造性精神劳动，非常需要文艺工作者发挥个人的创造精神和艺术才能。每个文艺工作者的个人认识、修养和实践总是有一定的局限，其作品也总有一个提高的过程，既不可能丝毫不出差错，也不可能一下子臻于完美。特别是对中青年文艺工作者更应当允许他们有这样一个过程。这就要求我们努力为文艺工作者创造一个民主、和谐、团结、奋进的环境。多年来的实践证明，什么时候坚持和贯彻了“双百”方针，社会主义文艺事业就繁荣兴旺，生气勃勃；什么时候放弃或背离了“双百”方针，社会主义文艺事业就枯萎凋零，冷冷清清。十年动乱中，“十亿人民八个戏”的历史教训，必须引以为戒。

坚持“双百”方针，既是繁荣文艺的需要，也是弘扬民族文化的需要。这几年来，一些外来文化形式，如芭蕾舞、交响乐和迪斯科等，已被许多人所喜爱，应当继续给予鼓励和扶持，使之更加健康蓬勃地发展。我们的民族文化本身就是万紫千红、丰富多彩的，是熔众多民族文化于一炉、汇各家精粹于一体的百花园。这是我们中华民族文化的特点和优势。我们要重视这个特点，发扬这个优势，放手开展创作竞赛和学术争鸣，使各兄弟民族的文化艺术在社会主义的大花园中奇葩竞放，争辉斗艳，各显风采。

实践证明，坚持“双百”方针，重要的是把握住以下几条：第一，要开展同志式的讨论和竞赛。在政治上不违背四项基本原则的前提下，各种风格、各个流派、各种观点，都允许存在，允许自由竞赛和自由讨论，允许批评也允许反批评，不打棍子，不扣帽子。要勇于坚持真理，勇于修正错误。这应当成为文艺工作的正常秩序。第二，要尊重实践，尊重群众。一切文艺作品的优劣要经过实践检验，由人民群众来评判是非，裁定高下，不能由少数人凭个人好恶、标准说了算。第三，要把握好为人民服务、为社会主义服务和百家争鸣、百花齐放的辩证关系。“二为”是我国文艺发展的总目标和方向，“双百”是实现“二为”的必由之路。二者紧密相联，不可分割，不能离开“双百”谈“二为”，也不能离开“二为”谈“双百”。第四，要尊重文艺的特点和规律。领导者应和文艺工作者保持密切的联系，经常听取他们的意见，防止简单粗暴地对待文艺家的艺术创造。

（十四）民族文化要不断地吸收现代科学技术成果

文化的发展历来与科技的发展有着密切关系。现代科学技术必然会对文化的发展产生巨大的影响，为弘扬我们的民族文化增添新的生机和活力。以电影、电视为例，这是近代工业和科学技术发展起来后新兴的艺术样式，对民族文化的传播和发展起了很大的作用。借助于现代化的科学技术手段，对于古建筑的保护、修复，古籍的珍藏、复制，古代文物的发掘、保存，都达到了相当高的水平。今后，我们必须根据需要和可能，有计划有步骤地把各种现代科技手段运用起来，特别是在舞台设计、剧场建筑和演出设施上，逐步采用电子技术、激光技术、现代音响技术、现代建筑材料等科技成果，以丰富和提高民族艺术的表现能力。

民族文化采用现代科技手段，既要积极，又要谨慎。吸收现代科技手段，是为了更好地丰富和发展民族文化的特色，而不是削弱它、冲淡它、破坏它。要使二者科学地结合起来，为广大群众所接受和欢迎。比如京剧就是姓“京”，不管运用什么现代科技手段，都必须以不破坏它的艺术特色为准绳。如果周仓拿着盒子炮、关公拿着报话机，岂不叫人笑掉大牙。

现代科技运用于民族文化，是一个长期的复杂的过程。它涉及到很多方面，既有资金问题，又有技术问题，既有文化部门的问题，也有非文化部门的问题。文化部门和文化工作者要不断关注现代科学技术发展的情况和信息，科技部门和其他有关方面也应根据文化工作的实际需要，进行科学研究，创造各种条件，帮助文化部门使用最新科技成果，使民族文化放出新的光彩。

四

（十五）要造成重视民族文化的舆论环境

针对近几年来民族虚无主义的思潮，各种舆论单位和文化机关，要切实加强民族文化的宣传普及工作。报纸、电台、电视台和有关刊物、出版部门要采取开辟专栏、举办专题讲座和各种笔会，以及出版专著、辞典和系列丛书等多种方式，用历史唯物主义观点帮助人们正确地认识我们民族文化的优秀传统，特别是“五四”以来的中国革命历史和革命文化的光荣传统。要加强对民族文化的介绍和评论，加强对发展民族文化作出突出贡献的卓越人物的报道和评介。

要充分利用各种民族节日，开展弘扬民族文化活动。这些民族节日，如春节、端午节、中秋节，以及藏历新年、泼水节、古尔邦节等等，历史悠久，群众性强，具有浓重的民族特色，都是民族文化的强大载体。要通过正确的引导，组织好节日的各种群众性民俗活动和文化娱乐活动，搞得红火热闹，把民族节日办成检阅民族文化成果、发扬民族文化优秀传统的盛会。

要紧密结合加强和改进思想政治工作，注入弘扬民族优秀文化的内容。要把爱国主义、集体主义、社会主义教育，把艰苦创业、勤俭节约的教育，把国情教育和形势教育，与民族文化优秀传统和革命优良传统教育结合起来，并注意更多地采用民族文化活动形式，使我们的思想教育更加具有民族风格和民族气派，更好地体现寓教于乐的精神，达到热爱民族文化和昂扬民族志气的目的。

要经常举办全国和地方的戏曲、曲艺和民族歌剧、音乐、舞蹈、美术、杂技的调演、比赛和展览。通过这些活动发现优秀作品和优秀人才，推动民族艺术的发展与繁荣。同时，还要有计划地举办有鲜明民族特色的话剧、电影、电视剧的调演和集中播映，并组织专家和群众开展评选工作，对具有鲜明民族特色的优秀作品要大力进行表彰，对于贡献突出的创作和演出人员要给予物质奖励，有的还要授予不同级别的荣誉称号，以便在全社会形成尊重民族文化优秀传统的社会风尚。

（十六）要从儿童和青少年抓起

弘扬民族文化，树立和增强民族自尊心、自信心和自豪感，是一个长期的具有战略意义的任务。这项工作必须从幼儿园和小学校抓起，实行学校、家庭、社会相结合，对儿童和青少年分阶段依次递进地进行民族历史和民族文化的教育。

第一，要编写各种读物。我国历史上表现刻苦好学、聪明智慧、品德高尚的故事很多，民族英雄、志士仁人、文豪学者和能工巧匠，人才辈出，各领风骚，还有“自古英雄出少年”的种种传说，这些对青少年都很有教育意义。要把这些历史故事和历史人物编写成各种通俗读物，制作一批音像制品和动画片，以多种生动活泼、引人入胜的形式，向青少年进行中华民族悠久历史和灿烂文化的教育。同时，有关部门还要对现在使用的大、中、小学的课本作必要的调整，在语文、历史、地理、政治等科目中加重民族文化优秀传统的教学内容。

第二，要逐步创造有鲜明民族特色的文化环境。如：在城乡建设中，对房屋设计、桥梁建造，以及工厂、学校、机关、公园与其他公共场所的布置和装修，特别是修建青少年文化宫、科学园地等活动中心，要在实用、经济的前提下，尽可能地注意表现民族特色，有些还可以民族历史人物、历史故事作为雕塑和壁画的内容，使青少年从小就在民族文化环境和氛围之中耳濡目染，受到熏陶和教育。

第三，要组织青少年积极开展民族文化活动。如：组织学生开展民族文化知识竞赛，进行以历史题材为主的作文比赛和民族艺术评比，参加各种民族文艺演出，观摩民族艺术表演，参加有民族特色的节日庆典活动，参观游览名胜古迹，等等。

总之，要通过各种渠道和各种教育活动，提高青少年的民族主体意识和民族文化修养，使他们不仅具有这方面的知识和技能，更重要的是，让他们继承和发扬中华民族传统的优良道德品格，塑造与形成当代中国的民族精神。

（十七）要有个总体规划

以弘扬民族文化为重要内容的社会主义文化建设，涉及的方面很多，需要调动社会各方面的力量，协调合作，共同来办。这就必须通盘考虑，逐级作出规划，有组织有领导地进行。民族文化具有鲜明的地方特色，在制定规划中要特别注意反映本地区的实际。要同社会经济发展规划密切联系起来，同本单位的实际工作密切结合起来。不论是文化部门，包括教育、科学、文学艺术、新闻出版、广播影视、卫生、体育、文物、图书馆、博物馆等，还是其他部门如城市建设、交通运输、农林水利、商业外贸等，以及厂矿、农村等基层单位，在制定本部门、本单位发展规划的时候，都要考虑到社会主义文化建设，有利于弘扬民族文化，振奋民族精神。

要注意规划与计划相结合，根据总体规划要求，制定出每年实施规划的计划。比如，对传统剧目的挖掘、整理、改编和革新，古籍的整理、出版和发行，各民族民间口头文学的记录和加工，文物古迹的保护和利用，等等，都要根据实际需要和力所能及的原则，制定出具体的实施目标。文化建设计划要像完成经济建设计划一样，确保按期完成。

（十八）要研究制定相应的经济政策

为了弘扬民族文化，要从财力、物力上给以必要的支持。一是要合理调剂使用现有的文化投资。现在文化建设资金比较紧张，国家限于财力不可能一下子拿出很多钱，只能在统筹兼顾的原则下，各级都从文化经费中尽可能挤出一些钱来用于民族文化建设。二是要在税收方面采取倾斜政策。对于发展健康的社会主义文化事业，包括发展民族文化事业，要给予支持鼓励，对这些方面的优秀精神产品的出版、发行、演出、播映、展出所得的收入，在征税时要实行低税率，有的还要减税和免税，而对那些文化学术价值不大的畅销书和演出活动所得的收入实行较高的税率，努力以丰补歉，不让创作、演出健康优秀作品的单位和个人在经济上吃亏。三是研究和改进现有的分配政策。要按照按劳分配的原则，根据国家财力的可能，逐步改变各类文艺人员收入不够合理的状况。对为体现社会主义时代精神和繁荣民族文化事业作出突出贡献的尖子人才，要在工资以及住房等方面给予优厚待遇。四是要提倡勤俭办文化事业，努力做到少花钱多办事，不花钱也办事。近几年来，我们在文化事业中一方面经费严重不足，另一方面也存在着大手大脚、铺张浪费现象，特别是一些质量低劣的电影片，耗资巨大，却无法公演。在这些方面紧一紧，就能办很多有益的事情。

（十九）要建设一支宏大的民族文化工作者队伍

培养和造就一大批优秀的民族文化工作者，是继承和发展民族优秀文化的根本措施，也是当前面临的一项迫切任务。要采取各种有力措施，包括办好各种文化艺术院校，培养和造就各方面的专门人才。要重视发挥老专家、老艺人的作用，搞好传帮带。对于自学成才的民族文化工作者，要创造条件让他们各展其长。对于流散于社会的民间艺人，要给予关心和扶持，帮助他们提高水平，充分发挥他们在弘扬民族优秀文化中的积极作用。

要提倡民族文化工作者努力学习马克思主义，学习党的十一届三中全会以来路线、方针和政策，学习文艺理论和现代科学文化知识，深入生活，增加生活积累，努力提高思想水平和业务素质。提倡文化工作者特别是专业人员，认真学习民族文化的优秀传统，养成浓厚的学术研究、潜心创作和苦练基本功的风气，不断提高民族文化修养和业务水平。

这里我还要讲一讲加强文艺队伍的团结问题。我们的民族文化工作者无论从数量上、质量上都远不能适应形势的需要，因此，加强团结，形成合力，就尤为重要。民族文化有各种门类、各种流派，各有师承，各有所长。弘扬民族文化是包括所有门类、流派的共同提高，大家要互相尊重，互相学习，互相借鉴，取长补短。作为民族文化工作者更应该继承和发扬中华民族的传统美德，以民族大业为重，具有宽阔的胸怀，容人的雅量，从狭隘的小圈圈中解脱出来，摒弃那些疙疙瘩瘩的事情，一切向前看，在为人民服务、为社会主义服务的大目标下团结起来，齐心协力，为民族文化事业的振兴贡献自己的力量。

（二十）要加强党对弘扬民族优秀文化工作的领导

这个问题要摆上领导的议事日程，并有专人分工负责，在建设社会主义物质文明的同时，把弘扬民族优秀文化作为建设社会主义精神文明的大事来抓。要定期研究讨论，及时督促检查。要加强文化工作者的思想政治工作，从政治上关心他们，帮助他们自觉地坚持“二为”方向，遇事提前打个招呼，使他们的思想能够跟上形势的发展；同时也要尽可能地帮助文化工作者解决工作中和生活中的实际困难；要尊重他们的劳动成果，为他们创造一个良好的工作环境，使他们能够充分发挥自己的聪明才智。各级领导干部要做文化工作者的知心朋友，经常同他们沟通思想，把广大文化工作者紧紧团结在党的周围，组织他们为人民提供更多更美的精神产品，更好地满足人民群众精神文化生活的需要。

同志们，我们中华民族的发展，处在一个重大的历史关头。从本世纪中叶到下世纪中叶，我们要用一百年的时间，艰苦奋斗，摆脱贫穷和落后，在社会主义基础上基本实现现代化。四十年时间已经过去了，我们有巨大的成绩和经验，也有许多曲折和教训。我们已经跨入了90年代。90年代这十年是关键的一步，这一步走好了，就能为下个世纪的顺利发展打好基础。经济建设是这样，文化建设也是这样。还在建国前夕，毛泽东同志就在评美国白皮书的一篇文章里提出了复兴伟大的中国人民文化的任务。《中共中央关于社会主义精神文明建设指导方针的决议》指出：党的十一届三中全会以来的路线，赋予这个复兴以新的强大生机和活力；这个复兴，将创造出以马克思主义为指导的，批判继承历史传统而又充分体现时代精神的，立足本国而又面向世界的，高度发达的社会主义精神文明。我们今天讲弘扬民族优秀文化的问题，就是在这样的历史高度和思想高度上提出来的。我们完全有信心、有能力去创造中华民族文化更加辉煌的未来。让我们振奋起来，团结起来，行动起来，共同为建设有中国特色的社会主义新文化而努力奋斗！

保护文物是我们应尽的历史责任*

（1990 年 4 月 19 日）

我这次来陕西，所见所闻，总的印象是好的。近几年来陕西各方面的工作是做得好的，在两个文明建设和改革开放中取得了很大成绩。当前，陕西整个形势也是稳定的。不久前，江泽民总书记曾来陕西考察工作，讲了一篇很重要的话，希望大家继续认真学习和贯彻落实。我这次来，主要是调查研究文物工作的问题。所以，想就加强文物工作问题讲点意见。

今年 1 月，我在弘扬民族优秀文化的讲话中曾说过，我们的祖先给我们留下了一份极其丰厚珍贵的文化宝藏。我们应该珍惜、保护和发掘中华民族的优秀文化遗产，并在继承的基础上有所创造、有所前进。否则，不仅愧对我们的伟大祖先，也愧对我们的后世子孙。这个观点，大家都很赞成。毫无疑问，珍贵的历史文物是中华民族文化宝藏的一个重要组成部分。因此，弘扬民族文化就必须搞好文物的保护和利用。

弘扬民族文化的问题是一个关系到能否建成有中国特色的社会主义的重大问题。毛主席曾经把新民主主义的内容划分为三个部分，即新民主主义政治、新民主主义经济和新民主主义文化。

---

* 1990 年 4 月 12 日到 21 日，李瑞环同志在陕西省委书记张勃兴的陪同下，深入到西安、咸阳、宝鸡、渭南、铜川、延安等地的博物馆及文物发掘现场进行考察。19 日，在听取省委工作汇报后，就加强文物工作作了重要讲话，这是其讲话要点。

按照这一分类方法，有中国特色的社会主义，应包括有中国特色的社会主义的政治、经济和文化。那么，什么是有中国特色的社会主义文化呢？可以肯定地说，这种文化是以中华民族文化为主体的文化，它既是有中国特色的社会主义的重要内容，又极大地影响着有中国特色的社会主义的政治和经济。从一定意义上说，对中国的历史、文化缺乏深入系统的研究，要想在中国干成大事是不可能的。大家知道，毛主席对中国历史的研究极其深刻，对民族文化的了解也极其深刻，这是他领导中国革命和建设取得伟大胜利的一个原因。这里不去详细论述他在这方面的贡献，单就改造中国的典故和语言来说，他创造了一代语言。他常常巧妙地赋予一些典故、成语以现代含义，把一些很复杂的问题讲得很通俗生动，连不识字的工人、农民都能听得懂。直到现在，在我们许多领导人的讲话和党政部门的文件中，即使没有直接引用毛主席的话，也可以找到不少毛主席创造的语言词汇。一些外国人对中国的问题常有不同看法，但对中华民族的优秀文化遗产却不敢轻视。不管是哪国人，只要把他拉到中国，到西安兵马俑一看，恐怕都不能不为中国的古代文化所折服。法国在近代文艺复兴中出了好多文化巨匠，他们常常为法兰西民族的优秀文化而自豪。据说法国菜在西餐中很有名气。有一次一位法国人请我吃饭，问我法国菜怎么样，我说不错。他又问和中国菜比怎么样，我说这不可比，两者不是一码子事。他又说，如果非要比一比，哪个更好一些呢？我说按照中国菜的要求，法国菜中的很多东西只称得上是“半成品”，还要做许多道加工才能吃。我举这些事例，是要说明我们的祖先曾创造了灿烂辉煌的古代文化，为人类文明的发展作出过重要的贡献。而保存在地上和地下的大量文物则是中华民族文明史发展的见证，也是我们中华民族子孙的骄傲。这就是说，我们要把文物工作同弘扬民族优秀文化、同建设有中国特色的社会主义联系起来，从这样的高度，来看待和搞好文物的保护和利用。

在现代化建设和改革开放的新时期，进一步加强文物工作，对促进物质文明建设和精神文明建设，增强中华民族的凝聚力，以及扩大我国人民同世界各国人民的文化交流和友好往来，都具有重要意义。文物真实地反映了我国历史各个发展阶段的政治、经济、军事、文化、科学和社会生活的状况，凝结着各族人民的智慧和创造，具有直观、形象、生动的特点。所以，用文物对广大人民群众特别是青少年，进行爱国主义、革命传统和历史唯物主义的教育，是别的教育手段所难以代替的。我们可以运用文物来丰富人民的精神生活。在大量的祖国文物中，有许多绚丽多彩的艺术珍品。各种传统的艺术形式，能给人以美的享受，能供人欣赏和借鉴，产生陶冶情操、提高文化素养的效果。我们可以运用文物研究我国历史上科学技术发展的成果，为今天的社会主义经济建设服务。我们还可以利用文物发展旅游业，开展国际文化交流，扩大同各国人民之间的友好往来。我国文物对国外旅游者具有很大的吸引力，在国际文化交流中外国人对中国文物有特别的兴趣。

建国以来，党和政府对文物工作是重视的。无论在文物工作的机构、体制和队伍建设上，还是在文物的发掘、保护和利用上都取得了可喜的成绩。但是必须承认，在文物的保护和利用上，还存在不少令人担忧的问题：有些珍贵文物保管不善，文物走私、被盗和遭受破坏的现象相当严重，有的该抢救的还没有抢救，这里有经费、技术问题，但主要是认识问题，是责任心问题，是工作抓得不实的问题。即便是经费、技术问题，有些也同认识问题相联系。必须提高对文物工作地位和作用的认识，必须树立保护文物的强烈责任感。要让大家都明白：文物的保护和利用，国家有责任，地方有责任，文物工作者有责任，全社会都有责任。中华民族祖先留下的珍贵文物，既是中国人民的财富，也是整个人类的财富。如果在我们这一代由于保护不好而使之受到损毁，将上对不起祖宗，下对不起子孙，犯下无法弥补的历史性错误。

文物的一个很大特点是破坏了不能再生，所以我们必须十分珍惜，严加保护。在如何对待文物上，我们过去干过很多荒唐事。“文革”中，有些红卫兵要挖曲阜的孔子墓，告到周总理那里才被制止住。由于过去我们干了错事，还有一些其他原因，一些专家学者对文物能否得到保护有疑虑，在保护和利用的关系问题上产生这样那样的争论，这是可以理解的。在这个问题上，我们的主张是：加强保护，科学利用。首要的第一位的是保护。从一般道理来说保护是利用的前提，离开保护，利用就无从谈起，就是在利用过程中也要注意保护，以文物不受损害为限度。从现实情况来看，我们在文物保护工作中确有很多疏漏，重视不够，欠账很多，还没有把它摆在应有的位置上。所以，当前首要的、第一位的是强调保护。当然文物在保护的前提下也要充分地科学地利用。从某种意义上说，保护文物的最终目的是为了利用；有些文物没有利用就不能很好保护。比如房子，长久无人住就坏掉了。现在既有不重视文物保护而造成损失的问题，也有利用不够的问题。对文物的利用一般来说有两种效益，一是社会效益，二是经济效益。以文物为教材，进行爱国主义教育，振奋民族精神，丰富人民群众的精神文化生活等等，这是社会效益；利用文物来发展旅游业，比如秦兵马俑、华清池和秦始皇墓，多吸引一些游客来看，增加一点经济收入，这是经济效益。我们把社会效益放在第一位，但也不完全排斥经济效益。赚点钱，有利于文物的保护和开发。

在文物的保护和利用上，还有两个问题需要解决。一个问题是，对历史事件和历史人物的评价可以有分歧，但不能因此影响文物的保护和利用。你对武则天、杨贵妃等，可以有不同的看法，但谁也不能从自己的看法出发来决定哪个墓应保护，哪个墓该砸掉。你喜欢也好，不喜欢也好，它们都是文物。北京的颐和园是西太后修的，这个老太婆人人都恨，但颐和园还得放在那儿，并且要认真保护。天津"九国租界地"有很多小洋楼，是拆掉，还是留下来，修复原样，曾引起很大的争论。我主张留下来，修复原样。有人批评说，这究竟是光荣，还是耻辱和罪证，有什么值得修的。我说历史文物是劳动人民血汗和智慧的结晶，你能把故宫给砸了吗？你能把颐和园砸了吗？后来小平同志来天津，我把这件事向小平同志汇报，小平同志说讲这种话是无知。所以，我们不能从自己的观点、自己的好恶出发来对待文物，对文物可以有不同的观点，但是不能因此而影响对文物的保护和利用。再一个问题是，如何对待埋藏在地下的文物，不讲条件、缺乏论证的盲目发掘，必须坚决反对，而具备条件、经过科学论证的有计划发掘，必须积极支持。现在我们的文物发掘工作比较被动，绝大部分带有偶然性。在这方面，最好能有一个规划，形成一套有计划、有组织、慎重科学的办法，变被动为主动。长期不搞主动发掘，就很难取得经验。有些东西长期呆在地下是保护，如发掘出来而保护不了，那就会损坏，但也许有些东西早发掘几年就留下来了，晚了就没有了。我前两天看了桥陵，那是唐睿宗的墓。唐睿宗当三年皇帝两次让位，是个没干多少事的窝囊人。他不像秦始皇统一了中国，也不像霍去病、魏徵等干了很多事，人们都能记住。你们想发掘皇帝陵，是不是唐睿宗不成大器，他的墓开坏了也没关系？因此想先找桥陵试试。这个皇帝活着受气，死了也受"欺负"，真够窝囊的。桥陵开发什么时候动手，怎么个搞法，可以进一步研究。我个人认为，比较起来，有的陵墓的发掘条件要好得多，发掘之后震动也会更大。对于发掘这些陵墓，可能有同志不同意。我想那些不同意发掘的同志大都是爱护文物的同志。他们怕发掘出来的文物得不到保护。这主要是人们对过去发生的荒唐事记忆犹新，对我们不太信任。如果我们对文物真正重视了，有一套经过科学论证的、严密的发掘计划和周到的准备，把全国的专家力量都集中起来搞这件事，我就不相信他们不愿意发掘，不愿意看看地下埋藏着的宝贝。问题在于要有计划、有组织、有足够准备地科学地发掘。

说到文物的保护和利用，我想说一说陕西省在这方面负有的特殊重大责任。陕西特别是西安文物高度集中。数量之多，价值之高，在全国可以说是独一无二的。这里，曾是蓝田猿人和半坡人的故乡。这里，曾是封建主义文明高度发达的秦汉隋唐王朝的故都，毛主席在《沁园春·雪》中肯定的"秦皇、汉武、唐宗、宋祖"，四个人中有三个在这里起家。这里，古墓葬极多，包括老祖先轩辕黄帝陵在内，有规模庞大的帝王陵园七十多座。这里，许多文物古迹是闻名世界的，其中秦兵马俑被誉为世界八大奇迹之一。西安钟楼上有一副对联说得好："八百里秦川文武盛地，五千年历史古今名城。"拥有丰富而珍贵的文物，是陕西人民的光荣和骄傲，也是陕西省的一大优势，同时也决定了陕西省人民和党政领导在保护文物方面具有特殊重大的责任。同其他省市相比，陕西省党政组织领导人要多一项重要和艰巨的任务，这就是保护好和利用好文物。有些省市虽然也有这个任务，但没有陕西这么重、这么艰巨。希望陕西省各级党政组织和广大群众把这一责任担当起来。这几天，我看了一些文物古迹，听了有关部门的汇报，总的印象，陕西省的文物工作是做得不错的，成绩是显著的，当然用高标准来要求还存在不少的差距，应做进一步努力。当前我认为首先要办好以下几件事：

第一，要制定一个好的规划。无论发掘、保护和利用，都要有一个经过科学论证的严密的规划。拿西安的城市建设来说，如何保持原来的古都容貌，这虽然不是文物部门的事，却是与保护文物古迹有密切联系的。我搞过很长时间的基本建设，对这个问题想多说几句。据了解，西安市早就有了一个城市规划，遵循这个规划，西安城市建设有了不小的成绩。现在的问题是，如何随着形势的发展、变化，使原定的规划不断发展和完善。当前我觉得至少有一个问题需要引起特别的重视。这就是，西安城墙恢复以后，为保持西安完整的古都容貌，不宜在城内再搞过高过大的建筑。从这个要求来看，我觉得南大街有些新的建筑是有点毛病的。南门口盖的那两座大楼，把城门楼子给压下去了，不合适。应尽快把马路两旁的“红线”定死，不能让建筑物超线。不要搞高大的楼房，高大的楼房与历史名城不相称，而且这也不是你们的优势，你们没那么多钱，搞不过北京。再说，搞高楼很难在短期内完成城市改造任务，因为一个高楼需要花很多钱，如把盖高楼的钱用在城市改造上就可以办很多事情，可以很快见效。有些楼可以改造翻新，使地下和地上的建筑相协调、相一致起来，这样再过五百年，地上的东西也成文物了。这个意见可能与你们有的同志的想法不一致，你们可以找一些专家论证、研究。

第二，把重要的国宝集中起来，放在西安保管，这是一件刻不容缓的事情。现在，许多珍贵文物，放在地县基层单位保管，技术条件和安全条件都比较差，很容易出问题，不如集中到省里保管好。保管的地点虽然变了，文物原来属于谁的还是谁的，比如法门寺的还是法门寺的。国宝集中到西安保管以后，复制品还放在原址。在这方面，省里可以做些工作。另外，西安的文物除重复多余者外，原则上不能外调。新盖的陕西历史博物馆居全国第一，完全可以放在那里。这样不仅有利于保护和调动地方保护文物的积极性，而且就地展览意义更深刻。

第三，有一批需要抢救的文物古迹要立即采取抢救措施。比如，临潼华清池要迅速修缮。现已决定国家文物局拨 50 万元，国家旅游局拨 50 万元，不够的由地方上补足。这个项目应尽快完工。咸阳博物馆文物仓库太简陋、危险，要重新修建。这个馆收藏的特别珍贵的文物要调省上保管。茂陵无名氏墓的问题拖了那么长时间，都灌水了，要尽快处理。

第四，广泛地开展文物宣传。要利用报刊、电视、广播等各种宣传媒介进行宣传，让广大群众都知道《文物保护法》，都懂得文物保护的重要意义，从而自觉地投身到文物保护的行列中来。

我希望陕西省委、省政府加强领导，陕西文物工作者共同努力，北京的有关部门，包括我们在内进行配合，把陕西省的文物工作推向一个新阶段，开创一个新局面，为全国提供更多的好经验。

最后，希望省委、省政府和几大班子，特别是各级党组织，大家继续认真贯彻十三届六中全会精神，进一步振奋精神，齐心协力把陕西的工作搞得更好。中央对陕西的工作寄予很大的希望，对陕西的领导班子是放心的。老省长刚调走，又给你们调来了新省长。干部交流是我们的经验，这样做是必要的。总之，希望你们再接再厉，争取 90 年代陕西的工作更上一层楼。

重视对中国文化遗产的挖掘和研究*

（1990 年 6 月 3 日）

中国古文化源远流长、博大精深，饱含着华夏先哲们的无穷智慧，记载了炎黄子孙的辉煌业绩，是祖先留给我们的一笔丰厚遗产。如何使人类这一文化瑰宝为当今世界所用，为振兴中华服务，是我们这一代人的共同责任。

1987 年秋，我在《古典诗词百科描写辞典》序言中曾寄语有志于此的专家和学者，希望他们能在马克思主义的指导下，对浩瀚的古文献进行整理选编，按不同专题辑录成书。翌年仲夏，天津社会科学院的门岿同志即提出了编纂《中国历代文献精粹大典》的设想，并很快得到诸多部门和同志的响应，有十个省市近四百名学者联袂参加。在短短半年多的时间里，他们披阅典籍三千余种、十多万卷，将其辑为政事、文艺、科技、经史、人物五大卷。该大典每篇之后附有注释和评介，总计八百余万言。这部大典的编纂，既注重了古文献的历史价值，又着眼于现实的借鉴和运用，搜集宏富，撷其精华，使人们能够用不多的时间广为涉猎，浏览大概，撷其所需，用其所得。可以肯定地说，这部大典对于国家干部、科技人员、社会学者、新闻出版工作者、理论研究工作者、思想教育工作者以及知识青年都具有一定的参考和实

---

* 这是李瑞环同志为《中国历代文献精粹大典》一书所作的序。

用价值。值大典出版发行之际，我谨向潜心发掘中国古文化宝藏，并为此书的编辑整理、出版发行付出巨大心血的同志们深表谢忱！

多年来，我一直提倡要重视对中国文化遗产的发掘和研究，几次动员、组织若干专家学者投身于此项工作。我所以如此热心于这件事情，并不是因为对历史有什么癖好和偏爱，更不是为了“发思古之幽情”，而是我始终认为，这是进行社会主义现代化建设的需要。按照马克思主义的观点，历史具有承继性。现实是历史的发展，是历史长河中的一定阶段。现代文明无一不是在已有的物质和文化基础上建立起来的。列宁曾经讲过：“无产阶级文化并不是从天上掉下来的，也不是那些自命为无产阶级文化专家的人杜撰出来的。如果硬说是这样，那完全是一派胡言。无产阶级文化应当是人类在资本主义社会、地主社会和官僚社会压迫下创造出来的全部知识合乎规律的发展。”历史发展的这种客观规律就决定了：要了解现实，把握现实，并预见未来，开拓未来，就必须深入地研究历史。中国是世界上文明发达最早的国家之一，曾经创造过举世无匹的物质文明和精神文明。在漫长的岁月中，我们的民族虽屡经曲折磨难，甚至几临倾覆的厄运，却又一次再一次地衰而复兴，蹶而复振，转危为安，巍然屹立。这充分表现了中华儿女艰苦卓绝的战斗精神和殉国家之急的爱国情操，同时也给我们留下了深刻的教益。可以说，现实的中国是无数代中华儿女英勇奋斗的结果，是我们国家几千年历史的积累和文化的积累。因此，在建设具有中国特色社会主义的过程中，我们不但需要认识现实的中国，而且需要认识历史的中国。正如毛泽东同志所指出的，在观察和解决中国革命问题的时候，决不应割断历史。不但要懂得中国的今天，还要懂得中国的昨天和前天。这样，我们就会在不断重温伟大祖国的光荣史和悲惨史、苦难史及斗争史中，汲取热爱祖国的巨大力量，激励自己做一个无愧于祖国、无愧于先人、无愧于时代的中国人。也只有这样，我们才能使马克思主义的普遍真理与中国国情真正结合起来，使马克思主义中国化、民族化。

马克思主义还历来认为，优秀的文化遗产作为人类认识和改造世界的共同成果，决定了它具有相对的稳定性。也就是说，不但物质文明，而且精神文明的许多方面，不是某一个阶级所独有的，而是经过不同阶级世世代代的努力共同创造的成果；它也不是只为某一个社会形态服务的，而是可以为各个不同的社会形态服务的。因此，我们既要看到历史文化遗产的阶级性，又要重视它的继承性和借鉴性。中国历史上下五千年，历代王朝交相更替，阶级关系不断变化，但人们在改造自然、治理国家、提高自身素质等方面，积累了许多共同的精神财富，是不同时代、不同阶级的人都可以接受、利用和借鉴的。且不说中国兵、农、医、艺的实用的文化，诗骚曲赋的文学精粹，民谚俚俗的熠熠智慧，即使在治理国家、安定社会、修养品德、成就事业等方面，我们的先辈所提出的许多至理名言，都使后人受益无穷。诸如“正奇互补”、“乱极而治”的朴素哲理，“民为贵”、“天下为公”的民本思想，“魂系中华”、“爱国如饥渴”的民族正气，“先天下之忧而忧，后天下之乐而乐”的政治抱负，砥砺品学、上下求索的进取精神等，即使在今天也仍然闪耀着光辉，其中有些东西一旦赋予新意，便可成为社会主义精神文明的组成部分。把所有的历史文明简单地贴上阶级的标签，并拒绝继承、借鉴，不是马克思主义对待传统文化的正确态度。

要继承、借鉴好中华民族的文化遗产，就要在广征博采的基础上，廓清历史文化发展的脉络，赋予其应有的历史地位，并运用马克思主义的方法加以批判地总结，取其精华，剔其糟粕，鉴往而知来，更好地为现实服务。对古文化遗产抱残守缺、照搬照抄，是不可取的；而妄自菲薄，数典忘祖，采取历史虚无主义态度，把我国悠久的文化斥之为历史“积淀”，视为沉重的“负担”，更是极其有害的。时至今日，许多发达国家都在用很大的精力研究中国文化。相比之下，我们对中国古籍的研究与发掘，倒显得不是多了而是太少了，不是深了而是很浅。这是值得我们认真思考的。

《中国历代文献精粹大典》的编辑成书，是我国社会科学研究和文化出版事业的一大幸事。然而，这只能说是一个良好的开端。我国古代文献虽几经沧桑，诸多散佚，但遗留下来的书稿仍浩如烟海，这部大典也只是沧海一粟，远谈不上包容净尽，更不待说尽其精核、毕发奥旨了。一切锐志于改革进取的学者专家们，在挖掘古文化遗产为现实服务方面，尚有大量工作可做。中国创造了让全世界引以为豪的灿烂的古文化，中国也正在创造更加辉煌的当代文化。愿同志们共同努力，不忘继承，勇于创新！

人类文明纵向上要讲继承、横向上要讲借鉴*

（1992 年 4 月 8 日）

第三届孙子兵法国际研讨会，有这么多的中外专家学者参加，算得上是一次研究中国传统文化的盛会。借此机会，我向远道而来的朋友们表示欢迎，对大家研究孙子兵法的热情表示敬意，并预祝这次研讨会取得圆满成功。

现实是人类发展历史长河中的一个阶段。现代文明是人类社会创造的全部知识合乎规律的发展结果。事实证明，许多文明成果，尽管在其开始创造出来的时候，由于历史条件的限制，往往只能在局部地区和特定事物上发生作用，人们还不能全部认识其固有的意义。但随着社会经济的发展，在新的历史条件下，它们会不断汇进世界文明的宝库，逐渐成为人类共享的精神财富。就一个国家、一个地区来说，要想使自己不落后，要想使自己尽快地发展，就必须善于吸收和借鉴人类创造的一切文明成果。这个“人类”，应该是既包括古代人，也包括外国人。这就是人们常说的人类文明在纵向上具有继承性，在横向上具有借鉴性。如果忽视人类文明这种超越时空的特点，借口它是某一个阶段、某一个国家、某一种社会制度所独有的而简单地加以排斥，那就不是历

* 这是李瑞环同志同第三届孙子兵法国际研讨会部分中外代表座谈时的讲话。

史唯物主义的观点，是要走弯路，要吃亏的。道理很简单，在科技高度发达的今天，即使一个十分聪明的人，如果不吸收已有的知识而事事都由自己去从头摸索，那恐怕连我们现在会场上使用的麦克风也造不出来。这就是为什么我们要强调大胆吸收和借鉴外国的包括资本主义国家的一切先进文明成果。

人类创造的某项文明成果，在某种情况下有时也可能给人类带来灾难，但从总体和长远来看，总是会给人类带来幸福的。以研究孙子兵法为例，可以毫不隐讳地讲，几十年前，共产党的研究是为了如何对付国民党，国民党的研究是为了如何对付共产党。如今大陆的专家和台湾的专家在一起研究，可否这样讲，主要已不是用来对付对方了。研究兵法可以运用到各个方面，并不一定就是要打仗。古人说得好，“自古知兵非好战”嘛！

刚才台湾朋友提议下一届孙子兵法研究会在台湾召开。如果台湾方面没有阻力的话，我很愿意促成这个建议的实现。这么多外国人都可以和中国人坐在一起研究中国人祖宗的创造，为什么中国人和中国人不可以坐在一起呢？有位台湾朋友主张把“合则两利”改为“两利则合”，我说，“合则两利”也好，“两利则合”也好，总是离不开一个“合”字。我们坐在一起，政治不谈谈经济，大的不谈谈小的，近的不谈谈远的，总是可以谈起来嘛！

我作为一个中国人，既为我们的祖先留下这么丰厚的引起世界这么多人重视的优秀文化而感到自豪，又为我们现在在世界横向比较中的地位还不如我们的祖先而感到责任重大。我希望通过开展孙子兵法研究，能够推动弘扬中国优秀传统文化；通过弘扬中国优秀传统文化，促使中国人民更加团结起来，振奋起来，把中国现在的事情办得更好。

祝愿海外朋友在中国停留的这段时间生活愉快！谢谢！

保护为主　抢救第一*

（1992 年 5 月 8 日）

这次全国文物工作会议，是一次很重要的会议。李铁映①同志作了重要讲话，张德勤②同志作了工作报告，我都赞成。到会同志还就如何搞好文物工作的问题发表了许多很好的意见。我没有多少新话要讲了，这里再重复强调几点。

一、博大精深的中国历史文物是中华民族的骄傲

我们伟大的祖国，是世界文明古国之一。在漫长的历史岁月中，我们的祖先用自己辛勤的劳动和卓越的智慧，创造了举世瞩目的中华民族文化，留下了极其丰富的文物宝藏。论历史悠久、源远流长，中国文物可以追溯到史前时期。旧石器时代大量猿人化石和文化遗址的发现，说明中国是世界上少数几个拥有最古老历史文物的国家之一。在人类历史上，不少地方都曾燃起古文明的火炬，但由于各种原因，大都发生过断层，唯我中华文明五千年来一脉相承、经久不衰，作为这一古老文明实物映照的中国文物世代留存、从未间断。如果把我国不同时代的文物排列起来，就是一部完整系统、生动形象、翔实可征的“中国通史”。论规

---

* 这是李瑞环同志在全国文物工作会议上的讲话。

① 当时任中共中央政治局委员、国务委员兼国家教育委员会主任。

② 当时任国家文物局局长。

模宏大、广博浩瀚，中国文物遍布祖国各地，从白山黑水到七闽八桂，从东海之滨到西部戈壁，到处都有丰富的文物资源。在我国的文物宝库中，包融了56个民族的智慧结晶，吸收了世界众多地区的文明精粹，表现了中华文明强大的向心力和恢宏气度。论丰富多样、技艺精湛，中国文物精品荟萃，蔚为大观，品种之多，门类之全，是世界其他国家难以比拟的，在许多领域都代表了当时人类文明的巅峰。现在保存下来的古器物、古书画、古文献、古建筑、古石刻、文化遗址、历史名城、帝王陵寝和古代园林等等，无不反映出我们祖先高超的思想文化水平和科技艺术才华，至今令人叹为观止。

中华文明对世界各国的文明与进步产生过巨大的影响，大量的文物是这一客观事实的验证。早在汉代，丝织品就源源不断运往国外，著名的丝绸之路遗址使人联想到当时中外交流的繁华景象。在唐代，都城长安是世界性的大都会，现存的许多文物史料充分反映了当时各国商贾云集、学人聚会的盛况。特别是指南针、造纸术、印刷术和火药四大发明，传播到世界各地，对人类的科技和文化进步起到了不可估量的作用。马克思对此曾给予高度评价，他说："火药、指南针、印刷术——这是预告资产阶级社会到来的三大发明。火药把骑士阶层炸得粉碎，指南针打开了世界市场并建立了殖民地，而印刷术则变成新教的工具，总的来说变成科学复兴的手段，变成对精神发展创造必要前提的最强大的杠杆。"在当今世界，人们越来越多地从人类文明总体发展的角度来认识和评价各国文物，中国文物以其独有的民族风格放射出璀璨夺目的光彩。世界各国的文人学者，无论其政治信仰和价值观念如何，都不得不承认中国文物的丰厚珍贵和艺术魅力，都不得不为古代中国人民的巨大创造力所折服。直到今天，世界上仍有许多人花费很大的精力来研究中国古代文化典籍，寻求它对现代社会发展的重要价值。许多达官巨贾和旅游者对中国文物表现出浓厚兴趣，把观赏中国文物当作一种美好的精神享受，都以能够一睹中国珍贵文物的丰采而感到荣耀，都以能够收藏几件中国文物来显示其高雅。

在今天我国社会主义现代化建设和改革开放中，文物仍然发挥着特有的作用。历史文物是我们学习历史唯物主义的直观、生动、形象的教材。它把各个时代的社会制度、社会生产、社会生活以实物的形式展现在人们面前，帮助我们了解社会发展规律和历史演变进程，了解中华民族长期居于世界领先地位的古代文明，了解近百年来中国人民前赴后继、争取民族独立解放的英勇斗争。丰富的历史文物有利于促进文化繁荣和经济发展。随着人们物质生活的提高，欣赏历史文物，参观名胜古迹，已日益成为人们精神生活的一部分。利用文物资源，吸引海内外游客，是发展我国旅游业的一大特色和优势，也是开展国际文化交流的一个重要方面。通过举办文物展览，经营文物商店，发行文物图书，提供参观服务等活动，既可以宣传扩大中国文物的影响，又可以为文物保护筹措资金。历史文物是联结中华民族的强大精神纽带。有些珍贵文物已成为举世公认的中华民族的象征。无论是身居中国本土还是生长在异国他乡的中华儿女，只要提到伟大祖国的文物瑰宝，都会联想到我们勤劳、勇敢、智慧的祖先，联想到中华民族在世界文明史上的历史地位，都会引为骄傲和自豪。历史文物的发掘、保护和展现，必将进一步激发海内外中华儿女的爱国热情，增强民族凝聚力，鼓舞人们在中华民族伟大复兴的旗帜下，为实现祖国统一和四化大业，作出自己应有的贡献。

二、保护好文物是我们的历史责任

我们这个国家历史上发生过无数次战争、灾荒，人民颠沛流离，饱受动乱之苦，历史文物也遭受了严重损失；特别是近代帝国主义列强和文物强盗疯狂掠夺，肆意破坏，历史文物损失更为惨重，或化成灰烬，或沦为废墟，或流落异国，或不明去向，许多稀世瑰宝已荡然无存，有的仅仅剩下文字记载。回想这些，真是叫人痛心疾首，无限惋惜。我国现存的文物，是我们的祖辈一代又一代，付出了巨大代价和牺牲才保留下来的，是非常不容易的。现在这些历经磨难的珍贵遗产传到了我们这一代手里，我们应该怎么办呢？是尽最大努力保护好，继续传给我们的后代子孙，还是不负责任，在我们手里任其毁掉呢？这确是一个值得每个当代中国人严肃思考的重大问题。我们常讲“历史的人干历史的事”。这句话包含着两层意思：一方面是说我们不要超越历史阶段去干未来才能干的事；另一方面是说我们不能逃避历史责任，不去干我们应当而且可以干的事。如果我们这些“历史的人”没有干“历史的事”，使祖先留下的这份遗产在我们手中糟蹋了，损坏了，那就不是一般的工作失职，而是上无以对祖先，下无以对子孙，成为千古罪人。

强调保护文物是我们应尽的历史责任，还在于这是两个文明建设的重要组成部分，是各级党政领导进行四化建设和改革开放不可忽视的一项工作。当前，我们面临的各方面任务都很繁重，大事、急事、难事很多，但必须明确，保护文物，特别是大规模地抢救文物，决不是可办可不办的事情，而必须作为一项重要任务，纳入当地经济和社会发展的总体规划，自觉地认真抓好。保护文物是要花一点钱的，我国目前也确实是缺钱，但缺钱并不能只缺文物保护这笔钱。进一步讲，在四化建设的过程中，什么时候才能不缺钱呢？如果以此为理由，对文物保护工作中该办的事一拖再拖，拖上几年、十几年、几十年，那么有些文物还能存在吗？现在世界各国普遍重视文物保护工作。许多西方国家不仅对保护本国的历史文物很重视，而且对它们当年从其他国家抢劫来的文物也保护得很好。如果我们目光短浅，在文物保护方面该花的钱不花，该办的事不办，致使文物保护长期处于一种较低的水平，那么我们还有什么资格自称文物大国，在世界文化舞台上还有什么光彩？我们各级领导，包括各位当省长、当市长、当县长的，都要以对祖国、对民族、对历史、对子孙高度负责的态度，把自己管辖范围内的文物保护好。

历史的责任，时代的责任，也就是全民的责任，全社会的责任。文物是人民群众制造的，保护文物也必须依靠人民群众。事实证明，只有动员广大人民群众关心和参与文物保护工作，实行文物单位、执法部门与广大人民群众相结合，文物保护工作才有广泛的基础，才能真正落到实处。必须看到，长期以来由于“左”的思想影响，由于宣传教育工作薄弱，人们对文物的重要意义缺乏足够的认识。特别是“文化大革命”中把文物当作扫“四旧”的对象，不仅使文物遭受了一场浩劫，而且在人们思想上造成了极大混乱，这种影响迄今仍到处可见，成为做好文物保护工作的一大障碍。我们必须通过艰苦细致的宣传教育工作，唤起全民的文物保护意识，造成“保护文物，人人有责”的强大社会舆论，在广大群众特别是青少年中形成“爱护文物光荣，损坏文物可耻”的良好风尚，使爱惜、保护文物成为每个公民的行为规范，从而开创全民、全社会自觉保护文物的崭新局面。

三、坚持保护为主、抢救第一的方针

文物事业战线长，涉及面广，各方面的工作无疑都应当抓紧抓好，但是，在当前任务繁重而我们的力量又很有限的情况下，必须坚持保护为主、抢救第一的方针。

我们所以强调保护为主、把抢救放在首位，这是由我国文物

事业的特殊性决定的。与一些历史较短的国家相比，我国文物的显著特点一是年代久，二是数量多。由于年代久，许多文物经历了几百年、上千年，称得上饱经风霜，抵御自然侵蚀的能力大大降低，有些抢救一下就保存下来了，不抢救就没有了；早抢救几年甚至几个月就保存下来了，晚几年甚至几个月就没有了，而历史文物是无法再生的，一时的延误就有可能造成千古遗恨。由于数量多，加上我们过去的欠账又比较多，即使投入的力量有较大增长，与实际需要相比仍然会有相当大的距离，这就需要按轻重缓急进行比较排队，本着“先救命后治病”的原则，抓住重点，急事先办，把有限的力量首先用于抢救那些快“断气”的孤品、珍品上去。只有这样，我们的文物保护工作才能做到有重点、有区别、有标准、有成效。

强调保护为主、把抢救放在首位，也是文物事业当前面临的问题所要求的。近几年来，许多地方盗窃、盗掘、走私文物愈演愈烈，已逐步发展成为一个带有全国性的问题。一些人为了牟取暴利，不惜损害国家和民族利益，有的甚至利用职权，上下串通，内外勾结，结成团伙，形成网络，猖狂地进行犯罪活动，使文物大量破坏和流失，这种状况如不引起高度重视，不采取紧急措施加以制止，必将造成难以想象的严重后果。还有一些严重损害文物的问题，尽管不属于有意破坏，但造成的后果也是不容忽视的。如在大规模基本建设中，各种文物出土面世的速度大为加快，而由于缺乏必要的文物调查和有效的保护措施，往往使许多文物在出土过程中受到损坏。有些地方在古建筑周围乱拆乱建，破坏了文物的环境；有些地方在维修、保护文物过程中由于不懂行、不负责，把真古董修成假古董，造成了“保护性”破坏；还有一些地方只想利用文物赚钱，急功近利，不顾文物的承受能力，实行超负荷、破坏性的利用。上述这些问题虽然性质不同，但都构成了对文物的严重威胁，说明文物保护工作面临着严峻的形势。只有坚定不移地把抢救放在首位，区别情况，采取不同的措施妥善解决好这些问题，大批濒临危亡的文物才能得救；同时，也只有把抢救放在首位，才能引起人们对这些问题的重视，从而动员全社会普遍关心、支持文物的保护和抢救工作。

我们强调保护为主，强调把抢救放在首位，并不是否定文物的合理利用。从一定意义上讲，保护文物的目的最终还是利用。实践证明，合理、适度、科学的利用，不仅不会妨碍保护而且有利于保护。这几年，许多地方领导利用文物发展旅游，增加对外交往，有效地促进了地方经济发展，由此他们也更加关心并有更多的财力支持文物事业。一些地方的文物景点就是随着旅游业的兴旺而在有关部门支持下逐步恢复的。只有结合地方经济的发展，适应人民的实际需要，文物工作才能得到地方的理解和支持。当前，文物部门普遍反映经费困难，可以多想一点利用文物扩大经济效益的办法，以增加文物部门自身的“造血能力”。在改革开放的形势下，把文物事业搞得更活一点，大有文章可做，要大力加以研究。一些文物的展出方式也可以更加多样化、高档化，更具吸引力。但是，所有的文物利用，都要服从国家有关法规，在保护文物安全的前提下进行，都应当有助于保护。“无其器则无其道”，有了文物的存在，才谈得上文物的利用，如果文物毁灭、流失了，不仅谈不上利用，连文物工作本身都失去安身立命的基石。

我们强调保护为主，强调把抢救放在首位，也不是否定文物市场的作用。文物市场在世界上有，中国历史上也有，现在也不是没有。当前的问题在于国家文物购销经营比较刻板，许多文物交易缺乏必要的管理。可以有领导、有计划地适当放开国内部分市场，积极探索同国外市场进行流通的路子，包括向国外卖一点富余的、重复的文物。但是，与此同时必须清醒地看到，文物市场是个非常复杂的问题。目前我们管理文物流通的机构还不健全，法规还不完善，队伍还很薄弱，文物经营的经验还很缺乏，社会上不正之风还相当严重，打我们珍贵文物主意的也还大有人在，特别是一些外国人为了把中国文物搞到手，不择手段、不惜重金。如果我们掉以轻心，工作出现漏洞，就可能造成无法挽回的损失。为了使文物市场健康发展，国家文物局要尽快拿出有关文物市场的管理办法，报中央批准。

四、狠抓落实，力争文物工作年年有新进展

党中央、国务院历来重视文物工作，现在又对文物的保护与抢救工作提出了新的更高的要求。各级党政领导和文物部门要认清形势，努力工作，务必做到一年办成几件实事，使文物工作年年有新进展。

第一，要把工作抓实。要在深入调查摸底、弄清情况的基础上，区别轻重缓急，把需要保护、抢救的文物排一个单子，制定一个包括一年干什么、三年干什么、五年干什么的规划和计划。要本着综合平衡、保证重点的原则，对如何使用今年国家增拨的文物抢救专款和地方资金，作出具体部署，做好前期准备，抓紧设计施工，力争迅速拿出成果，把全面抢救文物的“头一炮”打响。要实行严格的项目责任制，分工负责，层层落实到人。要具体抓、抓具体，一抓到底，经常进行监督检查，及时发现和解决工作中存在的问题，确保进度和质量。要坚持勤俭办事，杜绝各种漏洞和浪费，既要防止乱花钱，也要防止钱花不出去，事办不成。

第二，要严格依法办事。要宣传、贯彻好《文物保护法》及其实施细则等有关法律、法规，把这些法律、法规作为搞好文物保护工作、制止文物破坏、打击文物犯罪的强大武器，做到有法必依、执法必严。公安司法机关、海关缉私部门和重要文物单位要紧密配合，协同作战，对各种文物犯罪分子依法严加惩处，特别是对那些破坏严重、危害极大的盗墓帮伙和走私集团，要坚决摧毁，严厉打击，以刹住各种破坏、盗窃、走私文物的歪风。

第三，要加强文物队伍建设。要通过各种形式，下力量培养文物专门人才。要组织各方面力量切实加强文物科研工作，重点突破一些文物保护中的技术难题。要根据当地保护与抢救任务的不同情况，建立健全有关专门机构。要充分发挥老文物专家的作用，使他们的渊博知识和丰富经验通过传、帮、带等形式传下来，做到后继有人。

第四，要加强领导。各级党委、政府要把文物工作摆上议事日程，定期讨论，对于当前亟须进行的保护和抢救工作，要及时作出决策。对于涉及许多部门的问题，党政负责同志要亲自出面，做好协调工作，使有关方面各司其职，紧密配合。有的重点项目，主要负责同志还要亲自抓，经常过问。对于文物工作者在工作和生活中的困难，各级领导要尽可能地帮助排忧解难，为他们安心工作创造必要的条件。

保护与抢救文物是一项功在当代、荫及子孙的崇高事业，是历史赋予我们的光荣使命。长期以来，文物部门的同志们任劳任怨，尽职尽责，做了大量工作，党和人民感谢你们，历史将铭记你们的业绩。当前，我国文物战线和其他战线一样形势很好。希望文物战线的同志们进一步解放思想，开拓进取，以改革开放的精神，使自己的工作尽快跨上一个新台阶。

学习历史　服务现实*

（2002 年 5 月 9 日）

参加今天这个座谈会，我感到非常高兴。首先对《续修四库全书》的出版表示热烈祝贺！

《四库全书》是我国历史乃至世界历史上规模最大的一部百科性丛书。在乾隆时代那种历史条件下，能修出这样一部书来，不仅我们中国人感到惊讶，世界上很多国家的人也十分地佩服。《四库全书》汇集了乾隆以前历朝历代的重要著作 3462 种，基本涵盖了到编纂截止时我国的各学科领域、各学术流派的优秀典籍，其门类之全、内容之丰，令世人叹为观止。应该肯定，清王朝对中华民族传统文化的整理和保留是做了大量有益工作的。但由于清朝统治者的狭隘心理，由于编纂者的学术偏见，也由于当时技术手段所限，《四库全书》既不全也不准，一些该收入的重要著作没有收入，一些著作收入时作了若干改窜或删除，一些著作收入的不是最好的版本，造成了这部大书的历史遗憾。1781 年《四库全书》问世以后，又有大量优秀著作出现。对《四库全书》拾遗匡谬补缺，成为一代又一代有识之士和专家学者的夙愿，但或由于时势所限，或由于势单力薄，终无所成。改革开放以来，我国社会安定，学术繁荣，续修《四库全书》的条件日臻

---

* 这是李瑞环同志在《续修四库全书》出版座谈会上的讲话。

成熟。在这种情况下，从90年代中期开始，我国学术界、出版界集中精锐力量，历时八年，终于完成了续修《四库全书》这件前人多年来想做而做不成的盛事。该书既收录了《四库全书》遗漏、禁毁而确有价值的图书，又收录了乾隆中期至辛亥革命以前我国在学术方面的代表性著作，共5213种。它与《四库全书》相配套，构筑起一座中华传统文化的大型书库，1911年以前的重要典籍，可以大致齐备。这是一项了不起的工程，对保存、研究和弘扬中华民族的传统文化，必将产生重大的影响。这不仅是文化出版界的大事，也是社会科学界的大事。借此机会，我对参与这项工作的专家、学者和统筹这套书的工委会、上海古籍出版社以及投资单位深圳市南山区政府表示衷心的感谢！

中华民族传统文化源远流长，博大精深，对于中华民族的形成、繁衍、统一及其自立于世界民族之林，起到了不可估量的作用，对于人类文明的进步和发展，也产生了极其深远的影响。作为华夏子孙，我们既感到骄傲自豪，也感到责任重大，我们必须把祖先留下的这一极其丰厚、极其宝贵的文化遗产保护好、整理好、继承好，并在此基础上有所创造、有所前进。按照马克思主义的观点，文化具有继承性和借鉴性，它的许多内容并不是为某一个阶级、某一个时代所特有，也不只是为某一个阶级、某一个时代所专用。中华民族传统文化所包含的政治、经济、文艺、军事、哲学、道德等方面的理论和思想，在许多方面都反映了事物的客观规律，具有超越时空的意义，可以为我们所借鉴、利用。特别是其中关于改造自然、经邦济世、修身养性、成就事业等方面的警句格言，一旦赋予新意，便可以为现实服务。比如"实事求是"一词，最早出自近两千年前的《汉书·河间献王传》，原意是真诚地依据事实，探求古书真义。毛泽东同志加以新的阐发，把"实事"作为客观存在的事物，把"是"看做客观事物的规律，把“求”当作研究、探索。新解后的“实事求是”，已经成为马克思主义认识论最中国化的概括，也是毛泽东思想和邓小平理论的精髓。又比如“天人合一”一词，我们过去只是片面地把它当成一种唯心的、主观的东西加以理解，现在我们能体会到其中更为丰富的含义，认识到人在改造大自然的同时又必须与之亲契合一，与万事万物和谐共存。科学阐释“天人合一”的内涵，就有助于人们提高保护自然环境的意识，自觉坚持走可持续发展之路。诸如此类的例子还可以举很多。

历史是过去的现实，现实是历史的延续。实践证明，要准确地把握现实，科学地预见未来，就必须深入地了解历史、研究历史。我们常讲“鉴古知今”、“鉴往知来”，就是这个道理。当前，我国的现代化建设取得了举世公认的成就，我们能够续修《四库全书》就是很好的证明，但也确实面临着一些困难和问题。我们要遵循毛泽东认真研究现状、认真研究历史、认真研究马列主义的应用的教导，按照江泽民同志“认真地读一点历史”的要求，从历史中汲取经验教训，从传统文化中获得精神养料，从而更好地把我们的各项事业推向前进。

我国古代文献几经沧桑，多有散佚，随着时间的推移，更多新的著作肯定还会被发现和搜集；探究其精核、毕发其奥旨，更是任重道远。我希望大家认真总结抢救保护文化遗产的经验，认真总结续修《四库全书》工作的经验，并加以发扬，带动和影响其他类似的工作。比如坚持求真务实的作风，就拿全国政协的文史资料来说，建国后担任政协委员中的一些老人，包括前清的遗老、国民党元老和军阀时期的人物，留下了3亿字的回忆录、文章，其中一部分陆陆续续发了上百期的《文史资料》。我当全国政协主席后，心想凭着若干年前“左”的思想观念和认识水平，可能会犯乾隆修《四库全书》那样的毛病，于是让全国文史资料委员会组织力量，对《文史资料》所有已发文章的底稿和其他资料进行清查整理，结果发现有些稿子是经过删改过的，有些稿子压下来了没有发表，其中不少是真正具有价值的历史事实。他们以“对历史负责、对后人负责的态度”抓紧时间进行补正，今年七八月份将正式出版这些资料。比如克服急功近利的思想，刚才任继愈同志谈到了这个问题，我是深有同感。我在今年“两会”期间看望全国政协文艺界委员时说过，各行各业、上上下下，都是想来快的、捡便宜的，说中国现在存在的通病，浮躁感算是一个。中华民族要振兴，要走到世界前列，要享有和我们这个大国相称的位置，真是要提倡潜下心来、扎扎实实研究一点问题的风气。总之，我希望大家再接再厉、继续努力，为保护、挖掘、整理文化遗产，为弘扬优秀传统文化作出更大的贡献。

十四、繁荣文艺

齐心合力　繁荣文艺*

（1986 年 6 月 28 日）

我今天是以一个对文学艺术事业热心者的身份，和同志们谈谈心。最近这段时间，我把中央近几年关于文艺工作的指示重新学习了一遍，并同文艺界的一些同志交换了意见，观看了一些演出，阅读了一些作品。在此基础上，思考了一些问题，有些想法很不成熟。“心有所感，言之为快”，今天在这样一个场合讲一讲，完全是同志间的讨论，目的是以我之石激起点小小波澜，从而使文艺界进一步活跃起来，振奋起来，共同开创我们盼望已久的文学艺术大繁荣、大发展的新局面。我讲三个问题。

一、必须认清当前形势

今年 4 月，我们在十届人大五次会议上通过了天津市国民经济和社会发展的第七个五年计划。这个计划有一个明显特点，就是把社会主义精神文明建设摆到了更加重要的地位。实施“七五”计划的五条指导原则，其中一条就是在推进物质文明建设的同时，大力加强精神文明建设。根据这个指导原则，我们把发展文学艺术、新闻出版、广播电视等文化事业，作为“七五”期间的一个重点，准备为这些方面创造一些条件。比如，要增加一批

---

* 这是李瑞环同志在天津市委、市政府召开的文艺创作座谈会上的讲话。

文化设施，着手建设市图书馆、艺术馆、自然博物馆、音乐厅、电视发射塔以及大型体育馆等，对现有的影剧场要分期分批地进行改造。还准备增加一个专门播放文艺节目的电视频道。当前各方面的任务都很繁重，改革迈出了较大的一步，经济工作出现了许多亟待解决的新问题，特别是工业生产，因为在资金、原材料、电力等方面遇到了一些困难，压力非常之大。可以说，现在是大事多、新事多、难事多。在这种情况下，市委、市政府对文艺工作仍然投入了较大的力量和精力，这表明市领导要尽快把文艺工作抓上去的决心。

我们把繁荣文学艺术作为一项紧迫任务提出来，这是客观形势的要求。在 1984 年的创作会议上，我曾经指出文学艺术“三个不适应”的问题，也就是同人民群众创造的光辉业绩、同人民群众的迫切要求、同天津的地位不相适应。两年来，文艺界的同志们以高度的责任感，勤奋地进行工作，情况有了很大改变。但从那时到现在，我们国家在政治生活、经济生活和社会生活各个方面，都发生了前所未有的深刻变化，前进的步伐很大。这些又给文艺工作提出了新的更高的要求。可以说，老的不适应问题还没有完全解决，许多新的不适应问题又尖锐地摆在我们面前。因此，不论是从文艺界的自身工作，还是从客观形势的要求看，都必须把繁荣文学艺术作为一项紧迫的任务。

首先，精神文明建设的重要性，决定了文学艺术事业必须有一个更大的发展。这些年，随着经济的发展和生活的改善，人们的精神面貌也发生了许多可喜的变化。但也必须看到，在人们的精神生活中确实存在着不少问题。比如，我到过一些居民家庭，可以说是“鸟枪换炮，今非昔比”了，电视机、录音机、洗衣机、电冰箱，各种高档家具，几乎是应有尽有，但是唯独没有书架，很少看到书报杂志，这种现象值得我们深思。再比如，这些年新建了许多居民住宅，开始时漂漂亮亮，可过不多久就面目全非，挺整洁的墙上不是贴上一堆煤饼，就是乱写乱画，弄得一塌糊涂。许多新建居民楼所起的名字，也能说明点问题，什么“建材楼”、“电缆楼”、“果品楼”、“土产楼”，还有什么“天拖南”、“体院北”、“小稻地”、“老窝棚”，看起来唯物、具体，实在是粗俗、原始。农村在这方面的问题就更突出。新的文化、科学、卫生不能说没有进入农村，但远没有占领阵地，比起封建文化、落后的意识形态要弱得多。婚丧嫁娶中的迷信活动十分盛行，什么金童玉女，在陪葬品里还有什么纸糊的录音机、电视机，等等。我们有些村万元户不少，但进村一看，杂乱无章，破烂不堪，光秃秃很少花草树木，脏乎乎到处狗屎人粪。有的村已经成了先富起来的典型，但至今连个公共厕所都没有。同志们可以设想一下，在这样一种文化素质的基础上，怎么能够顺利地建设社会主义现代化？这就给我们提出一项十分紧迫的任务：在物质生活不断提高的同时，必须给我们的人民以更多、更丰富的精神食粮，在全社会形成适应现代生产力发展和社会进步要求的、文明的、健康的、科学的生活方式，摒弃那些落后的、愚昧的东西。我们不是经常讲“无粮则乱”吗，我看缺乏精神食粮，各种思想问题、落后的意识形态也会泛滥成灾。当然，出现上面这些问题的原因是多方面的，不能单靠某一种手段来解决。比如要大力发展教育，尽快普及科学知识等。但是，文学艺术是我们党整个思想战线的一个重要部分，是精神文明建设的一个重要方面，在帮助人们提高思想、品质、情操以至整个文化素质上负有重要责任，而且具有其他手段所不能代替的作用。因此文学艺术必须要有一个更快的发展。

第二，在一定意义上讲，改革的深入决定了繁荣文艺的紧迫性。我们正在进行的经济体制改革，是一场广泛、深刻而又持久的大变革，是一次对固有模式、传统观念和习惯势力的大冲击。搞好改革既要有一个宽松的经济环境，又要有一个良好的社会环境；不仅要考虑国家财力的负担能力，还必须注意群众心理的承受能力。我们的改革之所以在有些领域、有些地方步履艰难，遇到种种阻力，这固然主要是经济自身的原因，需要从经济上去寻求解决的办法，但也有这样的情况，改革的阻力是来自非经济的因素，是受到旧思想、旧观念和旧的习惯势力的阻碍，而这些就与我们的文化观念、文化素质和文化心理结构有着直接关系。我国有着几千年的传统文化，这是一笔极其宝贵的财富。但其中也有一些东西，和新时代的需要很不相符，特别是封闭性的、家长式的、缺少平等和自由选择的思想，与改革很不合拍、很不协调，甚至是脱节对立。比如，我们改革的基本任务，是在公有制的基础上发展有计划的商品经济，这就必须破除小生产观念、平均主义观念和等级观念，树立新的价值观念、竞争观念和平等观念，而要实现这种观念上的更新，文学艺术有着特殊的作用。同时，随着经济搞活和对外开放，人们增长了许多符合现代文明的新知识、新观念，但也不可避免地带来一些消极的不健康的因素。如何既坚持改革、开放、搞活，又自觉抵制资本主义腐朽思想的侵蚀；既坚持按劳分配的原则，又防止“一切向钱看”的不良倾向，这是一个十分复杂但又必须解决好的重大问题。这也要求广大文艺工作者通过自己的辛勤劳动，创作更多更好的精神产品，以丰富和提高人们的精神境界，培养人们高尚的道德情操和健康的审美观念，激励人们满腔热情地献身改革和四化建设。

第三，广大群众对精神生活多层次多方面的需求，也迫切需要文学艺术事业有一个更大的繁荣和发展。富而思文、富而思乐，这是一条必然的规律。现在，人们安居乐业，生活情趣相当广泛，再加上电视等传播手段的广泛应用，群众的眼界开阔多了，成了世界艺术的公民，对文艺的要求越来越高，选择性越来越强。人们不但希望通过文艺生活受到思想启迪，同时，还要得到艺术的熏陶、美的享受。而在这方面，我们确实存在着很大的差距。正像有些同志所讲的：现在，一面讲文艺创作大丰收，另一面又存在群众欣赏闹饥荒。为什么许多文艺刊物的发行量寥寥无几？为什么外国电视系列片占据着我们的电视屏幕？为什么群众观看电影或其他演出往往是高兴而来败兴而归？原因可能是多方面的，但有一点可以肯定，目前的文学作品和艺术表演还不能满足广大群众多层次多方面的需要。就拿京剧来讲，并不是群众不喜爱，而是我们的艺术质量太差。为什么张派艺术在津展演时，场场爆满，全市出现了一股京剧热？为什么一部《四世同堂》、一部《新星》把男女老少都吸引到电视机旁，而有些电影、电视却无人问津？这说明人们的欣赏水平高了，对那些质量低下的作品和表演不再买账。文艺界应该看到这种趋势，认真地思考一下自己的工作。如果我们对群众的热望采取冷淡的态度或置之不理，那么群众对文艺也只会报以冷淡。1984 年讲话时，我曾经就这个问题“为民请命”，今天，我想再一次“为民请命”，希望早日看到文学艺术大繁荣的局面，有更多“曲高和众”的作品和表演，以满足广大群众的新的需求。

文学艺术需要繁荣，我们也完全有条件繁荣。现在有一种议论，说天津的文艺土壤不好，我不赞成这种看法。从历史上看，天津文学创作源远流长，音乐戏剧人才济济，美术舞蹈基础雄厚，曲杂艺术在全国屈指可数。最近我们在戏剧方面下了点功夫，搞了个展览演出，情况就有了很大变化。演员很振奋，群众很高兴，打破了那种死气沉沉的局面。这说明，真正活跃起来、繁荣起来，并不是没有可能的事情。

从现实生活来看，天津这块地方是文艺创作的“富矿”，挖掘开采的潜力很大。党的十一届三中全会以来，天津人民谱写了许多英雄诗篇，演出了许多可歌可泣、威武雄壮的活剧。这里，我给大家介绍点情况。我们刚刚结束了第六个五年计划时期，这在天津历史上是个极不平凡的转折时期。大家知道，由于十年内乱的严重创伤和强烈地震的巨大破坏，我市的“六五”是在极其困难的条件下起步的。当时，国民经济比例严重失调，工农业生产徘徊不前，城市面貌破烂不堪，几十万群众住在临建棚里，40多万青年等待就业，各方面都面临着许多亟待解决的问题。在这五年里，全市人民万众一心，奋力拼搏，克服了一个又一个的困难，天津的形势发生了根本变化，各条战线出现了欣欣向荣的新局面，进入了建国以来生机最旺盛的时期。从 1980 年到 1985 年，全市工业总产值增长了 50%，农业总产值翻了一番，许多关系国计民生的重要产品，都是成倍地增长。在城市建设方面，完成了引滦入津工程；修建了中环线和津塘疏港公路，开通和延伸了地铁和李港铁路；天津港新增了六个万吨级泊位；电话交换机容量增加了一倍多；建成了全国最大的污水处理厂；整修了上百条街道、路段，修复了蓟县古长城、古文化街等一些古建筑；修建了一批公园、绿地和庭院式绿化小区。五年间，城市居民人均收入增长 65%，农民人均收入翻了一番，城乡人民储蓄金额增长了 2.7 倍。新建住宅 1700 多万平方米，比旧天津留下的全部住宅还多 600 万平方米；修建了食品街、商业街和大批商业网点，增加了 6000 多张病床和 14 万张家庭病床。对天津“六五”期间的巨大变化，以及在这个过程中所创造的经验，国内、国外、领导、群众都给了很高评价。日本的一些头面人物说，我们十分钦佩天津的建设速度。他们为了输出资金，想同国外搞合资、合营企业，经过反复比较，最后选中了天津，由几十个大企业、大财团组成了一个支持天津的恳谈会，准备在天津搞一些大项目。这样火热的生活，这样光辉的业绩，难道不是文学艺术创作的“沃土”吗？我觉得，不是天津的土壤不好，而是有些同志耕耘得不够，还没有投身到现实生活中来，还没有满腔热忱地去歌颂我们的人民、我们的时代。从今年开始，我们进入了第七个五年计划时期。在“七五”期间，我们提出了七项奋斗目标：第一，要保持一定的经济增长率，实现工农业总产值、国民生产总值和国民收入三个翻一番。第二，要发展一批产值上亿元、利税上5000万元的拳头产品；要使微型汽车、拖拉机、电梯、纯碱、烧碱、染料、金属制品、彩电、照相机、复印机、自行车、手表、呢绒、体育用品等产品的产量和质量居全国前列；要初步形成汽车、能源等装备机械、电子、基本化工和精细化工、优质钢材及金属制品、新型建筑材料、家用电器、日用机械、服装及装饰织物、食品等十大骨干行业。第三，要积极开发滨海工业地区，工业重点逐步东移。在海河下游北岸，形成新的冶金工业区；在南岸形成出口工业基地；在塘、汉地区，充分发挥海洋化工区的优势；在大港地区，形成石油化工区的基本框架；经济开发区要建成一批中外合资、合作企业和外商独资企业。第四，要大力提高城市功能，实现电力、交通两个基本适应。要改建、扩建、新建军粮城、一热电、大港、杨柳青、蓟县、陈塘庄六个电厂；建成市区中、外、内三条环线；改建天津客运站，扩建塘沽新港，完成京津塘高速公路天津区段。第五，要繁荣科学教育事业，实现教育经费、科研成果、招生人数和毕业人数四个增长。第六，要积极发展第三产业，使我市逐步成为交通、贸易、金融、信息、科教五个中心。第七，要继续改善人民生活，主要包括：居民实际消费水平每年递增5%；人均增加住房面积1.5平方米；实现市区居民生活气化；居民住宅供热率达到40%；增加副食品生产，改善市场供应；进一步搞好城市环境的绿化美化；改善医疗卫生条件，新增病床5000张；发展农村公益事业，做到村村通公路，户户有自来水，邮电通信成网，服务设施配套。要通过五年或者稍长一段时间的努力，把天津建设成具有先进技术的综合性的工业基地、开放型的多功能的经济中心和现代化的国际性港口城市，那时，天津将成为一个繁荣、昌盛、文明、美丽的社会主义现代化新城市。这些都为繁荣文学艺术事业提供了深厚的生活源泉。

时代要求我们把文艺事业搞上去，我们也完全有条件搞上去。我们应该认清形势，下定决心，动员各方面的力量，采取坚决有效的措施，争取在不长的时间里，使全市出现一个文学艺术大繁荣、大发展的新局面。

二、努力创造宽松环境

这是文艺界最关心的问题，也是繁荣文艺事业的关键所在。这个问题涉及的方面很多，也比较敏感、比较复杂，很难讲全、讲准。我希望诸位也能给我一个宽松的环境，敞开思想来谈一谈。

（一）关于文艺创作与环境的关系问题

我认为，文艺创作要有一个宽松、稳定的环境，这不仅是人们的意愿问题，而且是客观的必然问题，是一个能否坚持按照艺术生产规律办事的问题。艺术生产与物质生产不同，尽管它必须以物质生产为基础，以千百万群众的认识和实践为源泉，但是基础、源泉并不等于文艺自身，不等于文艺作品的多少与好坏。要产生好的艺术成果，必须通过文艺工作者独立的、复杂的脑力劳动。这种生产方式是一种高度民主、非常自由的精神活动，与过多的干预、机械的强制不能相容。这种精神产品是丰富多彩、多种多样的，最忌简单划一、强求一律，来不得任何公式主义和命令主义。文艺工作者的个人认识和实践总是有一定的局限，其产品总是由不成熟到逐步成熟，既不可能一步达到尽善尽美，也不可能完全不犯错误。所以在艺术实践面前必须有一个人人平等、自由讨论、彼此争鸣、宽松和谐的环境，如果动辄揪辫子、打棍子、扣帽子，把气氛搞得十分紧张，其结果只能是扼杀文艺。我讲这一段的目的，不是想全面阐述艺术生产的规律，而是想说明这样一个问题：能否自觉地坚持创作自由，努力开创宽松、稳定的创作环境，是一个能否坚持按照艺术生产规律办事的问题。

坚持创作自由，是马克思主义文艺思想的一条重要原则。马克思在批判对精神生产的压制和禁锢时，曾尖锐指出："你们赞美大自然悦人心目的千变万化和无穷无尽的丰富宝藏，你们并不要求玫瑰花和紫罗兰散发出同样的芳香，但你们为什么却要求世界上最丰富的东西——精神只能有一种存在形式呢?"列宁也强调，在文学艺术事业中，绝对必须保证有个人创造性和个人爱好的广阔天地，有思想和幻想、形式和内容的广阔天地。毛泽东同志在这方面的论述就更多了。比如《在延安文艺座谈会上的讲话》中他指出："在团结抗日的大原则下，我们应该容许包含各种各色政治态度的文艺作品的存在"，"我们的批评，也应该容许各种各色艺术品的自由竞争"。1956 年，他又正式提出了"百花齐放、百家争鸣"的方针，认为这是"促进艺术发展和科学进步的方针，是促进我国的社会主义文化繁荣的方针。艺术上不同的形式和风格可以自由发展，科学上不同的学派可以自由争论"。过去，一些同志自觉或不自觉地制造紧张气氛，搞一些极左的东西，还常常以"坚持党性原则"、"坚持马克思主义"自居，实际上恰恰是违背了马克思主义。

新的历史时期需要有一个比任何时候更加宽松、稳定的创作环境。我们正在展开和将要进行的经济改革、政治改革和文化改革，是一个人民创造历史的过程，是一场前所未有的伟大创举。

我们希望文艺工作者要投身改革、反映改革、为改革服务，这就需要给文艺工作者一个敢于思考、敢于说话、敢于实践、允许失误的政策和环境。如果清规戒律很多，或是稍有失误就大惊小怪，文艺的探索和创新就无法进行，繁荣文艺也就成了一句空话。因此，一切真正愿意把文学艺术繁荣起来的同志，都应该自觉地创造和维护这个文学艺术发展所必需的良好环境，特别是各级领导同志，要充分认识和尊重文艺事业的特殊性，根据艺术生产的客观规律去实施正确的领导。

我们当前的文学艺术环境如何呢？这是大家议论较多的一个问题。有人认为，十一届三中全会以来，经过拨乱反正，文艺界大胆探索和创新的良好局面已经形成。有人认为，文艺界“左”的东西还没有清除，清规戒律还没有触动，风雨无常，时紧时松。也有人认为，现在仍是“乍暖还寒”，根本提不上宽松、稳定。议论纷纷，莫衷一是。如果要我来说这个问题，第一，我不同意说文艺界“左”的东西还根本没有清除，或“乍暖还寒”。我认为，党的十一届三中全会以来，我们文艺领域的自由、宽松气氛是前所未有的，是贯彻“双百”方针最好的时期。最简单的一个例子，大家能够议论纷纷，各抒己见，这本身就是环境宽松的表现。这些年，党中央领导同志一贯主张文艺界要有一种和谐融洽的气氛、活泼宽松的环境和有利于不同艺术风格流派互相竞赛的风气。邓小平同志在第四次文代会祝词中提出不许对文艺横加干涉。胡耀邦同志在剧本创作座谈会上的讲话中提出对文艺创作不要搞一刀切。胡启立同志受中央委托在全国作协代表大会祝词中更具体地提出了要实行创作自由。在中央的正确方针政策指导下，对文艺工作中许多“左”的理论和“左”的做法进行了清理和摒弃，上上下下为创造宽松环境做了很大的努力。这中间虽然也有过一些波折，但从总体上看，已经开始出现了促进文艺繁荣的良好环境和气氛。就拿天津来说，这几年，文学艺术创作和文学理论研究空前活跃，文艺创作所选择的题材与主题之广泛，风格与技法之多样，以及数量之增多和质量之提高，都超过了以往任何一个时期。几位历尽沧桑的知名老作家，以其切身体会对我讲，文艺界小的风浪还时有泛起，但确实想不出中央有意整过哪个人。我认为，同我们国家总的政治生活一样，文艺的环境比任何时候都宽松得多、民主得多、稳定得多。这是我的第一点看法。第二，我也不认为现在已经达到了完全宽松的程度，如果是这样，我这篇讲话就等于多余了。应当承认，我们还有许多未遂人意的地方，与我们所渴望的、与繁荣文艺所需要的宽松程度，还有不小的距离。比如，对文艺作品干预过多的现象还时有发生。对一些揭露现实矛盾和触及时弊的文艺作品往往有一些人说三道四，对作品和作者横加指责，对出版、播映、演出单位进行种种非难；对一些真实反映现实生活斗争，热情讴歌人民群众在建设四化中英雄壮举的文艺作品，也有一些人出于某种阴暗的心理，飞短流长，对作者进行种种嘲讽和诋毁。再比如，一些人总是喜欢以传统的观念为标准来衡量文艺创作中的探索和尝试，把一些新的创见和观点不加分析地指责为与经典著作相悖，加以轻率的批驳、蛮横的指责和简单的否定，对于其中的某些失误更是抓住不放。至于较稚嫩但有发展前途的文艺人才脱颖而出，也常常受到苛刻挑剔和恶意中伤，如此等等。再加上 30 年来的风风雨雨，几乎每次政治运动文艺界都是首当其冲，人们创痕太深，余悸难消，尽管现在中央反复强调宽松、稳定，但人们还是有点“一朝被蛇咬，十年怕井绳”。如果大家同意我上面的这些分析，那么就应该得出这样的结论：文艺的环境确实比以前好多了，我们应当高兴，应当珍惜；文艺的宽松、稳定环境还没有完全形成，我们还要继续努力去创造、争取。

(二) 关于文艺的目的和功能问题

这是个关乎能否形成宽松、稳定环境的带根本性的问题。建国以来，文艺界几度空气紧张，遭到一些错误批判，几乎都和这个问题有直接关系。长期以来，我们把“文艺必须从属于政治”、“文艺必须为政治服务”作为文学艺术的根本目的，这种把同属于上层建筑的文艺和政治，变成了主从关系、决定关系，不仅在理论上离开了历史唯物主义的基本原理，而且在实践中给文艺战线带来了许多不利影响，为政治服务实际上变成了为当前的某一项政策、某一项临时性的任务服务。这种对文艺目的理解上的失误，极大地妨碍了“双百”方针的贯彻，造成文艺题材、体裁、形式、风格的单一化、模式化。党中央总结历史经验教训，重新规定了文艺工作的总任务和根本目的，提出了“文艺为人民服务、为社会主义服务”的方向，这是对毛泽东文艺思想的丰富和发展。

究竟应该怎样认识文艺的目的，也就是说，如何理解文艺要为人民服务、为社会主义服务的方向？我认为，文艺的根本目的应该是最大限度地满足广大群众精神生活的需要。说得更明白一些，我不同意只是把文艺作为教育群众的一种手段的看法。文艺，应该是通过其特有形式，千方百计地提高和丰富人民群众的精神生活，为他们提供美的享受。如果说物质生产的最终目的，是要使人民群众尽快地富起来，得到更多的物质享受，那么，艺术生产的最终目的，便应当是驱除人民群众精神上的“饥渴”，使他们在精神上极大地“富有”起来，得到更多的美的享受。毫无疑问，文艺作为思想战线的一个重要组成部分，有着教育群众的作用。但如果把根本目的仅仅理解为“教育”，而忽视给群众以美的享受，使人民得到娱乐，实际上是否认文艺是人民生活的一项内容，因而也就违背了全心全意为人民服务的宗旨。

对于这样理解文学艺术的根本目的，有些同志可能提出异议，认为这违背了传统说法。有不同意见当然可以研究、讨论，但不能把凡是不符合传统的说法和做法，一律视为异端。我们有个老毛病，往往认为祖宗说过的不能改，祖宗没说的不能做，一切以祖宗的是非为是非，即所谓“天不变，道亦不变”。这种毛病，禁锢了人们的思想，窒息了民主与科学，是中国社会前进的巨大障碍。在革命战争年代，国土沦丧，中华民族处于危急存亡之秋，人民生活于水深火热之中，那时候把政治斗争摆在突出的头等的地位，要求文艺直接配合抗日救亡和打倒蒋介石、建立新中国的革命斗争，这是完全必要的、正确的。革命战争年代的文艺在中国共产党的领导下，也确实发挥了团结人民、打击敌人的作用。今天，我们已经进入社会主义现代化建设新的历史时期，肩负的历史重任是建设高度民主、高度文明的社会主义现代化国家，我们的人民安居乐业，文化素养不断提高。存在变了，任务变了，文艺的方针也必须相应地调整。在政治领域，我们抛弃了“以阶级斗争为纲”的口号；在经济领域，我们突破了许许多多过去被视为不能改变的条条，使我们进入了政治上空前安定团结、经济上空前活跃昌盛的时期。我相信，根据马克思主义的基本原理和客观形势的发展，摒弃那些与现实不很适合的观点，把文艺理论推向前进，我们的文学艺术也一定会更加兴旺繁荣。

既然社会主义文艺的根本目的是最大限度地满足广大群众精神生活的需要，那么对文艺的功能也应该做更加全面、更加广泛、更加准确的理解。一是在文艺的教育、认识、审美和娱乐这四项功能中，对长期忽视的认识作用、审美作用、特别是娱乐作用要适当地加以强调和突出。也就是说，整个文艺工作要注重扩大人们的生活视野，增长人们多方面的知识，提高人们观察生活、认识生活的能力，帮助人们树立起科学的世界观；注重歌颂一切真、善、美的东西，反对一切假、恶、丑的东西，从而使人们得到美的享受、得到娱乐，进而陶冶人们的情操，培养人们健康的审美观念。按照这个要求，艺术生产必须强调丰富多彩，不拘一格。在政治上有益无害的可以，在政治上所谓无益无害而艺术上好的也可以。有教育意义的可以，所谓教育意义不大，但可以给人以美的享受的也可以。二是要强调文艺的教育、认识作用一定要通过审美作用、娱乐作用来实现。文艺不同于其他意识形态，它的教育、认识作用，只有在作品和演出具有强烈感染力的前提下，才能收到积极的效果。作品只有让人们在满足艺术享受的过程中，才能启人心智，给人以教育。这就是我们平时所说的“寓教于乐”，潜移默化。离开了娱乐功能，其他功能都无从谈起。欣赏文艺，属于满足人们的精神生活，首先应该让人们在精神上得到享受和满足，当然应该是健康、有益的享受和满足。只要无害，大家看了高兴，就可以算实现了文艺的功能，在这个意义上讲，无害就是有益。我们应该努力克服那种内容浅薄、公式化、雷同化以及图解政策、跟着口号跑的现象，再不要搞那种没有艺术力量的所谓“标语口号式”的文艺作品。新的历史时期，全党的总任务、总目标是发展社会生产力，实现四个现代化。而我们的人民通过文学艺术给予的享受，使精神生活得到提高和满足，就会心情舒畅、情绪饱满。这就有利于安定团结，有利于社会生产力的发展，有利于国家的繁荣富强和人民的富裕文明。如果讲政治，我认为这就是最大的政治。

（三）关于文艺的标准问题

如果我上面所讲的社会主义文艺的根本目的和功能是正确的话，那么，应该说衡量文艺的标准问题就已经解决了。我之所以还要提出这个问题，是因为时至今日，人们对这个问题还有较大的分歧，特别是对政治标准、艺术标准的地位和关系存在着尖锐的争论，直接影响着创作的环境和对文艺的评价。

文艺作为意识形态领域的一个组成部分，究竟有没有政治标准？回答应该是肯定的。在新的历史时期，文艺的政治标准是十分明确的，就是要统一到党的四项基本原则上来。四项基本原则是我国宪法规定的社会生活各个领域都必须遵循的原则，文艺当然也不能例外，问题在于如何正确坚持、正确遵循。四项基本原则作为重大的政治原则，应该从总体上去认识，去把握，而不能要求文艺作品简单地去图解，也不能用来直接地规范具体的艺术创作，更不能把对现实生活的某些批评指责为违背四项基本原则。我们有些同志或者是出于个人的好恶，或者是从个人利害出发，对某些作品和作者轻率地批评和指责，这是另立政治标准来代替四项基本原则。

在坚持四项基本原则的前提下，如何使作家、艺术家更加注重艺术标准，集中精力创作出具有较高艺术质量的文艺精品，是文艺工作应该注意解决的问题。我们提倡表现四化建设和改革，反映时代、反映现实生活，目前这方面的作品确实是太少了，但我们也不能强求作家、艺术家都必须去写这类题材的作品。广大作家、艺术家，可以从时代发展和人民需要出发，选择各自熟悉的领域和擅长的表现手法去创作文艺作品。既可以写直接反映四化和改革的作品，也可以写间接反映四化和改革的作品；既可以写反映现实生活的作品，也可以用新的手法、从新的角度写反映我们中华民族伟大历史的作品；喜欢写现实的写现实，喜欢写历史的写历史，喜欢写人生的写人生，喜欢在伦理道德上作些新的探求的也可以大胆探求，写一些有较大社会容量，能够异时共存、异地共赏的文艺作品，比如刻画人的诚实与虚伪、艰苦与奢侈、勇敢与怯懦、进步与保守、勤奋与懒惰，等等。总之，只要不违背四项基本原则，各种题材、各种风格、各种表现手法都应该允许，这样才能真正做到百花齐放，才能真正克服题材狭窄、风格单调、公式化、概念化等弊端。

在衡量文艺标准方面，还有个很重要的问题，就是要正确理解文艺的社会效益。去年，邓小平同志在全国党的代表会议上提出：思想、文化、教育、卫生部门，都要以社会效益为最高准则。这个要求是完全正确的，而且在实际生活中产生了重大影响。有些同志把文艺的社会效益仅仅局限于某种单一的政治效益，并以此作为标准来衡量文艺作品的价值，这显然是片面的。文艺的社会效益是一个非常宽泛的概念。给人以思想启发和人生思考，具有社会效益；使人赏心悦目，增添生活情趣，也有社会效益；帮助人们开阔眼界，增长知识，“多识鱼虫草木之名”，同样也具有社会效益。歌颂四化建设的新成就，宣传改革、开放的新步伐，介绍人民如何奋勇建设自己的新生活，使人们受到鼓舞，增长信心与干劲，具有社会效益；反映工作中的矛盾，揭露生活中的阴暗面，指出前进中的困难，唤起人们的警觉，激励人们同困难和邪恶现象作斗争，同样具有社会效益。一句话，一切能够提高和满足人民群众文化生活需要的艺术创作，都能产生这样那样的程度不同的社会效益，都应当允许存在、发展。强调社会效益为文艺开辟了十分广阔的天地，而绝不应当成为束缚作家、艺术家创作手脚的框框。

要正确衡量和评价文艺作品，还必须处理好领导、专家和群众之间不同的标准和要求。一般地说，领导、专家标准和群众标准应该是一致的，领导、专家在评价一部作品、一场演出时，应该反映群众的呼声，表达群众的心愿。但是，目前这方面有些不正常的情况，比如，有些演出不卖座，有些领导和文艺工作者不是从自身找原因，而是抱怨观众水平低。有些演出爆满，观众排队买不到票，有些领导、专家却不以为然，甚至指责为迎合低级趣味。这些情况，原因当然很复杂，不能一概而论，但是艺术终究属于人民，群众喜闻乐见是文艺创作的出发点，也是对文艺是否坚持为人民服务的最终检验。物质产品讲求适销对路，有些精神产品群众不喜欢、不接受，也不能总是抱怨群众水平低，没有欣赏能力，而是要在自己的产品上找原因，即使群众对某种文艺样式缺乏欣赏习惯，也应该帮助群众提高欣赏能力，做好普及推广工作。我认为，今天的问题不是“曲高和寡”，而是“曲低和寡”。中国的文艺要为广大人民群众服务，必须有自己的形式，即毛泽东同志所说的“新鲜活泼的、为中国老百姓所喜闻乐见的中国作风和中国气派”。随着我国实行对外开放政策，对外交流日益频繁，我们要吸收外国的一切有益的东西，做到“洋为中用”。但外国的东西只有经过消化吸收，和我们的民族特点相结合，才能成为自己的东西，真正为我所用。歌德说过，民族性就是世界性。越是民族性强的东西，不仅越受本国人民的欢迎，也越能走向世界，跻身于世界先进文化之林。我国的文化艺术有着光荣的传统，我们应该自信、自爱、自重、自强。

（四）关于如何看待文艺队伍的问题

长期以来，文艺创作的环境不够宽松，不够稳定，除了上述原因之外，还有一个对文艺队伍的看法问题。如果说由于“左”的思想影响，我们曾对知识分子队伍做了错误的估计，因而采取了错误的政策，使事业受到很大损失，那么我们对文艺队伍也同样存在着错误的估计。

文艺队伍的状况究竟如何呢？就我们天津来讲，绝大多数文艺工作者觉悟是高的，素质是好的，是一支完全可以信赖的队伍。为了党的文艺事业，他们付出了大量心血和汗水，作出了许多优异成绩，尤其是在十年浩劫期间，许多同志备遭摧残和迫害，但始终对我们的党、对我们的事业坚信不疑、坚定不移。尽管我们的作家、演员以及他们的作品和演出，还存有这样那样的一些问题，但迄今为止，我们还没有发现有哪一位作者、哪一篇作品是有意反党、反社会主义的。如果大家认为这个估计是正确的，那么回过头来看一看我们对文艺工作的一些做法是不是有些毛病？我看至少有不放心、不放手、管得过死和干预过多的问题。与此相联系，我们对于文艺的社会能量和作用，也有不正确的看法。作为观念形态的文学艺术，当然会对政治、经济和社会生活以一定的作用与影响，但是，文艺毕竟是文艺，翻遍古今中外的历史，还未见过一篇小说、一出戏、一首歌就能够推翻一个政权、缔造一个国家的先例。我曾说过：我们有些同志把文艺的社会能量看得过高，一点小小的失误就闹成轩然大波，似乎要天下大乱，甚至兴师动众，大举讨伐；而经常又把文艺工作摆得过低，常常排不上日程，许多实际问题长期得不到解决。这种对文艺估计又高又低的现象不能不说是一个深刻的教训。根据我接触的情况，要正确看待文艺队伍，必须注意处理好这样几个问题：

第一，关于正确对待文艺作品的失误问题。文艺作品是客观现实作用于作家、艺术家的感官，经过他们头脑的加工制作，通过艺术形式反映出来的，这就一定会有反映对了的和反映错误了的。文学艺术不是简单地直接地记录生活，而是把原始生活素材进行再创造，使之比实际生活更高、更典型、更理想、更带有普遍性，这也增加了失误和疏漏的可能性。在物质产品的生产中，我们不是允许有一定比例的次品、废品吗？更何况文艺产品的检验以及社会效益的测定，要比物质产品困难和复杂得多。因此，对文学艺术创作中出现的某些缺点、毛病，不应当大惊小怪，更不应当采取不恰当的态度和过激的做法。

这里我还要对反映改革的作品特别讲几句话。我们的改革，是一场伟大的试验和探索，特别是当前正处在新旧体制交替时期，旧体制尚未退出历史舞台，新体制正在孕育和成长，处于方生未死之间，颇多分娩前的阵痛。改革描写的对象是不定式，文艺作品很难做到完美无缺。因此在这方面应该更宽松一些。总之，我们不能因为文艺作品有某些失误，就对整个文艺队伍产生怀疑，也不能因为文艺队伍是一支好队伍，就不允许文艺工作有任何的失误。

第二，关于正确理解文艺工作者的社会责任问题。任何一个人，他生活在社会之中，就对社会负有一定的责任，既有权利也有义务，以严肃的态度对待自己神圣职业的作家、艺术家，更应该对千百万读者和观众负责，对时代负责，对历史负责。另一方面，我们有些同志也讲要宽松，要允许“创作自由”，但他们的宽松是有保留的，是带有好多附加条件的。有的作家打比喻说：“好像借给人家十块钱，又限定可买什么不可买什么一样。”这些同志往往把创作自由同文艺工作者的社会责任对立起来，仿佛二者不可兼得。其实，为文艺工作者创造宽松的环境和文艺工作者提高社会责任感是统一的，既不能对立，也不能割裂。列宁有一段很精彩的话：无产阶级的创作自由，不仅是摆脱了警察的压迫，而且摆脱了资本，摆脱了名位主义，甚至也摆脱了资产阶级无政府主义的个人主义。文艺工作者只有树立起高度的社会责任感，才能在创作中真正得到自由，也只有实现创作自由，广大文艺工作者才能更好地履行社会使命。

第三，关于正确对待文艺工作者的缺点问题。对文艺界的同志我主张既要严格要求，又不能求全责备。我多次讲过，人人都有长处，都有短处；都有优点，都有缺点。有时短是长的原因，长是短的结果。看人首先是看长处，看优点，在发挥其长处、优点的过程中去帮助他克服短处和缺点，而不是首先抠人家的缺点，把人制住。古人讲“水至清则无鱼，人至察则无徒……举大德，赦小过，无求备于一人”。衡量一个文艺工作者，最主要的是看他是不是热心于文艺事业，能否创作出更多的广大群众所欢迎的文学艺术作品，对其他方面不应过分苛求。尤其是对个人志趣、爱好以及性格和日常生活中的一些小毛病，没有必要去过多地干预和指责。而现在仍有不少单位过于注重生活小节，限制了冒尖人才的选拔和成长，使一些人变得谨小慎微、平平庸庸。还有一个值得注意的问题，就是不少单位主要演员入党要比其他人难得多，往往是抓住一些小事不放，甚至因为是出名演员，就另立入党标准。只有切实纠正了这种求全责备的错误做法，才能把人们的注意力引导到干事业上来，人们才能心情舒畅，充分发挥各自的聪明才智。

（五）关于文艺批评问题

文艺批评是文艺界的一个敏感问题。文艺界的环境宽松与否，常常从文艺批评中反映出来；文艺批评开展得正常与否，也直接影响着文艺界的环境与气氛。

现在的文艺批评一叫有成绩，二叫不理想。举例来说：有的文艺批评感情用事，好说绝话，极而言之，不留余地。有的文艺批评唯我独尊，听不得反面意见，把争鸣变成了“争霸”。有的文艺批评互相吹捧，往往结为“阵线”，形成“圈子”。有的文艺批评摆出专家、学者的架势，对群众性的文艺活动极尽挑剔和指责。有的文艺批评则彼此排斥，“新派”视“老派”为陈腐，“老派”视“新派”为异端。有的则在一些没有多大意义的问题上笔来墨往，争起来没完没了，等等。所有这些不正常、不民主的文艺批评，都有碍于文艺环境的宽松与稳定。

长期以来人们天天讲文艺批评的重要性，遗憾的是，我们有相当一部分同志对文艺批评在整个文学艺术活动中的价值和职能并没有真正认识，文艺批评在文艺实践和文艺理论上的疏导与建树作用没有得到充分发挥，相反，有时却成了推行“左”的思想的武器，使文艺工作者对文艺批评望而生畏。实践证明，开展文艺批评一是不能“一阵风”，要维护党的文艺政策的连续性；二是切忌“一面倒”，既不应为尊者讳，也不该搞人微言轻，坚持真理面前人人平等；三是反对“一言堂”，要以广博的胸襟，宽容的气度，平等讨论和充分说理的方法，陈百家之言，抒百家之见。对文艺理论和创作上的是非，要靠文艺界去探索、去争鸣，领导不要一言定生死。我非常同意王蒙同志的一些见解，他认为世界上任何文学艺术家都没有不受批评的权利，一方面，批评要正常化、健康化、民主化，一方面，也不必受到一点批评就简直不得了。他希望文艺批评本身要正常化，文学艺术家对待批评的态度要正常化，还希望外国朋友和外国记者对中国文艺批评的报道也要正常化。他讲最后一句是有所指的，因为写《男人的一半是女人》的张贤亮访美期间，有的报纸发表了一篇批评这篇作品的读者来信，国外就当作一件大事来渲染，有人竟劝张贤亮不要回国，说回国要被送去劳改。这真是“海外奇谈”。我想再加一条，就是当外国对中国文艺批评的报道不那么正常的时候，也不要大惊小怪。总之，从一定意义来说，只有将文艺批评正常起来，才能使文艺界的环境宽松起来。希望大家共同努力。

三、团结、振奋、改革、前进

文艺要繁荣，没有宽松的环境不行，应该使文艺工作者有充分的创作自由；文艺要繁荣，没有必要的条件也不行，应该为文艺工作者提供适当的物质保障，这一切都是必不可少的。但唯物辩证法有一条基本原理：外因只是事物变化的条件，内因才是事物变化的根据，外因只有通过内因才能起作用。文学艺术要真正搞上去，归根结底要靠文艺工作者自身的艰苦努力。如果文艺界自己不争气，不作劲，外部条件再好，也创作不出震惊当世、流传千古的佳作，也迎不来百花齐放、万紫千红的文艺春天。针对天津文艺队伍的现实情况，我对大家提出“八字希望”，这就是：团结、振奋、改革、前进。

这里着重讲讲团结问题。我们这个国家，论人一不懒二不笨，论资源一不缺二不差，但为什么长期以来发展缓慢，屡遭挫折？这当然和我们的某些失误有关系，但团结问题也是个非常重要的原因。国家是这样，具体到一个地区，一个行业，一个单位，往往也是如此。就天津文艺界讲，长期以来事业发展不快，成果不够理想，这和团结问题一直没有解决好关系很大。在几次座谈会上，不少同志都讲了这样一个意见：天津的文学艺术要在全国打出威风，创出水平，第一要团结，第二要团结，第三还是要团结。这个意见是很中肯的。天津文艺界不团结的现象可以列举许多。比如，领导和群众不团结，疙疙瘩瘩的事情不少。有的领导同志是该领导的不领导，不该领导的瞎领导；许多该管的不管，不该管的又过多干预。还有些领导同志搞亲亲疏疏，团团伙伙。也有些同志对领导干部怀有成见，要求过苛，稍不合自己的心意，就造舆论，出难题，甚至把“抗上”作为一种“美德”，谁当领导反对谁。在这些单位里，上下之间的关系很不正常，有的闹得水火不相容。又比如，新老之间不团结，有相当一部分单位至今没有形成新老密切合作的局面。有些老的文艺工作者对年轻的同志看不惯，在帮助青年成才上缺乏热情，缺乏公心，教戏不教拿手戏，演出和青年争舞台，有的甚至嫉妒人才的成长，说什么“我可以把你扶上马，也可以把你拉下马”；有些青年人对老一辈不够尊重，把他们的艺术、才能看做“陈旧”、“糟粕”，虚心不够，傲气很足，有的甚至“过河拆桥”，缺乏起码的艺术道德。再比如，名人名家之间不团结，为了比座次、争待遇、论高低，明争暗斗，互相拆台，甚至公开声称：“一山不二虎，有我无他”；一个演员上台演唱，对他有意见的人竟把扩音器的效果故意调差。有的人可以把对方的一言一行，都偷偷地记录在案，一有机会就添油加醋地告黑状。有的同志讲，看到这些人的行为，浑身直冒冷汗。最近，有些人听说我在抓文艺，就托人捎话，写信写条，互相告状。过去，马、谭、张、裘①可以在一个剧团共事，而我们有些同志却发展到势不两立，不能同台演出，本来就不行，又不能合作，结果使一些剧团凑不齐四梁四柱，缺胳膊短腿，形不成气候。再比如，不同艺术门类之间的关系也不够协调，你看我不行，我看你差劲，互不服气，互相掣肘，经常搞些小动作。除此之外，主角与配角、前台与后台、专业与业余、作家与评论家之间，都存在一些不和谐、不团结的问题。应该说，天津文艺界还没有真正形成一个和谐的环境，这固然有领导的责任，但内部不团结也是一个非常重要的原因。这种状况，使得许多同志把宝贵的精力浪费在没完没了的人事纠葛上，文艺界的许多工作也在这种无休止的“内耗”中削弱了、贻误了。所以，不解决团结问题，繁荣天津文艺就没基础、没希望。文艺界的各个部门、各个单位，都应该严肃认真地抓一下团结问题。特别是那些由于不团结而影响正常工作、妨碍事业发展的单位，必须采取措施，限期解决问题。争取在不长的时间里，使文艺界出现一个齐心协力、团结奋进的新局面。

怎样抓团结，各个单位的情况不同，采取的方法和解决的重点也应该有所不同，但有两个问题需要引起大家注意。第一，要克服那种不择手段追名逐利的不良倾向。影响文艺界团结的一个带普遍性的原因，是有些同志对名利看得过重，往往因争名争利而伤害了感情，造成了隔阂。所以，不断提高广大文艺工作者的

---

① 指当代著名京剧表演艺术家马连良、谭富英、张君秋、裘盛戎。

思想境界，教育大家正确地对待名利，对搞好团结具有十分重要的意义。我们并不是一般地反对功利主义，相反，我们鼓励、支持大家好学上进，鼓励、支持个人成名成才，希望天津多出一些名作家、名演员。但是，争名于朝，争利于市，对于个人名利斤斤计较，患得患失，甚至勾心斗角，不惜损害集体、伤害同志，这是很不好的。希望大家能用更高的精神境界来对待这些问题。同志们不是用艺术手段塑造和宣传了许多正确对待名利的先进人物吗？像“亏了我一个，幸福十亿人”的老山前线战士；像“自己活着，就是为了使别人过得更美好”的雷锋式人物；像“一息尚存须努力，留作青年好范畴”的老一辈革命家等等，我们应当把他们作为自己的榜样。中国有句老话，叫“志逾鸿鹄，行若赤金”。志，有远大、高尚的追求；行，有坚定、闪光的实际行动。我们每个文艺工作者都应当有这样的修养和素质。有了这一条，我们的团结状况就会有个根本好转。第二，要扶正压邪，把正气树起来。在1984年创作会议上，我讲了“文人双轻（清）”的毛病，即文人相轻、自命清高。当时有一句话我没有讲，就是历史上整文人最厉害的往往是文人，特别是有威望的和掌了权的文人，反动统治者往往利用这一点使文人自相残杀。这方面历史有记载，野史上讲得更多。侯宝林说相声，讲《关公战秦琼》，讽刺韩复榘式的文艺领导，这不可怕，因为这是明眼人一眼就能看穿的问题。倒是文艺界内部有那么一些人，作品写不出，表演没本领，不学无术，整人有方，这是造成文艺界不团结、不安定的一个重要原因。比如，有些人整天热衷于走东家，串西家，“茶碗一端，说话无边，香烟一点，专说人短”，光捉摸人，不琢磨事。再比如，有些人对好学上进、工作成绩优异的同志，不是抱着尊敬、学习的态度，而是冷眼相看，说短道长，无见贤思齐之心，有嫉才妒能之意，谁要一冒尖，就讽刺挖苦，甚至造谣诬陷。不把这种坏风气压下去，听任先进受打击，正气被压抑，团结就无从说起。各级领导都应该旗帜鲜明地支持、鼓励干事的人，当他们受到非难时，要敢于为这些同志撑腰、作劲，坚决改变那种功过不分、赏罚不明的做法，更不允许出现“干的不如看的，看的不如捣乱的”的怪现象。对于极少数专门打击先进的所谓“铲子匠”，要严肃批评，加强教育，屡教不改的，应当给以必要的纪律处分，绝对不能听任不干事的人捉摸、妨碍以至打击干事的人。

关于天津文艺界的团结问题，我讲的有些话可能尖锐了些，大家要理解我的一片苦心。我希望文艺界的同志再也不要计较个人的恩恩怨怨、是是非非了，要一门心思集中到事业上，大家都做团结的工作，使讲团结、顾大局成为文艺界的一股浩然正气，使那些搬弄是非、破坏团结的人成为“过街老鼠，人人喊打”，无以售其奸。这样，天津的文艺事业才有希望。

下面我讲讲振奋精神的问题。文艺界有一种说法，认为文艺上不去，唯一的原因就是环境不宽松。这种看法是不全面的。强调繁荣文艺必须有一个宽松环境，这无疑是对的。但这是就整个事业来讲的，具体到一个人的成就，宽松环境未必是唯一的、更不是决定性的条件。历史上有多少大文学家、大艺术家都是在逆境和极其恶劣的环境里取得了光辉成就的。大家很熟悉司马迁《报任安书》中的一段话：“文王拘而演周易，仲尼厄而作春秋。屈原放逐，乃赋离骚。左丘失明，厥有国语。孙子膑脚，兵法修列。不韦迁蜀，世传吕览。韩非囚秦，说难孤愤。诗三百篇，大抵贤圣发愤之所为作也。”我们自己的情况也很能说明问题。大家生活在同样的环境里，为什么有些同志创作出许多优秀作品，在事业上取得了可喜成就，而有些同志所成甚少，乃至交了白卷呢？这就说明，宽松的环境便于创作，不宽松的环境也可能给作家、艺术家提供了解社会、体验生活的难得机会。我们知道，社会是复杂的，即使是今天，也不可能是万事如意的“极乐世界”，一定会有矛盾，会有荆棘，会有曲折，否则，就不称其为社会。按照马克思主义的观点，任何个别都含有一般，任何一般都离不开个别。文艺界作为整个社会的一部分，当然也不会成为“世外桃源”，文艺界前进道路上的荆棘、曲折，是社会矛盾的反映。就文艺要反映现实生活这个意义上讲，这并不是坏事。作为一个文艺工作者，既要把那些高尚的、美好的东西发掘出来，赞美它，歌颂它，提倡它，使更多的人感奋起来，仿效它，学习它；同时，也应该把那些卑下的、丑恶的东西揭出来，剖析它，暴露它，反对它，使人们警惕起来，以至最终把它消灭。既然这样，错综复杂的现实生活，各种人物的淋漓表演，前进路上的曲曲折折，就成了我们文学艺术难得的创作源泉和创作素材。现实生活中没有顾荣这样的干部，怎么能写出《新星》这样振聋发聩的优秀作品？我讲这段话的目的，是要说明这样一个道理，我们不能把环境问题绝对化，更不应该作为自己碌碌无为、不求上进的借口。就领导来讲，创造宽松环境是个首要问题，而就文艺界自身来说，则重点应该解决精神状态问题。现在确实有相当一部分同志精神不够振奋，事业心很差。我举两个例子：先拿读书求知来讲，古人向有“知书达理”之说，诗圣杜甫就讲过：“读书破万卷，下笔如有神。”历史上的伟大作家都有着非常渊博的知识。像曹雪芹写的《红楼梦》，可以说是一部18世纪中国封建社会的百科全书，充分表现了作者知识的渊博。他不仅对于诗词歌赋、绘画、工艺美术，而且对于建筑、园林、花卉、医药、烹调以及农业知识等等几乎样样精通，无所不晓。鲁迅、郭沫若、茅盾都是学贯中西，通古博今的。郭沫若少年时代，就可以把《千家诗》、《唐诗三百首》、《诗经》全部背出来。茅盾20岁时就对

“四书”、“五经”、《资治通鉴》、“九通”① 熟悉得很。而我们现在的情况如何呢？据我了解，有相当多的同志功夫下得不够，有的人可以叫做不读书，不看报，这正是许多作品、表演思想浅薄、内容缺乏的一个重要原因。前两天，我找几位作家聊天，大家讲了这样一个意见，天津现有的作家中相当多的人功底不厚，知识面较窄，照此下去，创作水平的提高将会受到很大限制。一些老作家语重心长地提出作家“学者化”的问题。我觉得，这个问题应该引起大家的高度重视，下决心迅速改变，在整个文艺界形成一种刻苦学习、勤奋读书的好风气。不论是搞创作的，还是搞表演的，都要抓紧时间，系统地读一点书，广读博览，用人类各方面的知识充实自己的头脑，提高自己的文化素质。除了学习马列主义外，要读点文学，读点历史，既看正史，也浏览各种野史，了解古今变迁，风土人情，体察各个层次人们的思想感情。这样，在创作和演出的时候，才能真正进入角色，作品、表演才不浅薄，才富有感染力。也只有这样，才有可能创作出流芳后世的鸿篇巨著。再拿练功学艺来讲，不少单位存在着懒散松垮的现象，至今没有形成一种刻苦钻研技艺、精益求精的局面。今天张君秋同志也在座。我看过他教徒弟的录像，都 70 岁的人了，一招一式，招招都见真功夫，那种对艺术精益求精的刻苦精神，让人看了十分感动。而我们有些同志就相差太多了。大冬天练功时，老师教得浑身大汗，只穿着背心，而有些年轻同志却穿着棉大衣还喊冷。“业精于勤，荒于嬉”，没有一股子勤学苦练的劲头，没有一颗永不衰竭的进取心，想在事业上有所成就是不可能的。我愿意重复引用鲁迅先生告诫青年作家、艺术家的一段话：

① 清乾隆年间，将官修《续通典》、《续通志》、《续文献通考》、《清通典》、《清通志》、《清文献通考》六书与前代的《通典》、《通志》、《文献通考》合称为“九通”。

千万不要把文学艺术当作一种敲门砖，出了一两本诗集或小说集，取得一点小成绩，就放弃艰苦的努力，以为用一年半载、几篇文字和几本期刊就可以立下“空前绝后的大勋业”。我们希望文艺界的所有同志，都要进一步振奋起来，发扬坚韧不拔和刻苦钻研的精神，努力攀登文学艺术的高峰。特别是一些有条件、有作为的文学家、艺术家，要舍得下功夫，以“十年磨一剑”的精神，像一位大文豪讲的那样，蘸着自己的血和汗，写出一些跨越时代的传世之作，搞出一批经得起时间检验、流传久远的戏剧和表演艺术。希望大家为了繁荣祖国和天津的文艺，争当披荆斩棘的先锋和冲锋陷阵的闯将。

最后，我想讲一下文艺改革的问题。文艺改革既包括文艺创作自身的探索和创新，也包括改变现行体制，进一步解放艺术生产力。关于第一方面的任务，在讲宽松环境时，主要问题已经涉及到。这方面的改革专业性很强，比较复杂，需要大家去积极探索。今天，我想着重讲一讲文艺体制的改革。总的讲，这方面的改革有进展，有成绩，并且涌现出一些搞得比较好的单位，像京剧三团和轻音乐团等。但我认为，文艺界的改革不是十分理想的，改革的路子还不清晰，改革的招法还不具体，改革的步伐还比较缓慢，改革的效果还不够明显。对这个估价，有些同志可能不大服气，但现实不能不让人作出这样的估计。我们许多单位的工作为什么那么沉闷？那么多的剧团为什么越来越不景气？一大批想干事业的同志为什么施展不了才能？一个重要的原因就是旧的僵化体制以及许多不合时宜的旧观念、旧办法，还严重束缚着人们。天津的文学艺术要有一个大的繁荣和发展，必须把改革真正抓起来。我们应当在原有的基础上，进一步加快改革的步伐。全市各个文艺部门和单位，都要把改革放在首位，特别是文艺领导部门要把主要精力、主要力量放在改革上，要有明确的规划，要有切实的措施，要有得力的领导，要有专门的班子，使文艺战线成为全市改革最活跃的战线之一，争取用一两年的时间，基本理顺各方面的关系，解决好当前存在的主要弊端。

进行文艺体制改革，必须有一个明确的指导思想。这方面可以讲出许多条，集中到一点上，就是要通过坚决而又稳妥的改革，使广大文艺工作者能够充分发挥积极性和聪明才智，更加心情舒畅、精神振奋地为人民服务、为社会主义服务。换句话说，在整个改革中，必须把多出精神产品、出高质量精神产品，多出人才、出高质量人才作为中心课题，并以此来衡量一个单位改革的成败和成效大小。

按照这个指导思想，要把增强文艺团体的活力作为改革的中心环节，进一步调动单位和个人两个积极性。现在文艺体制的弊端，我看可以概括为三个字，就是“死、懒、穷”。所谓“死”，就是上面统得过多，管得过死，下面没有活力，而是搞得很死；所谓“懒”，就是吃“大锅饭”，搞平均主义，不是奖勤罚懒，而是把一些人养懒；所谓“穷”，就是事业发展不起来，经济效益上不去，国家没有多得，个人没有多分，而是搞穷了。长期以来这已经形成了一种恶性循环，越穷就管得越死，管得越死就越懒，越懒就越穷。我这里有一份材料，1985 年与 1965 年相比，我们市属剧团，人数增加了近 1000 人，国家对剧团的经济补贴增加了 7 倍多，而演出却减少了 4500 多场。我们有些剧团不景气的状况，到了令人难以置信的地步，别说自我发展、自我装备的能力，就连会演时主要演员的服装费都付不起，还得演员自己掏。有些演员说：“看到这种破落局面，我们上台强作笑脸，下台抱头痛哭。”这种状况无论如何不能再继续下去了。

就表演团体来讲，我看改革可以先抓好三件事。第一件事，就是要合理调整布局。对现有的剧团要分出层次，实行不同的管理体制，市里只直接管理少数重点团体，由国家实行补贴，一次包死，多亏自负，剩余归己。其余的演出单位都要逐步改为企业单位或实行企业管理，有些还可以成为文艺工作者自主管理的社会文化团体。对这些单位要更加放宽政策，真正做到自主经营。初步想法是，这些单位在演出内容和方式上，要给以更大的自主权，在收入分配上要和工厂企业一样，盈利部分除按照规定上缴外，按发展基金、福利基金和奖励基金定出适当比例，多收多分，下不保底、上不封顶。今后，不管实行哪种管理体制，都要允许竞争，对个人、对单位都不搞“铁饭碗”，真正实行择优汰劣的政策。据说，有些同志对此有些不同看法。但我认为，择优汰劣是自然界发展和人类社会进步的一个重要法则。我们文艺界不是讲除旧布新吗，可是，“旧”，若不同时为“劣”，则缺乏“除”的根据；“新”，若不同时为“优”，则缺乏“布”的必然。除旧布新的过程，就是择优汰劣的过程。所以不管有些人怎么看，在文艺界一定要坚持竞争，坚持择优汰劣。对那些艺术质量低劣、经济上长期亏损的单位，应该淘汰。市里直接管理的重点团体也不搞终身制。要通过这个办法，使那些“铁饭碗”、“铁交椅”受到威胁，使有些人田园诗般的悠闲生活得到改变。第二件事，就是要下决心把多余的人员减下来。目前，许多单位队伍庞大，人浮于事，人多戏少，矛盾重重。这是活不起来的一个重要原因。今年下半年，各个文艺部门和团体，都要突出抓好队伍的整编工作。在这个问题上，我们要进一步解放思想，采取一些新招法、硬招法。比如，要大力发展艺术团体之间的横向联系，切实解决剧团社会化的问题。舞台美术制作等可以搞社会化大生产，为演出服务的一般工作人员可以试行合同工制度；有些编剧、导演、演员、演奏人员也可以采取招聘制、合同制。又比如，有些已不适合舞台演出的演员，应该适时地转到新的工作岗位，这是一种正常的流动。这方面阻力不小，也有个破除旧观念的问题。既然领导干部不能搞终身制，为什么演员就可以搞终身制呢？再比如，现在剧团机关化的问题很严重，科室林立，党政人员太多，这次要下决心精减下来。还要明确一个问题，今后，各个剧团都要实行团长负责制，文化局可以先搞试点，逐步推开。总之，精减人员这件事情一定要抓紧、抓实，争取明年上半年完成。工作主要靠文艺系统来做，市人事、劳动部门也要给以支持。第三件事，就是要在整编的基础上，进一步改革剧团内部的分配制度。总的原则是，要把个人收入同劳动成果真正挂起钩来，多劳多得，少劳少得。主要演员和一般演员的收入，要拉开适当的距离。文化局要通过试点，尽快拿出具体方案。在进行上面几项改革中，可能会遇到一些政策性问题，如奖金税、多种经营的收益分配等，请财政和税务部门进行研究，采取一些灵活政策，给予支持照顾。

按照文艺改革的指导思想，还要把促进人才的成长作为改革的一项重要内容。现在，我市文艺界的一个突出问题，是有才华、有作为、有发展前途的年轻人不多，不少艺术门类面临着后继乏人的危机。前不久，《文艺报》公布了一个资料，40 岁以下的全国作家协会会员，29 个省市中有两个省市没人，一个是西藏，另一个就是我们天津。今年 10 月，全国要召开青年作家代表大会，要求代表年龄在 35 岁以下，天津竟挑不出一个比较有影响的人来。全市戏剧创作人员，加在一起只有 51 人，平均年龄 51 岁，其中 50 岁以上的 28 人，35 岁以下的只有两人。戏剧导演人才更加缺乏，全市只有 15 人，50 岁以上的就有 12 人，40 岁以下的一个也没有。在表演方面情况稍好一些，陆续出现了一批新人，但并不平衡。如曾是天津优势的音乐舞蹈因人才培养跟不上，有丧失优势的危险；再如曲艺，天津本来是发祥地，过去人才济济，但目前有些曲种因后继无人面临绝境。这个形势是十分严峻的。

要使一批新人源源不断地涌现出来，首先是各级领导要树立起新的人才观，做发现人才的有心人。我们有相当多的同志在这方面是有差距的。在几个座谈会上，有些文艺团体的领导口口声声喊叫“缺人才”，提出一大堆要人、增人的理由。但一动真的，让他提出名单时，他又说不上几个人来。我看过这样一段历史记载，清朝大臣林则徐，每到一处首先了解、探寻当地有些什么人才，让人记录下来。遇到什么问题，需要请什么人来解决，甚为方便。这种精神是值得我们借鉴的。根据文艺界的特点，我们要注意经常接触新冒出来的人才。更要十分注意了解尚未冒出来的“潜人才”，也就是那些尚未得到社会承认的人才。这样的人，最需要领导慧眼相识，加以重用，使之脱颖而出。有一首唐诗大家都很熟悉，叫做“诗家清景在新春，绿柳新黄半未匀。若待上林花似锦，出门俱是看花人”。这里以“花”喻人，说明对于领导来说，要善于在“绿柳新黄”之际，识别、发现新冒出的脱颖人才。如果等到“上林花似锦”，人才都出了名，到处一片肯定、赞扬之声，再去“发现”，也就没有多少意义了。我讲这段话的意思，是想说这样一个问题：人才是有的，关键是我们的各级领导要做发现人才的有心人。

要使一批新人迅速地成长起来，还必须通过改革，制定出一套鼓励冒尖、鼓励创新、鼓励一代超过一代的政策和办法。谈到这个问题，体育界的一些做法很值得借鉴。体育界为什么能够人才辈出，技术水平日新月异，关键是形成了一套有利于多出人才和出冒尖人才的规章制度。比如，各个层次的比赛常年不断，逼着运动员抓紧练功，不敢有半点懈怠；谁拿冠军谁当场就上台领奖，用不着讨论，不会出现议而不决的现象；奖品、奖金归个人所得，用不着“分成”；运动员的成绩不好，不管你资格多老、名气多大，也会被淘汰；场上表现稍有松懈，就有马上被换下场的可能。这样，使运动队总是保持梯形结构，新老合作，新老交替。相比之下，我们文艺界在这些方面却存在着不少弊端。我希望大家思路要开阔些，政策要开明些，态度要积极些，真正研究出一套促进人才成长的好办法。

在培养人才这个问题上，各有关方面都应该尽心竭力，充分发挥自己的作用。比如，各文艺院校要加快教育改革的步伐，努力提高教育质量，并充分挖掘潜力，把提高中青年艺术人员水平的任务担当起来。现在，文艺院校的招生办法以及教学内容和教学方法有很多不够科学的地方。招考学生不看有否艺术成才的条件，而是单纯看分数线，来个“武大郎”，门门都是一百分，能成为舞蹈表演家吗？学习的内容和普通学校一样，数理化等各科平均使用力量，有些课程学了用不上，有些需要的又不着重去学，这就脱离了培养艺术人才的实际，对此必须进行改革。要注意选拔适合艺术特点需要的好苗子，要适当增加与专业有直接关系的学习内容，如学戏剧的要多学些历史知识、文学知识等。再比如，各个新闻单位和编辑、出版部门，要有组织、有计划地推荐、宣传文艺新人，今后我们要在编辑部门和各宣传单位中，专门设立个“伯乐奖”，鼓励大家努力发现人才，精心培育人才。这里需要特别强调的是，在培养人才方面，老作家、老艺术家担负着十分重大的责任。我们经常讲，“能者知能，贤者知贤”，“一流之人，能识一流之善；二流之人，能识二流之善”。能不能发现人才，发现什么层次的人才，与人才发现者本身的德才情况是直接相关的。我们的老作家、老演员，有着几十年的经验，有着精湛的创作和表演水平，天津文艺界能否出现更多的高水平的人才，在很大程度上将取决于我们文艺界的老一辈。还应该看到，老一辈艺术家要永葆艺术的青春，在群众中留下美好的艺术形象，不能靠永远占据舞台。老态龙钟、勉为其难，只能有损于自己美好的形象。老一辈文艺工作者应当把主要精力用在发现人才、培养新人上，在一代胜似一代的青年演员身上，使自己的艺术流芳百世，永放光辉。我希望大家都要把培养一代新人作为自己的主要任务，争取在这方面作出应有的贡献。

上面我讲了要加强团结、振奋精神、搞好改革，而这一切的根本目的，是为了尽快把天津的文艺事业活跃起来，繁荣起来，是为了更好地前进。这次会后，市委、市政府要组织专门力量，研究和制定加强精神文明建设总体规划，其中要把文学艺术作为一个重要的组成部分，欢迎大家献计献策。各个文艺门类都要抓紧时间，制定出“七五”期间的奋斗目标和实施规划，要明确今年怎么办，目标是什么，措施有哪些，谁来负责办，等等。9 月底以前，各单位要把规划报到市委、市政府，我们将定期检查，督促落实。今年必须做到初战必胜，我想，起码要做到这样几点：各个艺术门类都要分别拿出几个质量上有所突破的作品，在全国拿到好名次；要下力量搞好全市的戏剧节，创作一批艺术水准较高的保留剧目；要搞好国庆节的文艺演出，声乐要有一批新人上台；新年春节要拿出一台高水平的节目，在全国能够有所影响。总之，要让全市人民看到我们文学艺术真正有所起色，通过你们的辛勤劳动，让天津的群众更加喜气洋洋，让天津这块土地更加春意盎然。文艺界的同志们，让我们团结起来，振奋起来，积极行动起来，为繁荣天津的文学艺术而共同努力。明年底，我们要召开一次文艺界群英大会，预祝同志们作出成绩，争得荣誉。

振兴京剧要在继承中求发展*

（1986 年 12 月 30 日）

谈到振兴京剧，首先有个看待中国历史文化的问题，这和振兴京剧有着直接的关系。现在有些同志有一种糊涂看法，似乎外国什么都好，我们什么都得向外国学习。甚至有极少数人公开主张“全盘西化”。这些看法显然是错误的，很不利于我们创造以马克思主义为指导的，批判地继承历史传统而又充分体现时代精神的，立足本国又面向世界的，这样一种高度发达的社会主义精神文明。

我们毫不隐讳，由于封建制度的腐朽和帝国主义的侵略，近一二百年，我们有些方面是落后了。就文学创作而言，在法国像伏尔泰、卢梭、狄德罗、巴尔扎克、大仲马、雨果、莫泊桑、罗曼·罗兰，等等，他们创作出一大批异地共存、流传久远的鸿篇巨著。他们中的很多的人，是文学家、戏剧家，同时也是思想家。相比之下，我们就差一些。但是，我们必须坚信这样一点：中华民族是有着悠久历史和文化的伟大民族，在古代文明史上长期处于世界的前列。可以毫不夸张地说，讲历史文化，我们在世界上是首屈一指的。我们不能搞历史虚无主义，背叛自己的祖宗，丧失中国人的人格。在座的有艺术家，有当权者，如果中华

---

* 这是李瑞环同志在京剧“梅花奖”评委座谈会上的讲话。

民族的光辉文化在我们手里丢掉，那将有愧于祖先，对不起后人。我并不否认吸收外国先进东西的必要性，包括文化在内。对外开放是我们坚定不移的国策，现在我们正进行着日益频繁的对外交流，毫无疑问，一切外国有益的东西我们都要学习、吸收，并做到“洋为中用”。但这决不意味着可以轻视自己本民族的东西。外国的东西只有经过消化吸收，和我们民族的特点相结合，才能成为自己的东西，真正为我所用。

京剧是中国民族文化中的瑰宝，历来被人们称为“大戏”、“国戏”。它有着很高的艺术价值，称得起是高级的精神食粮。我们这一代人，没有任何理由使它衰落、失传。我常讲历史的人要办历史的事，这包含两个意思，既不要超越历史，去干那些办不到的事情；也不要推卸历史的责任，该干的事情也不去办。现在，政通人和，国泰民安，我们完全有条件、有责任把京剧振兴起来。总之，无论是从历史的责任讲，还是从满足人民群众的精神生活需要讲，我们对于京剧这一宝贵文化遗产，都必须予以重视、继承和发扬。

第二，振兴京剧的关键，或者叫最急迫的问题是什么，这是一个十分重要但目前又有争论的问题。我的看法，当前振兴京剧的关键是搞好继承，也就是说，要先继承后发展，把发展建立在扎实继承的基础之上。现在有些地方京剧上座率不高，比较萧条。出现这种状况，当然和群众需要的变化，以及电视等大众传播工具的普及，有着直接关系，但我认为主要原因，还是十年内乱期间江青一伙破坏了京剧的声誉，糟蹋了京剧艺术，割断了京剧发展的历史。当时，“十亿人民八台戏”，使京剧濒于灭亡的危险。在整整十多年里，青年演员丧失了学习的时间，中青年演员丧失了学习、实践的机会，老一代演员丧失了演出、传艺的黄金时代，现在他们有的过世了，有的老了力不从心了，观众也中断十多年没有看到正宗的京剧。这几年，我们在振兴京剧上虽然做了一些工作，但要挽回十年内乱给京剧艺术所带来的巨大损失，不是短时间所能奏效的。现在，我们演出的质量较差，拿不出当年那样地地道道的高水平的剧目来。有的演出甚至扭曲了形象，背离了京剧特有的艺术规律，老戏迷看了感到不满意，新观众看了产生误解。因此，振兴京剧的当务之急，也可以讲最有意义的事情，是集中精力搞好继承。也就是说，要消除十年内乱给京剧艺术造成的破坏和歪曲，就要拨乱反正，正本清源，恢复京剧的本来面目，逐步达到历史上曾有过的水平。如果不坚持这条指导思想，实际上是否定了“文化大革命”对京剧的破坏，振兴京剧就有可能变成一句空话。

现在，所谓“京剧发展”之风很盛，成家立派过多，我不主张这样搞。从一般意义上来讲，离开了继承的基础，侈谈发展就会变成胡来；具体来讲，京剧艺术有十年遭受严重破坏这段历史，我们必须正视这个现实，应该按照这种客观实际来确定我们的方针。京剧加上交响乐、迪斯科，可以不可以呢？可以。但这种简单的结合，不能叫京剧的发展。按我的话说，这是京剧和交响乐结婚生了个孩子，这个“孩子”，和爸爸妈妈有联系，但它不是爸爸也不是妈妈，不能叫正宗京剧。所以，讲振兴京剧不能把力量用之不当，如果不首先把主要精力放在继承上，一味地追求标新立异，那只能事倍功半，甚至糟蹋了京剧。我们的青年京剧团这次搞百日集训，就是一招一式、一板一腔地向老艺术家学习，攻下几个优秀的、能代表京剧艺术水平的历史剧目，效果较好，他们的演出得到了专家的高度评价，观众也给予了充分肯定。

我说当前京剧振兴的主要问题是继承，并不是否认发展的重要性。京剧也像其他事物一样，不发展就没有生命力，但没有真正的继承，就不会有真正的发展。因此，必须强调先继承后发展，为发展先继承，继承和发展统一。

第三，怎样搞好继承问题。如果振兴京剧首先是继承这样一个方针是正确的话，那么就自然突出了老一辈京剧艺术家的地位和价值，突出了抓好青年一代的极端重要性。我认为，继承当然是老中青共同的责任，大家都要努力。但老艺术家和青年演员肩负重任，应当是我们做工作的着眼点。老艺术家有着丰富的实践经验，较高的艺术造诣，见识过许多名家好戏，了解京剧本来的面貌和应有的规矩，因此讲继承，首先要依靠他们。这些老艺术家都是“文化大革命”的受害者，他们现在是既痛恨又惋惜，既担心又着急。痛恨“文化大革命”夺去他们的宝贵时光，惋惜自己才能没有得到充分发挥，担心京剧今后衰落下去，着急自己天年有限、力不从心。所以，他们对搞好继承、繁荣京剧都怀有一腔热忱。天津青年京剧团百日集训证明，这些老艺术家都迫切希望把自己的艺术传给下一代，认为这样做于国是个贡献，于己也是流芳后世。现在的问题是如何把他们更好地组织起来，创造良好的条件和环境，使他们遂心如愿，尽展其能。这里有个很重要的问题，就是引导老演员认清自己的责任，扬经验丰富的长处，避不再适合舞台演出的短处，把主要精力放在传帮带上。我经常讲这样一段话：老一辈艺术家要永葆艺术青春，在群众中留下美好的艺术形象，不能靠永远占据舞台，老态龙钟、勉为其难，这样只能有损于自己在观众中早已树立起来的美好形象。老艺术家应当把主要精力用在发现人才、培养新人上，在一代胜似一代的青年演员身上，使自己的艺术流芳百世，永放光彩。最近，我们成立了一个戏剧咨询委员会，把有造诣的老演员组织起来，主要从事戏剧研究、积累资料、咨询指导、示范演出，通过这些工作搞好继承，带出新人。老演员都很满意，工作也很有成效。搞好继承的另一个关键，是抓好青年演员。京剧是一个艺术品位很高的剧种，没有较长的时间很难学好。青年未来时间长，如果把他们教好了，可以使几十年不断档。同时，青年接受能力较强，可塑性较大，定型的东西较少，有毛病容易纠正，总的来讲，他们好学上进，教起来容易。而这些都是搞好继承的优势所在。振兴京剧，势在必行，望有志之士共同努力。

振兴京剧艺术　弘扬民族文化*

（1990 年 12 月 27 日）

在徽班进京二百周年之际，我们在北京隆重举行以振兴京剧为主题的各种纪念活动。这是全国文化艺术界，特别是京剧界的一件大事，对于进一步繁荣京剧艺术，活跃群众文化生活，弘扬民族优秀文化，建设有中国特色的社会主义新文化，必将产生促进作用和积极影响。

几天来，海内外京剧名家联袂献艺，演出了不少优秀剧目；各地的专家学者还就新形势下振兴京剧艺术的对策和途径进行深入研讨，发表了许多很好的意见。对于京剧，我是个爱好者，但缺乏研究，可以说是在外行面前充内行，在内行面前真外行。不过，我和同志们一样，对于振兴京剧是怀着满腔热情的。振兴京剧问题实际上是个弘扬民族优秀文化的问题。我在今年 1 月全国文化艺术工作情况交流座谈会上曾就弘扬民族优秀文化讲过一篇话。这篇讲话是以江泽民同志为核心的党中央审定的。关于弘扬民族文化的方针，在京剧乃至整个戏曲工作中如何具体贯彻，我征求了一些同志的意见，想到几个题目，借这次学术讨论会的机会谈一谈，供大家参考。

一、京剧是中华民族文化的瑰宝

京剧艺术植根于中华民族文化的沃土之中，集我国戏曲之大

---

* 这是李瑞环同志在纪念徽班进京二百周年振兴京剧学术讨论会上的讲话。

成，源远流长。虽然正式形成京剧只有一百几十年的历史，但追本溯源，它是同近两千年的中国戏曲传统一脉相承的。中国戏曲源于古代的民间歌舞传统，经过长期的孕育和发展，从唐代歌舞戏到宋杂剧、金院本以及南戏，初步形成了中国古典戏曲的完整形式。发展到元杂剧，有了结构比较严谨的剧本，有了表现生活和塑造人物的多种艺术手段，提高了舞台艺术，成为中国古典戏曲艺术的一个高峰。到了明代，衍化成为北杂剧和传奇并存。及至明末清初，涌现出数以百计的地方剧种。它们既继承了中国戏曲的历史传统，又各自吸收了当地的民间艺术，因地域之不同而有不同的音乐声腔和艺术表现手段，呈现出许多剧种争奇斗妍的繁荣局面。这中间，作为京剧前身的徽戏（徽调）、汉戏（楚调）、昆曲、秦腔和弋阳腔（包括后来在北京融化成的京腔）等，都以其悠久的历史和突出的艺术成就，广为人们所喜爱。京剧正是在这些戏曲的基础上，融汇了它们的优点和长处而形成和发展起来的。

京剧来源于民间，流传于民间，又为清代宫廷所重视和提倡，加上京都人文荟萃，使它得以广泛借鉴中华民族的传统文化，吸收融化各地和多种文艺形式的精华。正是在这种得天独厚的环境里，京剧博采众长，经过一代代表演艺术家的辛勤努力，终于形成了独有的艺术特色，发展成为全国性剧种，被称为“大戏”、“国剧”，一度在剧坛独领风骚。京剧艺术蕴含丰厚，对此，学者专家有过许多论述。比如京剧的声腔和音乐方面，是在吸收徽剧、汉剧、昆曲、梆子以及其他地方剧种的一些曲腔和民间小调的基础上形成的以西皮、二黄为主，兼有昆腔、吹腔、小调的声腔音乐体系。它的唱词继承了我国诗、词、曲和说唱文学的艺术传统，确立了由上下句组成的“板腔体”的表现形式，可以说是一种雅俗共赏的剧诗。它的唱腔和板式多种多样，不同行当、不同流派各有不同的声腔和演唱方法，宜于表达各类人物丰富多变的思想感情。它的伴奏，既有很高的音乐欣赏价值，又能对演唱起重要的烘托作用，形成了文武场合奏和以京胡为主要伴奏乐器的独有风格。又如在表演手段和技巧方面，它在生活原貌的基础上加以提炼、美化，吸收了各地方戏曲的精粹和民族舞蹈、武术、杂技的长处和技巧，经过不断丰富加工，形成了唱、念、做、打、翻兼有，手、眼、身、法、步俱全的程式化、舞蹈化的表演特点。再如在服饰、道具、人物造型、脸谱方面，它借鉴和吸收了我国的民族绘画、雕塑、书法、刺绣及民间工艺的特长，具有象征性、装饰性和程式性，不仅鲜明生动、艳丽多彩，而且同京剧表演融为一体，富于表现力和感染力。另外，在剧目方面，也很有特色。它在内容上确有不少封建糟粕，应予剔除，但也有相当部分弘扬了中华民族的传统美德，诸如惩恶扬善、崇俭戒奢、褒勤贬懒、精忠报国、孝亲尊师、扶弱济贫，等等，还有不少戏表现了民族的智慧和人生的哲理，并给人以历史的知识。这些可以异时共存、异地共赏的东西，有助于人们道德品质的熏陶和思想智慧的启迪。观赏这些剧目，不但可以使人们得到美的享受和心灵的愉悦，同时也可以从中吸取一定的教益。总之，京剧以其丰厚的内容、完美的形式、精湛的技艺，达到了我国戏曲艺术发展的高峰。它具有鲜明的民族特色和浓郁的艺术魅力，它的突破时间空间界限的虚拟化表现方式，从化装到表演的艺术夸张和写意手法，有很高的艺术价值，体现了中国传统的美学观点，形成了中国特有的东方戏剧艺术体系，完全可以同斯坦尼斯拉夫斯基、布莱希特等外国戏剧艺术体系相媲美，在国际上享有崇高的声誉。

正由于此，以京剧为代表的中国戏曲，具有民族化、大众化的鲜明特色，拥有广大的观众，全国城乡都有很多戏迷。所以，怎样对待京剧的问题，首先是一个着眼于群众的问题。建设有中国特色的社会主义新文化，就包含着京剧和整个民族戏曲的百花齐放、推陈出新。同时，在全世界，凡有华夏儿女的地方几乎都有京剧爱好者。京剧以其独特的艺术魅力和深厚的民族情愫，成为联系大陆同胞和台、港、澳同胞，联系海内外华夏儿女的重要艺术纽带。京剧不但是中华民族文化的瑰宝，而且是人类文化宝库中的精品，最富民族性，同时也最富世界性，在我国对外文化交流中发挥着重要的作用。我们对京剧的地位和价值必须有充分的认识，给予高度的重视，这也就是中央支持开展徽班进京二百周年纪念活动，促进京剧振兴的由来。

二、京剧面临的问题和机遇

京剧伴随着中国社会的变化，走过了一条漫长曲折的发展道路。在解放前的一百多年里，京剧艺术由稚嫩走向成熟，曾经出现过流派纷呈、名家辈出的兴盛局面，不仅雄踞北京，而且风靡全国。其间，它也经历过停滞和衰败，到解放前夕，不少艺人穷困潦倒，京剧艺术几乎陷于绝境。新中国建立后，中国共产党和人民政府对戏曲艺术非常重视，制定了“百花齐放，推陈出新”的方针，采取了一系列措施，为京剧艺术的发展创造了种种有利的条件，广大艺人地位提高，生活稳定，艺术上也得到了新生。这一切，使京剧艺术的发展进入了一个黄金时代：演出团体如雨后春笋，京剧人才群星璀璨，舞台剧目丰富多彩，呈现出一派繁荣兴旺的景象。令人痛惜的是，“文化大革命”断送了这一大好形势，许多剧目不准演，许多演员不准唱，广大观众没戏看，京剧传统艺术濒于灭亡的边缘。粉碎“四人帮”以后，特别是党的十一届三中全会以来，由于党和政府的关心、扶持，以及广大京剧艺术工作者的勤奋努力，京剧艺术得以复苏并出现新的生机，创作、演出都取得了可喜的成绩。

但是，我们也必须清醒地看到，京剧艺术当前处于一种不景气的状况，遇到了许许多多的困难。首先，“文化大革命”破坏所造成的京剧演员断档、剧目断档、观众断档的严重局面，没有相当长时间的艰苦努力是难以根本改变的。加上前几年，在资产阶级自由化思潮的影响下，民族虚无主义和历史虚无主义泛滥，也加剧了京剧处境的艰难。其次，随着社会的发展和科技的进步，文艺的品种样式日益丰富，广播、电视等大众传播工具迅速普及，不仅拓宽了群众的欣赏领域，而且在一定程度上改变着群众的欣赏习惯和欣赏方式。本来，这是社会进步的表现，也是艺术发展的正常现象，但对京剧艺术来说，则是一个新的挑战。再次，一个时期以来，由于我们一些同志对京剧艺术的固有价值和重要意义认识不足，以致工作摆不上日程，下不了本钱，京剧艺术发展中一些应该解决的问题长期得不到解决。由于上面这些原因，目前许多京剧院团存在着演出不卖座，经济效益低，事业难发展，队伍不稳定的局面。京剧艺术的发展确确实实出现了某种“危机”。对此，我们必须给以足够的重视，必须要有紧迫感，不然的话，京剧这个中华民族的艺术瑰宝就有可能在我们手里丢掉。

当然，说京剧遇到困难，不等于说京剧没有前途，也不等于说振兴京剧没有希望。应该看到，目前京剧发展的有利条件还是不少的。党的十三届四中全会以来，全党高度重视社会主义精神文明建设，民族虚无主义和历史虚无主义思潮得到有力批判，弘扬民族优秀文化深入人心，这就从大的社会环境上给振兴京剧提供了政治上、舆论上的支持和保证。振兴京剧这一事关保护中华民族的艺术珍品，建设社会主义文化的大问题，已逐渐成为党政领导、社会有识之士和京剧界的共识，这就有可能组织各有关方面的力量，共同做好这项工作。当前，虽然总的来说有个演员、观众断档的问题，但毕竟还有一批老一代京剧艺术家健在，一批有相当造诣的京剧演员也正当盛年；观众中既有一批老戏迷，也出现了一些新戏迷，振兴京剧的工作还有基础。广播、电视、录音、录像给京剧艺术提供了新的载体，为京剧的宣传、普及、记录、保存、传授和学习，提供了极为有利的条件。所有这些，都给振兴京剧提供了良好的机遇。文化战线特别是京剧界的同志要认清形势，正视困难，抓住时机，团结奋斗，乘势而上，使京剧艺术在新形势下得到繁荣和发展。

三、京剧传统的继承与发展

京剧艺术经过历代艺人的千锤百炼，已经比较成熟，是一笔宝贵的民族文化遗产，我们必须十分珍爱，认真加以继承。著名的科学家牛顿曾经说过，他所以比别人看得远一点，是因为站在了前人的肩上。科学是如此，艺术也是如此。不把一代代京剧前辈用毕生精力凝结成的艺术精华继承下来，就不可能发展京剧艺术。在目前情况下，尤为重要和紧迫的是搞好继承。要抓紧抢救老年京剧艺术家的艺术精华，使他们的精湛技艺、玩艺儿、绝活，尽可能原原本本地传下来。一方面靠口传心授，手把手地教；另一方面为他们录音、录像，也可以把过去京剧大师们的唱片、录音配上现在中青年演员的表演，作为声形兼备的教材。要充分发挥中年演员的作用。中年演员一般都具有相当的艺术造诣，是舞台演出的骨干，他们在继承中具有承上启下的条件。要下大力量培养青年演员。青年演员可塑性大，艺术生命较长，下力量把他们教好了，京剧艺术就可以代代相传。

强调继承并不是否定发展，也不会妨害发展。恰恰相反，强调继承的目的正是为了使京剧艺术获得真正的发展。京剧也像其他事物一样，如果不发展、不创新，它的生命力就会逐渐枯萎。

随着时代的前进和观众艺术需求的变化，京剧艺术包括它的形式和内容都需要有新的提高、新的发展。要按照“二为”方向和“双百”方针，对京剧面临的新形势和新问题进行多方面的研究，只要有利于京剧的发展与繁荣，各种观点、看法都可以提出和讨论，各种各样的艺术实践都可以探索和试验。科学技术的发展和新的艺术形式的出现，有不少适合京剧艺术、有利于改进京剧表演的东西，应该积极吸收和消化。这方面的试验有些即使不太成功，也不要过多地指责。当然，发展京剧必须符合京剧的特点，必须遵循京剧艺术的规律。京剧就是京剧，京剧的发展是对京剧的完善和提高，而不是把它变成别的剧种。京剧从诞生到现在，一直是在继承前人的基础上不断演化和发展的。但是这种演化和发展是一个渐进的、逐步完善的过程，具有相对的稳定性。京剧吸收其他戏剧艺术的优点，是见好就拿，拿来就化，把人家的优点融合到京剧艺术之中，而不是淡化自己的特色。离开京剧的发展规律，简单地、生拉硬扯地糅进一些与京剧格格不入的东西，不能叫发展京剧，而是对京剧艺术失去信心的表现。还要看到，京剧艺术与观众的关系同其他艺术有所不同。有些艺术形式，同一节目人们很少重复看几遍，而京剧则不然，同一出戏观众百看不厌，越是熟悉的戏越爱看。这就是所谓的“生书熟戏”。一些戏迷不但对唱词、念白背得滚瓜烂熟，而且对一腔一调一招一式都自有评判标准。从某种意义上讲，京剧培养了观众，观众也在一定程度上影响和制约着京剧。因此，对京剧的发展和创新还要充分考虑观众的欣赏习惯和接受程度。

大量事实说明，凡是在发展京剧艺术上取得突出成就的艺术家，都是因为他们在继承前人方面花了很长时间，用了很多精力。这方面的情况大家比我熟悉，我随便举几个例子。比如老生这个行当，谭鑫培可以说是祖师爷，但他的演唱和做工，是学习和继承了程长庚、余三胜、王九龄及张胜奎诸家之长，还吸收了旦行、净行以至大鼓腔的某些技巧，化为已有，因而形成了具有独特风格的“谭派”。在谭鑫培的诸多弟子中，余叔岩是最突出的一个。余叔岩早年是学他祖父余三胜的，后来他的剧目以及唱、念、做、打主要是继承“谭派”，但又以丰富的演唱技巧对“谭派”进行了发展创新，逐步形成了新“谭派”，最终发展成“余派”。杨宝森初学“谭派”，后又研习“余派”唱腔，有人说他是“由谭腔入，由余腔出”，其实他的唱腔、唱法还吸收了一些“汪（桂芬）派”的东西，最后结合自己的嗓音条件，形成了具有鲜明特色的唱腔风格，成为“杨派”。在旦角行当中，起初集大成的应该说是王瑶卿。他首先突破京剧行当严格分工的界限，融汇青衣、花旦、刀马旦的唱、念、做、打，创造出旦行的新行当——花衫。梅兰芳的唱、做无一腔一式无来历，但又无一腔一式是机械照搬。他先是学陈德霖、时小福，后来吸收了王瑶卿之长，并结合自己的特色逐步形成“梅派”，其唱法极为纯净饱满，其表演臻于完美境界。著名国画大师李可染在谈到继承和发展关系时，曾深有感触地说：“流派不是自封的，是自然形成的”，“搞艺术不能速成，取巧，速成必然掺假，艺术贵在真诚”。黄宾虹老人八十多岁时还用“不能求脱太早”来告诫后学。事实上一些有成就的京剧大师们开始时并不曾想到成家立派，而是老老实实地向老师学习，认认真真地继承前人，把名家的专长真正学到手。当自身艺术达到很高造诣，其特色就会脱颖而出，得到社会公认。总之，继承与发展是振兴京剧的一个问题的两个方面，两者紧密联系，相辅相成，把继承与发展有机结合起来，统一于京剧艺术的实践过程之中，这是振兴京剧的唯一正确道路。

四、京剧艺术的普及与提高

当前，京剧面临的突出问题是观众日益减少。解决这个问题，既要下大力量抓好普及，又要下真功夫抓好提高。这里讲的普及，主要是指为京剧艺术培养和争取更多的观众。京剧虽然来自民间，但在长期的发展过程中，经过历代京剧艺术家的锤炼，有些还经过文人学士的加工，形成了一套独特而完整的艺术表演体系，加上许多剧目中的人物和故事都取材于历史，没有一定的戏曲知识和历史知识是欣赏不了的。再加上由于“文化大革命”的破坏，不少人对传统京剧生疏了，不懂得京剧所具有的艺术魅力，不能正确认识京剧的美学价值。不了解京剧，当然也就很难谈得上喜爱京剧。因此，向更多的人介绍京剧知识，让他们了解、熟悉京剧，进而喜爱京剧，是当前振兴京剧的一项紧迫工作。这里讲的提高，主要是指要提高京剧剧目的质量和演出的水平。京剧观众减少有多种原因，很重要的一条是京剧演出水平和艺术质量下降，行当不齐全，台风不严谨，与过去特别是与50年代的水平相比存在着很大差距。现在，许多地方一方面有些京剧没人看，一方面有些爱好京剧的人又没有高质量的京剧看，这就充分说明不是“曲高和寡”，而是“曲低和寡”。京剧界只有拿出高质量的剧目和高水平的表演艺术，才能吸引观众，征服人心，否则不仅不能争取新观众，还有可能失去老观众。艺无止境。我们要在原有的基础上苦心孤诣地追求，孜孜不倦地探索，不断攀登京剧艺术的新高峰。

搞好京剧的普及和提高，京剧界本身要做艰苦努力，社会各方面也要积极支持。报纸、广播、电视等大众传播工具，要采取多种形式，介绍和播映京剧节目和京剧知识。影视音像单位要制作一批京剧电影、电视、录音、录像，向国内外发行。出版部门要抓紧出版有关京剧方面的著作和通俗读物，如这次纪念徽班进京二百周年编辑出版的《中国京剧史》、《京剧知识词典》、《京剧史照》、《中国京剧有声大考》等一批有价值的出版物，产生了很好的影响，很有积极意义。还可以考虑出版一本京剧杂志，专门研究有关京剧的问题。文化部门要举办京剧文物、文献、绘画、服装、道具、脸谱等各种展览，形象生动地向群众宣传京剧的历史、成就及艺术价值。要组织各种类型的京剧调演、观摩和比赛活动，为演员提供更多的演出和切磋技艺的条件，为观众创造更多的欣赏京剧艺术的机会。业余京剧演唱活动和业余京剧社团联系着众多的京剧爱好者，是普及京剧的主要途径和力量，要倍加关心和爱护。要组织专业剧团和专业演员下厂、下乡对他们进行辅导，引导扶植其健康发展。

京剧的普及与提高，特别是普及要面向全社会，重点是抓好青少年。要把这项工作作为弘扬民族优秀文化的一项重要内容，渗透到青少年的教育、娱乐和其他社会活动中去。要创造一种文化氛围，使年轻人更多地了解中华民族的历史和文化，更好地熟悉京剧艺术的审美价值，从而喜爱京剧，关心京剧。要向青少年推荐一些优秀的京剧剧本或引人入胜的京剧故事，给他们讲解一点通俗易懂的京剧知识，组织他们观赏一些优秀的京剧演出。要使爱好欣赏京剧成为一种文化素养，使参与演唱和观赏京剧成为精神文化生活的一个内容。这样坚持不懈地抓下去，京剧的观众就会逐渐多起来，欣赏水平也会越来越高。

五、京剧剧目的整理与创作

京剧剧目本来是非常丰富的。过去有个夸张的说法，叫“唐三千，宋八百，演不完的三、列国”。据不完全统计，近百年来流传的京剧剧目有一千三四百个。仅“四大名旦”新编的独门流派剧目，就有二百多个。除了自然淘汰的以外，有一大批保留下来的传统剧目，凝聚着前辈京剧表演艺术家和文人的心血。十年浩劫，使京剧传统剧目受到无情摧残，不少传统剧目濒临失传。党的十一届三中全会以来，经过拨乱反正，一些传统剧目得以恢复，但由于种种原因，剧目贫乏的状况并没有得到根本改变。近几年，全国京剧团上演的剧目不过一二百个，演员出来进去只演几出戏，观众翻来覆去只看几出戏。剧目贫乏，既是京剧不景气的表现，又是造成京剧不景气的原因。要摆脱这种局面，当前的重要任务，就是尽快组织力量抢救那些沉埋多年的有价值的传统剧目，搞好京剧剧目的整理与创作。

对于京剧传统剧目，不论是目前经常上演的还是重新挖掘出来的，都要本着取其精华、弃其糟粕的原则，进一步整理和加工。有的戏结构松散，场次拖沓，必须紧缩。有的戏一些场、段既无内容，又无艺术价值，可以删掉。有的戏对同一事件反复叙述，多次自报家门，应该精简。有的戏演出时间过长，要下决心压短。至于普遍存在的词句不通、以讹传讹或者为了合辙押韵，生编硬造的“水”词，更应该加以纠正。整理剧目，是一项非常复杂细致的工作，不仅因为正确地辨别精华与糟粕、真正达到推陈出新，需要有相当的思想水平、学识和功力，而且因为这涉及京剧的特殊表演技艺和广大京剧爱好者的欣赏习惯。要改得贴切、自然、增色，精练、优美、流畅，使外行人看着顺眼，内行人能够接受，很不容易。既要有胆识，又要很谨慎。对一些观众非常熟悉、爱好的著名唱段，诸如《姚期》中的“小奴才”，《四郎探母》中的“叫小番”等，不要轻易改动。做好整理加工工作，光靠京剧界的力量是不够的，需要吸收一批有相当文学修养，又通晓京剧艺术的人积极参与。过去“四大名旦”都有一批文人朋友，如梅兰芳之与许姬传、齐如山，程砚秋之与罗瘿公，荀慧生之与陈墨香，尚小云之与清逸居士、还珠楼主，他们一道整理剧目，切磋技艺，共同推进了京剧艺术的发展。建国以后，欧阳予倩、田汉等文化界知名人士，参与了京剧的剧本创作、改编和评论，为京剧艺术的提高作出了重要贡献。这些历史上的成功经验，可供我们借鉴。我希望，有更多的文化界人士能和京剧演员紧密结合，共同努力，把挖掘和整理加工京剧传统剧目的工作提高到一个新的水平。

为使京剧舞台更加丰富和繁荣，必须下力量积极创作新剧目。这不仅是时代对京剧艺术的要求，也是广大观众的热望。由于京剧原有的表演艺术形式比较适合反映历史题材和古人的生活，新编历史剧大有可为。延安时期的《逼上梁山》、《三打祝家庄》，建国以来的《杨门女将》、《白蛇传》、《将相和》、《赤壁之战》及《野猪林》等都是比较成功的。我相信，通过认真总结经验，努力创作实践，一定会出现越来越多的优秀新编历史剧。移植和改编其他剧种或文艺形式中适合于京剧演出的剧目，是一条丰富京剧剧目的捷径。过去在这方面已经取得了很好的经验。我国有几百种地方戏曲，还有话剧、歌剧、电影等多种文艺形式，可做的文章很多。用京剧艺术形式表现现代生活，从延安时期开始，就有不少文艺工作者进行了积极的探索和尝试，创作了一些为观众欢迎的京剧现代戏，取得了一些有益的经验。目前，对于如何用京剧艺术表演手法来反映现代人生活，还有一些不同的看法，可以继续讨论和研究。我们对京剧现代戏的创作，要给予更多的关注和支持，要鼓励文艺工作者继续下功夫进行探索、创造和实践。我相信，随着时代的发展，经过京剧工作者锲而不舍的艰苦努力，京剧现代戏一定会不断取得新的成果。

六、京剧人才的选拔与培养

京剧舞台艺术是以主要演员为中心的。看京戏要看“角儿”，没有“好角儿”，演不出好戏。同样一出戏，不同水平的演员去演，其艺术效果大不相同。所以京剧戏迷看戏以前，不但要知道演什么戏，尤其是要打听是谁演的。一部京剧史证明，京剧的兴衰同优秀的主要演员涌现多少和成就高低紧密地联系在一起。京剧是一门综合艺术，还需要各方面人才成龙配套。一个剧团不但需要各个行当的优秀的主要演员，而且需要优秀的“四梁四柱”，需要优秀的鼓师、琴师和文武场演奏人员，还需要好的化装的、勒头的、检场的、管服装的、管靴帽的、管道具的和管音响的等各类人才。现在编导和各类设计力量特别薄弱，这方面的人才更需要加强培养。京剧目前不景气，一个重要方面是人才青黄不接。我们必须把选拔和培养优秀的京剧人才，特别是青年京剧人才，放在振兴京剧的突出位置。

京剧是一个艺术品位很高的剧种。一个演员成长为优秀人才，需要具备多方面的条件。一是要具有成为优秀京剧人才的个头、扮相、嗓子等先天条件，即必要的天赋。二是要有相当的文化素养，学一点基本理论，懂得一定的文学历史知识。三是本人要有长期苦学苦练的毅力，“冬练三九，夏练三伏”，常年不辍，持之以恒，才能掌握过硬的基本功。四是要有高明和开明的老师指导。老师不但要确有艺术造诣、真才实学，而且要善于因材施教、严格要求，毫无保留地倾囊相授。有名师、严师，才能出高徒。五是要有演出和实践的机缘。青年京剧人才的成长，必须在打好基础的前提下，尽快地把学习提高同演出实践结合起来。只有通过演出实践的锻炼，才能巩固和提高学习的成果，扩大知名度，并在与观众的广泛交流中得到鼓励与批评，使自己的艺术日益精进。六是青年京剧人才的成长需要有一个良好的环境，包括生活环境、学习练功环境、舆论环境以至人际关系环境，等等。上述六条说明，选拔、培养和造就优秀的青年京剧人才，确实是非常不容易的。

要认真总结多年来办戏校和培养青年京剧人才的经验，加强和改进京剧艺术教育。从招收新生、课程设置、教学方法、思想政治工作到后勤管理，都要符合京剧艺术的规律，京剧艺术教育的规律和京剧人才成长的规律。在培养京剧人才众多问题中，要重点解决好师资问题。要把那些有较高艺术水平和教学能力的老艺术家以及各类专家的积极性都充分调动起来。在业务训练中要打好各方面的基础，同时注意发现有发展前途的苗子，定向培养，因材施教。对他们从小就要加强热爱京剧艺术、树立职业道德以及遵守纪律的教育。要适当加强对学员的文学、历史和美学等方面的文化教育。在戏校一般教育和个别传授的基础上，要为那些崭露头角、显示才华的“尖子”开“小灶”，请名师传艺。要及早确定他们的发展方向，并成龙配套地组织起来，边演出实践，边学习提高。有条件的地方可以建立青年剧团。对优秀的青年人才，要从各方面关心他们，既要热情宣传，又要严格要求。要教育他们热心为观众服务，树立良好的艺德艺风和尊师敬业精神，自尊自爱，防止自满狂傲，不要成为倏忽即逝、昙花一现的人物。过去许多京剧艺术大师，例如梅兰芳、程砚秋等，不仅舞台艺术精湛，而且为人品德高尚，要让青年京剧人才认真学习他们的榜样。总之，培养优秀京剧人才，是一项非常具体、非常细致的工作。抓好了这项工作，振兴京剧就大有希望。

七、京剧院团的调整与改革

近几年，京剧院团的改革是有成绩的，但是从总体上看，效果还不明显，面临的任务还相当艰巨。目前，不少剧团缺少活力，人浮于事。分配上的“大锅饭”，严重影响集体和个人积极性的发挥。不少剧团和演员一年演不了几场戏，排不了几出戏，社会效益难实现，经济效益上不去，国家补贴没减少，个人收入没增多，剧团越搞越穷，有的甚至难以维持。这种状况必须引起我们足够的重视，下决心、下力量进一步调整和改革。

首先是调整布局。要根据各地的人才状况和观众需要，实事求是地确定京剧院团的数量和规模。没有剧团很难谈振兴京剧；没有一定数量的京剧团，也不利于京剧的发展；但一个地方京剧团超过了实际需要，又会使国家负担过重，艺术力量分散，观众不足，出现类似“市场疲软”的问题。毫无疑问，像京剧这样的民族文化瑰宝，国家当然要采取保护和扶持的政策，有的院团就是要重点支持。鉴于当前中青年优秀京剧人才缺乏的状况，应当本着保证重点的原则，有计划、有步骤地进行京剧院团的合理调整。对一些设置重复、力量薄弱和常年不演戏或很少演戏的京剧团，应该适当合并或撤销。

第二是精简队伍。目前，不少京剧演出单位队伍庞大，包袱很重，但真正能够上台顶事的人又嫌不足，因此要下力量抓好队伍的精简和调整工作。要下决心改变一些院团科室林立、行政人员太多的状况。要把那些不适合舞台演出和剧团工作的演职员调整到更能发挥其作用的工作岗位上去。有的演职员可以到其他单位担任业余京剧社团的辅导工作，有的可以搞些“以文补文”的第三产业。要做好离退休工作。有造诣的老年艺术家是京剧界的宝贵财富，在他们从舞台上退下来以后，要采取适当的组织形式，让他们担任一定的研究、咨询和教学工作，继续发挥作用。精简队伍和调整人员困难很多，必须本着实事求是的原则，坚持稳步进行的方针，采取周密妥当的办法，把工作做细，切忌简单从事。对这项工作，劳动、人事、财政等有关部门要给予支持。

第三是改善经营管理。近几年，一些地方对京剧院团实行“定额补贴，一次包死，多亏自负，少亏归己”的办法，实践证明是有效的，应该认真总结经验，进一步加以完善。在定额补贴的条件下，逐步推行文化主管部门与剧团的经营管理目标责任制。一些京剧观众较多的大中城市正在酝酿组织为京剧演出服务的社会化机构，从配角、龙套、乐队文武场，到服装、道具都提供配套服务。外边的京剧团来演出，可以不再带众多的人员和道具，就能大大节约开支，这个办法可以积极试行。有的地方实行了“一团一场”的做法，既为剧团提供了一定的演出场地，又可兼搞多种经营，以场地的收入补剧团开支之不足。有条件的地方也可以仿效。与此同时，还要切实加强剧团内部管理，严格各项制度和纪律，堵塞漏洞，杜绝浪费，努力把有限的财力真正用到发展京剧事业上来。

第四是改进分配办法。剧团的内部分配，要逐步做到个人收入同劳动成果挂钩，改变各类演职员收入不够合理的状况。主要演员和一般演职员的收入要适当拉开距离。对贡献突出的创作和演出人员，要在工资、奖金及住房等方面给予优惠待遇。

以上讲的几项调整和改革措施，各地可以根据自己的实际情况，在国家政策允许的范围内，积极进行各种试验和探索。这种调整和改革，目的都是为了充分调动演职员的积极性和创造性，发展文艺生产力，达到多出好戏、多出人才的目的。

八、齐心合力，振兴京剧

振兴京剧是弘扬中华民族优秀文化的大事，是我们这一代人义不容辞的责任。社会各方面都要关心和支持京剧事业。京剧界要齐心合力，把我们先辈留下的这一民族文化瑰宝在新的历史条件下振兴起来，繁荣起来。

领导要高度重视。要把振兴京剧作为满足人民精神文化生活的一项重要工作，明确专人负责，摆上议事日程。要结合制定十年规划和“八五”计划，把京剧事业的发展纳入社会主义精神文明建设的总体规划，提出具体目标和措施，有计划、有步骤地加以实施。要关心京剧事业，爱护京剧人才。领导同志要挤时间看看戏，交一些京剧界的朋友，加强联系，听取意见，做好思想政治工作，帮助他们解决实际问题。在目前国家财力紧张、用于文化建设投资不多的情况下，要尽可能给京剧一些扶持，为京剧事业的发展和京剧人才的成长创造必要的物质条件。在这些方面，党委宣传部门和文化行政部门要积极落实有关振兴京剧的措施，主动提出改进的建议，及时为京剧界排忧解难。

社会要广泛支持。振兴京剧是一项社会事业，应广泛借助社会力量。我热切希望各行各业和各有关方面都能为京剧振兴开绿灯、办实事、作贡献，也热切希望海内外炎黄子孙群策群力，关心和支持这项事业。一些同志建议成立一个振兴京剧的组织，请热心京剧的老同志、京剧界和文化界著名人士参加，研究和帮助解决振兴京剧中的一些问题，包括提出建议，协调各方，组织抢救、整理剧目和培养人才等工作。我赞成和支持这个建议。还有些同志建议成立一个振兴京剧的基金会。现在基金会过多过滥，国务院正在清理。但我认为，京剧可以作为一个例外。由国家、地方、企业以及热心京剧的人士出资，资助京剧事业的发展，表彰对振兴京剧作出贡献的人才。

京剧界自身要努力。领导的重视，社会的支持，是发展京剧事业必不可少的条件。但是，振兴京剧归根结底要靠京剧界自身，靠京剧工作者的齐心合力，艰苦奋斗。党和政府希望广大京剧工作者担负起振兴京剧的历史重任，增强使命感和责任感，振奋精神，迎难而上。在社会上存在某些分配不公的情况下，希望京剧工作者能够保持和发扬“安贫乐道”的精神，安待遇菲薄之贫，乐京剧振兴之道，不计较个人得失，坚韧不拔，矢志不渝，一心扑在京剧事业上。这里还要着重讲一下加强团结的问题。京剧界的团结应该说有进步，但也还有不少疙疙瘩瘩的事情。有的不能同台演戏，有的甚至不能同室开会，“内耗”严重，本来人手就不齐，还齐不了心，合不成力，这种局面如不改变，很难叫人为京剧界说好话。按理说，京剧界应该是最讲团结的，任何一出戏的成功演出，都是红花绿叶互相帮衬的结果。正因为如此，人们常常把“共唱一台戏”、“补台”而不“拆台”作为搞好团结的形象比喻。其实，不少京剧剧目就是讲事业第一、大局为重、舍己为人、团结互助的。特别是在当前京剧发展遇到诸多的困难的情况下，京剧界在同行之间，不同流派之间，领导和群众之间，演员职员之间，都不应该计较个人之间的恩恩怨怨和是是非非，而要同心同德，形成合力，把劲使在发展繁荣京剧艺术事业上。

同志们！90 年代是我国社会主义现代化事业非常关键的时期，京剧艺术也进入了一个新的发展阶段。让我们振奋起来，团结起来，行动起来，以创造性的卓有成效的工作，推动京剧事业的发展，并通过京剧的振兴带动和促进我国整个戏曲事业的繁荣。

现在正值天寒岁暮，新的一年即将到来。让我借这个机会，向海内外热心京剧艺术、为弘扬民族优秀文化作出贡献的各界人士致以崇高的敬意和衷心的感谢，并提前向大家祝贺新年！

繁荣文艺必须解放思想*

（1992年8月10日）

首先我对内蒙古乌兰牧骑艺术节取得圆满成功表示热烈的祝贺，并向全体乌兰牧骑文艺工作者表示崇高的敬意和亲切的慰问！

35年来，内蒙古乌兰牧骑奔走于千里草原，克服了重重困难，创作和演出了一大批优秀的文艺节目，为丰富广大牧民的生活，加强民族团结，促进经济发展，作出了宝贵的贡献。你们的成绩，曾多次得到毛主席、周总理、邓小平和其他中央领导同志的赞扬。你们深入生活，服务群众，艰苦奋斗，开拓创新的精神，应当大力提倡。

在邓小平同志视察南方谈话精神指引下，我国的改革开放和各项事业发展很快，文艺界要跟上大好形势，切实地为经济建设这个中心服务，就必须为广大人民群众创作出更多更好的作品。

繁荣文艺必须解放思想。由于"左"的思想影响，长期以来，我们有些同志对文艺的功能、文艺的目的和文艺的标准，存在着片面的理解。文艺有娱乐、审美、认识、教育等多方面的作用。我们总是希望并努力争取充分发挥文艺的思想政治教育的作用，但也必须承认，不可能使每个作品都具有这种作用。文艺的

---

* 这是李瑞环同志在内蒙古乌兰牧骑艺术节闭幕式上的讲话。

根本任务，是满足广大人民群众日益增长的文化生活的需要。因此，我们在提倡多创作健康有益、群众喜闻乐见的作品的同时，也不反对政治思想上无害、艺术上较好、群众喜闻乐见的作品，只要不违反国家宪法和法律，就不要横加干涉。实践证明，对文艺作品简单地、片面地、过分地强调姓“社”姓“资”、强调思想政治教育的作用，就不能很好地坚持“二为”方向和“双百”方针，就很难做到“古为今用”、“洋为中用”，就不利于形成生动活泼、百花盛开的良好局面。

同志们！文艺必须适应不断发展的大好形势，文艺界应该向广大人民群众提供更多更好的作品。我们希望广大文艺工作者认真学习和贯彻小平同志谈话精神，解放思想，团结奋斗，努力工作，大胆创新，为繁荣社会主义文艺作出贡献！

音配像工程是一个功在当代、利在千秋的事业*

（2007 年 7 月 9 日）

今天，我们大家欢聚一堂，庆祝京剧音配像工程胜利完成。在这样一个场合，看到如此丰硕的音配像成果，见到这么多老朋友，听到大家热情洋溢的发言，我感到十分欣慰和高兴。此时此刻，我不禁想起与大家合力奋战的日日夜夜，想起音配像工程经历的酸甜苦辣，真是感慨万千。借此机会，我作为一个倡导者和参与者，向音配像工程的胜利完成表示热烈的祝贺，向为音配像工程倾尽心血但今天却不能和我们一起分享胜利喜悦的老朋友、老艺术家表示深切的怀念，向为音配像工程作出贡献及一切关心、支持这项工程的人士表示真诚的感谢！

一

音配像工程从 1985 年试录到去年年底基本完成，前后共用了 21 年。21 年对于一个工程来说是个什么概念？秦朝修长城用了 9 年，明朝修故宫用了 14 年，我们修三峡用了 13 年。集我国

* 这是李瑞环同志在《中国京剧音配像精粹》工程总结表彰大会上的讲话。

古代经、史、子、集及各类书籍之大成的《四库全书》，3.6万册、229万页的编纂工作只用了10年，之后又分抄6份花了11年，总共不过21年。21年对于一个人而言又是个什么概念？以我本人为例，当过工人，15年；当过天津市长，8年；到中央工作，也不过13年。音配像开始的时候我才51岁，而今已年过古稀。光阴似箭，时不饶人。21年中，有几十名在音配像工程中起着至关重要作用的老艺术家已先后离开了我们。特别是张君秋、谢国祥、李和曾、袁世海等人相继去世后，我开始感到了紧迫和恐慌。我甚至多次想过，音配像这件事我能不能搞完，音配像最后的庆功会我能不能参加。今天，能和大家一起来开这个会，我觉得非常荣幸，非常庆幸，这是我一生中的一大幸事！

音配像是一项崭新的工作，无先例可循，没经验借鉴，只能在前进中探索，在探索中前进。从1985年开始，前4年只录了7个戏，起步之艰难可以想象。音配像没有专门的领导班子，没有固定的办公地点，没有自己的演职员队伍，没有自己的剧场、行头、布景、道具，没有自己的录音、录像设备，也没有稳定的经费来源。音配像的资金，全靠自己筹措，靠东拆西借，靠各方募捐。全国政协常委张永珍两次慷慨解囊，帮助音配像工程渡过难关。音配像涉及70多个单位、3万余人次，其调配、联络、协调、组织工作千头万绪。音配像的21年真是艰辛呀！

音配像是一个抢救性工程。上世纪20—50年代，名家辈出、流派纷呈，是京剧艺术的鼎盛时期。经历这段时期的老艺术家多数已经过世，有的还健在。音配像就是要抢在这些老艺术家健在时把像配完。音配像的主要方针就是抢救，是全方位的抢，是高水平的抢，是尽最大可能的抢。生旦净末丑，东西南北中，前后一百年，凡能抢救的都要抢救，并且是有计划地抢救。第一抢的是，由健在的老艺术家给自己配像，比如袁世海的录音，很多是由他本人配像，原打算都由他自己配，但是没配完他就去世了。杜近芳、李世济的戏也是自己配的像。如果不是抢，拖几年，她们想配也配不动了。第二抢的是，由老艺术家指导别人给自己配像，比如张派的戏，基本上是在张君秋亲自指导下配完的。李和曾晚年身体不好，硬是让别人搀扶着到现场指导配完了他演出的十几出高派戏。第三抢的是，由亲传弟子给老师配像，由梅葆玖给梅兰芳配像，由李世济给程砚秋配像，由孙毓敏给荀慧生配像，由张学津给马连良配像，由谭元寿给谭富英配像，由小王桂卿给周信芳配像，由汪正华、李鸣盛给杨宝森配像，由叶少兰给叶盛兰配像。这些配像演员当时身体很好，但让他们今天配像，就困难了。第四抢的是，由亲传弟子指导配像，由梅葆玖指导给梅兰芳配像，由李世济指导给程砚秋配像，由谭元寿指导给谭富英配像。由于这些配像和指导配像的同志，对录音演员艺术有深刻了解，加上他们自身的艺术水平高，所以受到了京剧界、广大戏迷朋友和社会各方面的广泛认可和普遍好评，认为做到了原汁原味，神形相似。音配像的成功就在于抢。有些剧目，演的少，看的人也少，抢一抢就存下来，拖一拖就丢掉了。比如尚派剧目《玉虎坠》（又名《娟娟》），见过和演过这出戏的只有孙荣蕙一个人在世，当时他已身患重病，只好躺在病床上说戏，说一段休息一段时间，身体情况好就说，不好就等，断断续续，这出戏说完了、录完了，孙荣蕙也去世了。由于一些录音带或时间太长或保存得不好，音量衰减，噪音较大，甚至缺锣鼓短台词，处理起来相当困难，很费时间。有些戏，配像的中青年演员不会演，甚至没有见过，就得靠老艺术家从头说，重新排，配一出像等于新排一出戏，就像戏词中唱的“心急马慢路途远”，干着急快不了。后来，我们不得不由原来的一个摄制组增加到四个摄制组，也就是上海市、北京市、中国京剧院和中央电视台同时录制，像建筑工程抢工一样，“平行流水，立体交叉，分戏包干，各负其责”。现在看来，这件事如果不是决心下得早、工作抓得紧，稍一放松拖延，恐怕谁也办不成了，本事再大也办不成了。

音配像工程能够克服重重困难、取得圆满成功，是京剧界齐心协力团结奋斗的结果。21 年来，几乎所有参加配像的演员，所有参加录制的工作人员，都是本着对京剧艺术的炽热之心，本着对祖国对先辈“尽忠尽孝”的深情厚意，不计名利，甘于奉献，涌现出许多感人的事迹。京剧大师、音配像总顾问张君秋同志，不顾古稀高龄和多病之躯，把自己的全部知识、经验、精力和心血，毫无保留地投入到音配像事业中，直到生命的最后一息；天津市中华民族文化促进会副会长谢国祥同志，常年奔波，积劳成疾，坚持工作，直至心脏停止跳动；李世济同志录《三娘教子》，半天休克了三次，仍然坚持配像；叶少兰同志配戏的任务很重，同时还参与了大量音配像的组织工作，并且常常是带着病参加。特别是迟金声、马崇仁两位导演，可以说呕心沥血，由始至终。音配像的成功靠的就是这种精神。

音配像的成功也得益于社会各方面的大力支持。先后有文化部、广电总局、中央电视台、中国录音录像总公司、中国艺术研究院、科学电影制片厂、中国京剧院、北京京剧院、上海京剧院、天津京剧院、天津市青年京剧团、战友文工团京剧团、北京昆曲剧院、上海昆曲剧团、江苏省京剧院、山东省京剧院、西安市京剧院、北京艺术学校等 70 多家单位参加了音配像工作。特别是中央电视台，不仅在经济上给予有力的支持，而且拿出大量时段及时播放、扩大影响，使音配像得到了更多人的理解。中宣部、全国政协办公厅和北京市、上海市、天津市的领导，也都给予了热诚的关心和指导。新闻媒体和社会各界人士，对音配像工程给予了充分的理解、支持和帮助。如果说，音配像工程是一个功在当代、利在千秋的事业，那么，所有为音配像作出贡献的单位和个人，也都会随着这项工程而一起载入史册。

二

音配像的作用和意义，人们讲了许多。要我看，音配像最重要的作用和意义，就是为后人留下了一套完整的、高水平的珍贵资料。460 出京剧，115 位著名艺术家的音配像，从 1907 年谭鑫培的《洪羊洞》、《卖马》录起，一直到 20 世纪末的作品，几乎囊括了近百年来京剧各个行当、流派和名家的代表剧目。对梅、尚、程、荀、张，马、谭、奚、杨、周等开宗立派的 15 位大师，凡是能找到的录音，统统配了像。对谭鑫培、余叔岩、杨小楼、言菊朋等大师们，都录了唱段选。460 出戏中，有很多戏是只演过一两场的绝版和众多艺术大师合作的千古绝唱，不用说现在许多人没看过，过去也没有多少人看过，比如梅兰芳的《西施》，解放后仅演过一场，只保存了一份钢丝录音带，经过复杂、耐心的技术处理，成功地抢救了一出珍贵的梅派剧目；再比如，1947 年在上海，梅兰芳、谭富英、周信芳、马连良、李少春等十几位大艺术家合作演出的《四郎探母》，这实属难得，而其中李少春、梅兰芳的《坐宫》更是难得一见；还有 1956 年为庆祝北京京剧工会成立，李和曾、张君秋、尚小云、吴素秋、奚啸伯、马富禄、萧长华、陈少霖、姜妙香、谭富英、李多奎、马连良、李砚秀等多位艺术家合作的《四郎探母》，都是空前绝后的阵容。音配像抢救出来的东西许多都是这样一些稀世珍品。此外，还为评剧表演艺术家小白玉霜的21部评戏配了像，为地方戏曲名家刘宝全、白云鹏、骆玉笙、石慧如、关学增等演唱的京韵大鼓、单弦、北京琴书、天津时调、铁片大鼓、西河大鼓、梅花大鼓、河南坠子等124个节目配了像。这些也都是历史上轰动一时的代表人的代表作，很有欣赏价值。

音配像的录音是同人同戏的最佳录音，是多种版本反复比较后择优合成的，是运用高科技手段作过补漏降噪处理的。这套录音，对京剧演员来说，尤为珍贵，实属必备。音配像在录像技术、灯光设置、镜头组接上，最大限度地应用了现代技术，实现了现代科学技术与中国古老艺术的完美结合。音配像是一套完整的、高水平的京剧名家音像大全。现在看是一个意义，将来看是什么意义？比如说50年后、100年后乃至1000年后会有什么意义？可以肯定的是，时间越长它的意义越大。

京剧以其丰富的内容、完美的形式、精湛的技艺达到了我国戏曲艺术的高峰，它不但是中华民族的瑰宝，也是人类文化宝库中的精品，我们有责任使它发扬光大。音配像的初始目的就是为了给后世提供一个优秀的范本，为了使京剧艺术世代流传。大家知道，魏晋时代的书法家王羲之，被后人称为书圣，他写的《兰亭序》，人称天下行书"极品"，影响着大批书法名家，影响着中国书法艺术发展的历史。但是，后人所临摹的《兰亭序》，并不是王羲之的真迹，而是唐太宗组织人搞的摹本。正是这些摹本孕育了多少书法大家。京剧音配像实际上也是一种"摹本"，解决了京剧艺术长期存在的"艺在人身，艺随人走"的难题。它也会像《兰亭序》一样，成为后人学艺、练习的范本。褚遂良、冯承素因为勾摹了《兰亭序》而千古留名，参加配像的演员也将随着梅、尚、程、荀等艺术大师一起留名青史。人的一生是短暂的，在这短暂的时间内，能干一两件对社会有益、被历史铭记的事是难得的。我们大家应该为此而感到骄傲自豪，感到荣幸欣慰！

三

音配像成果凝聚着几代人的心血和汗水，实属来之不易，我们必须百倍珍惜。

首先，要保存好。当年为了保存《四库全书》，花了11年抄了6份，分别存放。现在条件比那时好多了，但我们也不可大意。要想到万一的可能，采取万全的措施，做到万无一失。

第二，要传播好。音配像一期工程的剧目在中央电视台播放后，收到了很好的效果。二期工程录制的剧目，包括濒临失传的流派代表作和冷戏、“三小戏”，很有欣赏价值，希望中央电视台继续安排播出，同时也希望有更多的地方电视台播放。光盘的出版发行工作也要进一步抓紧、抓好。

第三，要利用好。特别是专业院团，一定要充分利用这份宝贵的资源。大多数同志认为，当前京剧界出现了许多可喜的现象，剧目不断丰富，演出形式多样，一批中青年演员脱颖而出。同时，大多数同志也认为，当前许多院团都存在演员和演出水平不高的问题。而如何解决这个问题，其说不一。但我认为最有效的办法就是，以音配像为范本、为老师，组织演员多听、多看、多学、多练。音配像对开宗立派的大师，凡能找到的录音都配了像，并且出版了梅兰芳、尚小云、程砚秋、荀慧生、张君秋、马连良、谭富英、奚啸伯、杨宝森、周信芳、李少春、裘盛戎、叶盛兰、李多奎、萧长华、李和曾、袁世海等京剧大师的专辑。比如，梅兰芳专辑的28出戏，是梅派最全、最好的范本，都是梅葆玖配的像或由他指导配的像。依我看，凡学梅派的演员都应当认真看、反复看，并且对照自己，寻找差距，研究提高。学梅派是这样，其他流派也应该是这样。这可以说是京剧艺术的入门之道，提高之道，成功之道，也是解决当前演出水平不高问题的一条正道。现在的中青年演员普遍存在的问题是看的戏少，会的戏也少，这当然有客观原因。现在有了音配像，多看戏的条件有了。对于一个专业演员来说，他的主要时间和精力就是听戏、看戏、排戏、演戏；对于一个优秀演员来说，不仅要看本流派的戏，而且要看其他流派的戏，例如唱旦角的对梅、尚、程、荀、张的戏，唱生角的对马、谭、奚、杨、周的戏，都要看，既了解他们的不同点，又了解他们的共同点；不但要知道你老师怎么演，还要知道别的流派怎么演。近些年来，对继承与发展问题一直有争论，如果认真地、系统地看一下音配像，比如由谭鑫培到余叔岩，由余叔岩到杨宝森，他们是怎么继承的，又是怎么发展的，这个问题就容易理解。先继承后发展，在继承的基础上发展，没有继承就谈不上发展，这是马克思主义认识论的基本原理。京剧是这样，其他事情也是这样。当前京剧艺术的发展是不够，但发展不够的原因是什么呢？要我说，主要原因是继承不够，是在继承上下的功夫不够。张君秋大师讲过，好的演员要会二三百出戏。我们现在的演员会多少？如果说过去多看戏没条件，现在有了音配像，就可以随时看，反复看，颠来倒去地看。只要认真地看，虚心地学，并形成风气，形成习惯，演员和演出水平就一定会提高。

同志们，京剧音配像工程结束了，但振兴京剧的任务却长期而艰巨。京剧的振兴，主要的还是靠京剧界自己。前辈大师在那样困难的环境条件下都保存和发展了京剧，我们现在的条件比他们好多了，我们为什么不可以创造更多更好的成绩？京剧界自己对京剧要有信心，要有志气，要有责任感和使命感。同时我也借此机会向有关领导和社会各界呼吁，希望大家关心京剧，支持京剧，切实为京剧解决一些问题。让我们振奋精神，齐心协力，为京剧的繁荣、发展和振兴，作出新的贡献！

十五、对外交往

会见美国前总统尼克松时的谈话

（1989 年 10 月 30 日）

李瑞环（以下简称李）： 今天有机会见到尼克松先生，感到非常高兴，因为你是中国人民熟悉和尊敬的老朋友，是中美关系发展史上非常重要的人物之一。你这样的高龄，为推动中美关系的发展，不远万里不辞辛苦来华访问，我本人对此深表钦佩。

我阅读了你的一些著作，了解你的一些情况。我推测，你这次在北京要见哪些人和了解哪些情况，可能早就有了一套计划。为了在有限的时间里，多向你提供你需要了解的情况，还是请你先提出问题我作回答。我是从基层上来的。在中国许多人知道，我不大善于外交辞令，说话直来直去，坏处是不讲策略不好听，好处是可以直截了当地告诉你是什么、不是什么。

中国改革开放的政策不会变

尼克松（以下简称尼）： 非常感谢你刚才说的话。我常常发现，那些自称不是好外交家的人常常是最好的外交家。艾森豪威尔曾说，他不是一位政治家，但实际上他是最好的政治家。

我曾有机会研究过你过去的经历，你取得的成就给我留下深刻印象。我们之间有些共同之处：你过去是木匠，我父亲也是。

我父亲有五个孩子，你父亲有七个孩子。此外，你在人民大会堂的建设中起了非常重要的作用。你还是位非常成功的市长。1976年天津发生地震时，我曾经去访问过，记得我当时受到了盛情款待。还有一点给我留下深刻印象：你在公共关系上一直以熟练和卓有成效而闻名。我一向敬佩那些对新闻界应付自如的人。

现在我想直截了当地说，我的问题是，回到美国后如何回答新闻界提出的关于中国未来的问题。过去 17 年来，我一直是、今后仍将是中国的朋友，尽管发生了令人不快的政治风波。按计划，我回美后将在一次美国的州长会议上、在华盛顿的国会以及在纽约的一个商业董事长会议上发表讲话。对我来说，一个非常难答的问题就是，中国今后向何处去。一方面，我们从看到的文章中得知，邓小平领导下的、为中国人民作出贡献的改革将继续下去。并且有人告诉我，1972 年以来中国对美国和其他国家打开的大门将继续敞开，不会关上。我希望回国后能向州长们，国会的参、众议员以及所有的美国人保证说，他们去中国将受到欢迎。另一方面，我也看到别的报告，如各种各样的滥用职权、裙带关系、通货膨胀，以及分配不公等等——这些都是造成政治风波的原因，有人认为这些现象将使中国从改革开放的道路上倒退，外国商人甚至被视为“从窗户飞进的苍蝇”。我理解，一国政府必须处理诸如贪污、腐化问题，但我始终认为，不应把婴儿和洗澡水一块泼出去。所以我提出中国向何处去的问题。因为你不仅负责宣传，而且在经济工作中也曾负过很大责任。中国是否要从改革的道路上退回来、自上而下地加强有力的控制？

还有人们关心的人员交流问题。1972 年打开中美关系大门后，令人振奋的是，中国有很多人到了美国，在那里学习，美国也有很多人来了中国。现在美国旅游者、学者来中国是否受欢迎？中国在美国的留学生回国是否受欢迎？你过去一直支持邓小平的改革，但你对学生中参加示威游行的人采取了强硬路线。不过，你现在似乎并未遵循极端的宣传路线。

最后，“反对资产阶级自由化”一词是否指美国的商人、学者及政界人士会给中国带来污染？我是中国的朋友，需要你们提供“弹药”来回击美国国内众多的对中国进行不公正批评的人，他们当中有商界、国会和教育界的一些领袖。对中国的前途必须有明确的信号，我才能这样做。

我刚才提的问题很直率，但你一向以善于反击而著名。

李：首先，我对你能花大量时间研究我，对我个人的出身、经历了解的详细程度感到吃惊。你提的一些问题，也是我们国内有些同志关心和研究的问题。有些问题相互之间有联系，因此我想归纳一下作出回答。如果你认为我回答得不准确或不完全，可以随时指出来。我希望我们像朋友那样交谈，你一句，我一句，以便把问题说清楚。我讲的观点你未必同意、满意，但我会告诉你我的真实想法。

关于中国今后究竟向哪里发展或者说中国的前途如何，今后走什么道路，如果我理解得不错的话，你的意思就是，由邓小平主席设计的、十年来的一整套改革开放政策是否能坚持下去。(尼点头表示同意）对此，我可以肯定地讲，这套政策不仅要坚持下去，而且要逐步完善，比以前搞得更好。许多人在谈这个问题时，常常喜欢从个人作用谈起，我不想从这个角度谈这个问题，而想从理论原则、历史经验、现实情况和人民意愿等方面来认识这个问题，这样，才能从根本上说清楚这个问题。

首先从我们信仰的理论上讲。许多西方的朋友、学者总认为，既然我们坚持马克思主义就不能搞改革开放。其实这是个误解，应该说，坚持改革开放是马克思主义的本来之义。马克思主义的一个基本理论是，世界上的任何事物都是发展变化的，而不是一成不变的。马克思主义的另一个基本理论是，生产力决定生产关系，经济基础决定上层建筑，生产力、经济基础的发展变化必然导致生产关系、上层建筑的调整和变化，这种调整和变化就是改革。因此，认为马克思主义与改革对立是不对的。实际上，不断地对生产关系和上层建筑进行改革是马克思主义的基本理论所决定的。

同改革一样，马克思主义也是主张开放的。马克思主义认为，人类的知识有两个特点：从纵向讲是知识的延续性；从横向讲是知识的借鉴性。人类社会知识的发展，纵向靠继承，横向靠借鉴。科技、交通、信息发展到了今天的程度，使地球变小了，各国人民都有很多自己创造的经验，相互借鉴这些经验是理所当然的。有现成的经验不借鉴，那是蠢人。有一个朋友和我谈做西装，我说的都是在欧洲怎么怎么做。他说，你为什么不说中国怎么做？我说，西装本来是从西方来的，他们穿的比我们时间长，比我们数量多，做西装当然要向西方学习。我说这些，就是想说一个意思，主张开放是马克思主义的应有之义，否认开放不是真正的马克思主义。对中国人来讲，马克思主义本身就是从外国引进来的。

尼：也不是俄国的，而是德国的。

李：原来是德国的，我们是从俄国转口来的。总之，坚持马克思主义与坚持改革开放并不矛盾。我们对改革开放的理解可能与西方不同，但我们讲改革开放，在马克思主义那里是有依据的。

第二，从社会主义制度形成的历史讲。在取得新民主主义革命胜利之后，建立和发展社会主义制度，是中国人民长期奋斗、多方探求所作出的历史选择。但我们同时认为，社会主义制度也需要有一个发展的过程。科学社会主义的学说是马克思、恩格斯创立的，而付诸实践的是列宁。列宁搞了没几年就去世了，后来斯大林接着搞。斯大林在苏联设计和实践了有关社会主义的体制、方针、政策、方法，等等，这是了不起的，许多方面也是符合当时的实际的。但由于当时苏联国内外条件，他的搞法不可能不带有历史的局限性。我们不能苛求斯大林把社会主义制度的各个方面一下子都搞得那么合理。因此，一方面，我们要坚持社会主义方向，这一点我们不会含糊、不会动摇，因为社会主义制度代表着人类社会发展的历史趋势；另一方面，斯大林的模式和我们原来的搞法确有许多弊端需要革除，社会主义制度在许多方面还有潜力需要挖掘。基于这种认识，我们认为，社会主义制度在许多方面要自我完善、自我发展，这是一种必然的要求。这种完善和发展，就是我们所讲的改革。不讲发展，抱住某些过了时的结论不放，这不是真正的马克思主义。列宁如果不根据当时俄国革命实践纠正和发展马克思的某些结论，就出不来列宁主义。毛泽东如果不根据当时中国革命实践纠正和发展马列的某些结论，就出不来毛泽东思想。邓小平同志如果不是根据当代中国建设实际来创造性地纠正和发展毛泽东的某些结论，也出不来建设有中国特色社会主义的理论。因此，对于社会主义制度，不坚持就谈不上改革，不改革也就难以坚持。当然改革的过程是一个逐步完善的过程。我们的改革，是沿着建设有中国特色的社会主义道路前进的，绝不是改到资本主义道路上去。在整个改革过程中，我们要不断积累经验，克服缺点，纠正失误，使改革搞得更好，更有成效。

尼：那么是否可以说，中国政府、中央政治局仍将致力于邓小平的改革，而不会从给中国人民带来巨大进步的改革道路上倒退？

李：我所作出的解释就是想说明这个问题。第三，从改革开放的实践讲。我国十年来改革开放取得巨大成功，许多政策、措施已经形成制度，退是不能退回去的。

尼：不再倒退？也许是暂停一下吧？

李：新中国一共走过四十年的路程，其中改革开放有十年。和前三十年相比，后十年给中国带来的变化之大，给中国人民带来的实惠之多，是非常明显的。倒退是不受欢迎的、是没有出路的。尼克松先生来华多次，也可以对比一下。

第四，从人民意愿讲。十年改革开放给中国人民带来了切切实实的利益，继续改革开放是全中国人民的共同意愿。我们坚决反对资产阶级自由化，但改革开放不会倒退回去，只能完善。退回去，人民就不答应。我们常说一句话叫做“人民决定历史”，我们的领导人有一条原则，叫做一切都要从符合广大人民群众的根本利益和愿望出发。如果不继续改革开放，人民不答应。我们为什么要站在人民群众的对立面呢？

总之，对邓小平同志制定的一整套改革开放政策，可以肯定地说，必须坚持，不能后退，更不能违背。这是历史的必然，是当今中国不可逆转的趋势。尼克松先生刚才提到的把外国商人当作苍蝇、泼污水把孩子泼走等类的事情，是属于误解。窗户打开后进来苍蝇，本来指的是搞开放难免进来一些消极东西，比如我们当前“扫黄”中发现的淫秽书刊、录像带等等，而不是把天津与美商合资的电梯厂或者北京吉普车公司当苍蝇。我们的意思是窗户还要开，但要采取措施，或使苍蝇少进来，或苍蝇进来就消灭。

改革开放同其他任何事情一样，有一个从不完善到完善的过程，有一个实践——总结——再实践的过程。要总结经验，发扬好的，克服不好的。不能因为改革开放是好的，就不正视不足之处。也不能因为纠正改革开放中的某些不足，就看不到改革开放的主流和好的方面。泼污水不能把孩子也泼掉。这其实就是马克思主义常讲的“扬弃”。

尼：水要泼，但孩子也要洗澡。

李：“扬弃”就是不断扔掉不好的，留下好的，不断促进事物由初级向高级发展。改革开放的过程也是这样。

不能因为制度不同、观点不同就影响两国的正常关系

尼：不管正确与否，美国有一种印象，中国出版的一些宣传刊物（在美国也有）与你阐述的观点不符合，如你说的改革开放符合马克思主义、给人民带来了好处、还要进行下去等等。我要回答美国人民的问题，而美国人民相信从报刊上读到的、从电视上看到的。报刊、电视上给人的印象是，中国对企业家、对改革开放采取了消极态度，退回去了，中国要回到 15 年前封闭式社会中去。我相信最主要的不是宣传而是事实。如果中国的宣传调子像你讲的那样，我们就放心了。但如果像现在这样，就会产生消极影响，就会使那些想来中国的投资者、旅游者、参加交流项目的教师等人不再来了，因为他们的印象就是在中国不受欢迎了。确实有此印象。奥克森伯格先生是专家，他也有此印象。

李：我喜欢你这样直率地提问题。你如果不直率提，我就不好直率回答。我认为造成这种印象的原因是多方面的。主要的原因不在我们这方面。近一时期，一些外国人、包括美国谈论政治风波多，以政治风波为题做文章多。比如“美国之音”，天天借题发挥。由于国际上天天谈，逼得我们不得不回答这方面的题目，结果成了谈论中国的主调。这种气氛太浓、太多，改革开放的东西就被冲淡了。这恐怕是原因之一。

尼：我理解共产主义和资本主义在意识形态上的冲突。我认为，就各种各样的问题进行辩论，或像你那样全面讨论共产主义

的理论是恰当的。我们是资本主义，也有资本家。比如我父亲是木匠，我从他那继承下来很多东西。别人称我是自由资本主义者，但我在中国却受到欢迎。

我认为，一方面，我们在意识形态上的斗争，在预见的将来将会继续下去；另一方面，开放对中国有好处，应该欢迎企业家、自由化的知识分子到中国来，只要他们遵循中国的法律。要改变外国人在中国不受欢迎的情况，这对中国有好处。

李：我很理解你的话。中美两国政治制度和意识形态的不同是客观存在。1972 年中美两国政府能发表上海公报，主要原因就是尼克松先生正视并正确对待了这些不同。最近，有些外国商人不愿来中国，责任不在我们。我们平息政治风波之后，美国和一些国家做了许多影响我们对外开放的事情，在所谓“制裁”的口号下，已定的协议不算数了，已签的合同不执行了，已来的专家撤走了，连商业信用都不讲了。明明是在“制裁”我们，怎么能说我们的开放政策变了呢？这可能也是你说的改革开放“变了”的一个原因吧。

政治见解上有分歧是可以的。对于政治风波你们可以有不同的看法，但这不应该影响正常的经济往来。不能因为制度不同、观点不同，就影响两国的正常关系。1972 年中美打开关系大门时，中国当时是什么样？在政治上全国一片混乱，经济上到了崩溃的边缘。那时“四人帮”当道，许多干部蹲“牛棚”，知识分子被称为“臭老九”，多少人被斗、被整。邓小平同志也在挨整。在那种情况下，美国都可以与中国发展关系。现在中国比那时怎么样？是进步了，还是退步了？就是按照美国人的价值观念，现在是好了，还是坏了？所谓的政治风波事件，实质上是有些人要破坏中国社会的安定团结。中国政府采取了一些措施，这完全是中国的内政，而美国人却不干了，说三道四，乃至进行“制裁”。

这究竟是什么原因？对此中国人民很有看法。我想，这种是非在立场对立的人们之间争论不清楚，而像尼克松先生这样友好的人，就是不说也容易清楚。我们认为，中美之间所有这些不一致以及制度上的差异，都应该像过去一样让它继续存在。但与此同时，为了双方共同的利益，中美互相合作应该继续下去。这就是中国方面的希望。

要想深入经济体制改革，就必须进行相应的政治体制改革

尼：我想再问一下改革理论上的问题。邓小平的经济改革卓有成效，十年中，中国的人均收入翻了一番。在苏联，戈尔巴乔夫也进行了五年的改革。中国现在进行的是经济改革，今后是否要进行政治改革呢？

李：回答很简单，要想深入经济体制改革，就必须进行相应的政治体制改革。经济体制改革是政治体制改革的基础，政治体制改革要服务于经济体制改革。我们认为，首先要进行经济体制改革，努力发展经济，解决人民的生活问题。人民得到了实惠，就会自觉地赞成改革。在这一过程中，也要进行政治体制改革。当然有些经济体制改革本身就是政治体制改革。比如过去在企业实行的是党委领导下的厂长负责制，现在是厂长负责制。这既是经济体制改革，也可以说是政治体制改革。改革要依靠人民群众，而群众经过“文化大革命”，受过“假、大、空”的苦，现在很注重自己的实际生活。不给人民带来切切实实的利益，就不能得到人民的拥护。总结中国几十年的教训，包括“文化大革命”和“文化大革命”前的教训，就是对上层建筑和意识形态谈

得太多，而对经济基础、生产力和人民生活重视不够。这个教训是我们必须牢牢记取的。中国有 11 亿人口，960 万平方公里土地，但耕地面积比较少。这么多人要解决温饱问题，假如不进行经济体制改革，不致力于发展经济，很难想象中国现在是什么情况。政治风波中那些闹事的人，喊口号喊得那么响，至少说明他们是吃饱了。没有改革，像 60 年代初那样，他们喊口号就没有那么大的劲。总之，没有经济体制改革，就很难进行政治体制改革。当然，我们讲的政治体制改革和国外一些人心目中的政治体制改革含义不同，我们要推进社会主义民主与法制建设，但绝不搞“全盘西化”。

关于苏联的改革，我了解那里的情况少，很难判断，也不愿意说别人过多的话。

现在回答另一个问题。你说我们有些宣传有过激言论，对此我没有调查。就分工来说，我是主管宣传工作的负责人，我今天讲的话未必严谨，但说明了我国现在的方针政策。至于有些人说些不太准确的话，也在所难免。中国这么大，真管不过来。这也叫“自由”化吧！

尼：正像布什总统不能控制“美国之音”一样。

李：作为朋友，我再简要地谈谈你没有提出、但对你回国后回答问题有意义的一些问题。

第一，我可以真诚地、负责地告诉你，中国领导人很重视同美国的关系。毫无疑问，中美关系正常化有利于我们的四个现代化建设，符合中国的利益，所以，中国政府和领导人都在致力于中美关系正常化。

第二，就意识形态和社会制度来说，中国政府和人民是非常重视原则的。原则问题对中国人是压倒一切的问题。只有了解并重视中国的这种品格和特点，才有可能处理好同中国的问题。

第三，自鸦片战争后的一百多年中，我们一直受外国的欺负，在同外国发展关系时十分重视对方是否平等待人，十分讨厌别人指手画脚。在历史上，我们同苏联、美国有很长时间闹得很僵。有些人总想要让中国怎么怎么的，中国却偏不怎么怎么的。由于形成僵局，中国经受了很大的困难和痛苦，但中国人不后悔，因为这保持了中国的国格、中华民族的自尊心。因此，在处理同中国的关系时，我希望美国能理解和重视这一点。

第四，包括我在内的中国领导人，迄今一直在想，对于中国发生的政治风波，美国为何发那么大的火，着那样大的急？美国的种种表现，是不是说明美国人已有了一个使中国如何发展的打算，这次中国政治风波所采取的措施、办法使美国的打算落空了？对此中国人不能不引起深思。

第五，中国政府和人民对许多关心和致力于中美关系正常化的朋友是充分理解的，也是非常感谢的。我们希望，通过朋友们的这些努力，尽早结束这种大家都不愿看到的局面。1972 年前，美国对我们什么法没用过，从经济封锁到飞机大炮坦克车，结果如何？现在大讲“制裁”，还能怎么“制裁”呢？我们了解美国，应该说美国也了解我们。过去封锁、打仗，美国也没有得到好处，更何况“制裁”呢？这无助于问题的解决。我们不希望这种局面继续下去。我认为，中美关系正常化、中美关系进一步发展是有希望的。我本人和其他中国领导人还是有信心的。多一些像尼克松先生这样的朋友，这一进程就会快些。中美关系不正常，对全世界都有影响，对中美两国人民的利益都有损害。从全世界人民的利益包括中美两国人民的利益出发，我们都应为中美关系正常化尽可能多地做些工作。

尼：感谢你在百忙之中会见我。如果我们在这里就政治风波事件的意见分歧再作评论也无任何意义。正如你刚才说的，重要的是，中美关系对两国人民是有利的，也有利于世界的和平与进步。这是我一贯的观点，也是我现在的观点。

我认为，在此有必要强调一点，1972 年我和基辛格同毛泽东、周恩来举行会谈，为中美关系作出了贡献。现在和那时一样，如要取得突破就要双方都采取行动。现在，双方要共同努力才可以回到政治风波以前的那种关系。我很高兴听到，邓小平的改革不会倒退回去，泼水不会把孩子泼出去。

最后，我和奥克森伯格先生非常高兴与你第一次见面。通过同你两个小时的会谈，我可以断定，你过去有光辉成就，未来也会有光辉成就。

我还要提出以下建议：

现在，有些人称中国的保守派希望获得更大的控制权，这样局势就会稳定和保险。他们认为，通过这种控制，就会无腐败、无外债、无失业。但他们没有认识到，没有改革就不会取得进展。我非常钦佩邓小平。他既是忠心耿耿的共产主义者，也是位大胆的改革者。正因为大胆，中国才在他的领导下得到很大好处。现在，我要引用几个世纪前一位哲学家的话：如果一位船长的主要目标是要确保船的安全，他就只能把船停泊在港口。但只有启航出海，航船才能到达胜利的彼岸。这正是邓小平先生一生所做的。

会见美国前国务卿基辛格时的谈话

（1989 年 11 月 8 日）

李瑞环（以下简称李）：我今天有机会同基辛格博士见面，感到非常高兴。基辛格博士是在中美关系史上作出过非常重要贡献的几个人之一，是中国人民的好朋友。在中国传颂你是解决问题的专家和能手，你在这个时候来访对于中美两国关系来说是一个好消息。

基辛格（以下简称基）：我们认为，美中关系友好发展对世界和平非常重要，对美中两国都有利。我已读到许多有关中国领导人同外国来访者争论的报道。我同中国朋友讲过，我这次来不想同你们进行争论。

李：我知道你的访华日程很紧，你要会见我们很多领导人，要在短期内了解许多情况。你对会见我们每个领导人要谈些什么，恐怕已有一个计划，我们今天的会见可以按你的计划进行。凡你希望和愿意了解的，请尽管提出来。我们过去没有见过面，一切都是新鲜的，反而容易谈。

基：中国对我的了解比我对我自己的了解还多。我第一次访华时就注意到周恩来总理比我本人还了解我。

李：你确实是值得重视和了解的对象。在中美关系的历史上，尼克松总统、基辛格博士和我们已故的毛泽东主席、周恩来总理都将载入史册。相信那段历史将为今后解决中美之间的问题树立一个好的榜样。我想将来恐怕会有一个学派专门研究基辛格。现在中国已经有专门研究周恩来外交思想的团体，其中以我们外交部长钱其琛为代表。

基：在我担任总统国家安全事务助理期间，周总理是给我留下最深刻印象的几位政治家之一。他的夫人还健在吗？请向她转达我最热情的问候。

李：我一定转达。

基：我在第二次访华时发现北京街头上有一些对美国不太友好的标语，第二天再上街就不见了。周总理对我说，如果你听到大炮声，要注意是空炮还是真正的炮弹。这一点对目前美中关系也是有重要意义的。

我并无会见中国领导人要谈内容的具体计划。我过去没有见过你，不知道你在政治局常委中负责什么工作，但是我知道你来北京工作之前的政绩。

李：我在中央负责宣传工作，如果你对中国报纸宣传有什么意见，尽管同我谈。

要讲中美两国的分歧，我们的马克思主义世界观和共产党领导下的社会主义意识形态与美国的价值观念当然有不同之处。但我认为，这并不妨碍中美关系走向正常并不断友好发展。因为这符合两国和两国人民的共同利益。我们应当以国家和人民的利益为出发点去看待目前两国关系中存在的问题。中美关系有一个很长的历史发展过程。两国关系曾经好好坏坏、打打停停，紧一阵、松一阵，有时干打雷不下雨，有时雷雨交加、大雨倾盆。凡两国关系紧张和激化的时候，两国人民都没有得到好处。我很同意基辛格博士的看法，制裁对中国无多大实际意义，对美国也没有什么好处。过去美国曾对中国搞过比现在更严厉的制裁，实行全面经济封锁，甚至动用飞机、大炮、坦克，其最终结果是两国人民都付出了很高的代价。1972 年，尼克松总统和基辛格博士为恢复中美关系与中国领导人共同合作，取得了很好结果。那时存在的问题比现在多得多，麻烦得多。当时，中国还处于“文化大革命”期间，“四人帮”还在台上，全国从南到北，一片混乱，许多地方都是坏人当权，好人受罪。上至国家主席刘少奇、下至幼儿园的阿姨，都因各种理由在那里挨斗。知识分子的境遇十分悲惨，被称为“臭老九”。大学“停课闹革命”。

基：那时是不是有一句口号叫“天下大乱，形势大好”？

李：是的。当时最时髦的说法是，形势大好的标志是群众都发动起来了，群众发动起来的标志是一家分几派。我那时住在“牛棚”，每天除了劳动就是拉出去挨斗。我是一个部门的领导人、“走资派”。邓小平主席当时被审查。谈不上什么民主，某一件事搞错了，谁都可以被当作“反革命”。比如，当时连自行车前都要挂一条“革命不是请客吃饭”之类的语录。

当时中国国内的情况是那个样子，在中美关系方面双方还没有建立外交关系，在许多问题上有不同看法，斗争激烈。今天中美关系的情况无论从哪个角度看，都比过去好得多，解决问题容易得多。所以，中美关系没有理由不再继续发展下去。

基：我同意你的看法。无论过去和现在，要解决双方存在的现实问题，就要采取一些现实做法。美国没有人负责意识形态方面的问题，但有许多人喜欢谈意识形态。美国人并不了解外交，他们往往以美国的标准看待别国的问题。如果他们知道中国每个朝代的历史比美国建国时间还长，将会感到非常惊讶。他们同你们看问题的角度不同。我学习过国际关系，我是从民族主义角度来看待问题的。但我的看法在美国并不具有代表性。美国人的一些理解并不完全是正确的。这就是我们双方需要认真考虑的问题。所以我认为在新闻报道中公开说中国应该做什么，美国应该做什么，对美中双方都没有什么好处。我们双方都应从各自的国家利益出发，考虑如何采取一些具体步骤。如果认为有两万多核弹头对准美国并同中国有七千公里边界线的国家领导人多么友好，那是非常荒唐可笑的。美国对中国没有什么图谋，中国对美国也没有什么图谋。美中两国互不威胁对方。但双方都有一些历史的敏感问题。双方应在尊重各自敏感问题的基础上处理目前两国关系。

你是主管意识形态的领导人，我曾研究过哲学。我有一个问题：谈到现代经济，我的理解是要分权，经验告诉人们中央集权是行不通的；但谈到马克思主义理论，中国在强调加强共产党的领导，而这就意味着权力集中。这一在政治上集权而在经济上需要分权的矛盾，中国如何调和？我要说明，我不是要中国人采取什么做法，而是想了解中国采取具体做法的含义是什么。

李：这是一个要花很长时间才能说清楚的问题。简单地说，这两个问题是一致的。我们讲共产党的领导，从一般意义上讲，是思想、政治上的领导，方针政策上的领导，包括对重要的人事方面的管理、调配和组织，以及通过党的工作使党的组织和党员发挥骨干带头作用。所以党的领导主要体现在三个方面，即思想政治方面的领导、对主要干部的管理和培养，以及发挥党员的模范带头作用。不应该也不可能把基层在经济运行中的许多问题集中到上层来处理。最近我们中央决定，中央关于放权的方针政策不变，中央向各省市放的权，各省市向企业放的承包权，省市与中央、省市与企业的财政包干，都将继续推行。基辛格博士是研究哲学的，按照我们的哲学，在经济领域，特别是生产企业，知识和力量的源泉在于企业的广大职工，而不仅仅在企业的高层领导。

基：邓小平主席几年前向我解释说，党的作用是在思想、大政方针上决策，行政部门负责实际决策，各企业作具体决定。目前这种分工是否有变化？

李：没有什么变化。经验已告诉我们，上面控制太多，管得过细，只能影响企业、职工的热情和主动性、积极性。

基：现在西方报刊说中国正努力集权，而不是分权，这是否确切？

李：第一，这些报道有很多误解。这种误解同最近的背景有关。北京政治风波后，西方不少人有一种对立情绪，容易对中国事务作出消极的解释。不仅国与国之间如此，即使夫妻两人，闹了矛盾也互相看不顺眼。其实有些事情过去就是这样做的。第二，实际情况是，这几年，我们的工作有失误，给经济造成一些困难，为解决困难，中央要求地方在财政上支持一下。我们说这是支持，西方报刊却将此说成是改革政策变了。

基：这不是政策变化，而是为了解决危机和困难而采取的一种措施。

李：第三，我毫不隐瞒地说，最近一段时期，有些西方国家对我们在经济上采取不合作态度，如已签订的合同不算数，已答应的贷款不给。因此我们不得不作些必要的准备，准备还债。从根本方针政策上讲，必须把企业经营管理权放到基层，因为只有他们最了解情况，不能叫那些高高在上、不知道实际情况的人闭着眼睛瞎指挥。放权、让企业决策，这一条还要坚持。从某种意义上说，充分发挥基层和企业职工的积极性是改革的中心问题。

基：每个企业都要自己寻找市场吗？

李：我们现在搞的是计划经济和市场经济相结合，还不是纯市场经济。社会主义制度以公有制为基础，市场机制究竟搞到什么程度比较合适，这是一个需要研究的问题。

基：也就是说所有权要比市场组织的重要性小。

李：两者不是简单的同一概念。市场经济是通过市场协作、调节引导企业家奋斗。根据我国国情，人口较多、物资不大丰富，完全按照市场调节，会不会造成供求方面的问题，我们心里没底。我不知道你研究的哲学同马克思主义哲学有多少相同之处，多少不同之处。马克思主义认识论的基本观点是，人们的主观愿望必须同客观实际相符合，客观世界是第一位的，主观世界是第二位的，存在决定意识。人之成功，是由于主观努力符合客观实际。人之失败，是由于主观与客观脱节。要解决好中国的经济问题，关键是要使我们的思想与中国的客观实际相符合。

基：我理解，即使不信仰马克思主义的人，听了你这段话也有助于了解客观世界。在有些马克思主义社会——如苏联，当客观实际与他们的想法不一致时，他们就要修改客观。

李：邓小平主席一贯的哲学思想就是“实事求是”，一切从实际出发。中国对“实事求是”有一个解释，“实事”是客观存在的现实，“求”就是进行研究，“是”是客观事物本身的规律性。

基：过去15年，我一直观察邓小平主席，我认为他是一位伟大的改革家，载入了中国历史变化的史册。

李：主观愿望必须符合客观实际。客观就是客观，不以人的意志为转移。这里的“人”包括所有的人，男人、女人，大人、小孩，高级官员、平民百姓，中国人、外国人。要解决中美之间当前存在的问题，关键也是使我们的思想与客观实际相符合。

基：我完全同意。美中双方都有敏感问题，我们两国都有自己的历史经历，这就是客观现实。

李：按照我们的理论来解释“客观”这个概念，除了自己的思想外，其他都称为客观。因此，别人的想法也是客观事实。比如，我研究基辛格博士的客观，包括博士的思想；你研究我的客观，也包括我的思想。对方的敏感情绪，包括某些冲动，都是客观现实。

基：我把我自己的观点也当作客观现实，我不是马克思主义者，所以就不如你客观。我认为美中双方应在尊重对方敏感问题的基础上处理目前两国关系。按照当年我们起草上海公报的办法，先弄清各自的观点，然后寻求共同点。这是我第一次搞这样的公报。我认为这是一个很好的创举。现在我们不需要搞什么公报，但可按此办法去做。美国国会要求中国先走第一步，中国要求美国先走第一步。我希望双方同时做一些事来跨越这个障碍。双方适当级别的官员应讨论两国的根本利益。

李：我不想详细阐述我在这个问题上的看法，今后几天，你将会见中国其他领导人，他们会比较具体地谈到我们对此问题的看法。我只想谈这样一个观点，供博士参考：中美关系正常化符合两国人民的共同利益，也影响到全世界人民的利益，因此凡参与和有条件参与这个工作的人都应从那么多人的利益出发来对待这个问题。历史的发展有其固有的趋势和规律，但是杰出人物可以对整个历史起加速或延缓作用。比如，1972 年，如果没有尼克松总统和基辛格博士从美国方面作出努力，就没有上海公报。杰出人物的历史作用往往在重大关头显现出来，但是这种作用正确与否，有的当时就可作客观评价，有的需待后人评说。如有机会，请转告美国一些人，他们现在的表演，后人都会作出结论。

基：来华前，我会见了美国国会的一些领导人，回美后，我将再次会见他们。随同我来访的霍普夫人回国后也将会见她熟悉的一些参议员。她比我更保守，议员们更相信她的话。让国会议员做他们自己的事，而我们必须设法推动两国关系的发展。你们可以做一些事，我们也可以做一些事，使人感到每一方都没有向另一方作出退让。

李：我很理解你的话，我认为在坚持原则的前提下可以找到解决问题的途径。中国领导人已用他们的行动来表示中国在不断地做一些事。

基：中国人是非常微妙的。美国的历史只有中国的百分之五，美国人不如中国人那么微妙。要让美国人真正了解中国，了解 11 亿中国人民，这是一件非常困难的事，而且中国人民也是非常有个性的。此外，美国国会几乎不受政府的控制。布什总统和总统国家安全事务助理斯考克罗夫特将军对中国都很友好。其他政府官员就不一定能像他们那样正确理解中国的情况。布什总统正在寻求解决目前两国紧张关系的途径。每次中国领导人访美时，我都请他们到我家做客，下次你访美时，欢迎你到我家做客。

李：谢谢，我相信会有这么一天的。我理解你刚才讲的，美国人不大理解中国的许多特殊情况，但我不理解的是，美国人本来不理解中国，但他却自信比中国人还理解中国。

基：这的确是一个问题。

李：你还要跟中国其他领导人见面。中国这么多领导人抽出时间同你见面，不仅仅是一个私人朋友关系的问题，如果说中国需要做些什么，这本身就说明了问题。

基：我对此感到非常荣幸，这不仅是对我，而且是对美中关系的高度重视。现在问题是如何把你们的想法转告美国人民。回国后我将在一个杂志上发表一篇文章，阐述我的观点。

李：如果你发表文章，希望你写上我以下的一个观点。从 1840 年鸦片战争以来，中国一直受外国列强欺侮，处于半封建、半殖民地地位，所以中国人民和中国领导人十分重视平等的原则，国与国之间应平等相待，任何人不应高踞于他人之上。孙中山一生奋斗，他在遗嘱中说，中国应联合世界上以平等待我之民族。毛主席在1949年开国时宣告“中国人民站起来了”。中国人民有自己的民族自尊心，外国人越是施加压力想叫中国人做什么，中国人偏不做。美国人就是喜欢叫中国人做这做那，后来苏联也是这样，所以我们曾长期与美国、苏联闹得很僵。最后大家还得平等相处。所以平等相待是处理国家关系的一个基本原则问题。

基：这也是我的想法，你不讲，我也将写出来，现在你讲了，我将说这是引用你的话。非常感谢你花这么长时间会见我。

中国的对外政策和现代化建设*

（1994年5月18日）

尊敬的廷德曼斯先生，

女士们、先生们：

应贵国议会众参两院议长的邀请，我和我的同事们前来贵国进行正式友好访问。一踏上你们美丽的国土，就受到贵国领导人和人民的热情欢迎和隆重接待。今天，主人又安排我在此结识诸位并发表讲话，我深感荣幸。我愿借此机会，就中国的对外政策和现代化建设的问题，向各位作一个简要的介绍，希望对大家进一步了解中国有所帮助。

当人类社会即将步入21世纪之际，国际形势发生了巨大而深刻的变化。随着冷战的结束和两极格局的终结，各种力量重新分化组合，世界正加速向多极化方向发展。国际形势总体上趋向缓和，在今后一个较长时期内，避免新的世界大战是有可能的。世界各国更加重视发展经济和提高综合国力，经济优先正在成为影响国际关系发展的主导因素。但同时也应当看到，国际局势依然动荡不安。霸权主义和强权政治仍然存在。一些在两极格局下被长期掩盖的政治、经济矛盾趋于激化，由民族、宗教和领土等纠纷引起的冲突乃至局部战争接连不断。国际经济领域出现了新

---

* 这是李瑞环同志在比利时皇家国际关系研究所的演讲。

的复杂局面，许多发展中国家处境更加恶化，发达国家也面临许多新的困难和问题。维护世界和平，促进经济发展，仍然是当今国际社会迫切需要解决的两大主题。

中国坚定不移地奉行独立自主的和平外交政策，追求的目标是和平与发展。具体来说就是：一、维护我国的独立和主权，反对外来干涉；二、主张和平解决国际争端，反对任何形式的霸权主义和强权政治；三、在和平共处五项原则的基础上，同包括西欧国家在内的世界各国建立和发展友好合作关系；四、积极发展同周边国家的睦邻友好关系，并加强同发展中国家的团结与合作；五、实行全方位的对外开放政策。

中国奉行独立自主的和平外交政策，有助于维护亚太地区乃至全世界的和平与稳定；有助于在国际交往中促进互相尊重，互不干涉内政，平等参与国际事务；有助于同各国之间互利合作，扩大交流，共同发展。总之，中国的外交政策有助于建立公正、合理的国际政治经济新秩序，符合国际社会的共同利益。

女士们、先生们：

观察国际问题同观察任何其他问题一样，必须重视客观实际，研究客观实际，做到从客观实际出发。我们所在的这个星球上共有 180 多个独立主权国家，它们的社会制度、历史文化传统、民族和宗教信仰以及所处的社会发展阶段都不尽相同，都具有自己的个性。正是这种个性，使我们这个世界丰富多彩，使各有长处与不足的不同国家需要相互学习、取长补短，不同社会制度和意识形态的国家应该求同存异、和平共处。世界上各个不同国家之间也有许多相同的东西，有许多共同的利益，共同的愿望，共同的任务，存在着共性。正是这种个性和共性的统一，构成了国际合作与交流的基础，使各个国家可以而且应当在相互尊重的基础上，通过平等协商寻求建立大家共同遵循的国际行为准则。这是人类进步的重要条件，也是人类在处理相互关系中更加成熟的重要标志。人类应当超越历史遗留下来的种种陈腐观念，共同面对我们这个星球上越来越多的、需要国家之间谅解与合作才能解决的问题。

在这次访问过程中，一些国家的领导人和朋友们从不同角度、以不同方式谈到了人权问题。我愿借此机会就中国的人权观点作一个简要介绍。

首先，我们尊重国际社会关于人权的普遍性原则。国际社会公认的关于人权的正确原则对于人类发展与进步具有积极的意义。中国作为联合国人权委员会的成员国，支持联合国按照《联合国宪章》的宗旨和原则，为促进和保护人权与人的基本自由所作的努力，并积极参加了联合国人权领域的各项活动。中国参与了联合国人权文书的起草和制订工作，加入了《世界人权宣言》、《德黑兰宣言》、《发展权宣言》等八个国际人权文书。对去年世界人权大会通过的《维也纳宣言和行动纲领》，中国积极参与了讨论、起草和制订，作出了重要贡献。

第二，我们强调人权的普遍性原则必须与各国的具体情况相结合。对待人权问题也像其他事物一样，离开共性与个性的统一，就无法收到实际效果而流于空谈。由于历史背景、文化传统和社会经济发展水平不同，各国在实行人权的普遍性原则时，从内容到形式，从方法到步骤，都会有所不同。不考虑特殊性，要求不同国家套用同一模式，沿用同样办法，采用同等步骤是行不通的。对于许多发展中国家来说，首先需要实现的人权是生存权和发展权。当然，这并不是说可以忽视其他人权和自由。但如果那里的多数人连起码的生存条件都不具备，还有什么其他人权和自由可言？当前许多发展中国家人民生活贫困，外债负担沉重，国际社会尤其是发达国家对那里人权状况的关注，应当充分考虑和认真推动这些问题的解决。

第三，我们认为人权表现为历史的过程，所有的国家都毫无例外地处在这个过程之中。各个国家的人权状况都不可避免地受到社会发展程度的制约，同时又都应随着社会的发展和对人权认识的深化而不断改善，因而都有进一步提高本国人民享有人权程度的任务。如果把世界各国分为两类，一类专门监督他国人权状况而自己却无需改善，一类只被别国监督而没有发言权，这本身就是对人权的普遍性原则的否定。事实上在一些发达国家，也有相当一部分人生活在贫困线以下，种族歧视远未解决，也存在着进一步改善人权状况的问题。

第四，我们警惕有的国家借口人权干涉别国内政。我们赞成在实施人权普遍性原则的过程中，各国互相尊重，增进了解，求同存异，共同进步。但我们反对以人权为借口，搞霸权主义、强权政治，干涉别国内政，因为这本身就是对别国全体人民人权的侵犯。中国人民百余年来饱受帝国主义的侵略和欺凌，深知个人的人权与自由同整个国家的主权是紧密联系的，如果国家丧失独立，那么任何个人的人权也必然丧失干净。因此，中国人民对以任何形式干涉中国内政的做法都是十分敏感和不能容忍的。

第五，我们愿意参与人权领域的国际性对话。国际社会中对人权问题存在不同看法是正常的，有了分歧可以协商对话、交换意见，而不应动辄诉诸压力和制裁。对话总比对抗好。大量事实证明，通过对话可以增进了解，加强理解，消除误解，达到谅解。中国作为联合国安理会常任理事国，将一如既往地为增进国际社会在人权领域的合作，尽到自己的责任，作出应有的贡献。

女士们、先生们：

中国的改革开放从1978年开始，到现在已经走过15年的路程。15年来，在改革开放的推动下，中国的现代化建设取得了举世瞩目的成就。1993 年与 1978 年相比，按不变价格计算，国民生产总值增长 2.78 倍；城镇居民人均生活费收入增长 1.52 倍，农村居民人均纯收入增长 2.39 倍；进出口贸易增长 8.49 倍。1993 年国内生产总值比上年增长 13.4%，突破 3 万亿元人民币大关；粮食总产量 4564 亿公斤，钢产量 8868 万吨，均达到历史最高水平；铁路铺轨里程、新增发电机组容量、新增住宅电话等均创年增长最高纪录。国内市场繁荣，社会消费品零售总额扣除价格因素增长 11.6%。在对外经贸合作方面，外商直接投资 258 亿美元，是历史上最多的一年；进出口贸易总额达 1958 亿美元，比上年增长 18.2%。总之，改革开放使我国社会生产力迅速发展，综合国力不断增强，人民生活水平显著提高。当今的中国，经济发展，政治稳定，民族团结，社会进步，充满勃勃生机。

中国人民所以能取得这样的成就，首先是我们确定了以经济建设为中心的方针。搞建设、求发展、重实际，已经成为当今中国人民的追求目标和社会风气。第二是我们实行了改革开放的政策。中国人民冲破了传统的计划经济体制的束缚，空前地发挥了积极性和创造力；打破了固步自封、闭关锁国的状态，大踏步地进入了国际社会和世界市场。第三是我们明确了建立社会主义市场经济体制的目标。把社会主义基本制度同市场经济有机结合起来，既体现了社会主义的优越性，又发挥了市场对资源配置的基础性作用，极大地解放和发展了生产力。第四，特别是我们有了改革开放和现代化建设的总设计师邓小平同志提出的建设有中国特色社会主义的理论。我们的国家和人民之所以有今天，与我们拥有这一正确的、富有创造性的理论作为指导是分不开的。今后，我们仍然要从邓小平同志的深邃思想中汲取智慧和力量，沿着建设有中国特色社会主义的道路继续前进。

女士们、先生们：

我国的现代化建设确实取得很大的进展，但不能估计过高；我国的经济建设形势确实很好，但也存在不少问题。在整个现代化建设过程中，我们必须保持清醒的头脑，采取慎重的态度，妥善地处理好各种重要问题，特别是重视并处理好改革、发展和稳定的关系。改革是动力。没有改革开放，就不能解放和发展生产力，就没有中国的现代化，就没有人民的富裕和国家的富强。发展是目标。近些年中国的国民生产总值虽然有了较大幅度的增长，但按人口平均在世界上仍然处于较低水平；中国拥有世界五分之一的人口，每年新增加的人口约 1600 万，不保持适当的发展速度就必然导致人民生活水平的下降。稳定是前提。没有稳定和谐的社会环境，各项事业都难以进行，一切无从谈起。因此，我们提出任何一项重大改革措施，都十分注意把握好人民群众总体受益原则和总体承受能力原则，以便把改革可能引起的社会震动缩小到最低程度。总之，把握好改革的力度、发展的速度、稳定的程度，是我们研究处理中国问题始终重视的一大原则。

邓小平同志曾经深刻地指出："我们的现代化建设要取得成功，决定于两个条件。一个是国内条件，就是坚持现行的改革开放政策，安定团结的政治局面。还有一个是国际条件，就是持久的和平环境。"中国奉行的独立自主的和平外交政策，是我们实现经济发展和社会进步所需要的。只有具备了长期和平、稳定的国际环境，我们才可能集中力量进行经济建设，才可能同世界各国友好合作，学习借鉴别国一切先进的文明成果。

女士们、先生们：

西欧是世界上经济高度发达、政治地位十分重要的地区。中国与西欧国家之间没有根本的利害冲突，相反存在着广泛的共同利益。我们在经济上有着很强的互补性，在许多重大国际问题上有着相同或相似的看法。中国和西欧都是推动世界朝多极化发展的重要力量，也都是维护世界和平、促进世界经济发展的重要力量。中国政府一贯重视同西欧国家发展长期稳定、平等互利的合作关系。我们高兴地看到，近年来，中国和西欧关系有了明显的改善和发展，高层互访增多，经济、贸易、科技、教育和文化等方面的合作不断增强。我们也看到，我们的合作还存在着巨大的潜力。中国拥有巨大的市场，经济正在持续、快速、健康地发展。我们真诚地希望扩大同西欧国家在各个领域的友好合作，真诚地欢迎西欧朋友到中国投资、设厂、办企业，扩大在中国市场上的贸易和投资份额。我们将继续改善投资环境，完善涉外经济法规，切实保护外资企业的合法权益。我们同时也希望西欧国家对中国进入西欧市场采取更加开放的政策。

女士们、先生们：

中国和比利时于 1971 年建交后，在政治、经济、科技和文化等方面的合作都有长足的发展。中比合作建立的西安杨森制药公司和上海贝尔电话公司，连年被评为中国合资企业“十佳”，成为中外合资企业的典范。中国十分重视同比利时的关系，赞赏比利时在欧洲一体化建设、促进欧洲局势缓和、推动和平解决地区冲突和国际争端等方面发挥的积极作用。我相信，在我们双方的共同努力下，中比两国之间在各个领域的友好合作关系一定会长期稳定、更加富有成效地向前发展。

谢谢大家。

不同文明应相互尊重、相互学习、保持特色*

（1997 年 6 月 3 日）

再过两天就是中希建交二十五周年。两国建交以来，在政治、经济、文化和科技等领域的友好合作关系得到不断发展。特别是近年来，双方高层互访频繁，相互了解和友谊不断加深，在国际事务中也保持着良好的合作。希腊在很多重大问题上给予中国支持和帮助，希腊坚持一个中国、台湾是中国不可分割一部分的立场，支持中国加入世界贸易组织，在今年联合国人权会议上不参加西方少数国家针对中国的提案。中国政府对此表示赞赏。

中国和希腊是古代东西方文明的两大发源地，对人类文明社会的形成和发展都作出过独特的、重大的贡献。希腊的苏格拉底、柏拉图、亚里士多德和中国的老子、孔子、孙子、孟子都是人类历史上有重要影响的思想家，而他们大体上处于同一个时代。中国人民为此而对希腊抱有亲近和敬佩的感情。

人类的历史，是一部多种文明共同存在、共同发展的历史。尽管各种文明在漫长的岁月里经历过自身的兴衰消长，但在人类文明史上都有其特殊的贡献和地位。在处理不同文明之间的关系问题上，我们认为，一要相互尊重。由于自然环境不同、历史背

---

* 这是李瑞环同志会见希腊总统康斯坦丁·斯特凡诺普洛斯时的谈话。

景不同，使各国的文明都具有特色，应承认人类文明的多元性，肯定他国、他民族的历史地位和贡献，尊重各国人民的意愿和选择，不能把某一国的做法作为唯一模式强加于人。二要相互学习。各国、各民族都不能满足于自己以往的成就，而应实行开放政策，通过交流、合作，认真汲取和借鉴其他国家、民族所创造的优秀的文明成果，不断为自己的文明注入新的活力。三要保持特色。在科学高度发达，特别是交通、信息十分便捷的条件下，做到既学习别人的优点，又保持自己的特色是很不容易的，然而这是必需的。汲取他人成果要同本国、本民族的实际相结合，发扬自己的长处和优势，增强人民自立于世界民族之林的自信心。遵循这样一些原则，人类社会就能够和平稳定，就能够丰富多彩，就能够发展进步。我们衷心地希望中国、希腊这两个拥有灿烂古代文明的国家在新的历史条件下进一步增进友谊，加强各个领域的交流与合作，共同为人类文明写出新的精彩篇章。

平等　互利　求同　存异*

（1997 年 12 月 17 日）

尊敬的霍华德总理，

女士们、先生们：

我应澳大利亚政府邀请来贵国进行正式友好访问，参加中澳建交 25 周年纪念活动，与澳大利亚人民一起庆祝这一具有历史意义的日子，一踏上你们美丽的国土，就受到热情的款待，生活在友谊的海洋之中。几天来，我同贵国总督、参众两院议长等领导人进行了亲切友好、富有成效的会见和会谈。刚才，又同霍华德总理就进一步发展两国友好合作关系深入交换了意见。今晚，霍华德总理举行盛大招待会，并对中澳关系发表了热情友好的讲话。请允许我向总理阁下和澳大利亚政府表示衷心的感谢，同时转达中国人民对澳大利亚人民的亲切问候。

回顾中澳建交 25 年来的历程，我们满意地看到，在双方的共同努力下，两国在各个领域的友好合作取得了令人鼓舞的成就。两国领导人接触频繁；双边经贸关系不断发展；教育、文化等方面的交流日益扩大；在国际和本地区许多重大问题上保持了良好的磋商与合作。总理先生以及其他领导人多次表示坚持一个中国的政策，将中澳关系作为最重要的双边关系之一，支持中国

* 这是李瑞环同志在澳大利亚总理霍华德为庆祝中澳建交 25 周年举行的招待会上的讲话。

加入世界贸易组织。我愿借此机会，向所有为两国友好合作关系作出贡献的澳大利亚朋友表示崇高的敬意和诚挚的感谢。刚才总理先生宣布向中国提供技术合作援助，我们对此表示赞赏，相信这一举措对发展中澳关系将产生积极影响。

人类社会即将进入 21 世纪，和平与发展是当今时代的主题，经济优先成为影响国际关系发展的主要因素。在这种形势下，各国都十分重视并认真研究如何更好地融入国际社会、加强国际合作与交流。中国同样重视这个问题。我们认为，解决这个问题必须做多方面的工作，必须坚持国际社会公认的行为准则，特别是必须坚持平等互利、求同存异的原则。平等的原则，就是说国家不分大小、贫富、强弱，在政治上一律平等，尊重对方的主权，尊重对方的国情，尊重对方的传统，尊重对方人民的意愿和选择。互利的原则，就是说不论是发达国家还是发展中国家，在经贸合作中应当互惠互利，既谋求自己的利益，也考虑别人的利益，既善于利用别人的优势改变自己的劣势，又肯于发挥自己的长处弥补别人的不足，互通有无，取长补短，共同发展。求同的原则，就是说首先要着眼同，重视同，把一致的事情先做起来，在不断合作的过程中增进了解，加深理解，消除误解，达到谅解。各国都面临着发展经济、改善生活、壮大自己的任务，在这个大同的前提下，相互之间应当诚恳相待，协商对话，超越分歧，谋求共识。存异的原则，就是说各国之间都有差异，有些差异可以缩小或消除，对此我们应当满怀信心积极工作，但这要有一个过程，需要大度、容忍、耐心；有些差异不可能缩小和消除，大千世界万事万物不存在绝对相同，否定差异就否定了事物的特质特色。存在差异并不都是坏事，差异使世界丰富多彩，差异使交流与合作成为必需。平等互利、求同存异，是人类文明进步的结果，也是今后人类社会和平相处、继续发展的基础和追求。

女士们、先生们：

中澳两国在维护世界和平、促进本地区稳定和发展方面具有共同的利益，肩负着共同的责任。澳大利亚是南太平洋地区的经济发达国家，中国是最大的发展中国家，两国经济互补性强，发展互利合作具有巨大的潜力和广阔的前景。可以说，中国需要澳大利亚，澳大利亚也需要中国。我相信，通过这次隆重庆祝两国建交二十五周年的活动，一定能够把两国关系推向一个新阶段，在即将来临的新世纪中，谱写出更加辉煌的篇章。

中国自实行改革开放以来，社会生产力、综合国力和人民生活水平得到迅速提高。今年7月1日中国政府恢复对香港行使主权，五个多月来，“一国两制、港人治港、高度自治”的方针得到切实贯彻，香港保持了繁荣与稳定。今年9月召开的中国共产党第十五次全国代表大会，为中国深化改革，扩大开放，全面推进社会主义现代化建设规划了跨世纪的宏伟蓝图。中国将坚定不移地沿着邓小平开创的建设有中国特色社会主义的道路继续前进。当前，中国政治稳定，经济增长，社会进步，民族团结，保持着蓬勃发展的良好势头。中国的发展是对世界的重要贡献。中国人民愿与包括澳大利亚在内的世界各国人民一道，为建立一个和平、稳定、繁荣的新世纪而不懈努力。

现在，我提议，

为中澳友好合作关系的进一步发展，

为澳大利亚的繁荣昌盛、人民幸福，

为霍华德总理的身体健康，

为在座女士们、先生们的身体健康，

干杯！

不忘老朋友
广交新朋友　永做好朋友*

（1999 年 12 月 9 日）

女士们、先生们、朋友们：

在世纪交替之际，我应贵国政府的邀请，对日本进行正式友好访问。一踏上你们美丽的国土，就受到贵国政府和人民的热情接待，使我们沉浸在中日友好的浓郁气氛之中。今天又和众多新老朋友欢聚一堂，更感到由衷的高兴。请允许我向在座的各位朋友表示诚挚的感谢！并借此机会转达中国人民对日本人民的亲切问候和良好祝愿！

长期以来，许多日本社会名流和民间人士把中日友好事业作为自己的毕生追求，不论条件多么艰难，环境多么险恶，他们矢志不渝，始终没有改变自己的初衷。为了中日关系的重建，特别是为了实现中日邦交的正常化，他们奔走呼号，排除干扰，孜孜不倦地付出了艰辛的努力。为了中日关系的发展，他们呕心沥血，出谋划策，默默无闻地做了大量的工作。每当两国关系遇到阻力、出现杂音时，他们总是挺身而出，仗义执言，精心维护中日友好大局。这些老朋友有的已经谢世，有的不顾年迈体弱，仍为中日友好操劳奔波。他们的事迹在中日两国人民之中广为传

* 这是李瑞环同志在日中友好七团体举行的欢迎招待会上的讲话。

颂，他们的精神将永远激励后人。在此，我谨代表中国政府和人民，向所有为中日友好作出贡献的日本各友好团体和各位老朋友表示衷心的感谢和崇高的敬意！我们绝对不忘老朋友。

中国人一直以多交朋友为乐事，两千多年前的大诗人屈原就曾吟唱道："乐莫乐兮新相知"。进一步巩固和发展中日友好事业，必须有更多的热心人士参与。无论信仰有什么差异，地位有什么区别，职业有什么不同，只要有志于中日友好事业，我们就会同声相应，就应当结为挚友。我这次访问日本，就是为发展友谊而来。我们要把交流的渠道搞得更宽广一些，既加强官方接触，又扩大民间往来；把合作的内容搞得更丰富一些，既不断巩固已有的成果，又注重拓展新的领域；把交往的气氛搞得更活跃一些，不拘形式，灵活多样地开展各种往来活动。通过努力，使我们不仅在经济政治领域而且在社会文化领域，不仅在上层而且在基层，都有越来越多的好朋友。我们需要广交新朋友。

中日两国一衣带水，有着很深的文化渊源，都是本地区的重要国家。中日和平、友好、合作，相互学习，相互借鉴，有利于两国集中力量从事建设，维护亚洲乃至世界的和平稳定，符合两国人民的根本利益和共同愿望，也符合时代的发展潮流。我们不能忘记历史，历史会给我们许多教益；我们更要看到未来，相信人类社会总会不断地向着更加文明、更加进步的方向发展。青年肩负着承前启后、继往开来的历史重任，不断巩固和发展两国的友好关系，必须着眼于青年，着眼于下一代，着眼于培养中日友好事业的接班人。两国青年应当百倍珍惜和维护中日两国来之不易的友好局面，继承和发扬老一辈的优良传统，不断增进相互之间的了解和信任，为中日友好事业作出新贡献。我们一定永做好朋友。

朋友们：

中国人民政治协商会议由中国共产党和8个民主党派及各团体、各民族等34个界别组成，包括众多的知名人士，担负着政治协商、民主监督、参政议政的职能，在对外事务中，致力于世界的和平与发展，致力于同各国人民的友好与交流。中国政协愿与日本各社会团体和各界人士加强联系，扩大合作，为推进中日友好事业作出不懈的努力。

现在，我提议，

为中日两国人民的世代友好，

为各位朋友的身体健康，

干杯！

平等待人　诚恳待人
宽厚待人　依理待人*

（1999 年 12 月 15 日）

这几天，参观多、跑路多。稍有余暇，时有所思，偶有所得，一吐为快。中华民族有着优良的文化传统，对其中待人接物的部分，加以马克思主义的说明，赋予时代意义，在对外交往中或许有用。

一是平等待人。庄子说，“物无贵贱，平等无私”，韩愈说，“一视而同仁”。

尊重别人亦自重，不亢不卑要自然；

平和平易不平板，可信可亲不可辱；

对强国不低三下四，对弱国不盛气凌人；

对显贵不阿谀奉承，对平民不小瞧慢待。

二是诚恳待人。孟子说，“诚者，天之道也；思诚者，人之道也”。

襟怀坦坦荡荡，讲话实实在在；

赞扬人不华丽溢美，听意见要虚心认真；

策略灵活不世故圆滑，内外有别不故弄玄虚。

---

* 这是李瑞环同志结束对斯里兰卡、马尔代夫、日本三国访问后，在日本云仙举行的代表团聚餐会上的即兴讲话。

三是宽厚待人。孔子说，“宽则得众”。

求同真心实意，存异体谅包容；

一时分歧不争论，无伤大体不计较；

大智若愚，看似糊涂不真糊涂；

善解人意，设身处地考虑对方。

四是依理待人。苏轼说，“成事在理不在势”。

坚持原则不简单生硬，以理服人不强加于人；

驳谬误不急躁有理有据，讲主张不说教虚实结合；

遵守规矩不墨守陈规，待之以礼亦动之以情。

平等待人、诚恳待人、宽厚待人、依理待人四准则体现了中国人民的优秀品德，弘扬了中华民族的传统文化，对外有用，对内也适用。

十六、学习理论　总结经验

面对现实　深入调研*

（1987 年 6 月 11 日）

这次调研工作会议开得很好。会议开始时，璧初和万通①同志讲了话，讨论中大家畅所欲言，提出了很多值得重视的问题和意见。今天，市里几套班子有二十几位领导来参加会议（绍文②同志：少数是会议邀请来的，多数是自愿来的）。在调研工作全面展开之前，我想和大家见个面，谈点个人看法，供工作中参考。

一、现实生活提出许多新课题，需要经过调查研究来回答

改革开放以来，国民经济快速发展，人民生活明显改善，城乡面貌变化很大，各项事业都有不小的进步，整个社会充满生机和活力，是建国以来最好的时期。这是当前形势的主流。与此同时，我们必须承认，随着改革的深入，也出现了许多前所未有的问题。其中一些重大现实问题，如果在思想理论上搞不清楚，决策、部署乃至整个工作都会被动。我们必须正视这些问题，并下力量研究这些问题。这里我列举几条：

（一）关于计划经济为主、市场经济为辅问题。有一种看法

---

* 这是李瑞环同志在天津市调查研究工作会议上的讲话。

① 璧初，即聂璧初，当时任天津市副市长；万通，即郑万通，当时任中共天津市委秘书长。

② 即谭绍文，当时任中共天津市委副书记。

认为，集中统一的计划经济是社会主义的固有特征，市场经济不属于社会主义性质；另一种看法则认为，计划经济、市场经济都是一种形式、方法，谈不上性质和主义。有的人主张：应该提计划经济与市场经济并存，究竟谁为主，在什么地方、什么情况下谁为主，要看结果；有的人则主张：在原有计划经济的基础上适当加一些市场调节，这就是我们的模式，统得太死不好，但放得太开也不对。上述说法都有自己的根据，或理论的根据，或政策的根据，或生活、实践的根据。这些看法统一起来很难，搞不清楚又影响工作。

（二）关于非公经济发展问题。一种看法认为，社会主义经济就是公有制经济，民营经济不属于社会主义，这是方向道路问题；一种看法认为，民营经济活跃了市场，方便了生活，促进了整个经济的发展，谈不上方向道路问题。一种看法认为，民营经济作为公有制经济的补充是可以的，但发展太快太大就会产生资本家，产生剥削，就会出现权钱交易、贪污腐败，产生一系列社会问题；一种看法认为，非公有制经济发展是当前的主要增长点，还有很大潜力，谈不上太快太大。这些说法，哪些正确，哪些错误，必须有个统一的明确的回答。

（三）关于分配问题。这几年，我们在分配上实行放开搞活的政策，应该说绝大多数人的收入都有提高，生活都有改善。按常理人们应该是高兴满意的，但出人意料的是带来了一股“无名之火”，“端起碗来吃肉，放下筷子骂娘”的怪现象。有的工人说：“老九上了天，老大靠了边，不三不四赚大钱”；有的知识分子说：没有得到实惠，是“狗咬尿泡虚欢喜”；有的机关干部说：做工的、种地的、教书的、做生意的，或有了名，或得了利，我们这些芝麻大的官什么也没得着。总之，方方面面都有意见，都觉得自己吃亏。分配问题是经济学中的重要问题，也是一项长期性的带根本性的政策。如何做到既放开搞活，不能管得太死，不搞平均主义，又能体现按劳分配原则，做到同等劳动和智慧的收入大体相同？这是一个非常复杂的问题，搞不好会带来许许多多的问题，会影响到发展和稳定。

（四）关于外贸体制问题。中国经济要发展，必须把外贸搞上去。按理说，我们的职工一不笨二不懒，我们的原料、劳动力都便宜，而我们的外贸连个几百万人的香港都搞不过。我曾经讲过，我们的外贸干部绝大多数是优秀的，工作是努力的，外贸搞不上去，主要是外贸体制问题。现在的外贸，一是生产销售不见面，二是好坏照常拿工资。生产完了交给外贸，外贸单位卖给代理公司，代理公司再转到什么地方。这样转来转去，把生产和市场远远地隔离开，不但造成信息不灵、销售缓慢、成本过高，而且独家经营，没有竞争，效率低下。外贸体制必须改革分歧不大，怎么个改法则主张各异，我们必须下大力研究这个问题。

（五）关于社会主义方向问题。我们的改革是社会主义的自我完善，改革的目的是使社会主义制度更加巩固。这里有几个带根本性的问题值得重视。比如，人民群众是社会主义国家的主人，决不能变成仆人，但事实是，在若干改革、若干企事业单位中，群众地位越来越低，发言权越来越少了。再比如，我们主张一部分人先富起来，最后实现共同富裕，但现实情况是，富的越来越多、越来越富，而一般群众的生活提高较慢，甚至下降。照此下去，会不会出现两极分化？不允许一部分人先富起来，结果是共同贫困，允许一部分人先富起来却可能出现两极分化，而两极分化不是社会主义。再比如，社会主义是以社会为本体的，人们的基本生活问题应该由社会负责，我们一直把看病、上学、住房、工作由国家负责作为社会主义优越性加以宣扬，而实际上，在原有体制下国家负责，就是企事业单位负责。放开搞活之后，企业独立核算、自负盈亏，一旦搞得不好甚至垮掉，那里的职工由谁负责呢？再比如，过去讲调动积极性包括党的领导、群众路线、思想政治工作、领导骨干带头作用，也包括为人民办实事、谋利益等，这些都被视为社会主义的特征和政治优势；现在讲调动积极性，更多的是讲物质利益，对于被称为社会主义优势的那几条讲得越来越少，做得就更少。照此发展下去，人们的思想、社会风气、干部队伍、领导作风会不会发生问题？诸如此类，等等。

上述这些问题，都是现实生活提出的新的问题、重大问题、复杂问题，亟待解决又难于解决的问题。怎么才能及时有效地认识和解决这些问题，根据马克思主义认识论的精神，正确的途径就是组织各方面有识之士到实践中去，深入地调查研究、集思广益。参加我们这次调研的有领导机关、大专院校、科研单位共一千多人，都是素质较高的同志。我们对这次调研寄予很高的希望，希望通过这次调研，把群众的智慧集中起来，把实践的经验总结出来，上升到理论，回答和解决面临的各种问题。

二、把坚持实践第一作为调查研究工作的灵魂

实践的观点是马克思主义辩证唯物论的认识论之第一的和基本的观点。认识的来源是实践，认识的标准是实践，认识的动力是实践，认识的目的也是实践。只有在实践范畴的基础上，马克思主义哲学才超越了以往的全部哲学，才构成了唯物论与辩证法的统一。实践第一的观点，并不难懂。但全面、彻底地坚持实践第一的观点，不只是个理论问题，而且会碰到许多实际问题。根据多年的体会，主要有五个问题。

第一，怎样对待“书本”，也就是我们常说的怎样对待“老祖宗”。毫无疑问，尊重“老祖宗”是应该的。我们党一贯高度

重视马克思主义理论的指导作用，坚决反对一切背离马克思主义基本原则的思想和行为。然而，马克思主义理论是从实践中产生的，并且随着实践的发展而不断地丰富和发展。我们坚持马克思主义，就必须树立实践的观点、发展的观点。一方面，随着实践的发展，马克思主义经典著作中某些个别判断和结论已经过时，不符合当前的实际情况了；另一方面，长期以来马克思主义被附加了一些东西，是“化了装的马克思主义”，离开了马克思主义的本意。我们必须坚持实践第一的观点，提高识别能力，来分清是非，辨别真伪。总之，我们坚持马克思主义，是讲坚持马克思主义的基本立场、基本观点和基本方法，而不要拘泥于那些个别的判断和结论；要随时注意与实践相结合，而不要固守“本本”，削足适履；要善于分辨真假马克思主义，而不要把那些化了装的东西当作真理。在现实生活中，有些人置丰富生动的改革实践于不顾，置生产力发展的客观事实于不顾，置国家人民的利益于不顾，只顾在那里翻“本本”、找“条条”，咬文嚼字、引经据典，凡是“老祖宗”说过的一律不能改，凡是“老祖宗”没说过的绝对不能做，企图否定已被实践证明是正确的东西。这种本本主义、教条主义的做法，不是坚持马克思主义，而是违背马克思主义。

第二，怎样看待文件。实践证明，党的十一届三中全会以来的路线、方针和政策是完全正确的。党中央和国务院制定的文件，记录了10亿人民的伟大实践和宝贵经验，具有深远的指导意义。最近几年来，我们市委、市政府根据中央的方针、政策，也制定了许多文件，实践的结果也是好的。对于上级的文件，我们应该认真地贯彻执行。一方面，这是纪律；另一方面，这些文件是以实践为依据的，许多政策的提出和形成，经过了比较周密的调查研究，是正确的。但是也要看到，文件既然是从实践中来的，它就应该接受实践的检验。我们在贯彻执行上级文件的过程中，要本着对领导负责和对人民负责的一致性，既要严格按照文件的精神办事，又要把文件中不符合实际的政策规定及时向上级机关反映。要看到一项政策的制定通常都是从全局的情况出发的，各地区、各部门必须结合自己的实际贯彻执行。毛泽东同志在《反对本本主义》中指出："盲目地表面上完全无异议地执行上级的指示，这不是真正在执行上级的指示，这是反对上级指示或者对上级指示怠工的最妙方法。"在一般意义上讲，当文件和实践不一致时，修改的应该是文件，而不应该是实践。有些政策在制定的时候是符合实际的，但由于实践的发展，可能变得过时了，就要及时修订这些政策。有的政策从一开始就是不完善的，需要随着实践的发展而不断完善。有的政策在制定时由于缺乏深入的调查研究，条文规定不符合客观实际，那就应该重新研究。在当前改革开放的过程中，我们要牢固树立实践第一的观点，运用这个思想武器，解放思想，大胆探索，勇于创新，而不要被某个文件或某个规定束缚了思想。作为一名共产党员，要敢于提出自己的见解和意见。这不是不尊重上级部门、不尊重文件；而恰恰相反，这正是坚持马克思主义认识路线，是党性强的表现。

第三，怎样看待经验。经验包括直接经验和间接经验。经验是对过去实践活动的总结，具有宝贵的价值，对于当前的实践和今后的实践都有重要的借鉴意义。马克思主义历来强调要重视间接经验，批评那些否认间接经验的狭隘经验论。因此，我们既要珍惜和继承自己好的经验，也要认真学习和借鉴别人包括外国好的经验。但是，由于时间、地点、条件的不同和变化，有些经验在过去是成功的，在现在就可能变得不适用了，在那个地方是成功的，在这个地方就可能行不通。经验具有一定的局限性，它是不是适用、起不起作用，都要根据实践中的具体情况来决定。我们既要重视经验，又不能用教条主义态度来对待经验，不能让经验包括过去成功的经验束缚住自己的手脚。要通过不断地实践，使已有的经验更丰富、更完善，还要不断创造新经验。同时，要努力把感性认识上升到理性认识，把经验上升到理论，反过来再指导实践。当代世界发达国家的成功经验，对于我们来说，许多是可以借鉴的。但是，学习外国经验，必须从我国的国情出发来决定取舍。脱离实际，照抄照搬别人的经验，是肯定要出问题的。

第四，怎样看待权力。领导者都有一定的权力。他们根据实际情况和全局的需要进行决策，指挥人们进行各种社会实践。对于领导者的正确意见和决策，我们应当尊重和贯彻执行。但是也要看到，权力和真理是两回事，权力大，未必真理一定多；对一般情况了解多，未必对具体情况都了解。因此，领导者所提出的意见也不见得都是正确的。作为领导者一定要有自知之明，多深入实际，多倾听下面的意见，不能“金口玉言”、“唯我是从”。作为一般同志要坚持从实际出发，敢于向领导者提出意见和建议。还有一些领导者官僚主义严重，不深入实际，不接触群众，情况不明决心大，方法不对点子多。正如有的同志所反映的，他们一不懂，二主观，三有权，“三位一体”，胡拍板，乱指挥，使下边为难，使工作受损。对于这样一些领导者的意见，我们决不能盲从，要敢于抵制，乃至进行必要的批评和斗争。

第五，怎样看待“公认”。一般说来，社会上公认的东西，多数人的意见往往是正确的。从组织和领导的角度讲，领导者要尊重多数人的意见，坚持少数服从多数，实行民主集中制，决不能借口自己的意见正确而拒绝听取和接受多数人的意见。从真理观的角度讲，判断一种认识是不是真理，决不能以多数或少数为依据，而应该以实践为依据。在科学的发展史上常常有这种现象，真理往往是少数人发现的。因此，辨别一种理论和意见的正确与否，不要简单地看是多数人的意见，还是少数人的意见，要既尊重多数人的意见，又重视少数人的看法，判断是非曲直要看社会实践。

总之，我们各级领导干部必须重视实践，重视群众，重视基层，重视现实，而不能脱离实践固守理论，轻视群众盲从领导，不顾基层只看上级，离开现实专讲过去。

三、领导干部要重视理论学习，养成调查研究的习惯

要搞好调查研究，首先要有正确的态度，满腔热忱，眼睛向下，放下臭架子，甘当小学生，虚心而认真地了解情况、搜集材料。其次，要有一个宽松和谐的环境，使人们无所顾忌，畅所欲言。类似上述问题都是敏感问题，如果用“左”的思想去看，如果任意上纲上线，谁还敢发表不同意见？第三，这是我要特别强调的，在整个调研过程中，都要重视马克思主义的指导作用，重视社会科学理论的作用。

党的十一届三中全会之后，我们纠正了“以阶级斗争为纲”的“左”的路线，实行了以经济建设为中心的指导方针，一大批有专业知识的年轻人走上了领导岗位，干部队伍自然科学水平显著提高，这是一个可喜现象。相对而言，干部队伍的社会科学水平却明显下降。一些同志谈自己的专业头头是道，谈社会科学、谈马克思主义连最起码的知识都没有，这种情况确实令人担忧。在过去很长时间里，我们用社会科学理论代替自然科学理论，使我们吃到很大苦头；如果我们不能正确总结经验，走向另一个极端，忽视社会科学或以自然科学理论代替社会科学理论，那么我们同样要吃苦头。

改革开放以来，我们不断批评教条主义，因为教条主义打着马克思主义旗号，不顾现实，抱着一些马克思主义的只言片语和

过时的结论，不断给改革开放事业设置障碍，许多好的东西，经他们一“理论”就变成坏的东西。他们唱着革命的高调，动辄上纲上线。他们的理论不但不能支持改革开放的人们，而且使人们产生许多思想顾虑。因此，不批评教条主义，改革开放就无法顺利进行。但千万不能错觉，我们批评的是教条主义，并不是否定马克思主义。对于马克思主义，我们必须很好地坚持。因为中国的改革开放事业只有在马克思主义指导下才能健康发展，并取得全面胜利。我们要时刻记住，特别是青年领导干部，在我们的国家，要想有所作为，要想为人民做更多的工作、更大的贡献，就必须下工夫学习马克思主义，真正懂得马克思主义。

读书是获取知识的阶梯，是掌握马克思主义理论的基本途径。不读书，实践再多，悟性再好，也不会掌握马克思主义。现在有些领导干部虽然工作勤勤恳恳，就是不肯读书。照此下去，就会成为一个忙忙碌碌的事务主义者。领导干部是否认真读书，不只是个人兴趣问题，而是一个事业心、责任感的问题。理论对一个人的影响是很大的。一般说来，地位越高，影响越大，甚至会影响到国家的命运和前途。毛主席说过：“如果我们党有一百个至二百个系统地而不是零碎地、实际地而不是空洞地学会了马克思列宁主义的同志，就会大大地提高我们党的战斗力量，并加速我们战胜日本帝国主义的工作。”毛主席的这段话已被历史证明是正确的，对照今天仍有现实意义。

读书是大事，也是难事，更是苦事。有的同志说：“我知道读书重要，我也想认真读点书，可现在事情太多，时间太少。”我承认，现在确实很忙，但我仍然认为有个认识问题、重视问题、安排问题。世间最宝贵的东西是时间，而我们许多同志最不珍惜的也是时间。不信你把每天 24 小时作息时间详细具体地记录下来，并连续记上一个月，然后仔细看一下，按照科学合理安排工作、生活的方法盘算一下，你就会惊奇地发现，你不经意地浪费了一大把时间。也有的同志说："最难的问题是读不懂，记不住。"还有的同志说："我很想读书，也鼓劲试过好几次，但总是坚持不了多长时间。"以上所说的一些情况，确实是个问题，是不少人都碰到过的问题。怎么解决？很多人也谈过自己的体会和办法。我体会最基本、最重要的是：硬着头皮去读，咬紧牙关坚持。就像古时读诗词一样，先会背诵，后解其义。这样做当然很苦，读书怎能不苦？自古以来都叫"苦读"，"寒窗苦读"，"梅花香自苦寒来"。只要你不动摇，不松劲，只要你能有"衣带渐宽终不悔"的精神，终究会迎来"蓦然回首"的新局面。要勤于善于思索，"学而不思则罔"。读不懂读不进的原因之一是缺乏思索。思维活动是人区别于其他动物的特征，是人的主观能动性的表现，是获得理性认识必需的条件和过程。要坚持多思，学会善思，养成思索的习惯，这不但可以增进理解，还可以增加兴趣，增多学习的时间。要学会联系，联系实际、联系工作、联系生活、联系常见和熟知的事例去理解书中的内容。马克思主义是普遍真理，"任何事物也逃不出它的范围"，因而随时随地都可以联系。比如"共性个性、绝对相对的道理"是辩证法的"精髓"，何以见得呢？在实际生活中，任何一个事物、一个命题都可以得到证明。比如"人"、"女人"，相对其他事物，"人"是个性，在人这个领域，"人"又是共性；"女人"相对男人是个性，在女人这个领域又是共性。再比如"树"，相对其他植物是个性，在树这个领域又是共性。如此等等，万事万物都是这个道理。这就是我向大家介绍的苦读、多思、常联系的方法，即把读书、学习、工作、生活融为一体的方法。这种方法容易懂、容易记、容易活、容易找时间，因而也就容易坚持。这是我自己常用的方法，我希望同志们也试试这个方法。

调查研究的方法，是马克思主义认识论的最基本方法。实践证明，任何单位、任何行业要想搞好工作，少犯错误，都必须应用这个方法。我们是辩证唯物主义者，要想不犯或少犯唯心主义、形而上学的错误，就必须经常到实际工作中去了解情况、研究问题。我们是历史唯物主义者，我们认为人民是创造历史的主人，要想跟上时代步伐，避免官僚主义，就必须和群众保持紧密联系。调查研究的过程也是应用理论的过程。我们常讲实践产生理论，但实践不能自发地产生理论，只有将实践材料在理论指导下进行加工改造才可以成为理论。在调研过程中应用理论，学习理论，检验旧理论，创造新理论，提高和统一人们的思想认识，回答和解决面临的问题。这样反复应用，不断学习，就会不断提高理论水平，提高学习理论的自觉性，提高大家对调研工作的自觉性，从而在全市范围内，在领导干部中，形成一个大兴调查研究的风气。我希望大家团结起来为达此目的而努力。

改革需要哲学　哲学需要改革*

（1988 年 1 月 26 日）

从同志们刚才介绍的情况看，这次的哲学研讨会开得不错。你们都是哲学方面的专家，我是“弄斧”出身的，在你们面前谈哲学问题真是“班门弄斧”了。同志们在开会中间还看了一些地方，对天津这几年的建设给予赞扬和肯定。你们要我谈谈，我就从天津的建设谈起吧。

一、改革需要哲学

天津这几年的建设，确实有许多与过去的传统做法不一样的地方。我说的不一样，不是一般人们所指的事物的个性，而是指在城市建设中普遍采用的方式方法。坦诚地讲，现在人们对天津这几年的建设和做法，看法并不一致。这个问题，还有待于将来的实践和哲学家们来回答。我们是这样看：城市是个复杂的、综合的有机整体，各个组成部分之间存在着内在的、必然的、不以人的意志为转移的、相互联系和相互制约的关系。研究城市，就是研究这种关系，并找出各个方面之间不够协调，不够稳定的地方，通过工作，使整个城市协调、平稳地向前推进。研究城市建设，必须注重宏观的综合的研究。比如，研究工业、商业时，不

---

* 这是李瑞环同志同出席全国马克思主义哲学体系改革研讨会的部分哲学工作者的谈话。

能就工业论工业，就商业论商业。要将城市作为整个国民经济运行的一个载体，作为一个有机联系的复合体来研究，不能从某一个局部孤立地看问题。哲学上讲的相互联系、相互制约的观点，对立统一的观点，以及系统性、整体性的观点，对于研究城市问题，十分重要。

这几年，天津的城市建设是下了一番功夫，取得一些成绩的。但现在有的同志觉得搞得多了一点。我们有些同志总是想使经济，特别是工业上得快一点，其出发点是好的，但他们没有搞清城市建设与经济建设之间的关系，他们不懂得城建项目也像其他事物一样，具有多重性质与意义，常常是绝对地、孤立地、非此即彼地看问题。比如，水、电、路、交通、煤气等等，既是城市建设，同时也都是发展经济、为经济建设开路所必不可少的条件和基础设施。天津现在所以有稳定协调的发展形势，是和正确处理工业与各项事业同这些条件与基础设施的关系分不开的。我有这样一个观点：中国的一些事，在总体上、战略上不能求急贪快。中国是个大国，人多、底子薄，只能是迈小步、不停步，平稳推进，渐进发展，太急了不行。我总觉得，许多事情，我们在搞法上常常带有政治运动的色彩、战争时期的痕迹。在经济建设中，先行后续的连续性和各个方面相互制约的整体性是不容忽视的。这就是说，必须站在城市总体发展的高度上，把整个城市作为研究对象。工业、建筑业、商业等等，都是这个总体的有机部分，应通盘考虑，统筹安排，按部就班，循序渐进。这样做，看起来是慢，实则是快。前一时期有人批评我们搞“一条街”。其实城市如果离开了区域、街道的分工与布局，还有什么城市规划？古今中外的城市，都有区街布局分工，如日本的银座，美国的华尔街，北京的天桥、六部口、铺陈市，天津的和平路、南市、估衣街等等，这都是人所共知的常识性的问题。当然，有些人以搞“一条街”为名，离开实际需要，搞了一些华而不实的形式主义的东西，那是另一个问题。总之，究竟应该怎样认识城市？城市究竟怎么搞？现在面临许多理论问题亟待研究。最近，我正求助于学者、专家，把这些问题研究一下。30多年来，我们国家在城市上花了不少钱，但没有形成什么像样的城市。有的新楼盖得越多，旧楼显得越破，不能不承认我们这方面存在着问题。

改革里面也有很多问题，需要理论来回答。比如物价，最近报纸发表新华社记者一篇《关于物价的通信》，在社会上引起很大反响。应该说，这篇文章写得不错。但造成物价上涨的原因在哪里？我认为还找得不全不准；结束语中谈到怎么办时，没有提出切实的措施，这就叫摆了情况，提出了问题，没有有力的回答。再比如，社会主义初级阶段，以公有制为主的“为主”是什么概念？多年来，我们有一个很大的毛病，就是对事物定性的研究多，定量的研究少，因而在许多问题上，常常是显得笼统，不够具体、精确。又如，农村现在是搞包产到户，实行联产承包责任制，下一步怎么搞？还有，在城市里，经济利益的调节与分配，物质利益原则和思想教育之间的关系，等等，这些都需要研究，需要回答。现在有的报纸上的文章只讲物质利益，好像思想政治工作没有什么实际意义了。如果光讲物质利益、厂长负责制、企业放权、市场经济、开放搞活等等这几条，不讲思想、政治，不讲精神，不讲人，那么同资本主义相比，我们的优势在哪里？所有这些实际问题，都有待于从理论上加以回答。

造成理论方面的研究与开拓跟不上现实生活发展的需要，原因是多方面的。一是从领导来讲，我们没有认真地组织专家、学者在这方面进行研究；二是我们实际工作中存在许多问题，要真正研究透也确实不简单、不容易；三是有些学者，包括党内的一些干部还心有余悸，深怕触动现行政策和“权威”的理论。我曾经对理论工作者讲过，要真正研究和发展理论，必须要有勇气，必须坚持实事求是的思想路线，尊重实践，坚持实践第一的观点。要敢于触及五个方面的问题：（1）书本上说过的；（2）文件上肯定的；（3）权威人士讲了的；（4）被经验证明的；（5）大多数人公认的。若不敢碰这五个方面，就无法研究。我还讲过，在科学研究方面，我们当前面临的最大的问题，不是自然科学，而是哲学社会科学。当然，自然科学研究工作中也有问题需要解决，但就一般来讲，这些问题也往往是由于受哲学社会科学领域里某些观点所支配的结果。我认为，从长远观点来看，我们国家如果将来出毛病，多半不是出在自然科学方面，而是出在哲学社会科学方面。

现在，我们的领导干部的哲学社会科学水平，特别是马克思主义哲学的水平，一般地讲不是提高了。我们在市委党校搞过一次测验，一些人连马克思主义的简单常识都不知道。我认为，中国的改革，阻力不在于政治上有什么保守派，而在于有些人思想上僵化，而思想上的僵化又同陈旧的思维方式、思想方法有密切关系。这个问题要靠学习马克思主义，特别是学习马克思主义的哲学来解决。现在不是一再强调发展马克思主义吗？发展主要是针对思想僵化来说的。大家都知道，马克思开始讲社会主义革命必须同时在主要发达国家取得胜利。列宁发展了它，认为可以在帝国主义最薄弱的地方首先取得胜利。毛泽东同志根据中国的实际，提出革命先从反革命势力统治最薄弱的地区开始，走农村包围城市的道路，最后取得全国的胜利。这些事实说明马克思主义是发展的，并且都是在马克思主义哲学指导下发展的。已经建立社会主义制度的国家差不多都是在列宁、毛泽东所指出的那种资本主义薄弱环节上建立的，生产力水平都不怎么高，这同马克思当时设想的主要发达国家取得胜利的情况是根本不同的。因此，马克思主义政治经济学、科学社会主义学说中的许多具体结论，要随着实践而加以发展。相比之下，马克思主义哲学比较稳定。哲学也是时代的产物，但这个“时代”的跨度比较大。哲学讲的是科学的世界观和方法论，是最基本的原理，具有较大的概括性和普遍性。当然，这不是说哲学不要发展。马克思主义哲学讲唯物的观点、发展的观点、实践的观点，人的认识是客观世界的反映，客观事物的运动发展永远不会完结，人们对客观世界的认识也永远不会完结。马克思主义并没有穷尽真理，真理也永远不会被穷尽。马克思主义不承认世界上有什么永恒不变的东西，一切事物都处在永远运动变化的过程之中。世界在不断地改变，人类的认识也在不断地改变。哲学当然也要发展，也会改革，但应该承认，它的基本原理比其他领域、学科的理论要稳定得多。

我讲这些话，是想说一个意思，我们当前现实生活中有许多问题迫切需要马克思主义哲学来解释，来回答。马克思主义哲学，是人类迄今为止最科学最完整的世界观和方法论，它可以给改革开放提供精神武器。西方资产阶级哲学，不管它有多少流派，其中包含多少合理因素（无疑这是需要我们认真批判吸取的，这是发展马克思主义哲学的重要条件），但都不能驳倒、更不能取代马克思主义哲学。我们的哲学工作者对马克思主义哲学必须充满信心。

二、哲学需要改革

解放以来，我们对理论的学习，特别是对马克思主义哲学的学习，走过一条反反复复的路子。主要问题有两个，一个是神秘化，再一个是简单化。毫无疑问，我们需要认真学习和研究马克思主义哲学，同时，马克思主义哲学也需要改革，这两者都是客观实践提出的要求。哲学的改革包括许多方面的含义，可以指哲学本身的改革，也可以指哲学工作的改革，如哲学教育、哲学宣传方式的改革等等。我今天要说的，是指哲学工作方面的改革，就是哲学应该由少数人研究的学问变成多数人学习的内容，把学院里研究的学问变成改革开放的武器和工具。当然，少数人的研究、专家的研究也非常必要，但要使哲学真正得到发展，真正具有生命力，就不能停留在学院少数人手里。哲学之所以重要，就在于它为人民群众认识世界、改造世界提供思想武器。哲学家的职责，主要在于深入、系统地研究哲学本身的问题，包括哲学的历史和现状，哲学同其他科学的关系，以及哲学如何不断适应时代的要求而发展的问题。这个研究过程是非常艰巨、复杂的，总不能让所有的人都去经历这个艰巨复杂的过程，而应当通过教育的方式，把少数人经过复杂的研究过程得出的简单明了的科学结论交给大多数人，变成大多数人享有的知识财富。这样，理论就能发挥它指导实践的作用。就一般来说，一个科技工作者的贡献，不只是看他在陈列室里摆了多少成果，还要看他的成果有多少转化在生产中，在社会上实现了多少价值。假如你的研究在现实生活中看不见作用，在社会上表现不出价值，那么，你的研究本身就很值得研究。因此，我觉得所谓哲学要改革，主要是做两件事：一件是深入、系统地研究马克思主义哲学本身，在实践中发展哲学；一件是研究马克思主义哲学怎样普及，以便在实践中应用哲学。要说学哲学就想让每个人都成为哲学家，这不可能。但对基本原理、基本观点，人们都有所了解，这是应该和可以办得到的。

我是从基层上来的，当过学徒工、木工、工地队长、总支书记、党委书记、局和市的领导，也搞过一段工会和共青团工作。我深深体会到，不管做什么，懂哲学和不懂哲学大不一样。特别是在关键的时候，你遇到的问题越大、越复杂，哲学的威力就越大。我今天对诸位说这些话的主要意思，一是说广大干部和群众是可以学会哲学的；二是说哲学是很有用的。因此，我想请你们在如何普及哲学，把哲学真正变为广大群众在改革开放中的锐利武器方面，做一点工作，包括组织些人写点小册子，作点这方面的报告，等等。

三、领导干部要学哲学

共产党的领导者，特别是高级领导者，都应该是努力学习和热情宣传马克思主义哲学的人，都要把哲学作为一门基本课程。领导干部的任务主要是了解情况、掌握政策、解决问题。不懂哲学，怎么能把情况搞全、弄准，抓住有用的东西？不懂哲学，怎么能执行好政策？怎么能将政策与具体实践结合好？不懂哲学，怎么能处理好矛盾、解决好问题？马克思主义哲学就是告诉人们如何分析矛盾、解决问题。

在新旧体制交替过程中，在改革开放的新形势下，大事多，新事多，急事多，难事多，有许多矛盾不好处理。这几年，我们常讲要理顺经济关系，我说首先要理顺群众的情绪，这是最基本的。群众最可敬，群众最可爱，群众最可怜，群众最可畏。群众最可敬，历史靠他们创造；群众最可爱，也最可怜，中国老百姓生活苦，没有什么怨言，没有什么更高的要求，不过是找个托儿所给带带孩子，孩子长大了上学给个桌子，毕业了给个工作位子，搞对象给间房子，他们只有如此简单的基本的要求；群众也最可畏，不管什么人，你若惹恼了他们，就得完蛋，即所谓“水可载舟，亦可覆舟”。这些都是马克思主义哲学的道理。

我们搞社会主义现代化建设，必须有大批懂得马克思主义哲学的领导干部。领导干部如果没有马克思主义哲学修养，势必影响社会主义改革和建设的进程，日常工作也很难做好。表现为：

或者只抓住了一般性的东西而没有重点，或者只有重点而忘了全面，或者只看到局部看不到总体，或者只抓了当前看不到长远，等等。我们常讲，具体事物具体分析是马克思主义的灵魂和实质，一切都要以时间、地点和条件为转移，事物在不同的关系里会表现出多方面的属性。不懂这些，研究问题、处理问题、理解和执行上级的指示精神是非常困难的。要么就墨守陈规，要么一创造就离谱儿。创造性离开了原则，离开了基本原理，只能是瞎折腾。所以，搞四化建设，要把学习哲学当作战略问题来抓，领导干部都要学习哲学，了解哲学，积极支持哲学工作者来普及哲学。

中国的新民主主义革命时期，如果没有延安整风，大家不在整风过程中懂得那么多哲学，中国的革命就不可能胜利。众所周知，直到现在，大家还念念不忘艾思奇同志的《大众哲学》。小平同志一再号召学哲学，说我们一些同志所以出这样或那样的问题，原因就在于实践和理论都没有根底。陈云同志说，学点哲学，终身受益。小平同志和陈云同志提倡领导干部要认真学习哲学，并且支持哲学工作。因此，学哲学要从高级领导干部抓起。正因为这样，天津市委今年的工作要点中，把开展哲学的研究和普及工作列为一条，决心作为一个大问题来抓。

学理论首先要学好马克思主义哲学*

（1989 年 10 月 13 日）

去年初，我在一个哲学会议上讲过，现实需要哲学，哲学需要改革，领导干部必须学哲学。听说哲学界的同志们赞成这些意见。今天，我想结合当前的实际，就提倡全党干部主要是领导干部学习马克思主义哲学的问题，讲几点意见。

一、提倡大家学点哲学

最近一个时期，党中央一再号召学习马克思主义哲学，哲学界的同志们也发表了不少文章谈这个问题。全党和全社会有这么一个呼声、一种舆论，实在是一件大好事。为什么要提倡学哲学，或者说学哲学的意义有哪些？我想，起码可以从以下几个方面去认识。

第一，从理论意义上讲。哲学是关于世界观的理论，它揭示的是事物发展变化的最一般的规律。世界上的事物纷纭复杂，哲学的意义就在于，任何事物的运动规律都逃不出它的范围。学好哲学，掌握了一般规律，有助于认识特殊规律。马克思主义哲学是科学的世界观和方法论，它揭示了自然界、人类社会和思维的最一般的规律，是指导人们认识世界、改造世界的最基本的思想

---

* 这是李瑞环同志同全国马克思主义哲学研究与干部哲学教育研讨会全体代表座谈时的讲话。

武器。在马克思主义三个组成部分中，马克思主义哲学是理论基础。不学习哲学，不研究哲学，不懂得哲学，就不能很好地理解政治经济学和科学社会主义，也不能在实践中更好地发展这两门理论。我们提出要建设有中国特色的社会主义，什么是有中国特色的社会主义？就是马克思主义基本原理同中国现代化建设相结合。不认真学习马克思主义哲学，就谈不上结合，也就谈不上建设有中国特色的社会主义。

第二，从现实意义上讲。我们现在确实面临着一个复杂的形势。十三届四中全会以后，新的中央领导集体坚决而富有成效地组织贯彻全会精神，整个形势正朝着进一步稳定的方向发展。但也必须看到，我们面临的任务是艰巨的，困难是很多的，矛盾是复杂的，形势是严峻的。由于国际形势变化和政治风波所带来的人们思想上的疑虑和各种各样的想法，还没有全部解决。在这种情况下，要完成我们面临的任务，实现我们的奋斗目标，必须借助马克思主义哲学。小平同志讲，要冷静地总结过去、思考未来。总结经验，是一个由感性认识上升到理性认识的过程，是一个实践、认识、再实践、再认识的过程。要真正实事求是地总结人民群众在改革开放和现代化建设中的历史活动，必须做到在估价成绩和失误时，不因成绩巨大而忌言失误，也不因揭露失误而抹煞成绩；在对待具有顽强生命力的新生事物幼芽时，既肯定、保护、扶植，又不忘去掉附着在它身上的旧事物残片；在处理两难选择的问题时，既要果断又要瞻前顾后，使之对全局产生有利影响，并为今后的发展作一些铺垫。所有这些，都离不开马克思主义哲学这个伟大的认识工具。

第三，从个人的进步和提高来讲。人们要提高自己认识世界和改造世界的能力，就必须学习哲学。哲学是“明白学”，许多事情只有学了哲学才能真正明白；哲学是“智慧学”，学了哲学可以使人变得聪明，脑子活、眼睛亮、办法多。不学哲学，天赋再好也不能算明白人。不懂哲学的领导者就不可能是一个清醒的领导。我接触过若干个很不错的同志，工作很努力，天赋也很好，就是在这点上不肯下功夫，工作上常常干糊涂事、吃糊涂亏、占糊涂便宜。当然，一个人要有所作为，需要多方面的知识，而哲学可以帮助人们更好地运用这些知识。哲学不能代替具体的科学，但是哲学可以帮助人们更好地掌握和运用具体科学。一个自然科学家，一个专家，一个对某些方面业务知识比较熟悉的同志，被提拔为领导干部，那么他过去的学识、经验和阅历，能否成为他今天搞好领导工作的有利条件，能否成为他作为领导者认识和改造世界能力的积累过程，关键在于他能否对过去的专业知识和实际工作经验进行哲学的概括，把个别上升到一般。有了这种概括和上升，原有的专业知识和工作经验就有助于他适应新的工作、增强驾驭全局的领导能力。认识来源于实践，是就认识的根源讲的，不能简单地理解为认识的水平与实践的次数成正比。具体到每个人，能否进步和进步大小的一个非常重要的环节，在于能否善于使自己的感性认识变成理性认识，使具体经验上升为一般，能否在理论指导下实践，能否用理论总结实践经验，赋予工作经验以理论的意义，这是所有人能否做好工作，不断进步、提高的一个共同性问题。从这个意义上看，学习马克思主义哲学，也是提高人的素质的一项重要措施。

历史经验证明，全党哲学水平的提高能够极大地推动党的事业的蓬勃发展。在我们党的历史上，曾有过两次产生了巨大积极影响的学习马克思主义哲学活动。一次发生在建国前的延安整风时期，另一次发生在以 1978 年真理标准讨论为开端的拨乱反正到全面改革的转变时期。

遵义会议后，我们党实际上已确立了以毛泽东同志为核心的第一代领导集体。红军长征到达陕北后，毛泽东同志的正确路线已经确立但尚未被全党同志所接受。为了彻底消除王明“左”倾机会主义路线在党内的影响，毛泽东同志发表了《实践论》、《矛盾论》等哲学著作，从世界观和方法论上彻底批判了曾在我们党内造成极大危害的教条主义错误。在延安整风过程中，全党的高级干部和广大党员，联系党在土地革命、抗日战争中正反两方面的经验教训，认真学习毛泽东同志的哲学著作，积极开展批评和自我批评，自觉抛弃了主观主义、教条主义和党八股，使那种脱离国情、只知道生吞活剥地照搬马列主义词句的思想方法得到了克服，全党的认识能力有了很大的提高。可以说，没有延安整风，没有马克思主义哲学的学习，没有建党以来历史经验的总结，就不可能有全党思想上政治上的高度统一和组织上的团结巩固，也就不可能有中国民主革命的彻底胜利。延安学习哲学的深远意义，在于帮助我们党内一批高级干部养成了学哲学的习惯，使他们在尔后长期的革命和建设生涯中坚持不懈地学哲学、用哲学，许多人成长为治党治国治军的栋梁之材。陈云同志在同我的一次谈话中，亲切地回忆起他当年在延安学哲学的情景和体会，反复叮嘱要把学哲学当成大事来抓，勉励我们认真学好哲学。

1978年开展了关于实践是检验真理唯一标准的大讨论，实质上是一次全党范围的马克思主义认识论的再教育。这次大讨论是党中央发动和领导的。邓小平同志是我们党的第二代领导集体的核心，他在十一届三中全会前后发表的《“两个凡是”不符合马克思主义》、《完整地准确地理解毛泽东思想》、《解放思想，实事求是，团结一致向前看》、《坚持四项基本原则》等重要讲话，充满着唯物论和辩证法，批判了唯心论和形而上学，使全党同志受到了生动的实事求是、理论联系实际、一切从实际出发的马克思主义思想路线的教育，极大地促进了全党的团结和统一，振奋了全党的创造精神，提高了党在人民群众中的威信。没有真理标准的大讨论，没有全党对马克思主义哲学的认真学习，没有建国以来历史经验的科学总结，也就不会有拨乱反正的胜利，更不会有今天改革开放的大好局面，人们很可能仍在“两个凡是”的死胡同里徘徊。

今天，我们党面临的形势和任务同10年前相比，已有很大的不同。我们有许多有利条件，邓小平同志等老一辈革命家健在，十一届三中全会以来的路线是正确的，建设有中国特色社会主义的道路已经开辟，我们国家的经济实力有了很大提高，各方面的工作都积累了一些经验，特别是十三届四中全会选举产生了以江泽民同志为核心的第三代中央领导集体。但是，我们也必须清醒地看到，继续前进所面临的困难之大、矛盾之多、问题之复杂，是绝对不可低估的。尤其是1989年这场政治风波，暴露了我们党自身存在的许多严重问题，而这些问题的解决也绝非朝夕之功。当前，从中央到各地方、各单位，大批的新干部作为接班人已经和即将走上领导岗位。接班，首先和根本的，是要接马克思主义的班。就是要使马克思主义在中国能够后继有人，并且在社会主义现代化建设的新实践中得到坚持和发展，取得新的胜利。在今天历史发展的重要关头，郑重地提出全党学习马克思主义理论、学习哲学的任务，就显得尤为重要和迫切。

我们学习马克思主义哲学，应重点学好毛泽东同志的哲学著作，学好邓小平同志等老一辈革命家的包含着丰富哲学思想的著作。这不仅因为这些著作通俗易懂，它们产生的历史背景我们比较熟悉，更重要的它们本身也是马克思主义哲学宝库中的灿烂明珠。特别是毛泽东同志的军事著作，如《中国革命战争的战略问题》、《论持久战》等，为我们提供了在实践中运用和发展马克思主义哲学的最光辉的范例，我们更应当加以重视。

二、坚持理论联系实际

学习哲学能不能开展起来，坚持下去，引向深入，取得扎扎实实的效果，关键的一点在于端正学风。学风问题是一个对待马克思主义理论的态度问题。延安整风时，毛泽东同志曾把学风同党风并列加以整顿，提出学风不正是没有党性或党性不完全的表现，对于推动当时的马克思主义学习，起了极其重大的作用。这次学哲学，要始终强调坚持和发扬我们党历来倡导的理论联系实际这个好学风。

我们之所以突出地提出学风问题，是马克思主义本身的性质所决定的。学习马克思主义不是为着好看，也不是因为它有什么神秘，而是因为它是领导我们事业走向胜利的科学。我们重视马克思主义哲学，正是也仅仅是因为它能够指导行动。学而不用，就歪曲了马克思主义的性质，背离了学习马克思主义的目的，就叫做态度不端正。我们强调这个问题，一是考虑到历史上曾经有过教条主义等学风不正的严重教训。在群众性的学哲学过程中，曾经出现过走形式、“一阵风”和庸俗化的不良倾向。二是考虑到党内存在着学风不正的现状。近几年来，一些同志对中央文件采取极不严肃的态度，以一己的、局部的利益而不是以党和人民的、全局的利益为准绳，或断章取义、我字当头，或阳奉阴违、变相抵制。这种实用主义的学风，对我们党的肌体腐蚀极大，如不加以警惕和克服，在学哲学上也会表现出来，干扰我们的正常学习。马克思主义哲学，是一门党性很强的学问，是无产阶级求解放的思想武器。阶级性和实践性是它的两个鲜明特点。只有以强烈的革命事业心和为人民服务的满腔热情，联系实际老老实实地学，才有可能真正把马克思主义哲学学到手。

学习马克思主义，还必须解决学习方法问题。方法可以讲很多，但最根本的就是理论联系实际的方法。马克思主义哲学是一门比较抽象的科学。如果只是从书本到书本，从概念到概念，就很难弄懂，很多人就可能会陷入“迷魂阵”。如同毛泽东同志所说，虽然读了但是消化不了。马克思主义哲学是普遍真理，无论什么人的实践都不能逃出它的范围。如果把学习与自己熟悉的工作结合起来，拿实践的经验同理论相印证，就容易懂；把基本的观点与具体的形象的东西相联系，印象会比较深刻，就容易记；把书本的东西融入丰富生动的现实生活，干什么就从什么里头学、就在什么里头用，就容易活。

理论联系实际，不仅能够帮助和加深我们对书本知识的理解，帮助我们正确认识和解决现实问题，而且是我们能否坚持学习的关键。许多同志学习都碰到一个时间问题。离职学习，相对集中一段时间读几本书，是必要的，但这样的机会总是少的。坚持联系实际的学习，使工作的过程成为理解、验证、应用理论的过程，把读书学习同研究解决工作问题有机地结合起来，真正做到“读书是学习，使用也是学习，而且是更重要的学习”。这样就可以较好地解决学习与工作在时间上矛盾的问题。

联系经历过的实际，结合历史的经验来学，是学习理论、运用理论的重要方式。建国40年来，我们取得了举世公认的成绩。中国人民创造这段历史，经历了无数困难和挫折，付出了巨大牺牲和代价，应该说这是经验教训十分丰富的40年。对于中高级干部来说，结合这段历史学习哲学原理，不但会有重大的理论意义，而且会有重大的实践意义。40年中尤其值得重视的是两个10年。一个是从1966年到1976年的“文化大革命”10年，另一个是从1979年到1989年的改革开放10年。不了解前一个10年，就很难正确理解后一个10年。前一个10年，使我们的党和人民遭受巨大劫难的“文化大革命”，从认识论根源来说，就是唯心主义泛滥，形而上学猖獗。后一个10年，即改革开放的10年，我们的国家、社会、人民以及我们的党都发生了极其广泛而深刻的变化。一方面，就总的根本方面说，我们确实为人民办了许许多多的实事好事，唯物论、辩证法成为广大干部和群众手中认识世界、改造世界的锐利思想武器，因而在社会主义建设中进行了广泛的探索和试验，有许许多多的创举。另一方面，就各个领域的具体工作仔细推敲起来，我们也确实干了一些糊涂事、错事，形形色色的唯心主义、形而上学在经济、政治、文化和社会各个领域都有程度不同的表现，在某些时候、某些问题上甚至表现得比较突出。人们的成功或胜利，原因是多方面的，但从哲学上讲就是一条，即主观思想自觉不自觉地符合于客观规律。人们犯错误的原因也是多方面的，但从思想路线上看，根本原因也是一条，就是主观思想不符合客观实际，违背了实事求是的原则。这两个10年的情况大家都比较熟悉，许多事情也已经有了正确的定论。因此，联系这一段历史来学习，不仅有助于我们加深对哲学原理的理解，而且有助于提高我们执行党的“一个中心、两个基本点”的基本路线的自觉性和坚定性。把学哲学同总结经验很好地统一起来，使探讨工作得失的过程成为学习、运用、研究哲学理论的过程，就会推动形成一个理论学习逐步深入、工作水平不断提高、思想认识日趋自觉的可喜局面。

强调联系实际，绝不意味着否定读书的重要，恰恰相反，更要认真地读，反复地读，深钻苦研，努力读懂弄通。否则，没有掌握理论，怎么谈得上理论联系实际？在过去的学习中，特别是领导干部的学习中，往往读书不够刻苦认真，名曰联系实际学习，可是讨论起来只是从实际到实际，或局限于研究具体工作、言不及义，或海阔天空、东拉西扯，看起来气氛热烈，实际上收效甚微，甚至白白浪费了时间。当然，理论联系实际，有一个由浅入深、循环往复的过程。一方面，马克思主义哲学是严密的、科学的世界观和方法论，要完整、准确地掌握它，不可能一朝一夕就做到；另一方面，客观事物本身是错综复杂、千变万化的，丰富地占有、精确地选择材料，系统地了解周围的环境、历史和现状，也不是轻而易举就能做到的。把两者结合起来，运用学到的马克思主义哲学的立场、观点、方法去解释历史、研究现状、指导工作，更需要花大气力。因此，开始的时候不会联系实际，或者联系得不够紧密，这是正常的现象，对此别人不要挑剔，自己也不要泄气。只要有决心，有毅力，持之以恒，坚持下去就会有成绩，坚持就是胜利。我认为当前理论联系实际，主要还是学习理论、认真读书的问题。提倡学哲学已经多少年、多少次了，许多哲学书人们也读过，为什么还要强调读书呢？我感到，许多同志在读书上下的功夫还不够，或者方法不对头，没有真正读懂。对于马克思主义哲学的基本原理、基本观点，必须下功夫钻研，力求学懂、记熟、弄通。根据当前情况，要着重把握以下几个基本观点。

第一，关于实践的观点。实践的观点是马克思主义认识论之第一的和基本的观点，也是我们党的实事求是思想路线的理论基础。1978 年开展的真理标准讨论，实际上就是如何对待实践观点的问题。实践是正确思想产生的源泉，是检验真理的唯一标准，又是发展理论的动力和学习理论的目的。掌握和坚持实践的观点，说话办事、处世为人就敢于解放思想，坚持实事求是，做到一切从实际出发，冲破唯上、唯书的教条主义束缚。讲实践第一，当然不是否认马克思主义理论和各门科学理论对实践的指导作用。离开这种被实践证明为真理的理论的指导，我们的实践就会是盲目的实践。但是，指导我们实践的理论，又必须不断在实践中接受检验。在书本与实践、文件与实践、已有的经验与实践、权威人物的意见与实践、多数人公认的东西与实践发生矛盾的时候，也可以一并说成在理论与实践、经验与实践不一致的时候，敢于做到重视实践、重视实际、重视现实、重视群众，一句话，敢于依据实践检验理论、完善理论和发展理论。这里讲的实践，从我们党领导革命和建设的路线和政策来说，只能是千百万人民群众的不断发展着的实践。一个单位、一个典型的实践经验，在它们同千百万人民群众不断发展着的实践长过程相联系，并代表其前进方向的时候，就会有重要意义和生命力；反之，就没有生命力，甚至是错误的东西。

学习和掌握实践的观点之所以特别重要，是因为我们在建设有中国特色社会主义过程中面临的许许多多问题，从本质上讲都是个实践问题。10 年改革开放，方向是正确的，成绩是巨大的，经验是丰富的，但就整体来说，尚有许许多多必然王国未被认识。有些改革实践，其诸多矛盾的孕育、显露、发展、斗争、转化直至最终解决，需要较长时间，在这个过程完结之前过早和轻易地下结论都是不严肃的。解决这些矛盾，既不能指望从国外飞来什么包医百病的灵丹妙药，也不能简单地沿用那些已经大大落后于实际生活的过去的经验，而只能依靠千百万人民群众的实践。在实践过程中，肯定会有这样那样的失误，但失误常常是正确的先导。检验正确与失误要靠实践，纠正失误也要靠实践。如果要求改革开放一帆风顺，什么失误也不出，这是唯心主义的先验论，因为任何人都没有这个本事。如果把改革开放中的一切失误都说成是不可避免的，这是不可知论，因为有一部分失误主要是人们的主观因素造成的，是可以避免的，笼统地用“交学费”来辩解，是对人民不负责任的表现。正确的态度是，把实践的观点贯彻到底，不仅勇于改革开放，而且勇于用实践标准来检验改革开放的理论、观点、方针、政策、计划、方案是否合乎客观实际。在回顾总结的基础上，发扬正确的部分，纠正失误的部分，加强不足的部分。如此循环往复，我们的改革开放事业就会不断推向前进。

第二，关于辩证的观点。列宁曾经指出："可以把辩证法简要地确定为关于对立面的统一的学说，这样就会抓住辩证法的核心。"列宁还说过："要真正地认识事物，就必须把握住、研究清楚它的一切方面、一切联系和'中介'。我们永远也不会完全做到这一点，但是，全面性这一要求可以使我们防止犯错误和防止僵化。"任何时候，研究任何问题，我们都应该从对立统一中把握事物及其发展过程，坚持辩证法的全面性，避免形而上学的片面性。

片面性、极端化、绝对化曾经给我们的革命和建设带来严重损失。近几年来，在处理经济、政治、文化和社会的诸多基本问题上，也存在着显而易见的片面性需要纠正。例如，坚持四项基本原则与改革开放，不能"一手软、一手硬"；要坚持公有制为主体，又要积极发展多种所有制经济；高度集中、统得过死的计划体制应该改革，市场作用应当充分发挥，但不能因此而不要计划，要做到有计划地放开，有控制地搞活；乡镇企业要合理发展，这有助于摆脱8亿农民搞饭吃的落后状况，但粮食生产和农业投入不能忽视；要紧紧扭住经济建设这个中心，但精神文明建设和思想政治工作决不能放松；要纠正社会主义建设时期仍然"以阶级斗争为纲"的错误，但不能忽视思想领域的斗争；如此等等。我们要防止在纠正这一方面的片面性时，又陷入另一方面的片面性。例如，在处理"四个坚持"与改革开放的关系上，我们纠正"一手软、一手硬"，应当使软的一手变硬，而不应当使硬的一手变软，要使两者在前进中统一起来，结合得更好。这种统一和结合，绝对需要的就是唯物论和辩证法，而容不得半点唯心论和形而上学。

我国是个发展中国家，必须把握好稳定、改革、发展三者结合的度。稳定压倒一切。稳定当然不是死水一潭，不是不要改革和发展。离开改革和发展，不可能有真正的稳定、长期的稳定，但是离开了稳定，一切改革和发展都谈不上。当前，经济生活中出现了不可掉以轻心的不稳定因素。我们解决经济问题，不能就经济论经济，还要着眼于政治，着眼于群众的力量。经济领域进一步治理整顿所面临的矛盾，不少是多年积累形成的。这些矛盾发展到今天，仅仅靠经济手段已很难奏效，必须综合治理。许多解决办法往往既有“利”的一面，又有“弊”的一面，我们只能以十分慎重的态度，具体问题具体对待，兴其利而去其弊，不搞“一刀切”、“一阵风”和走极端，不搞形而上学的肯定或否定。总的要求是，必须把治理整顿同深化改革有机地结合起来，采取积极进取的办法，不是停滞下来整顿，而是给人们以信心，激励人们向前看，在前进中整顿。

第三，关于群众的观点。相信人民群众，依靠人民群众，是历史唯物主义最基本的观点。在革命时期，我们要坚持这个基本观点。在我们党领导全国政权的条件下，面对着社会主义现代化建设的艰巨任务，我们仍然要并且尤其要坚持这个基本观点。人民群众是实践和认识的主体，是创造历史的动力，是社会主义国家的主人，是社会变革的决定力量。我们事业的发展，无一不有赖于广大群众的自觉和自动。掌握和坚持马克思主义的群众观点，是我们做好各项工作的根本。马克思主义的基本原则，就是要使群众认识自己的利益，并且团结起来，为自己的利益而奋斗。不管到了什么时候，为人民服务的宗旨不能变，为人民办实事的原则不能变，依靠人民的力量解决问题的方法不能变。如果改变了这一点，就叫变质、变色。

改革开放10年来，我们党同人民群众之间的联系，有加强的一面，也有削弱的一面。党的路线和政策是正确的，经济发展了，生活改善了，人民群众是真心实意拥护我们的。但是，由于放松了党的自身建设，官僚主义、以权谋私、行贿受贿等腐败现象没有得到及时、有力的纠正，人民群众是不满意的。在今年这场政治风波中有这么多人上街，这里除了阶级斗争问题以外，还有党同人民群众的联系问题。这是很值得我们反思的。邓小平同志在平息政治风波前后的几次谈话中，反复强调要聚精会神办几件使人民满意、高兴的事情。十三届四中全会后，新的中央领导集体正在努力按照邓小平同志的这个意见去做。从根本上理顺广大人民群众的情绪，重要的一条是认真纠正我们自己工作中的失误。我们这样做了，就会获得广大人民群众的理解和真心实意的支持，大家就会紧密团结起来，自觉自愿地过几年紧日子，和我们一道闯过面临的难关。当然，群众的情绪和行动并不是任何时候都是天然合理的，在他们觉悟尚未提高的时候，我们要通过耐心细致的思想政治工作，把他们引导到正确的方向上来。

三、努力创造学习条件

当前的形势，不仅向我们提出了认真学习和系统研究马克思主义哲学的重要任务，同时也为我们提供了结合实际宣传和普及马克思主义哲学的极好时机。这次学哲学，中央提出党内的高中级干部要带头学好，为此有关部门还要专门作出部署。我们应该实实在在地做几件事情，努力从多方面创造学习条件，以促进学习马克思主义哲学活动的开展。

第一，要对各级领导干部进行系统的培训。要全面规划，统筹安排，保证各级领导干部每隔若干年能够抽出一定时间上党校，进轮训班，集中学一段哲学。为了既能坚持正常工作，又能抽出人来参加轮训，有必要在领导干部的配备上，在精简的原则下适当增加一定的名额，以便使每个领导干部都有集中学习的机会，避免工作越忙的人越没有机会学习的现象。各级党校和干部训练班要把哲学列为主课，大力改进教学内容和教学方法，并对学员的成绩严加考核。要把马克思主义理论修养作为考核干部革命化的一个标准，作为选拔任用干部的一个条件。

第二，要建立健全领导干部自学的制度。上党校、进轮训班的人毕竟是少数，对于广大干部来说，主要靠在工作中挤时间自学。即使上过党校和轮训班的人，也只能学一些最基本的哲学理论，打下个基础，真正提高特别是联系工作实际学以致用，还得靠自学。为了保证干部能够坚持自学，要规定学习时间，加强学习辅导，举行各种座谈会和讨论会，交流学习心得，并定期进行考核，避免放任自流。

第三，要支持干部、群众学哲学的活动。这是加强思想政治工作、培养“四有”新人的一项重要内容。过去曾有组织学哲学小组，推广学哲学积极分子的先进经验，举办普及哲学辅导课和专题讲座等办法，凡是行之有效的，都要在坚持群众自愿参加的前提下加以恢复和发展。要认真总结群众学哲学的经验，及时加强指导，注意避免曾经出现过的追求形式、一哄而起和神秘化、庸俗化等不良倾向，讲求实实在在的效果。

第四，要根据不同层次读者的需求，有计划地出一批哲学书籍。比如，把马克思、恩格斯、列宁、毛泽东和邓小平等革命导师的有关哲学著作精选一下，汇集出版，这对广大干部、群众学习和研究马克思主义哲学会提供很多方便。要编纂一些好的、实用的哲学工具书，力求全一些、准一些、通俗一些，便于大家学习查阅。要组织力量编写系列的哲学普及读物，内容要实际，语言要易懂，深入浅出，使人不仅爱看，而且看了印象深、记得住。可以根据群众喜闻乐见的戏剧、小说中的故事，大家熟悉的历史事件、成语典故，以及日常生活中的富有哲理的事例，来阐发一些哲学观点。

第五，报刊、电视、广播等新闻媒介要做好普及哲学的宣传工作。党报党刊都要开辟栏目，介绍哲学知识，发表学习心得，交流学习经验。中央和地方的广播电台和电视台，可以适当组织学习哲学的通俗讲座、专题讨论、知识测验等；也可以拍摄一些专题片介绍学哲学、用哲学有成绩的典型人物和典型事例，使普及哲学的宣传形式多种多样，内容丰富多彩。

第六，哲学工作者要为普及哲学多作贡献。哲学家和一切从事哲学理论教学与研究的同志，都要努力发挥马克思主义哲学的战斗力，满腔热情地做好学哲学的辅导工作。哲学工作者要重视广大工人、农民、知识分子、干部和各行各业先进人物学哲学、用哲学的新鲜经验，并帮助他们总结、提高。在普及哲学的过程中，哲学工作者也会从中汲取营养，得到充实和提高。

最后，希望各级领导同志特别是主要领导同志，以饱满的热情，极大的毅力，投入到马克思主义哲学的学习中来，不仅要自己学好，而且要积极创造条件，组织和领导好大家的学习。我相信，这次学习马克思主义哲学，也将像延安整风和真理标准讨论那样扎扎实实地开展起来、深入下去，从而对新时期完成新的历史任务发挥重要的推动作用。

用建设有中国特色社会主义的理论研究解决当前的矛盾和问题*

（1993年6月10日）

邓小平同志视察南方发表重要谈话和党的十四大召开之后，全国的形势发展很快，广大干部群众的思想更加解放，精神状态更加振奋，对党的基本路线和建设有中国特色社会主义理论的认识达到了空前的统一。各地抓住机遇、发展自己的劲头很足，改革开放和现代化建设的步伐明显加快。现在到处都在谈怎么发展经济，下一步怎么办，这是件大好事。过去有些同志常为几个字、几句话争来争去，没完没了，而且非要说明白这个“左”那个右，我个新你个旧的。建国以来，这种无意义的争论浪费了很多时间，所以邓小平同志一再强调不争论，并说这是他的一大发明。现在大家都在集中精力研究经济，有些外国人也看出来，中国如果不折腾，照这样弄下去，发展会很快，是潜在的大国。

当前经济形势总的来说是好的，这一点必须肯定。与此同时，我们也要清醒地看到前进中存在的矛盾和问题。就全国来讲，主要是固定资产投资规模过大，消费基金增长过快，货币发行量过多，存在着明显的通货膨胀压力。对此中央十分重视并相继采取了一系列措施，希望各地能够结合实际，认真贯彻执行。

---

* 这是李瑞环同志听取安徽省委、省政府工作汇报时的讲话的一部分。

对经济生活中存在的各种矛盾和问题究竟怎样认识，现在议论颇多。我认为，有些矛盾和问题是由计划经济体制向市场经济体制转变过程中必然要出现的，是难以避免的。比如，宏观控制和微观搞活的问题。过去常常是一管就死，一死就放，一放就乱，一乱就收。实践证明中央管得太多太具体，显然是不行的，当然，撒手不管也是不行的。现在中央放了权，有的地方不得要领，出现这样那样的问题，是必然的，某些地方有些乱，也是难免的。要看到，地方善于用好中央下放的权力，需要有一个过程，因此对放开搞活后出现的某些问题不必大惊小怪。还有一种情况是，有的地方从当地实际出发，采取了一些新的方法，从现象看起来是乱，其实是新。但既然放权了，只要坚持邓小平同志的“三个有利于”标准，对于具体的方法就不必去过分干预。但有些问题确是我们长期没有解决好、必须下大力量研究的深层次问题。比如，国有大中型企业怎么搞活。我们常见到这样一种现象，你到乡镇企业去参观，职工头也不抬，照干他的活，不管你领导不领导。而到有些国有企业，不少人出来夹道欢迎。这固然表示对领导的尊重，但也说明闲人太多，岗位不严。市场经济讲品质、讲价格、讲成本、讲投入产出比，你那么多非生产人员，再加上后面背那么大的包袱，成本当然就高，怎么有竞争力？比如，对非公有制经济的地位、性质、作用究竟怎么解释。我们前几年搞治理整顿，是想把国有大中型企业搞活。但是，治理整顿结束后，国有企业没活起来，非公有制经济成分却发展很快，而且很有活力，原因在哪里？我们很多文件和理论上都讲，社会主义制度的基本特征之一就是以公有制为主体。那么，我们怎么对待非公有制经济呢？邓小平同志视察南方时讲，巩固和发展社会主义制度，还需要一个很长的历史阶段，需要我们几代人、十几代人、甚至几十代人坚持不懈地努力奋斗。这就是说，社会主义建成的时间比过去提法长多了。那么，过去对非公有制经济在现阶段的作用是不是看小了，一段时间里限制甚至取消非公有制经济成分是不是搞得过多过急了？比如，一部分人、一部分地区先富起来与共同富裕的关系问题。毫无疑问，不允许一部分人、一部分地区先富起来，其结果必然是共同贫困，一部分先富起来是实现共同富裕的快捷方式。但是，在一部分人、一部分地区先富起来的过程中，必须研究解决共同富裕的问题。我对广东同志讲，你说你奔小康、赶上"四小龙"，这还不仅在于你，你这里搞好了，其他地方的人都跑来了，给你加一倍人，人均国民生产总值就掉下来了。所以，考虑城市不考虑农村，考虑沿海不考虑中西部，这是不行的。现在资金、人才包括中西部地区、落后地区的资金、人才都往沿海地区跑，"一江春水向东流"，这样弄下去，后进地区长期发展不了，就会出现大的问题。再比如，农村剩余劳动力的出路问题。现在"民工潮"往城市里涌，像北京、上海、天津、广州，车站、胡同里都有许多农民。有家电视台访问在北京找工作的外地人，其中也有安徽的，问他们为什么出来，有的说摊派多、负担重，但相当多的是说，我家那块地有我老婆、兄弟种，还有爸爸妈妈帮忙，劳动力足够了，我出来捞一点是一点。富余劳动力今后究竟怎么安置？大方向是要研究"横向容纳，纵向消化"，就是在横向上开拓更多的就业门路，把劳动力容纳下去；在纵向上集中使用一个人一生的最好年华，比如别的国家一个人一生工作时间为三十年，那么我们国家可以规定为二十八年、二十五年，少干几年。又比如分配问题，这是一个很乱、很难的问题。现在有一些人发财发得很大、很快，而大多数规规矩矩干活的人生活很困难，长一点钱很费劲。像党政机关干部工资普遍比较低，生活比较困难，长工资没那么多钱；不长工资，怎么生活？让党政机关做买卖，弊病又太大。类似的问题还可以列举很多。

总而言之，许多这类问题都是非常现实的，必须正视而不能回避，必须抓紧解决而不能延误时机，必须冷静对待而不能简单从事。这些问题涉及方方面面，错综复杂，解决起来难度很大，需要相当长的过程，需要做大量工作，决不能草率从事，也不能简单沿用计划经济体制下形成的老思路、老办法。改革发展到今天，人们的思想观念和现实经济的关系已经发生了很大的变化，简单搬用老思路、老办法，不仅无助于从根本上解决目前面临的矛盾和问题，反而有可能丧失已有的改革开放的成果；不仅不能很好地坚持社会主义，反而可能因为无法有效地解决这些问题，使人们对社会主义的前途产生怀疑。历史证明，我们只有像毛泽东同志当年把马列主义的普遍原理同中国革命的具体实践相结合而找到了夺取政权的道路那样，用邓小平同志建设有中国特色社会主义的理论同当前的实际相结合，顺应生产力发展的客观要求，坚持改革开放，勇于实践探索，逐步建立和完善崭新的社会主义市场经济体制，才能找到解决面临矛盾和问题的根本出路。就是说，我们要在邓小平同志理论的指导下，在实践中，在改革开放中找办法，而不能到别处去找办法。

邓小平同志建设有中国特色社会主义的理论是当代中国的马克思主义，是马列主义、毛泽东思想在新的历史条件下的继承和发展。说他是继承，因为他坚持了马列主义的基本原理；说他是发展，因为他纠正了那些被实践证明不适应形势发展的个别结论，并从实际出发，提出了过去马恩列斯没有提出的一些观点。比如说，他继承了“实事求是”，纠正了以“阶级斗争为纲”，提出了改革开放、“三个有利于”。这是很了不起的事情。十一届三中全会以来的实践充分证明，邓小平同志建设有中国特色社会主义的理论，是指导我们巩固政权、强国富民的唯一正确理论。回顾历史，共产党掌握政权之后，最早是苏联，后来是东欧那么多国家，再后来包括我们，在很长的时间内都在研究怎样把社会主义制度、共产党政权巩固住。列宁、斯大林下了很大力量，毛主席下了很大力量，毛主席搞“四清”啊，搞“文化大革命”啊，都是为了永不丢权，永不变色，结果都没有解决问题。苏联丢了权，东欧丢了权。中国之所以没丢权，原因不是别的，就是由于中国有邓小平同志提出的这套理论。十一届三中全会之后，我们国家之所以在各个方面得以很快恢复发展，之所以发生举世瞩目的变化，之所以在急剧变化的国际形势下能够站住脚跟，就是因为我们坚持了这一套理论。我们要解决今天面临的矛盾和问题，要保持长治久安，巩固和发展社会主义制度，仍然要照着这套理论指引的方向干下去，舍此别无选择。

全党特别是各级领导干部，对邓小平同志建设有中国特色社会主义理论的伟大历史地位和重要指导意义，必须有更加明确的、深刻的认识，为此，必须在学习这一理论上下更大功夫。要系统地而不是零碎地、深入地而不是肤浅地、联系实际而不是教条式地学习和掌握这套理论，领会其精神实质，不断提高运用这套理论的立场、观点、方法研究解决现实矛盾和问题的自觉性和坚定性。要建立健全干部学习制度，有计划地用这套理论训练干部。要把具备建设有中国特色社会主义理论修养，作为选拔和任用干部的重要标准。总之，党的各级组织要把学习这一套理论作为党的思想理论和组织建设的一项带根本性的任务，抓紧抓好，抓出成效。

学习理论　总结经验　研究工作*

（1997 年 6 月 29 日）

我本来没打算讲话，没作准备，没有稿子。听了几位同志的发言很受启发，有感而发讲几句，不公开报道。

这次会议开得很好。开得好，主要是因为大家的努力；开得好，还因为会议的题目选得好。最初提出的会议题目叫总结经验，问我如何，我说很好。后来有的同志指出，总结经验需要提高认识，建议加上学习理论，学习邓小平同志和以江泽民同志为核心的党中央关于政协工作的论述，我说很好。之后又有的同志提出，总结的目的是为了把今后的工作搞得更好，建议加上研究和推进政协工作，我也说很好。我这样是不是随声附和，不是。在我看来，学习理论、总结经验、研究工作，它们是紧密相联的，在一定意义上讲是一码事。

我们历来强调学习理论。因为没有革命的理论就没有革命的运动，因为没有理论指导的实践是盲目的实践，还因为当前我们面临的问题，许多都涉及理论问题。学习理论，当然要读书。要认真地读，刻苦地读，重点文章要反复地读，读原著，读相关的书籍，读报刊上的文章。学习理论，光读书不行，必须联系实际。离开联系实际，学习理论就失去了目的；离开联系实际，学

---

* 这是李瑞环同志在政协第八届全国委员会常务委员会第二十一次会议闭幕会上的讲话。

习理论就失去了动力；离开联系实际，学习理论也就失去了衡量的标准。学习的成绩如何，不是看背多少书，而是要看实际结果。毛主席讲，如果你能应用马克思列宁主义的观点，说明一个两个实际问题，那就要受到称赞，就算有了几分成绩。被你说明的问题越多，越普遍，越深刻，你的成绩就越大。大量事实证明，只有联系实际，才能真正学懂弄通。有些同志学习时喜欢查书，从这本书查到那本书，从这个词典查到那个词典。一有争论，都引经据典，谁是这样说的，谁是那样说的。你说他引的不对，是断章取义，他说你引的不准，是歪曲原意，来回争，来回查。查书无可非议，是学习理论不可缺少的重要方法。但还有一种方法，就是到实际生活中去查一查。实际生活这本大“词典”最丰富、最准确、最生动、最易懂。我举一个例子，我们常说，马克思主义的最本质的东西，马克思主义的活的灵魂，就在于具体地分析具体的情况。什么是具体？列宁讲，具体之所以具体，表现为过程，表现为综合，表现为质的多样性。这话单从字面理解比较费劲，如果从生活中去理解就比较容易。比如，一块木头是什么？就是一块木头，这个回答并没有错，但它还是什么？这就要看具体情况。拿它来做家具就是原料，拿它来烧火就是燃料，拿它来挑水就是工具，拿它来和坏人斗争就是武器，拿它来行凶打劫就是凶器，拿到法庭就是证据，但还是那块木头。这就是质的多样性。实践高于理论，因为它不仅具有普遍性的意义，而且还有直接现实性的意义。许多问题用列宁所说的那种最平凡、最常见、每天碰到无数次的小事去理解，用自己最熟悉的实际去理解，就比较容易弄清楚。只有联系实际，理论才是生动活泼的。我们讲马克思主义是活生生的，因为它的特点之一就是实践性，它最容易与实际相结合。实际是丰富的，不断发展、变化的，马克思主义同它一结合，就变成活生生的。僵化教条最主要的毛病是脱离实际，书本很熟，条条很多，不联系实际，有什么用处？毛主席说过，教条主义不如屎，人屎可以喂狗，狗屎可以肥田，教条主义既不能喂狗，也不能肥田。只有联系实际，学习才有意义，才能长期坚持下去。我们现在都很忙，时间有限，事情很多，加上业余活动丰富多彩，要长期地不间断地坚持学习真不容易，结合实际学习可以较好地解决这个问题。因为，一方面，读书是学习，使用也是学习，而且是更重要的学习；另一方面，由于结合实际，读书的过程就成为研究实际的过程，工作的过程也就成为学习和应用理论的过程。由于工作实际的需要，迫使你研究理论，迫使你读书、查书。这样工作不间断，学习也就不间断。工作学习相统一，工作能力、理论水平共同提高。

我们一贯提倡总结经验。因为总结经验是由感性认识到理性认识的一个环节。实践可以产生理论，但必须经过总结这个环节。我们党的历史上两次大的飞跃都得益于总结经验。七大的总结奠定了新民主主义革命胜利的基础，十一届三中全会的总结开创了建设有中国特色社会主义的新局面。总结经验是推动工作的重要方法。任何一项工作要想不断地提高，必须坚持及时总结经验，发扬成绩，纠正错误，深化认识，作到吃一堑长一智，打一仗进一步。还因为总结经验是每个人提高与进步的有效途径。我们周围有许多很好的同志，有的相互之间天赋相近，学历相同，经历相似，实干的劲头也差不多，但他们提高和进步的程度却相差很大，重要的原因就在于如何对待总结经验。提高快的人每做完一项工作，都要琢磨琢磨，总结一下，找出成功包括部分成功的原因，或失败包括部分失败的理由，做到不占糊涂便宜，不吃糊涂亏。提高慢的人说干就干，干完就散，不动脑、不总结，马马虎虎，稀里糊涂，知其然不知其所以然。总结经验有三个条件。第一个条件要有材料，材料要全，不能缺东少西；材料要准，不能虚假差错。材料不全不准不能加工出好的产品。第二个条件要有武器，也可以叫工具，没有工具没法加工。工具是什么？马克思主义理论就是工具。第三个条件要有加工的本事。有了材料、工具，没有手艺不行。同样的工具和材料，手艺不同制作出的产品一定不同。手艺怎么来？就得学，就得练。怎么学，怎么练？就得不断地使用工具加工材料，也就是不断地用马克思主义理论去加工实践中的材料，即不断地用马克思主义去总结工作。总结不是一件简单的事，不是编顺口溜，凑四六句，而是在马克思主义理论指导下，将丰富的材料加以去粗取精、去伪存真、由此及彼、由表及里的改造制作，经过艰苦的思考，分析、综合、概括、抽象。科学的抽象不是主观臆造，而是更深刻、更正确、更完全地反映着自然。总结经验的整个过程都是理论与实际相结合的过程。总结经验要应用理论，学习理论要结合总结经验。

我们十分重视研究工作。因为人类与其他动物的区别，在于人有自觉的能动性，人们的重大活动、重要工作，都要通过认真的研究，形成一套构想和思路，形成判断、决心和部署。因为客观世界十分复杂，要正确地认识事物，抓住事物的本质，抓住事物的全体，抓住事物的内部联系，就不能凭主观想象，不能靠一时热情，而必须进行认真的研究。还因为"集中起来，坚持下去"是我们的领导方法，而研究工作正是实行这个方法的结合点。所谓研究，就是集思广益，把分散的、无系统的意见加以集中、条理，然后变成计划、部署，贯彻实行。郑重的、系统的研究工作，一是要找一帮合适的人，这些人应是了解情况和从事这方面工作的人，而不能只是编词作文的人。二是要有必要的材料，现在浮夸造假现象十分严重，要真正把情况搞得实在、明白，很不容易，但这是基础。三是要有正反两方面的经验，经验是人民群众实践的总结，重视经验、解剖典型是研究工作的重要方式，也是唯物主义认识论的基本要求。四是要在理论指导下深入地思索，要不间断地思索，方方面面地思索，连贯起来思索。在这个过程中，理论、材料、经验分分合合，难解难分，各种设想、方案、景象不断闪现，浮想联翩，肯定、否定、修正对照比较，反复选择。所谓“一觉醒来，疑团顿解”，实际上是一夜未眠，冥思苦索。讲艰苦，这种头脑的加工最艰苦。思想上的艰苦，勤于和善于思考问题，是长期训练而形成的。头脑这个加工厂也需要不断更新和改造，使其能够适应不断发展变化的情况，加工出各种高水平的产品。我们有些同志只看到人家决策时的果断，而看不到人家事前所下的功夫；只看到人家处置问题的自如，而看不到人家平日长期的积累。世界上哪有这样的人，张口就说，说了就对；拿来就拍板，拍板就正确。某项工作干得不错，各方面反映很好，其实都经过了一个相当复杂乃至相当长时间的谋划研究过程。没有“十月怀胎”，哪能“一朝分娩”？我们现在有些部门、有些工作，第一缺乏研究，塌不下心来，舍不得时间，豁不出辛苦。第二研究的方法不对，对现实情况了解得不够，对典型经验重视得不够，特别是在理论指导下思索得不够。我们常讲，“为着领导，必须预见”，“运筹帷幄、决胜千里”，“不打无准备之仗”。所谓预见、运筹、准备，都是研究，都需要认真研究，研究工作是领导者和领导机关的基本工作方法。

归总起来说，学习理论、总结经验、研究工作有机结合，三位一体，是学习的方法、总结经验的方法，也是搞好工作的方法。我很相信这个方法，向大家推荐这个方法，希望各位自觉地运用这个方法。

科学地坚持马克思主义*

（1997年12月7日）

应越共中央的邀请，我有幸对越南进行正式友好访问，感到非常高兴。首先，请允许我对越共中央的盛情邀请和热情、隆重、友好的接待表示诚挚的谢意。我们希望，通过此次访问，双方能够进一步加深了解，扩大共识，增进友谊，为推动两党两国友好合作关系的发展作出新努力。

我和我的同事们大多数是第一次访问越南，但对越南的情况并不陌生。十年来，中国人民一直怀着友好的感情，注视着越南共产党领导越南人民进行的革新开放事业。我们高兴地看到，在越南共产党领导下，越南人民坚定不移地走社会主义道路，坚持革新开放，取得了引人注目的成就。越南国内局势稳定，经济持续发展，社会充满活力，人民生活不断改善，充分显示了社会主义事业的强大生命力。越共八大在全面总结越南十年革新开放经验的基础上，提出了到2000年的经济社会发展计划和到2020年的长远目标，标志着越南社会主义建设事业进入了一个新的阶段。不久前，越南十届国会选出新一届国家和政府领导人，为顺利落实越共八大路线提供了可靠的组织保证。与此同时，越南的对外工作也取得了重大成就，外部环境得到明显改善，国际地位

---

* 这是李瑞环同志同越共中央政治局常委黎可漂会谈时的谈话的一部分。

日益提高。我们相信，在越南共产党的领导下，越南人民一定能够在实现民富国强、社会公平文明的崇高事业中取得更大的成就。

中国共产党在长期的革命斗争实践中认识到，领导一项伟大事业的革命政党必须有一面旗帜。没有旗帜就会迷失方向。正如越南有马列主义和胡志明思想一样，中国有马列主义、毛泽东思想和邓小平理论。

在如何对待马克思主义问题上，我们有经验也有教训。新中国建立后，我国发生了翻天覆地的变化，但在1956年基本完成社会主义改造后的20年里，在取得很大成就的同时，也有过严重失误，特别是“文化大革命”10年背离了马克思主义，唯心主义泛滥，形而上学猖獗，“假大空”盛行，导致了灾难性后果。“文化大革命”后拨乱反正，从根本上讲就是拨背离马克思主义之乱，反科学坚持马克思主义之正。改革开放以来近20年，我们所以取得重大成就，最重要的是因为在新的历史条件下准确地理解马克思主义，科学地坚持马克思主义，始终把马克思主义作为自己指导思想的理论基础。

——我们坚持唯物的观点，批判了主观主义、唯意志论，重新确立了实事求是的思想路线，明确了我国现在处于并将长期处于社会主义初级阶段。

——我们坚持发展的观点，反对僵化保守，大胆解放思想，吸收和借鉴人类社会创造的一切文明成果，开创了改革开放的新局面。

——我们坚持实践的观点，冲破“两个凡是”的禁锢，用实践作为检验理论和政策的标准，靠实践回答和解决问题。

——我们坚持生产力的观点，纠正长期“以阶级斗争为纲”的错误路线，明确社会主义的根本任务是发展社会生产力，把经济建设作为全党全国各项工作的中心。

——我们坚持生产关系与生产力相适应的观点，克服了超越阶段的错误观念和政策，确立公有制为主体、多种所有制经济共同发展的制度，以及按劳分配为主体、多种分配方式并存、把按劳分配和按生产要素分配结合起来的制度。

——我们坚持群众的观点，消除天才论和英雄史观的影响，强调群众是历史发展的动力，把不断提高人民生活水平作为改革开放和发展经济的根本目的，给群众创造充分施展聪明才智的机会，依靠和调动广大群众的积极性来推进我们的事业。

中国改革开放的成功实践说明，马克思主义没有过时，它的许多基本观点，它的辩证唯物主义、历史唯物主义的观点仍然有着现实的重大意义，关键是要科学地对待。坚持马克思主义就要坚持马克思主义的基本原理，而不能教条式地拘泥于某些个别论断，也不能固守某些确已过时的词句和结论，更不能被某些附加于马克思主义名下的错误论点所迷惑。坚持马克思主义必须坚持理论与实际相结合，结合是运用，结合是目的，结合是坚持，结合也是发展。离开结合谈坚持、谈坚决、谈坚定，只能是空话、大话、假话，只能给马克思主义抹黑乃至窒息或断送马克思主义。只有结合实际、结合时代，才能使马克思主义永葆生机与活力。邓小平理论就是马克思主义基本原则同中国当代实际相结合的产物，是当代中国的马克思主义。中共十五大把邓小平理论确立为我们党的指导思想，并写进党章，这是我们克服困难、把建设有中国特色社会主义事业不断推向前进的根本保障。

坚持马克思主义
要在结合上下功夫，在实践中求发展*

（1999 年 10 月 9 日）

能够在我的老家天津会见范世阅同志率领的越共代表团一行，感到非常高兴，请允许我转达江泽民总书记对越共代表团的亲切问候。中越两国是山水相连的友好邻邦，双方领导人近年来经常会晤，就双方关心的许多重大问题深入交换意见，达成了广泛共识，我们对两党、两国关系的现状表示满意。在当前形势下进一步巩固发展中越两党、两国的友好关系，加强交流与合作，具有特殊重要的意义。

中国共产党在长期的革命和建设实践中始终认为，马克思主义是我们的指导思想，是我们的理论基础。中国改革开放取得的巨大成就，是坚持马克思主义的结果，是马克思主义理论的伟大胜利。我们所说的马克思主义是科学的马克思主义。它是普遍真理，具有完整的思想体系，为认识和改造世界提供了锐利武器，它的基本原则并没有过时。我们所说的马克思主义是实践的马克思主义。实践性是它的基本特点之一，它来源于实践，指导实践，并接受实践的检验。我们所说的马克思主义是发展的马克思主义。发展是它的一个基本观点，这个观点同样适合于它自身。

---

* 这是李瑞环同志会见越共中央政治局常委范世阅时的谈话的一部分。

它开辟了认识真理的道路，而没有也不可能穷尽真理；它不断地吸收借鉴，而不是排斥、抗拒人类文明出现的一切成果。我们坚持马克思主义，必须要有科学的、实事求是的态度，必须要与实践相结合，在结合上下功夫，在实践中求发展。怀疑马克思主义的科学性、摇摆不定是危险的；把马克思主义与实践相割裂、教条式理解、贴标签式应用是会误事的；拘泥于马克思主义的个别论断、墨守成规、停滞僵化是有害的。希望中越两党在如何把马克思主义与本国国情相结合，如何运用马克思主义研究解决当前一系列复杂问题等方面及时交流经验。

在实践中总结　在实践中前进*

（2000 年 2 月 24 日）

我这次来浙江，主要是根据中央的统一部署，到余杭市作“三讲”动员。时间很短，看的地方不多，也没有准备讲话。刚才听了柴松岳①同志的汇报，有感而发，讲几点意见。

一、谈谈几天来的观感

1991 年我来过浙江，看了一些地方，在省里和温州也都讲了一些话。那是邓小平同志视察南方发表重要谈话之前，社会上对浙江、特别是对温州的说法很多。说好的有，说坏的也有。说坏的人是在公开场合理直气壮地说；而说好的人只是私下嘀咕。因为一些人有起哄的习惯，一说不好就都哄起来说不好，也因为一些人喜欢“上纲上线”，按照他们的思维方法和判断标准把一个地方说得一无是处。当时我就怀疑，温州是不是像有些人说的那么坏。于是，我决定自己到温州去看看。当时刘锡荣同志当温州市委书记，他的处境我很理解，他给我介绍情况时来回地说这个企业是社会主义，那个项目也是社会主义，目的是说温州是社会主义不是资本主义。我说，别人给你戴白帽子，你不要戴，你自己也不要戴红帽子，不戴帽子，不是更凉快吗？还是先生孩子

---

* 这是李瑞环同志听取浙江省委、省政府工作汇报时的讲话。

① 当时任中共浙江省委副书记、浙江省省长。

后取名，有些人的孩子名字起得非常好听，叫什么兴国、利民啊，结果身体不健康，有什么用。先起个小名，叫阿猫、阿狗、铁蛋、土豆，都没关系，把孩子养好，然后再改学名。温州人完全凭自己的劳动挣钱有什么错？我对省委同志讲，省委对温州不要轻易地说否定的话。别人怎么讲不要管，温州的经济搞垮了，老百姓没饭吃找的是你们省委。弄垮温州很容易，发一篇社论就够了，但是再把温州弄起来就难了。你说温州私有比重大，我也承认，那你给几个公有制的大项目哇，大锣大鼓敲起来，那小打小闹的不就退居其次了吗？大项目不给，个人折腾又有罪，那究竟怎么办，老百姓怎么活?!我的讲话当时引起了一些议论，但现在看是经得起检验的。这些年来，浙江在邓小平理论的指引下，加快了改革开放和现代化建设的步伐，取得了许多新的成绩，各个方面都发生了巨大的变化。

一是城乡面貌有新的改观。1991 年，我们到萧山看一个农村，我一边走一边想，为什么非到那儿看呢？大概别处没这么好。现在到处都是好房子。从杭州到余杭、萧山、海宁都是高等级路，交通十分方便，一片富裕的景象。据说再过两三年，全省高速公路通车里程将达到 1000 公里，形成“4 小时经济圈”，这很重要。与九年前比，杭州市内楼多了，干干净净，水碧山青。19 日晚上，我们在城隍阁，登高望远，杭州城灯火通明，完全是一派现代化大都市的夜景。听说对城隍阁有些看法，我看建得还是不错的。当然，从总结经验角度说，还是稍宽大了点，杭州市内与山对应的建筑，不要盖得太高太大。西湖有了很大变化，过去念诗“欲把西湖比西子，淡妆浓抹总相宜”，现在看了以后确实有那么个感觉。

二是人民生活有新的改善。浙江人均收入在全国排第四位，应该说，京、津、沪三个直辖市农村人口比重小，如果省跟省比，浙江的人均收入可能是第一。我们这次看的几个农户家庭，生活过得很不错，像他们这种情况在当地还只能算中等水平。看到老百姓衣食住行有改善，确实令人高兴。共产党执政的目的，归根结底是使人民富裕起来。共产党人的全部责任就是使人民认识自己的利益，并团结起来，为自己的利益而奋斗，除此以外，没有其他要求和个人利益。“天下顺治在民富，天下和静在民乐”，老百姓富了、生活改善了、高兴了，社会就稳定，其他事情就好办了。

三是经济建设有新的成就。九年前，浙江省经济总量在全国排第七位，去年上升到第四位，财政收入也由第七位上升到第五位，这是很不简单的。你们刚才讲的国有经济那一块，尽管比重不高，但绝对数增加了许多倍，实力更加强大，同时，非国有经济发展也很快，这就像一棵大树，树干挺拔，枝叶也茂盛。

四是精神文明建设有新的加强。浙江历史悠久，南宋时杭州还曾是首都。浙江文化底蕴比较厚，仅涉及到这里的成语就有上百条，如“卧薪尝胆”等。近年来，浙江在精神文明建设上下了功夫，群众的思想素质、文化素质都有很大的提高。我接触到的一些干部都比较年轻，有思想、有活力，很有希望。

浙江能有今天这样的局面很不容易，刚才松岳同志说是历届班子正确领导和努力的结果。这是公道话。张德江[①]同志到浙江时间不长，得到了广大干部群众的支持和认同。省委、人大、政府、政协几套班子非常融洽，这是浙江今后持续发展的基本条件。应该看到，浙江不仅面临着新的发展机遇，也会遇到新的竞争和挑战。现在许多地方经济还不是很发达，商品意识还不是很强，特别是在有的大城市，有的人宁愿待在家里，也不愿干扫街

---

① 当时任中共浙江省委书记。

之类的活，这也就是你们浙江人为什么靠打工一年可从外面捞回几百亿元的原因。但是，随着商品经济的发展，就业压力的不断增大，这些地方的人就得改变观念，什么活都得干，这样你们的竞争对手就多了，钱就不那么好赚了。现在全国都在研究你们，你们要想长期处于领先地位，就得不断出新招。当然，这种新招是实招，而不是光提一些新口号。不断有新口号并不表明高明，只表明自己没拿准，没有走向正轨。口号太多，今天一个，明天一个，不断地变化，还都是新名词，听不懂、记不住，无实际的意义，有唬人的味道。总的口号要喊响，给大家一个奋斗目标，让大家记住，抓住不放。总之，希望大家再接再厉，扎实工作，努力开创新局面。

二、坚持解放思想、实事求是，在实践中总结，在实践中前进

浙江"七山一水两分田"，土地面积在全国倒数第四，人均六分耕地，这还包括近些年你们围海造田增加的那些。浙江能取得今天这样的好成绩，究其原因，可以讲很多条，但从思想路线上讲，最根本的一条是坚持解放思想、实事求是，坚持在实践中总结，在实践中前进。

发展的观点是马克思主义的基本观点，是我们必须始终重视和坚持的观点。这个观点认为，运动变化是绝对的，发展是永恒的。世界上不存在任何永恒的东西，只有一个永恒的原理，就是永恒的发展。我们反对僵化，反对保守，就是因为僵化、保守违背永恒发展的原理。当前，科学技术突飞猛进，新生事物层出不穷，人类社会的发展变化速度之快、范围之广，前所未有。对许多事情我们刚刚有所认识，但很快就变得过时；有很多老问题还没有解决，新问题又摆在了面前。比如，现在我们积极努力争取

参加世贸组织，一旦加入后又将会给我国经济包括社会生活各方面带来一些新的问题。现在有的同志对问题常常是从产业结构、企业机制和管理体制上考虑，这不能说没道理，但许多则是思维方式、思想观念的问题。面对新形势大家都强调创新，而要做到创新首先是要进一步解放思想。坚持解放思想必须坚持实事求是，解放思想的目的是为了实事求是，只有致力于追求实事求是，才能真正做到解放思想。离开实事求是谈解放思想，很可能成为胡思乱想；离开解放思想谈实事求是，很可能流于空谈。解放思想、实事求是，是我们党在实现拨乱反正和工作重心转移的过程中确立起来的思想路线，同时也是我们实现改革和建设不断发展的必然要求。从发展的观点出发，不能把解放思想、实事求是仅仅当作一个时期的口号，而必须始终不渝地坚持，要经常讲、反复讲，这样我们的事业才永远充满生机与活力。

实践的观点是马克思主义认识论之第一的和基本的观点，也是我们必须始终重视和坚持的观点。列宁讲过一句非常深刻的话，叫实践高于理论，它不仅有普遍性的意义，而且有直接现实性的意义。实践怎么能高于理论呢？讲理论，比如讲唯物论、辩证法，可以讲一本书，而讲实践，可以随便拿一个对象，里面就包括了全部的唯物论和辩证法，同时，实践本身就是主观见之于客观的活动，而且可以把理论变为直接的现实，这是理论所不具有的。实践是检验真理的唯一标准，我们要不断地用实践来检验思想认识，看究竟哪些对哪些不对。当书本同实践发生矛盾时，应当修改书本而不是修改实践。理论来源于实践，理论只能接受实践的检验和修正，发展理论也就是修改原来的理论。这是一个很简单但非常重要的道理。十一届三中全会前后，我们开展实践是检验真理唯一标准的讨论，批判“两个凡是”，如果没有这一条，怎么搞改革开放？实践出真知、出理论。最聪明、最有知识的是那些有实践经验的人。现在有许多棘手的问题和困难急需解决，办法从哪里找？当然可以找一些人来研究，也可以借鉴国外的经验，但最重要、最根本的还是要到实践中去找，到群众中去找。改革开放以来我们许多管用的路子和办法，都不是哪个领导人拍脑袋想出来的，而是群众在实践中摸索、创造出来的。一举改变了我国农村面貌的联产承包责任制是农民群众的伟大创造，温州经验也是群众创造的。历史已经证明并将继续证明，在创造历史的过程中人民群众始终是主人，是主角。靠实践，靠群众，是保证我们做好工作、保证我们的事业不断前进的最基本、最有效的方法。

很多问题说起来很复杂，到实践中去，就容易明白，容易解决。比如，公有制和非公有制经济在全国究竟多大的比例合适？在一个地区究竟多大的比例合适？这需要结合实践，因地制宜地研究、解答。过去我们把所有制比例关系说得太绝对是不对的。一些人老是争哪里公有制少了、哪里私有制多了。这些讲法究竟对不对？有的人有时间争就让他们去争吧，大家都去争就没饭吃了。改革开放以来，我们的公有制比重是逐步增大了还是缩小了？就农村来讲，是增大了还是缩小了？很显然，非公有制经济这块是新冒出来的，是增多了，公有制比重相对来说缩小了，但由此能说改革开放以来国家的安全不如改革开放以前吗？苏联垮台是公有制比重大的时候还是小的时候？因此我说，书本固然重要，但看问题还是要从客观实际、从现实生活去看。我们的根本任务是发展生产力，还是要从对生产力发展是否有利去鉴别。马克思没有看见今天社会的模式，不知道会出现“大哥大”、计算机，他怎么可能把今天所有制面对的问题都给予科学无误的回答？十五大报告指出，公有制为主体、多种所有制经济共同发展是我国社会主义初级阶段的一项基本经济制度，非公有制经济是我国社会主义市场经济的重要组成部分，这是经过实践检验得出的重要论断，要深入领会，牢牢把握。

要注重实践，同时要注重总结。按照毛主席说的，经过去粗取精、去伪存真、由此及彼、由表及里的加工整理，把感性材料上升为理性认识，才能得到反映事物本质的真知和理论，摸索出一些规律性的东西。我们的各项工作，只有通过认真总结，才能知道哪些是成功的需要继续坚持，哪些是不足的需要予以弥补，哪些是失误的需要加以改正，从而发扬成绩，克服缺点，不断争取新的进步。我们每个人也只有通过不断总结经验，不吃糊涂亏，不占糊涂便宜，才能吃一堑长一智，打一仗进一步。浙江的成绩令人赞佩，浙江的现象值得研究，浙江的经验应该总结。现在就全国来讲，总的形势是好的，取得的成绩是举世公认的，但面临的问题也是非常突出的，如部分国有企业困难，下岗职工增多；一部分群众生活困难，情绪不顺；一些地方社会风气和秩序不好，干群关系比较紧张等。这些问题在浙江不能说没有，但相比之下解决得比较好。普遍存在的现象要从指导思想、方针政策上找原因，反复出现的事情要从规律上找原因。浙江为什么能多年保持连续、平稳的发展？浙江的老百姓为什么能比较心齐气顺？必有其深层的内在理由，应当认真深入地进行总结。浙江的许多经验来之不易，十分宝贵。希望你们客观地全面地给予总结并上升到理论，以使今后的工作减少盲目性，增强自觉性。这件事做好了，不仅对于浙江而且对全国一些突出问题的解决，都有重要意义。

三、听群众意见要经常化制度化

这次“三讲”教育特别强调听取群众意见，如查摆问题听意见，评议干部听意见，制定整改方案听意见等等。实践证明，听意见越广泛越深入，收到的效果就越好。这里我想强调一个问题，就是各级领导干部听群众意见必须经常化、制度化。

毛泽东等老一辈领导人特别重视群众的意见，强调遇事同群众商量，提倡先当学生后当先生，认真听取群众意见，按照群众的意见办事。1942 年 8 月，曾经发生过这样一件事：一天，陕甘宁边区政府小礼堂召开各县县长参加的征粮会议，由边区政府主席林伯渠主持。当时正在下大雨，忽然一声雷响，礼堂的一根柱子被劈断了，延川县长不幸触电死亡，还有几个同志受了伤。这件事传开之后，有些群众议论纷纷，借机发泄对征粮工作的不满。有一个老乡就说，“雷为什么没有劈毛泽东?”这话传出来以后，当时有的同志主张要抓那个老乡，严肃处理，甚至说要以反革命论处。毛泽东同志知道这件事后，不同意这样做。他说，你们这样做不对，群众的意见反映了我们工作上的毛病，有些问题需要我们去解决，要允许大家讲话，讲错了也不要紧，人家说救国公粮任务太重，这是实际情况。为了解决这个问题，毛泽东同志专门找人听了意见，决定将边区征收公粮的任务从 20 万担减少到 16 万担，还派人对群众是否有能力负担减少后的征收任务进行调查。这个故事已经被传为佳话。1943 年 6 月，毛泽东同志起草了《关于领导方法的若干问题》，从领导方法、工作方法的角度论述了党的群众路线，提出了许多至今仍广为流传的一些精辟观点。如第一条讲：“我们共产党人无论进行何项工作，有两个方法是必须采用的，一是一般和个别相结合，二是领导和群众相结合。”第六条讲：“从群众中集中起来又到群众中坚持下去，以形成正确的领导意见，这是基本的领导方法。”1990 年 1 月，我去了趟河北省西柏坡，党的七届二中全会就是在那里召开的。西柏坡展览馆里有毛泽东同志的一个批示：“学会为人民工作”，周恩来同志的一个批示：“学习为人民服务的道理”。老一辈革命家在那样的年代里时刻想着群众，把群众工作放到如此突出的位置，确实是令人深思的。可以这样说，党之所以能够在敌我力量悬殊的艰难环境里，坚持进行革命活动并最终夺取全国政权，理由可以讲一千条一万条，但最根本的理由是坚持走群众路线，认真听取群众意见，始终注意保持与人民群众的血肉联系。

就总体上讲，改革开放以来，我们重视听取群众意见，尊重群众首创精神，及时总结群众的发明创造，用以指导全国的工作。同时也要承认一些地方在听群众意见方面确有许多毛病，有许多事情与群众商量不够，听群众意见不够。有的同志自以为是，对群众意见不以为然；有的敷衍应付，听意见只是做做样子；有的只听顺耳的话，听不进半点不同意见；有的名曰听意见，实则对群众发号施令。一个单位、一个地方之所以鸦雀无声，或者普遍存在说假话的现象，固然有社会风气的影响，但根子在领导身上。

与老一辈相比，现在许多同志不善于从群众的角度考虑问题，或考虑得比较少。很多年轻的干部不太熟悉一般号召与个别指导相结合、从群众中来到群众中去的工作方法，认为现在科学技术发达，获取信息便捷，以为上网、打电话就可以代替听群众意见。作为领导干部，掌握新科技知识是必要的，但是，如果不会宣传群众、动员群众、组织群众，不掌握集中起来坚持下去的方法，不能同群众保持密切联系，就很难把工作搞好，也可以说缺乏基本功。所谓领导，就是要“领”要“导”。什么叫“领”？就是带领；后面没兵，光杆司令一个，这只能叫个人蹓跶。什么叫“导”？就是引导；没有群众，这只能叫自拉自唱。从这个意义上说，领导只有相对于群众才能存在，一时一刻也离不开群众。在延安的时候，毛泽东同志考过一位同志。毛泽东同志说，政治就是把人团结得多多的。什么叫本事？领导的本事就是把群众的积极性充分调动起来并合理地发挥出去。群众积极性调动不起来，什么也搞不成；调动起来，发挥得不好，比如我们过去搞“大跃进”、“文化大革命”，就严重挫伤了群众的积极性。所以群众的积极性还有个合理发挥的问题。什么是威信？就是让群众满意、高兴和拥护。而所有这些，离开听群众意见，是不可能做到的。因此，我们在加强干部培养教育，提高干部素质的时候，尽管可以讲许多内容，但必须把坚持群众观点、群众路线，经常听取群众意见作为最主要的内容。

我们常讲，全心全意为人民服务是党和政府的宗旨；如果不经常听取群众意见，怎么能弄清楚服务什么、服务效果如何，怎么能把服务搞得更好？我们常讲，一切依靠群众；如果不经常听取群众意见，怎么能把群众的智慧集中起来、力量凝聚起来，怎么能接受群众的监督，纠正失误、克服困难、解决问题？我们常讲，党与群众是血肉关系、是鱼水关系、是公仆和主人关系；如果不经常听取群众意见，如果二者分离，那将是什么关系？

听群众意见，一是要真心实意。要找确有意见并敢于提意见的人而不是一味说奉承话的人；对待提意见的人不是反感而是感激，给别人以说话的机会而不要让人把话憋在肚子里；有闻过则喜的胸怀，把能听到不同意见当作莫大的好事。我在天津工作时，和大学的学生对话前，管教育的同志打算找一帮积极分子、团干部、学生会干部，说找那些意见多的人没法控制局面，怕下不了台。我说，就找那些自命不凡的、最有意见的人来对话，连几个学生都应对不了还当什么市长！于是找了一帮有见解的、自视很高的学生对话。结果他们说“说不过我”。我说：“什么叫说不过我？有理尽可以讲嘛！还是你们没理啊。如果有理还说不过我，说明你们本事还是不行啊。”对话结束时我说：“第一，你们把自己看得太高。你们天天发牢骚、瞎闹腾，其实你们才读了几本书，有多大的本事？第二，你们把自己看得太低。国家花那么多钱培养你们，你们是国家的栋梁，但你们总是把自己放在普通老百姓和旁观者的位置上。”我还说：“从对话中可以得出三个结论：第一，你们当中一定会有栋梁之才；第二，你们当中一定会有平庸之辈；第三，你们当中难免会出不肖之徒。”这些学生最后还给我鼓了掌。所以，对说尖锐话的人、反对话的人不要在意，更不要怕。

二是要经常化。困难的时候要听顺利的时候也要听，有空的时候要听忙碌的时候也要听，使听意见形成习惯、形成自觉、形成风气。

三是要制度化。要把听意见作为工作日程中的正常安排而不是心血来潮的举动，作为决策过程中的一个必经程序而不是可有可无的形式，在时间、方法、内容等方面作出规定并进行严格的检查督促。

兴之所至，讲了这些，供你们参考。

注重实际　注重实践　注重经验*

（2000 年 9 月 11 日）

刚才，官正①同志讲得很好。有感而发，讲几点意见。

一、几天来的观感

这次是我到中央工作以后第三次来山东。第一次是 1990 年，去了济南、泰安等地；第二次是 1992 年，去了潍坊。时隔 8 年再来山东，感到变化很大，给我留下了很好、很深的印象。

第一，城乡面貌变化很大。我这次考察的第一站是威海的荣成市。1978 年我到过这里，这次感到焕然一新：公路四通八达，城乡联为一体，到处新街新景。威海、烟台、青岛都以建设生态化的海滨城市为目标，在规划和建设上因地制宜，各具特色，体现了城市布局与自然环境的和谐，给人以城在海中、楼在林中、人在绿中的感觉。昨天看了济南，变化也很大。泉城广场体现了以人为本的观念，在市中心拿出这样一大块地来，给老百姓活动，很不简单。黄河第二公路大桥和绕城高速公路很有气魄。山东的路好，全国都知道，这次亲眼目睹，果然名不虚传。你们现已基本形成以铁路和高等级公路为主干，由铁路、公路、水运和航空等组成的四通八达的运输网络，其中高速公路通车里程达

---

*　这是李瑞环同志听取山东省委、省政府工作汇报时的讲话。

①　即吴官正，当时任中共中央政治局委员、中共山东省委书记。

1300 多公里，居全国第一位。到年底全省高速公路可达 2000 多公里，届时可形成全省东西、南北全线贯通的高速公路大通道。这次看的一些农村也很令人鼓舞。

第二，经济建设成绩突出。改革开放以来，山东的国内生产总值和国民收入一直以年均 10%以上的速度递增，国民经济主要指标位居全国前列。经济总量仅次于广东、江苏，居全国第三。这次看了 12 家企业，有国有企业，有合资企业，也有村办企业。海尔集团已成为国内外名牌企业，他们将自己的经验概括为“五个创新”，即战略、观念、组织、技术、市场创新。我看最重要的就是千方百计地把每个职工的积极性和创造性充分调动起来。山东在改革开放和经济建设中进行了大胆的试验、积极的探索，积累了不少值得重视的经验。希望你们认真加以总结，这不仅是推动山东工作的需要，对全国的改革和发展都有重要意义。

第三，人民生活显著改善。近年来，山东城乡居民收入不断提高，部分地区已达到小康水平。1999 年，全省城镇居民人均可支配收入为 5809 元，农民人均纯收入为 2550 元。山东人多地少，许多地方基础薄弱，能够有今天这样的发展，是了不起的成就。我看的威海西霞口、烟台石沟屯和青岛十梅庵三个村，经济实力之强，生态环境之美，居住条件之好，已不再是传统意义上的“村庄”。石沟屯村有 50 多个外国人租住在那里，还有点“国际化”的味道。虽然山东多数乡村还没有达到这样的发展水平，有些农村甚至还比较落后，但出现了这些样板村，其示范作用和影响作用非常大，给人以鼓舞和希望。

第四，社会事业全面发展。毫无疑问，经济是基础，经济是中心，经济搞好了，解决其他问题、实现社会进步就有了必要的物质保障。官正同志讲，我国有许多“病”是“穷病”，是由于穷带来的“病”，这话很有道理。当然这不是说经济搞上去了，其他方面也就自然而然地上去了。如果在发展经济的过程中，忽视精神文明建设，不下大力量去抓社会进步，在思想道德、科学文化以及民主法制建设方面不能取得与经济建设相适应的成果，人心就会涣散，国家就不能长治久安，即使经济一时上去了也很难长期维持。实践证明，实现经济与社会的协调发展，是一个既明确又难办的事情。山东在这个问题上处理得比较好，对精神文明建设、党的建设、思想政治工作抓得很紧，科技、教育、文化、卫生、体育等各项事业都取得了长足进步。山东一些地方实施党员素质教育工程，在全省实施公民素质教育工程，效果也很好。

山东能够取得今天这样的成就，毫无疑问是认真贯彻以江泽民同志为核心的党中央的指示精神和方针政策，坚持以邓小平理论为指导，全省人民艰苦奋斗的结果。同时必须肯定，山东省委、省政府班子是团结的，领导是得力的，思路是开阔的，工作是扎实的。官正同志到山东之后，很有创见，很有成绩。中央对山东的工作是满意的。希望你们发扬成绩，克服不足，再接再厉，坚持在实践中探索，在探索中前进，把工作做得更好。

二、要注重实际，注重实践，注重经验

当前，我们国家的形势总体上是好的。经过 20 多年的改革开放，我国生产力空前发展，人民生活显著改善，社会事业全面进步，综合国力大大增强，整个国家发生了翻天覆地的变化。对于我们所取得的成就，必须充分肯定，理直气壮地宣传，以鼓舞士气、增强信心。但是在党内，尤其在高级领导干部中，必须多注意问题，多研究问题。必须居安思危。

注重实际是辩证唯物论的基本要求，是做好一切工作的基本

前提。辩证唯物论认为，物质是第一性的，意识是第二性的，观念的东西不外是移入人的头脑并在人的头脑中改造过的物质的东西而已，正确的认识则是对客观实际的正确反映。所以，任何人做任何工作，要取得胜利、达到预想的结果，就必须使自己的思想合于客观实际，否则就会失败。注重实际、坚持一切从实际出发，就是坚持辩证唯物论。

我们之所以强调注重实际，是因为现在脱离实际的东西太多，弄虚作假的东西太多。假情况、假数字、假政绩到处都有，假典型、假干部、假关系时有发生。……假商品可恨，骗取钱财，坑人害命；假关系可恶，招摇撞骗，损公肥私；假情况可怕，干扰决策，误国误民。这些假的、糊弄人的东西，给我们工作带来的干扰越来越多，给我们事业造成的损害越来越大，已经成为社会公害。

脱离实际、弄虚作假的现象之所以盛行，原因是复杂的、多方面的。既有主观原因，也有客观原因；既有下面的原因，也有上面的原因。但不管什么原因，这种状况必须坚决加以改变。毛主席曾指出："共产党员对任何事情都要问一个为什么，都要经过自己头脑的周密思考，想一想它是否合乎实际，是否真有道理"。我们必须在全党、全社会倡导求真务实、言行一致的作风，必须增强分清是非、辨别真伪的能力，尤其必须有坚持实事求是的态度和勇气。在工作中重视调查研究，加强制度建设，防微杜渐，堵塞漏洞，不给作假行骗者以可乘之机。

注重实践是马克思主义理论的显著特征，是我们党思想路线的重要内容。实践是认识的源泉，是检验认识的标准，也是认识发展的动力和最终目的。中国革命和建设的历史反复证明，当我们遇到困难、遭受挫折、面临重大问题需要解决的时候，使我们走出困境、赢得胜利的始终是脚踏实地的实践。江山是打出来的，成就是干出来的。大家回想一下，在民主革命时期，中国革命曾经在错误路线的影响下几乎陷入绝境，正是以毛泽东同志为代表的中国共产党人，打破教条主义的束缚，坚持在实践中探索，走以农村包围城市的正确道路，才引导中国革命取得了胜利。在“文化大革命”后期，中国的国民经济曾滑到崩溃的边缘，正是以邓小平同志为代表的中国共产党人，在历史转折关头重申实践是检验真理的唯一标准，积极支持、鼓励广大干部和群众大胆实践，才开创了我国社会主义现代化建设的新局面。改革开放以来，许多成功的路子和办法都是在实践中创造出来的。使我国农村面貌发生了根本变化的联产承包责任制，是农民群众的伟大创举；从建立经济特区到实行全方位开放，也是边摸索、边试验的产物。现在，我国的改革开放和现代化建设又到了一个重要阶段，面临着大量问题需要解决，比如，如何搞好国有企业，如何妥善安置就业，如何切实发展农村经济、提高农民生活水平，如何有效遏制消极腐败现象，如何正确协调错综复杂的利益关系，等等。面对这许多困惑和难题，是关在屋子里憋办法，还是到实践中找办法？是在书本里讨出路，还是到实践中找出路？正确的答案只有一个：注重实践，到实践中去。

应当看到，党的十一届三中全会重新确立解放思想、实事求是的思想路线之后，全党对实践重要性的认识有了很大提高，这是主流，否则我们不会取得今天这样大的成绩。但也应当看到，时至今日，我们的一些同志，或由于思维习惯，或由于理论水平，或由于心有余悸，或由于利益驱动，在理论与实践的问题上，仍然存在一些模糊认识。什么叫理论？真正的理论世界上只有一种，就是从客观实际中抽出来又在客观实际中得到了证明的理论，除此之外没有任何别的东西可以称得上我们所讲的理论。实践与理论哪一个更重要？按照列宁的说法、毛泽东的说法，实践高于理论，因为实践不但有普遍性的意义，而且有直接现实性的意义。当然，这并不是说理论不重要。没有革命的理论就没有革命的运动，没有理论指导的实践是盲目的实践。理论为什么重要？理论的重要性就在于而且仅仅在于它能够指导实践。脱离实践的理论是空洞的理论，没有任何实际意义。毛主席讲过，教条主义不如屎，人屎可以喂狗，狗屎可以肥田，教条主义既不能喂狗，也不能肥田。马克思主义认为，客观世界是不断发展的，人类的实践活动是不断发展的，人们的认识、理论也应该是不断发展的。马克思主义没有穷尽真理，只是开辟了认识真理的道路。马克思主义还认为，人类的物质生产活动是最基本的实践活动，是决定其他一切活动的东西，人类对自然的认识极大地影响着对社会的认识。当今世界科技日新月异，经济快速发展，人们对自然界的认识不断深化，已远远超过了马克思、恩格斯所处的时代。马克思、恩格斯没有见过飞机，更没有见过电脑、人造卫星、互联网、生命克隆。我们不能苛求马克思、恩格斯在一百多年前就对我们今天发生的事情提供现成的答案。

坚持马克思主义，必须坚持马克思主义的基本观点，如唯物的观点、发展的观点、实践的观点、生产力的观点、生产关系与生产力相适应的观点和群众的观点等，而不能教条式地拘泥某些个别的词句，固守某些确已过时的结论，更不能被某些附加在马克思主义名下的错误论点所迷惑。坚持马克思主义，必须坚持理论与实践相结合，结合是运用，结合是目的，结合是坚持，结合是发展。离开结合谈坚持、谈坚决、谈坚定，只能是空话、大话、假话，只能给马克思主义抹黑乃至窒息或断送马克思主义。邓小平的伟大，就在于他坚持了毛泽东正确的东西，补充了毛泽东没有的东西，纠正了毛泽东某些错误的东西。现在我们有些同志，理论上没有的不敢干，跟理论不一样的不敢做，成功了的事找不到理论根据不敢说。如果照此下去，不能摆脱教条主义、本本主义的影响，不能使注重实践的观念在广大干部的头脑里扎下根，我们就不可能解决好面临的诸多问题，不可能有大的作为。

注重经验是我们党的优良传统，是我们提高认识、做好工作、增长才干的必要途径。实践可以产生理论，但不能自然而然地产生理论。从实践中得到的感性认识，必须经过加工改造、认真总结，才能上升为反映事物本质的理性认识。战争年代，我们用打一仗总结一次经验的方法从不会打仗到会打仗；建国后，我们也是用边干、边学、边总结的方法从不会搞建设到会搞建设。我们党的两次大的思想飞跃，得益于两次大的总结。今天我们要想取得建设有中国特色社会主义这项崭新事业的成功，也只有靠不断在实践中总结。

当前，确有不重视经验的问题。不重视历史经验，包括一些付出惨痛代价才得到的基本经验；不重视总结新鲜经验，叫干就干，干完就算，知其然不知其所以然。特别是在如何总结经验上存在着一些问题。有的总结只是感性材料的堆积，表面现象的罗列，甲乙丙丁、一二三四，没有分析，没有观点；有的总结缺乏充分的材料，大概念套小概念，大观点加小观点，空话连篇，牵强附会；有的总结纯属胡编乱造，“文件中抄的、报纸上套的、屋子里憋的”，说得天花乱坠，毫无事实根据。有的在总结经验的方法上有毛病，起承转合，千篇一律，编顺口溜，凑四六句，念起来合辙押韵，实则八股习气。江泽民同志最近指出：“形式主义泛滥，大量名目、口号，实在太多，一个口号尚未吃透，贯彻有效，第二个口号又来了。”群众批评说“口号提得多，经验出得快”，常常上面刚发出一个号召，没几天就推出许多典型。总结经验必须有老老实实的态度，规规矩矩的方法。起码有三条：一是要有材料，材料要搞全了、弄准了，不能有虚假差错；

二是要有加工材料的工具，即正确的理论，掌握马克思主义的立场、观点、方法；三是要有加工的本领，将丰富的材料加以去粗取精、去伪存真、由此及彼、由表及里的改造制作，进行艰苦细致的分析、综合、概括、抽象工作。

上面讲的三个方面，都属于辩证唯物论认识论的问题，本来可以作为一个问题来讲，之所以分开来讲，是因为这三个方面都存在着一些值得注意的倾向。注重实际，坚持一切从实际出发，克服各种脱离实际、弄虚作假的弊端；注重实践，坚持在实践中找出路、找办法，克服教条主义、本本主义的影响；注重经验，牢记历史经验同时不断创造和总结新鲜经验，克服庸俗肤浅、八股习气。这一切都事关全局，必须认真加以解决。

三、要切实搞好党群、干群关系

党群、干群关系问题是一个关系到党和国家兴衰存亡的根本问题。得民心顺民意则兴盛，失民心拂民意则衰亡，这是古今中外概莫能外的道理。必须看到，我们的党群关系、干群关系总体上是好的。不这样看，就不能解释我们所取得的巨大成就，就不能理解我们国家所发生的翻天覆地的变化。片面夸大和渲染党群、干群关系中存在的问题，既不符合实际情况，也不利于问题的解决。我曾经讲过，新闻报道的真实性，不仅要求每篇具体报道的新闻要素必须真实、全面、准确，而且要求新闻宣传总体的把握上做到真实、全面、准确。如果把阴暗面集中起来，每天八个版也登不完，其中每件事都可能是真实的，但却不符合总体实际。所以只有从总体上看问题，才能看清事物的本质和主流，而不被表象和支流所迷惑。

与此同时，也必须看到，我们的党群、干群关系中确实存在着不少问题。例如，有的干部高高在上，养尊处优，对群众漠不关心；有的干部专横跋扈，作风粗暴，对群众强迫命令；有的干部欺上瞒下，伪造政绩，使群众吃苦受罪；有的干部徇私枉法，官官相护，使群众冤屈难申；有的干部拉扯钻营，跑官要官，导致群众强烈不满；有的干部贪图享受，腐化堕落，招致群众厌恶；有的干部贪污受贿，以权谋私，激起群众公愤；更有甚者，有的干部依仗权势，横行霸道，骑在人民头上作威作福，引起群众切齿痛恨。这些现象虽然是少数，但确有发展蔓延之势，确实令人深思和忧虑，必须引起我们的高度警惕，并采取有效措施切实加以扭转。

中国共产党是最广大人民根本利益的忠实代表。全心全意地为人民服务，是我们党的宗旨。坚持一切为了人民，一切依靠人民，是我们党区别于其他政党的一个重要标志。承认不承认“人民，只有人民，才是创造世界历史的动力”，承认不承认人民群众创造历史的地位，是历史唯物主义和历史唯心主义的根本区别。群众也需要领导，也需要教育，没有领导，没有教育，群众的积极性既不能持久，也不能提到高级程度。但这种领导、教育，只是从群众中来到群众中去，先当学生后当先生，把群众中分散的意见集中起来化为系统的意见，又在群众中坚持下去；把个别先进的经验总结起来上升到理论，再在群众中普及推广。按照马克思主义的观点，群众的解放本质上都是自我解放，都是群众自己解放自己；群众的教育本质上都是自我教育，都是群众自己教育自己，不存在什么先知和救世主。共产党是干什么的？共产党的全部任务就是“要使群众认识自己的利益，并且团结起来，为自己的利益而奋斗”。群众和领导的关系，是“主仆”关系，是鱼水关系。水可载舟亦可覆舟。今天，人民拥护我们，如果我们对党内存在的恶劣作风不能有效遏制，人民也会抛弃我们。回顾历史，为了争取民族独立和人民解放，为了推动社会主义革命和建设，为了促进改革开放和现代化事业，一代又一代共产党人率领人民群众，经历了百折不挠的探索，进行了艰苦卓绝的斗争，付出了悲壮惨烈的代价。今天的局面，确实来之不易，我们决不能让关系世界社会主义历史命运的伟大事业葬送在我们手里。对共产党员来说，全心全意为人民服务是最低要求，也是最高要求。所谓最低要求，因为这是每个党员入党时必备的条件，是应尽的职责；所谓最高要求，因为这是我们终身的奋斗目标，是一辈子也干不完的事情。人民群众是我们的生存之本、胜利之本，离开了人民群众我们就一事无成、一无所有。对共产党的领导干部来说，心里没有群众，就是忘本；对群众的疾苦漠不关心，就是变质；滥用手中的权力欺压群众，就是对共产党的背叛。

我们各级领导干部，都要按照江泽民同志关于“三个代表”的要求，把符合人民群众利益、得到人民群众拥护，作为我们一切言行的最高标准。要经常想想群众在我们心目中占什么位置，我们在群众心目中是什么形象。要多花一点时间研究群众在想什么，希望什么，反对什么，我们应该为群众做点什么。要尽心竭力地为群众排忧解难，多办一些得民心、顺民意的事情。当前，对那些下岗失业人员、离退休职工和农村中尚未解决温饱问题的特殊困难群众，应该给予更多的关注，切实做到有政策规定，有单位负责，有资金保证。要发挥工会组织的作用，同时要大力提倡邻里互助，鼓励社会义举。总之，要通过多种途径，使他们有饭吃、有衣穿，基本生活得到保障。我还要特别强调一下照顾老模范、老工人的问题。他们过去勤勤恳恳地工作，贡献很大，但工资不高，积蓄很少，再碰上所在企业经营状况不好，有的没有儿女，或儿女也不宽裕，或儿女不够孝顺，生活就会相当困难。对他们的问题，请各级领导多加关照。从现在我们国家的经济状况看，让人们都能吃饱穿暖应当是不成问题的。关键是我们心里要想到，工作要做细。希望山东在这方面下点功夫，在扶贫济困、化解矛盾方面，创造一些经验。

四、关于统一战线和政协工作

统一战线历来是党的总路线、总政策的重要组成部分，是我们党克敌制胜的三大法宝之一。毛主席无论在革命还是建设时期都十分重视巩固和扩大统一战线，要求作为长期的政策在全党思想上和工作上确定下来。邓小平同志指出："在我国新的历史时期，我们的革命的爱国的统一战线也进入了一个新的历史发展阶段。统一战线仍然是一个重要法宝，不是可以削弱，而是应该加强，不是可以缩小，而是应该扩大。"统一战线工作关系全局，影响长远，具有重大的战略意义。我们要建设有中国特色的社会主义，就必须把广大人民群众的积极性充分调动起来并合理地发挥出去，必须依靠最广泛的爱国统一战线，把一切可以团结的力量团结起来，把一切可以调动的积极因素调动起来，并最大限度地把消极因素转化为积极因素。在改革开放不断深化的今天，在建立和完善社会主义市场经济体制的过程中，利益群体不断增多，社会结构逐渐变化，社会关系日趋复杂，我们更要重视和加强统一战线工作，发挥其调整关系、化解矛盾、理顺情绪、凝聚人心的作用。把拥护我们的人搞得多多的，把反对我们的人搞得少少的，这是保持社会长期稳定的基本条件，也是顺利建设现代化国家的重要前提。对此，我们各级领导干部特别是党的高级干部，要提高认识，不能因为中心工作忙碌而忽略，不能因为缺乏近期功效而放松，真正摆上日程，常抓不懈。

人民政协是我国最广泛的爱国统一战线组织，是共产党领导的多党合作和政治协商的重要机构，是具有中国特色的社会主义民主形式。我们强调统战工作重要，强调落实基本政治制度，强调发挥我们的政治优势，就不能不强调加强人民政协的工作。政协工作是党的全局工作的一部分，搞好政协工作最根本、最重要的一条，是切实加强党的领导。在这方面，除了我们反复强调的在重大方针政策方面加强政治领导、为政协配备好的班子等要求以外，我再谈几点具体的意见：一是党委要给政协出题目、交任务。政协中包括了各民主党派、人民团体、各族各界等多方面的代表人物。要把大家的注意力集中到实现共同的大目标上来，把大家的才智凝聚到服务党的中心任务上来，党委就有责任把工作的思路和部署、任务和政策，及时向政协党组通报，并对政协在每一阶段应着重做什么提出明确的要求，为政协工作围绕中心、服务大局创造条件。二是党委要善于运用政协这种民主形式。西方式的民主我们坚决不搞，我们自己的民主则必须切实搞好。政协是从中国国情出发，具有鲜明特点和优势的社会主义民主形式，要按照中央的制度规定认真履行政治协商、民主监督、参政议政主要职能，对应当协商的问题要及时协商。要通过政协组织，听取各界群众的意见和呼声，搞好与党外人士的合作共事，稳步地推进我国的民主政治建设。三是对政协工作多一些理解、多一点支持。离开党委、政府的支持，政协工作很难正常开展，更不可能有大的作为。希望各级党委、政府要多为政协办点实事，帮助政协机关解决存在的实际困难，尽可能地为政协创造好一些的工作环境。

多年来，山东省的政协工作做得是好的，广大干部精神状态好，工作上有不少创造，各级党委、政府也很支持政协的工作。山东的一些做法，给我留下了很深的印象。比如，省政协在调查研究的基础上，提出在全省推广潍坊市以“爱民、便民、富民、安民、为民”为主要内容的“民心工程”活动，得到省委领导的高度重视，省委办公厅专门发了文件，要求各地根据省政协的建议，借鉴潍坊市的做法，扎扎实实地为群众办实事、办好事。昨天我去省政协机关，看到他们的工作条件很不错。为统一战线组织和多党合作机构提供协商议政的适宜场所，不能简单看成是改善办公环境的问题。它有利于我们同党外人士的团结合作，有利于调动各个方面的积极性。

总之，这次到山东来的时间虽然很短，但感到山东省上上下下有一股团结协作、积极进取的劲头。希望省委、人大、政府和政协的领导同志，也希望山东省的广大干部、群众，都能在已有成绩和经验的基础上，继续努力，开拓创新，在中国改革开放和现代化建设的伟大事业中作出更大的贡献。

总结经验十题*

（2001 年 12 月 6 日）

我本来没打算讲话，因为我一讲话，就会冲淡对选平同志讲话的新闻报道，而选平同志的讲话是主席会议集体讨论通过的，也包括了我的意见，况且上次地方政协经验交流会上我讲过一篇话，在其他一些场合我也讲过总结经验的问题。可有的同志认为，这样的会议几年才开一次，这么多的省市县政协主席聚在一起不容易，作为全国政协主席没有一篇讲话不太合适，讲得短点可以，不讲不近情理，也有不尽职之嫌。我接受这个意见，但有个建议，我的讲话在新闻中不报道或者只提一两句，如主持了会议并就总结经验问题发表了意见。

还是从总结经验谈起。总结经验的重要性，马、恩、列、斯、毛、邓和江泽民同志都有过论述。毛主席有一段著名的话："人类总得不断地总结经验，有所发现，有所发明，有所创造，有所前进。停止的论点，悲观的论点，无所作为和骄傲自满的论点，都是错误的。"总结经验有三个基本要求，也可以叫三个要素：一是要有丰富切实的材料，否则就是无源之水、无本之木；二是要有加工的工具即科学的理论，主要是马克思主义的理论；三是要有加工的本领，能使用工具把材料加工成成品。材料、工

* 这是李瑞环同志在全国地方政协工作经验座谈会结束时的讲话。

具、本领三位一体，缺一不可。

如何坚持这三个要素，在坚持过程中有没有具体的要求、要领、注意事项？我想应该是有的。我这里列举几项，有的可能与三个要素交叉重复，有的则是三个要素的应用和细化。

（一）要有正确的态度

总结经验的出发点不同，其过程、方法、结果都会不同。如果是出于公心，为了搞好工作、推进事业，为了实事求是、探索真理，这样的总结就会是可靠的，运用的材料就会是真实的，由此形成的经验对自己有用，对别人管用，以后长时间内都会起作用。如果是出于私心，为了应付上级、邀功买好，为了登报扬名、哗众取宠，这样的总结就是靠不住的，再活灵活现的故事都可能是虚构的，由此形成的结论毫无用处，甚至骗人骗己，误事误国。就当前的实际情况看，应该说前者较多，后者也不能说很少。在有的地方，常常是上面刚刚发出一个号召，没几天就推出了许多相应的经验，群众批评说"口号提得多，经验出得快"。态度问题是根本问题，态度端正与否，对总结经验至关重要。

（二）要下大功夫搜集材料

要广泛搜集，掌握与事物相关联的一切情况；要注意事物发展的全过程，了解过程中的各个方面；要善于抓典型，解剖麻雀。总之，要尽可能把材料搞全了、弄准了。材料缺东少西、虚假差错，工具再好，加工的本领再大，也不会制作出好的成品。我这里讲一个笑话，从前有一个秀才的老婆生孩子在炕上叫唤，秀才写文章没词在地下叫唤。老婆生气地问："我是因为孩子生不出来难受叫唤，你瞎叫唤什么？"秀才煞有介事地回答说："你是肚子里有东西生不下来，我是肚子里没东西硬要生，我比你更难受呀！"我不相信这件事是真的，但我相信确有这种没有材料、硬憋文章的人。有些总结深入调查不够，基础材料不够，或偷工减料，或假冒伪劣，一看就是屋里憋的、文人编的，是表面文章、空中楼阁。马三立相声《学瞎话》讽刺的那种总结确实存在。搜集材料要花很多时间，但这是必需的，是总结经验最大量、最经常、最具基础性的工作。

（三）要学会分析综合

先分析、后综合，在分析过程中综合，这是认识事物也是总结经验的基本方法。分析就是分析矛盾，把统一整体分解为各个部分、方面和要素来考察。综合是综合分析的结果，就是在分别考察的基础上把各个部分、方面和要素联结为一个整体来认识。分析不是简简单单地分，而是依据事物的性质和特点来分；综合也不是随随便便地合，而是按照事物的内在逻辑来合。分要分得开，合要合得整。分析是综合的基础，没有分析作为前提，综合就无从谈起；综合是分析的归宿，只分析不综合，分析就没有意义。分析和综合不是截然分离的，二者相互依存、相互渗透、相辅相成。在人们的实际思维活动中，往往是分析中有综合，综合中有分析，分析的过程同时就是综合的过程，概括抽象的过程。我们总结经验，就是要将繁杂、零散的材料掰开了、揉碎了、摆正了、捋顺了。要分好类、排好队、归好堆、论好辈，不断地分，来回地分，边分边合，分分合合。这是一个寻找事物内在联系、探求客观规律的过程，是一个由简单到复杂、由复杂到简单、循环往复、螺旋式上升的过程，是最难的一步，也是最苦的一关。这要用相当的功夫，谁怕用功夫，谁就找不到真理。

（四）要重视特殊性

由特殊到一般，由一般到特殊，是人类认识的两个过程。就总结经验来讲，主要的还是认识特殊性。特殊性是事物的特殊本质，是事物存在和发展的特殊原因，是事物彼此区别的根据。总结经验就是要在若干一般原理的指导下，在许多相对事物的比较中，找出特殊性，按照毛主席的说法，这是“认识事物的基础”。特殊性和共同性是相对的，在这个领域看是特殊的，从另一个领域看又可能是共同的。比如，人相对于其他动物的特殊性，在人类领域又是共同性；女人相对男人的特殊性，在女人领域又是共同性；幼儿相对大人的特殊性，在幼儿领域又是共同性。正因此，才有科学领域的划分和研究，才有研究对象的区别和联系。强调总结经验要抓住特殊性，也就是抓住总结对象领域里的共同性。我们说总结政协工作的经验，就是要抓住政协工作相对于其他领域工作的特殊性，而这些特殊性在政协工作领域又是共同性。毛主席是运用一般原理分析特殊性的大师，他对中国革命战争特殊性的把握到了出神入化的地步。在《中国革命战争的战略问题》这篇著名文章里，他首先强调的就是“我们不但要研究一般战争的规律，还要研究特殊的革命战争的规律，还要研究更加特殊的中国革命战争的规律”。“如果不懂得这些，就不能在中国革命战争中打胜仗”。特殊性与共同性、相对性与绝对性的道理是辩证法的精髓。要学会总结经验，就必须懂得这个道理。

（五）要注意从偶然中找必然

总结经验，目的是找出事物的必然。偶然潜藏着必然，必然通过偶然表现出来，并为自己开辟道路。人类历史表现为无数抱有千差万别目的的个人的活动，似乎是偶然现象的堆积，但就在这大量个人活动的杂乱现象的背后，隐藏着人民群众是社会发展的决定性力量，是历史的创造者的必然性。透过现象看本质，通过偶然发现必然，这是人们熟知的道理。人类历史上许多重大发明，许多具有深远影响的真理、定律，都是从偶然中发现的。如牛顿由苹果落地发现了万有引力定律，瓦特从沸水冲开壶盖受到启发发明和改进了蒸汽机，锯子的发明传说也是鲁班因刺草划破手皮而得到灵感的。当然，真实的过程不会像传说的那么简单。

总结经验要接触大量的现象，这些现象都是本质的反映。现象的特点是丰富而易逝的，本质的特点是稳定而再现的，只要我们留心、细察、敏感，善于研究大量现象和现象之间的内在联系，就会透过现象抓住本质，通过偶然找到必然。

（六）要尊重前人的成果

人类认识的特点是连续性。前人的成就是后人前进的基础。总结经验是为了探求规律、发现真理。什么是真理？真理是客观规律在人们头脑里的正确反映。因为它是客观规律的反映，凡真理都具有客观的绝对的意义。因为事物的复杂性、认识的局限性，凡真理又都具有相对的意义。真理都是绝对和相对的统一。基于这一原理，我们应当不断解放思想、大胆创新，特别注意发现新生事物，要与时俱进而不能僵化保守。基于这一原理，我们必须重视前人的成果，在前人认识的基础上前进。牛顿是在伽利略、开普勒等人的基础上发现了万有引力定律的，爱因斯坦是在洛伦兹等人的基础上提出了相对论的。马克思主义理论的三个组成部分都有其来源，其实作为马克思主义来源的德国古典哲学、英国古典政治经济学和法国空想社会主义，也都有自己的来源。我们总结经验，不能离开已有的基本原理、基本原则，而是要在这些原理、原则指导下，对现实材料进行加工制作。实践证明：总结经验必须认真读书，掌握原理，理性的东西懂得越多，发现真理的可能性就越大。

（七）要走群众路线

群众是真正的英雄，而我们自己则往往是幼稚可笑的。联产承包责任制，主要不是哪个领导或个人的杰作，而是农村最基层群众的创造。我们讲总结经验，主要是总结来自社会实践的经验。群众是实践、认识的主体，总结经验由始到终、由调查到研究，都要走群众路线。否则，总结出来的所谓“经验”，既缺乏鲜活的东西，也不会得到群众的认同。尤其是在目前，弄虚作假成风，假情况、假数字、假政绩比比皆是，歪曲、背离本质的假象屡见不鲜，要想真正把材料弄全弄准，使之合于实际，实在是不容易的事。我们必须像毛主席所说的那样，满腔热忱，眼睛向下，放下臭架子，甘当小学生。只有如此，群众才能讲真话，我们才能了解到真实情况，才能用群众的智慧弥补自己的不足，才能总结出具有实际意义的经验。要善于吸纳意见，多听意见，听各种意见特别是听和自己不同的意见，择善而从之。要勇于自以为非，不要自以为是，一经发现自己的错误就及时果断地进行纠正。人的成长进步就是在不断地自以为非、不断地纠正错误过程中实现的。实事求是和群众路线是相辅相成的，不走群众路线就做不到实事求是，不坚持实事求是也不可能走好群众路线。

（八）要多实践几次

任何一个成功经验的形成，总要经过一个实践过程；任何一个经验的再实践，自始至终都是一个新的认识过程。就这次会上交流的一些经验来说，从目前看是成熟的，当把它们重新应用于实践时，这就不仅是在应用经验，同时也是在检验经验、完善经验。还以联产承包责任制为例，当初在小岗村出现时就比较原始简单，后来被中央认可、推向全国农村直到今天，其内涵就丰富、完善多了。因此，这种以检验经验为出发点的再实践，应该是自觉的实践，应该是有目的、有计划、有记录地进行。肯定经验的价值和作用，要求大家认真学习、切实推广，决不意味着经验本身已完好无缺，从认识发展的意义上说，从全局和长远的角度上看，再实践、再检验、再提高更加重要。

（九）要使大脑真正成为加工厂

古人讲“心之官则思，思则得之”，“行成于思”；毛主席讲“多想苦想”，“多想出智慧”，“开动机器”，“改造制作”，强调的都是用头脑思索。人与动物的区别就在于人能思索。人的大脑潜力很大，一般正常人的大脑约由1000亿个神经细胞组成，可以储存1000万亿个信息单位，而一个人一生中能够利用的只不过10%左右，据说爱因斯坦用得最多，也就17%。大脑这个东西越用越好用，越用越聪明。有的人之所以本事小、办法少、进步慢，主要原因不是脑子笨，而是脑子懒。我们应当充分发挥大脑加工厂的作用，勤于思索，善于思索。要处处留心，多问几个为什么。许多事情似乎早就明白，如果问上几个为什么，就会发现自己并不明白而是糊涂；经过认真思索之后，就会变糊涂为明白，这个明白才是真明白。要善于联系，把现象变成概念。现象和现象相联系，事物与事物相联系，理论与理论相联系，理论与实际相联系。联系可以发现问题，联系能够发现规律。我们应当十分珍惜时间，有效地利用时间。不要忽视零碎时间，理发、洗澡、散步、坐车等头脑空闲的时候，都可以用于思索；要把零碎的事情捆起来办，切忌东一榔头、西一棒子地肢解时间；要想方设法挤留出大块的整块的时间，使自己静下来，翻点材料、读点书，系统地想点问题。我们应当不断完善大脑这个加工厂，使其能生产多种多样的产品。要在这个加工厂里形成各种储存库，有不断吸收新材料的原材料库，有经过一定加工的零配件库，有经过较大加工的半成品库、成品库，一旦需要，重新思索，组合制作，就会变成新的产品。总结经验主要不应是文字上搬来搬去，而应是脑子里想来想去。我们现在有些总结搞得不好，或只有材料没有观点，或只有观点没有材料，或观点和材料不统一，一个重要原因就是缺乏思索。

（十）要处理好总结经验和写文章的关系

我没有专门学习过写文章，现在也不能说会写文章，但我做过一些实事，研究和处理过一些问题，总觉得写文章与总结经验有密切关系。什么是文章？文章是客观事物的反映，文章的目的是反映客观实际，反映事物的本质和规律。为什么总结经验？总结经验的目的是研究分析客观实际，找出事物的本质和规律。就这个意义上讲，写文章和总结经验要求是一致的，道理是相通的。领导干部、领导部门的文章，都是围绕现实生活和实际工作提出问题、分析问题和解决问题而展开的，离开总结经验，离开研究问题，就无法写出有实际意义的文章。写文章讲准确性、鲜明性、生动性，讲谋篇布局、遣词造句，但如果缺乏对生活实践的深刻了解，缺乏对实际问题的深入研究，言之无物，无病呻吟，也就无法写出具有“三性”的好文章。我们有些文章写得不好，不是词汇不够多、句子不够美，而是动机上、内容上、方法上有毛病，在鼓捣字儿上花的时间太多，在研究事儿上下的功夫太少。为文章而文章，从文章到文章，这种方法，永远写不出好文章。

以上十点，关联着总结经验，也不只是关联总结经验，起码关联着思想方法、思想作风，当然关联总结经验的也不只是这十点，还可列举出许多点。我的上述讲话，未必完全正确，目的是想引起大家对总结经验的兴趣，总结出更多更好的经验。毛主席一生重视总结经验，他的许多文章都是在总结经验。1965 年，毛主席在中南海接见李宗仁夫妇和程思远先生时，程思远告诉他，国外许多人都赞扬毛泽东思想，说毛主席“调查不够不决策，条件不备不行动”。毛主席笑了笑，问程思远：“你知道我是靠什么吃饭吗?”程说不知道。毛主席徐徐地说：“我是靠总结经验吃饭的。”同样，我们政协靠什么搞好工作？回答也应该是靠总结经验。

后　记

本书选编了李瑞环同志在中央和天津工作期间的文稿117篇（其中中央92篇，天津25篇）。限于本书篇幅，收录的只是作者文稿的一部分。为了保持文稿原貌，大部分文稿系全文收录。部分公开发表过的讲话和文章，这次编入本书时，又作了少量的文字订正。

本书按照文稿内容大体分为16个部分。这样编排主要是为了阅读的方便，划分标准并不十分严格。各个部分中的文稿则按时间顺序排列。

本书成稿之际，编辑组同志请作者确定书名，作者信手写了“务实求理”四个字。我们理解，“务实求理”四个字，既是本书的主要特点，也是作者人生经历、经验的主要体会，同时又表明了作者对写文章的基本要求和对文风的某种希冀或倡导。

参加本书编辑工作的有：牛旭光、李昌鉴、李军、吴秀生、贺耀敏、郭湛、干春松、郭晓明等同志。方放、陈改户等同志参加了书稿讨论。中国人民大学出版社对本书的编辑出版给予了大力协助。

由于编者水平有限，难免有不妥之处，敬请读者批评指正。

本书编辑组

2010年3月

图书在版编目（CIP）数据

务实求理/李瑞环.
北京：中国人民大学出版社，2010
ISBN 978-7-300-11968-7

Ⅰ. ①务…
Ⅱ. ①李…
Ⅲ. ①社会科学-文集
Ⅳ. ①C53

中国版本图书馆 CIP 数据核字（2010）第 057389 号

务实求理
李瑞环

出版发行	中国人民大学出版社		
社　　址	北京中关村大街 31 号	**邮政编码**	100080
电　　话	010－62511242（总编室）		010－62511398（质管部）
	010－82501766（邮购部）		010－62514148（门市部）
	010－62515195（发行公司）		010－62515275（盗版举报）
网　　址	http://www.crup.com.cn		
	http://www.ttrnet.com(人大教研网)		
经　　销	新华书店		
印　　刷	北京华联印刷有限公司		
规　　格	158 mm×236 mm　16 开本	**版　　次**	2010 年 4 月第 1 版
印　　张	63.5 插页 9	**印　　次**	2010 年 4 月第 1 次印刷
字　　数	736 000	**定　　价**	（上下）128.00 元